U0802466

世界遗产武夷文化年鉴

瑞霖

（2005）

主　　编：张廷枋
执行主编：杨国学

中国社会科学出版社

图书在版编目（CIP）数据

世界遗产武夷文化年鉴（2005）/张廷枋主编，杨国学执行主编．—北京：中国社会科学出版社，2007.1
ISBN 978-7-5004-5999-6

Ⅰ．世… Ⅱ．张… Ⅲ．文化史—研究—福建省—2005—年鉴 Ⅳ．K295.7-54

中国版本图书馆CIP数据核字（2006）第147120号

责任编辑 冯 斌
责任校对 林福国
封面设计 王 华
责任印制 戴 宽

出版发行 中国社会科学出版社
社 址 北京鼓楼西大街甲158号 邮 编 100720
电 话 010－84029453 传 真 010－84017153
网 址 http：//www.csspw.cn
经 销 新华书店
印 刷 京南印刷厂 装 订 桃园兴华装订厂
版 次 2007年1月第1版 印 次 2007年1月第1次印刷
开 本 787×1092 1/16
印 张 30.75 插 页 10
字 数 740千字
定 价 80.00元

凡购买中国社会科学出版社图书，如有质量问题请与本社发行部联系调换
版权所有 侵权必究

玉女峰（南平市政府办公室供稿）

世界遗产武夷山

武夷山位于福建省西北部，在地球上处于东经117°24′12″—118°02′50″，北纬27°32′36″—27°55′15″。武夷山属典型的亚热带湿润型季风气候，年降雨量1500—2300毫米之间，植被覆盖率96.3%，是全国平均律的4倍。武夷山脉主峰黄冈山海拔2158米，自下而上分布有5层级植物垂直带谱。其典型的丹霞地貌特征和穿行于山谷间蜿蜒曲折的溪流交相辉映，可以用南朝著名文学家江淹在其诗文集《江文通集序》中所描绘的“碧水丹山”来概括。

1987年，武夷山被联合国教科文组织列入“人与生物圈”保护区；1999年12月1日，在摩洛哥马拉喀什市举行的联合国教科文组织世界遗产委员会第23届大会上，与会代表一致通过将武夷山列入《世界文化遗产名录》和《世界自然遗产名录》，武夷山成为世界第22处、中国4处世界双重遗产地之一。遗产地总面积999.75平方公里，其中核心区域面积640平方公里，风景名胜区70平方公里，自然保护区面积565.27平方公里，古汉城48万平方米。九曲溪风景名胜区和三姑国家级旅游度假区与今武夷山市市区相距16公里。

武夷山世界文化遗产是古往今来武夷山及其周边地区人民所创造的物质文明和精神文明成果为基础，以文、史、哲、经等学科交叉融合为鲜明特色的具有深厚积淀和典范价值的地域文化。其核心内容之一的朱熹理学被西方哲学界称为“后孔子主义”与之相关的文化遗存，是武夷山获准列入“世界文化遗产”的主要条件之一。朱熹在武夷山地区生活近50年，武夷山及其周边县市，至今保存着诸如“朱子巷”、“紫阳楼”、“武夷精舍”、

“考亭书院”、“九曲棹歌岩刻”等许多有关朱熹成长、就学、授徒讲学、著书立说、文学创作的文化遗迹。同时，武夷山世界文化遗产重要组成部分的架壑船棺遗迹和古汉城遗址，能为一种“已经消失的文明的文化传统提供一种独特的或至少是特殊的见证”。正如世界遗产委员会对武夷山评价的那样：“该地区为唐宋理学（按：应为宋明理学）的发展和传播提供了良好的地理环境，自11世纪以来，理学对中国东部地区的文化产生了相当深刻的影响。1世纪时，汉朝统治者在城村附近建立了一处较大的行政首府，厚重坚实的围墙环绕四周，极具考古价值。”朱熹理学还在东亚和南亚部分国家的思想、教育、文化史上产生过深远影响，形成了具有强大辐射力的“东亚儒学文化圈”。诚如宋末元初理学家熊禾所总结的：“宇宙间三十六名山，地未有武夷之胜；孔孟后千五百余载，道未有文公之尊。”（熊禾《重修武夷书院疏》，清董天工《武夷山志》，方志出版社1997年版。）复旦大学当代著名思想史专家蔡尚思教授提诗云：“东周出孔丘，南宋有朱熹。中国古文化，泰山与武夷。”恰切地概括了中国古代最有影响的两位思想家、教育家以及泰山与武夷山在文化史上的崇高地位。

武夷山世界自然遗产地的2.9万公顷中亚热带原生性森林植被，“位于泛北极植物区南缘，接近古热带植物的北缘，处于两大植物区系的过度地带，植物区系呈多样化特点。据对保护区被子植物737个属的地理类型的统计分析，其被子植物兼有泛北极植物区、古热带植物区、大洋洲植物区和新热带植物区4个植物区12个亚区成分”。经过一个多世纪以来若干代科学家坚持不懈的考察、统计、核对，目前已知的植物3718种，其中高等植物269科1040属2888种，低等植物840种。按类别来分，有苔藓植物267属361种，蕨类植物40科85属280种，种子植物171科840属2237种。已知动物5110种，其中哺乳纲71种，鸟纲256种，鱼纲40种，两栖纲35种，爬行纲73种，昆虫已定名的4635种。在这些动、植物种群中，有武夷山特有种100多种，古老、孑遗、珍稀动植物数十种。以上已知的8828种动植物，不仅在我国东南部具有生物多样性典范价值，即使在全球同纬度地带也具有十分突出的地位和典范价值。因此，武夷山被誉为“鸟的天堂”、“蛇的王国”、“昆虫世界”、“世界生物之窗”和许多珍稀动、植物的“天然避难所”，被确定为“世界生物标本模式产地”。可以说，武夷山在生物多样性方面，简直就是一部十分珍贵的活的生物学、生态学与环境保护的“百科辞典”。世界自然保护联盟专家莱斯利·莫洛伊博士考察后题词：“武夷山是中国人民永续利用自然资源的永久性象征。”（吴邦才主编《世界遗产武夷山》，福建人民出版社2000年10月版第2页照片(上)。）世界旅游组织执委会主席比阿特丽兹·巴尔科先生考察后题词说：“未受污染的武夷山是世界环境保护的典范。”（吴邦才主编《世界遗产武夷山·代序》，福建人民出版社2000年10月版，第5页。）

武夷山文化遗产中的精华与自然遗产相结合，为自然遗产增添了浓厚的人文色彩和人性化气息。有道是“山不在高，有仙则名；水不在深，有龙则灵”。武夷山关于彭祖及其两个儿子彭武、彭夷的传说，武夷君和幔亭招宴的神话，大王和玉女的爱情故事，大红袍岩茶的传奇，扣冰古佛的不朽功德，白玉蟾修仙的佳话，还有大量富于哲理与情趣的摩崖石刻和朱熹博大精深的理学成就等等，无不在“奇秀甲于东南”的武夷山自然遗产中注入了或神奇、或诡谲、或空灵、或凄婉、或静谧、或深厚的文化因子，从而使双遗产相互映衬，相得益彰。即所谓文化遗产以自然遗产而愈显，自然遗产以文化遗产而弥彰。

武夷书院

福建省政协副主席黄瑞霖、中国社会科学院副院长朱佳木为“宋明理学研究中心”揭牌

中共南平市委书记徐谦在“朱子文化节”开幕式上致词

南平市市长陈桦主持“朱子文化节”开幕式

（廖建平 摄）

宋明理学研究中心主任、中国社会科学院哲学研究所研究员陈筠泉主持“朱子学与和谐社会”高峰论坛

宋明理学研究中心第一次主任会议

出席“朱子学与和谐社会”高峰论坛的专家学者在宋明理学研究中心门前的水榭平台合影

“朱子文化节”开幕式上的闽越风情表演（张品端 提供）

中国社会科学院哲学研究所专家与武夷学院（筹）部分领导及学者商讨合作事宜

南平市人大常委会主任、武夷文化研究院名誉院长徐肖剑和南平市副市长、
武夷文化研究院院长吴邦才为武夷文化研究院迁址揭牌

上图为宋明理学研究中心成立仪式主席台就坐的部分领导。前排左起依次为：中共南平市委书记徐谦，南平市副市长、宋明理学研究中心副主任吴邦才，中共南平市委常委、武夷山市委书记郭跃进，武夷学院（筹）党委书记何三保；后排左起依次为：宋明理学研究中心副主任、福建省社会科学院哲学研究所研究员潘叔铭，宋明理学研究中心副主任、福建省社会科学院社会学研究所所长黎昕研究员、中国社会科学院哲学研究所科研处处长孙晶，中国社会科学院哲学研究所人事处处长许秀婷，武夷学院（筹）党委副书记姚进生。

宋明理学研究中心副主任兼秘书长、武夷学院（筹）校长张祖英教授主持挂牌仪式

武夷学院（筹）武夷文化研究所杨国学教授在武夷文化讲座上演讲

武夷学院（筹）管理系董四代教授在“武夷文化论坛”上发言

（插页照片，除署名者外均为武夷学院电教中心提供）

世界遗产武夷文化年鉴编委会

主　　编　张廷枋

执行主编　杨国学

编　　委（按姓氏音序排列）

陈　平　陈　铎　高建富　郭翠莲

郭　萌　江　洵　林　冈　林元昌

廖　斌　路善全　潘志光　裘国伟

徐俐华　项小玲　徐颖惠　姚进生

赵健全　周作明　张大烛　张廷枋

张祖英　杨国学

序　一

这部《世界遗产武夷文化年鉴》（2005卷），是我所读到的第一本以年鉴形式描述和研究一个属于世界文化遗产的区域文化的书籍。

1999年12月1日，联合国世界遗产委员会在摩洛哥马拉喀什召开第23届世界遗产大会，会议决定将武夷山列入“世界文化与自然遗产（简称世界双遗产）名录”。据悉，目前在全世界122个国家中的691处世界遗产地中，仅有23处世界双遗产地；而在我国31处世界遗产地中，只有4处世界双遗产地：泰山、黄山、峨眉山和武夷山。无疑，这四座名山，代表了中华大地瑰丽的自然景观，也都蕴涵着中华民族丰富的文化宝藏。

文化遗产，是在一定历史范畴内人类祖先繁衍生息的生活方式及其成果。任何一个民族（或区域）的文化遗产，都蕴涵着该民族（或区域）在一定历史范畴内特有的思维方式、价值观念、艺术造化、民俗风情和文物古迹。作为世界文化遗产，其蕴藏的文化价值一定是极具典型意义或深远影响的。

世界遗产委员会对武夷山的评价是：“武夷山脉是中国东南部最负盛名的生物保护区，也是古代孑遗植物避难所，其中许多生物为中国所特有。九曲溪两岸峡谷秀美，寺院庙宇众多，但其中有不少早已成为废墟。该地区为唐宋理学的发展和传播提供了良好的地理环境，自11世纪以来，理学对中国东部地区的文化产生了相当深刻的影响。1世纪时，汉朝统治者在城村附近建立了一处较大的行政首府，厚重坚实的围墙环绕四周，极具考古价值。”①

对于武夷山丰富的文化遗产，武夷学院（筹）的专家学者赋以“武夷文化”之通称，并提出“武夷文化”是产生于以武夷山为中心的闽北广大地区，以古越农耕文化为基础，以朱子理学为核心的区域文化。我认为，这个创新性的见解，是很有启发意义的。

作为中国传统文化的组成部分，“武夷文化”内涵十分丰富。闽北有悠久的文明史，是闽越文化的摇篮，也是中原文化入闽的走廊。除了世界遗产委员会评价中提及的古汉城遗址和理学外，还有数不尽的文化蕴藏。有早在新石器时代，土著闽越人在武夷山繁衍生息的文化足迹；有夏商时期作为闽越习俗的“架壑船棺”；有历时宋、元、明、清的全国三大雕版印书中心之一的书坊古镇；有大量富含人生哲理和情趣的石刻岩雕；有建在林间溪畔的儒学书院、佛道寺观和民俗古居等人文景观；有异彩纷呈的民间传说、山水佳话、文人逸事、茶事竹韵、舞蹈山歌等民俗风情；有李纲、真德秀、杨荣等17位宰相以及朱熹、宋慈、柳永、严羽、扣冰等大批历史文化名人。因此，“武夷文化”的研究内容涉及历史学、考古学、民族学、民俗学、文学艺术、哲学、宗教学等诸多学科领域。

当然，“武夷文化”最核心的内容是朱子理学，亦称闽学。朱子是在中国古代哲学、思想、教育、文化史上有重大影响的人物，曾在武夷山生活了40余年。朱子理学的形成、发展主要在武夷山。理学在我国和东亚乃至世界许多地方产生了深远影响。复旦大学蔡尚思教授曾有诗云：“东周出孔丘，南宋有朱熹，中国古文化，泰山与武夷。”

2005年10月20日，由李铁映同志在任全国人大常委会副委员长兼中国社会科学院院长时提议的福建社会科学院、中国社会科学院哲学研究所宋明理学研究中心在武夷学院（筹）挂牌成立了。这对于更好地保护和利用武夷山世界文化遗产，对于更好地进行宋明理学的整理研究，对于在新的历史时期更好地弘扬中华民族文化的优秀传统，具有十分积极的意义。武夷学院（筹）的同志们对于以朱子学和宋明理学为核心的“武夷文化”研究抱有强烈的使命感和责任感。宋明理学中心成立之时，即组织举办了“朱子学与和谐社会论坛”。这本《年鉴》中分量最重的是包括上述论坛中的学术报告在内的有关朱子学和宋明理学方面的研究论文。此外，《年鉴》收录了关于武夷文学、历史、旅游、艺术、民俗以及与武夷山相关的闽台文化研究等方面的论文和资料，还收录了国内外朱子学研究和“武夷文化”研究方面的一些论著目录，选介了与之有关的部分专家、学者和研究人员，为国内外研究者提供了大量信息。可以说，这部《年鉴》是联系海内外有关专家学者的纽带，为开展以朱子理学为核心的“武夷文化”研究提供了平台。

我相信，武夷学院（筹）的领导和学者专家们一定将坚持马克思主义文化观，在对世界文化遗产——“武夷文化”的采掘、整理、传承及其在新时代的创新发展方面，不断获得新的进展，而展示这些新成果的《世界遗产武夷文化年鉴》会不断改进和提高，更为充实完善。

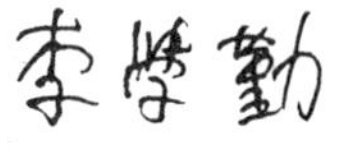

2006年9月8日
于清华大学

注　释：

① 引自裘国伟，《世界遗产保护与武夷文化研究》，《南平师专学报》2004年第1期（社会科学版），第5页。

序 二

2005年3月12日，根据南平市政府的决定，武夷文化研究院正式乔迁武夷山，依托武夷学院，汇集社会贤达，开展更宽领域、更深层次、更具特色的研究工作。这是武夷文化发展史上的一个里程碑，是一个历史性的跨越。短短一年中，武夷学院（筹）即组织有关专家编纂出《世界遗产武夷文化年鉴》2005卷，我们可以把这一成果看成是对过去十几年武夷文化研究的一次总结。尽管《年鉴》不是一种原创性研究，但通过栏目的设置及其所选文章与资料的取舍，在一定程度上体现了编者的学术思想，学术视野和学术见解。这部《世界遗产武夷文化年鉴》，不论就一项世界文化遗产编辑《年鉴》的创意而言，还是就《年鉴》的编排体例而言，都颇具创造性；其信息量之大，又使这部《年鉴》具备了较高的文献价值。所以，非常值得嘉许。

纵观《年鉴》内容，除武夷山红色革命文化和佛教与道教文化方面的最新研究成果暂付阙如外，几乎囊括了武夷文化研究的各个方面，其中突出了武夷文化最具代表性和最有影响力的朱子理学文化，这是这部《年鉴》最显著的特点。

武夷文化是中华民族传统文化的一个重要组成部分，也已成为世界历史文化的一份珍贵遗产。武夷文化内涵丰富，除了影响深远的理学文化外，还有闽越文化、陶瓷文化、旅游文化、茶文化、蛇文化等等，涉及文学、历史学、民族学、地理学、美学、社会学、民俗学、经济学等诸多学科领域。加上武夷山世界自然遗产与文化遗产的互补性，双重遗产成为不少新兴学科和交叉学科的"孵化器"，从而更加丰富、发展了武夷文化的内涵。

武夷文化名家辈出。在武夷文化发展史上，曾涌现出诸如理学大师朱熹、词坛大家柳永、著名文学理论家严羽、佛学高僧扣冰、道家真人白玉蟾等文化巨人，独领风骚数百年。

武夷文化影响深远。在历史上不仅对闽北、对福建、对中国文化进步产生过重要影响，而且对东南亚乃至对世界文化也有较大的影响。

弘扬民族优秀传统文化，是发展社会主义新文化的基础。我们进行武夷文化的研究和发掘，目的在于更好地弘扬民族文化精神，增强社会和谐的凝聚力；更好地打造武夷文化的品牌，增强发展的竞争力；更好地扩大对外文化交流，增强对外的影响力。就闽北地区总体情况而言，已经初步形成了武夷学院、武夷山市、建阳市、延平区、浦城县等几个颇具实力的研究团队，其他各县市也有少量专业工作者或业余爱好者，在各方面的条件都不是很好的情况下，结合自己的治学领域或感兴趣的问题，开展着相关文化遗产的挖掘、整理、资料收集、学术研究或文艺创作等工作，作出了一定成绩。但与此同时，我们也要看到存在的不足，主要是缺乏统筹规划，各团队各自为战，研究人员"仗剑独行"，缺乏必要的交流协作，研究工作不仅显得比较零散，而且存在着不同程度的交叉重复。上述现象将在很大程度上制约武夷文化研究的深入和新的突破，应当引起我们的高度重视。今后，南平市所属各县市应该以武夷学院为学术中心，依托福建社会科学院、中国社会科学院哲学研究所宋明理学研究中心，遵循党中央关于树立科学发展观，繁荣哲学社会科学研究的精神，整合各方面的力量，加强团结协作，多出成果，多出精品，使世界遗产武夷文化能够更好地为推动海峡西岸经济区绿色腹地社会经济协调发展服务，更好地为构建和谐社会服务，更好地为中华民族的伟大复兴服务！

武夷文化研究工作既光荣又艰巨。需要大批有志之士加入研究的行列；需要社会各界人士给予广泛的支持；需要各级党委、政府给予有力的推动。在第一部《世界遗产武夷文化年鉴》行将付梓之际，写下以上这段我对武夷文化的认识和我对这部《年鉴》的看法，同时表达我对《年鉴》出版的祝贺之忱。是为序。

吴邦才

2006 年 7 月

目　录

前言 ………………………………………………………………………… (1)

一　研究成果选萃

(一)武夷文化综论 ……………………………………………………… (3)
武夷文化与海峡西岸经济区建设(提纲) ………………………………… (3)
在武夷文化论坛暨武夷文化研究院迁址庆典上的讲话 ………………… (4)
武夷文化研究新的跨越
——在武夷文化研究院迁址庆典上的讲话 ………………………… (5)
论武夷学在海峡西岸经济区建设中的学术价值 ………………………… (6)
科学发展观与区域内源现代化
——兼论武夷文化与闽北经济社会发展 …………………………… (12)
武夷文化及其当代研究 ………………………………………………… (17)
(二)朱子理学研究 ……………………………………………………… (23)
1. 朱子学与和谐社会论坛 …………………………………………… (23)
儒学和新儒学与和谐社会 ……………………………………………… (23)
朱子《易》说对现代和谐社会之启发 ………………………………… (28)
儒商与和谐社会 ………………………………………………………… (35)
朱熹的“无为而治”与企业的现代管理 ………………………………… (45)
朱熹的和谐观与当代社会 ……………………………………………… (51)
朱熹“诚信”思想与当代社会 …………………………………………… (59)
2. 哲学 ………………………………………………………………… (72)
程朱的“格君心之非”思想 ……………………………………………… (72)
“所以然”与“所当然”如何统一
——从朱子对存在与价值问题的解决看中西哲学之异同 ………… (87)
朱熹絜矩思想研究 ……………………………………………………… (98)
朱子理学美学的二重性影响及其功过 ………………………………… (110)
朱熹理学文化养生及其现代意义 ……………………………………… (117)
朱熹哲学的生命意识 …………………………………………………… (124)

朱熹对杨时、罗从彦、李侗“静坐”思想的继承与发展 …………………………… (131)
朱熹哲学本体论的构建及其“理”蕴 …………………………………………… (135)
3. 经学 ……………………………………………………………………………… (140)
朱熹《四书》学与儒家工夫论 ……………………………………………………… (140)
朱子学与经学研究的新突破
——评蔡方鹿先生的《朱熹经学与中国经学》 ……………………………… (145)
朱熹对孔子中庸思想的继承和发展…………………………………………… (151)
4. 教育学 …………………………………………………………………………… (159)
朱熹的礼仪观与《朱子家礼》 ……………………………………………………… (159)
朱熹《小学》的蒙养教育思想 ……………………………………………………… (164)
5. 法律与道德 ……………………………………………………………………… (169)
传统儒家德刑关系理论的传承和嬗变
——论朱熹德刑关系理论…………………………………………………… (169)
从朱熹按劾唐仲友看南宋贪官与营妓的关系………………………………… (177)
朱熹的生态伦理思想与环境道德……………………………………………… (184)
6. 历史 ……………………………………………………………………………… (189)
从吕留良对朱学的阐发与传布看程朱理学在清代的发展与演变
——兼就“理学在明清之交终结”说质疑 ………………………………… (189)
《朱文公文集》版本源流考 ………………………………………………………… (199)
朱子家人略考…………………………………………………………………… (206)
朱熹及从祀孔庙的福建人……………………………………………………… (213)
7. 朱子学在外国 …………………………………………………………………… (216)
朱子学在越南…………………………………………………………………… (216)
朱子学在日本江户时期急速兴起的原因及其特色…………………………… (222)
8. 湖湘学派中的武夷籍理学家 …………………………………………………… (229)
胡寅的理学思想………………………………………………………………… (229)
(三)武夷文学研究 ………………………………………………………………… (235)
南宋朱熹、吕祖谦“淫诗说”驳议述评 ……………………………………………… (235)
论朱熹《诗集传》叶音对吴棫《毛诗补音》的改订 ……………………………… (246)
朱子说诗的语言学思想札记 …………………………………………………… (253)
格物致知　即物穷理——朱熹咏物诗的理学思想内蕴 ……………………… (260)
柳永屯田家法探论 ……………………………………………………………… (264)
论柳永的豪放词 ………………………………………………………………… (272)
爱在烟花的感悟——评词人柳永对女性情感的特殊关怀 …………………… (277)
歌妓在柳永词创作中的作用 …………………………………………………… (282)
李纲的武夷山水诗歌创作 ……………………………………………………… (285)
读罗从彦哲理诗笔记 …………………………………………………………… (292)
严羽唐宋诗“词理意兴”论辩略……………………………………………………… (296)

严羽诗禅理论与宗杲禅学 …… (304)
严羽《沧浪诗话》美学思想初探 …… (310)
(四)世界遗产武夷山研究 …… (316)
论世界遗产武夷文化研究基地建设的意义 …… (316)
(五)武夷民俗研究 …… (320)
福建闽北建瓯挑幡——中华民间一绝活 …… (320)
(六)武夷旅游文化研究 …… (322)
武夷山国家级自然保护区旅游客源市场预测与定位 …… (322)
武夷山自然保护区生态旅游问卷调查 …… (332)
(七)武夷茶文化研究 …… (338)
武夷岩茶 …… (338)
武夷茶艺的美学探究 …… (344)
(八)武夷艺术研究 …… (350)
朱熹音乐著述文化背景之探究 …… (350)
方从义与武夷山水 …… (355)
(九)海峡文化研究 …… (360)
台湾"山夷"与古越渊源考 …… (360)
(十)武夷医学典籍研究 …… (368)
《洗冤集录》传世考述 …… (368)
(十一)新武夷文化群体研究 …… (371)
解读与超越——论新武夷山文化群体对武夷山文化的贡献 …… (371)

二　宋明理学研究中心

福建社会科学院　中国社会科学院哲学研究所宋明理学研究中心简介 …… (379)
宋明理学研究中心组织机构及其主要成员名单 …… (380)
宋明理学研究中心学术委员会 …… (381)
宋明理学研究中心章程 …… (382)
宋明理学研究中心主任陈筠泉研究员在宋明理学研究中心成立庆典上的讲话 …… (384)
福建省政协副主席黄瑞霖在宋明理学研究中心成立庆典上的讲话 …… (385)
中国社会科学院副院长朱佳木研究员在宋明理学研究中心成立庆典上的讲话 …… (386)
宋明理学研究中心第一次主任会议 …… (387)
宋明理学研究中心秘书长办公会议 …… (389)
宋明理学研究中心五年发展规划 …… (391)
宋明理学研究中心特聘教授(武夷学者)计划 …… (393)

宋明理学研究中心(武夷学院)研究生培养及学位论文支持计划 …………………………(394)

三　2005年武夷文化大事记

四　历史回眸

(一)朱子学宋明理学与武夷文化2005年论文索引 ……………………………………(405)
(二)武夷学院(筹)(南平师专)和闽北地区武夷文化研究成果要目…………(416)
1. 南平师专武夷文化研究部分论文目录(1998—2005年) ……………………(416)
2. 武夷文化研究院院刊《武夷文化研究》论文要目 ……………………………(417)
3. 2005年前武夷文化著作选介 ……………………………………………………(421)
(三)国内外朱熹与宋明理学研究专著要目 ……………………………………………(429)
1. 中国学者朱熹与宋明理学研究成果选目………………………………………(429)
2. 韩国朱熹研究专著要目……………………………………………………………(435)
3. 日本朱熹研究专著要目……………………………………………………………(435)
4. 东南亚朱熹研究专著要目…………………………………………………………(436)
5. 欧美朱熹研究专著要目……………………………………………………………(436)
6. 武夷文学研究专著要目……………………………………………………………(437)
(四)国内外朱熹研究机构分布地区要览…………………………………………………(438)
1. 国内……………………………………………………………………………………(438)
2. 国外……………………………………………………………………………………(438)
(五)南平市武夷文化研究机构简介 ………………………………………………………(439)
(六)武夷文化刊物简介……………………………………………………………………(439)
(七)武夷文化网站简介……………………………………………………………………(440)
(八)朱子学与武夷文化部分研究者简介…………………………………………………(441)

附录　世界遗产重要典籍选录

保护世界文化与自然遗产公约 ……………………………………………………………(455)
(一)世界遗产 ………………………………………………………………………………(463)
(二)世界文化与自然遗产武夷山 …………………………………………………………(464)
世界遗产应成为“第三国策”
——访复旦大学文物博物馆学系文化遗产研究中心教授陆建松 ………(465)
世界遗产的不可再生价值 ……………………………………………………………(468)

后记 …………………………………………………………………………………………(472)

前　言

自从武夷山被联合国教科文组织列入《世界自然遗产名录》、《世界文化遗产名录》和人与生物圈保护区以后，声名鹊起，引起了学术界高度重视和广泛关注。获得三项世界级的桂冠，使得学术界不能不把武夷山看成是高品位“金矿”中的“富矿”，大力加以开掘、研究、提炼和升华。实际上，三项世界级的桂冠如同磁铁之于铁块一样，已经并将继续吸引大批有识之士加盟“采矿”、“冶金”队伍，共同打造“武夷品牌”，共铸武夷山世界遗产新的辉煌。

按照一般的观念，人们常常习惯于以行政区划界定文化圈，认为武夷文化只是一种一般意义上的地域文化，甚至有人认为武夷文化只限于古代文化。但在我们看来，这样认识世界遗产是狭隘的，在这种观念指导下的研究方法也会是片面的。我们应该从这种狭隘的观念中走出来。因为大家都说：“越是民族的便越是世界的。”既然如此，那么，本来只属于一种地域文化的武夷文化，便因了武夷山世界双重遗产的显赫地位和典范价值，自然而然就跃升为世界性的文化了。被世界遗产委员会认定的武夷山世界文化遗产的主要内容是朱子理学、闽越王城遗址、九曲溪的秀美风景及其沿岸的宫观寺庙等。但任何一处文化遗产的具体内容都不可能是孤立存在的。与之相关的内容十分丰富，其中的精华部分的辐射功能当然也会十分强大。例如朱熹的理学思想体系及其理学、教育学、文学等成就，就是在武夷山地区形成后，又走向了全国乃至全世界的许多地方。从而使朱熹研究不只局限在武夷山而是几乎遍布全世界。正是基于这样一个前提，我们把全世界范围内的朱子研究视为广义的武夷文化研究。由于朱子学近乎世界“显学”的地位，研究者中名家辈出，研究成果层出不穷，高水平的成果数量很多。因此，《年鉴》中《研究成果选萃》一栏，“朱子学研究”占的篇幅最大。

朱子学以外，武夷山在文学、历史学、民族学、社会学、民俗学、经济学、宗教文化等领域，也都有十分深厚的积淀。加上武夷山世界自然遗产与文化遗产的互补性，双重遗产成为不少新兴学科和交叉学科的“孵化器”，从而更加丰富、发展了武夷文化的内涵，用“古代”套定武夷文化的内涵和研究范围，无疑是一种胶柱鼓瑟式的思想方法。基于这样的认识，《年鉴》便“因神设庙”，就 2005 年已有研究成果及其价值，用发展的眼光分别设置了若干专题栏目。这是我们将《年鉴》定名为《世界遗产武夷文化年鉴》的原因，也是我们设定《年鉴》专题栏目的主要依据。允当与否，尚需专家指正。

由于这是第一部《武夷文化年鉴》，又是从 2005 年开头，所以，与之相关的主要内容，尤其是研究论著，只能遵循《年鉴》编纂的常规，选编 2005 年发表在各种刊物或全国性学术研讨会上报告、交流的论文。对于此前的研究情况，我们只能撮其要者，作一个简略的梳理，并在《历史的回眸》一章中列出一些既见要目，以作照应。

一　哲学领域里对朱子理学的研究

任何一门学科的产生，都要经历从零散到整体，从初级到高级并不断丰富、发展、修正、完善的过程。早在七百多年前就已形成的以朱子理学为正宗的“闽学”，已经构建起了一个文史哲相互渗透融合的交叉学科，从而使程朱理学成为全世界范围内颇有影响的重要研究课题。除了海峡两岸的中国学者外，韩国、日本、新加坡、英国、美国、加拿大等国都有一些学者，在思想史、哲学史、文化史、教育史、学术史等不同层面上进行着广泛而深入的研究，成果颇丰。其中北京大学陈来，人民大学张立文，中国社科院蒙培元、姜广辉，中山大学李宗桂，四川省社会科学院蔡方鹿，华东师大朱杰人，复旦大学潘富恩，浙江大学何俊、束景南等大陆学者，台湾陈荣捷、钱穆、牟宗三等著名学者，韩国学者金永植，美国学者杜维明、田浩等，都是朱熹与宋明理学研究的大家、名家。专著、论文之夥，实可谓汗牛充栋。钱穆的皇皇巨著《朱子新学案》，至今仍是一座高峰，张立文《朱熹思想研究》于朱子学领域正本清源方面颇具开先河之功。陈来《朱子哲学研究》在范畴论析、理路梳解等方面，细致精到，多所发明。束景南的《朱子大传》，结合传主的人格和心态，在多维文化的广阔视野中展开研究，既有翔实的材料考证和义理梳解，又以西方理论为参照，该著与钱穆《朱子新学案》、陈来《朱子哲学研究》被当代学界推为鼎足而三的朱子学巨著。而一百万字的两册近著《朱熹年谱长编》，更是文献考辨方面目前最为完备的里程碑式著作。蔡方鹿《朱熹与中国文化》则对朱熹思想作了全面、系统的论述，并上升到中国文化史和民族精神的高度来论定朱熹的文化地位。潘富恩等人的《中国理学》则被誉为中国理学文化百科全书。潘立勇《朱子理学美学》、汤勤福《朱熹的史学思想》等，是美学和史学方面研究朱子理学最有分量的成果。朱杰人等主编完成的《朱子全书》为朱熹文献研究方面的集大成之成果。这些论著，涉及哲学、政治、经济、教育、宗教、历史、社会、文学、艺术诸领域，从而将朱熹与宋明理学研究推到了时代前沿。

福建学者中徐刚的《朱熹自然哲学思想论稿》（福建教育出版社 2002 年版），高令印的《游酢评传》（中国翰林出版公司 2002 年版），黎昕与朱杰人等所编《武夷胜境理学遗迹考》（上海三联书店 1990 年版）、《朱熹与闽学渊源》（上海三联书店 1990 年版），林振礼的《朱熹新探》，南平市委宣传部主管的以张品端、方彦寿为骨干的武夷山朱熹研究中心，多年来致力于朱熹研究文献资料和研究成果的收集编发、刊出，先后编辑出版了《朱子学与 21 世纪国际学术研讨会论文集》（三秦出版社 2001 年版）、《纪念朱熹诞辰 870 周年论文集》（华东师范大学出版社 2001 年版）、《武夷文化研究》（海峡文艺出版社 2003 年版）等很有分量的全国和国际朱子学学术会议论文集，他们主编的《朱子研究》也刊发了许多国内外著名专家学者研究朱子和朱子理学的优秀论文。何乃川教授关于朱熹对儒学的创造性改造，徐心希教授关于朱熹的经世思想与武夷山区域文化的关系，傅小凡博士对朱熹的客观本体论和主体本体论的基本范畴及其心性之学的实质的辨析，黎昕研究员关于朱熹“忠恕之道”对建设现代和谐社会的意义的观点，杨国学教授依据武夷山世界双重遗产所显现的多学科交叉融合特点，提出了创建“武夷学”的主张，并就朱子学与世界遗产的关系等等，从不同角度对武夷文化研究中的一些重大课题，发表了有一定学术价值的论文。

二　文学艺术研究

武夷山除了孕育过柳永、朱熹两位宋代著名文学家和数十位诗词散文作家及余象斗、熊大木等通俗小说家外，还出现过严羽、魏庆之、黄升、吴可等多位文学理论批评家。他们的文学成就使后人为之自豪。在已有的研究中，20世纪对柳永和文学家朱熹的研究呈现出两个极端。

一端是百家蜂起、久盛不衰的柳永研究，其研究的广度、深度、视角、观点的新颖度及其专著、论文数量之多，所造就的研究大家、名家之众，都令人咂舌。特别是“文化大革命”以后，柳永研究全面突进，在各个研究领域都取得大量成果。伴随着现代社会古典诗词传播与消费的大众化、休闲化趋势，以前不为学者所重视的作品赏析类文章迅速攀升，曾一度高居魁首。难怪有人慨叹，柳永已被“搞滥”，再想进行新的突破，绝不是一件轻而易举的事。

刘尊明、邓建《20世纪柳永研究的回顾与反思》（《广西师范大学学报》2003年第1期）一文，对20世纪以降百年来柳永研究的成果进行检索统计，并运用定量分析的方法对百年柳永研究的进程和布局进行了宏观考察和描述，在此基础上，又从柳永生平事迹考证、柳永思想人格探讨、柳永艺术成就论述等热点、重点问题，对百年柳永研究进行了回顾与反思。认为百年柳永研究呈现出明显的阶段性、起伏性特色。

2001年4月11日至14日，由中国韵文学会等6家单位联合举办的千年“首届柳永学术研讨会”在武夷山举行。会议期间，海内外学者提交学术论文50余篇。这些论文视野开阔，对柳永及其创作从不同视角进行了多元研究，运用文化学、伦理学、文体学、文献学以至于经济学开掘其丰厚内涵与深远影响，阐述其文学史的特殊贡献与角色定位，在许多重要问题上有新的开拓，它把柳永研究推向了一个新的阶段，在柳永研究史上具有里程碑的意义。

与柳永相比，对朱熹文学的研究处于比较冷落的另一个极端。国内外学术界的注意力相对集中于其理学体系的研究，整个20世纪，研究朱子学的大家、名家辈出，据不完全统计，仅20世纪90年代中后期到21世纪初的近10年间，有一定影响的专著达数十部，论文400多篇，可以说朱熹研究已成为国际显学。然而，对朱熹文学思想、文学成就的专门研究相对薄弱，许许多多的论著，只是在研究理学的过程中，将朱熹作为理学家诗人，捎带提一下其诗歌创作和文学理论，肯定其深厚的文学素养，如钱穆《朱子新学案》中专立《朱子之文学》等章，论述了朱熹的文学思想等情况，但是一来篇幅较短，二来只讨论了朱熹的文学批评而未涉及其文学创作，所以仍然不尽如人意。

20世纪的众多文学通史及各种分体文学史大都对文学家朱熹持谨慎态度，没有在文学史的研究方面给予朱熹以应有的地位和中肯的评价。总之，对朱熹文学的研究没有充分展开。

20世纪90年代中期以后，以吴长庚、莫砺锋、蔡厚示等学者为代表，对朱熹的文学生涯、文学思想、文学创作、文学理论、文学研究等，进行了系统的梳理和深入的研究。其中吴长庚的《朱熹文学思想论》侧重于朱熹文学思想、文学理论、文学批评、文学研究的评判，发表了许多真知灼见。但对朱熹文学创作的研究尚嫌粗疏。蔡厚示的《诗词拾翠》对朱熹的诗按“早期”、“中期”和“晚期”进行了较系统的梳理和评析，认为在南宋诗坛上，“朱熹的诗当然不能和陆游相比肩，但和杨万里、范成大等著名诗人相比是毫不逊色的”①观点；对朱熹的词作了分类剖析研究，提出了一些独到而精辟的见解。

莫砺锋的《朱熹文学研究》一书，就文学家的朱熹在文学理论、文学批评、文学创作、文学研究等各方面取得的成就进行了条分缕析、细致周密的论证，可以称得上是朱子文学研究史上一部最有分量的专著。

对严羽的研究，虽不及柳永研究那样热烈而持久，但较之朱熹文学研究，所得到的关注却多多了。曹东在其《沧浪诗话研究述略》中概述道：“现当代研究《沧浪诗话》的著名学者，有郭绍虞、朱东润、钱锺书和张健等。郭绍虞的《沧浪诗话校释》，校核精审，采录宏富，且有理论上的详尽阐发，今天看来虽未必尽称允当，但毫无疑问应属严羽诗论有关资料的集大成之作。”②郭先生是迄今为止中国现当代对《诗话》用力最勤和成就最大的研究专家。

钱锺书先生在其《管锥编》、《谈艺录》和《宋诗选注》等书中，对严羽诗论亦有精辟见解，能言人之所未言。

据初步统计，1949—1990年，内地各地报刊发表的论文（含在首届严羽学术讨论会上提交的论文）146篇。吴调公、张文勋和张少康等各有数篇《诗话》研究的优秀论文，吴调公的《读〈沧浪诗话〉诗札》和《略论〈沧浪诗话〉审美意识的多重性》，视角新颖而多维，基本上臻于“平理若衡，照辞如镜”的境界。陈伯海先生的《严羽和沧浪诗话》及许志刚博士的《严羽评传》，是迄今为止大陆仅有的两部严羽诗论的研究专著。

在台湾，《沧浪诗话》研究也颇具实绩。张健的《沧浪诗话研究》与黄景进的《严羽及其诗论之研究》，也为迄今仅见的两部《诗话》研究专著，两书合计有数十万言，还有散见于报刊或文集中的10余篇论文。

总之，郭绍虞、钱锺书和张健等应属中国现当代对《诗话》研究贡献最大的学者，特别是郭氏的精湛释论，钱氏的独到见解，可以说，迄今为止，无人能与之比肩。

除了柳永、朱熹、严羽以外，大武夷地区还有数十名留下传世作品及其姓名的文学作家，他们也是武夷文化中的宝贵遗产，是武夷文学研究中必不可少的重要内容。但是，几乎所有《中国文学史》除对因主创《西昆酬唱集》的杨亿予以批判外，有的《文学史》会提到民族英雄李纲，其他大武夷籍的诗人、作家，则很少有人研究。

三　历史学研究

在史学研究方面，从1958年起，国内史学、考古学界就开始了对闽越汉王城遗址的考古发掘与研究。当这座被历史湮没了2000多年的闽越古城遗址被除去沙砾榛莽而重见天日时，引起了国内外有识之士的极大关注，世界遗产委员会协调员、英国考古学家亨利·克利尔博士和罗马古迹保护修复中心主任尤嘎·昭克赖博士在参观考察时，异口同声地赞叹闽越王城遗址为“中国的庞贝”。

“庞贝”是意大利那不勒斯附近的一座古城遗址，约建于公元前7世纪。因其距维苏威火山很近，公元79年8月毁于火山爆发。从18世纪中叶起，考古学家开始陆续发掘，至今已完成大半。所出文物为研究古罗马历史和当时的社会生活提供了大量有价值的原始资料。武夷山闽越王城遗址的考古学价值和历史文化学价值，与意大利的庞贝城遗址的价值相仿佛。因此，国内史学界对其开展了系统而深入的研究。其中具有集大成价值的成果当属杨琮先生的《闽越国文化》（福建人民出版社1998年版）和吴春明先生等人的《闽越国都城考古研究》（厦门大学出版社1998年版）。国内尤其是福建学术界的一些学者对架壑船棺的研究，也取得了重大突破，其中陈存洗、林中干先生的《武夷山悬棺之谜》（福建科技出版社1993年版）等论著，都是这一课题研究的卓越成就。此外，石子镜、杨长岳所编《武夷山与古越文化》（社会科学文献出版社2002年版），摘编了从不同侧面和角度论证古越文化的真知灼见，提出了开发建设武夷山以闽越王城遗址为中心的历史文化旅游景区的意见与建议。

放眼大武夷古今，武夷山周边10个县市的新修地方志，在整理保存既往史料和展示当代经济建设与社会发展风貌方面，都取得了值得赞赏的成绩。中国的史书，一向以官修为正宗。当代方志，统统都是在地方政府组织领导下集体编撰的。而号称朱熹故里建阳市的刘建先生写出了当代中国第一部由个人撰写的“一个县的历史”——《大潭书》（文物出版社1994年版），此书洋洋56万言，从史前时代直贯20世纪90年代，计4000多年的历史。阅读此书，作者史识、史才，俱堪称道。难怪书稿一出，即得到文物出版社的慧眼青睐。方彦寿著《朱熹书院与门人考》（华东师大出版社2000年版）、《建阳刻书史》（华东师大出版社2002年版）、《福建古书之最》（中国社会出版社2004年版）和方彦寿、谢道华主编的《闽北掌故》（福建人民出版社2001年版）、刘通的《宋慈洗冤集录》（海峡文艺出版社2003年版）则是文化史方面几个专题研究的优秀成果。

四　旅游和民俗宗教文化研究

旅游学是备受关注的一个方面，有不少著作根据当地政府关于“文化搭台，经济唱戏”的思路，分别从地理、生物、生态、文学、史学、民俗、宗教文化等各个角度，以图文并茂的方式，介绍和展示了武夷山所独具的人文、自然景观及其文化底蕴。其中南平市人大常委会主任徐肖剑主编的《大武夷览胜》（福建人民出版社2001年版），将武夷山周边10个县市的旅游资源，诸如山川风光、历史名流、文物古迹、风俗民情、地方特产等，分门别类，一一道来，蔚为大观。南平市副市长吴邦才主编的《世界遗产武夷山》（福建人民出版社2000年版），前武夷山市市委书记、现南平市人大常委会副主任张建光主编的《武夷山之旅》（海潮摄影艺术出版社2002年版），《朝圣山水》（人民日报出版社2002年版），从旅游文化角度，分门别类梳理了武夷山双重遗产的主要内涵，展示了其无穷魅力。

此前的1993年，武夷山市对外文化交流协会和武夷山文化丛书编委会，组织十几位文化宣传工作者和文学爱好者，以萧天喜为主编，方留章、徐少明、黄贤庚、倪木荣、赵勇、梁继武、丁麟征、丘理真、高洪、郑中孚、彭盛友、应杭军、胡黛棣、刘述先、丁海祥、王小华等撰稿，出版了一套《武夷山文化丛书》（福建人民出版社 1994 年版），包括《奇山异水》、《千古之谜》、《道南理窟》、《佳茗飘香》、《洞天佛地》、《美丽传说》、《摩崖荟萃》、《物华天宝》、《名家赞山》等 9 册。这套丛书是纪念武夷山设县 1000 年的一份厚重礼物，同时又是申报武夷山文化与自然遗产进程中一套重要的资料汇编，具有重要的文献价值。

近几年来，又有一批著作相继问世，如罗健主编的《武夷古诗词选》（海峡文艺出版社 2003 年版）、黄德义《源头活水——朱熹思想与当前公民道德教育》（海潮摄影艺术出版社 2003 年版）、王长青著《永远的武夷山》（海潮摄影艺术出版社 2003 年版）、《解读武夷山》（海潮摄影艺术出版社 2003 年版）、熊滲缎著《武夷写真》（海潮摄影艺术出版社 2003 年版）、邹全荣著《武夷山村野文化》（海潮摄影艺术出版社 2003 年版）、倪木荣《武夷岩韵集》（海峡文艺出版社 2004 年版），这些著作开始从资料整理评介与学术研究相结合的角度逐步深化对武夷文化的研究。其中邵冋津所著散文集《武夷山笔记》（4 册）（海风出版社 2004 年版），“是一部以自然汁液来过滤人文陈酿的哲思随笔。作者邵冋津把人类重新置回自然的实地背景之下，企借通过武夷山水作为人类通向自然背后的绿色通道，撩开人文的重重雾障，去证实自然是生命唯一的依托凭借和参照基准这样一个貌似简单的道理，从而揭示生命的真实心性，让人类乖朴地认知：自己也和一切生物一样是自然的顺然延伸”③。作者“对未来人类应该选择怎样的生存状态和生命方式给予必要的警示。但他无意于做时代精神的引领者，而是孜孜不倦地去营造人类心灵的栖息地。他把自然复原，把人文捣烂，然后凝成集约的墨，以极具个性的表达方式，在这里铺陈着一段参透自然、消融万卷之后的意绪，同时为诗意留下足够的席位，作为自然朝圣者的审美延伸”④。应该说，这部书是体味和感悟武夷山后从心底流出的一股清泉，在某种程度上说，可以算作是对武夷文化的一种创新。

一些学者对下梅村、五夫里等村落的民居及其他民俗文化的研究，同样成绩斐然，如萧春雷撰文、曲利明摄影的《阳光下的雕花门楼——武夷古民居的记忆》（海潮摄影艺术出版社 2002 年版），从民俗学的角度，将武夷古民居的特色展现出来，给读者留下了无限的遐想。

对武夷山宗教文化遗存的分析研究，虽比较零碎和浅显，但也不乏力作。其中较有分量的著作是方彦寿编著的《武夷山冲佑观》（鹭江出版社 1996 年版）和杨金鑫主编的海峡两岸道教文化学术研讨会论文集《白玉蟾与武夷丹道文化》（2001 年），对冲佑观的建制、沿革及其孕育武夷山道教文化的历史贡献，尤其是对道教全真派南宗五祖之一的白玉蟾在武夷山修道的实践和理论建树及其丰富武夷文化的贡献，作了比较广泛、深入的探讨。

在综合性研究方面，黄建国先生的《闽北文化》（海峡文艺出版社 1999 年版）是最主要的成果之一。何锦山先生所著《闽文化概论》（北京大学出版社 1996 年版）、《八闽文化》（辽宁教育出版社 1998 年版），何锦山、连诚谦、黄建国主编的《闽文化研究》（天津古籍出版社 1994 年版）等，虽然不是专门研究介绍武夷文化的论著，但其中有不少内容是研究介绍武夷文化的。

此外，南平市政府主管的武夷文化研究院所办的《武夷文化研究》（内部交流刊物），为闽北各县市的武夷文化研究者提供了一个发表研究成果的园地，从1993年创刊，至今已刊发武夷文化研究资料和各类文章400余篇，其中不乏材料翔实，论证严谨，见解独到的好文章。

以上所列举的研究成果，是从不同角度对武夷文化研究所做的奠基性工作。这些奠基性研究，代表了武夷文化研究的最高成就。其中朱熹及其理学研究层次高，水平高，著名学者遍及全球。除理学外，武夷文化中其他方面的研究，福建闽北学者独领风骚。这些成果为我们今天梳理各学科体系而整合成一个系统性整体，无疑具有极其重要的价值和意义。

2004年，根据《南平师专哲学社会科学研究参考选题指南》，已围绕武夷文化研究，在"朱子理学研究"、"武夷文学研究"、"世界遗产研究"、"武夷山旅游经济与文化产业研究"等5个方向。申报了20多项课题，已经审批立项并展开了初步研究的约22项。这些工作在本省虽未造成大的影响，但已经有了一个良好的开端。其中最根本的转变，一是变原来自发零散的研究为有组织、有团队、有计划的自觉研究；二是变原先半封闭式的自说自道式的研究为开放式研究。武夷文化研究院迁入武夷学院（筹），后来学院成立研究实体机构武夷文化研究所，是为实现这一转变所采取的组织措施，表现了南平市政府和武夷学院（筹）领导的远见卓识 。

就闽北地区总体情况而言，已经初步形成了武夷学院、武夷山市、建阳市、延平区等几个颇具实力的研究团队，其他各县市也有少量专业工作者或业余爱好者，在各方面的条件都有限的情况下，结合自己的治学领域或感兴趣的问题，开展相关文化遗产的挖掘、整理、资料收集、学术研究或文艺创作等工作，精神非常感人，成绩非常突出。但同时也毋庸讳言，各县市的相关人员认识上存在着误区，全区缺乏纲举目张的规划，与省社科联的联系不够紧密，各团队各自为战，研究人员"仗剑独行"，缺乏必要的交流协作，各方面的资源整合困难重重，研究工作不仅显得比较零散，而且不同程度的交叉重复逐渐增多。上述现象将在很大程度上制约武夷文化研究的深入和新的突破，应当引起宣传文化部门的重视，遵循党中央关于树立科学发展观，繁荣哲学社会科学研究的精神，采取切实可行的政策措施予以引导，切实解决存在的问题，使世界遗产武夷文化能够更好地为构建和谐社会，推动海峡西岸经济区绿色腹地社会经济协调发展服务。

杨国学

2006年3月28日

注　释：

① 蔡厚示：《诗词拾萃》［M］，日本：名家社有限会社2003年版，第127页。

② 曹东：《沧浪诗话研究述略》人大复印报刊资料·中国古代近代文学研究［J］，1992年第5期。

③ 孙绍振：《武夷山笔记序》［M］，福州：海风出版社2004年版，第4—5页。

④ 同上。

一　研究成果选萃

（一）武夷文化综论

武夷文化与海峡西岸经济区建设
（提纲）

引子：湖南岳麓书院一副对联

吾道南来，原是濂溪一脉；
大江东去，无非湘水余波。

戏对一联：

文脉南移，八闽自是海滨邹鲁；
理学北上，武夷岂非文化高峰。

一　武夷文化历史定位再认识

武夷文化是产生于以武夷山为中心的广大地区，以朱子理学为核心的区域文化。其历史定位是两宋时期中华文化重心南移的承载体、延伸体和再生体。

武夷文化是中华文化发展的新阶段、新形态。其主要贡献是形成了以儒学为中心，儒、释、道兼容的民族精神文化结构。

武夷文化产生于国家、民族危难时期，其主要特征是强烈的爱国主义、忧患意识和创新精神。

武夷文化“致广大，尽精微，综罗百代”，博大精深。源于原始儒学，又高于原始儒学，成为700年中国文化主流。其重要标志是联合国教科文组织确定的“后孔子主义”。

武夷文化形成后，北上西进东出，汪洋澎湃，成为具有世界意义的文化运动。其借鉴意义在于先进文化要有“走出去”的战略眼光和勇气。

二　武夷文化是海峡西岸经济区的重要文化支撑与文化动力

（一）武夷文化赋予海峡西岸经济区建设更高层次的价值判断与理性选择；

（二）武夷文化赋予海峡西岸经济区建设更完善的经济整合功能与社会和谐功能；

（三）武夷文化赋予海峡西岸经济区建设更强烈的创新意识与开放意识；

（四）武夷文化赋予海峡西岸经济区建设更准确的科学定位和更广阔的发展空间。

三　在推动海峡西岸经济区建设中促进武夷文化建设与发展

（一）在深化研究中增进对武夷文化主体价值的社会认同；

（二）在加快建设先进文化进程中注重吸收武夷文化积极因子；

（三）在经济社会发展布局中更加关注武夷文化资源的开发利用；

（四）在开拓创新中寻求武夷文化新的更快发展。

（作者马照南，中共福建省委宣传部副部长，
本文原载《武夷文化研究》2005年第1期。）

在武夷文化论坛暨武夷文化研究院迁址庆典上的讲话

祝贺武夷文化论坛召开，祝愿武夷文化研究院能出现新气象，拿出新成绩，给人新鼓舞！

中国是一个有5000年历史传承的文明古国，是世界上最古老的几个古国中唯一没有中

断历史发展的国家。近现代中国人用了百余年的努力，来甄别传统文化中的精华与糟粕，力图在扬弃中保持精粹，寻找出使中华文明永续不断的灵魂所在，但这项事业似乎远未完成。对现代文明的追求与对历史文化的继承，像一副重担压在当今中国人的肩上。我们不能不面向世界，敞开国门进行改革，学习西方先进文化；也不能不立足于本国，继承传统文化精华，建造自身特色文化。全盘西化，或闭关锁国，都是没有出路的。现在要警惕的是，一种崇洋媚外、自贬国粹的倾向，传统文化有被淡忘的危险。此外，只重视物质基础，不重视文化作用的倾向，也应引起警惕。春秋时期的管仲说过："仓廪实而知礼节，衣食足而知荣辱。"马斯洛"人的五个层次需求"，把生存放在第一。马克思提出"物质决定意识"论。这些我们所熟知的论述，有些人不能正确理解，部分急功近利者，眼睛只盯着物质文明，双手只抓经济发展。殊不知，春秋和秦，礼乐崩坏，因而战祸频仍，立国不久；汉朝统一了鲁国的礼教和秦国的法律，开启了中国称雄世界一千多年的历史。资本主义首先产生于并不富裕但却具有良好修养的清教徒聚集的地方；西方经济是在经过文艺复兴、宗教改革和启蒙运动洗礼之后才促使了工业革命，超越了中国经济。这说明良好的社会风气、先进的文化促进经济发展是一种必然。宋朝，尤其是南宋，闽北文化鼎盛，经济繁荣，特别是朱子理学即西方称之为后孔子主义的哲学思想，影响深远，至今对中西方文化的交流与发展都起着重要的作用。这是我们大武夷人曾引以自豪的历史。

武夷文化是中华传统文化的组成部分，武夷文化研究是传承中华文化的实际工作。愿诸君努力，愿诸君有成，愿武夷文化能促进大武夷的繁荣与进步，愿武夷文化能增添中华文化的光彩！

2005 年 3 月 12 日

（作者徐肖剑，南平市人大常委会主任、武夷文化研究院名誉院长，
本文原载《武夷文化研究》2005 年第 1 期。）

武夷文化研究新的跨越

——在武夷文化研究院迁址庆典上的讲话

今天，我们大家会聚在一起，将成为一个历史的见证者。因为根据南平市委、市政府的决定，从今天开始，武夷文化研究院正式乔迁武夷山、依托武夷学院、汇集社会贤达，开展更宽领域、更深层次、更具特色的研究工作。这将是武夷文化发展史上的一个里程碑，是一

个历史性的跨越。在这样一个历史性的时刻，我谨代表南平市委、南平市人民政府向乔迁庆典表示热烈的祝贺！

武夷文化是中华民族传统文化的一个重要组成部分，也已成为世界历史文化的一份珍贵遗产。

武夷文化内涵丰富，包括了理学文化、道教文化、佛教文化、陶瓷文化、建筑文化、旅游文化、茶文化、蛇文化等各个领域，涉及史学、哲学、文学、地理、宗教、艺术等多个学科。

武夷文化名家辈出。在武夷文化发展史上，曾涌现出诸如理学大师朱熹、词坛大家柳永、佛学高僧扣冰、道家真人白玉蟾等文化巨人，独领风骚数百年。

武夷文化影响深远。在历史上不仅对闽北、对福建、对中国文化进步产生过重要影响，而且对东南亚乃至对世界文化也有较大的影响。

弘扬民族优秀传统文化，是发展社会主义新文化的基础。我们进行武夷文化的研究和发掘，目的在于更好地弘扬民族文化精神，增强社会和谐的凝聚力，更好地打造武夷文化的品牌，增强发展的竞争力，更好地扩大对外文化交流，增强对外的影响力。总之，更好地为中华民族的伟大复兴服务，为人民造福！

武夷文化研究工作既光荣又艰巨。需要大批有志之士加入研究的行列进行执著的钻研、需要社会各界人士给予广泛的支持、需要各级党委政府给予有力的推动。

我相信，在各级党委政府的重视下，在社会各界的支持下，在研究人员的努力下，武夷文化研究工作将像这座依山傍水的楼院一样面貌一新。武夷文化研究院也将像我们即将栽下的树苗一样茁壮成长。

（作者吴邦才，中共南平市委常委、南平市副市长、武夷文化研究院院长，
本文原载《武夷文化研究》2005 年第 1 期。）

论武夷学在海峡西岸经济区建设中的学术价值

“武夷学”是以“武夷”冠名而正在筹备组建的武夷学院学者提出的一个特色学科建设目标。提出这一建设目标的主要依据是，武夷山世界双遗产本身具有自成体系的自然科学和社会科学兼备的学科内涵，具有自然科学和社会科学领域里长期研究所奠定的坚实基础，具有世界遗产的普遍价值和为地方经济与社会发展提供智力支持的独特价值。

那么，什么是“武夷学”呢？武夷学是以《世界遗产公约》关于评估世界遗产的执行标准为依据，以世界文化遗产和世界自然遗产武夷山为研究对象，以双跨自然科学和哲学社会科学两大科学体系的若干个分支学科为基础学科，综合其中部分与武夷山相关的分支学科所形成的交叉学科和边缘学科。换言之，武夷学应该是由文、理两大科学领域众多传统学科或传统学科主要构件或部分学科要素组成的学科集群。

创建武夷学，必须通过整合自然科学与社会科学、高校和地方各方面的特色资源和优势资源，打破学科壁垒，拓展、提升与武夷山相关的自然科学领域和哲学社会科学领域的研究层次并使之进一步系统化，尤其是在边缘交叉学科建设方面，文理学科之间相互借力，相互策应，相互渗透，培育出新的学科生长点，站在前人肩膀上取得新的突破性进展，在综合性研究方面有所建树。基于这样的认识，我们认为，武夷学不仅对正在筹建的武夷学院具有重要意义，而且在海峡西岸经济区建设中也具有较高的学术价值。

一 在建设生态经济区方面的典范价值

武夷山有我国东南大陆乃至地球同纬度地带面积最大、保留最完整的中亚热带森林生态系统。其中约 2.9 万公顷中亚热带原生性森林植被，“位于泛北极植物区南缘，接近古热带植物的北缘，处于两大植物区系的过渡地带，植物区系呈多样化特点。据对保护区被子植物 737 个属的地理类型的统计分析，其被子植物兼有泛北极植物区、古热带植物区、大洋洲植物区和新热带植物区 4 个植物区 12 个亚区成分。”① 经过一个多世纪以来几代科学家坚持不懈的考察、统计、核对，目前已知的植物 3718 种，其中高等植物 269 科 1040 属 2888 种，低等植物 840 种。已知动物 5110 种，其中哺乳纲 71 种、鸟纲 256 种、鱼纲 40 种、两栖纲 35 种、爬行纲 73 种，昆虫已定名的 4635 种②。在这些动、植物种群中，有武夷山特有种 100 多种，古老、孑遗、珍稀动植物数十种。许多生物学家认为，武夷山可能还有大量动植物种类尚未被发现和命名，因此，我们说它在生物多样性方面，简直就是一部十分珍贵的活的生物学、生态学与环境保护的“百科辞典”。

这一生态系统不仅在我国东南部具有生物多样性典范价值，即使在全球生态学与环境保护方面也具有无与伦比的典范价值，因此，得到了国内外科学家的高度重视，赢得了全世界有识之士的由衷赞赏，被誉为“研究亚洲爬行动物的钥匙”、“鸟的天堂”、“蛇的王国”、“昆虫世界”、“世界生物之窗”，并被定为“世界生物模式标本产地”。世界自然保护联盟专家莱斯利·莫洛伊博士考察后题词：“武夷山是中国人民永续利用自然资源的永久性象征。”③世界旅游组织执委会主席比阿特丽兹·巴尔科先生考察后题词说：“未受污染的武夷山是世界环境保护的典范。”④1982 年被确定为国家级自然保护区，1987 年被确定为世界人与生物圈保护区，1999 年，被联合国世界遗产委员会列入《世界自然遗产名录》，这一系列国家级、世界级的桂冠正是对其生态学典范价值的充分肯定。

众所周知，生物学、生态学、气象学、环境科学以及与之相关的应用工程技术，是建设生态经济区必需的支柱学科，而且必须发展为强势学科。而这些学科门类正是武夷学自然科学体系中的主要学科，而且是已然存在的传统学科，只不过过去都是各自独立的学科。根据福建省已经部署并已全面铺开的海峡西岸经济区建设规划，将按照科学发展观，把经济区建设成为海峡西岸最大、最富于生机和具有坚挺后劲的生态经济区。这一发展思路，完全符合全球未来科学发展和经济发展的趋势。实现这一宏伟目标的科学支撑点，必须建立在多学科交叉融合上。据统计，近百年评出的334项诺贝尔自然科学奖中，将近一半是多学科交叉的产物。据此，中国工程院院士、四川大学校长谢和平教授认为："多学科交叉融合是优势学科的发展点、新兴学科的生长点、重大创新的突破点，也是人才培养的制高点。"⑤所有这些又正是武夷学建设所瞄准的高级目标。

二　为海峡西岸经济区锦上添花的美学价值

根据《世界遗产公约》第1条第3款规定，部分世界文化遗产是指"从历史、美学、人种学或人类学的角度来看，具有突出的普遍价值的人造工程或自然与人类结合工程以及考古遗址的地区"⑥。《执行世界遗产公约的操作标准》（Operational Guide lines for the Implementation of the World Heritage Convention）第3条规定，世界自然遗产应"具有绝妙的自然现象或含有罕见的自然美景，在美学上具有重要意义"⑦。获准列入世界双重遗产的武夷山的峰峦丘壑、碧水丹山地貌和令人神往的动植物王国，本来是自然界地壳运动和亚热带气候所成就的杰作，但它激发了人们无限的审美想象力和美学创造力，将其看作是大自然以其鬼斧神工，精心劈划雕镌而成。于是，根据这些千姿百态的自然美景的不同特点，为之取了极富诗情画意的名称，如玉女峰、大王峰、紫屏峰等36峰；金鸡洞、仙床洞、桃源洞等72洞；环佩岩、鹰嘴岩、宴仙岩、晒布岩等99岩。玉女峰、大王峰、天柱峰，分别显现了其亭亭玉立的秀美、雄强伟岸的壮美和挺拔陡峭的险峻美，烟雨笼罩下的水光山色，示人以雾中看花般的朦胧美，婆娑竹影掩映下的古刹寺观，透出深山幽谷的清幽美，山水林茶相映成趣，表现出武夷山浑然天成的和谐美，而动植物相依相伴，相生相克的自然现象，又揭示了极其深刻的生态平衡美。

实际上，这都是武夷山"绝妙的自然现象"和"罕见的自然美景"等客观存在的自然美作用于审美主体时，审美主体的精神创造力被激活所创造的文化现象，是武夷山永久魅力和巨大美学价值的具体体现。就是说，由于审美主体的介入，使客观存在的自然景物着上了强烈的人文色彩，客体的自然美被人化而充满了情趣和理趣。作为自在物的自然景物，因了人的审美关照而变成了能够使人产生精神愉悦的具有审美价值的景观。

而大量富含自然、社会、人生哲理和情趣的石壁岩刻及点缀于山坳、溪畔的儒学书院、佛道寺观、民俗故居等人文景观，又从另一个侧面展示了武夷山作为世界文化遗产所应有的建筑美、文化美、民俗美、环境美等方面的美学价值。

武夷山的美既是大自然赐予的，也是古往今来生活在海峡西岸的福建人民靠自己的聪明才智精心创造的。世界双重遗产是属于全世界、全人类的，但首先是属于中国属于福建的。如果将海峡西岸经济区"绣"成一块美轮美奂的"锦缎"，那么，武夷山双重遗产及其所育化出的、对经济区建设发挥重大作用的高水平学术成果，就是这块"锦缎"上极其耀眼的两颗明珠。武夷山旅游经济的可持续发展，一方面主要依靠世界双重遗产奇谲富丽的美感及其所产生的吸引力，另一方面，将有赖于对武夷山更深层面和更高水平的科学研究予以高品位的引导。

三　经济社会协调发展所需要的经典文化附加价值

在列入世界双重遗产名录的我国四大名山中，武夷山虽然没有泰山之雄和“五岳独尊”的地位，没有“黄山天下奇”的声望，没有“峨眉天下秀”的隆誉，却也有“奇秀甲于东南”的美名。若论名气，武夷山确实在泰山、黄山、峨眉三山之下。但从文化底蕴看，泰山以岱庙为中心的古建筑群、碑林和泰山摩崖石刻为主要内容，它是华夏古文明的浓缩与象征；峨眉山为普贤道场，是我国佛教四大名山之一；黄山以中华始祖黄帝在此得道升天的传说而得名，其古建筑遗存、摩崖石刻和诗文数量也极多，但基本上是道教名山；而武夷山却具有儒释道三教同山的特点。但这还不是最重要的，更重要的是，泰山、黄山、峨眉三大名山中，没有一家孕育并拥有过像朱熹这样一位曾经影响过中国思想文化数百年且远及海外的重量级文化巨人。朱子理学的创立者朱熹，是继孔孟之后，儒家道统的集大成者，在中国哲学史、思想史、教育史乃至整个文化史上，都有着举足轻重的地位和极其深远的影响。如果要追本溯源的话，人们都知道，朱子的思想、理论和大部分的著述是在武夷山酝酿完成的，其一生的大部分时间也是在武夷山度过的。可以说，武夷山是孕育朱子学的母亲山，是陶铸朱子学的冶炼所。复旦大学当代著名思想史专家蔡尚思教授曾提诗赞云：“东周出孔丘，南宋有朱熹。中国古文化，泰山与武夷。”但孔府、孔庙与孔林虽然与世界遗产泰山相邻，但孔子及其学说毕竟不是在泰山孕育形成的，因此，孔子和泰山的关系，并不像朱熹与武夷山那样难解难分。从这个角度来看，作为武夷文化核心内容之一的朱子学的文化经典性价值，在中国四大世界双遗产中是无与伦比的。

所以，论文化分量，目前中国四大世界双遗产虽各有千秋，但确实只有武夷山能够与东岳泰山相比肩而堪称伯仲。诚如元初学者熊禾所称颂的那样：“宇宙间三十六名山，地未有武夷之胜；孔孟后千五百余载，道未有文公之尊。”[⑧]蔡尚思先生的诗和熊禾的赞词，恰当地概括了泰山与武夷山和中国古代最有影响的两位思想家、教育家在文化史上的崇高地位。

海峡西岸经济区建设以福州为中心，以厦门、泉州、漳州为重心，如果再融合进武夷山世界遗产的文化因子，那么，经济活动将因世界遗产巨大的影响力而使其文化附加值大幅度提升。与此同时，沿海发达地区又可发挥强大的辐射功能，将暂时处于欠发达状态的闽北经济带动起来。在这个过程中，武夷学研究不仅应该在经济区建设中发挥引入南部“活水”、吹响北部号角、奏鸣南北交响曲的作用，而且应该在科学发展观指导下，开掘朱子学和其他经典性传统文化中关于建设和谐社会的理论精髓，为实现经济和社会协调发展的总体目标而有所作为。

四　建设海峡西岸经济区绿色腹地人才摇篮的学术宝库价值

首先，武夷山十分丰富的动、植物资源和水资源为古往今来的闽北人民提供了优裕的生产生活环境和丰富的生产生活资料，她用自己甘甜的乳汁和伟大的慈母般的挚爱，无私地养育了世世代代的闽北人，使他们施展聪明才智，创造了各个不同时代多彩多姿、灿烂辉煌的物质文化和精神文化。其中作为世界遗产重要内容之一的古代闽越国王城遗址和在中国哲学、思想、教育史上占据统治地位800多年的南宋著名理学家朱熹，就是这两种文化的杰出代表，联合国教科文组织关于“能为已消失的古文明古文化传统提供独特的见证”的结论，就主要是针对这两个方面的内容而言的。而且也正是武夷山那数万亩原生态森林的涵养，才使得闽北大地溪流纵横，使九曲溪成为如诗如画的人间仙境，引无数天下才俊为之折腰、陶醉，为之咏歌，为之赞叹，必欲身临其境，领略那人在画中、画在诗中的意趣而后快。

其次，文化遗产中的精华与自然遗产相结合，便使自然遗产增加了浓厚的人文色彩和人性化气息。有道是“山不在高，有仙则名；水不在深，有龙则灵”。武夷山关于彭祖及其两个儿子彭武、彭夷的传说，武夷君和幔亭招宴的神话，大王和玉女的爱情故事，扣冰古佛的不朽功德，白玉蟾修仙的佳话，特别是大量富于哲理与情趣的摩崖石刻和朱熹博大精深的理学成就等等，无不在“奇秀甲于东南”的武夷山自然遗产中注入了或神奇、或诡谲、或空灵、或凄婉、或静谧、或厚重的文化因子，从而使双遗产相辅相成，相得益彰。即所谓文化遗产以自然遗产而愈显，自然遗产以文化遗产而弥彰。

根据以上的分析，我们认为，以世界双遗产为基本内容而创建武夷学，一是拓展武夷科学内涵，培育新的学科生长点的需要。比如我们从最具典范价值的武夷山生态科学入手，便可以培育出对闽北地方经济产生巨大拉动作用的武夷山生态经济学和武夷山生态旅游学；与地理学（包括人文地理和自然地理）交叉渗透，产生影响深远的武夷山地理生态学，以及武夷山生态文化学、武夷山生态哲学、武夷山生态文学、武夷山生态美学等有价值的边缘交叉学科。

二是建构武夷学科，是运用科学发展观整合与升华武夷文化的时代要求。武夷学是武夷山被列入“双世遗”《名录》以后的产物。这一概念的提出，可能会使原先评介、研究或略失宽泛零散，或各自为战的现象有所改变，转而“把与武夷山相关的各学科层面整合成为一个纲举目张的有机整体，既在理论和科学内涵上提升武夷文化研究的层次和品位，又可搭建一个文理渗透，加强边缘、交叉学科研究的平台”⑨。

三是建构武夷学学科体系，是以“武夷”冠名的武夷学院创建特色学科和学科品牌的必然选择。一所大学是由若干学科支撑的。武夷学院冠以“武夷”之名，自然要以“武夷学”为其学科支撑点之一。作为一所地方性大学，武夷学便理所当然地应该成为这所大学赖以显现特色的新兴学科和重点学科。因为一所新建的地方性本科大学，在大部分传统学科和新兴学科建设上很难与老牌大学争雄而占有一席之地，如果步其后尘，那么，在相当长的一个时期内处于落后地位是确定无疑的，甚至难免“邯郸学步”之讥。而只有在“特色”

建设上动脑筋、下工夫，才有可能在海峡西岸经济区建设的学术坐标系中找到自己准确的位置，进而在强者林立的高等教育阵营中占据一席之地。如今，筹建闽北最高学府武夷学院的工作，为“武夷学”的提出及其学科建设提供了一个千载难逢的绝好机遇。审时度势，抓住这次机遇，有效整合全校相关专业的有生力量，借重省内外和国内外的人才资源，组成开放性的富于凝聚力和协作精神的学术梯队，联合攻关，就有可能在人才培养、科学研究和为地方经济与文化建设服务方面多出成果，快出成果，就有可能建成一个人无我有，内涵深厚，特色鲜明，在省内外产生一定影响的特色学科，进而打造出自己的“王牌”学科，形成“品牌”优势。由此看来，“武夷学”应该是武夷学院未来的学科建设之魂，是武夷学院学科品牌的标志之一。随着学院的产生和逐步做大、做实，必将借助武夷学提升学院的学术水平。如果措置得当，它将成为把学校做强的主要闪光点之一。

四是建构武夷学，将为闽北的经济腾飞和社会发展提供一个角度极佳的支点。武夷山是一座品位极高的“宝矿”，而“武夷学”则是打开宝藏的“开山之斧”。一旦将武夷学培育成熟，与之相关的各分支学科领域的研究成果，“不仅会对闽北的经济与社会发展发挥举足轻重的拉动作用，而且会成为海峡西岸经济区建设中的亮点之一。这对闽北地区来说，是一件利在当代，功在千秋的大事，它对扩大中国的世界遗产在国际上的影响也将发挥重要的作用”[10]。

综上所述，借重世界双重遗产创建武夷学是一项使世界双重遗产武夷山锦上添花的创新性系统工程。武夷学无可置疑的学科价值及其在海峡西岸经济区建设中的学术价值，是据以指导该学科建设实践的理论基础。

（作者杨国学，武夷学院（筹）中文系教授、武夷文化研究所所长、宋明理学研究中心副秘书长，本文原载《武夷文化研究》2005 年第 1 期。）

注　释：

① 吴邦才主编：《世界遗产武夷山》，福建人民出版社 2000 年版，第 50 页，李荣禄撰《生物之窗》。

② 同上书，第 51、57 页，文字有删节。

③ 同上书，第 5 页。

④ 同上。

⑤ 谢和平：《综合性大学的学科交叉融合与新跨越》，《中国大学教学》2004 年第 5 期。

⑥ 陶伟：《中国世界遗产的可持续旅游发展研究》，中国旅游出版社 2001 年版，第 7—8 页。

⑦ 同上。

⑧ 熊禾：《重建武夷书院疏》，载（清）董天工：《武夷山志》，方志出版社 1997 年版，第 310 页。

⑨ 杨国学：《武夷学简论》，《理论研究创新优秀学术成果选萃》，光明日报出版社 2004 年版，第 777 页。

⑩ 同上。

科学发展观与区域内源现代化

——兼论武夷文化与闽北经济社会发展

全面建设小康社会的时代命题，标志了中国现代化从总体规划向社会自身变革的转移，科学发展观则为探索区域现代化问题确立了新的思路。如何把握社会主义现代化建设的时代背景和现实要求，走出有区域特色的现代化道路，这是关系中国特色社会主义深入发展的重大问题。在科学发展观的语境下探讨从传统社会向现代社会转型，既要有观念创新，又要有发展思路和概念系统的转换。

一 科学发展观语境中的区域现代化

中共十六届三中全会提出了“坚持以人为本，树立全面、协调、可持续的发展观，促进经济社会和人的全面发展”的新思路。这标志着我们党对社会主义现代化建设规律的认识上升到了一个新的水平，将为区域经济社会现代化注入一种全新的观念，在实践上产生重大影响。

发展观是与现代化紧密相关的概念。邓小平提出“发展是硬道理”的论断以后，全国的现代化进程大大加快。现代化是从传统社会向现代社会的转型过程。它包括从自然经济和计划经济向社会主义市场经济的转变，从权力决定社会的政治权威主义向民主法制化的转变，从文化神圣化向文化观念理性化、多样化和世俗化的转变，从城乡分割向城乡一体化的转变，从社会封闭向社会开放的转变等诸多内容，是社会生活最深刻的变革。邓小平说：“改革是中国的第二次革命。”①这种革命的深刻意蕴就是社会转型。然而，就在中国以工业化为依托的传统现代化尚未完成的情况下，西方国家以全球化、信息化、知识化、生态化为特征的第二次现代化正在兴起。第二次现代化是以知识取代资本成为经济社会发展的主导力量为标志的。它对中国的现代化形成了新的挑战。在这种背景下，中国的社会主义现代化要实现社会发展中的“双重转型”，就必须确立新的思路。

中国传统社会的整体性特征，决定了现代化的真正启动必须首先从上层变革开始，由政府把握社会发展的客观要求，进行思想动员、发动组织、目标规划和战略部署。然而，从根本上讲现代化又是一个社会变革和以自身生长力适应现代化社会要求的过程。全面建设小康社会的命题，实现了中国现代化的重心下移，区域现代化问题也就凸显了出来。

在现代社会发展中，市场经济的全面发展并不会消除地方特色，而是要求各地方在社会的整体性变迁中，科学把握自身定位，在与整个社会的物质、商品、信息交换中，挖掘、动员“本土资源”，造就和发挥自身优势，在与其他地区的优势互补中实现发展。

第一，坚持发展是硬道理，形成求实创新的思维方式。中国社会的一个重要特征，是各地区在经济发展水平、经济社会结构、历史文化传统、自然地理环境、人口素质等方面存在很大差别。因而，总体性话语体系与本土社会发展实际之间有一定距离。中央的总体部署是原则性的，发达地区的做法和经验也是相对性的。因此，逻辑优先的原则并不能反映出区域性经济社会发展的实际要求，也难以适应社会发展多样化的特点和真实的历史图景。区域发展中提出的新问题，不是对全国性社会发展要求高度抽象而形成的原则所能完全包容的。因此，在区域经济社会发展中，首先，要坚持理论与实际相结合。因为实践比理论更生动和具体，任何实践都不是按理论复制出来的。其次，要坚持历史与逻辑相统一。恩格斯说：“原则不是研究的出发点，而是它的最终结果。”②各个区域必须善于从自身历史基础、现实状况和未来发展的要求中寻求有自身特色的发展道路。恩格斯还说过：“在经济学的形式上是错误的东西，在世界历史上却可以是正确的。”③再次，要坚持宏观与微观相一致。社会主义现代化是一个以基层社会变革支持国家总体现代化的过程。因而，现代化不是按宏观性理论复制社会，而是以基层社会发展的实际解读和发展宏观理论。这样，就一方面要提高文化意识，准确理解科学发展观的内涵；另一方面又要领悟发达地区现代化建设经验的本质，并且创造性地把这些经验与区域本土实际结合起来，实现“创造性转换”。

第二，把握现代化的根本要求，树立社会发展质量意识。以人为本，全面、协调和可持续发展的根本要求，是提高社会发展的质量。这并不是否定以经济建设为中心，而是要克服经济发展的自发性和盲目性，把经济发展建立在优化结构和提高要素质量上。社会发展的质量不仅是指经济社会发展水平，而且是指一种整体性品格和效应，是使社会在变革中呈现出动态性最优化品质。社会质量的特征包括：整体性，市场经济是一种网络化经济，它使社会各个部门和各个领域形成相互依存的有机性联系，而不是把它们都异化为“经济人”。作为一个区域来讲，就把握自身特色和在更大社会格局中的定位，发挥出自身的整体功能。效能性，是指区域经济社会发展中的效益和功能。自然和历史文化资源的开发、社会资源的动员和组织、信息和物质流动渠道的畅通，在不同的组合下会有不同的效果。强调效能性就是要努力实现这些因素的优化组合。它讲究组合的合理性、科学性，以减少冲突和浪费，从而形成一种整体功能。调适性，就是通过有效的改革措施形成自我调节机制，以适应环境的变化。这种机制体现着一种整合能力，不断吸收来自外部的现代性因素，对其内涵有正确的理解，并通过再创造使其转化成为自身发展的内在要求。同时要有一种纠错机制，能排除突然事件带来的冲击和干扰，进行自我修复，使社会发展状况朝着既定目标进行。

第三，发挥文化的总体性和超越性功能，以文化观念创新带动有形资源发展。在全国性现代化建设得到有力启动以后，东南沿海一带迅速崛起，对相对落后的地区形成了巨大冲击和有效带动，但也导致了一种浮躁情绪。由于没有实现从“应然”向“实然”的转变，对市场经济没有深刻领悟，往往形成了一种先入为主的偏见，有些地区简单地模仿先行者的经验和做法，把以经济建设为中心看成是单纯经济增长，把市场经济当成包治百病的灵丹妙药，造成了争投资、争项目、重复建设的粗放式发展；区域内产业结构不合理且不能与全国性大市场相适应，也就不能有效促进区域经济发展；以旧的观念理解新的社会要求，使新机制、新技术不能有效发挥作用，造成了工具理性主义流行，引发了权力寻租和官员腐败，等等。实际上，即使是现代化先行地区，也不是单纯经济增长，而是以社会变革支持经济发展的过程。以经济增长为唯一目的必然造成短期行为，也必然导致效率与公平、工业与农业、城市与农村、经济发展与生态环境之间的矛盾。在不断变革的社会中，形成整体进步的意识和超越性目标追求，培育个性是当代文化的主题。“文化必然形成一种与主体的抉择相关联的情境、意义网络。”[④]科学发展观本质上是一种文化选择。它超越了单纯经济增长的模式，提升了市场经济的意义追求，正确认识了经济、社会、人、自然之间的共生互动关系，把握了社会全面发展和可持续发展的要求。从根本上讲，文化有整体性风格，它可以从总体上把握社会全面发展和可持续发展的要求，平衡社会各方面的关系，使它们之间形成良性互动；它带有批判性风格，可以在对社会弊端的批判中实现主体的自我否定、自我更新，提高经济社会发展质量；它有超越性追求，可以把新的观念、新的知识、新的技术转化为一种精神力量，发现社会现实与最高成就之间的差距，为经济社会发展树立更高境界，从而在超越现实中形成人们不懈追求的精神，进而推动经济社会发展。文化观念的创新引导着经济发展，进而把有形的资源开发组合起来，形成更大的效益，造就出区域经济社会发展的优势。

二　以文化创新推进闽北内源现代化

从形式主义的“冲击——回应”式外源发展到“吸收——创造”式内源发展，是现代化后起地区必须解决的问题。外源现代化和内源现代化本来是研究世界范围内不同国家现代化时序的一对概念。外源现代化强调现代化的动力主要来自外部现代性的冲击，内源现代化强调现代化的动力主要来自一个国家内部的变革和现代性的生长。日本学者鹤见和子打破以国家为边界研究现代化的局限，认为在一个国家内部的不同区域甚至不同社区之间也存在外源与内源之间的关系问题。这一思路拓展也为我们研究区域现代化中外源与内源的关系提供了新的理论视角。实际上，在中国这样一个地域广大，人口众多，各地的社会结构、经济结构、历史文化传统、自然地理环境有很大不同的国度里，现代化不可能是同步的，起步较早、发展较快地区的现代化成就，必然对后起地区构成一种外源，而后起地区要走出有自身特色的现代化道路，也不是简单地模仿先进地区，而是要立足自身传统、改造外来模式，寻求有自身特色的发展途径。它并不否认外部现代性因素的作用，而是要以主动创造精神把它与自身基础变革联系起来，开发出社会内部的各种资源，在与外部现代性的互动中造就和发挥出自身的优势。

传统与现代不是截然对立的，而是有很大的兼容性。在现代化中必须赋予传统文化以新的时代精神，使传统体现出现代发展的要求，才能走出有地方特色的内源发展道路。在现代社会发展中，文化已渗透到经济、政治和社会生活各个方面。只有挖掘历史文化资源，实现传统向现代的转化，才能在区域经济社会发展中，把文化创新与区域定位、自然资源开发、社会资源发动、市场优势形成和人民群众的创造性发挥结合起来，实现对外来现代性的创造性转化，走出一条有自身特色的经济社会发展道路。就我国现代化早发地区而言，改革开放以来，岭南文化的开放兼容性与外资引进相结合，推动了珠江三角洲经济的快速发展；永嘉文化的“事功”传统与个体经济发展相结合，使温州经济异军突起；吴文化的重素质求内涵精神与高科技相适应，造就了苏南经济的辉煌。经济社会发展相对落后的地区也必须把握自身文化传统，寻求发展的内源生长力，走出发展的内源生长力，走出有地方特色的现代化道路。

闽北地处福建省北部，位于闽东南和长江三角洲两个经济发达地区的中间地带。这里森林覆盖率高、自然生态好、历史文化资源丰富、交通通信网络发达，而且有以建阳、建瓯、武夷山为代表的小城市群。其中的武夷山是世界文化与自然双遗产保护地。由于朱熹在这里创立了理学并在这里传道授业，因而遍布各地的人文景观与自然景观融为一体，形成了一道道饱浸着历史文化的风景线。著名学者蔡尚思曾说：“东周出孔丘，南宋有朱熹。中国古文化，泰山与武夷。”这就从一个角度反映出了闽北的历史文化底蕴和文化潜能。

由于受两岸关系的影响，历史上国家对福建投资较少。改革开放后，受地理位置的限制，与闽东南和长江三角洲相比，闽北地区经济发展相对落后，自然资源和历史文化资源还没有充分开发出来。然而，全面建设小康社会的目标和科学发展观的提出，却为闽北振兴和现代化建设提供了新的思路。

在全面建设小康社会的过程中，经济社会发展的文化含量越来越高，因而闽北的发展就不是机械地照搬现代化先行地区的经验，而是把握现代化发展的趋势，寻求以文化为支撑的、独具特色的经济社会发展道路。文化资源的开发和文化优势的造就将成为经济社会发展的内源生长力。在这种背景下，建设一个体现传统特色和现代化发展要求的武夷文化也就成为一种必然选择。

武夷的研究要把握理学的独创精神，实现它从传统向现代的转化；认清闽北生态性自然环境较好的特点，主动适应市场经济要求，发展生态农业；按照可持续发展的战略，在引进高科技的基础上发展无污染工业；看到物质需求满足后人们文化需求不断增长的趋势，大力发展以旅游业为龙头的文化产业；根据知识化速度不断加快的现实，办好武夷学院，造就大批主要服务于当地发展的各方面人才。要把这几个方面统一起来，形成一种总体优势，就要发挥文化的整体性和超越性功能，使闽北发展走出有深厚文化底蕴，体现现代社会发展要求，能够综合创新人类文明成果，具有鲜明地方特色的新路子。

从文化发展的角度研究闽北区域发展，就必须把武夷文化融入经济社会发展中，以造就闽北地区发展的优势。为此，就要把握以下几个方面的要求：

第一，整理历史文化典籍，把握理学的原创精神。开发历史文化资源是研究其向现代转化的前提。文化典籍是历史文化的积累，它集中了长期历史发展中形成的文明成果，是认识过去、把握现在、追求未来的基础。只有把历史文化认识清楚，才能明确从哪里来，到哪里去，在什么样的基础上创造未来。只有认清社会发展的方向，才能在传统与现代的交织中，把握内源发展的要求，赋予历史传统以新的时代精神。理学是根据当时社会实际，以阐释儒家文化原创性的方式提出的。但是，它与封建制度统一起来，走向制度化以后，就丧失了自己的创造精神。在理学文化基础上进行创新，就要把握它的内在创造精神，使其适应现代社会发展的要求；经过创造性的转化，使其体现出新的时代精神。

第二，保护开发历史文化遗址，形成以传统文化为内涵的旅游网络。在全面建设小康社会中，以文化特色聚散资源，发展文化产业是必然趋势。闽北有以紫阳书院、古汉城为代表的大量文化遗址，域内山川秀美、寺院庙宇众多。在生态化发展和旅游业成为朝阳产业的背景下，区域发展不是以追求现代而废弃传统，而是要使传统遗址成为人们追寻过去，向往未来的生动教材。社会越是走向现代化，人们的寻古要求越迫切。因此就要克服城乡建设中建筑语言一律，文化性格不鲜明的通病，使之成为文化资源的集散地。这就必须突出文化内涵，使之体现出鲜明的地方色彩，并在此基础上发展文化产业，进而使其成为经济社会现代化的人文凭借。

第三，培育现代文化精神，实现思维方式的转变。社会变革是文化创新的基础和源泉。文化的封闭性只有在经济社会开放中才能打破，它的内在精神也只有在开放中才能脱颖而出。对传统文化消极因素的消除不仅要借助外来现代性的解构，而且还要培育区域文化至大至刚和自强不息的精神。因而就要在社会变革中，克服朱子理学的内省性，赋予它一种开放精神。只有这样，才能把外源和内源有效结合起来，把现代性融入社会变革的内在要求中。理学在现代社会发展中确有一定的消极性，因此就要注重在文化世俗化中注入科学精神和理性精神，发展教育、科学、文化事业，转变人们的思维方式和行为方式，增强区域文化对现代性的理解，以迎接知识经济的到来，进而把闽北经济社会发展提到一个全新的水平。

第四，形成多样性共生意识，追求社会和谐发展。现代区域发展必须注重形成经济社会现代化的生长力。这种生长力不是脱离社会环境中多方面关系的个别产业，而是在社会经济和文化背景中，在与其他地方和诸多产业共生中形成的带动力。这种生长力的形成，必须以生态观念为指导，研究与更广大地区特别是经济发达地区相互促进的方式，以自身特色创造区域优势，而不是重复建设、低水平竞争；实现区域内资源和文化、人才、产业之间的整合，在优化的结构和建立有效的机制中相互促进。实现城市与乡村，农业与第二、第三产业，龙头企业与中小型企业的共生，并且在“物竞天择，适者生存”的环境中，提高经济社会发展的质量。

第五，树立生态型行政观念，转变地方政府职能。现代社会发展中，倡导以文化创新带动经济社会发展，是与政府职能转变联系在一起的。这就要求转变行政观念。政府必须坚持社会发展的全面性，以经济、社会、文化、自然环境的多重指标推进社会发展；进行基础设施建设，为经济发展提供基础条件；维护市场竞争秩序，以充分竞争的市场环境促进各类企业发展；制定社会政策和法规。规范社会组织的行为，维护社会公正；制定社会长期规划，开发各市场主体的潜能，保证可持续发展。这就要求政府树立一种生态型行政观念，克服急功近利和短期行为，注重发展质量，强调结构优化，讲究生态平衡，以目标长期化推进社会现代化。

科学发展观有丰富的内涵，必须从文化的高度理解它的要求，才能克服市场经济导致的浮躁情绪和“经济人”泛化现象，以全新的观念推进区域社会现代化。以武夷文化建设实现科学发展观与闽北经济社会发展的有机结合，以文化建设推进闽北发展，以闽北发展丰富和创新武夷文化，也就成为一种必然的选择。

（作者武夷樵，武夷学院（筹）管理系教授、博士生导师，本文原载《武夷文化研究》2005 年第 1 期。）

注　释：

① 《邓小平文选》第 3 卷，人民出版社 1993 年版，第 113 页。

② 《马克思恩格斯选集》第 3 卷，人民出版社 1995 年版，第 374 页。

③ 《马克思恩格斯全集》第 21 卷，人民出版社 1965 年版，第 209 页。

④ 彼得·科斯洛夫斯基：《后现代文化》，中央编译出版社 1999 年版，第 77 页。

武夷文化及其当代研究

武夷文化作为区域文化之名称，提出于 20 世纪 80 年代末。1998 年 6 月 23 日至 26 日，京沪及东南数省的学者汇聚朱子学的发祥地武夷山，参加武夷山朱熹研究中心成立大会，共商弘扬中华优秀传统文化。当代著名思想史专家、复旦大学校长顾问蔡尚思教授为大会题词，“东周出孔丘，南宋有朱熹。中国古文化，泰山与武夷。”蔡老的这一名言，点出了中国文化发展史上所出现过的“北孔南朱”的文化现象。接着，文化、学术界也普遍认为，用“武夷文化”作为闽北地域文化之名称，比称“闽北文化”更合适，像齐鲁文化、巴蜀文化一样更能体现闽北地域文化的内涵和特色。不久，武夷文化这个名称很快得到社会各界的赞同和认可。为打响这一人文品牌，南平市于 1993 年 2 月 10 日，邀请福建省文化学术界知名人士，在“理学名镇”的南平成立了武夷文化研究院。从此，武夷文化研究有了组织力量来推动，研究成果不断出现。

武夷文化之名称提出的时间不长，但武夷文化的历史早在新石器时代就开始了。它经过数千年的文化积淀，并与中原文化、海洋文化撞击整合和交融，形成自己的文化特色，有着丰富的文化内涵。当今，我们开展武夷文化研究，对于从整体上更好地认识武夷文化的特点，把握武夷文化的内涵和外延，了解武夷文化的历史地位，对推动中外文化学术交流和对外开放，对于促进闽北经济的发展都具有重要意义。

一 武夷文化的定位及地域范围界定

随着研究的不断深入，文化学术界对武夷文化的定位及地域范围界定也有不同的看法。在武夷文化的定位上，有的学者提出“武夷文化说”，认为中国经济政治重心南移后，朱熹创办书院、授徒讲学、著书立说，对儒家文化进行重新整合，建立起系统的理学（又称新儒学）思想体系，在闽、浙、赣交界的武夷山一带形成了新的文化重心。其时，南宋大理学家张栻说“当今道在武夷”，就是指国家的文化重心转移到武夷山一带。这种涵盖闽浙赣之大武夷山一带，代表国家文化重心南移的文化，应叫做“武夷文化”。有的学者则认为，武夷文化是萌生于武夷山所在的闽北地区，以古越渔猎农耕文化为源头，以朱子理学为核心，融海洋文化和中原文化于一体的区域性文化，它既是区域文化的优秀代表之一，又是中国文化的重要组成部分。两种“武夷文化”定位观，前者是从中国文化重心南移，作为研究中国古代社会后期的一个学术命题来说的。后者是相对闽南文化、莆仙文化、闽都文化来说的，是一种区域性文化。从当前及今后一段时间来看，后者对武夷文化研究是更为妥当的。因为武夷文化研究的主要对象是闽北地区的历史文化、人文活动和生态环境等。但把武夷文化作为一种纯粹的地域文化来看，又面对着如何看待朱子学的问题。在宋元间，朱子学北传而至全国，乃至日本、韩国和越南等国。它不仅成为中国封建社会后期的官方哲学，而且成为东亚国家共同接受的学说，被视为“东亚文明的体现”。明末清初，朱子学又被介绍到欧美，对西方国家亦产生过不同程度的影响。20世纪末，朱子学成为世界研究东方文化的热门课题。就此而言，朱子学已超出闽北乃至福建的区域范围，成为全国性、世界性的学说。

武夷文化地域范围界定由于其定位不同，也产生两种看法：一种看法认为，武夷文化地域范围限定于古代南剑州、建宁府、邵武军所在的闽北。因为历史上许多文化大事多发生在这里。如架壑船棺、闽越王城、图书之府、建窑、御茶园、武夷书院等都处在这块土地上。这里也是朱子学的摇篮，道教内丹派南宗的发祥地，等等。另一种看法认为，武夷文化地域范围不仅包括闽北地区，而应涵盖闽浙赣湘之大武夷山一带地区。因为武夷文化是以朱子理学为核心的，从朱子学角度来看，许多重大学术活动也发生在闽北区域范围之外的地方。如中国哲学史上一次重大辩论——鹅湖之会（朱熹与心学派代表人物陆九渊关于为学之方的辩论），其地点是在武夷山北麓的江西铅山县鹅湖寺。著名的朱、张会讲（朱熹与湖湘学派代表人物张栻关于心性论的讨论）的地点是在湖南岳麓书院，等等。蔡尚思先生在《闽学研究丛书》总序中亦说：“应当更加明确认识的，是所谓‘闽学’的范围问题。此‘闽学’是指朱子学而言……而‘朱子学’则远远超出闽北，全闽之外。”蔡老这段话明确指出了朱子学的范围远远超出闽北之外。当然，随着武夷文化的深入研究，对武夷文化的定位及地域范围界定还会提出许多新认识、新见解。

二 武夷文化内涵及外延

武夷文化经过数千年的发展，其内涵非常丰富，诸如图腾文化、闽越文化、理学文化、民俗文化、印刷文化、陶瓷文化、旅游文化等等。文化是一定时期政治、经济的反映，武夷文化也一样，不同时期有着具体的文化特质。

上古时代，武夷原始居民（史学界称之为古闽族）就创造了闽北历史上的原始武夷文化，如牛鼻山文化、武夷船棺葬俗和青铜礼乐文化等。他们的信仰是对蛇的崇拜。这一崇蛇习俗自远古以来相沿不替，至今仍有孑遗。南平樟湖坂的赛蛇祀典就是以蛇为图腾信仰的痕迹。

战国中期，越人入闽，与闽人融合而成“闽越族”。其首领无诸称闽越王，建立闽越国。他们带来了吴越文化，并与闽族文化相融合，形成了闽越文化。武夷山汉城遗址的发掘，最有代表性的再现了闽越文化。从考古学的角度，有些专家认为，闽越文化的历史内涵和特点主要体现在建筑、陶器和墓葬等方面。

汉晋以降，北方汉人大批入闽（闽北是北方汉民入闽时最先到达的地点），从根本上改变了闽地居民结构，推进了闽北社会经济的开发。中原文化与闽越文化经过长期交融，融为一体，先进的中原文化占主导地位。东汉末，道教传入闽地，魏晋南北朝时期得到发展。隋开皇中（581—600），邵武始建玄妙观。西晋，佛教传入闽北，建安郡城（今建瓯市）云际山麓于太康十年（289）始建林泉寺（后改为开元寺）。元康八年（298）建阳建有灵耀寺。道教、佛教与本土文化碰撞，推动了武夷文化的发展。

唐五代，迁入闽北的汉民日益增多（据梁方仲《中国历代户口、田地、田赋统计》第135页，上海鸿宝书局石印本，福建路辖下八州户口数统计，宋朝初，闽北人口比例达到福建全省41.6%），儒学教育不断发展，闽北又出现了早期的书院教育。书院文化的发展，提高了闽人的文化水平。同时，随着中原望族南迁入闽，在闽北形成了姓氏家族，便产生了武夷姓氏文化。五代时期，闽北出现的人才越来越多，为宋代武夷文化的全面繁荣奠定了基础。

宋代，武夷文化发展进入兴盛时期，出现了许多新的特质。在中国文化重心南移的进程中，洛学闽传，理学文化在闽北兴起，并集大成。由于理学的繁荣，州县学和书院的兴旺，印刷文化得到蓬勃发展。当时，麻沙版本书籍行四方者，无远不至。建阳成为全国三大刻书中心之一。陶瓷业相当发达，建窑瓷器不仅进贡皇宫御用，而且输往日本、朝鲜及东南亚各国，对他国文化的影响极为深刻。如建窑瓷器传入日本后，一直与日本的寺院文化、茶道文化紧密联系在一起。从种茶、制茶发展而来的“斗茶”习俗亦对日本茶道文化影响很大。闽北的斗茶习俗，受理学文化的熏陶，斗茶也讲究内省修养功夫和高雅情趣。后来，日本人将斗茶进一步改造为日本茶道。此外，宋代闽北的文学、史学、书画、音乐和科技等都得到长足的发展，有着独特的创造。

元明清三代，武夷文化持续发展。这时期最有代表性的是平话和通俗小说的出现。建阳书坊主虞氏编刻的《武王伐纣平话》、《秦并六国平话》和《三国志平话》，是我国现存较早的讲史话本。它们成为《封神演义》、《东周列国志》和《三国演义》等历史演义小说创作的蓝本。明末清初，建阳书坊编撰、刊刻的小说和杂记达数千种，居全国之首，出现了一批很有影响的出版商兼长篇小说家。

五四运动以来，武夷文化又出现了革命历史文化；改革开放后，旅游文化在闽北崛起。这些都不断丰富了武夷文化的内涵。武夷文化是一种具有开放心态的文化，将伴随着闽北社会物质生产的发展，产生新的特质。

三　武夷文化的特征

在漫长的历史发展过程中，武夷文化以其开阔恢弘的气度，与外来文化相互撞击交融，形成了自己的文化特征。就总体来说，其主要特征有：

独创性。武夷文化的独创性是以其在中华民族文化史上独特贡献而凸显的。早在夏商周时期，武夷古越族先民就制造出最早的棉布、船棺、最大最重的青铜甬钟和“天下第一剑”的湛庐宝剑等。秦汉时期，闽越人的造船航海、水稻种植、丝麻纺织、冶炼铸造和古建筑等都达到全国领先水平。宋元以降，闽北出产的北苑龙团茶、建锦、建盏和建本都具有鲜明的独创性。特别是在理学、文学、史学、书画、音乐、法医学等诸方面的建树，更是丰富了中华民族文化宝库，表现出卓越的创造力。

兼容性。兼收并蓄，集众家之长而加以融会贯通，这一特征在武夷文化中表现得比较明显。春秋战国以后，武夷先民与沿海、中原人之间就有往来和交流。历史上，中原几次大战乱。一批批大家望族入闽，中原文化与武夷原生文化相交融，促进了武夷文化的发展。唐宋时期，儒、释、道三教在武夷山并立与交融，武夷山水帘洞建有“三教堂”，供奉老子、释迦牟尼和孔子塑像。这在全国都是罕见的文化现家。“备五方之俗”的丰富多彩的民俗文化也在闽北相互融合，共同发展。此外，武夷文化的兼容性还表现在地方宗教上，如武夷山古汉城的城村，既有关帝庙、尼姑庙，也有妈祖庙、西洋楼院等。各种文化在此相互交融，和睦相处。

延伸性。武夷文化具有明显的向外流传、延伸的特征。如武夷悬棺葬俗，随着武夷古越族部落的迁徙流传到江西、云南和贵州等地；建阳麻沙书坊的刻本图书远销朝鲜、日本，成为“高丽日本通”；武夷斗茶习俗流传到日本，发展成为日本茶道；建窑出产的“兔毫盏”在浙江天目山被日本僧人带回国，称之为“天目盏”，被视为国宝；朱子理学流传到朝鲜、日本、越南等国，与他国本土文化碰撞、交融，产生了朝鲜退溪学、日本朱子学，成为东亚文化的主流；严羽对诗歌的见解一直影响到清代王渔洋；19世纪的武夷岩茶风靡英国上层社会，等等。以上这些无不向世人展示出武夷文化具有极强的延伸性。

发展性。武夷文化的又一个鲜明特征就是随着区域经济的发展，能结合时代、社会的实际需要而不断创新，产生新的特质、新的内涵。如五四运动以来，出现了革命历史文化。近十几年，又兴起了旅游文化等等。这些都不断丰富和发展了武夷文化。所以，有的学者认为，武夷文化是一种变化发展的文化。

多元性。由于地理环境因素和中原文化南移不同程度受到地域文化的影响，武夷文化呈现出多元化的特征。其一，方言、民俗的复杂多样。闽北是福建省方言最复杂的地区，其分布有北方方言岛、闽赣方言区、吴方言小区、闽客赣方言过渡区、闽东方言飞地、闽北方言区。有的县或乡内，竟没有一种统一的方言，甚至有的地方过了一座山，一条河就不能通话，这种现象在全国是极为罕见的。其民俗也是“十里不同风，一乡有一俗”。其二，闽北各种艺术难以交融，始终保持其鲜明地方色彩。闽北的戏曲不像其他地区，有一种为全区人民普遍接受的戏曲。闽北有被称为“戏曲活化石”的政和四平戏、邵武三角戏、延平的大腔金线木偶和独有的“南词”等。闽北的舞蹈、民歌都难以在全区流传，其原因也是很明显的。正是因为闽北各类艺术的多元性，所以闽北各类艺术更加绚丽多彩。

四　当代武夷文化研究的几点思考

武夷文化作为一种古文化，我们对它需要进行梳理，继承其精华，扬弃其糟粕，做到古为今用、推陈出新、与时俱进，为闽北物质文明和精神文明建设服务。具体将如何开展武夷文化研究呢？笔者认为：

1. 武夷文化研究应该突出重点。因为武夷文化研究是一项庞大的系统工程，以目前闽北的研究力量，全面进行研究存在一定困难。我们要有所选择，确定几项曾经给世界上许多国家以多方面影响，能产生社会效益和经济效益的课题，深入进行研究。这样才能发挥自身的优势，有别于其他地区的研究，才能显现武夷文化存在的学术意义。

2. 武夷文化研究，要从多学科进行。即从历史学、考古学、人类学、社会学和生态学等学科提供的新角度、新观念、新方法开展武夷文化的研究。我们不仅要重视文字记载资料的研究，而且要重视非文字资料工作，如考古学地下发掘、人类学调查访问等。闽越文化的研究就是由于考古发掘而取得了丰硕的成果，引起世人的关注。

3. 发掘武夷文化资源与旅游事业相结合，不断提升武夷山旅游文化的品位。旅游文化是涵盖自然与人文胜迹的文化。我们深入发掘武夷文化内涵，使武夷山的旅游产业拥有更深厚的文化底蕴。这正如杨国学、裘国伟在《朱子学·武夷学·世界遗产》一文中所说：“朱子研究，肩负着指导和引领旅游文化方向与走势的责任，担负着提升旅游文化品位的使命，承担着如何使世界遗产旅游走可持续发展道路的前瞻性研究任务。”（《朱子研究》2004 第4期）

4. 武夷文化研究要与对外开放相结合，成为闽北对外交往的重要桥梁。古代闽北具有东方文化色彩的陶瓷文化、建本文化和斗茶习俗，以及成为东亚文明象征的朱子学，都为后人构筑了走向世界的坚实基础。今天我们开展武夷文化研究，就是要在新的历史条件下，推陈出新，使之更好地为闽北对外开放服务。

5. 开展武夷文化研究要与保护修复有关文化胜迹相结合。武夷先民在闽北这块土地上进行文化创造活动，为后人留下了许多的文化胜迹，是极为珍贵，不可再生的文化遗产。我们在开展武夷文化研究的同时，要注重武夷文化胜迹保护修复和发掘工作。如果这项工作做得好，不仅武夷文化遗产的可视性能得到凸显，而且也有利于武夷文化研究的深入，对闽北地区文化的繁荣和经济的发展都将有积极的意义。

6. 武夷文化研究贵在创新，我们要把前人研究的成果与开拓创新相结合。因为历史文化不仅是过去的文化，它更重要的是过去与现代的对接。活在现实中的历史文化，其腐朽部分假如不剔除，它将影响文化创新，其精华部分不加继承和发扬，所要创新的文化就没有根。当今，我们开展武夷文化研究，不是只强调它的继承性，而是应强调它的开创性，它对先前的武夷文化，扬弃什么，保留什么，发展什么，要做居先的研究，并要坚持与时俱进的研究方向，跳出前人认识的窠臼，在汇古今之变的基础上大胆创新，站在武夷文化研究的前沿，站在时代的前沿，多出成果、多出精品，不断提升精神文化生活。

（作者张品端，武夷山朱熹研究中心秘书长、宋明理学研究中心副秘书长、副研究员，本文原载《武夷文化研究》2005 年第 1 期。）

（二）朱子理学研究

1. 朱子学与和谐社会论坛

儒学和新儒学与和谐社会

一 儒学与和谐社会

20 世纪的 100 年中，儒学受到广泛、全面、彻底的批判，可以说是将“孩子”与“污水”一起倒掉。现在我们发现需要将“孩子”捡回来，儒学中有些智慧有助于当前构建和谐社会。儒学智慧对和谐社会有特殊贡献的内容，我们稍加整理，就有以下重要的几项：

（一）经济上的调均。从历史上看，贫富两极分化，社会就不稳定。孔子说：“不患贫而患不均。”董仲舒认为“不均”，“有所积重，则有所空虚”（《春秋繁露·度制》）。一些人财富积累多了，另一些人就贫困了。富人骄暴，穷人偷盗，社会就不安定。圣人了解一般人的性情，知道乱是怎么产生的，就作出规定，使人有贵贱贫富的上下差别，“使富者足以示贵而不至于骄，贫者足以养身而不至于忧，以此为度而调均之，是以财不匮而上下相安，固易治之”（《度制》）。使富人足以显示自己尊贵而不至于骄暴，使穷人足够生活而又不至于忧愁，根据这种原则来进行调均，这样就可以使财富不匮乏而上下相安，社会和谐、安定，就容易治理。

贫富不均的问题，要通过调均来解决。如何调均？那是当政者的责任。从历史上来看，执政者如果无法调均，就要亡国。这种亡国有两种：一种是强臣膨胀到一定程度，就要篡权，或者强迫实行“禅让”。王莽夺取汉朝政权，是由于西汉皇帝已经失去控制力，无法解决贫富两极分化的问题。王莽的势力日益强盛，一步一步走向夺取政权。最后连太后也无法控制他。曹操挟天子而令诸侯，过度膨胀，东汉皇帝失去控制能力，最后由曹丕正式实现权力转移。后来曹氏无力，司马氏同样实现和平过渡。二是百姓被迫无法生活下去，只好落草为寇，因为太多的人都被迫无法生活，都起来响应造反，腐败的朝廷就被农民起义所推翻。秦末农民起义，隋末农民起义以及明末农民起义，都是这种情况。总之，封建朝廷控制不住强臣，救助不了弱民，亡国则是不可避免的。

执政者要是真正想调均，又有能力实行调均，解决问题就不是太困难的事情。如果不想调均，或者没有能力实施调均，那么，只能等着亡国就是了。儒家的调均思想是有很好的参考借鉴的价值。所谓执政能力，实际上就表现在预制强臣富豪和救助弱者贫民这两个方面。两方面实际上只有一个问题：那就是调均。调均不是平均主义。

（二）政治上的仁义。儒家讲仁政，以民为本，将仁爱精神贯彻在行政中，主要体现在公平上。公平首先表现在机会均等上，中国科举考试实行了一千多年，就是因为它体现了一种公平的原则。公平原则也体现在义上。义就是合理分配，利就是各种利益。义利关系的讨论，在历代儒家中没有间断过。无功不受禄，现在叫按劳取酬，是现在社会的公平原则。不平则鸣，不公平，就会有意见，有意见就要通过各种方式来表达，开始只是说说而已，普遍存在不公平，又长期不能解决，那就会引起动乱，《春秋》“臣弑君，子弑父，非一旦一夕之故也，其渐久矣”（《史记·太史公自序》），杀身成仁，舍生取义，生命是利益的最高体现。为了义可以舍去生命，舍弃一切利。说明义大于利，义重于利。国家重于个人，集体重于个人，也是义的重要一项。爱国主义，为国捐躯，都是义的表现。坚持大义，坚持合理性，是儒家构建并维护和谐社会的重要原则，也是儒家对和谐社会的贡献。历代皇朝都是出于解决不了公平的问题而被推翻的。因此，陆贾说“万世不乱，仁义之所治也。”（《新语·道基》）

主要内容：一是自己要独立思考，要自主，不能随波逐流，更不应与坏人同流合污；二是允许别人有自主权，不能强迫别人服从自己；三是要善于与人合作，善于协调关系，特别是要保护弱者，帮助弱者使不能劳动又失去倚靠的鳏、寡、孤、独以及残疾者都能享受人间的幸福。按这一原则在人群中，每个人既不当奴才，也不做霸主，也不是各自孤立的个人，而是组织成和谐的整体。这个整体使每个人的生活幸福，安全得到保障。这一原则可以适用于各种人类团体之间的关系，包括民族之间，国家之间，宗教之间，党团之间，企业公司之间以及所有人际关系。按这一原则，人类在自然界，也要维护生态平衡，不应随便杀害动物，也不能滥砍树木，破坏环境。这对于保护生态平衡有好处，最终也是对人类生存有好处的。不称霸也是我们的优秀传统，因此，我们的发展不会成为周边国家的威胁，那就不会遭到受害者的强烈报复，自己必然得到安宁。总之，我们要继承优秀的传统，为世界和平作出自己应有的贡献。

（三）修身养性。《大学》：“自天子以至于庶人，一是皆以修身为本。”儒家强调修身，上自天子，下自庶人，都要以修身为本。修身做好了，“其身正，不令而行”，这样才能齐家、治国、平天下。以身作则，是中国管理思想的特色与精华。当政者如果自身没修养好，就不能实施仁政，“其身不正，虽令不从”（《论语·子路篇》），就可能以权谋私，贪赃枉法，贪污受贿，为害一方。个人如果修身问题没有解决，那么，对上可能犯上作乱，对下可能胡作非为，危害社会，祸害人民。最后，“多行不义，必自毙”（《左传》隐公元年）。仁者寿，有仁爱之心的人容易长寿。“义之养生人，大于利而厚于财也。”（《春秋繁露·身之养重于义》）以上四个方面，从个人修养到人际关系，以及治国平天下，儒家的理论就是适合于构建和谐社会的学说。朱熹继承儒家理论，并有创新与发展，形成宋明时代新儒学的集大成者。

二　朱熹新儒学与和谐社会

（一）存天理·灭人欲

在朱熹那里，义利关系提高到更高的理论高度，这就是天理人欲之辩。天理就公义，人欲就私利。著名的口号是："存天理，灭人欲。"过去有些人批评这个口号，说是不让人民有起码的欲望。这是一种误解。因为朱熹在回答"饮食之间，孰为天理，孰为人欲"时，说："饮食者，天理也；要求美味，人欲也。"（《朱子语类》卷第十三，中华书局本，第224页）正常的欲望，是天理，人不能不吃饭，这就是天理。要求美味，就是追求过度享受。如果将精力都放在追求享受上，自然影响事业，影响社会责任。那么追求过度享受，就是人欲。在学习时期，讲究吃穿，化妆美容，追求排场，那么学习就会受到影响，就无法参加深入的理论探讨。正如孔子所说："士忘于道，而耻恶衣恶食者，未足与议也。"（《论语·仁篇》）立志学道的青年如果过分讲究吃穿，那就没有资格参与讨论治国的大道理。在当官执政的时候，如果过度追求享受，那就会以权谋私，贪污受贿，破坏公义。

天理与人欲是人性中相对的两个方面，朱熹认为："人欲便也是天理里面做出来。虽是人欲，人欲中自有天理。""人之一新，天理存，则人欲亡，人欲胜，则天理灭，未有天理人欲夹杂者。""天理人欲常相对。"天理人欲，无硬定底界，此是世界分上功夫。人只有个天理人欲，此胜则彼退，彼胜则此退，无中立不进退之理。凡人不进便退也。"以刘邦项羽打仗为比喻"，彼进得一步，则此退一步。"只此一心，但看天理私欲之消长如何尔。""学者须是革尽人欲，复尽天理，方始是学。"（《朱子语类》卷第十三，中华书局本，第224—225页）朱熹关于天理人欲的辩证关系，有很多论述。他说二者没有确定的界线，此消彼长，革尽人欲，复尽天理，才是真正学习儒学。朱熹认为："圣贤千言语，只是教人明天理，灭人欲。天理明，自不消讲学。"（《朱子语类》卷第十二，中华书局本，第207页）朱熹讲的"存天理，灭人欲"，就是针对这些当官的人说的。人欲导致自己的毁灭，天理使人成才，成功。学者在这一根本问题上，必须有明确的态度。本立而道生，本立了，其他事情就容易理解，也容易解决了。为了存天理灭人欲，要从读书开始，学习并领会圣贤的思想。

（二）读书·会·行

朱熹说："学之之博，未若知之之要，知之之要，未若行之之实。"（《朱子语类》卷第十三，中华书局本，第222页）"未若"就是不如。这里有三个比较：学、知、行。不学习不知道，学习知识，是人的精神素质的基础。"学之之博"，博览群书，知识虽然学得很多，不如认识其中深刻的道理重要、认识儒学的深刻道理的重要。认识儒学的深刻道理，不如在行为中贯彻这些道理那么实在。朱熹举了孔子弟子为例："若不用躬行，只是说得便了，则七十之从孔子，只用两日说便尽，何用许多年随着孔子不去。”孔子的学问只要两天就可以说完，何必用许多年的时间跟着孔子呢？原因就是与孔子相处，“去理会这个身心”（同上），也就是领会孔子学问精神实质，并学习如何在行为中贯彻。

子贡是机敏的人，他对孔子的认识花了三年时间。“子贡事孔子，一年自谓过孔子；而年自谓与孔子同；三年自知不如孔子。当一年而年之时，未知孔子圣也，三年之后然乃知之。”（《蘅·瑞篇》）也有人以为“子贡贤于仲尼”。子贡说：“譬之宫墙，赐之墙内也及肩，窥见室家之好。夫子之墙树仞，不得起门而入，不见宗庙自美，白官之富。得其门而者或寡矣。夫子之云，不亦宜夫！”（《蘅·性篇》）王充举子路为例，子路“未入孔门时，戴鸡佩豚，勇猛无礼，闻诵读之声，摇鸡奋豚，扬唇吻之音，恶只甚矣。孔子引而教之，渐渍磨砺，阖导牖进，猛气消损，骄节屈折，卒能政事，序在四科。斯盖变性使恶为善之明效也”（同上）。子路没到孔子那里学习之前，不知礼节，很野蛮，听见读书声，都反感。后来随着孔子学习几年，性格变化很大，能够从事政治工作。王充认为这是孔子能够通过教育改变弟子性格的典型事例。孔子的贤弟子就是这么转变的。

朱熹讲：“论一篇书，须是理会的透。把这一篇书与自家衮做一片，方是。去了本子，都在心中，皆说得去，方好。”（《朱子语类》卷五十《学四·书法上》，第171页）读书，要将书中的思想收放“在自家肚子里，方好”。朱熹关于这方面的论述很多，大意就是读书，要把书中的思想经过思考变为自己的思想，化成自己的行动。这样读书，才能提高自己的素质，才是为己之学，保留“古之学者为己”的遗风。现在许多人将学问当作外在的东西，学了让人看说了让人听，或者说只是学会了骗人。这是言行不一，正如孔子说“今之学者为人”。因此，有的人虽然学习了一些儒家思想，只能跟别人说，没有能够改变自己的气质，自己原本什么样子，还是那个样子。有些领导干部说反腐败的道理很对，他自己却由于以权谋私，腐败堕落，触犯法律，而被判刑。许多贪官在被逮捕前，还在慷慨激昂地做关于廉政的报告，进了监狱才说自己要改造好世界观。这都是没有把学到的道理放在自家的肚子里。我们学习辩证唯物主义理论，是否变成自己的思想方法？是否能在实践中正确运用？我们学习儒学，是否应该从中吸取适合现代的思想因素？是否能将古老的智慧化成构建现代和谐社会的先进文化？值得我们不断思考。和谐社会，需要提高全民的素质，特别要首先提高干部的素质。

（三）新民——革命

儒家的思想是修身、齐家、治国、平天下。修身是为了治国平天下，内圣要转化为外王。和谐社会不是少数人的事，是社会全体成员共同关心的大事。社会不安定，谁也不能安定。因此，洁身自好，离和谐社会还有很大的距离。朱熹强调读书要先读《大学》。提倡用数月工夫看《大学》，《大学》是修身为人的基础。《大学》断言：“自天子以至于庶人，一是皆以修身为本。其本乱而未治着否矣。”“大学之道，在明明德，在亲民，在至于至善。”朱熹称此为“三纲领”。他根据程子的说法，对于“亲”的理解：“亲当作新。”接着他发挥己见：“新者，革其旧之谓也。言既自明其德，又当推以及人，使之亦有去其旧染之污也。”朱熹把“格物、致知、诚意、正心、修身、齐家、治国、平天下”作为儒家的“八条目”，“正心以上，皆所以修身也”（朱熹《大学章句》）。儒家讲推己及人，孟子讲：“老吾老以及人之老，幼吾幼以及人之幼。”讲的是对待别人的态度。朱熹讲的却是个人，独善其身是不够的，自己修养好了，也要帮助别人加强修养。这很像佛教所讲的自己觉悟了，也要去觉悟别人，超度别人脱离苦海。儒、佛都强调自己首先做好了，然后才能教育感化别人，解救别人。朱熹告诫弟子，首先是自己在读书与思考理会天理，灭去人欲，然后才能教化别人，共同达到至善，所谓“至善”，就是“无一毫人欲之私”事理达到“当然之极”，就是达到最合理的程度。这时候社会就完全和谐了。这是朱熹的理想社会，相当于孔子的大同理想，与共产主义理想也一样，都是最高理想。

要实现最高理想，就需要“新民”。新民就是革旧，就是去掉“旧染之污”，清楚过去染上的脏东西，在人们中实行去污的工作，也就是移风易俗。《礼记·学记》载：“君子如欲化民成俗，其必由学乎。”“古之王者，建国君民，教学为先。”《学记》是古代最重要的教学专著。教学就相当于现在的教育。要移风易俗，最好的办法就是发展教育。教育是施仁政的基础。儒家讲富而后教，没有教育，就无法施仁政。因此，统治者非常重视教育，“教学为先”。朱熹所讲的“新民”，就是发展教育，改变民众过去遗留的坏习俗，创建新风尚。这是个漫长的过程，不是一阵子革命所能完成的。

当统治者腐败者不可救药的时候，统治者统治不下去时，被统治者无法忍耐下去的时候，革命就发生了。统治者与被统治者矛盾没有激化的时候，社会上也有矛盾，上下关系也有某种不和谐，这主要是当官者未能去掉私心，行政不公平，还有一些制度不完善的问题，需要长期磨合，不断调整，逐渐达到和谐。一般情况下，只需要微调，保持稳定局面，更有利发展。如果全面腐败，又无法调整，那就需要彻底推翻，这就是革命。如果没有那么严重，就不需要革命。二十世纪，天天讲干革命，什么都要革命，实际上是滥用了“革命”这个词。在中国历史上讲“革命”，有周武王推翻殷纣王，武则天建立周朝推翻唐朝。所以，“不断革命”的口号，是不恰当的。政府特别腐败时，需要革命；基本安定的社会，就需要协调和谐。如果要构建和谐社会，要坚持唯物辩证法。这个辩证法主要是对立统一关系，革命时代强调差异、矛盾、对立、斗争。那是革命的需要。到了建设时期，就要强调统一的方面，重视求同思维。国内要构建和谐社会，两岸关系，也要在求同存异的基础上实现统一大业，国际环境也需要反对霸权主义，以和而不同的精神，协调国际关系，创建和平的大环境。在不同的时代，要研究形势，对于具体情况，要作出深刻的分析。这才能从实际出发，作出决策。如果有过成功经验的理论，停止了，僵化了，也会陷入唯心主义形而上学，背离辩证唯物主义基本原理。当然我们强调求同存异思维的时候，也不能绝对化，也要时常注意具体情况下的矛盾斗争。只是主次要分清。

总之，朱熹新儒学给我们一种启示：时代变了，思维也应该改变。同时，要宣传符合新时代的理论。移风易俗，推进和谐社会的形成。一切有社会责任心的、有历史使命感的知识分子，都要读书学习，树立辩证唯物主义世界观，应该从自己眼前的事情做起，与时俱进，努力作出自己的贡献。

（作者周桂钿，北京师范大学教授，本文于2005年10月20日在福建武夷山举行的宋明理学研究中心成立庆典暨“朱子学与和谐社会”高峰论坛上报告交流。）

朱子《易》说对现代和谐社会之启发

一 前言

《周易》本是一部“卜筮”之书，上古掌于大（太）卜官[①]。孔子在晚年时喜读《易》至“韦编三绝”。孔子读《易》轻“占”（卜筮）而力求“古之遗言”、“观其德义”、“求其德”耳[②]。孔子对待《周易》的这种态度，实开启了后世的“义理”《易》学传统[③]。汉代《易》学家治《易》则侧重“象数”以发挥天人感应的灾异诸说[④]。下及宋代，大儒朱熹（元晦1130—1200）治《易》则试图平衡其前人“义理”、“象数”《易》学之分歧[⑤]。著有《周易本义》、《易学启蒙》、《卦考误》等《易》学著作[⑥]。

且不论《易》学史上的“义理”、“象数”这方面课题，反观朱子对《周易》这部典籍的解析和论说，不仅展现了《易》道的精神和思想，同时对于建设现代和谐社会及促进人类和睦共处各方面，在理论上也具有“古为今用”的启发和指导意义。

二 危机意识的培养

根据汉人司马迁《史记》的记载[⑦]，《周易》为文王被纣王幽禁在羑里时所“演”[⑧]，故充满了忧患及危机意识。《易传》作者说：“《易》之兴也，其（岂）于中古乎？作《易》者其（岂）有忧患乎？”[⑨]它处又说：“《易》之兴也，其当殷之末世，周之盛德邪？当文王与纣之时邪？”[⑩]朱子继承了《易传》作者的看法，指出：“《易》大概欲人恐惧修省。”[⑪]恐惧修省，是指人时时刻刻保持警惕的心态，以及培养忧患和危机意识。如此，才能应付以及顺利解决任何突发的情况。

《周易》的64卦以及384爻，每条筮辞似乎都深具忧患意识。较明显的如《泰》、《否》两卦。《泰》卦上坤下乾，天地二气相交通[⑫]，故处《泰》之时情势安稳而坚固。然而《泰》卦九三爻辞就警惕说：“无平不陂，无往不复，艰贞无咎，勿恤其孚，于食有福。”[⑬]朱子解此爻曰：“将过乎中，泰将极而否欲来之时也。恤，忧也。孚，所期之信也。戒占者艰，难守正，则无咎而有福。”[⑭]同样，《否》卦上乾下坤，天地二气不相交通，则闭塞不通。但《否》卦九五、上九两爻辞却说：“休否，大人吉。其亡其亡，系于苞桑”、“倾否，先否后喜”，朱子注谓“当戒惧”[15]，又云：“常有危亡与乱之意，则可以安其位，保其存，有其治。”[16]根据朱子《泰》《否》两卦的注语，可知人们必须时刻保持警戒状态，处泰通之时则艰贞自守，处危乱之时则更加戒惧而治，如是则安者自安，危者亦得转化为平安。故朱子又指出说：“危惧故得平安，慢易则必倾覆，《易》之道也。”[17]这正是《易》道的核心精神所在。

一般地说，《周易》卦爻的拟定是有规律可循的。《易传》作者解释说：“六爻……其初难知，其上易知，本末也。”[18]如单就初、上两爻而言，《易》卦初爻象征事情刚初始，其成败未知。上爻则象征事情已发展到终极，其成败易知[19]。因而《易》道教人做事必须谨始而慎终。朱子说：“凡事未至而空说，道理易见；事已至而显然，道理也易见；惟事之方萌，而动之微处，此最难见。”[20]这是说在事情刚发展的初始阶段，就要把握和处理好其量度，防患于未然。

《易传》说：“忧悔吝者存乎介，震无咎者存乎悔。”[21]朱子注云：“介谓辨别之端，盖善恶已动而未形之时也，于此忧之，则不至于悔吝矣！震，动也，知悔则有以动其补过之心，而可以无咎矣。”[22]悔和吝都是小过失，未发展到凶的地步。从朱子的注语可知要挽救悔吝不致到凶的最佳方法，在于辨别于细微之处。于事情未萌动之时，就要提早知悔和忧虑，故能及早补救不致犯惹更大的错误（凶）。总之，及早预防于事情未萌之时，正是《易》道“恐惧修省”[23]的一个很好体现。

总之，朱子继承和发挥了《易》道思想，强调培养忧患和危机意识，以及凡事及早预防于未萌。这对于我们治理和防治社会问题颇具启发意义。

三 阴阳统一的和谐

《周易》这部典籍是“准”（模拟）天地宇宙而作的[24]。其阴（——）阳（—）这两个抽象符号，实际象征了宇宙万物之间对立矛盾以及统一转合的两股力量。譬如：日月、昼夜、男女、牝牡、动静、语默、君子小人等等。故朱子说“万物虽多，无不出于阴阳之变”[25]、“无物不是阴阳”[26]、“看是甚么物事都离不得（阴阳）”[27]。阴阳这两股交织递变的力量所展现的微妙变化和关系，就统称为“易”（指变易、交易）。所以朱子又说：“‘易’字义只是阴阳”、“《易》只消道‘阴阳’二字括尽”[28]。在朱子看来《周易》的本质就是讲万物的“阴阳”变化关系[29]。

朱子指出，《周易》的“阴阳”是相倚相生且相成的。他说：“独阳不生，独阴不成”[30]、“阴生阳，阳生阴，其变无穷”。[31]同时，“阴阳”两者又具有相互转化和消长的辩证之理，“天地间无两立之理，非阴胜阳，即阳胜阴，无物不然，无时不然”[32]、“天地间只有阴阳二者而已，便会有消长。”[33]由于“阴阳”二者具有相依相生及相转化的特点，因而朱子发挥说，“阴阳”交织递变的两股力量便具有“变易”（指流行，阳变阴，而阴又变阳）和“交易”（指对待，阳交于阴，阴交于阳）的两义。[34]从朱子的这个解释和思路出发，则当今人类也可以遵循“变易”（适应环境审时应变）以及“交易”（求同存异相互交流）的不同道路，来促进及达成和谐社会的发展目标。

《周易》的思想最强调“阴阳”的和谐与平衡状态，而不在对立矛盾。即从《周易》64卦384爻来看，阴爻和阳爻各占192，其阴阳之数就是平衡的。《周易》的64卦首《乾》、《坤》，这两卦像天地。天高地低，《乾》尊《坤》卑，这就是最大的对立和矛盾。但是，由于《乾》、《坤》两卦能相互和谐作用“阴阳合德”[35]，才能起到“资始”、“资生”的作用和角色。宇宙万物也因而得以产生。[36]《屯》卦以下的六十卦即象征《乾》、《坤》天地育化的万物[37]。朱子注《泰》卦：“泰，通也。为卦天地交而二气通，故为泰。”[38]《泰》上《坤》与下《乾》阴阳交流故曰“通”。通也反映和象征着万物产生后，处于平衡和谐的状态当中。

另外，朱子于《咸》卦注云：“咸，交感也。《兑》柔在上，《艮》刚在下，而交相感应……盖感有必通之理……”[39]咸古通感。据朱子的解释，《咸》之所以名“咸”是由于其为卦《兑》柔居上，而《艮》刚处下[40]，刚柔互交相感应，从而达致阴阳和谐。体察朱子的注《易》言论，他非常重视阴阳刚柔的统一与和谐，而不强调对立矛盾的这一方面，这启示我们在日常生活当中，应当采取刚柔互济原则治理事情或社会问题，以便达到和谐的完美效果。所谓刚柔互济就是当刚则刚，当柔则柔，透过刚柔并用的方式来达致目标。相反，如果偏刚或偏柔或“过犹不及”，则容易引起对立乃至矛盾。

《周易》不主偏刚或偏柔，而主刚柔互济的“中”[41]。朱子继承《周易》的思想，提出：“中者，其行无过不及。正者，其立不偏。”[42]朱子又说：“中须以正为先。凡人做事，须是剖决是非邪正，却就是与正处斟酌一个中的道理。若不能先见正处，又何中之可言!”[43]“盖事之斟酌得宜合理处便是中，则未有不正者。若事虽正，而处之不合时宜，于理无所当，则虽正而不合乎中。”[44]根据朱子的看法，“正”要比“中”重要。“正”是先明确目标，判别是非邪正。在这个前提下，才进一步斟酌和把握其度做到“中”。朱子讲的这个“中”是有条件的，那就是必须“合时宜”（顺应时势条件）。这就不至于流于折中调和的形式主义。朱子论述“中”、“正”的看法，或有助于我们思考处事如何更好地做到刚柔互济，避免过刚过柔，而取得适度“中”的平衡。这对于我们致力于建构和谐社会，具有积极的启发意义。

四　人格修养的和谐

朱子治《易》屡屡强调《周易》的“卜筮”特点。譬如他说“《易》本为卜筮而作”[45]、“本来只是卜筮，圣人为之辞以晓人，便说许多道理在上”[46]、“《易》只是说个卦象以明吉凶而已，更无他说”[47]朱子刻意强调“卜筮”，是有历史原因的：一则朱子认为上古民淳俗朴，风气未开，故圣人借助《易》与“卜筮”来引导人民“趋利避害”[48]，二则当时知识分子言《易》者或溺于“象数”，或耽于“义理”，大家皆讳道《易》是“卜筮”书，故朱子独排众说而力主“卜筮”[49]，并说：“今人说《易》却要扫去卜筮，如何理会得《易》!”[50]

朱子虽主《易》本“卜筮”而作，但却不可因此判定朱子相信“卜筮”。朱子即使屡言“占”（卜筮），却更重视“占德”（德行修养）。朱子明确说：“《易》中言占者，有其德，则其占如是言，无其德而得是占者，却是反说。”[51]朱子并引《左传·昭公十二年》鲁大夫季平子的费邑宰南蒯背叛鲁国的事例作说明。当时南蒯欲投降齐国，占得《坤》卦六五爻“黄裳元吉”。此爻明言“黄裳元吉”而南蒯实败，朱子认为这是因为南蒯无“黄裳”之德，即得“元吉”也是反说。据此证知朱子对“占德”的重视。

我们认为，朱子对“占德”或说德行修养的重视，对于构建和谐社会方面也是颇具启发性的。这是由于，社会的整体和谐很大程度上，亦仰赖和建立在个人心理和谐和德行素质的牢固基础之上。所谓：“一家仁，一国兴仁；一家让，一国兴让；一人贪戾，一国作乱。”[52]。这是儒家成德之说的典型体现。

《乾》、《坤》两卦乃是“《易》之门”[53]、“《易》之绵（蕴）”[54]（指关键或纲领）。《乾》、《坤》像天地，两卦阴阳合德为“太和”而抚育万物。因而《周易》的“德”主要体现《乾》、《坤》这两卦之上。具体说就是元、亨、利、贞“四德”。朱子注云：“元者，物之始生；亨者，物之畅茂；利，则向于实也；贞，则实之成也。”[55]按照朱子的解释，则元、亨、利、贞实际体现了《乾》、《坤》天地育生万物的全过程。《乾》、《坤》有元、亨、利、贞这“四德”，则人法天，亦相应具有仁、礼、义、智的“四德”。朱子解释说：

> 以仁为体，则无一物不在所爱之中，故足以长人；嘉其所会，则无不合礼；使物各得其所利，则义无不和：贞固者，知正之所在而固守之，所谓知而弗去者也，故足以为事之幹。[56]

“仁”对应于“四德”之“元”。它乃人格修养的根本，由行“仁”之德始能泛爱万物，终能收到长人、合礼、和义、事幹的种种效果。朱子以为，君子法天有此“四德”，具体表现在人身上则为恻隐、羞恶、辞逊、是非之心[57]。即恻隐乃“仁”之端，羞恶乃“义”之端，辞让乃“礼”之端，是非乃“智”之端[58]。从朱子的言论看来，可见行“仁”在君子修身德行即使占得好卦也是没用的。

如此，根据吕说，则孟子“四端”说似亦可能沿用《易传》的“四德”说。本文此处存而不论，留俟知者。

济世方面扮演着重要的角色。朱子强调“仁”的道德作用，言“仁”而涵及“四德”，他的看法对于我们今天的现代社会精神文明建设，促进人与人之间的融洽关系方面，实有积极的意义和作用。

五 结语

明人朱绶（文佩，成化年进士）作《易经精蕴》说：“宋儒以《周礼》言太卜掌三《易》，故专作‘卜筮’之书，历诋大圣……洪惟圣朝，《易》为首经取士，而只在占筮授受，岂不误甚？”[59]朱绶这里指责“专作卜筮”的“宋儒”乃系隐指朱子。类似朱绶这样专据“卜筮”以非议朱子的看法，未免过激。实际上，朱子的《易》注及言论在很大程度上继承并发挥了《周易》的思想和精神。朱子的《易》说对于建设和促进现代和谐社会以及人类和睦共处等方面，提供我们许多“古为今用”的启发意义。朱子说：“自古自治而入乱者易，由乱而入治者难。”[60]这番见解更激励着我们在建设和谐社会的道路上，需付出更大更多的努力和精神。

（作者庾潍诚，新加坡教育部博士，本文于2005年10月20日在福建武夷山举行的宋明理学研究中心成立庆典暨“朱子学与和谐社会”高峰论坛上报告交流。）

注 释：

以下引注《朱子语类》、朱子《周易本义》，卷页数俱依朱杰人等主编《朱子全书》（上海：古籍出版社、安徽：教育出版社2002年版，第14—16册、第1册。

① 《周礼·春官》载大（太）卜官“掌三《易》之灋（法）：一曰《连山》，二曰《归藏》，三曰《周易》。其经卦皆八，其别皆六十有四”。见《十三经注疏》（江苏：广陵古籍刻印社1995年版），802页。另按，据《左传》所载，周史官（庄公二十二年）、晋之史苏（僖公十五年）、史龟、史赵、蔡史墨（哀公九年）、鲁之大（太）史氏（昭公二年）、卫之史朝（昭公七年）等等，证知上古各国史官通《易》兼掌卜筮，史巫不分。故《巽》卦九二爻亦曰“用史巫纷若”。

② 马王堆汉墓帛书《要》篇。释文见廖名春《帛书〈易传〉初探》（台湾文史哲出版社，1998年版，第279—280页）。

③ “义理”是指《周易》蕴涵的深邃哲学思想。《周易》本“卜筮”之书，但从《易传》作者便开始改造和发掘《周易》的哲学思想。“义理派”人物在研究或注解《周易》时，往往注重阐发其思想内涵，反对汉人那种字字要找出卦象根据的繁琐零碎的解《易》方法。“义理派”的代表人物如魏人王弼、晋人韩康伯。宋代时期，程颐、胡瑗、张载、杨万里、项安世诸人皆主张“义理”治《易》，使宋代《易》学带有很大的“义理”色彩。参阅吕师绍纲主编《周易辞典》，“义理派”条（长春：吉林大学出版社1992年版，第347页）。

④ “象数”相对“义理”而言。“象数”本来是《周易》固有的东西，“象”指卦象爻象，“数”指大衍之数、揲蓍之数。“象数派”人物在研究或注解《周易》时，往往强调和追求“象数”的内容，结合“卜筮”与天人感应以及灾异为目的。其解《易》特点是要给《周易》经传的词语都找出“象数”根据来，找不到就另创新说，使用所谓卦变、互体、五行、八宫、纳甲、爻辰、卦气、飞伏、世应、旁通等等的各种解《易》方法和“易例”。汉代时期形成系统的“象数”《易》学体系，“象数”学派的代表人物如孟喜、焦赣、京房、郑玄、虞翻、荀爽诸人。参阅吕师绍纲主编《周易辞典》（长春：吉林大学出版社1992年版）之“象数派”条，第347页。

⑤ 朱子曾批评前儒言“义理”者如程颐“言理甚备，象数却欠在”。同时又批评汉儒以来言“象数”者讲互体、五行、纳甲等等诸说，于《易》皆属穿凿。朱子的这些观点和言论散见于《朱子语类》卷65—77。另外，笔者也曾针对朱子的“卜筮”易学观作过探讨论述，见拙作（论朱子的“卜筮”易学观），收录新加坡易经研究会之《成立八周年纪念特刊》（新加坡：易经研究会2003年版，第17—22页）。

⑥ 参阅吕师绍纲主编：《周易辞典》（长春：吉林大学出版社1992年版）之“朱熹”条，第538页。

⑦ 据司马迁：《史记·儒林列传》（北京：中华书局1997年版），孔子传《易》，六世至汉初齐人田何（子庄），子庄再传至淄川杨何（同上书，第3127页）。又据《史记·太史公自序》司马迁世职太史，其父司马谈（太史公）则学天官于唐都，又受《易》于杨何（同上书，第3288页）。可见，司马迁的说法可能本于其父司马谈，授受有本。

⑧ （汉）司马迁：《史记·太史公自序》（北京：中华书局1997年版）“昔西伯拘羑里，演《周易》”，第3300页。此外，文王“演”《周易》的记载亦见载于同书之（周本纪、日者列传）等处。

⑨ 《系辞传》下，第7章。

⑩ 同上书，第11章。

⑪ 《朱子语类》卷66，第2193页。

⑫ 古人认为《坤》地阴气浊而下沉，《乾》天阳气清而上升。今《泰》譬为卦上坤下乾，则上下互通交往，故为泰通。《泰·彖传》则谓：“天地交而万物通，上下交而其志同也。”《否》卦上乾下坤，天地不相交通，故“万物不通也，上下不交而天下无邦也”。

⑬ “无平不陂，无往不复”取意没有永远平坦而不倾斜的路，没有永远一直好下去而不变坏的道理。

⑭ 朱子：《周易本义》，第42页。

⑮ 同上。

⑯ 《朱子语类》卷76，第2587页。

⑰ 《系辞传》下，第11章“易之兴也”朱子注语。见《周易本义》，第144页。

⑱ 同上书，第9章。

⑲ 据笔者粗略统计，《易》64卦的“初爻”占筮结果依次为：无咎（出现22次），吉（20次），凶（9次），厉（4次），悔、吝、利（各3次）。可见“初爻”象征事情初始，尚未显著，故其结果多为“无咎”，如谨始小心则多为“吉”。另外《易》64卦“上爻”占筮结果依次则为：凶（17次）、吉（16次）、无咎（13次）、利或无攸利（7次）、悔或无悔（4次）、吝（3次）、厉（2次）、亨（1次）。可见“上爻”象征事情发展到终极，成败已显著，故其结果“吉”、“凶”参半，言外之意吉凶皆胥视人的努力如何而定。

⑳ 《朱子语类》卷76，第2588页。

㉑ 《系辞传》上，第3章。

㉒ 朱子：《周易本义》，第125页。

㉓ 《震》卦大象曰：“洊雷震。君子以恐惧修省。”

㉔ 《系辞传》上，第4章：“《易》与天地准，故能弥纶天地之道。”又说“与天地相似”、“范围天地之化而不过，曲成万物而不遗”。

㉕ 《系辞传》上，第6章：“其称名也，杂而不越”，朱子《周易本义》注语，第141页。

㉖ 《朱子语类》卷65，第2159页。

㉗ 同上书，第2161页。

㉘ 同上书，第2160页。

㉙ 《庄子·天下》谓：“《易》以道阴阳。”唐成玄英注：“《易》明卦兆，通达阴阳。”见《诸子集成》第三册（上海：上海书店1994年版），第462页。可见，朱子认为《周易》讲“阴阳”的这个看法是继承前人来的。

㉚ 《朱子语类》卷65，第2158页。

㉛ 朱子：《周易本义》，第127页。

㉜ 《朱子语类》卷65，第2158页。

㉝ 《朱子语类》卷67，第2245页。

㉞ 《朱子语类》卷65，第2160页。

㉟ 《系辞传》下，第6章。

㊱ 《乾·彖传》曰：“大哉乾元，万物资始，乃统天。”《坤·彖传》则曰：“至哉坤元，万物资生，乃顺承天。”据此《乾》《坤》两卦和谐作用方得资始、资生万物。

㊲ 《屯·彖传》曰：“屯，刚柔始交而难生。”《屯》为卦《坎》上、《震》下，象征从《乾》纯阳、《坤》纯阴相交合德，故曰“刚柔始交”。难，指天地育物之始阴阳相摩相荡的冥晦状态。

㊳ 朱子：《周易本义》，第41页。

㊴ 同上书，第59页。

㊵ 按，《咸》为卦《兑》上《艮》下。据《说卦传》，《兑》为泽，《艮》为山。《周易集解》（北京：中华书局1998年版，清人李道平纂疏）引郑玄：“《艮》为山，《兑》为泽，山气下，泽气上，二气通而相应，以生万物，故曰咸也。”第314页。按，郑玄此注是取象说。朱子释《咸·彖传》“柔上而刚下”则取“卦变”（指某卦自某卦变来）说，认为《旅》卦六五之柔上而为《咸》之上六，《旅》上九之阳下而为《咸》之九五，刚柔两爻上下互易而为“柔上而刚下”。朱子说见《朱子语类》卷72，第2418页。

㊶ 根据《易传》，《周易》每卦六爻之二、五两爻为“中”。六爻又有阴位阳位之分：初三五属阳位，二四上属阴位。凡阴爻居阴位、阳爻居阳位，则为“得正”（或得位）。据笔者粗略统计，《周易》经文言“中”（中道）约7见，言“正”无见，《易传》（彖传、象传、文言传）言“中”则多至114见，言“正”亦多至69见。据此证知《易传》作者对“中”、“正”的重视程度。一般来说，《易传》作者解《易》言得正、得位以二五两爻为多。既中且正往往得吉。

㊷ 朱子：《周易本义》，第149页。

㊸ 《朱子语类》卷67，第2240页。

㊹ 同上书，第2239页。

㊺ 《朱子语类》卷66，第2179页。

㊻ 《朱子语类》卷65，第2162页。

㊼ 《朱子语类》卷66，第2190页。

㊽ 同上书，第2181页。

㊾ 朱子批评时人的《易》说，如评程颐（伊川）言理过多，而朱震、林黄中诸儒又多溺“象数”，此朱子皆不取。见《朱子语类》卷67，第2218页。

㊿ 《朱子语类》卷66，第2196页。

(51) 同上书，第2192页。按，郑明等校点此句原断作：“《易》中言占者有其德，则其占如是；言无其德而得是占者，却是反说。”如此断句似不合文意。疑当断作：“《易》中言占者，有其德，则其占如是言；无其德而得是占者，却是反说。”大意是说：举凡《周易》讲的“占”（指卜筮），如果占筮的人有正直的德行，那么占筮结果就这么说（即与占筮结果相符），（反过来说）如果占筮的人没有正直的德行，纵使占筮结果很好，实际却是相反的。朱子这里实际要强调“德行”在“占筮”中的重要性，简言之如果没有事例作说明。当时南蒯欲投降齐国，占得《坤》卦六五爻“黄裳元吉”。此爻明言“黄裳元吉”而南蒯实败，朱子认为这是因为南蒯无“黄裳”之德，即得“元吉”也是反说。据此证知朱子对“占德”的重视。

(52) 朱子：《大学章句集注》第9章。载宋元人注《四书五经》上册，北京：中国书店1992年版。

(53) 《系辞传》下，第6章。

(54) 《系辞传》上，第12章。

(55) 朱子：《周易本义》，第90页。

(56) 同上书，第146页。

(57) 《朱子语类》卷68，第2265页。

(58) 按，恻隐、羞恶、辞让、是非的“四端”说早见于《孟子·公孙丑上》。则疑孟子“四端”说亦为隐用发挥《易传》之说。当然，孟子是否知《易》的问题，前人说法不同。我的老师吕绍纲曾作过探讨，结论认为孟子必精《易》无疑。见吕著《孟子与易》，收入《〈周易〉的哲学精神——吕绍纲易学文选》（上海：上海古籍出版社2005年版），第270—278页。

(59) （清）胡渭：《易图明辨》卷10引。见《续经解易类汇编》，台湾：艺文1992年版，第543页。

(60) 《朱子语类》卷70，第2351页。

主要参考书目

1. 唐·孔颖达等：《周易正义》。《十三经注疏》（北京：中华书局1994年版）。

2. 清·李道平：《周易集解纂疏》（北京：中华书局1994年版）。

3. 清·李光地：《周易折中》（成都：巴蜀书社1998年版）。

4. 清·黄宗羲：《易学象数论》（台湾：广文书局1998年版）。

5. 金景芳、吕绍纲：《周易全解》（长春：吉林大学出版社1996年版）。

6. 金景芳：《〈周易·系辞传〉新编详解》（沈阳：辽海出版社1998年版）。

7. 高亨：《周易杂论》（山东：齐鲁书社1979年版）。

儒商与和谐社会

在研究儒商的过程中，可以合乎逻辑地认为，由儒商主导的工商社会，一定也是一个和谐的社会。先秦儒家对经济社会的重视，对义利问题的辨析，早已隐含着亚当·斯密所关心的经济与伦理、社会内部和谐的问题。

近年来，许多华人企业家和管理学家把儒商视为优秀企业家的形象代称，也为社会各界所认同。这一称谓颇有深意，既能体现一种商业与人文价值融通的境界，也能反映中华文化的积淀。不过，许多人之所以支持儒商的说法，主要是基于中国社会目前诚信不足，需要伦理的激励，这与古人尤其是明清时期部分商人重视“贾服儒行”，着重在追求商人的文化修养和伦理自觉有异曲同工之处。但如此一来，关于儒商的问题就容易转变为狭义的商业伦理的探讨，无疑容易对哪怕仅仅是从文意上的儒商产生曲解，更缺乏内在丰富性的体现。

一 定位

那么，怎样合理定位儒商呢？显然，儒商是儒亦是商，结合了儒者和企业家的双重角色和共通的内涵。从对儒家文化的研究和企业家精神的研究成果来看，把儒与商二者的内涵结合起来，并且是作为一种境界加以融合而言，我们可以对儒商做基本的形象定位的描述。首先，儒商仍然是以工商业的事业为主要活动范围，以经营管理企业为职业。所谓的“在商言商”，儒商必不同于“学而优则仕”的为官之道和传道授业的为学之道，仍以求利为职业。君子爱财，取之有道，只有爱财，同时合法合理得之，才能成为儒商。但是，不爱财以及不懂创造财寓的儒者则无法成为儒商。其次，儒商固然是以道取财，但是，这个出发点的“道”是基本之道，而不是理想之道。只有其目标才是理想之道。儒商所遵循的伦理，受其职业特点的影响，与古代迂腐士大夫不言利不同。儒商的行动和经营伦理是现实君子所遵循的伦理，而不是像古代儒学者一样追求成为道德圣人。儒商是财富的追求者创造者，日日与利相伴其区别于奸商的特点不是要不要利，而是利之合法合理。再次，以儒来规范商，那么儒商之“儒”，不仅包括儒行，更应包括儒学，易言之，儒商应是好学深思之士，并善于把学智慧用之于经营管理的企业家，他们是知识经济的代表。因此，儒商是我们对于好商人、优秀企业家的称呼，而不仅仅是对有道德有文化的商人的称呼。事实上，如果按照现代企业家精神来谈儒商，则儒商的概念应当包含现代经济伦理、现代企业的经营管理知识和公民社会的价值观，而不是传统的商人的观念。此外，儒商中的儒行与儒学，是具有现代思想的儒行与儒学。因此，现代儒商虽然需要从传统儒家文化中发掘相关的资源，也应包括在扩展儒家的概念之后，以这样的新儒家素养为基础来定位自己。因此，我们也需要就儒家在现代的新开展（借用贺麟语）作一系统的阐述。只有从儒家发展的方向上才能找到新儒商的合理定位。最后，落实在儒商的“商”的观念上，则儒商必有优秀乃至超卓的经营管理才能，必是能够把握商业之道的干练之士，因为他们必须坚持有所为有所不为，也正因为如此，儒商只有以自己出色的表现，才能在与那些不择手段的奸商和不法之徒的竞争中光明正大地胜出。当然，儒商的这种经营能力，不是一时一地的要求，而是整体的善始善终的要求。因此，儒商不仅体现了一种经营管理的美德，同时也体现了职业企业家和经理人的雄才大略。

二　理念与价值

在“儒商”的概念中体现出人们的理念和价值观，期待着企业家成为社会的精英，对企业家提出了比现实中的表现和作为更高的要求。显然，“他们”是代表企业经营趋势和未来的优秀企业家群体。不过，在一般人们关于儒商的理念和价值观中，既缺乏对儒和商的本质特征的把握，也没有包含丰富的可扩展的企业精神。或者说，人们既没有仔细体会“儒”在历史上的特点和思想文化上的发展，也没有真正打破商业伦理的框框。

因此，虽然现在人们热衷于谈论儒商问题，但如果不能体会什么是儒的特点，就无法谈儒商的本质。无论从哪一个角度来说，儒家都是一个复合的概念。从历史学的角度来说，历史上的儒家学派、人物之间，不同历史时期的儒家之间，以及儒家所包含的不同的文化取向之间，构成了一个复杂庞大的内容，因此，有许多学者在论述时经常这样表述，“儒家文化，广义地说，中国文化……”实质上揭示了“儒家”概念的广义性。但是，能否以儒家文化来代表特别是涵盖中国文化，是有疑义的。因为早在晋代以后，就已出现了儒释道三教的融合并作为民间社会文化的主体的特性。虽然在精英文化层面上的伦理价值主要还是儒家价值取向的，但在政治生活中，也包含法家深刻的影响；而在文化与精神生活的层面上，道家、佛教和其他思想的影响也非常显著。因此，那些试图恢复儒家文化传统，包括所谓建立儒家文化社区的努力，经常只能就伦理问题和类似于家族村落文化上做文章，涉及其他就不明所以了。这也说明许多学者对中国文化缺乏真正的了解，以为存在着独立于错综复杂的各种内容交织的整体中国文化传统的纯粹的儒家的价值观和文化内容。

当然，这并不是说，儒家的文化个性不存在。就理想的伦理生活而言，儒家的历史传统依然清晰可辨。对伦理的内在省思和个人品德的自律，是儒者价值的核心。所以，从伦理层面上，我们可以合理地描绘出儒家在古代也包括现代社会的自我定位。从其他的角度，虽然与各家各派的文化内涵相通，但不能因此而不予重视。儒有君子儒，有小人儒，所以，真正的儒者，首先对自己的道德品行有严格的要求。儒有通儒，有陋儒，通儒博学，好学不倦，善于向别人学习，学而时习之，因此，儒者是好学有研究精神的人。儒者强调与人谋而忠，有很好的职业道德。儒者重视礼乐，追求文明，爱好美好的事物，是追求完美的人。儒者关怀民生，主张经济作为教化的基础，对合理追求财富予以肯定；儒者主张承担社会责任，是社会的好公民。因此，儒商自然不是“不言利”的儒家君子式的商人，而是合法合道德、重视经营文化建设的商人。儒商显然是在道德上有积极追求，是一种有较高境界的企业家。因此，儒者是一个自我完善，具有能力并勇于承担社会责任的人。儒而商，正好反映一个社会对企业家和商人的价值理念和诉求。

显然，这些都是一般已知的修养和社会伦理价值追求问题。为了使儒商的形象丰满起来，至少需要从两个角度来分析。其一，是企业家人物经营思想的丰满。如果撇开经营管理的实践、职责和企业家才能来谈企业家的伦理素质和价值理念，那么，就会落入传统以来泛道德评价的陷阱。企业家如果缺乏创新精神，缺乏学识，缺乏自我完善和培养领导才能的方法，则我们的社会将有儒实而无儒商，理论者多而实践者少。因此，儒家的学问态度和思想方法对企业家的经营思想的借鉴意义，是儒商中重要的方面。其二，是价值观的扩展。真正适合现代企业发展又与社会整体价值具有内在一致性的价值观究竟是什么，不是追求道德价值就可以解决的。例如，在今天，我们可以发现对经济活动、日常生活与公共生活之间缺乏统一的价值观，这一点虽然不是儒商直接行为中的价值问题，但至少是他们所必须认真思索的。反过来说，如果我们的学术界和社会在没有一个完整的具有内在一致性的儒商理念和价值观，却要求企业家按照各自的设想去行动，那么，这些设想也没有理由值得企业家认真对待。因此，企业家的价值观，虽然需要与儒学的价值理念在精神上一致，但在具体内容上，仍需要我们来探索和总结。

三 韦伯问题

在现代思想和学术研究的成果中，我们需要认真思考儒家伦理与资本主义经济或现代企业经济之间的关系，或者说，需要认真探讨儒家伦理是否值得在现代企业中加以大力提倡。德国著名的社会学家、经济学家马克斯·韦伯是系统研究宗教伦理与资本主义经济和现代企业之间关系的开山者。在他的名著《新教伦理与资本主义精神》中，他系统地分析了新教伦理与资本主义精神的契合之处，以及新教伦理对资本主义企业经营的贡献。韦伯之所以从近代新教伦理的作用来研究资本主义经济的发展，是因为新教伦理实际上代表了当时社会主流的价值观。在韦伯的另一部著作《儒教与道教》[①]中，他比较分析了儒教与新教的伦理观及其对中国商业观念和西方资本主义精神的不同影响。韦伯指出，尽管儒教中包含着丰富的经济伦理思想，但是，它并没有与现代资本主义联系起来，反而阻碍了资本主义工业化文化的诞生与资本主义式企业的发展。韦伯的研究受到高度的重视，但他的结论也引起了很大的争议。就韦伯的两部著作所提出的问题和他的结论，我认为还存在值得深入讨论的“韦伯问题”，它包括三个层面的意思：一是新教伦理与现代资本主义经济之间究竟有何实证的关联；二是韦伯对儒教与资本主义之间的关联的分析究竟是否与历史事实相符；三是现代资本主义的价值观究竟是怎样形成的。

对于韦伯对西方新教伦理与资本主义精神之间关系的论述，贺麟早在20世纪40年代在介绍并对其中的伦理分析表示出明显的赞赏之后指出：“至于韦伯学说的困难，据我个人意见，至少有两点。第一，他太偏重新教对近代资本主义的决定力量，几乎有替新教作宣传的嫌疑。他把近代资本主义的发达，完全归功（也可以说归罪）于马丁·路德及加尔文等少数宗教家，未免太抹杀了许多发明家、实业大王、科学家、政治家、思想家等对于资本主义的贡献。”“第二，韦伯只是就事实立论，未能指出思想伦理与经济实业的逻辑的必然关系，即使就事实立论，则新教的经济伦理对经济实业发展的影响，经济实业对宗教改革的影响，及伦理思想的变迁，均同样地摆在眼前的事实，韦伯如果取决于事实的科学态度，就不应偏重一面，而完全抹杀其他一面。”②这一评论代表了许多学者对于韦伯该方面思想的评价。实际上，包括韦伯在《新教伦理与资本主义精神》一书中大量引用本杰明·富兰克林（1706—1790）的思想观点一事，足以证明，与其说是新教伦理与资本主义之间关联的论证，毋宁说是对新兴的资本主义基本伦理观念的总结。我认为，就这点而言，韦伯对资本主义价值观的分析，当然包括对新教伦理的分析，是值得认真研究的经济伦理或宗教伦理专题。至于新教伦理与资本主义精神之间的关联的研究，则需要比较资本主义发展中的文化、社会变革之后，且确认新教伦理是典型的资本主义的价值观基础之后，才适合予以确定的讨论。例如，在东亚资本主义发展以后，许多学者立即否定了韦伯的提法，认为儒教文化和价值观与资本主义精神之间具有内在的联系。这种做法实际上是对韦伯思想方法的直接复制。既然我们对韦伯关于新教伦理与资本主义精神之间关联的结论存疑，那么，我们也对儒教促成东亚资本主义经济发展的结论存疑。而且，更重要的是，关于东亚资本主义的研究，由于忽视东亚受到西方资本主义的影响这一重要事实，在结果上就缺乏韦伯学说的严谨性。

韦伯对儒家伦理与资本主义经济之间的关联的研究，同样具有创新性。正如许多学者不支持韦伯关于新教伦理与资本主义精神之间的密切性结论一样，同样地，对韦伯关于儒教与资本主义之间关联关系的研究，也属于相同的地位。中国没有在近代以前发展出资本主义经济，可能与儒教有密切的关系，但绝不仅限于此。当然，撇开结论正确性的质疑，除一些史实不准确，如余英时在考察禅宗和道教的劳动修行观后指出“韦伯在讨论清教伦理时认为‘劳动’（L，abor）是西方教会所特有苦修方法，不仅与东方宗教恰形成最尖锐的对照，而且也是世界一切寺院戒律所未有。这一论断正是适得其反”等事实之外，③韦伯对儒家经济伦理的论述，仍不失为有价值的著述。只是我们应当注意到几个历史事实。其一，儒家伦理本来就包含着内在的矛盾，如情与理的矛盾，原则与权变的矛盾，奢与俭的矛盾等等。若取其一个角度，则容易见仁见智。其二，到了明清时期，所谓的“儒家伦理”，实际上是一种混合的社会价值观，如重农思想和职业不平等思想，很难说是儒家的价值观。其三，我们难以确定儒家伦理是否促进资本主义企业经济的兴起，因为中国社会结构中的封建官僚经济力量占据支配地位，同时没有新兴产业产业化发展的刺激，缺乏经济内在发展的动力，那么，我们不能据此判断儒家伦理对资本主义企业经济的基础作用。

至于现代资本主义价值观是怎样形成的，我们固然不满意韦伯的过于单纯的解释，但是，我们却可以借机进一步探讨，究竟是什么促使资本主义价值观、伦理精神与现代企业之间形成良性互动。其一，价值观是非常重要的，特别是劳动价值、敬业、守时、信任、职业化、节俭、合作与分工、投资等等，是现代企业重要的价值观。而这些价值观，在古代社会和儒家文化中都有初步的观念，但经常有其内在矛盾的一面，或者缺乏在现代意义的组织中融合的完整思想。其二，其他如法律制度、社会组织和管理思想等等的完善，与现代企业之间形成了密切的联系。尤其是把企业作为发展经济的独立组织，保护和发展产业，建立市场制度和创造需求等观念，是传统儒家价值观中没有也不可能深入探讨的。其三，儒家一方面强调民生问题，主张政府不与民争利，但另一方面重视精英文化、职业不平等思想，重视行政支配社会资源，重视富与贵的结合，与资本主义精神不同，甚至可能比较容易削弱经济自由发展的力量。总体来说，儒家的经济伦理是矛盾的。要发展现代企业制度和企业文化，无论是关于行为标准和价值选择的思想，还是关于经济伦理的思想，都不能整体上直接接受儒家的价值观，而必须是对儒家予以批判吸收的扬弃过程。因此，如果仅从比较儒家伦理与新教伦理的话，那么，新教伦理更有助于现代企业伦理精神的培育的结论，似乎是可以接受的。

四　家族文化与家族企业

韦伯对儒家经济伦理的考察分析，如果不与其先入之见地走向与新教伦理的对立化，则从侧面揭示出儒家经济伦理有助于家族企业的成长。实际上，包括日裔美国学者弗兰西斯·福山在内的许多学者，都认为家族主义文化中成长的企业，受到家族文化的低信任度的制约，对大企业的成长有不利之处。也就是说，儒家文化中的家族主义，对现代企业发展有明显不利的一面。

从华人企业的经营史上看，儒家家族主义文化的影响确实十分显著。家族企业的得失，难以用三言两语说得清楚，但是，今天的家族企业和古代的家族企业，在经营环境上是不同的。古代的家族企业，其发展基础的限制主要不是家族主义文化，而是社会制度。以明清时期的企业为例，之所以没有成长为现代资本主义式的企业，因为这种成长是受政治制度的强力左右的，因而是扭曲的。不过，在现代，海外的家族企业在资本主义市场的环境中，尽管仍摆脱不了家族主义文化的强烈色彩，但在企业经营的机制改革上，却可以获取更多的社会资源。对于现代的家族企业，我们认为它有不同于传统的家族企业的特点。首先，家族主义文化的纽带显然较历史上的松弛，人们对家族企业的尊重明显减弱。也就是说，家族企业的社会基础发生一定程度的变化。例如，支撑中国乃至东亚家族企业发展的伦理中，包含着现实的文化力量和社会制度的影响。信用、团队与法制化是一个现代儒商在社会生活中的一个核心问题。这个问题只能在公民社会的视角来认识。如果缺乏对家族企业的法制化管理，就容易被企业的力量扭动趋向于裙带资本主义。其次，家族企业文化受到制度文化的许多限制，特别是人力资源的制约。20 世纪 70 年代美国著名电脑公司王安公司的衰落，典型地反映出家族企业成长中的人才瓶颈。在国内，随着家族企业的发展壮大，由家族成员负责经营的家族企业，都面临很大的人才缺口，在改革管理机制引进职业经理方面，一些企业已经进行了尝试，有难题。因此，从与时俱进的角度来说，现代儒商需要突破传统家族主义文化的束缚，至少显然已经取得了进展。再次，大多数家族企业都面临着调整观念和与现代企业文化融合、把企业建设成为能够广泛吸收社会资源的开放型智力密集型企业。

当然，这并不是说家族企业是过时的。既然家族主义文化还根深蒂固，那么，家族企业仍然容易寻找其支持力量。至少在目前，家族企业作为一种管理机制仍有诸多长处。首先，家族企业成员之间存在较深的相互了解和信任，家族企业在创业时期具有较强的生存活力。

其次，家族成员的管理，在治理结构上虽然所有权和经营权没有适度分离，但可以避免委托代理关系的高成本以及管理层内部人控制等种种风险。再次，家族企业是遵循传统式的管理，在管理上容易学习和在一定范围内成功把握。

但是，也不是说，家族企业是一种最好的管理机制。家族企业的成长存在许多障碍，除了人力资源的制约以外，在家族成员干预企业经营，决策民主化和法制化管理，以及对企业发展如股份制改造的思路不一致等也会造成管理的混乱。因此，家族企业在适当的时机应当进行现代治理结构的改革。但是，寻找时机是一项重大的决策，需要审慎。也就是说，由于社会文化、法制化和职业经理人市场不发达等深层次因素的制约，家族企业的改制，不能盲动和躁进。现代经济学家极力提倡的所谓现代企业制度问题，不是一种灵丹妙药。实际上，企业制度的变革，需要内外部条件的配合。简单地提倡企业走出家族制，是不负责任的理论，是脱离实际的理论。就目前家族企业而言，无论是内部改革的条件和职业化管理的文化和人才市场，都不足以支持家族企业快速的变革。相反，家族企业应当根据企业发展的不同特点，审慎地完善治理结构并走出依靠原始经验经营的阶段。

在以上的分析中，我们知道，儒商的企业，并不是专指家族企业，而是指合乎儒家文化理想而又具有现代竞争力的企业。因此，不能把儒商的企业等同于家族企业。家族企业的广泛存在，传统儒家家族主义文化观念的影响固然不可否认，但同时，社会公民之间的低信任度和社会文化中的低诚信度更是重要的文化制约因素。实际上，儒家是诚信文化的积极提倡者，儒家文化并没有必然地把家族文化和企业联结起来。面对现代企业发展的挑战，新的儒商应当是能够吸收社会资源为企业发展服务的与时俱进的典范。当然，要突破家族主义文化的制约，新儒商应当成为在社会的视野下反思儒家文化和思想方法的代表之一。那么，儒家在价值观之外的其他可借鉴或继承的东西究竟有哪些？思想方法可能是一个重要的切入点。

五　思想方法

对儒家文化与价值观的借鉴和吸收，儒家思想在企业家精神中的活性化运用以及从企业经营的角度来看待儒家思想方法，是一个融合的学问，也是一个理论和实践结合的现代企业文化建设的课题。

在吸收借鉴传统儒家思想价值观方面，我们把儒商作为整体概念，而不把儒家作为整体对象来考察，或者说，我们不考虑对儒家的整体性接受或排斥的问题，只是从儒商的角度来做古为今用的工夫。在以上有关儒家价值观的讨论中，我们举证了一些一般社会生活所必要的美德和价值理想性的内容。这些内容可以吸收为现代企业家的修养要素和企业文化的组成部分。如日本近代实业家涩泽荣一对《论语》加算盘原理的解释是：“离开道德的商才，即不道德、欺瞒、浮华、轻佻的商才，所谓小聪明，绝不是真正的商才。因此说商才不能离开道德，当然就是要靠论述道德的《论语》来培养。同时，处世之道，虽十分艰难，但如果能熟读而且仔细玩味《论语》，就会有很高的领悟。”[④]美国著名管理思想家彼得·德鲁克的依存伦理的主张，更是将儒家伦理的核心精神上升为现代企业伦理的基础：“它是一个普遍的道德规范，主张人人均需遵守同样的法则和行为规范。这一道德认为世上没有超越个人良心的社会责任，认为没有成本——效益的计算，没有比个人及其行为本身更好的判断标准，总之，没有决疑论。儒家的道德观是规范面前人人平等；但是在儒家概括人世间的君臣、父子、夫妻、长幼、朋友这五种相互依存的关系方面，总体道德规范却并非人人平等。正确行为（在儒家道德规范英文翻译中通常被称为“诚”）就是真正适合具体的互相依赖关系的个人行为，它要让双方获利。”[⑤]在丰富的儒学思想和价值观中，很容易找到可吸收的资源。

有人认为儒家是古代文化的代表，其中许多内容与现代生活和现代企业的价值观相排斥，从而认为儒商概念或儒家文化与现代文化之间缺乏共融性，主要依据体现在有关儒家士农工商的排序和义利之辨中的重义轻利倾向。实际上，自春秋时期以来的士农工商的排序，一开始反映的是重农思想。在以后的儒家文化中，则是对士和商贾的认识中包含着价值高下的判断。一方面，它是一种认知判断而产生的价值取向；另一方面，它是对不同的价值选择产生的价值取向。其中最核心的要素有三方面：一是道德价值高于除生存条件之外的经济价值；二是追求经济利益妨碍道德修养；三是商人求利的行为没有内在价值，并且容易和道德发生冲突。这三点，在近代民生问题作为社会核心价值之一以后，以及对道德行为的公民义务观念形成以后，就发生了重要的改变。即职业的价值不取决于个人的道德修养，而取决于社会贡献和个人实现；商人的伦理与其他职业没有高下，关键在于个人修养的程度。从贺麟对儒家适应时代发展的理论中，我们可以得出儒家关于现代经济价值观的核心，并不是强调民生经济问题和追求财富与道德必然发生冲突，而是要求义利并重，大力发展经济是与孔子的伦理精神相一致的。同时，现代儒家对于儒家发展的探索，对于造福国民的社会责任的重视，改变了一般儒者仅仅关注道德价值的偏颇。

至于许多学者对儒家主张官商结合的批评，其实不仅缺乏历史的佐证，而且相反，儒家认为公私应当分明。儒家的政治观念中，反对以权谋私。然而，官商现象是政治专制社会的必然结果，是商人被支配统治中寻求保护的本能反应。实际上，在商业比较发达的明清时期，贾服儒行的观念已经逐渐成为部分商人的自觉意识。[⑥]但他们仍然对官商问题缺乏自觉。今天许多人对于胡雪岩的兴趣，则是因为在行政干预、市场经济不发达的环境下所导致的一种共鸣，而不是对儒家商业伦理的真正兴趣。

就企业家从儒家思想的本质中所得到的启示，也要求对传统儒家文化进行必要的超越。也只有确立新的视角，才能实现对儒家文化的继承与发展。首先，需要面向公民社会，在社会中确立企业的使命。实际上，孔子所说“邦有道，贫且贱焉，耻也；邦无道，富且贵，耻也”。反映了儒商商业伦理的基本定位。在一种不完善的体制中，商业活动经常带有血腥的性质，与资本主义原始积累阶段相比较，更容易看出“耻”的特点。但是，这也意味着，应当以追求“邦有道”来规范财富创造的过程。因此，企业家的创业和财富积累的过程，必须与国富民安的社会发展进程相一致，这是真正的伦理考验。其次，是重视理论指导实践。古典儒家本身不是狭隘的道德主义者，既重视社会治理，也重视管理者和领导者的品德、魅力和才能，也重视思想智慧，重视理论指导实践。也就是说，儒家之著述，是有为而发，有感而发，都是针对为人、时事和民生问题的，其目标是知行合一。再次，则是重视自我完善的过程，无论是品德还是学问。海纳百川，可以说是孔子一生追求的写照。但即使是孔子，也是不断在与弟子的交流中教学相长的。企业的自我完善和企业家的追求必须放大为社会的价值，这种价值是无限扩展的。此外，儒家重视审美，可以用之于作为建立企业形象和丰富企业家精神的资源和具体内涵。诚信对企业而言是审美，正人对企业家而言是审美。对于艺术的感受和超越功利的美感，以及怡情养性，都应是儒家型企业家别于一般商人的思想态度。

儒商不仅要借鉴儒家注重学问的态度，更要掌握儒家的基本思想方法。就儒家注重学问的态度，注重实事求是和研究的态度，则是现代学问型企业的榜样。现代中国企业，许多决策包括产品开发、营销、投资等等，大多数的失败都来源于缺乏调查研究和决策缺乏严谨性。学习型的组织，也是在儒家注重学问的态度中得到印证。

就儒家具体的思想方法而言，可以说有多种方法，如格物致知的求真的方法，知行合一的行动方法，反思方法以及批判方法等，都有可取处。就容易被忽视的具体的方法而言，重本的方法是值得重视的。譬如孔子说“本立而道生”，虽然主要讲人格问题，但同样适合于抓住主要矛盾的思想方法。特别是在企业的经营活动中，企业的重大决策，应当作为企业的主要矛盾，决策正确了，才能避免风险，其执行才有价值。中庸是儒家最重要的思想方法之一。人们对儒家的基本思想观念如中庸以及古代商贾官商伦理的猜疑，也仅仅是一种表面现象。中庸是一种强调“无过”“无不及”、希望体现恰到好处的形式原则或方法，是先秦儒家诸子包括《周易》所要求的一种基本态度和方法，而不是后世世俗理解中的调和折中。虽然中庸方法中包含着对境遇处理的灵活性，但不是随波逐流，不是孔子所痛斥的“乡愿”。相反，中庸中包含着“曲则全”的辩证法和处事的艺术，适合于企业管理者把握判断的度和虚实结合的能力培养。

实际上，在儒家的待人处世中，也包含着基本的方法论。仅以用人为例，儒家不仅主张德才兼备，主张诚信，职业道德（如与人谋而忠），更具体化为对人物的分析方法。涩泽荣一引用《论语》中“子曰：‘其所以，观其所由，察其所安，人焉瘦哉……’”之后说：“必须根据孔夫子的遗训，即这里所举《论语·为政》中说的，必须以视、观、察三个方面来识别人。”其他方面的实例更是不胜枚举。

六　儒家的新开展与新儒商

我们讲的儒商，是现代的概念，是新时代的儒商。显然，传统儒家文化只是现代新儒家的思想渊源之一，只有首先完成现代新儒家的精神取向和文化定位，才能合理地完成有关新儒商的定位。在没有扩展儒家的现代性内涵之前，我们似乎难以深入地探讨儒商的整体社会观念、企业家精神和企业观念。如果说，古代的儒商是贾服儒行的话，那么，现代儒商不仅应当已经旧貌换新颜，而且是内在精神气质和学识的大转换。结合工商社会、物质建设与儒家思想的“现代化”，以及新儒家的合情、合理、合时代的发展走向，是贺麟《文化与人生》一书的两个核心主题。就事论事地以为传统儒家思想可以适应现代经济伦理和社会生活，显然是教条式的固执。因此，现代新儒家不拘泥于传统儒家的社会伦理和经济伦理观，不是食古不化的复古派。以今儒取旧儒之所长，包括道德、审美、学问、策略，都是可取之经典应用于新儒商的丰富资源。甚至按照体现古代儒家学说发展的兼容并蓄的特点要求，那么，现代新儒商对传统文化的吸收，也是面向诸子百家，而不是一家之言。

反过来说，我们今天所谓儒商，应是无论在思想还是经营管理方面都具有创新精神的“新儒商”无疑。在儒家的现代化的同时，商人或企业家也是现代的企业家，他们必须具备现代法制观念和管理才能，必须随着市场的完善来改进企业的治理和培养核心竞争力。也就是说，企业家不仅要具备创新精神，还要在法制化的进程中成为合法合时代的经营典范。那就意味着逐渐脱离传统官商结合的商业模式，至少是培养独立经营的能力。因此，只有坚持较严格的道德责任，同时具有较强经营能力的企业家，才可能成为现实的儒商。当然，从儒商所包含的整体意义上说，企业家应当自觉向儒商学习。

事实上，除了经营本土化与管理文化的中国特色外，世界上所有好的企业家都可以称为儒商或新儒商。新儒商的理念中包含着强烈的社会责任诉求，同时也对企业家才能和培育企业竞争力提出了现实的高标准的要求。人们对儒商的认识主要反映在伦理方面的要求，这显然与中国市场经济中出现一些不规范现象有密切的联系。但是，儒商所面对的伦理问题，远远比对他们诚信的要求复杂得多。市场经济的不成熟反过来会损害企业家的道德激励。市场经济的不成熟使得经营环境在很大程度上扭曲了企业经营行为，并对企业道德意识的培养带来了极大的伤害。这主要表现在，竞争环境的不公平，政府不合理地干预企业经营，对企业索取不正当利益，鼓励企业浮夸，媒体缺乏公平监督品质等等。制度性的缺陷促使企业经营管理者付出了大量的无效成本，浪费了经营资源，并迫使企业作出道德上不正当的决策。另一方面，企业也因合乎道德的行为缺乏激励而放弃自律。如果企业及其雇员因缺乏法律和舆论监督而作出不道德的行为，自然必须全部承担其行为责任。企业的行为最终需要由企业负责，把自己的道德责任推诿给市场或社会环境，是不负责任的行为。但是，如果企业及其雇员因外在原因而被迫采取不正当的手段来保护自己正常的经营活动，那么，其行为的责任就变得复杂起来了。在一种不健全的社会商业环境中，坚持高标准的企业伦理变得比较困难。但是，儒商们不能同流合污，不能随波逐流，而必须是坚持高标准企业伦理（当然，是就企业伦理的范围）的典范。也因为这种自我约束和社会责任，新儒商在经营管理上就不能停留在粗放的、官商结合的、急功近利的阶段，而是要体现出短期利益和长远利益的结合，体现出企业整体价值的增长。在诚信经营的基础上，新儒商要付出更高的社会成本，要为未来支付眼前的高成本，接受眼前降低收益的风险。这是对儒商的巨大挑战。反过来似乎可以暗示出，必须是在能力上具备杰出才能的企业家才更容易成为本质上要求德才兼备的新儒商。

新儒商是在社会可持续发展的视野中坚持儒家的新发展和企业的大格局。为了促进新儒商文化的发达，我们迫切需要完善我们的法治、社会管理体制和市场制度，同时需要提高企业的管理水平。不要错误地以为，只要多学习儒家伦理学就可以成为真正的儒商。但是，儒商应是以人文管理促进管理水平提高的榜样。他们应具有儒者的学养和气质，是能够把儒家思想转化为经营智慧的代表。

儒商是企业家们的境界。

七 效率、公平与和谐社会

儒商的企业应当能够体现儒商的企业文化，既有效率，职业化而又关注员工的福利和发展，因此，在企业文化上提出了很高的要求。

企业文化是一种虚实结合的企业思想和制度，各国企业以及各个企业的企业文化都有不同。例如，在中国现阶段，企业所谓与国际接轨，在企业制度上就难以做到，因为既没有法制化的企业文化环境，也没有职业经理人队伍，企业在改革企业文化的过程中，需要结合自己的企业和市场环境来进行。同样，在商业道德方面，它是应用伦理学的一个分支；在应用领域中，中国的企业有自己独特的伦理境况。例如，当政府开放民营影视制作市场时，它颁发的许可证是给予那些有经验的民营企业。那么，那些民营企业的经验是哪里来的，是违规而来的，即已经悄悄地投资拍摄了许多影视作品。而政府反而让他们优先拥有开放的准入资格，岂不是可能鼓励钻空子的行为？因此，企业文化和企业伦理必须结合中国当代的政治、经济、文化环境和企业实践来研究和讨论，才有真正的指导意义。结合中国企业来深入研究企业文化和企业伦理，无论对理论研究者还是管理的实践者，都是一个返璞归真的必由之路。

儒商的企业一定重视公平。虽然在历史上，儒家或主张富贵由能力和德行致之，可以不平等，但是，儒家还是重视公平为主。当然，作为儒商，也一定需要激励，特别是对品德的激励。

显然，儒商的社会是注重效率与公平的社会。在儒商为主导的工商社会，自由和平等，特别是基于品德的自由和平等是很重要的，作为儒商的能力来说，标准、效率和激励也一定是很重要的。在某种意义上，儒商需要借鉴法家的文化和管理方法，以达到公平和效率并行不悖。

儒商的大众情怀和关怀民生疾苦的人文意识，使儒家反对为富不仁。那么，儒商的社会中，民众的福利一定拥有重要的地位，他们会建议政府保障一个社会不会出现绝对贫困化。“养生送死无憾”，“鳏寡孤独皆有所养”，就会通过制度的调节，使一个社会因为有公平而很有人情味。因此，今日思考儒商问题有重要意义。

达到儒商的社会殊为不易，但是儒商社会的理想值得期待和追求。

（作者陈少峰，北京大学教授，本文于2005年10月20日在福建武夷山举行的宋明理学研究中心成立庆典暨“朱子学与和谐社会”高峰论坛上报告交流。）

注 释：

① 《儒教与道教》，江苏人民出版社1993年版。

② 《文化与人生》，商务印书馆1996年版，第42页。

③ 《士与中国文化》，上海人民出版社1987年版，第467页。

④ 《论语与算盘 人生—道德—财富》，中国青年出版社1996年版，第5页。

⑤ 《变动中的管理界》，上海译文出版社1999年版，第239—240页。

⑥ 参阅田兆元、田亮著《商贾史》第三章“儒商”，上海文艺出版社1997年版。

朱熹的“无为而治”与企业的现代管理

“无为而治”虽是道家管理思想的精髓，在道家思想体系中占有极重要的地位，但它并不专属于道家。中国古代道家讲“无为而治”，宋代大儒朱熹也讲“无为而治”。“无为而治”是儒、道两家共同追求的理想管理模式。

什么是朱熹的“无为而治”思想呢？朱熹讲的“无为”，如同道家一样，并不是“什么都不做”的懒汉哲学，而是以“有为”求“无为”，即在“有为”的基础上达到“无为”的理想境界，这是儒家“无为而治”管理思想的真谛。宋代大儒朱熹在注释孔子的“为政以德”命题时，对于儒家的“无为而治”作了一个既深刻又准确的分析。他说：“为政以德，不是欲以德去为政，亦不是块然全无所作为，但德修于己而人自感化。然感化不在政事上，却在德上。盖政者，所以正人之不正，岂无所作为！但人所以归往，乃以其德耳。故不待作为，而天下归之，如众星之拱北极也。”又说：“为政以德，非是不用刑罚号令，但以德先之耳。以德先之，则政皆是德。”“所谓无为，非是尽废了许多簿书之类。但是我有是德而彼自服，不待去用力教他来服耳。”“以身率人，自是不劳力。礼乐刑政，固不能废。只是本分做去，不以智术笼络天下，所以无为。”（《朱子语类》卷二十三，《论语五·为政篇上》）从朱熹的精彩论述中，我们对儒家的“无为而治”思想至少可以得出如下两点结论：（一）儒家所谓“无为”，并不是“块然全无所作为”，而是建立在“有为”基础上，必先有为而后至于无为，是“有为”与“无为”的有机统一。只有在“修己”与“求贤”上有所作为，才能达到“无为而治”的目的。（二）儒家所讲的“必先有为而后至于无为”，主要内涵是从“德修于己而人自感化”，要求管理者在“修己”上有所作为。在“有为”上，儒家虽然重视“修德”，强调人之“有为”，重点“不在政事上，却在德上”，但这并不否定“刑罚号令”、“礼乐刑政”和“簿书之类”的作用，只是在“德”与“政”的关系上，主张“以德先之”，认为只有“以德先之”，才能做到“政皆是德”，保证“不以智术笼络天下”，达到“无为而治”之境界。可见，朱熹讲的“有为”，既有“德”，也有“刑（政）”，只是在二者之中，强调“以德先之”，以刑辅之。故在强调“修德”的同时，也主张“礼乐刑政，固不能废”。一旦进入“德修于己而人自感化”的境界，就可以达到“只是以德为本，则能使民归”的目的。（三）由“德修于己”到“人自感化”，实际上也就是“我有是德而彼自服”的过程。“德修于己”是管理的起点，而“人自感化”则是管理的终点。在这里，儒家“无为而治”的管理效力主要建立在管理者与被管理者之间的感应性上，即管理者和被管理者之间的心灵沟通和感情认可，从而充分调动与发挥被管理者的潜在积极性。这是一种视之不见，闻之无声，触之不及的巨大的精神动力。凭借内在道德和外在形象影响和沟通心灵，把管理者的心愿和组织目标变为被管理者的自觉自愿的行动。这种不是以“刑（政）”而是以“德”激发出的内在重于外在、身教重于言教的感应性，是儒家柔性管理在方法上的主要表现。从本质上看，儒家的“无为而治”是属于中国传统的柔性管理的范畴。

由此可见，儒、道虽然都讲“无为而治”，但二者是有区别的。在理论基础上，道家的“无为而治”是以道论为根据。“道常无为而无不为”，故要求管理者“以辅万物之自然而不敢为”。而儒家的“无为而治”则是以仁论为基础。从“仁者爱人”的前提出发，要求管理者实施“王道”，反对霸道。在内涵上，道家主张“无为即自然”和“复归于朴”的清静之道，而儒家则主张崇德尊贤之道。在实行方式和秩序上，儒、道虽然都主张“有为”与“无为”的统一，但是道家强调“为无为而无不治”，即由“无为”而“有为”，而儒家则主张由“有为”而“无为”，即“必先有为而后至于无为”。儒家的“无为而治”不同于道家，有其自身固有的内涵和特点。

在现代企业管理理论中，古德、戴维斯、斯托格迪尔等人大力提倡品格特质论，即认为成功的管理取决于管理者本人的品格特质、价值系统和生活方式。在儒家看来，一位成功的管理者，就必须树立良好的道德形象和推行道德教化，以身作则，身教重于言教，由正己而正人，由修己而安人，由自律而他律。实际上，这也就是儒家所追求的“无为而治”的最高管理境界。

儒家创始人孔子把古代尧、舜、禹、汤等人视为“无为而治”的典型，对他们十分推崇和向往。他曾说：“无为而治者，其舜也与？夫何为哉？恭己正南面而已矣。”（《论语·卫灵公》）即认为“无为而治”是一种很高的管理境界，只有尧、舜这样的圣贤明主才可以达到。儒家讲的“无为而治”，正如朱熹所说：“无为而治者，圣人德感而民化，不待其有所作为也。”朱熹又说：“圣人所谓无为者，未尝不为，依旧是‘恭己正南面而已矣’。是‘正己而物正’，‘笃恭而天下平’也。”（《朱子语类》卷二十五，《论语五·为政上》）这里说的“恭己”是“就貌上说”，系指“身体严整，容貌端庄”，“恭只是敬之见于外者，敬只是恭之存于中者”（陈淳：《北溪字义·恭敬》）。二者“如形影然”，不可分割。只有“修己以敬”，方可“体貌尊严”。可见，儒家的“无为而治”，就其内容而言，是建立在圣人的道德感化基础之上的，认为管理者的道德越高尚，对于被管理者的感应性也就越大。就其管理方法而言，它强调主动引导式的感应性，并不是被动的、强制式的外在管理。只是“我有是德而彼自服，不待去用力教他来服耳”；只是“不生事扰民，但为德而民自归之”；只是“圣人行德于上，而民自归之，非有心欲民之服也”（《朱子语类》卷二十五，《论语五·为政上》）。这完全是一种内在的道德感化的柔性管理。

孔子把尧、舜、禹视为上古三代“无为而治”的典范。他说：“巍巍乎！舜、禹之有天下也，而不与焉！”意谓像舜、禹那样的贤君知人善任，不身亲其事而天下得之，这是多么的伟大啊！又说：“大哉！尧之为君也。巍巍乎！唯天为大，唯尧则之。荡荡乎！民无能名焉。巍巍乎！其有成功也；焕乎！其有文章。”（《论语·泰伯》）在孔子看来，上古唯有圣人尧舜能够法天以成德布治，民虽“无能名焉”，但其功业文章巍巍光明，这是焕然可名的。因其博爱无私，至美无偏，“则天成化，道同自然，不私其子而君其臣”，故“凶者自罚，善者自功，功成而不立其誉，罚加而不任其刑，百姓日用而不知所以然”。这叫做“民无能名焉”。朱熹发挥孔子的思想，在《论语集注》卷四《泰伯》篇中援引尹氏对此注曰：“大道之人，无为而成。唯尧则之以治天下，故民无得而名焉。所可名者，其功业文章，巍然焕然而已。”尧、舜、禹为什么能够实现“无为而治”呢？孔子认为尧、舜、禹、汤得天下，“舜有臣五人而天下治”（《论语·泰伯》）。孔子的学生子贡进一步分析说：“舜有天下，选于众，举皋陶，不仁者远矣。汤有天下，选于众，举伊尹，不仁者远矣。”（《论语·颜渊》）具体而言，舜任命禹为“司空”，治理水土，主持政务，统率百官；任命弃为“后稷”，教民种植收获；任命契为“司徒”，教民伦理道德；任命皋陶为“法官”，掌管刑律法制；任命伯夷为“秩宗”，负责祭祀鬼神。使之各负其责，分别处理政务。正因为尧、舜、禹在“明选求贤”上有所作为，故能“任官得其人”，实现“无为而治”。

儒家的“任官得其人”与“任贤故逸”的思想，同现代企业管理的“控制跨度”、“分级管理”和“黑箱艺术”是相通的。在现代企业管理中，所谓“控制跨度”（“管理幅度”）是指管理者直接管理的下属单位或人员的数目。控制跨度是由人的体力、精力与知识等的有限性，以及控制对象的工作性质、层次高低、地理位置诸因素所决定的，没有固定不变的控制跨度。但是一般来说，管理学家认为一名最高管理人员通常控制四五个直属下级较为合适，一个管理者能够有效地管理的人员以7—12人为宜。基于“控制跨度”理论的“分级管理”，是指通过有效地分权和授权，实行分级管理，逐级监督，各负其责。实践证明，任何管理者的管理跨度都是有限的。一旦超越这个限度，试图实行完全控制，消灭层次管理，凡事都要亲自过问，只能造成管理上的混乱和低效。只有通过授权、放权，才能使管理者摆脱繁琐事务，集中精力抓大事，从而成为一名超脱的、潇洒的管理者。一位聪明的管理者，不但要善于发现人才，而且也要善于使用“众力”、“众智”。《晋书·百官志》云：“古之圣哲，深原治道，以为经理群务，非一才之任；明练万机，非一智所达。故设官建职，制其分局；分局既制，则轨体有断；事务不识，则其任易处。选贤举善，以守其位。”正因为在实际生活中，任何天才都无法胜任“群务”与“万机”，故必须实现分级管理。正因为管理者能够任贤使能，故无智而能使众智，无能而能使众能，无为而能使众为。在楚汉之争中，刘邦所以能够战胜盖世英雄项羽，一个重要的原因就在于刘邦精通使用“众力”、“众智”的道理。刘邦在洛阳南宫谈到他的成功之道时曾说：“夫运筹帷幄之中，决胜千里之外，吾不如子房；镇国家，抚百姓，给饷馈，不绝粮道，吾不如萧何；连百万之众，战必胜，攻必克，吾不如韩信。三者皆人杰，吾能用之，此吾所以得天下者也。项羽有一范增而不能用，此所以为我擒也。”（《汉书》卷一，《高祖纪》下）从某种意义上说，刘邦战胜项羽，是儒家“任官得其人”与“任贤故逸”思想的一次成功运用。在当今社会矛盾错综复杂、竞争日趋激烈的市场经济中，说到底是一个人才的竞争。企业管理者只有善于“使众力”、“使众智”、“使众为”，才能在市场竞争中取胜。要解决“使众力”、“使众智”、“使众为”的问题，真正推行“无为而治”，就必须在体制上克服权力过分集中的弊端。邓小平同志曾指出：“权力过分集中于个人或少数人手里，多数办事的人无权决定，少数有权力的人负担过重，必然造成官僚主义。”这种官僚主义的“主要表现和危害是：高高在上，滥用权力，脱离实际，脱离群众，好摆门面，好说空话，思想僵化，墨守成规，机构臃肿，人浮于事，办事拖拉，不讲效率，不负责任，不守信用，公文旅行，相互推诿，以至官气十足，动辄训人，打击报复，压制民主，欺上瞒下，专横跋扈，徇私行贿，贪赃枉法，等等”。要解决由于权力过分集中而产生的官僚主义，就必须从思想上正确认识如何授权、放权的问题。只有坚持“用人不疑，疑人不用”的原则，彻底抛弃家长制作风和不信任态度，方可实施“无为而治”。依据“控制跨度”和“分级管理”原则，在国外，某些企业明文规定：“上级领导不得撇开职工的直接领导向职工直接发布命令、提升和惩罚。”这一规定，既利于充分发挥下属的积极性和创造性，又可以避免管理者越权而导致瞎指挥。但是，今天有些企业管理者仍不懂得“任官得其人”与“任贤故逸”的道理，整天从日出忙到日落，晚上加班加点，大小事都到场，各项工作都要亲自参加，大小会议都要亲自主持。这种“事必躬亲”的事务主义，既劳瘁自己的精力，又降低工作效率，于己无补，于企业无利，是一种费力不讨好的愚蠢的做法。

在“控制跨度”和“分级管理”的基础上，现代控制论者进一步提出了“黑箱”管理艺术。什么是“黑箱”管理艺术呢？其基本内容分为三个部分：输入（投入）——黑箱——输出（产出）。所谓“输入”，是指上层管理者将已确定的工作目标、任务、方针政策和必要的物质、经费等下达给已选定的下属单位和个人；所谓“黑箱”，是指下属单位和个人完成任务目标的具体方法、手段及将投入转换为产出的全部过程；所谓“输出”，是指下属单位和个人完成目标任务的结果。可将其管理过程图示如下：

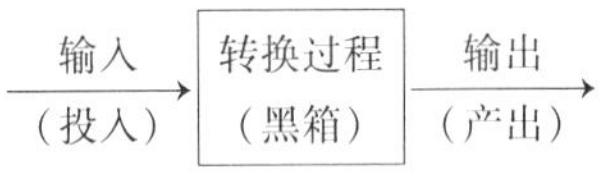

这种“黑箱”管理艺术，是“有为”与“无为”的有机统一。它要求管理者在科学决策、“任官得其人”与“任贤故逸”的输入和监督评价、验收输出两头上要有所作为，切不可犯“不及为则偷”的错误。管理者如同人们使用电脑一样，只管输入数据，得到答案，而不需要了解电脑如何运作，更不要去干预电脑的运作过程（除非电脑出现故障），对于下属单位和个人如何完成目标任务的手段方法和转换过程，不必干预过问，将其模糊处之，这叫“任官得其人”与“任贤故逸”、“垂衣而治”。在这个中间过程（黑箱）中，如果越权干预，就会犯“过于为则扰”的错误。

清代晋商在票号经营中实施的经理责任制，同现代企业的“黑箱”管理艺术是极为相似的。可以说，它是“黑箱”管理艺术在企业中的一次成功运用。山西票号经理负责制的具体做法是：财东在聘用经理之前，根据市场状况，先确定票号的目标任务，然后再选择能够胜任此项商业任务的经理。财东对被聘经理经过严格考察，确定其人为德才兼备者，便以重金聘用，确定其人身股。一旦被选中聘用，财东则将资本、人权委托经理负责，一切经营活动皆不过问干预，始终恪守“用人不疑，疑人不用”的原则，大胆放权，让其充分施展其经营才华。只是到年终结算或每逢账期（三五年不等）时，经理才向财东报告票号经营和财务盈亏情况。经过检查验收，如业绩显著，财东则给予加股（人身股）、加薪以资奖励，并继续聘用。如不称职，则减股减薪，甚至辞退不用。如日升昌票号是清代道光初年财东李氏在平遥县内开设的一家金融机构，从道光到同治五十余年间，李氏从日升昌票号分红多达银200万两以上。日升昌票号的成功，主要取决于财东李氏精通“任官得其人”与

“任贤故逸”的“无为而治”的经营之道。李氏最重视经理的选用，多次考察，反复挑选。经理一旦选定，便委以全权，任其行事，概不过问，只是到了结账时，方听取经理汇报，最后决定分红取利，确定经理是否继续聘用。李氏选定雷履泰出任经理后，对雷氏十分信任，一切经营活动、人事安排和资金使用，全由雷氏决定，从不干涉。有一次雷氏生病，二掌柜毛鸿翔向财东建议雷氏回家休息养病。雷氏对此甚为不满，便暗中通知各地分号结账，准备向财东提出辞职，以要挟财东。财东李氏因雷氏业务能力强，他的辞职关系到日升昌票号的兴衰，只好下跪恳求雷氏收回辞呈。李氏不但劳于求贤，而且也善于逸于用人。这是日升昌票号生意兴隆的根本原因。蔚泰厚票号财东侯氏苦于无人经营之时，正是日升昌副经理毛鸿翔受到排挤之时。侯氏便乘机聘任才华横溢的毛氏担任票号总经理。毛氏为报答财东，锐意经营，使票号业务蒸蒸日上，社会声望日益显赫，使蔚泰厚票号成为晋商中的佼佼者。协同庆票号是榆次王家和平遥米家在咸丰六年创办的一家票号。财东经反复考察，认为孟子元为人开明豁达，善于运筹，知人善任，是一位难得的经营人才，便委以重任而不疑。在孟氏的苦心经营下，使协同庆票号“以区区万金，崛起于咸丰末年”。祁县乔致庸在商业经营中也十分注意网络贤才。如祁县人阎维藩原在平遥一家票号福建分庄任职，财东因他以白银贿官府欲以处分，阎氏决意辞职。乔氏得知这一消息后，认为阎氏善于交结官府，又善于经营，急派其子专程中途截迎，重金聘任阎氏为大德通票号总经理，委以全权处理号事。阎氏为报答乔氏知遇之恩，苦心经营，使乔氏商业获利匪浅，声望日益扩大。所以，清代著名票号商李宏龄在《山西票号成败记》中，对山西票号的兴衰成败总结说：“其成败得失，皆系于人。人存则举，人亡则废，凡事皆然。”这证明：凡是在票号管理中，能够严格实行“任官得其人”与“任贤故逸”的经理负责制，推行“无为而治”的“黑箱”管理艺术，事业就兴旺发达，否则，事业就会日趋衰败。这是一条为历史反复证明了的真理。在今天，仍有重要的借鉴意义。

儒家的“任官得其人”与“任贤故逸”的“无为而治”思想，虽然蕴涵有现代企业“黑箱”管理艺术的某些思想，但它还不等于现代企业的“无为而治”的管理思想体系。从现代管理角度看，“无为而治”的管理思想体系至少由四个因素所构成：（一）“运筹于帷幄之中”的科学决策。管理者要达到“无为而治”的理想境界，首先要依据客观现实进行科学决策，即确立目标，制定政策，周密规划。科学决策与规划，是“无为而治”管理的起点。只有确定了目标和规划，管理才有方向和意义。从企业角度看，需要确定的目标至少有八个方面：在市场上所要达到的水平、创新指标、生产率指标、物质和财政资源指标、赢利指标、管理人员的绩效和培养计划、工人的工作和态度要求、公众责任心要求等。前五项是有形指标，后三项是无形指标。科学决策和周密规划，是管理者实施“无为而治”的第一要诀。（二）在目标和规划确定之后，如何组织人才、启用贤才就是最为重要的事了。这是一个由规划变为现实的转换过程。在这一阶段，管理者的主要任务是“任官得其人”与“任贤故逸”。任何人的智力、能力都是有限的，正如管理学家杜拉克所说：“谁也不可能是十项全能。与人类现有博大的知识、经验、能力的汇集总和相比，任何伟大的天才都不能及格。”只有善于“使众智”、“使众能”、“使众为”，才是一位聪明的管理者。事必躬亲的做法，则是一种愚蠢的行为。“劳于求贤”、“逸于得贤”相结合，是管理者实施“无为而治”的第二要诀。（三）在由规划向现实的转换过程中，除了组织人力，启用人才外，管理者通过“修己以德”的形象管理，达到“垂衣裳而天下治”的效果，也是十分重要的。古人云：“吏不畏吾严，而畏吾廉；民不服吾能，而服吾公。公生明，廉生威。”讲的就是这个道理。这是管理者实施“无为而治”的第三大要诀。（四）在前两个措施之后，管理者应施以控制，主要内容包括：确定考核标准，深入检查工作效果，在此基础上，对最初的决策和规划进行及时评价，调整原有计划，做出新的规划，开始一个新的循环，从而构成一个现代“无为而治”管理思想体系的闭合圈。这一闭合圈是管理者的“有为”与“无为”的完美结合。这是对儒家的“无为而治”思想的进一步运用和发展。这是一个科学的、行之有效的管理模式。我们可将它扼要地图示如下：

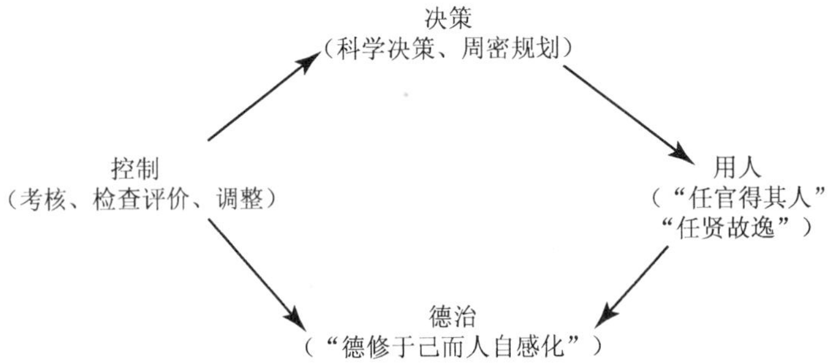

要想实现“无为而治”这一管理艺术，就必须努力克服由于权威者对事情的过分干预而形成的“权威病”。在企业管理中，“权威病”的危害是极为严重的。轻则干扰下属的管理职能，越权侵犯下级的权力，使下级处于进退两难的境地，造成多中心指挥，导演了一幕幕主观主义的瞎指挥的人间悲剧。重则造成工作失误和上下级关系的严重对立。在管理运行机制中，一旦出现“权威病”，就必然破坏民主，打击持不同意见的人，出现非正常的新的“权力场”，使正常的权力秩序遭到破坏，正常的权力结构失去效力。它和运用“众智”“众力”的“无为而治”的原则是不相容的。在企业管理中，树立管理者的权威是完全必要的，因为没有权威的管理是无效的管理。但是，“权威病”是必须克服的。只有彻底医治“权威病”，“无为而治”的管理艺术才能顺利实施。可见，“无为而治”的管理艺术并不是每一个管理者都会自然掌握的，它是在不断的同“权威病”作斗争中学会的。

（作者葛荣晋，中国人民大学教授、博士生导师，
本文于2005年10月20日在福建武夷山举行的宋明理学研究中心成立庆典暨“朱子学与和谐社会”高峰论坛上报告交流。）

朱熹的和谐观与当代社会

朱熹要求人们处世要以“和”为纲。他说：“喜、怒、哀、乐，情也，其未发，无所偏倚，故谓之中。发皆中节，情之正也，无所乖戾，故谓之和。”[①]喜怒哀乐的情感还没有发动时，心是平静而无所偏倚的，这叫做中；如果情感发出来合乎节度，无过而无不及，合情合理，这叫情正，这叫和。人际和谐可以说是人与社会健康发展的必要前提。如果能使复杂的人际网络和谐地运作，它将有利于社会的安定、民族的团结，甚至国家的统一，真正构筑一个里仁和美、国泰民安、风正气顺、人和业兴的社会。人们常说“家和万事兴，人和国太平，”说明家庭成员如果能和睦相处，就会万事顺遂；扩而广之，进一步搞好社会关系，就会一国兴和，整个社会出现祥和温馨的局面。尽管当今世界各种矛盾纷呈、冲突对抗仍在，但和平与发展仍是时代的主流。人们渴望用和谐的方式去谋求人类的发展，朱熹和谐观可以给我们许多启迪。

一 广仁恕是构建和谐社会的心理基础

儒家讲求以“仁”为中心的品格修养，把仁作为人性的起码标准。“仁”是一种没有表露出来看不见形影的心性。仁表露出来后，就叫爱，也叫恻隐，是感觉得到的，包括恭敬、辞逊、是非。朱熹把仁比作种子，恻隐之心，便是种子所生的苗，恻隐之爱心正是从仁产生出来，进而扩大爱的外延为爱人爱物。“仁是爱之理，爱是仁之用”，[②]可见，仁是爱的前提，是爱之理，心之德；仁与爱是体用关系，没有离开爱而说仁的。

朱熹主张为爱而敬和为敬而爱，敬爱一体。他说：“爱而不敬，非真爱也；敬而不爱，非真敬也。敬非严恭俨恪之谓，以此为敬，则误矣。只把做件事，小心畏谨，便是敬。”[③]敬既是一种心理，也是一种行为，它可以传达爱意；而敬如果缺乏内在真诚的爱，则只是一种伪敬。

在人与社会的关系上，公心是仁心的前提。朱熹认为公所以能仁，公是仁之方法。他说：“公而无私便是仁。”“仁是爱的道理，公是仁的道理。故公则仁，仁则爱。”[④]唯公然后才能正其心。公是广大无私意，正是不偏不倚，有了公心，才会心里无所偏袒。公心要求人们廉洁奉公，不谋私利，全心全意为人民服务。

良心是人内在固有的。孟子把恻隐、羞恶、辞让、是非之心分别作为仁、义、礼、智四端，就像人的四肢。人丧失了四肢只是个肢体残废，然而丧失了“四端”，就是非人了。作为本性的仁，是每个人都具有的，只不过有的人是被私欲蒙蔽而已。所以只要克己复礼，体认自身的仁，就会发现本心之全德。朱熹认为，如果这种“本然天理之良心，存而不失，在所作为，自有序而和”。[5]和谐就是这种良心发挥出来的必然结果。

自然的是仁，比而推之便是恕。恕是施仁过程中的道德底线及重要的方法。恕字按字面解释就是“如心”，朱熹说“如，比也，比自家心推将去”，[6]即己心如人心，或人心如己心。其实质是以己之心度人之心，推己及人，设身处地，以己量人，对人宽容。它讲求平等，己所不欲，勿施于人。在一定的条件下，人们生活需要的某些共同性，我所不欲者，在很大程度上也是他人所不欲的，不要把所不欲的东西强加于他人，给他人造成人为的痛苦。与此相联系，自己做不到的事，也不能要求别人做到。“和而不同”也是恕的表现，即和谐地保持个人甚至国家的独特天性，不强求一致。推己及人还涉及己所欲的问题。朱熹认为恕道的内涵应是相反相成的两个方面，己所欲者与他人同欲，己所不欲者，不强加于人。先富的人要帮助未富的人，最终实现共同富裕，符合“己欲立而立人，己欲达而达人”的儒家恕道。人的社会，乃由一个大群体所组成，故人与人和谐相处，所谓的处世待人，必定要有一定的守则。恕道便是一种和谐相处的守则，然其精神，必本于人心，将心比心，才能相互感通。

恕是仁之用，忠是仁之体。朱熹说：“忠由恕见，恕由忠出。”[7]“中心为忠，如心为恕。忠是无一毫自欺处，恕是称物平施处。”“尽己之心而无隐，所谓忠也。”[8]儒家之道，不离日用之间，尽己而谓忠，及物谓恕。尽己是尽自家之心，诚实不欺，不要有一毫不尽。忠强调的是下对上、私对公要竭尽心力，诚实无欺，毫无隐瞒。它要求人们敬重上级，忠于职守，忠于国家，忠于党，忠于社会。同时上也要以仁待下。

仁爱之心不受时限，通于古今。忠、公、仁、恕形成了一套体用关系。仁者怀有公心、忠心、宽容心及同情别人的恻隐之心、爱心，就不会与人争、与国家社会争，就不会有伤恶之心、嫉妒之气，所以就会“其心舒，其志平，其气和、其欲节、其事易、其行道，故能平易和理”[9]。仁更强调博爱之心及社会责任感。由科学发展出来的现代社会，较偏重于物质而忽视了人心；现代社会的工业化经济模式也使人与人的沟通产生了疏离。社会如果能广兴仁恕之心，并一以贯之，必然更易消除人心隔阂而达和谐。

二　诸行义是构建和谐社会的行动指南

义即仁之宜，就是合理地行事。只有各种行动都符合道义，才能恰如其分地处理好人与人、人与社会、人与自然的关系。“动而正曰道，用而和曰德”[10]，说的是行动必须符合正道，应用中关系和谐才会得之于身。

首先，成己是对己之义。

朱熹以格物致知、真心诚意、修身齐家、治国平天下作为他的理想，对个人的利益不是看得很重。他看不惯尸位素餐，饱食终日者，他强调勤奋有为，量入为出，务本节用。朱熹的“成己”更值得注意的是人格之培养，满足个人的人生欲，以达和乐。所谓人格有知、情、意三个方面，现代教育只重客观知识的传授而忽视了人格的培养，这是一个缺陷。个人智慧、品味和修养的形成，要靠个人不懈的努力，这也是作为个人安身立命的根本道理。成己就在于追求人生的终极价值与生命意义。朱熹认为《大学》之道是成己成物，真诚待人待物，唯如其此，才能达到圣人所说的“诚者自成而道自道”的境界。《礼记·中庸》提出了“尽人性”和“尽物性”的课题，并提出了“成己成物”之具体要求，最终归宿于天人合一的境界。朱熹高扬了人的主体性，充分肯定了人存在的至上价值，尤其高度称颂了圣人成己成物、“继天立极”的品格。

其次，利人是对人之义。

在人际交往中有人义十种，即孝亲、慈功、兄友、弟恭、夫和、妇柔、长惠、幼顺、上仁、下忠。前八种是亲亲之行，表现在家庭及长幼关系中。为人子女要孝敬父母，“为人孝悌，则和顺温柔，必以齐家，则推之可以仁民”[11]；作为家长要疼爱（而非溺爱）子女；而丈夫的“和”与妻子的“柔”构成了家庭和睦的基础；弟弟要对兄长尊敬，兄长要对弟弟友爱；长辈则要对晚辈有恩惠，晚辈则要对长辈恭顺；上级对下级要讲仁义，下级对上级则要尽忠心。朱熹认为凡说义，各有分别，如：上下、父子、夫妇、兄弟之义，自不同，似不和，然而各正其分，各得其所，则和。所以，人义就是要各依本分行事。

亲亲之情的扩展则在仁民，即恤民、利民、执政为民。朱熹接近下层，态度随和，乐于与普通百姓交朋友，关心民间疾苦。他认为天下国家之大务，莫大于恤民，平易近民是为政之本，要养民为本，爱民如子，“认百姓是自家的百姓”[12]，俗话说民为邦本，本固邦宁。可见，以人民为重，以人民为先，亲民、爱民、安民是为政之通义，当今我们要党风正，政风清，情为民所系，利为民所谋，权为民所用，让改革和发展的成果惠及最广大的人民群众。任何时候都要把群众利益放在首位，这也是政治文明的表现，这样才会使基层和谐，民心顺畅。

再者，成物是对物之义。

朱熹强调尽物之性，善待天地万物。《易·乾·文言》里说：“利者，义之和也。”“利物足以和义。”唐孔颖达注疏为“言天能利益庶物，使物各得其宜而和同也”。朱熹解释说：“义，本是个割截裁制之物，惟施得则和，此所以为利。”所以利是合理和谐地协作与融合，义之和是指把利放在和谐合宜的地位，不是简单以义制利，而是具有自动协调社会各阶层之间矛盾和利益的深刻内涵。君子利益万物，使物各得其宜，足以和合于义，法天之利，顺和物性，各得其宜，自然无所不利。

利物首先要爱物。天为人之所本，人为天之所至，天人同源。生命与人类是自然界中物质演化、天地生生不息的结果。北宋理学家张载在《西铭》中说：“乾称父，坤称母，予兹藐焉，乃浑然中处，故天地之塞，吾其体，天地之帅，吾其性。民，吾同胞；物，吾与也。”将天地视为父母，以此揭示天人关系，认为天地之气构成我的身体，天地的精神，构成我的本性，把人民大众作为同胞，将天地万物作为同伴和朋友。朱熹在《西铭解义》中进一步发挥张载的思想，肯定了《西铭》的主旨是“以事亲之道以事天地”，即以像对待至爱亲情一样来关爱世间自然万物，体现了儒者之道，爱及万物，从而达到天人和谐统一以及“参天地，赞化育”、“成己成物”的至境。这是对人与自然关系与和谐状态的最深刻表达。它体现的是人与自然的和谐发展关系。

最后，利国是对社会之义。

人的行为要有利于国家社会。朱子理学的主旋律或灵魂与核心，是中华“大一统”思想及“尊王攘夷”、“严华夷之辩”的爱国主义精神。它贯穿于《紫阳纲目》以及大量奏章、诗文、书信言论中。例如在《紫阳纲目》中，明确提出以是否有利于国家统一作为区分“义”与不义的界限，认为凡是正统和有利于国家统一的，就是顺的、义的，凡是僭伪篡夺和分裂国家的，则是逆流的，不义的。讲和谐，并不是当和事老，抹杀个性；宣扬为人宽宏，并不是宣扬无原则让步。对于事关社会法度、民族国家危亡的大是大非问题，是不能讲宽宏的。对金人的入侵，朱熹认为讲和者，有百害而无一利。持求和之策，敌人就会得寸进尺，以和要我，而我不敢动，力足则大举深入而我不及支。这就是金朝统治者的狼子野心。如果有人胆敢冒天下之大不韪，分裂国家，又怎么能以和平对之?

朱熹强调官无论大小要对国家尽忠，对人民公正。他说：“官无大小，凡事只是一个公。若公是做得来也精彩，便若小官，人也望风畏服。若不公，便是宰相，做来做去，也只得个没下梢。”[13]他又说：“政之为言正也。”“正人之不正也。”[14]说明作为管理者，应该正人先正己，以身作则并能正人之不正。只有政风好了才能要求民风好，否则上梁不正下梁歪。

为人不义，必成邪恶；治国不顾义，定会沦亡；凡事处治得宜，利便随之。这就要求在社会生活的各个方面形成良好的重德氛围，杜绝出现损人利己、自私自利、嫉贤妒能、非礼害命、取不义之财等人情沙漠、道德荒原；在财利面前，要见利思义，不能见利忘义，唯利是图；要谨身节用、爱护公私财物，不要铺张浪费。一个满腹私欲的人，必然丧失理智、贪婪索取，从而导致仇怨与争夺，最后身败名裂。朱熹认为欲之甚，则昏蔽而忘义理，求之极，则争夺而至怨仇，这是殊可鄙厌令人伤心的事。这就有必要发扬天理良心，与私欲大战一场，并最终战胜它。他说，当良心与私欲交战时，必须是大力与它战，一次杀不退，只管杀，杀数次时，须被杀退了。只有理智战胜欲望，才可避免人与社会的关系紧张。在现代市场经济中，利之所在，人所必趋。但现代市场经济也是法制经济，其逐利行为必须严格限制在法制轨道上进行，实现经济法则与道德法则的统一。

三　守礼法是构建和谐社会的道德与法律保障

仁是礼之本，礼是仁之序。蕴藏人心之仁，通过礼的方式表达出来，若无内心之仁，礼将失其意义。礼仪是为了达到和谐。朱熹认为：“礼之用，和为贵。”“严而泰，和而节，此理之自然，礼之全体也。”“礼者，履也。”“礼者，天理之节文、人事之仪则。”[15]说明礼是履行自己答应做的事或应该做的事，在行事过程中，要用尊敬的言语动作或遵守一定的礼节仪式。这些礼仪的设置约定俗成，符合自然之理，在人和人之间起调和的作用。在实际应用中，礼必须是不偏不倚、无过而无不及，和谐地奉行才是可贵的，毫厘有差，就会失其中正，就会失礼。有所不行，知和而和，不以礼节制，也是不行的。过则落于表面形式，让人觉得是阿谀奉承，是拍马屁，别有用心，如此则非敬；不及则表现其心不敬，其意不诚。

礼之体主于敬，无敬不生礼。敬由心生，心诚发于外则敬。心与理一是朱熹中和观的基本精神，朱熹认为敬、和都具有共同之本体，都是心做出的。朱熹说：“敬与和，亦只一事。敬则和，和则自然敬。”“和是碎底敬，敬是合聚底和。盖发出来无不中节，便是和处。”“自心而言，则心为体，敬和为用；以敬对和而言，则敬为体，和为用。”“敬是喜怒哀乐未发之中，和是发而皆中节之和。才敬，便自然和。敬存于此，则氤氲磅礴，自然而和。”[16]显然，在朱熹看来，敬与和是相同的，必然地构成敬与中和、礼乐的融通合一。

居敬既是德性修养功夫，又是学习方法。朱熹说：“圣贤之学，彻头彻尾只是一个敬字。致知者，以敬而致之也。力行者以敬而行之也。”[17]又说：“方无事时，敬于自持；及应事时，敬于应事；读书时，敬于读书；便自然该贯动静，必无时不存。”[18]可见，敬不仅指人的身体而且还包括人的精神达到整齐纯一，合乎规范，既是内在心性的道德自律，又是外在的道德行为，体现在人们应事接物的日常活动之中。它意味着坚定专一，身心收敛，不怠慢，不放纵。它对德性修养来说是信守不渝；对学习知识来说，便是专心致志。有此觉悟无此行为或有此行为无此觉悟都非敬。他说：“敬有死敬，有活敬，若只守着主一之敬，遇事不济之以义不义，辩其是非，则不活。若熟后，敬便有义，义便有敬，静则察敬不敬，动则察其义不义。”[19]持敬之心，理与心一。学者功夫，唯在居敬、穷理二事。能穷理，则居敬功夫日益进；能居敬则穷理功夫日益密。

法律是礼的底线。这就要求人们知法守法，依法管理，依法行政。朱熹强调要谨身奉法，不作非违，不犯刑宪；又主张德刑兼施，德主刑辅。他说：“愚谓政者，为治之具，刑者，辅治之法。德礼则所以出治之本，而德又礼之本也。此其相为终始，虽为可以偏废，然政刑能使民远罪而已。德礼之效，则有以使民日迁善而不自知。故治民者不可徒恃其末，又当深探其本也。”[20]“先之以法律禁令，是合下有猜疑关防之意，故民不从，又却齐之以刑。民不见德而谓威，但图目前苟免于刑，而为恶之心未尝不在。”“专用刑政只是霸者事。”[21]可见，道德的自律与刑法的他律要相结合，礼法不可偏废，但是德礼是法的基础，只重刑法则治标不治本，不会使人心向善。所以既要依法治国，更要以德治国。

朱熹对于非礼违法者坚持他的处世准则：对他人有微小触犯自己而未构成伤害者，可以不去计较；人有大过，也可以理而论之；如果是形成大的威胁和危害的话，就要针锋相对，犯而必较。他说：“故人有小小触犯处，自不觉得，何暇与之校耶?”[22]而对于作恶多端的恶人是不能讲宽宏的，“虽曰杀之，而仁爱之实已行乎中，今非法以求其生，则人无所惩惧，陷于法者愈众，虽曰仁之，适以害之”[23]。除掉害群之马并不为过，本身就体现了仁爱。所以他对欺压百姓的恶棍、贪赃受贿者、兵痞、侵夺百姓钱财等一切违法乱纪者深恶痛绝，犯而必较。

礼法规范了人们的言行。人无礼法则不和；事无礼法则不成；国家无礼法则不宁；道德仁义，教训正俗，非礼法不备；纷争诉讼，非礼法难决。守礼、遵法必将有利于人际间团结友善、家庭和睦、政通人和。礼法的形式虽有时代性，但现代社会也需要有现代的礼法来规范。

四　崇理智是构建和谐社会的智力支撑

智是办事的主干与才情智慧综合的智能。智者所为恰当，所行顺遂，其身利而无患，能福及子孙，德加万民；智者能预见祸福，早见利害，能知道世事的变化，见始而知其终，前后不相悖；智者行动符合伦理，其言语切中时务；智者能正确判断是非。因而对任何事物要处理很平实，致中和之境，就需要极高的智慧。

智是仁之知。儒家强调认识自己，行有不得，反求诸己，以此体会良知、悟证良心。对人施礼没得到回报，要回过头来检查一下“敬”；爱别人却得不到别人的亲近，就要回过头来审视自身的“仁”；治理人而不太平，就要回过头来检查一下“智”。儒家以“智仁勇”为三种要德，这是肯定智性学习的用处。而格物致知、即物穷理是一个人达智的途径。朱熹认为天下之人莫不有知，天下之物莫不有理。“致，推极也；知，犹识也。推极吾之知识，欲其所知无不尽也。”[24]格物，便是要就这形而下之器，穷得那形而上之道理而已。他认为如读书讲明道义，或论古今人物而别其是非，或应接事物而处其当否，都属穷理。穷理应于日用之间，随时随处留心，勿令放逸，而于其中，随事观理，讲求思索，沉潜反复，才可穷得物理。他说：“上而无极、太极，下而至于一草一木、一昆虫之微，亦各有理。一书不读，则阙一书之道理；一事不穷，则阙一事道理；一物未格，则阙了一物道理。须著逐一件与他理会过”。[25]人之心本有认知事物之理之明的，只为物欲所蔽，其明便发不出，通过格物，可以扩大并恢复其心知之明，并能知得到，知得彻底，格物越多，其心知之明愈明愈尽。因而君子要有自强不息的求知精神，以求得理智。

崇智要求崇尚大智，不但要自智，还要智人，提高全民文化素质。朱熹毕生办书院、育人才、兴文教正是他崇智的体现。智是未发之性，是非是已发之情。仁是仁、义、礼、智四端之首，而智则能贯穿四端始终。仁智的风云际会，会产生千万种结果。在人际交往中，人有小过，含容忍之，人有善则扬之，人有恶则掩之；对待批评，有则改之，无则加勉；见人有嘉言善行思与之齐而后已等等，都是依据一定是非判断而形成的人际交往中的大智慧，它们可促进人际关系的和谐。

五　讲诚信是构建诚信社会的最高伦理体现

诚是万善之根。“诚”与“诚之”的关系就是“中”与“和”的关系。朱熹说：“问诚者，真实无妄之谓，天之道也，此言天理至实而无妄，指理而言也。诚之者，未能真实无妄，而欲其真实无妄之谓，人之道也。此言在人当有真实无妄之知行，乃能实此理之无妄，指人事而言也。”[26]朱熹说：“所谓诚其意者，毋自欺也，须是隐微显明，小大表里，都一致方得。”“为恶于隐微之中，而诈善于显明之地，是所谓自欺欺人也。”[27]朱熹认为诚是表里如一，真实无妄，尽心不欺，是人的情态上的真情实意，是不能有虚假的，诚其意就是不要自欺欺人。如果能格物致知分别善恶，然后致其慎独之功，而力求割去物欲之杂，而后可得诚意而不自欺了。自欺者并非不想为善去恶，只是常有一念在内阻隔住，外面如此做，心中其实有些不愿，不让表里如一。自谦是外面如此，中心也是如此，表里一般。

意有善恶之殊，意如果不诚，就会为恶。没有不格物致知而能诚其意的，也没有不诚其意而能正其心的。诚意是去除里面许多私意，正心是去除外面许多私意；意不诚是私意上错了，心不正是公意上错了。《中庸》重内外、先天后天兼修以达诚，既讲“自明诚”，又讲“自诚明”。自诚明重先天善性之培养，自明诚重后天克己修行。前者即“尊德性”，就是由自己天赋固有的诚出发，达到对一切事物的了解；后者即“道问学”，是通过学习，使自身固有的诚明白起来，这是后天教化的结果。

朱熹认为“诚”的道德向外发用就是忠实守信，是人们品行操守上的真实态度。忠信要求凡事要实，用自己实的心与之交，有就说有，无便说无。在封建道德规范中“信”是“五常”之一，是整个五常的基石和保障。信的基本要求是言行一致，言行相顾，言必行，行必果。失信行为于法不容，于己也有碍。朱熹说：“信，实也。实是有此，论其体，则实是有仁、义、礼、智，论其用，则实是有恻隐、羞恶、恭敬、是非，更是假伪不得。”“信，约信也。”[28]常言说“人无信不立”，守信是做人做事的根本，交往的基础，它历来是中国人交友的基本准则和价值标准，而且也是为政的三大要领，即“足食”、“足兵”、“民信”的根本。民信要求政府要作为正义的象征。各级政府机构及公务员，在诚信建设中要从隐微之处做起，身体力行。一旦政府的信用缺失，建立社会信用体系则是一句空话。有法不依、执法不严、违法难究会使得失信者得不到应有惩罚，守信者得不到相应的鼓励。

现代社会更需要朱熹所说的“自谦”、“毋自欺”、“慎独”的功夫。进入网络世界，那条由熟人的目光、舆论和感情筑成的防线是很容易崩溃的。网络社会与道德监督机制的新特点（更少人干预、过问、管理和控制）要求人们道德行为具有较高的自律性，能自主自愿进行活动和管理。这种社会，人们的主体意识，特别是权利、责任与义务意识逐步觉醒，主体的意志与品格得到更充分的锤炼，随之建立起来的应该是一种自主型的新道德。而诚信是内在道德修养与真实无妄之知行的统一，符合新道德的要求。诚信是一切道德建设的基础和根本。在人际交往中，诚实守信，不弄虚作假，尚承诺重信誉是任何社会正常运行的必要条件、人与人沟通的前提、合作的可能、谅解的条件。只有每个社会成员都以诚信为立身之本，一切经济活动和社会关系才会保持和谐有序。诚信也是各行各业的行为准则，市场经济运行的“帝王伦理”。市场经济是法制经济，也是道德经济。市场经济中契约的践行，除了靠法律的保护外，也要靠诚信来维系。当前在经济生活中存在的一些道德失范、坑蒙拐骗、假冒伪劣等现象，从道德方面上讲主要是诚信伦理的失落。这些行为只顾眼前利益而没看到长远的利益，没有认识到“诚生友，信生利”的道理。

总之，社会没有和谐的发展就不是科学的发展。朱熹的和谐观，具有普世效应，也符合中央构建和谐社会的精神。如果能做到广仁恕，诸行义、守礼法、崇理智、讲诚信，自然人们左右上下、天人的各种关系就会协调和谐。俗话说天时不如地利，地利不如人和。和是稳定，是基础；和是诚信友爱，同心同德；和不是死气沉沉，而是和而不同；和既有机会均等的你追我赶，又有发扬风格的团结互助，和衷共济，共同发展、共同富裕；和是公平与正义，民主与法治；和是赞天化育，天工开物。构建和谐社会是一个系统工程，需要各方面统筹兼顾。每个社会成员都要文明修身，投身其中，特别是共产党员及其干部更要以身作则，保持其先进性，以形成和谐的社会氛围。要构建和谐社会，有赖于诚信立法、诚信教育及个人信用制度的建设；也有赖于全体公民自我塑造的意愿、能力以及努力程度。

（作者兰宗荣，武夷学院（筹）副教授，本文是福建武夷山举行的宋明理学研究中心成立庆典暨“朱子学与和谐社会”高峰论坛交流论文。）

注 释：

① 宋·朱熹：《朱熹集》［M］第六卷，朱熹著，四川教育出版社1996年版，第3383页。

② 宋·朱熹：《论语集注》［M］卷一《学而》。

③ 宋·黎靖德：《朱子语类》［M］卷二十三、卷六、卷二十五、卷二十七、卷二十七，岳麓书社1997年版。

④ 同上。

⑤ 同上。

⑥ 同上。

⑦ 同上。

⑧ 宋·朱熹：《论语或问》［M］卷一。

⑨ 张立文主编：《儒学精华》［M］，北京出版社1996年版，第506、69页。

⑩ 宋·黎靖德：《朱子语类》［M］卷九十四、卷二十、卷一一一、卷一一二，岳麓书社1997年版。

⑪ 同上。

⑫ 同上。

⑬ 同上。

⑭ 宋·朱熹：《论语集注》［M］卷一《学而》。

⑮ 同上。

⑯ 宋·黎靖德：《朱子语类》［M］卷二十二、卷十二、卷二十三、卷三十五、卷七十八、卷十五、卷六十四、卷十六。

⑰ 宋·朱熹：《朱子全书》［M］卷二、卷三。

⑱ 宋·黎靖德：《朱子语类》［M］卷二十二、卷十二、卷二十三、卷三十五、卷七十八、卷十五、卷六十四、卷十六。

⑲ 宋·朱熹：《朱子全书》［M］卷二、卷三。

⑳ 宋·朱熹：《论语集注》［M］卷一《学而》。

㉑ 宋·黎靖德：《朱子语类》［M］卷二十二、卷十二、卷二十三、卷三十五、卷七十八、卷十五、卷六十四、卷十六。

㉒ 同上。

㉓ 同上。

㉔ 张立文主编：《儒学精华》［M］，北京出版社1996年版，第506、69页。

㉕ 宋·黎靖德：《朱子语类》［M］卷二十二、卷十二、卷二十三、卷三十五、卷七十八、卷十五、卷六十四、卷十六。

㉖ 同上。

㉗ 同上。

㉘ 宋·朱熹：《论语集注》［M］卷一《学而》。

朱熹“诚信”思想与当代社会

诚信，就个人来说，就是诚实守信、信念不垮、道德高尚；就社会来说，就是全社会成员互帮互助、真诚信用、平等友爱、融洽和睦。无论是个人还是社会，诚信都是极重要的，都要“凡出言，信为先”。朱熹说：“言忠信，行笃敬，虽蛮貊之帮行矣；言不忠信，行不笃敬，虽州里行乎哉?”（《朱子语类》卷114。下引此书，简称《语类》）这是对个人说的。若全社会缺少诚信，那这个社会就不会保持安定团结，人们就不能和谐相处、安居乐业了。诚信，是朱熹理学思想的重要内容。挖掘、研究、批判、继承、弘扬、发展、创新朱熹的诚信思想，对我们个人的道德建设和建设社会主义的诚信社会、和谐社会，都是有着重要的意义。

一　朱熹的诚信思想

“诚”与“信”在我国传统伦理道德中是两个分立的德目。诚，最早出现于《左传》和《周易》。《左传・文公十八年》曰：“明允笃诚。”疏云：“诚，实也。”《周易・文言》曰：“修辞立其诚。”疏云：“诚谓诚实。”诚的本义是实。最早论说“诚”的儒家思想家是子思，他说：“诚者，天之道也；诚之者，人之道也。诚者，不勉而中，不思而得，从容中道，圣人也。诚之者，择善而固执之者也。”（《中庸・问政》）子思是将“诚”作为贯通天人物我、沟通本体世界和现实世界的桥梁；同时指出“诚”也具有道德伦理意义。“诚则明矣，明则诚矣。”（《中庸・诚明章》）“诚则形，形则著，著则明，明则动，动则变，变则化，唯天至诚为能化。”（《中庸・致曲》）真诚就能感动众人，就能化恶为善。孟子说：“诚者，天之道也；思诚者，人之道也。”（《孟子・离娄上》）孟子的诚就是把“诚”作为道德伦理范畴。荀子则把“诚”作为所有德行的基础。荀子说：“君子养心莫善于诚，致诚则无它事矣。”（《荀子・不苟》）《大学・明德章》提出“欲修其身者，先正其心；欲正其心者，先诚其意”，又将“诚意”列为儒家的主要修身方法（格物、致知、诚意、正心）。《礼记・乐记》将“诚”与“伪”相对，提倡在道德修养中“著诚去伪”，即发扬“诚”的美德，消除“伪”的恶习。

“信”与“诚”意思近似，也是重要的道德类目，向被儒家列为五德之一。孔子极爱谈信，仅在《论语》中就有三四十次，其中最为著名、最被历代士人称道的便是“人自古皆有死，民无信不立”（《论语·颜渊》）。孔子认为，信是言之有实、行必求果，保证兑现对他人和社会的承诺。这是君子立身处世的支点。人如果“言而无信”，失去这个支点，就会像“大车无輗，小车无軏”一样，再难起到承载重物和驰奔远行的作用，因而应“言忠信，行笃敬”，做个能在社会上站得住的人。

“诚”与“信”作为社会伦理美德的整体而连用，则始于荀子和管仲。荀子从认识论的高度论述诚信的作用与意义，“诚信生神，夸诞生惑”。管仲则从维系人心、淳化民风、引领世态上阐述“诚信”的社会作用，“先王贵诚信。诚信者，天下之结也”。唐朝孔颖达则说：“诚谓诚信也，伪谓虚诈也。言显著诚信，退去诈伪，是礼之常也。”（《礼记·乐记疏》）朱熹在继承先儒诚信道德理念的基础上，对诚信的阐释有了新的发展。

第一，朱熹对“诚”的阐释。他说：“诚者何？不自欺不妄之谓也。”（《语类》卷119）“诚只是个朴直悫实，不欺狂。”（《语类》卷113）这是说“诚”是真心不虚伪，是真实无欺，即不自欺也不欺人。一句话，“诚”就是表里如一，说老实话、办老实事、做老实人。朱熹还从他的“天理论”哲学的体用关系上对“诚”展开分析，认为“诚”是“实理”，是“天理之实然”（《语类》卷64），而“理也者，形而上之道也，生物之本也”（《朱文公文集·答黄道夫一》）。“天地之间，理一而已。”（《西铭解义》）“天理只是仁义礼智之总名，仁义礼智便是天理之件数。”（《语类》卷13）又认为“诚”具有仁义礼智之实，具有恻隐、羞恶、恭敬、是非之实。他说：“以其实有，故谓之诚；以其体言，则有仁义礼智之实；以其用言，则有恻隐、羞恶、恭敬、是非之实。”（《语类》卷48）“诚”所具有的仁、义、礼、智四德与恻隐、羞恶、恭敬、是非四情，是实实在在的，并无半点虚假。这样，朱熹就将“诚”上升为本体论范畴，并纳入到人的道德结构里了，从而开创出儒家诚学的新境界。“诚”是“理”或“天理”，是人类社会伦理道德的根本。做人要讲道德，要讲仁义礼智信，就是要讲诚，要讲老实无欺。朱熹还指出“诚”这一人的道德的向外表现是“忠”。“忠”，也是有“诚”的意思，即有“真实无欺”的意思。朱熹说：“忠，便是尽心，尽心亦是恁地，便有些子是诚之用。”（《语类》卷48）“诚”是人的情态上的真情实意，是不能有虚假的；“忠”是“诚”的发用，是人们品行操守上的真实态度，也不能是虚假的。“忠”与“诚”连用，就是“忠诚”。“忠诚”就是尽心不欺，就是忠实守信。由此，朱熹又强调指出：“诚”是圣人和凡人、君子和小人之间的区分的重要标志、重要关口。朱熹说：“某尝谓‘诚意’一节，正是圣、凡分别关隘去处。若能诚意，则是透得此关后，滔滔然自在，去为君子；不然，则崎岖反侧，不免为小人之归也。”（《语类》卷117）“诚意”，是真心的意思。真心，也就不是虚假。因此，“诚意”就是“诚”，就是“诚”的外向施行，要用实际行动来表现、来体现人的品行操守，故也是“忠”。正因为朱熹看到“诚”是体现人的道德品行，是做人做事的根本，是维系人类社会之稳定的伦理道德之根本，所以他反复阐述说人“当以诚敬为主”、“凡人所以立身行己，应事接物，莫大乎诚敬”（《语类》卷119）的道理。也就是说，做一个人必须是老老实实，不欺骗自己也不欺骗别人。

第二，朱熹对“信”也作了深刻地阐释。朱熹说：“以实之谓信。……信者，言之有实也。”（《论语集注·学而》）又说：“信，实也。实是有此，论其体，则实是有仁义礼智，论其用，则实是有恻隐、羞恶、恭敬、是非，更是虚伪不得。”（《语类》卷48）还说：“五者（指仁义礼智信五德）之中，所谓信者，是个真实无不妄底道理，如仁义礼智，皆真实而无妄者也。故信字更不须说。”（《朱文公文集·玉山讲义》）还说：“或问：‘仁义礼智，惟之四德，又添信字，谓之五性，如何？’曰：‘信是诚实此四者，实有是仁，实有是义，礼智皆然，如五行之有土，非土不足以载四者。”（《语类》卷6）很明显，朱熹首先肯定“信”与“诚”一样是“实”、“真实无妄”的意思，“实”即“诚”，“诚”即“信”；然后，又反复强调“信”是人性中的五德（仁义礼智信）之一，而且“信”是体，是指“仁义礼智”这四德的真实性，因而信之德是最最基本的道德，就像五行中的土是以装载金、木、水、火那样。朱熹还认为“信”不仅是人性中的五德之一，而且是封建道德中的“五常”之一，是整个“五常”的基石和保障。朱熹说：“为学既知大端是欲复天之所与而必为圣贤，便以‘父子有亲，君臣有义，夫妇有别，长幼有序，朋友有信’，此五者为五个大桩相似，念念理会，便有工夫可做。所以《大学》‘在于止善’，只云：‘为人君，止于仁；为人臣，止于敬；为人子，止于孝；为人父，止于慈；与国人交，止于信。’”（《语类》卷118）朱熹认为父子、君臣、夫妇、长幼、朋友这五伦，犹如五个大桩立在那里，撑住了整个人类社会，使得人类社会凭借这五种伦理关系而得到巩固；五伦又是通过仁义礼智信这五种道德来维系的，而“信”这一道德伦常是朋友互相交往的准则。朋友之间，相互交往，要讲遵守诺言，要讲诚实无欺，要讲信用。朱熹说：“信，约信也。”（《论语集注》卷1）“与朋友交而不信乎？凡事要实，用自己实的心与之交，有便道有，无便道无。”（《语类》卷13）“交朋友贵乎信也。”（《朱子家训》）“信便是真个有仁义礼智，不是假，谓之信。”（《语类》卷20）仁义礼智信这“五常”与“三纲”结合，谓之“三纲五常”，“三纲五常”又是“天理民彝之节，而治道之根本也”（《语类》卷13）。因此，朱熹说：“学者之心，大凡当以诚敬为主。”（《语类》卷119）这是说，“诚信”作为“三纲五常”的一个重要方面，是“天理民彝之节”，是社会人际关系的安全阀、精神纽带，因而它是治道之根本、治政之根本。

第三，朱熹对“诚”与“信”的关系也作了高深的阐释。首先，朱熹从哲学的高度阐释“诚”与“信”的关系。有弟子问：“诚与信如何分？”朱熹回答说：“诚是个自然之实，信是个人所为之实。”《中庸》说：“‘诚者，天之道也’，便是诚。若‘诚之者，人之道也’，便是信。”（《语类》卷6）朱熹认为，“诚”是“天之道”，“信”是“人之道”，因而“诚”是体，“信”是用；“诚”是“信”的最高层次、最高标准，是“理”或“天理”，“信”是“诚”的具体表现，是人伦。这样，朱熹就把儒家传统的“天人合一”思想贯彻到道德领域中去了。其次，朱熹从培养不同层次人才的角度对“诚”与“信”作了区分。朱熹说：“诚者，天之道，这是圣人之信。若众人之信，只可唤做信，未可唤做诚。”（《语类》卷6）这是说，“诚”是对圣人要求的，“信”是对普通人要求的。圣人的道德标准要达到“诚”，而普通人达到“信”就可以了。这就使“诚”与“信”有了等级的区分。但是，世上能成为圣人的人，毕竟是极少的；而普通人即凡人则是绝大多数的。因此，朱熹认为“信”是每个人的“立身行己”之本，是仁义礼智四德的最基本要求。作为一个人，朱熹认为要做到诚信不虚假，就必须进行道德修养，一要做到说老实话，“信者，言之有实也”（《论语集注·学而》）。二要言行一致，“信是言行相顾之谓”（《语类》卷21）。三是言之必践，说到做到，“言之不践，则是不信”（《语类》卷22）。朱熹极赞同“子以四教：文、行、忠、信”（《论语·述而第七》）。所以，倾毕生精力对学生（包括皇帝）进行“诚信”、“忠信”的教育，并重视这方面的人生实践。

从上文朱熹对“诚”、“信”、“诚”与“信”的关系的阐释，我们可以看到朱熹“诚信”思想的深刻。他强调“诚信”是人的最基本的道德，是人性的内在要求，是人心所固有的内在规定性；作为一个人，必须讲诚信，如果失去了诚信也就失去了做人的资格，因而抓人的道德建设必从抓“诚信”始。朱熹还强调“诚信”对于构建儒家所向往的“治隆于上俗，美于下”的隆盛社会即政治清明、百姓富足乐业、国家强大稳定、社会和谐繁荣的社会，也是极为重要的。“诚信”是“立人之本”，是“立身行己之本”，是“进德修业之本”，也是“治道之根本”、“立政之本”。可见，朱熹的诚信思想对人的本性、人类道德的价值和社会存在的价值，给予了极为充分的肯定。我们对他的这一思想要采取积极的态度，给予充分的审视、阐说、开发、改造、创新，让传统向当代转换，为打造社会主义的诚信社会、和谐社会服务。

二　用时代的眼光审视和阐说朱熹的诚信思想

儒家诚信思想曾指导我国人民道德生活两千多年，而朱熹的诚信思想也曾指导我们的道德生活近千年。我们现在已建立起社会主义市场经济，并正在建设社会主义的和谐社会。市场经济是法制经济，也是“道德经济”。市场经济行为，在西方国家主要体现在契约关系上，而在我们国家则是在合同或协议关系上。不管是契约的践行，还是合同或协议的践行，除了靠法律的保护外，也要靠“诚信”来维系。买卖双方如没有起码的“诚信”，那么就不可能有契约或合同或协议，就是有了契约或合同或协议也不可能得到遵守。有了“诚信”精神，市场经济动作就会井然有序，否则就必然陷入紊乱。建设社会主义和谐社会是根据马克思主义基本原理和我国社会主义建设的实践经验，根据新世纪新阶段我国经济社会发展的新要求和我国社会出现的新趋势新特点而提出的。我们所要建设的社会主义和谐社会，应该是民主法治、公平正义、诚信友爱、充满活力、安定有序、人与自然和谐相处的社会。这是说社会主义和谐社会除了需要“依法治国”、法律保证外，也是需要“诚信”的，要靠“诚信”来妥善协调社会各方面的利益关系，来正确处理人民内部矛盾和其他社会矛盾，来充分发扬社会主义民主调动社会各方面的积极因素，使社会进步的创造愿望得到尊重、创造活动得到支持。北京市商业、房地产业、洗染业、家具、旅店、汽车、保险等万家企业签署了“公平交易、杜绝假冒伪劣、提供优质服务、抵制虚假宣传、认真履行承诺、承担社会责任”的“诚信公约”；山东移动通信也向社会发出“诚信宣言”。中国紫檀博物馆馆主陈丽华女士说：“我致富靠的是信誉和朋友。我把信誉看成是生命，就没有踢不开的门；把朋友看成是自己的左膀右臂，干企业和做人，都是最离不开的。我始终认为，钱是死的，人是活的。再有钱没有朋友是没有用的，但对朋友一定要讲信誉。就拿借钱来说，在朋友那借了钱，答应借用三天，而我两天半就还，这就是一种信誉。这种行为不是一次性的，是长期性的。话再说回来，朋友不是被自己利用的，朋友间要相互鼓励，承担义气。……该给人钱就给人钱，手下人的钱绝不能拖欠。我的工人，加班费 10 元一小时，先给钱后加班，我们还常派员出国。”（参见 2004 年 8 月 23 日《华夏时报》芬子、张金霞文）……从中央到地方，从政府到企业，从国家干部到普通老百姓，“诚信”这既古老又年轻、既传统又现代的问题，从未像今天这样引起全社会的普遍关注和重视。恪守诚信道德理念，已成为社会主义市场经济条件下建设社会主义和谐社会的最基本的也是最重要的人格追求。这充分显示了诚信的现实重要性和必要性。

朱熹“诚信”思想的社会性内涵在当代的扩展。我们都清楚，我国传统社会是以自然经济为主的自给自足的社会，道德体系的重点则是以孝悌为核心的家庭伦理，所以包括诚信在内的所有儒家及朱熹的入世道德，全受到狭窄的生活范围和关系领域的制约，受到血亲人缘的制约，从而成为基于自然、人伦关系的家庭道德的复制和延伸。但是，社会发展了，包括“诚信”在内的儒家及朱熹的入世道德，也应该有所变化。马克思、恩格斯在《共产党宣言》里说：“人们的观念、观点和概念，一句话，人们的意识，随着人们的生活条件、人们的社会关系、人们的社会存在的改变而改变。”我国传统社会进入近现代后，特别是进入当代后，一方面因我国传统文化、西方文化与马克思主义的“健康的互动”，特别是20世纪末全球格局出现了最为重要的变动，人类文明日益明显的多元化趋势；另一方面因近20多年我国成功的改革开放，快速地发展经济与市场经济的建立，各种新行业雨后春笋般的出现，商品交换媒介的社会化，推动了社会分工的高度发展，与之相适应的社会伦理规范也就具有了真正意义上的“社会化”特质，国家、民族的整个道德结构也已开始从以“私德”为主导转变为以“公德”占优先的地位。诚信的意义和作用，也就发生了变化。儒家传统的解释和朱熹的说法，都是认为：诚信，只是加强个体的心性修养，完善个体人格，“成己仁”，和睦族亲邻而已。“忠信，所以进德也。”“诚其意者，自修之首也。”（《四书集注·大学》）但是，现在已是当代社会了。当代社会，随着经济全球化的发展，中国又已加入世贸组织，这就必然要求人们更多地走出家庭，走出农村，涌向外地，涌向城市，涌向异国，从事主要包括经济活动在内的各种复杂的活动，面对和处理的人际关系比原先的要多得多，这样，就整个道德体系的组成结构来讲，诚信已远比原来居于核心位置的孝悌有了更多更为重要的实际用处；另外，就“诚信”本身来说，如今也已不仅仅是指个人的“立身行己”、“成己仁”和睦族亲邻、“朋友可信”了，而是更多的要讲国家的信誉、政府的信誉、司法的信誉、企业的信誉、单位（部门）的信誉、商贸的信誉、金融的信誉、网络的信誉、媒介的信誉等等国际的、公共的、公众的信誉。2000年，我国第一家信用调查公司——上海资信有限公司成立，对企业和个人信用状况进行记录；2001年，北京中关村科技园区要求进驻园区的企业必须有良好的信用记录……这表明我国已开始进入信用时代。诚信是凝聚力，是竞争力。拥有“诚信”，讲信用，国家、政府、司法、企业、单位（部门）、金融、网络、媒体等等才会树立良好的形象。尤其是我国现已是世贸组织的一员，经济发展和社会生活多方面地纳入到国际竞争与协作的秩序之中，要遵守国际准则，于是“诚信”的国际化与社会化内涵已得到广泛扩展。我们已不能只从“崇德”、“亲德”、“悦亲”上去理解其内涵，而应随着社会的发展进步，从诚信的国际化、社会化去理解其内涵了。

在当代，“诚信”更应拥有新世纪新时代的特质。朱熹“诚信”思想和他的学说，是当时那个时代精神的体现，反映了那个时代的特质。因为他能站在当时那个时代的前沿，预见到社会发展的未来思想和儒学（哲学）发展的趋势，于是他继承孔孟先儒和他以前的宋代理学家的诚信思想和学说，对于现实社会中不符合时代精神方面的思想行为进行有力地揭露和批判，从而产生了具有时代性特质的新的“诚信”思想和学说——朱熹“诚信”思想和朱子学说，但是朱熹又力图用正统的儒家经书来统一，过分地反对所谓的“新奇诡异之论”，反对自立新说，“只得依其说，不得臆说”（《语类》卷109），从而极大地束缚了人们的思想；再说朱熹“诚信”思想和学说距我们已近千年了，而且又是封建社会后期的统治思想，为封建社会服务，这就使其具有凝固性与保守性的特征。这可以从以下几方面去分析和理解。

（一）朱熹“诚信”思想源于孔孟等先儒及周敦颐、张载、邵雍、二程等理学家的思想。孔孟先儒的伦理道德思想又是发端于以血缘关系为纽带的封建宗法社会，一开始就带有浓厚的亲情、地缘色彩；周张邵二程所处的时代，又是封建宗法社会高度发展的时代，因而他们的伦理道德思想更具有浓厚的血缘亲情与地缘的色彩。朱熹所处的时代，正是周张邵二程所处的封建宗法社会高度发展的进一步延续的时代，因而朱熹的伦理道德和“诚信”思想，同他的理学学说，自然难于摆脱这种血缘关系的亲情色彩和地缘特点。所以有的学者提出：朱熹的学说是儒家家族主义，而在儒家家族主义基础上产生的社会结构与当代社会的根本原则——平等、自由与规范是相悖的。使儒家学说历史弥新的不是家族主义，而是其道德精神遗产。它的道德精神遗产，必须能与当代社会的根本原则相适应，能成为与21世纪密切关联的最重要因素，这就要对它的道德精神遗产，如“诚信”等注入新鲜的时代特质，从而有助于当代社会强化责任的伦理观，有助于推动全面的教育体系的建立，也有助于人们在短暂的生命历程中探寻到其终极价值（参见姚新中：《儒家思想与21世纪——对儒家道德遗产及其现代相关性的思考》，《高校理论战线》1998年第9期）。还有些学者运用祖克尔的观点和方法来分析华人社会的信用产生机制，认为通过声誉和关系来建立信任是华人的惯用手法。不少华人家族企业和大陆的一些私人企业（包括商业团伙）往往喜欢在本家族、老乡、亲戚、同学、好友间发展关系，虽然信任感和亲和力得到了加强，但却限制了业务的开发和事业的发展，从而给长远上追求利益的最大化造成了不利。这种“熟人社会”、家族“亲情”和“地缘”色彩的心理惯性，是建立当代信用机制的障碍。“诚信”的本义是真是实，不容随意变动，但因碍于族人、亲戚、老乡、同学、熟人，总之碍于亲情、碍于情面，从而就出现了不真不实，“诚信”无法实现。朱熹极强调“诚信”，他极赞成孔子的话：“是故君子有大道，必忠信以得之，骄泰以失之”（《大学·絜矩章》），对孔子的话：“人而无信，不知其可也。大车无輗，小车无軏，其何以行之哉?”进行作注曰：“輗，辕端横木，缚轭以驾牛者。軏，辕端上曲，钩衡以驾马者。车无此二者，则不可以行。人而无信，亦犹是也。”（《论语集注·为政第二》）可见，朱熹与孔子一样，都极为强调“人而无信，不知其可也”。朱熹还认为，“信”还有个极重要标准就是“直”。诚信，就是要正直，要讲真话实话，要办真事实事，而不能随波逐流、遮遮掩掩，更不能看人说话、奉承拍马、搞假冒伪劣。正因为此，所以朱熹称赞诸葛亮、杜甫、颜真卿、韩愈、范仲淹是讲诚信的榜样，“此五君子其所道不同，所立亦异，然求其心则皆所谓光明正大，疏畅通达，磊磊落落，而不可掩进也”（《五梅溪文集序》），而极力揭露、批判不讲诚信的“乡愿”，说“乡愿，乡人之愿者也，盖其同流合污以媚于世也”、“乡愿无其见识，其所愿亦未必真愿，乃卑鄙而随俗之人耳”（《语类》卷27），又说“乡愿是个无骨肋底人，东倒西扶，东边去奉人，西边去周全人，看人眉头眉毛，周遮掩蔽，唯恐伤触人”、乡愿“以其务为谨愿不欲许欲以取容，专务狗俗使人无所非刺……一心只要说好”（《语类》卷61）。朱熹主张儿女对父母的“诚信”是表现在“孝”上，“善事父母为孝”（《论语集注》卷1）。怎样做才能是“善事父母”呢？朱熹认为作为儿女的不仅要赡养父母，还要在精神上慰藉父母，看到父母有过，就必须和颜悦色地给父母指出，并让其欣然改正，“父母有过，下气怡色，柔声以谏也”（《论语集注》卷2）。因而朱熹又认为为人不能锋芒太露，他指责功利学派陈亮“才太高，气太锐，论太险，迹太露”（《语类》卷36）。这样，朱熹的“诚信”思想里就包含有“直”和“隐”的两面特性。而“隐”这一特性，却造成了负面影响，即在当今的一些政府部门、企业、商业团伙及其媒体对老百姓、消费者不讲真实话、不公开透明有关信息、欺上瞒下、霸王条款、关系网、裙带风、家族（家长）式的管理等等，还有在当今的社会中出现的“酒杯一端，政策放宽”、“红包一塞，事情立办”、“三个公章，不如一个老乡”等等的现象，都是违背当代生活的要求，违背当代诚信的原则，应该坚决彻底消除。而对于朱熹“诚信”思想中“直”的这一特性，我们应该大力弘扬，并对其含义给以新世纪新时代的诠释，让其拥有新世纪新时代的特质，为新世纪新时代服务。

（二）与儒家、理学家看重德义的观念相联系，朱熹的“诚信”思想里有较浓厚的重诚轻信的色彩。朱熹对孔子的“主忠信，徒义”（《论语·颜渊》）的阐释是“主忠信，则本立。徒义，则日新”（《论语集注·颜渊第十二》）。这是说“信”要绝对地随“义”走，只有随“义”走，“信”才能“日新”，否则就是浅薄俗陋之举了。朱熹还说：“诚者，天之道，这是圣人之信。若众人之信，只可唤做信，未可唤做诚。”（《语类》卷6）这就把“信”分为“圣人之信”和“众人之信”的不同等级的“诚信”观了，而且只有“圣人之信”才可称做“诚”，而“众人之信”是不能叫做“诚”的。于是，朱熹就要求人们通过“诚信”的道德修养，要成为“圣贤”，“学者大要立志，才学便要做圣人也”（《语类》卷36）。但实际上，在当代的社会里，如果“诚信”只是过分地去强调义，而忽略了利，那么就会压抑人性，压抑人的创造力（参见陈劲松：《儒学社会的治乱兴衰：一种精神的限制》，《浙江学刊》1999年第1期）；如果将“诚信”这一伦理道德分成“圣人—众人”这样的等级关系，并强调人们要成圣成贤，那么就会阻碍社会发展所需要的普遍主义、一元主义的形成，就会助长缺乏民主意识的政治倾向、拒斥科学的思想倾向及剥夺人格权利、抵制平等竞争、泯灭创造个性的等级观念的形成，就会助长历代权威主义的专制政治，导致“个人迷信之现代狂潮”，助长“官本位”、“圣人本位”的价值观念，浇铸现代人只注意求同思维、保守心理，浸淫惰性无为、平均主义价值心理等等（参见萧鸿红：《儒学传统对现代人的负面效应》，《辽宁师范大学学报》1998年第6期）。因此，我们认为，人不能没有信仰，事情不能不讲是非，重“义”重“诚”是对的，但不能期望人人都能成为“圣人”，企业、单位都变成慈善机构，更不能因讲“诚信”而出现新的等级观念。在当代社会里，人与人之间，国与国之间，更应当讲平等，更应该没有等级这条鸿沟，要不然当代社会怎么会成为文明的社会、和谐的社会？马克思说：“物质生活的方式制约着整个社会生活、政治生活和精神生活的过程。”物质利益以及由此而产生的其他利益间的联系、矛盾、冲突，谁都难以回避。现在“物质生活的方式”正在改变，由此而产生的社会结构、思想观念也正在改变，有时为了发展经贸、引进外资，我们还要与“道不同”者相“谋”。而在此复杂的背景下，利益之“益”和信用之“用”，就会凸显出来。而冠于其上，起发挥引导、制约作用的

"诚"和"义"、"诚信"，也应当质色焕然，映射出更多的时代光辉，不应仅局限在个人修养、"成仁成圣"上。

开发朱熹"诚信"思想，打造当代诚信社会、和谐社会，实现社会安定和发展。

对朱熹的诚信思想，我们要深入系统地开发，让其为当代社会的"诚信"道德建设、打造当代"诚信"社会和和谐社会、实现社会安定和发展服务，这是当务之急。

第一，端正观念，普遍树立起"诚信为本"的思想。诚信是处理人与人、人与企业、人与社会关系的基本准则。诚信的美德、诚信的观念和原则，本就是我们在追求利益的活动过程中，双方关系协调融洽、相互信任、互利互惠而产生和发展起来的。朱熹引用程子的"欲利于己，必害于人，故多怨"的话来解说孔子的"放于利而行，多怨"（见《论语集注·里仁第四》）。意即只想为自己谋利益，就必定要损害他人、社会、国家的利益，这就必然会造成双方结怨，"诚信"不存，社会、国家就会不安定。只有把个人利益、企业利益、区域利益同人民利益、社会利益、国家利益、人类利益结合起来，而且还要将经济利益同政治利益结合起来，这样才能有助于关系融洽、人民团结、社会和谐、国家安定。市场经济是一种分工合作型的经济，更需要各方面的互相协作。普遍广泛的商品交换，各种各样的相互服务，和则互动，信则互利，诚则互惠；反之，如果总是心怀叵测、坑蒙拐骗、出尔反尔、弄虚作假、唯利是图，那就很难能长久地立于不败之地。所以，我们必须要牢固地树立"诚信为本"的思想。这应包括如下几方面的内容：一是立诚明义，重用守本。这主要是对治政者来说的。就是说治政者既要有远大抱负、精谋善略，又要有铮亮品格、惠世胸怀，能平易近人、代表最广大人民的根本利益，不圆睁两眼只盯着上级、政绩、职级。治政者最重要的品格、最重要的为政之道，就是心为民想、情为民乐、利为民谋，最终取信于民。真正做到政通人和。"信"在"五常"中是最基本的道德规范，如果"信"不存，那么其他的道德规范也就无从说起。因此，朱熹深感"无信，如何做事？如朝令夕改，虽商鞅之徒亦不可为政"（《语类》卷21）。商鞅变法"徙木立信"是树立"诚信"取得成功的典型范例。朱熹在这里认为治政者即便有商鞅的才干，但无商鞅的"诚信"原则而朝令夕改，那也难以治政。鉴于此，所以朱熹又认为治政者应当"宁死而不失信于民，使民亦宁死而不失信于我也"（《论语集注·颜渊第十二》）。可见，取信于民是治政者的最重要的为政之道和最重要的道德品格。二是真而不伪，实而不虚。这主要是指在经济交往、商业活动中，要坚持诚信的原则，提倡"交易欲其廉平"（《家政》，《朱熹外集》卷2）。"廉"是物美价廉；"平"是公平，童叟无欺，不从事造假贩假，不一意投机取巧，不做过头宣传误导消费者（客户），上市公司不有意编造、发布不实信息误导股民，等等。对违反商业道德，恶意欺诈的行为，则应给以坚决打击。三是据信而为，言必践诺。这就是表现在日常的生活中，也应亲疏一致，前后一致。这样，蔚然成风，那就必将会打造出一个诚信的社会、和谐的社会来。

第二，多层次推进，建设当代信用体系。个人诚信，是社会信用的原点。朱熹认为人之所以为人，乃是决定人的道德价值，"人之所以得名，以其仁也。……言人而不言仁，则人不过一块血肉耳"（《语类》卷61）。明确指出，如果一个人失去了"仁"、失去了"诚信"，那也就失去了道德生命；人没有了道德生命，就是活着也无异于行尸走肉。人所体现的最基本的道德行为，就是"诚信"。"凡人所以立身行己，应事接物，莫大乎诚敬。"

(《语类》卷119)在朱熹看来,“诚信”这一道德是“日用常行之道”,每个人的道德修养就同“衣服之于身体,饮食之于口腹,不可一日无也,不可不慎哉”(《朱子家训》)!因而对个人来说,首先是道德自觉问题。

道德自觉,就是个人对自己的品德及表现进行自我认识、自我监督、自我克制、自我改正,从而养成诚实守信等良好的道德品质。道德自觉,要求个人要不断地学习和实践,朱熹说:“学之至则可以为圣人,不学则不免为乡人而已。”(《论语集注·公冶长第五》)但是,就是这样,也还是极不够的,因为当代社会对于个人人格的要求,已更多的是诉诸于社会管理与道德教育、他律与自律相互补充、相互促进的众多的社会伦理的约束机制和运行机制上,至于个人诚信的主要表现则体现在取信于人、承担责任的行为和能力上。于是,作为个人就必须特别注意后果和影响,不断地进行更为严格的自律和服从众多方面的他律。自律,是社会成员即每个个人诉诸理性自觉,将外在的道德规范内化为内心的道德准则,自觉地遵守社会道德规范和道德要求,自觉地履行道德义务。他律,则是指一定社会通过制定严格的道德原则、道德规范,并依靠社会舆论、风俗习惯等手段,强迫社会成员履行道德义务。每个社会成员即社会上的每个个人要把道德自律与道德他律联系起来,相互促进,为实现他律向自律的转换创造有利条件,从而更好地发挥道德规范和约束人们行为的作用,更好地促使社会每个人都能成为讲道德、讲文明、讲诚信、人格高尚的人。

个人诚信的直接延伸和扩大,则是家庭诚信和社区诚信。家庭是创建诚信社会和和谐社会的最基本细胞。家庭诚信,社会才诚信;家庭和谐,社会才和谐。而儿女们如何更好地孝顺老人是使家庭诚信和家庭和谐的最重要的因素。当今,我国已进入了老龄社会,全国老年人已达1.3亿人以上。儿女常回家,是光“看看”,还是更要“干干”,给老人以更多的关爱?目前已成为如何建立诚信家庭、和谐家庭和诚信社会、和谐社会的一个新的热门话题。一个人在家里不能孝顺父母,不能尊敬老人,那他在社会上就不可能效忠人民、效忠国家。为保证家庭诚信(和谐),就有必要建立家庭成员道德守则或者家训,以供每个家庭成员自觉遵守和互相监督。社区诚信,就是邻里、片区、村镇、驻地单位的诚信,按朱熹的说法就是“邻里乡党”的诚信。社区诚信,要求人们要建立相应的服务管理组织如居委会、村民委员会、片区委员会等,采取制定居民道德公约(守则)、文明公约(守则)、乡规民约、共建协议等,使互相间都能以人为本,和睦相处,相敬相爱,互助互利,民主自治,安居乐业,保持良好的信任和信誉,从而营造出具有较高的道德文明风范、充满社会活力和社会责任感的良好的人气环境,换来前进的自信和成功的感觉。家庭诚信(和谐)是社区诚信(和谐)和社会诚信(和谐)的前提和基础;社区诚信(和谐)是整个社会诚信(和谐)的重要基础和组成部分,应该以社区管理为一个重要的纽带和桥梁。

企业(含商业团伙)诚信。企业是市场经济的主体。建立企业(含商业团伙)诚信是完善市场经济的需要,也是建设社会信用体系最重要的基础,同样还是建设和谐社会的重要基础。在市场经济条件下,市场交易关系和交易行为,已更多地表现为信用关系。在激烈的市场竞争中,要想立于不败之地,企业(含商业团伙)必须遵守的重要准则之一就是诚信、信用。诚信、信用是市场经济中的“帝王伦理”,它直接影响着企业(含商业团伙)的成本。“德者,得也。”诚信、信用、信誉越高,生产与管理成本就越低。一些企业（含商业团伙）、名牌产品之所以声望高、信誉隆，除了质量外，就是诚信、信用、信誉，而且后者更为根本。因而企业（含商业团伙）更应该牢固树立“诚信为本”的思想，靠优质的产品、优良的服务、优等的管理来树立形象，争得信誉。拥有诚信，讲信用，企业（含商业团伙）才能赢得发展。尤其加入世贸组织后，有了诚信，才能得到国内外消费者的信任，才能在商海中占有一席之地。如果缺乏诚信，没有一个良好的经济秩序和社会环境，就会加大我们吸收外资的成本，也会加大我们参与国际竞争的成本。可以毫不夸张地说，失去诚信，小到一个小摊，大到一家企业（含商业团伙），都很难生存下去。诚信原则的贯彻，在企业（含商业团伙）与国家的关系上，要依法照章诚实经营；在企业（含商业团伙）与企业（含商业团伙）的关系上，要重合同、重契约、重协议、守信誉；在企业（含商业团伙）与员工的关系上，要尊重员工的权利和人格，增强内聚力；在企业（含商业团伙）与消费者（即顾客）的关系上，要保证质量、货真价实、公平公正，真诚服务。企业（含商业团伙）如能信守“诚信”这一市场经济的“帝王伦理”原则，那就会赢得政府部门、企业（含商业团伙）同行和消费者的信赖，造就一个有利于企业（含商业团伙）发展的良好环境。值得欣喜的是现已有许多企业都在建立诚信企业，如上文提到的北京已有万家企业签署了“诚信公约”、山东移动发出了“诚信宣言”……以诚信原则作为其基本的商业道德标准和根本的行为准则，切实履行自身义务，保护消费者权益，积极采取措施，共铸诚信社会、和谐社会。

政府诚信。政府诚信，是整个社会中最大的诚信。建立政府诚信，最为关键的是要摆正关系和地位。政府和老百姓是对等的、互动的双方，按诚信的道德原则来讲，政府不能高高在上，不能只强调老百姓要对政府的绝对服从、绝对听话，政府也不能以控制者、操纵者自居，而首先应该要强调政府对老百姓要有礼、对老百姓所应承担的义务和责任，即要代表最广大人民的根本利益，组织领导老百姓创业致富，为老百姓办实事，为老百姓谋利益和保护老百姓上，让老百姓相信政府，在老百姓中树立政府是讲信用的光辉形象即诚信政府的光辉形象，政府真正是人民的政府。按朱熹的说法，就是“为君当知为君之道，不可不使臣以礼；为臣当尽为臣之道，不可不事君以忠。君臣上下，两尽其道，天下其有不治者哉”（《语类》卷25）！“君民之情相亲，可以吊安而无患。”（《语类》卷108）“第一，是民事为重。”（《语类》卷112）“民富，则君不至独贫；民贫，则君不能独富。有若深言君民一体之意，以止公之厚敛，为人上者所宜深念也。”（《论语集注》卷6）“官无大小，凡事只是一个公。”（《语类》卷112）而“公心素有以信于民，民自乐之，虽非法令之所得为，然使民宜之，亦终不得而变也。”（《语类》卷111）朱熹反复阐述统治者凡事能秉公而办，就能取信于民。他在注释《论语》“敬事而信”时说：“敬事而信者，敬其事而信于民。”（《论语集注》卷1）在注释《论语》“足食，足兵，民信之矣”时说：“言仓廪实而武备修，然后教化行，而民信于我，不离叛。”在注释同章“自古皆有死，民无信而不立”时说：“无信则虽生而无以自立，不若死之为安。故宁死而不失信于民，使民亦宁死而不失信于我也”（《论语集注》卷6）。只要统治者以实际行动做到“宁死而不失信于民”，那么“民亦宁死不失信”于统治者，这样，上下“互不失信”，那么统治者的统治也就巩固了。可见，能否取信于民，对于统治者来说实在是事关生死存亡的大事，必须予以高度重视，并努力践行。

在今天，政府诚信，取信于民，同样是事关生死存亡的大事，仍然要高度重视和努力践行的。国家主席胡锦涛同志在《在“三个代表”重要思想研讨会上的讲话》中指出：“人心向背，是决定一个政党、一个政权盛衰的根本因素。”作为政府和政府的各级干部即各级公务员，必须真正确立官权民授的理念，认识到各级政府和各级干部的权力都是人民给的，人民群众和各级干部在个人法律地位上都是平等的，因此各级政府的大门应该向老百姓充分敞开，必须重视信访工作，除了听取人大代表、政协委员的意见外，更要认真听取普通老百姓的声音，在听取民声中寻找共鸣，在收集民意中提炼决策，真正把群众关注的“小事”（群众利益无小事）解决好。同时，必须严惩腐败分子，绝不手软。一些地方，腐败分子与黑恶势力相互勾结，在查处腐败的同时，必须铲除黑恶势力，杜绝腐败的再生与蔓延。政府诚信，还要树立依法行政的思想。依法治国，主要不在于“治民”，而在于“治政”、“治权”、“治官”。依法行政，就是依法规范各级政府和各级干部的行政行为，保障老百姓的合法权益。

政府诚信，必须坚持民主制度，坚持公开透明原则，实行阳光策略：一切非国家机密的政府财务收支、政务等，通过多种手段向老百姓及时、规范、全面的发布，让老百姓有权知晓，也有权监督，特别要把干部的选拔权、监督权交给老百姓。党的十六大报告指出：在建设社会主义政治文明时，“要加强对权力的制约和监督”，“重点加强对领导干部的监督”（《中国共产党第十六次全国代表大会文件汇编》，人民出版社，2002 年 11 月，第 35、36 页）。温家宝总理在《政府工作报告》中，在讲到“加强政府自身建设”时指出：“第四，自觉接受人民监督。政府的一切权力都是人民赋予的，必须对人民负责；为人民谋利益，接受人民监督。只有人民监督政府，政府才不会懈怠。”群众信访就是群众对政府工作实施监督的一种特殊形式。无论是因自身权益受到侵害，问题长期得不到解决而信访，还是在耳闻目睹了违法犯罪行为后，出于公民的社会责任感愤而举报投诉，群众信访都暴露了各级政府及相关部门工作中的不足，是对政府工作的有力监督，所以要重视群众信访，作好群众信访工作。

政府诚信，各级政府和各级干部还应该高度重视分配不公的问题，采取有力措施提高广大中低收入者的收入，特别是增加农民、下岗职工、国有企业工人和退休职工的收入，缩小贫富差别，并制定切实可行的政策，让中低收入者享受相当的社会保障，解决好老年人的养老问题；还要加强各级各种监管部门对企业（含商业团伙）、商人、市场经济的监管，采取各种有效办法，准确、迅速地打击假冒伪劣商品，维护消费者的合法权益和身体健康。政府诚信，还要为公民道德建设提供正确的政策导向。这在《公民道德建设实施纲要》里有明确的规定：“各地区、各部门在制定政策时，不仅要注重经济和社会事业发展的需要，而且要体现社会主义精神文明和公民道德建设的要求。既要保护和支持所有通过正当、合法手段获取个人和团体利益的行为，又要提倡和奖励多为他人和社会作贡献、道德高尚的行为，防止和避免因具体政策的不当或失误给社会带来消极后果，为公民道德建设提供正确的政策导向。”总之，各级政府通过讲诚信而成为诚信政府、法治政府。政府是诚信政府、法治政府，那么“国正天必顺，官清民自安”。

司法诚信。司法诚信，就是要加强法制建设，营建讲诚信的良好环境。市场经济，不仅是道德的诚信的经济，而且也是法制的经济；完善的市场经济社会，不仅是道德的诚信的和谐的社会，而且还应是健全的法制社会。因此，要建设当代社会诚信体系，除了必须依靠广大民众的诚信理念道德自觉来维系，还必须加强教育、舆论监督，建立和完善法律体系和配套制度来保障和促进。按照朱熹的说法，就是“法者，天下之理。”（《朱子大全·学校贡举私议》）“法字、礼字，实理字。”（《朱子大全·答吕予约》）“凡行事之中合乎礼，这即是理。”（《语类》卷87）朱熹认为法律、礼仪就是“天理”，人人必须遵守，并且要加强对人们的法律、礼仪的教育。朱熹说：“昔者帝舜以百姓不亲、五品不逊，而使契为司徒之官，教以人伦，父子有亲，君臣有义，夫妇有别，长幼有序，朋友有信。又虑其教之或不从也，则命皋陶作士，明刑以弼五教，而期于无刑焉。”（《朱文公文集》卷14，《戊申延和奏札一》）又说：“人之气质有浅深厚薄之不同，故惑者不能齐之，必以礼齐之，齐之不从，则刑不可废。”（《中庸章句》）尽管对人们进行了法律、礼仪的教育，但是还是有些人不服从法律和礼仪的约束而违法犯法了，那就必须给予惩罚，以保护人民和社会的和谐与稳定。朱熹又说：“某之意，不欲其只说复理而不说‘礼’字。盖说复礼，即说得著实；若说作理，则悬空，是个甚物事?”（《语类》卷41）这是说，朱熹所说的复理，正是为了复礼，并且复理也是在“复礼”中说。朱熹尊《四书》退《五经》，是注重义理研究，他用40年时间，完成了《四书章句集注》，就是为把儒家经学改变为义理之学，是要把礼学、法学理学化。朱熹讲理固然精实，但都是为了法学、礼学而讲理。同时，尊《四书》也是为了突出《四书》义理的简明易懂，退《五经》则是把繁琐晦涩的经书滞后一步，让人们能用较短时间懂得天理人性，更便于普及法学与礼学。所以，朱熹建构完整的理学体系，极端重视法、礼的实用，可以说“治天下以法礼又以理”。

朱熹之后，700年间儒学即程朱理学统治地位之稳定，正是“以法礼又以理”的成功实践。当代社会诚信的进步和文明，更是以法治化作为主要标志的。法治，就是诚信的制度化、普遍化的社会方式。《公民道德建设实施纲要》指出：“公民良好道德习惯的养成是一个长期、渐进的过程，离不开严明的规章制度。各地区、各部门、各行业和各基层单位在建立健全规章制度时，要充分体现相关的道德规范和具体要求。要把思想引导与利益调节、精神鼓励与物质鼓励统一起来，加强督促检查，严格考核奖惩，确保各种行政规章以及道德守则和公约在实践中得到落实，为公民道德建设提供有效的制度保障。”

因此，我们在新形势下要抓好公民道德建设，建立当代信用体系，要重视提供法律保障和政策保障，建立健全规章制度，确保诚信这一道德规范在实践中得到落实，并积极运用精神的、物质的和舆论的方式和手段，在评估、监督和推动诚信等道德实践上形成有效机制，强化诚信等公民道德教育与建设的效果，进一步加强信用方面的立法执法，努力建设当代社会的信用体系提供有力的法律和制度支撑。同时，司法部门和司法人员要依法执法，坚决杜绝冤假错案的出现；坚决打击为害人民和国家的各种丑恶势力，保护人民。总之，司法诚信就是要建立司法权威。要建立司法权威，就应解决人治问题。司法是维护社会公平正义的“最后一道防线”，切莫让老百姓失望。

当代社会的主题是稳定和发展。我们现在所要建设的社会是社会主义的和谐社会。中共中央总书记、国家主席胡锦涛同志于2005年2月19日在中共中央举办的省部级主要领导干部“提高构建社会主义和谐社会的能力”专题研讨班开班式上发表重要讲话，指出：“我们所要建设的社会主义和谐社会，应该是民主法治、公平正义、诚信友爱、充满活力、安定有序、人与自然和谐相处的社会。”这就是说，稳定、发展、和谐社会，都是需要诚信来维系的。“诚信生神”、“诚信如神”。我们要研究、开发、改造、阐说朱熹的诚信思想，为打造诚信社会和和谐社会、促进社会的稳定和发展提供借鉴。

（作者程利田，武夷学院（筹）副教授、武夷学院朱熹研究所顾问，
本文为 2005 年 10 月 20 日宋明理学研究中心成立庆典暨“朱子学与和谐社会”高峰论坛交流论文。）

2. 哲　　学

程朱的“格君心之非”思想

儒家与君权的关系是儒家政治哲学中的一个重要问题。自孔子提出“以道事君，不可则止”（《论语·先进》），“勿欺也，而犯之”（《论语·宪问》），儒家与君权之间就有着一种内在的紧张。“以道事君”就是以仁道事君，“仁者爱人”，从政治哲学上说，这是儒家的民本主义价值观。“犯之”就是对君主的“不仁”进行批评；如果君主不听谏阻，那就应该“止”即辞官而隐退。孟子继承发扬了这一思想，他提出“民为贵，社稷次之，君为轻”（《孟子·尽心下》）。所谓“民为贵”就是以人民为最有价值，或者说，以人民为社会、国家的价值主体(《荀子·大略》)。所谓“天之生民，非为君也；天之立君，以为民也。”就君臣关系而言，孟子反对臣对于君主的一味顺从，认为“以顺为正者，妾妇之道也”（《孟子·滕文公下》），臣应该“君有过则谏，反复之而不听，则去”（《孟子·万章下》）。这里的“去”也就是孔子所说的“止”。孟子又说：“人不足与适也，政不足间也，惟大人为能格君心之非。”（《孟子·离娄上》）意谓对于“大人”（大儒）来说，君主的用人之非、政事之失等等尚不足以进行批评，只有格（正）“君心之非”才是最重要的。其所以最重要，是因为仁政出于君主的仁心（“不忍人之心”），若君心不仁，则无以为仁政；若君心“正”，则“君仁莫不仁，君义莫不义，君正莫不正，一正君而国定矣”（同上）。

秦统一中国后，在法家思想的指导下建立了君主集权的政治体制。“汉承秦制”（《后汉书·班彪列传》），或如谭嗣同所说，中国“二千年来之政，秦政也”（《仁学》一）。在秦制或秦政之下，儒家思想一方面与其相适应，提出了“三纲”之说，另一方面也仍然坚持了先秦儒家的民本主义和“格君心之非”思想。如汉儒董仲舒主张“屈民而伸君，屈君而伸天”（《春秋繁露·玉杯》），其“伸君”即适应秦以后的君主集权而立“三纲”之说，其“伸天”则仍贯彻了民本的思想（所谓“天之生民，非为王也；而天立王，以为民也”，见《春秋繁露·尧舜不擅移汤武不专杀》），并且欲以“天人感应”、“阴阳灾异”来格（正）“君心之非”。

在董仲舒看来，“《春秋》深探其本，而反自贵者始”。所谓“自贵者始”，就是从君心之“正”开始。他说：“故为人君者，正心以正朝廷，正朝廷以正百官，正百官以正万民，

正万民以正四方。四方正，远近莫敢不壹于正……而王道终矣。”（《汉书·董仲舒传》）

两宋时期，程朱理学（或称道学）在哲学上比汉唐儒学有重大的发展，但道学家仍处在君主集权的政治体制之下，他们在政治哲学上却鲜有突破，大致是伸张孟子的政治思想，甚至可以说终未离董仲舒“阴阳灾异”思想的窠臼。关于程朱对君权和“三纲”之说的肯定，如二程所说“父子、君臣，天下之定理，无所逃于天地之间”（《程氏遗书》卷五），朱熹所说“宇宙之间，一理而已……其张之为三纲，其纪之为五常，盖皆此理之流行，无所适而不在”（《朱文公文集》卷七十《读大纪》），历来已多被强调，近现代学人也对此多作批评。本文所述，主要是程朱的“格君心之非”思想，以显出程朱理学与君权之间的内在紧张关系，并重申笔者多年来的一个看法：从民本进至民主，符合中国文化实现近现代转型的内在逻辑。

一

二程与君主政治的关系，始见于程颐早年的《上仁宗皇帝书》。据朱熹的《伊川先生年谱》：“皇祐二年，（程颐）年十八，上书阙下，劝仁宗以王道为心，生灵为念，黜世俗之论，期非常之功，且乞召对，面陈所学。不报，闲游太学。”（《程氏遗书》附录）这里的“皇祐二年”（1050）可能是嘉祐二年（1057）之误[①]，此时程颐二十五岁。他在书中说：“圣明之主，无不好闻直谏，博采刍荛，故视益明而听益聪，纪纲正而天下治；昏乱之主，无不恶闻过失，忽视正言，故视益蔽而听益塞，纪纲废而天下乱。治乱之因，未有不由是也。”（《程氏文集》卷五）这种劝诫君主听从臣下的“直谏”，并且希望君主“召对，面陈所学”，“以臣之学议天下之事”，正是范仲淹主持的庆历新政在士人中形成的风气[②]。程颐指出，当时宋朝已处于危乱之势：“诚何异于抱火厝之积薪之下而寝其上，火之未然（燃），因谓之安乎？……况今百姓困苦，愁怨之气上冲于天，灾沴凶荒，是所召也。”（《程氏文集》卷五）这里的“召”就有“天人感应”、“同气相召”的意思。程颐又引《尚书》所谓“民惟邦本，本固邦宁”，认为“固本之道，在于安民；安民之道，在于足衣食”。但当时“国家财用，常恐不足”，为充财用则“急令诛求”于民，“竭民膏血”，使百姓“往往破产亡业，骨肉离散”。“彼庶民者，饥寒既切于内，父子不相保，尚能顾忠义哉？非民无良，政使然也。”他从民本思想展开对当时政治的批判，由此批判而提出实行“王道”的主张。他说：“窃惟王道之本，仁也。臣观陛下之仁，尧舜之仁也。然而天下未治者，诚由有仁心而无仁政尔。”（同上）在此，程颐肯定宋仁宗“有仁心”，但“无仁政”，这是对当时君主政治的一种乐观看法。此后，二程便由强调君主必须“正志先立”，终至明确提出“格君心之非”是治道之“本”。

程颐的《上仁宗皇帝书》书入“不报”，遂“闲游太学”。当时胡瑗主持太学，以《颜子所好何学论》试诸生，程颐在文中说：“颜子所独好者，何也？学以至圣人之道也。……凡学之道，正其心，养其性而已。中正而诚，则圣矣。”（《程氏文集》卷八）这可以说是二程的洛学重视“心性之学”的嚆矢。从《上仁宗皇帝书》到《颜子所好何学论》，似可见道学家在“外王”方面的受挫，更促进了他们对于“内圣”的追求。因为“道必充于己，而后施以及人”（《程氏文集》卷五），所以道学家也把自身“内圣”的扩充作为在“外王”方面发挥作用的一个重要条件。

治平二年（1065），程颐写有《为家君应诏上英宗皇帝书》。此书仍强调了“民惟邦本”，“保民之道，以食为本”，但更重要的是提出了治道的“本”与“用”之分：

> 今言当世之务者，必曰所先者：宽赋役也，劝农桑也，实仓廪也，备灾害也，修武备也，明教化也。此诚要务，然犹未知其本也。臣以为所尤先者三焉，请为陛下陈之。一曰立志，二曰责任，三曰求贤。……三者本也，制于事者用也。有其本，不患无其用。三者之中，复以立志为本，君志立而天下治矣。所谓立志者，至诚一心，以道自任，以圣人之训为可必信，先王之治为可必行，不狃滞于近规，不迁惑于众口，必期致天下如三代之世，此之谓也。（《程氏文集》卷五）

这段话把君主的“立志”作为最根本的急务，其精神与后来程颢写的《上殿劄子》相一致。程颢说：“君道之大……在乎君志先定，君志定而天下之治成矣。所谓定志者，一心诚意，择善而固执之也。……自知极于明，信道极于笃，任贤勿贰，去邪无疑，必期致世如三代之隆而后已也。”（《程氏文集》卷一）小程和大程几乎同时提出了治道必须“君志先定”的问题，这有鉴于庆历新政的夭折以及此后的无所作为正是由于“君志”不定[③]。在他们看来，只有“君志先定”，才能够正确地择宰相（“责任”）、任贤臣（“求贤”）；有了这样的“本”，则“不患无其用”。反之，“顾三者不先，徒虚言尔”（《程氏文集》卷五）。

程颐的《为家君应诏上英宗皇帝书》，本是响应宋英宗的诏敕，“以比年以来，水潦为沴，八月庚寅大雨”，诏求臣僚“言时政阙失及当世利病”，代其父程珦而写。程颐在书中也趁势以“阴阳灾异”儆诫人君：

> 臣闻水旱之沴，由阴阳之不和；阴阳不和，系政事之所致。是以自昔明王，或遇灾变，则必警惧以省躬之过，思政之阙，广延众论，求所以当天心，致和气，故能消弭灾异，长保隆平。……今陛下嗣位之初，比年阴沴，圣心警畏，下明诏以求政之阙，诚圣明之为也。然臣观近古以来，引咎之诏，自新之言，亦世有之，其如人君不由于至诚，天下徒以为虚语……臣愿陛下因此天戒，奋兴善治，思商宗之休实，鉴后代之虚饰，不独消复灾沴于今日，将永保丕基于无穷。（同上）

这里说的君主因“阴阳灾异”而下“罪己”引咎之诏，听闻对时政阙失的批评，可以说是历朝的惯例。程颐在此只是更希望宋英宗出于“至诚”，而不要使其只成为“虚语”、“虚饰”。

宋英宗在位仅四年就病死，其子神宗继立。熙宁元年（1068），程颢向新即位的宋神宗上了《论王霸劄子》。他说：

> 得天理之正，极人伦之至者，尧舜之道也；用其私心，依仁义之偏者，霸者之事也。……故诚心而王则王矣，假之而霸则霸矣，二者其道不同，在审其初而已。……故

治天下者，必先立其志。正志先立，则邪说不能移，异端不能惑，故力尽于道而莫之御也。(《程氏文集》卷一)

程颢从“王霸之辨”的高度来讲君主“立志”的重要。他希望宋神宗“知尧舜之道备于己，反身而诚之，推之以及四海，择同心一德之臣，与之共成天下之务”。这仍是强调君主必须先“立志”，只有君主“正志先立”，才能“任贤勿贰，去邪无疑”，从而确立“致世如三代之隆”的改革方向，以实现“王道”的理想。

在《论王霸劄子》之后，程颢又向宋神宗上了《论十事劄子》，就“师傅、六官、经界、乡党、贡士、兵役、民食、四民、山泽、分数”等十个方面提出具体的改革措施，“以为三代之法有必可施行之验”(同上)。然而，当时宋神宗正“日益信用”王安石，在熙宁二年任用王安石为参知政事后，便开始了熙宁变法。是年四月，程颢曾与其他七人被派遣到各地考察农田、水利、赋役等情况。此后在颁行均输法和青苗法，暴露了熙宁变法是以“理财”为急务之后，朝臣中就兴起了“新党”与“旧党”之争。程颐在《明道先生行状》中记述：

神宗素知先生名，召对之日，从容咨访……(先生)前后进说甚多，大要以正心窒欲、求贤育才为先。先生不饰辞辨，独以诚意感动人主。……尝言：人主当防未萌之欲。……时王荆公安石日益信用，先生每进见，必为神宗陈君道以至诚仁爱为本，未尝及功利。神宗始疑其迂，而礼貌不衰。尝极陈治道。神宗曰：“此尧舜之事，朕何敢当?”先生愀然曰：“陛下此言，非天下之福也。”荆公浸行其说，先生意多不合，事出必论列，数月之间，章数十上。……荆公与先生虽道不同，而尝谓先生忠信。……而言路好直者，必欲力攻取胜，由是(荆公)与言者为敌矣。(《程氏文集》卷十一)

此处所说王安石与程颢的“道”不同，即王安石的改革思想是“以理财为方今先急”(参见《续资治通鉴长编》卷二二〇，所谓“理财”即国家如何多征收钱财，如青苗法是“官放息钱”，由国家贷钱给农民，然后收取本金和十分之二的利息)，而程颢则主张实行“王道”，他劝说宋神宗“以正心窒欲、求贤育才为先”，“陈君道以至诚仁爱为本，未尝及功利”。这里的主要分歧就是王霸、理欲、义利之辨。程颢向宋神宗“极陈治道”，希望宋神宗“知尧舜之道备于己，反身而诚之，推之以及四海”，而宋神宗却说“此尧舜之事，朕何敢当”。这就是君主不能“正志先立”，治道从根“本”上出了问题，则其“用”也就走偏了方向，故程颢愀然曰：“陛下此言，非天下之福也。”

在颁行均输法和青苗法之后，程颢“数月之间，章数十上”。现《程氏文集》卷一载其在熙宁三年上的两道《谏新法疏》，大意如《明道先生行状》所述，批评熙宁变法“辅臣不同心，小臣与大计，公论不行，青苗取息，卖祠部牒，差提举官多非其人及不经封驳，京东转运司剥民希宠不加黜责，兴利之臣日进，尚德之风浸衰”等等。程颢力主“外汰使人之扰，亟推去息之仁”，即主张撤回督促新法施行、扰乱地方行政的提举官，停止取息牟利的青苗法，代之为“去息”的仁政。他更看重的是，由于宋神宗不能“正志先立”，以致熙宁变法汲汲于财利，当反对熙宁变法的“旧党”纷纷被罢贬之后，王安石就更多地任用“晓财利”之人，于是“兴利之臣日进，尚德之风浸衰”，这就使他所希望的宋神宗能够“任贤勿贰，去邪无疑”完全走向了反面。

程颢对宋神宗先是“独以诚意感动人主”，但是在谏止新法的《再上疏》中却不得不以“天意”儆诫人君。他说：“矧复天时未顺，地震连年，四方人心日益摇动，此皆陛下所当仰测天意，俯察人事者也。”（《程氏文集》卷一）数年之后，程颐在《代吕公著应诏上神宗皇帝书》中也以“彗（星）之为变多矣，鲜有无其应者，盖上天之意，非徒然也”，希望宋神宗敬畏“天戒”，“省己之存心，考己之任人，察己之为政，思己之自处，然后质人之言”，以己之“诚意”感动天心，消弭灾害，“奋然改为”（《程氏文集》卷五）。

王安石在强力推行新法时曾有“天变不足畏，祖宗不足法，人言不足恤”之说，而新法的反对派却要以“天变”来儆诫君主，使其“恐惧修省”，改过自新。《宋元学案·荆公新学略》载有新法反对派对王安石“三不足”说的批评：“金陵三不足之说……非独为赵氏祸，为万世祸。人主之势，天下无能敌者，人臣欲回之，必思有大于此者把揽之。今乃教之不畏天变，不法祖宗，不恤人言，则何事不可为也?”“阴阳灾异之说，虽儒者不可泥，亦不可全废。王介甫不用，若为政依之，是不畏天者也。”从程颢的《再上疏》和程颐的《代吕公著应诏上神宗皇帝书》，可见二程在当时也是反对王安石的“天变不足畏”之说的。董仲舒所谓“屈君而伸天”，宋代理学家也是不得已而用之。直到明清之际的王夫之，也仍认为王安石的“三不足”之说是“祸天下而得罪于名教”（《读通鉴论》卷二十九）。

熙宁变法之后，二程退处洛阳，几近十年“玩心于道德性命之际，有以自养其浑浩冲融……身益退，位益卑，而名益高于天下”（《程氏遗书》附录《门人朋友叙述并序》）。在此期间，一方面，道学的思想体系臻于完成；另一方面，二程把王安石新学视为超过释氏之害的“大患”。这是因为：“介甫之学，它便只是去人主心术处加功，故今日靡然而同，无有异者，所谓一正君而国定也。此学极有害。以介甫才辩，遽施之学者，谁能出其右？始则且以利而从其说，久而遂安其学。今天下之新法害事处，但只消一日除了便没事。其学化革了人心，为害最甚，其如之何！”（《程氏遗书》卷二下）虽然王安石新学是“大患”，但推行王安石新学、任用王安石新党的毕竟是君主，也就是说，最根本的还是“人主心术”出了问题。因此，从学术上说，“要先整顿介甫之学”（《程氏遗书》卷二上）；而从治道上说，最根本的是要“格君心之非”。二程说：

> 治道亦有从本而言，亦有从用而言。从本而言，惟从格君心之非，正心以正朝廷，正朝廷以正百官。若从事而言，不救则已，若须救之，必须变。大变则大益，小变则小益。(《程氏遗书》卷十五)
>
> 君仁莫不仁，君义莫不义，天下之治乱系乎人君仁不仁耳。……夫政事之失、用人之非，知者能更之，直者能谏之。然非心存焉，则一事之失，救而正之，后之失者，将不胜救矣。格其非心，使无不正，非大人其孰能之？(《程氏外书》卷六)

从强调治道之本是“君志先定”，到明确提出治道之本是“格君心之非”，其间的思想是一贯的，但其微妙的变化却是道学家对于君主自身“立志”的自觉已感到失望（此不同于程颐在《上仁宗皇帝书》中所说“天下未治者，诚由有仁心而无仁政尔”），而“君心之非”正是道学家实现“外王”理想的最大障碍。

二

元丰八年（1085）宋神宗病死，年仅十岁的哲宗继位，被尊为太皇太后的高太后垂帘听政，建年号元祐。在高太后的支持下，反对新法的旧党得势，司马光、吕公著任左右仆射。此年，召程颢为宗正寺丞，未及行而病逝。程颐在《明道先生墓表》中说：

> 周公没，圣人之道不行；孟轲死，圣人之学不传。道不行，百世无善治；学不传，千载无真儒。无善治，士犹得以明夫善治之道，以淑诸人，以传后世；无真儒，天下贸贸焉莫之所之，人欲肆而天理灭矣。先生生千四百年之后，得不传之学于遗经，志将以斯道觉斯民。（《程氏文集》卷十一）

这段话不仅是小程称颂大程，而且是二程共同担当儒学“道统”的宣示。在这里，“圣人之道”即尧、舜、禹、汤、文、武、周公的王道，此王道在三代以后“不行”，故“百世无善治”；“圣人之学”即孔孟之学，此学在孟子死后“不传”，故“千载无真儒”。二程自谓继承了孟子之后中断了的儒学“道统”，其使命就是“以斯道觉斯民”（此处比“觉斯民”更重要的实为“觉君主”），以恢复三代之后中断了的“善治”。此中包含的一个深意是：既然“善治”要由“真儒”来恢复，“政统”要由“道统”来确立其合法性，那么“道统”之尊要胜过“政统”的王权之尊。

程颐在宋仁宗嘉祐四年（1059）二十七岁时曾举进士不第，以后便绝意于科举仕途，一直以处士身份在各地讲学。宋哲宗继位后，程颐经司马光、吕公著的推荐，在元祐元年（1086）应诏入朝，获太皇太后的召见，被授以西京国子监教授、崇政殿说书等职。

程颐担任崇政殿说书即主持经筵，负有教导幼主哲宗之责。在担任此官之前，程颐上有三道《论经筵劄子》。其一，依周公辅养成王之法，提出辅养之道在于“涵养熏陶”，朝廷应“选贤德之士，以侍劝讲；讲读既罢，常留二人直（值）日，夜则一人直宿，以备访问”。其二，皇帝左右的内侍宫人应选四十五岁以上的厚重小心之人，“服用器玩皆须质朴”，“华巧奢丽之物不得至于前”。其三，皇帝应该“尊贤畏相”，以前的经筵讲习“臣僚侍者皆坐，而讲官独立，于礼为悖”，今后应特令讲官坐讲，“以养主上尊德重道之心”。程颐说：“天下重任，唯宰相与经筵：天下治乱系宰相，君德成就责经筵。由此言之，安得不以为重?”（《程氏文集》卷六）在朝廷允准以上三个条件后，程颐乃担当成就“君德”的重任，就崇政殿说书之职。

在仁宗、英宗和神宗三朝，程颐身为处士，未能施展其“外王”之志，如今得主持经筵，担当教导幼主、启沃君德的重任，这对于程颐是一个培育治道之“根本”④，期以将“道统”用之于转化“政统”，从而恢复三代之“善治”的大好机会。他在《上太皇太后书》中表达了这样的心情：“窃以圣人之学，不传久矣。臣幸得之于遗经，不自度量，以身任道。天下骇笑者虽多，而近年信从者亦众。方将区区驾其说以示学者，觊能传于后世。不

虞天幸之至，得备讲说于人主之侧，使臣得以圣人之学，上沃圣聪，则圣人之道有可行之望，岂特臣之幸哉？”（《程氏文集》卷六）

程颐坚持在经筵坐讲，是要培养君主的“尊德重道之心”。但有人对此加以反对，上书言“讲官不可坐于殿上”。程颐在《又上太皇太后书》中说，这些人是“以尊君为说尔”，但“恐非‘以道事君’之义”。他指出：“今世俗之人能为尊君之言，而不知尊君之道。人君唯道德益高则益尊……过礼则非礼，强尊则不尊。”（《程氏文集》卷六）显然，程颐认为“以道事君”之义要高于“尊君”之说，君主的权势之尊要以“道德益高”为条件，能使君主“尊德重道”才是真正的“尊君”。

程颐在经筵，“每当进讲，必宿斋豫戒，潜思存诚，冀以感动上意；而其为说，常于文义之外，反复推明，归之人主”。有一天，当讲《论语》的“颜子不改其乐”章。有门人觉得此章与君主无关，不知程颐“将何以为说”。程颐在讲完此章的文义之后，乃引申说：“陋巷之士，仁义在躬，忘其贫贱。人主崇高，奉养备极，苟不知学，安能不为富贵所移？且颜子，王佐之才也，而箪食瓢饮；季氏，鲁国之蠹也，而富于周公。鲁君用舍如此，非后世之监（鉴）乎？”这种讲法使“闻者叹服，而哲宗亦尝首肯之”。有不知者讥讽程颐的这种讲法“委屈已甚”，程颐说：“不于此尽心竭力，而于何所乎？”（《程氏遗书》附录《伊川先生年谱》）

有一次讲《论语》至“南容三复白圭”处，内臣贴却“容”字，程颐问之，内臣说：“容”字是君上的“旧名”。程颐说：“夫人主处天下之尊，居亿兆之上，只嫌怕人尊奉过当，便生骄心，皆是左右近习之人养成之也。……请自后，只讳正名，不讳嫌名及旧名。”又有一次讲《论语》至“君祭先饭”处，程颐说：“如人主所以有崇高之位者，盖得之于天，与天下人共戴也，必思所以报民。古之人君视民如伤，若保赤子，皆是报民也。”（《程氏遗书》卷十九）类此，程颐每讲一处，凡“有以开导人主之心处”便引申而说之。

程颐听说哲宗“在宫中起行漱水，必避蝼蚁”，乃问：“有是乎？”哲宗答：“然，诚恐伤之尔。”程颐说：“愿陛下推此心以及四海，则天下幸甚。”有一天，程颐讲罢未退，哲宗“忽起凭栏，戏折柳枝”，程颐进言：“方春发生，不可无故摧折。”哲宗对此劝阻“不悦”（《程氏遗书》附录《伊川先生年谱》）。

有时候，程颐也借“天人感应”来说事。他曾对哲宗说：“天人之间甚可畏，作善则千里之外应之，作恶则千里之外违之。昔子陵与汉光武同寝，太史奏客星侵帝座甚急。子陵匹夫，天应如此。况一人之尊，举措用心，可不戒慎？”（《程氏遗书》卷二十三）

对于程颐在经筵的良苦用心，明儒薛瑄曾评论说：“伊川经筵讲疏，皆格心之论。三代以下为人臣者，但论政事、人才而已，未有直从本原如程子之论也。”（《宋元学案·伊川学案下》）这里说的“本原”，就是以“格君心之非”为治道之“本原”。

尽管程颐在启沃君德、格正君心上“潜思存诚”，“毕精竭虑”，但其以师道自居，教导严毅，却引起哲宗的“不悦”。此时，朝臣中又有蜀党、洛党和朔党之争。程颐在蜀、洛之争中被蜀党“疾之如雠”，“巧为谤诋”，遂于元祐二年八月被罢崇政殿说书职，差管勾西京国子监。

程颐离经筵去洛阳就职后，决意辞官退隐，以保持儒者的“进退之大节”。他连上三道《乞归田里状》，其第三状云：

臣窃以见善而用，见不善而退，人主黜陟之至公；道合则从，不合则去，儒者进退之大节。黜陟失当，则乱所由生；进退忘义，则道所由废。(《程氏文集》卷六)

接着又上两道《乞致仕状》，其第二状云：

臣身传至学，心存事道，不得行于时，尚当行于己；不见信于今，尚期信于后。安肯失礼害义，以自毁于后世乎？(同上)

元祐七年（1092)，程颐服父丧毕，除直秘阁，判西京国子监，其《再辞免表》云：

臣力学有年，以身任道，唯知耕养以求志，不希闻达以干时。……实觊不传之学复明于今日，作圣之功远继于先王。……不思道大则难容，迹孤者易蹶。入朝见嫉，世俗之常态；名高毁甚，史册之明言。……不能取信于上，而欲为继古之事，成希世之功，人皆知其难也。……惟今日冒死，为陛下陈儒者进退之道，为臣去就之义，觊望有补，乃区区上报之心也。(同上)

这次辞免，被认为有“怨望轻躁”语，改授管勾嵩山崇福宫，程颐以“腰疾寻医”辞。元祐九年（1094)，宋哲宗始亲政，复申秘阁、西监之命，程颐辞免，仍不准，又上《再辞免状》云：

臣窃思之：岂非朝廷以臣微贱，去就不足轻重，故忽弃其言，陛下不经省览，而辅臣莫以告也？臣诚微贱，然臣之言，本诸圣贤之言；臣之进退，守儒者进退之道。虽朝廷不见省察，臣恐天下后世有诵其言、思其义，而以进退儒者之道议朝廷也。(同上)

程颐的这些辞免状，意味着道学的政治主张已经被君主的政治权势所挫败，“内圣”与“外王”的贯通、“道统”与“政统”的合一已经失去现实的可能性；程颐之所以屡申“儒者进退之道，为臣去就之义”，不过是要在现实的政治权势下保存“道统”的相对独立性和尊严，俾能“不得行于时，尚当行于己；不见信于今，尚期信于后”。

宋哲宗亲政后，改元祐九年为绍圣元年，起用新党，召章惇为尚书左仆射，将旧党打入“元祐党案”，“司马光以下，各以轻重议罪，布告天下”。程颐被“放归田里”，绍圣四年（1097)“辅臣因历数元祐言者过当”，而哲宗更“怒颐为甚”，遂诏“放归田里人程颐送涪州编管”(《续资治通鉴长编》卷四九三)。

程颐在涪州编管期间作成经学和理学的名著《伊川易传》。宋徽宗崇宁二年（1103)，“言者论其（程颐）本因奸党论荐得官，虽尝明正罪罚，而叙复过优，今复著书，非毁朝政，于是有旨追毁出身以来文字，其所著书，令监司觉察”(《程氏遗书》附录《伊川先生年谱》)。此年，程颐“下河南府体究，学者往别，因言世故，先生曰：‘三代之治，不可复也。有贤君作，能致小康，则有之’”(《程氏遗书》卷十一)。

在北宋末年的昏暗政治下，程颐的政治理想降格以求，虽然三代之治不可复，但仍寄希望于“有贤君作，能致小康”。然而，“君心之非”构成了道学家“外王”理想的最大障碍。程颢曾经说：“先王之世，以道治天下；后世只是以法把持天下。”（《程氏遗书》卷一）所谓“把持天下”就是把天下视为私有，这是与儒家的民本“公天下”思想相对立的。程颐也曾论及君主制的得失：

> 大抵五帝官天下，故择一人贤于天下者而授之。三王家天下，遂以与子。论其至理，治天下者，当得天下最贤者一人，加诸众人之上，则是至公之法。后世既难得人而争夺兴，故以与子。与子虽是私，亦天下之公法，但守法者有私心耳。（《程氏遗书》卷十八）

受历史的局限，程颐把五帝的禅让制看作“至公之法”，而又承认后世的传子制也是“天下之公法”。在此所谓“公法”之下，“守法者有私心耳”，道学家希望君主能够“正心窒欲”，希望“大人”能够“格君心之非”，但君主的“私心”却又是道学家所难以克服、不能格正的。这一治道的“根本”问题不能解决，道学家的“外王”理想也就只能是“徒虚言尔”。

三

朱熹是两宋道学的集大成者，《宋元学案·序录》说朱熹之学“致广大，尽精微，综罗百代矣”。他在哲学上，继承发展了周敦颐、二程、张载等人的太极、理、气、心、性之说，建成内涵丰富、思想严密的理本论哲学体系。在政治思想上，朱熹也上承二程，把“格君心之非”或君主的“正心诚意”作为治道的“大根本”。但是，南宋的皇帝比北宋的皇帝更加昏聩，朱熹的“外王”理想不能实现也是历史注定的。

宋高宗绍兴三十二年（1162），朱熹向皇帝第一次上“封事”。此年六月，高宗将皇位“内禅”给孝宗。朱熹认为，秦桧死，孝宗即位，这正是“大有为之大机会”（《朱子语类》卷一三三）。新即位的孝宗“诏求直言”，朱熹便于此年八月上《壬午应诏封事》。在此“封事”中，朱熹首先提出“帝王之学不可以不熟讲”。此“帝王之学”就是《大学》的格物、致知、正心、诚意、修身、齐家、治国、平天下之说，亦即“内圣外王之道”。朱熹说：“盖致知格物者，尧舜所谓‘精一’也；正心诚意者，尧舜所谓‘执中’也。自古圣人口授心传而见于行事者，惟此而已。”朱熹希望孝宗能够延访深明《大学》之旨的“真儒”，“置诸左右，以备顾问”，将《大学》之旨“研究充扩，务于至精至一之地，而知天下国家之所以治者不出乎此，然后知体用之一原，显微之无间，而独得乎尧、舜、禹、汤、文、武、周公、孔子之所传矣”（《朱文公文集》卷十一）。显然，朱熹在此所希望的就是能使二程所继承的儒学“道统”与南宋的“政统”相合一，而合一的条件就是君主能够“格物致知”、“正心诚意”，克去“人心”的私欲，达到“道心”的“惟精唯一，允执厥中”，从而由“体”而达“用”，由“微”而至“显”，由“内圣”而“外王”。

朱熹在此“封事”中还提出：“修攘之计不可以不早定”，“本原之地不可以不加意”。他说：“为天下国家者，必有一定不易之计。而今日之计不过乎修政事、攘夷狄而已矣。”他反对对金“讲和”，主张“罢黜和议”，自此以往“闭关绝约，任贤使能，立纪纲，厉风俗，使吾修政事，攘夷狄”。关于如何“修政事”，朱熹指出：“四海之利病”系于“斯民之戚休”，“斯民之戚休”系于“守令之贤否”，“监司者，守令之纲也；朝廷者，监司之本也”。因此，“欲斯民之皆得其所，本原之地亦在乎朝廷而已”。虽然当时吏治腐败，但只要处于“本原之地”的朝廷中，君主出以公心，任贤使能，立纲纪，正风俗，则“内外远近莫敢不一于正矣”（同上）。

上《壬午应诏封事》后的第二年（即隆兴元年，1163），朱熹入朝向宋孝宗面奏三劄。第一劄讲修身为本的《大学》之道；第二劄讲外攘夷狄的复仇之义；第三劄讲内修政事，认为“制御夷狄之道，其本不在乎威强而在乎德业，其任不在乎边境而在乎朝廷，其具不在乎兵食而在乎纪纲”，希望孝宗以“开纳谏诤，黜远邪佞，杜塞倖门，安固邦本”为治之先务（《朱文公文集》卷十三《癸未垂拱奏劄》）。宋孝宗对朱熹的奏劄不感兴趣，授朱熹武学博士，朱熹辞而不就。

乾道六年（1170），朱熹在给张栻的信中说：

> 熹常谓天下万事有大根本，而每事之中又各有要切处。所谓大根本者，固无出于人主之心术；而所谓要切处者，则必大本既立，然后可推而见也。如论任贤相、杜私门，则立政之要也；择良吏、轻赋役，则养民之要也；公选将帅、不由近习，则治军之要也；乐闻警戒、不喜导谀，则听言用人之要也。推此数端，余皆可见，然未有大本不立，而可以与此者。此古之欲平天下者，所以汲汲于正心诚意，以立其本也。（《朱文公文集》卷二十五《答张敬夫》）

这段话比较完整地表达了朱熹的政治思考。他所关切的政治问题包括任贤相、杜私门以立政，择良吏、轻赋役以养民，公选将帅、不由近习以治军，等等。这些“要切”问题都有待于治道的“大根本”即君主能够“正心诚意”、使“人主之心术”归于正才能解决。

淳熙五年（1178），朱熹在读了郑鉴附寄的奏章后，给其复信说：

> 盖前日文字固为剀切，但论事多而论理少，数群小之奸欺虽详，而于人主之所以端本清源、修德立政之意有未备也。……今日之病，只此一病最大，若药之未效，则其他小小证候不必泛投汤剂，以缓药势。而欲攻此病，所用之药亦须一君二臣三佐五使，多少缓急次第分明，乃易见效。（《朱文公文集》卷二十五《答郑自明书》）

朱熹在此说的最大之“病”，就是君主的心术未正。与此相比，其他如“群小之奸欺”等等不过是“小小证候”。针对前者，就是在政治上“论理”；而详数后者，不过是“论事”。朱熹认为，不应该在“论事”上“泛投汤剂”，而应该集中用“药”，以攻君主之心术的“大病”。因此，朱熹每次论政，都要“端本清源”，强调君主必须“正心诚意”。

淳熙七年（1180），朱熹第二次向宋孝宗上“封事”。他在“封事”中说：“天下国家之大务，莫大于恤民，而恤民之实在省赋，省赋之实在治军。若夫治军、省赋以为恤民之本，则又在夫人君正其心术以立纪纲而已矣。”在这段话之后，朱熹引董仲舒所谓“正心以正朝廷，正朝廷以正百官，正百官以正万民，正万民以正四方”。可见在政治思想上，从董仲舒到朱熹也是一脉相承。朱熹在对恤民、省赋、治军作出种种论述后，又说：“至于所谓其本在于正心术以立纪纲者，则非臣职（按，当时朱熹知南康军）之所当及，然天下万事之根本源流有在于是，虽欲避而不言，有不可得者，且臣顷于隆兴初元误蒙召对，盖已略陈其梗概梗矣，今请昧死复为陛下毕其说焉。”于是，朱熹“昧死”发出以下议论：

纲纪不能以自立，必人主之心术公平正大，无偏党反侧之私，然后纲纪有所系而立；君心不能以自正，必亲贤臣，远小人，讲明义理之归，闭塞私邪之路，然后乃可得而正也。古先圣王所以立师傅之官，设宾友之位，置谏诤之职……惟恐此心顷刻之间或失其正而已。原其所以然者，诚以天下之本在是，一有不正，则天下万事将无一物得其正者，故不得而不谨也。（《朱文公文集》卷十一《庚子应诏封事》）

此处“君心不能以自正”，如同二程失望于君主自身的“正志先立”，从而由“大人”来“格君心之非”就是必要和当然的。因此，朱熹在列举了种种“政事之失”后，又归咎于君主的“用人之非”，说“宰相、台省、师傅、宾友、谏诤之臣皆失其职，而陛下所与亲密、所与谋议者，不过一二近习之臣也”。在这篇“封事”的“贴黄”（附文）中，朱熹说：

治天下当以正心诚意为本。……比年以来乃闻道路之言，妄谓陛下恶闻“正心诚意”之说。臣下当进对者，至相告诫，以为讳忌。臣虽有以决知其不然，然窃深虑此语流传，上累圣德，下惑群听。伏望睿明更赐财（裁）幸。（同上）

由此可见，宋孝宗“恶闻‘正心诚意’之说”，在当时早已是路人皆知；而朱熹说“决知其不然”，亦不过是朱熹的一相情愿。史载，宋孝宗在读了这篇“封事”后，大怒曰：“是以我为妄也!”（《宋史·道学三》）只因宰相赵雄奏：“熹狂生，词穷理短，罪之适成其名。若天涵地育，置而不问，可也。”（《宋史·赵雄传》）孝宗才没有将朱熹治罪。

淳熙十五年（1188），朱熹再次入朝面奏。“是行也，有要之于路，以为‘正心诚意’之论，上所厌闻，戒勿以为言。”朱熹说：“吾生平所学，惟此四字，岂可隐默以欺吾君乎?”（《宋元学案·晦翁学案上》）这次面奏，朱熹向宋孝宗上有五劄，前四劄是讲刑狱与赋税的问题（朱熹此时担任江西提刑），第五劄即讲“正心诚意”，认为孝宗即位二十七年来“因循荏苒，日失岁亡，了无尺寸之效”，其原因在于“天理者有未纯”，“人欲者有未尽”；只有留意于“舜、禹、孔、颜所授受者”，存天理，去人欲，“推而至于言语动作之间，用人处事之际，无不以是裁之”，“如此则圣心洞然，中外融彻，无一毫之私欲得以介乎其间，而天下之事将惟陛下之所欲为，无不如志矣”（《朱文公文集》卷十四《戊申延和奏劄》）。

在朱熹戊申延和奏事的同年，他与陆九渊展开“无极太极之辩”。朱熹在给陆九渊的信中提到：“熹两年冗扰，无补公私，第深愧歉。不谓今者又蒙收召……所恨上恩深厚，无路报塞，死有余憾也。”（《朱文公文集》卷三十六《答陆子敬》五）陆九渊在回书中有云：“吾人进退，自有大义，岂直避嫌畏讥而已哉。……孟子曰：‘幼而学之，壮而欲行之。’所谓行之者，行其所学以格君心之非，引其君于当道，与其君论道经邦，燮理阴阳，使斯道达乎天下也。”（《陆九渊集》卷二《与朱元晦》二）可见，陆九渊对于朱熹的“格君心之非”是予以赞同和鼓励的。此外，陆九渊在淳熙十三年（1186）《与李成之》的信中也曾说：

> 古人所以不屑于间政适人，而必务有以格君心者，盖君心未格，则一邪黜，一邪登，一弊去，一弊兴，如循环然，何有穷已。及君心既格，则规模趋向有若燕越，邪正是非有若苍素，大明既升，群阴毕伏，是琐琐者，亦何足复污人牙颊哉？（《陆九渊集》卷十）

朱熹与陆九渊之间虽然有理学与心学的分歧，但把“格君心之非”作为治道的“大根本”则是完全一致的。

淳熙十五年九月，朱熹又收到入朝的召命，他于十月上《辞免召命状》，十一月上《戊申封事》。在此“封事”中，朱熹痛陈当时岌岌可危的形势：“臣窃观今日天下之势，如人之有重病，内自心腹，外达四肢，盖无一毛一发不受病者。……是必得如卢、扁、华佗之辈，授以神丹妙剂，为之湔肠涤胃，以去病根，然后可以幸于安全。”朱熹为此“重病”所开列的“医国之方”仍是以正君心为“天下之大本”，外加以六事为急务，他说：

> 盖天下之大本者，陛下之心也。今日之急务，则辅翼太子、选任大臣、振举纲维、变化风俗、爱养民力、修明军政六者是也。……臣之辄以陛下之心为天下之大本者，何也？天下之事，千变万化，其端无穷，而无一不本于人主之心者，此自然之理也。故人主之心正，则天下之事无一不出于正；人主之心不正，则天下之事无一得由于正。（《朱文公文集》卷十一）

在反复申明“陛下之心”是天下之大本后，朱熹又分述“辅翼太子、选任大臣、振举纲维、变化风俗、爱养民力、修明军政”的重要，而其最终仍归结为：“凡此六事，皆不可缓，而其本在于陛下之一心，一心正则六事无不正。一有人心私欲以介乎其间，则虽欲惫精劳力，以求正夫六事者，亦将徒为文具，而天下之事愈至于不可为矣。”（同上）朱熹的这道“封事”长达万言，疏入宫中时“夜漏下七刻，上已就寝，亟起秉烛，读之终篇”（《宋史·道学三》）。但是，宋孝宗对于道学家早就有“好为高论而不务实”的成见，对于朱熹的“正心诚意”之说尤所厌闻，他对这道“封事”也不可能认真对待，而他本人此时已有“倦勤之意”，打算退休当太上皇了。

淳熙十六年二月，宋孝宗下诏传位给皇太子。宋光宗即位后，朝政更加昏暗，道学人士纷纷被排挤出朝。朱熹在此年写有《己酉拟上封事》，但鉴于当时的恶劣形势，最终拟而未上。此年五月，陆九渊受诏知荆门军，他在给朱熹的信中说：“新天子即位，海内属目，然罢行升黜，率多人情之所未喻者，群小骈肩而骋，气息怫然，谅不能不重勤长者忧国之怀。”（《陆九渊集》卷二《与朱元晦》三）朱熹在当年八月给陆九渊复信说：“荆门之命，少慰人意。今日之际，惟避且远，犹或可以行志，想不以是为厌。三年有半之间，消长之势，又未可以预料，流行坎止，亦非人力所能为也。”（《陆九渊集》卷三十六《年谱》）当时，朱、陆二人因“无极太极之辩”而争之甚烈，但他们在政治上却惺惺相惜。对于当时的政治形势，朱熹说“非人力所能为也”，可见对于“君心之非”，即使是“大人”亦不能奈若何！

宋光宗绍熙三年（1192），朱熹在给赵汝愚的信中说：“今日之事，第一且是劝得人主收拾身心，保惜精神，常以天下事为念，然后可以讲磨治道，渐次更张。”（《朱文公文集》卷二十九《与赵尚书》）然而，当时宋光宗已经因“皇后李氏杀黄贵妃”，“宫闱妒悍，内不能制，惊忧致疾”，得了精神分裂症，“自是政治日昏，孝养日怠”（《宋史·光宗本纪》），他与太上皇（孝宗）的“两宫不和”使朝臣们惶惶不可终日。君主的“身心”实已不可“收拾”，又遑论“讲磨治道”？

绍熙五年六月，宋孝宗死于重华宫，患精神病的光宗不能为孝宗主丧；七月，由高宗吴皇后垂帘宣布光宗退位，宁宗继立。在这场宫廷危机过后，新即位的宁宗于此年八月授朱熹为焕章阁待制、侍讲。于是，朱熹晚年重演了程颐在元祐作为“帝王师”的一幕。此年十月，朱熹赴经筵向宁宗进讲《大学》。他告诫宁宗对于“修身为本”的《大学》之道要“深加省察，实用功夫”，“如其不然，则今日区区之讲读，亦徒为观听之美而已，何益于治道有无之实，以窒夫祸乱之原哉?”（《朱文公文集》卷十五《经筵讲义》）在经筵讲学期间，朱熹上有《论灾异劄子》，以十月五日“都城之内忽有黑烟四塞，草气袭人，咫尺之间不辨人物”为由，认为这是“阴聚包阳、不和而散之象”，儆诫宁宗因此灾异而“克己自新，蚤夜思省，举心动念、出言行事之际，常若皇天上帝临之在上，宗社神灵守之在旁，懔懔然不复敢使一毫私意萌于其间，以烦谴告”（《朱文公文集》卷十四）。董仲舒的“灾异谴告”之说，朱熹用之并不生疏，此亦是仿效二程之先例。在此期间，朱熹还上有《经筵留身面陈四事劄子》，劝导宁宗，甚为恳切。但朱熹在经筵只任职四十六日，就被宁宗所不容，他下了一道“悯卿耆艾，方此隆冬，恐难立讲，已除卿宫观”的内批，便将朱熹解职。此后，有“庆元党禁”，朱熹被诬为“伪学之魁”。庆元六年（1200）朱熹于落寞中病逝。

直到嘉定十七年（1224）宁宗死、理宗即位后，朝廷才逐渐为道学恢复名誉。宝庆三年（1227）理宗下诏，特赠朱熹为太师，追封信国公。淳祐元年（1241），诏周敦颐、程颢、程颐、张载、朱熹从祀孔庙。此后，程朱理学成为官学的正统。然而，理学之成为正统又是以被皇权所利用为条件的。如明儒丘濬所说：“理宗之崇尚理学，亦好其名尔，非真有其实也。”（《宋宰辅编年录校补·续录》卷十二）清儒全祖望也说：“嘉定而后，阳崇之而阴摧之，而儒术亦渐衰矣。”（《宋元学案·序录》）

四

综上所述，程朱理学从程颐早年的上书“乞召对”，到朱熹终年的被诬为“伪学之魁”，其与君权之间一直有着内在的紧张关系。这种紧张关系是儒学固有的民本思想与君主集权政治体制之间的矛盾。所谓“惟以一人治天下，岂将天下奉一人”，这副皇帝起居室里悬挂的对联把这一矛盾的两个方面统一在一起。但是，其内在的紧张关系一直贯穿中国的历史和儒学的发展。历代儒家或是相信“惟大人为能格君心之非”，或是以“屈君伸天”、“阴阳灾异”来儆诫人君，虽然不能说全无效果，但总体说来是失败的。

余英时先生在近著《朱熹的历史世界》一书中“断定”：“宋代儒学的整体动向是秩序重建……道学虽然以‘内圣’显其特色，但‘内圣’的终极目的不是人人都成圣成贤，而仍然是合理的人间秩序的重建。”[⑤]但他也指出：“‘内圣外王’一旦应用到全面政治革新的层次，便必然会落在‘得君行道’的格局之内。全面失败是无可避免的结局。”[⑥]此中之原因，亦如余先生所说：“理学家虽然以政治主体的‘共治者’自待，但毕竟仍旧接受了‘君以制命为职’的大原则。”其引《朱子语类》卷一〇四《自论为学工夫》所云：

> 先生多有不可为之叹。汉卿曰：“前年侍坐，闻先生云：‘天下无不可为之事，兵随将转，将逐符行。’今乃谓不可为。”曰：“便是这符不在自家手里。”

余先生说：“‘这符不在自家手里’是权力世界的典型语言……‘行道’的发动权力在皇帝而不在士大夫，朱熹晚年对此已有深切的体会。”[⑦]因为“这符（权力）不在自家手里”，所以朱熹“多有不可为之叹”，他们的“秩序重建”、“得君行道”就无可避免地陷于失败。这个失败不仅是历史的局限，而且是程朱理学自身的局限，因为他们毕竟接受了“君以制命为职”的“大原则”，更确切地说，他们不仅接受了这个“大原则”，而且还将其提升到了“天理”的高度。

宋明理学的局限，当然也是先秦和汉代儒学之局限的一个延伸。对此，梁启超在20世纪初所著《论中国学术思想变迁之大势》中已作过分析。关于“阴阳灾异”之说，梁启超认为，此乃出自“孔子小康之义”：

> 势不得不以一国之权托诸君主，而又恐君主之权无限，而暴君益乘之以为虐也。于是乎思所以制之，乃于《春秋》特著“以元统天，以天统君”之义，而群经亦往往三致意焉。……是盖孔子所殚思焦虑，计无复之，而不得已出于此途者也。……虽其术虚渺迂远，断不足以收匡正之实效，然用心盖良苦矣。江都（董仲舒）最知此义，故其对天人策，三致意焉。汉初大儒之言灾异，大率宗此旨也。[⑧]

梁启超把汉代公羊学家的“阴阳灾异”之说归源于孔子所作的《春秋》，其是否可成立姑且不论，但他指出此说虽然“用心良苦”，却“不足以收匡正之实效”是可以肯定的。梁启超又论及“儒教”（儒学）的最大缺点：

> 儒教之政治思想，有自相矛盾者一事，则君、民权限不分明是也。……儒教之所最缺点者，在专为君说法，而不为民说法。其为君说法奈何？若曰：汝宜行仁政也，汝宜恤民隐也，汝宜顺民之好恶也，汝宜采民之舆论以施庶政也。是固然也。若有君于此，而不行仁政，不恤民隐，不顺民之所好恶，不采民之舆论，则当由何道以使之不得不如

是乎？此儒教所未明答之问题也。……试观二千年来，孔教极盛于中国，而历代君主能服从孔子之明训，以行仁政而事民事者，几何人也？然则其道当若何？曰：不可不钳制之以民权。……（孔教）其立言之偏，流弊之长，则虽加刀于我颈，我固不得为古人讳也。[⑨]

梁启超指出，儒学的最大缺点是虽有民本的思想，但无“民权”（民主）的思想。我认为，这是符合儒学的实际的。若要使仁政或仁道的思想真正得以贯彻，就必须还有一个儒学所未曾明答的“道”，这个“道”就是对执政者“不可不钳制之以民权”。我在《中国的民本与民主》和《明代的两大儒与五四时期的德赛二先生》等文中已指出，从民本走向民主，在明清之际黄宗羲的《明夷待访录》中已发其端，近代以来的中国民主进程不仅是学习西方的文化，而且亦符合中国文化自身发展的逻辑[⑩]。五四新文化运动虽然在形式上把民主与中国传统文化完全对立起来（这也有其历史的局限），但陈独秀也曾说过：“国家而非民主，则将与民为邦本之说，背道而驰”[⑪]，可见他的民主思想也是“顺”着而非“背”着中国传统的民本思想讲的。

晚清的张之洞曾强调：“圣人所以为圣人，中国所以为中国”就在于“三纲”，“董子（仲舒）所谓‘道之大原出于天，天不变，道亦不变’之义本之”，“故知君臣之纲，则民权之说不可行也”（《劝学篇·明纲》）。实际上，在儒家（包括宋明新儒家）的思想中，“民本”的价值观高于对君主权力的肯定，也就是说，“民本主义”高于“王权主义”[⑫]。董仲舒把“三纲”归于“天”，后来程朱也把“三纲”归于“天理”，这是他们思想的历史局限。黄宗羲在《明夷待访录》中就已抛弃“三纲”之说，批评“小儒规规焉以君臣之义无所逃于天地之间”，“后世之君欲以如父如天之空名禁人之窥伺”（《明夷待访录·原君》）。梁启超说：“道德之立，所以利群也。”“德也者，非一成而不变者也。”（《新民说·论公德》）应该说，“利群”即民本主义是儒家更根本的价值观，道德（以及政治制度）并非本诸“一成而不变”的“天理”或“本心”，而是随着社会历史或“生活世界”的变化而变化的。从民本进至民主，符合中国文化实现近现代转型的内在逻辑。本文所述程朱“格君心之非”的失败，不过是为这一内在逻辑的合理性提供一个历史的佐证而已。

（作者李存山，中国社会科学院哲学所研究员、中国哲学史学会副会长、中华孔子学会副会长、宋明理学研究中心副主任。
本文于 2005 年 10 月 20 日在福建武夷山举行的宋明理学研究中心成立庆典暨“朱子学与和谐社会”高峰论坛上报告交流。）

注　释：

① 《上仁宗皇帝书》中有“父珦又蒙延赏，今为国子博士”，蔡方鹿据此认为“皇祐二年恐是嘉祐二年之误”，见氏著《程颢程颐与中国文化》，贵州人民出版社 1996 年版，第 19—20 页。

② 参见拙著《宋学与宋伦》，《儒林》山东大学出版社 2005 年版，第 226 页。

③ 同上书，第 227 页。

④ 早在西汉初年，贾谊就曾提出：“天下之命，悬于太子；太子之善，在于早谕教与选左右。”（《汉书·贾谊传》）萧公权说：“孟子第言君身为安所系，而未尝注意于保证君身之必正。贾正乃弥补其阙，以教太子为培良之方法，儒家之人治思想

于此更趋周密。”见氏著《中国政治思想史》，辽宁教育出版社 1998 年版，第 270 页。按，后世将立太子 称为“立国本”。程颐主持经筵，教导幼主哲宗，其责任之重大更甚于教导太子。

⑤　余英时：《朱熹的历史世界》，三联书店 2004 年版，第 118 页。

⑥　同上书，第 917 页。

⑦　同上书，第 455—456 页。

⑧　梁启超：《论中国学术思想变迁之大势》，上海古籍出版社 2001 年版，第 64 页。

⑨　同上书，第 69—70 页。

⑩　参见拙文《中国的民本与民主》，载《孔子研究》1997 年第 4 期；《明代的两大儒与五四时期的德赛二先生》，载《传统文化与现代化》1997 年第 5 期。

⑪　陈独秀：《今日之教育方针》1915 年 10 月 15 日，《新青年》1 卷 2 号。

⑫　参见拙文《“人本”与“民本”》，载《哲学动态》2005 年第 6 期。

“所以然”与“所当然”如何统一

——从朱子对存在与价值问题的解决看中西哲学之异同

在儒学中，有所谓“事实”与“价值”的关系问题，但是一直没有确定的语言来表达。直到朱子，才用“所以然”与“所当然”这两个概念将其表示出来。但是，朱子一方面区分了二者的不同意义，另一方面却又将二者完全统一起来，由此表明了他的哲学立场。对于朱子的这一重要学说，有必要作出现代的解释。

但是，要解释清楚“所以然”与“所当然”的统一关系，首先要理解朱子关于“理”的学说。因为“所以然”与“所当然”只代表理的两种重要含义，而理还有更基本的含义，二者的统一就是在其基本含义展开的过程中实现的。

一　今人对朱子之理的解释

为了更好地理解朱子的理，有必要了解今人对理的一些解释。这里举出几种主要见解。

1. 泛指理性或某种理性　研究者认为，朱子是理性主义者，理即是代表理性的，理就是理性。但它是何种理性？却又有不同理解。有人认为是“思辨理性”，因为朱子所说的理是“形而上者”，即是指绝对观念或精神，不是今人所说的科学理性。有人则认为是“实践理性”，是指导人的行为的普遍法则或原理。又有人认为是“实用理性”，即为现实政治服务并提供论证的，或为现实目的服务的。当然还有人认为是“认识理性”，即概念的认识。

究竟何为理性？在西方哲学中是有争论的，但是，有一个基本的共识，就是指人的理智能力，这种能力能够把握事物的客观普遍性、必然性。如果从这个意义上说，朱子之理也可以称之为理性，但究竟是哪种理性，则由于个人的理解不同而不同。

2. 指本体 即认为朱子是讲本体论的，理就是本体。但是，一说到本体，就很容易用西方的本体论进行解释，认为朱子的理就是西方哲学所说的本体。但是，西方哲学的本体就是实体，本体论就是实体论（主流派），本体与现象是对立的，分属于两个世界。一方面，本体是现象之本体（根据），现象是本体之现象（显现）；另一方面，只有本体是真实的，现象则是不真实的。有学者指出，西方哲学的本体“真而不存”，现象“存而不真”，中国的哲学本体在现象之中，而现象是真实的（张岱年）。这当然很有道理。但是，即便如此，朱子所谓理是不是实体？这还是值得进一步思考的。朱子所说的“道体流行”、“天理流行”，就同静态的不变的实体并不相同。

3. 规律 即认为朱子的理是指自然界的普遍规律。但是，规律之说同自然科学有密切的关系。西方近代以来的科学是以牛顿为代表的物理学，与此相应的哲学则是机械论、还原论的，即认为自然界是一个机械的物理世界，受因果规律支配。世界犹如一架钟表，甚至人本身就是一架精巧的机器。但朱子哲学的理从根本上说是讲生命的，而生命现象不是用机械规律所能解释的。即使是朱子所说的“物理”，同西方物理学上所说的规律也是不完全相同的。朱子所说的“物理”，是与生命有联系的。“桎梏有性”之说就是一个很好的证明。

4. 法则、原理 即认为朱子的理是指某种客观法则或原理。但是，这里也有一个问题，这个“法”是谁立的？是靠人来立的？还是超自然的绝对主体所立的？或是自然界固有的？一谈到“法则”，总会想到有一个“立法者”。西方基督教哲学主张“上帝立法”，主体论者主张“人为自然立法”，也“为自己立法”，自然主义者主张“自然法”，如此等等。很多人认为，朱子是客观主义者，其所谓理是客观的，外在的，那么，这个“法”究竟是谁立的？是什么力量用这样的“法”来主宰自然界和人类？朱子说过“主宰”的话，但所谓“主宰”者，并非有一个上帝在那里发号施令，所谓主宰者就是理，而理不在别处，就在心中。因此，人可以自我作主。如果说，朱熹是他律论者，似乎也有一定的困难。

5. 形式 即认为理是事物的形式（或样式）。这是用亚里士多德的“四因论”中的形式因解释朱子的理，认为理气关系是形式与质料的关系。按照这种解释，任何一物，都是由形式和质料构成的，形式是一物之所以为一物者，质料是一物之成为一物者。任何事物，都有各自的形式，有多少事物就有多少形式。因此，世界上没有无形式之物，无形式之物只是一堆材料，什么也不是。由此进一步推演，形式就成为规定事物之所以为事物的根源性的东西。所谓本质主义就是如此。形式之说在解释理之所以然时确实很有用。但是，朱子的理却不是纯粹形式，它不仅是在气（物）中存在的，而且是有内容的。在朱子哲学中，一物之成为该物而不是他物，不仅由理决定，而且由气决定。不仅由于理不同而物不同，而且由于气不同而物不同，所谓理同气异之说就是如此。这样看来，情况就极其复杂了。

6. 秩序 即代表事物发展变化的秩序或方向，能使其“顺而不乱”。这是一种动态的解释，比较符合中国哲学的原义。秩序存在于事物之中，又能决定事物发展变化的道路和方向。秩序之说肯定事物的发展是有序的，而不是无序的；是有方向性的，而不是还原论的；是不可逆的，而不是可逆的。这就同机械决定论区别开了。秩序之说同规律也不相同，规律可在相同条件下不断重复，但秩序是不能重复的，一次性的，有历史的。这就好比人走路，只能沿着一个方向前进，直奔目的地，而不能走回头路，也不能重复已经走过的路。秩序决定了事物之间的和谐，繁而不乱，多而不杂，使世界形成一个有机的整体。这同单子论的“预定和谐”有一点相似，但是单子论强调个体的“自由意志”，而理则是个体与整体的有机统一，一物有一物之理，但总天地万物之理，则又是一个理（太极），因此，是整体有序的学说。

7. 观念或理念　即认为朱子之理是柏拉图式的理念。这与形式之说有一定关系，但形式是就具体事物而言，理念则是纯粹概念论的。概念又是有等级的，由此分出一般与特殊、共相与殊相的关系。一类事物有共同的理，一类中之特殊事物又有特殊之理，类之中又有大类，而总天地万物所有的理，便是太极之理。太极是最高理念，相当于柏拉图的善。从逻辑概念讲朱子之理，可称之为“逻辑分析”（但不是逻辑实证主义所说的分析，而是一种概念分析）。但是当概念被抽象出来之后，就变成独立的存在，如同实在论、新实在论所说。因而，在朱子哲学中便有一个“理世界”，这个“理世界”在现实世界之上，是超时空的。对于朱子的理，有必要进行概念分析，但是，能不能说成是独立存在的“理世界”，就值得进一步研究了。事实上，在朱子那里，逻辑分析只有认识的意义，并无存在的意义。从存在上说，理就在物中且只能在物中。在朱子哲学中，只有一个世界，没有两个世界，很难说朱子是观念论者或理念论者。上述这些解释，各自都有一定的资料来源或理论根据，但是，大部分都是按照西方哲学的某种观念解释朱子的。应当承认，今日研究中国哲学，不能离开西方哲学的背景，不能离开西方哲学的语言、概念，我们总是参照或使用西方哲学的某些概念对中国哲学作出解释。但是，当我们这样做时，既要看到它的适用性，即中西互通的一面；又要看到它的不可适用性，即二者之间的差异。这样，才能保持中国哲学的特性，不致在所谓“共通性”的口号下，用西方哲学概念进行套解。我并不同意中西哲学完全“异质”而“不可通约”的说法，但是承认差异（包括观念和方法），讲出中国哲学的特点，这才是进行对话与沟通的前提。

二　朱子本人对理的解释和用法

朱子是理学家中唯一对理作出全面解释的思想家。他虽然运用了一些概念分析，但又不是纯粹概念分析的哲学家。他在不同情境中说明理的不同用法，在不同语境中说明理的不同意义。这些不同用法和意义又是相互联系的，可以说共同构成理的全部内容。

具体地说，朱子之理有如下几种用法与含义。

1. “所以然者”　这是朱子最常用的说法，表示理的最重要的一种意义。理作为“形而上者”，具有抽象概念或观念的性质，是客观的、普遍的。“形而下”之物则是具体的、可感知的。“所以然者”就是一物之所以成为一物的本质规定者，具有形式或“范型”的意义，它使一物成为此物而不是他物。“所以然”还有原因的意义，但不是因果律中的原因，后者有时间的先后，先因而后果。这里所谓原因，是从逻辑上说的，先有“所以然”者，后有所然或实然之物，但这仅仅是一种逻辑的推论，并不是事实上如此。朱子所谓“推上去时，理在气先”云云，就是从这个意义上说的，并不是说，理真的先于物而存在。

朱子虽然运用了逻辑推论，强调“所以然”之重要，但并不以此为据，说明“所以然者”是独立的、超时空的存在。朱子不讲“存在”，但是讲“存”、讲“在”。他所谓“存心”，不是存一个空灵之心，而是存心中之理，心即是理之所“存”。他还讲“在物为理”，就是说，理存在于物中这都说明理不能独立存在，只能在心或物中。这也就是形而上者“不离”形而下者的意思，“所以然”之理虽是形而上者，却不能离开形而下之物而存在，只能在形而下的事物中存在。“形而上者”只具有认识意义，却不是存在本身。存在就是具体事物的存在，时空中的存在。这样看来，朱子所谓“所以然者”，同西方的观念论是有区别的。在这个问题上，朱子认为，既不是“本质先于存在”，也不是“存在先于本质”，而是“本质即存在”，本质与存在是同时存在的。

一般地说，“所以然者”是说明事实的，并不涉及价值问题。一物之为方为圆、为舟为车有其为方为圆、为舟为车的“所以然”之理，它只讲事实本身，与人的为善为恶之类的态度无关并不涉及人的主观愿望或需要。人们喜欢或不喜欢某种事物，并不能改变这种事物的性质或本质，它是客观的。但是，朱子认为，“所以然”之理是可以认识的，他的“格物”之学，就是“即物而穷其所以然之理”。这不仅是获得知识，更重要的是要解决人的存在及其价值的问题存在和价值最终是要统一的。

2. “所当然者”这是朱子关于理的另一个重要规定，与“所以然”具有同样的地位，故经常连用并提，合称“所以然与所当然之理”。关于二者的关系，后面要专门讨论，这里只谈谈“所当然”问题。

“所当然”就是“应当”，“所当然之理”就是应当如此的道理。按照这样的道理去做，就是“理所当然”；不这样做，就是“理所不容”。这显然是一个价值范畴。从语言表述上说，“所以然”是陈述句，“所当然”是祈使句或命令句，即要求人们如何如何去做，才是正当的。这种要求被认为是出于人的主观愿望，并不涉及事实本身。但是，作为一种理性，同时意味着它是一种普遍原则，也是一种无声的命令，人们应当去遵守。

现在要问，这种原则或命令出自何处？是超验的还是经验的？是自律还是他律？朱子又是如何回答这个问题的？如果是经验的，那就是在人们的时间活动中逐渐形成的，或者是一种习惯，或者是基于某种需要而制定的条规。但是，经过“内化”之后，就变成人们日常行为的准则，需要自觉地去遵守。朱熹的“所当然之理”，似乎不是这样的理。因为朱子虽然重视经验积累，但从根本上说理是先天具有的。

如果是超验的，那就不需要任何经验的检验而具有普遍有效性，只能无条件地去遵守但这又有不同的情况。一是出于先验理性的能力，即承认人的理性具有这样的能力（如康德所说）：一种是先于个人理性而存在，人的理性只能认识并接受，从而变成自己的。前者即所谓自律，后者即所谓他律。那么，朱子属于哪一种？

这是一个极复杂的问题。如果说朱子是自律论者，那就必须承认，主体自身就能创造道德法则。这所谓主体，就是先验的道德本心，自身便是道德理性。考察朱子的著作，确实有这样的论述。他认为，心体就是性，而“性即理”，即认为心的本体存在就是“所当然”之理。如果说朱子是他律论者，就意味着不承认自心具有道德理性，理在心之外，只能通过认识获得这种法则，这个心，只能是认知心。如果是这样，所当然之理就只能是客观理念之类的东西。

但事实上，朱子同其他理学家一样，是天人合一论者，不是人与自然对立的二元论者。

这是一个基本前提。尽管他们之间有这样那样的区别与争论，但基本的出发点和理论趋向则是一致的。朱子所谓“所当然”，毫无疑问具有客观性，但他并不认为心只是个认识心，而毫无道德主体之义。在朱子学说中，固然有“心外有理”及“格物致知”之说，但这并不妨碍其“心体即性”以及“本心”之说。在认识层面上，朱子承认有主客之分，因而有“穷理”之学。但“物理”最终通向“性理”，而“性理”则是存在问题，不是认识问题。我们说朱子学说有认识论的成分，但从根本上说是存在论的，就因为其学说的基点是天人合一论的，人与自然是一体的。因此，“所当然”之理，既是天地自然之理，又是人心所具之理。客观地说，它是自然界的法则，主观地说，它是人心所具之理。如果一定要作一个区分，那么是否可以说，就其作为自然界生命创造之原则及其价值而言，它是他律的；就其只能存在于人心并由人心来实现而言，它又是自律的。在这里，人是真正的主体，其心即是道德心。因此，不能用“非此即彼”的逻辑来看待朱子学说。

3. “自然之理”这是从源头上说理。当朱子同时谈到“所以然”与“所当然”时，常常说道，这“无非是自然之理”。可见，“自然”是同时包含“所以然”与“所当然”的。而朱子所说的“自然”，就是最高存在，其中包含着可能的最高价值。在“自然”之上再没有任何东西了，“自然”就是儒家所说的天，是宇宙自然界的全体，亦即生命整体。“自然之理”就是“天理”。既然如此，那么，一切形上与形下、体与用的关系，都存在于这一整体之内。“形而上者”决不是超自然的绝对观念或绝对精神，而只是其中的一个层面。对于物质的自然界而言，它有超越性，是精神性的，但绝不是绝对超越的实体。人也是自然界的一部分，既不是与自然相对立的主体，更不是凌驾于自然之上的“主宰”，但是在自然中占有特殊地位。在朱子学说中，可以说心是人之主宰，理是自然界的主宰，但心者人之心，身心是合一的；理者自然之理，理与自然界是统一的。更重要的是，理不在别处，就在心中。这就是朱子的天人合一论，同西方人与自然的二元对立是决然不同的。

自然是存在及其功能之全称。就存在而言，它是最高主体，但不是实体，而是“天道流行”的过程，“自然之理”就是自然界发育流行的过程所具有的秩序。就功能而言，“自然”就是自己如此，自然如此，自己决定自己，没有其他主宰着。有人从这个方面解释自然，当然是正确的。由过程说明存在，由功能说明本体，这正是朱子学说的本来意义。但是，不能只讲过程而不讲存在，或者只讲存在而不讲过程。

4. “生理”或“生生之理”这是理的核心内容，也是理的价值意义之所在。“生理”就是生命创造的原理，是“自然之理”所包涵的。所谓“自然之理”，就其实质而言只是“生生之理”。自然界是“生生不息”的生命创造的过程，其生命创造是有秩序的，此即所谓“生理”亦即“天秩天序”是也。但“理”字能表现其普遍性的意义，可说是一种“自然理性”。但这又是关系到人的生命意义的大问题。

《易传》说：“天地之大德曰生。”“生生之谓易。”这个“生”字是全部《周易》的精髓，也是全部儒学的精髓。人们都说，《易》有三义，即变易、不易、简易。但“易”之三义不是一般地讲自然界的变化之道，而是以生命为其核心内容的，因此才有《易传》的“天人合一”之学。阴阳变化错综复杂，但阴阳从本质上说蕴涵着生命。所谓“不易”，正说明生生之道是一切变化中之不变者。所谓“简易”，正说明乾坤所蕴涵的生命意义是最简易明白的。《易传》说：“易简而天下之理得。”这个“理”就是“生理”。“生”的哲学是中国哲学发展的一条主线，《易传》之“生”的学说是理学最重要的思想来源。周敦颐的“万物化生”，张载的“乾坤父母”以及“天地之心以生为本”，程颢的“天只是以生为道”，程颐的“心者生道也”，无不以“生”为道为理。朱子作为“集大成者”，当然也不例外。他虽然对理作出了各种解释，但以“生理”为其核心这一点则是可以肯定的。他在《仁说》中提出著名的“天地以生物为心，人得夫天地生物之心以为心”的学说，就是对这一思想的进一步发展。在这里，“心”字和“生”字有内在联系，二者与“理”又有本质联系。这是朱子天人之学的关键所在。

5. “性理”，人们都说朱子和程颐都主张“性即理也”，故是“性理”之学。“性理”就是人性中之道德理性，理就是道德理性。这已经是主体化的说法。但是，“性理”同“生理”又有不可分割的联系，“性理”就是“生理”的实现。如果说，“生理”是从客观上说，或者从存在上说，那么，“性理”就是从主观上说，或者从价值上说。但这又不是截然分开、成二元式的独立存在，“性理”就是“生理”之在人者。存在之中有价值含义，价值之中有存在基础。中国人之重价值，于此即可见。

在理学中，性有二说。一说是指“性者万物一源”（张载语）之性，与《易传》所说“天地之大德曰生”有关。自然界是有“德性”的，这是西方主体论哲学不能接受的。“德”与“性”是价值词汇，其基本内容是“生”，其基本意义是“善”，所谓“元者善之长”、“继善成性”是也。善是指生命创造的目的，善就是目的，即向着完善、完美的方向发展。宋儒把“天德”说成是自然界的最高价值，就是以“生”为其存在论的基础。这已经是“天人之际”的问题了，不只是一个客观的陈述。二是说人所禀受之性即人性，一般称之为“心性”，因为性就在心中。朱子说：“天道之赋于人者为性”，实际是以“生理”为人性之来源。“赋”字是一种目的性的授予。如果说“生理”是存在论的，“性理”是价值论的，二者如何统一呢？这正是需要回答的问题。

性理具有客观普遍性，既是“万物之一源”，则万物皆有性。但是，从现实上说，人与万物毕竟不同，人能得其全而万物不能得其全，“只能得一些子”（朱熹语）。何以会如此？程颢和朱子都从气上作了解释（不能详述）。但最重要的是，天地自然之生理是普遍的、无私的，故人与物都有可能禀受其全而成其性。因此，人对万物也就是没有资格以优越者自居，倒是有关爱万物的责任和义务。

总之，“性理”是“生理”之在人者，人是“生理”之实现者。人首先是生命存在，同时便具有价值，是有价值的存在者。其价值虽来源于“生理”，但其实现却完全在人自己。人的主体性、创造性主要表现在这里。

6. “使之然者”这是从“动力因”上说理，指万物之生长、变化是理“使之然也”。朱子重视万物皆动皆变，而其运动、变化之动力就是理。问题是，运动之理是否有动？这是一个引起争论的问题。朱子有一个“如人跨马”的比喻：理在物上，使物运动，犹如人在马上，使马行走。但后来，学者们发生了争论。元代的曹端就提出，理如不动，何以使万物动呢？直到现在，还有人争论这些问题，认为朱子学说是否有矛盾？其实，这个问题不能只从形上与形下的关系着眼，提出“形而上者不动，何以使形而下者动”的问题。前边说过，在朱子学说中，形上形下之分只有认识和逻辑上的意义，并无存在的意义。从存在上说，理与物是体用关系，理有动的功能，便有万物的运动，万物的运动就是理的功能体现，不是在动之外还有一个动的功能。正如人有行走的意向，其行走就是意向的体现。这就是“体用一源”之说。体用关系与形上形下的关系，有对应之处，但其意不完全相同。否则，只说一个“形上形下”就够了，何必又讲“体用”呢？

体用关系是真正讲存在问题的，是从本末关系发展而来的。如同一棵大树，有本有末，本是由根而生之主干，末是枝叶花实，其实是一个生命整体。体用关系也是如此。体虽是本原性、根源性的，但它是通过用而实现的，用就是实现体的，不是在用之外有个体（熊十力先生对此有深刻分析）。体用关系是动态的，不是静态的。既如此，理便不是静止不动的实体，而是流行过程中的动因。

7. “道理”。“道理”之说很通俗，如同今人所说，“做事要讲道理”，“此人不讲道理”。但究竟什么是道理？是什么道理？按朱子所说，就是指道德义理，更具体说，就是“情理”，即所谓“天理人情”、“合情合理”。既合理又合情，情理合一，就是“道理”。朱子说：“今且以理言之，毕竟却无形影，只是这个道理。有如此道理，便做得许多事出来，所以能恻隐、羞恶、辞让、是非也。”（《语类》，卷四）理无形影，看不见，摸不着，但是却有实际内容，其内容就是道德情感。因此，一旦说出或表现在实际行动中，便能做出恻隐等等许多事出来。这些事都是情理中的事，一点也不抽象。他举出孟子的“四端”之情说明“道理”，正表明“道理”是具体的，不是抽象的。这虽是日常生活中的道理，但又是很高的，真所谓“道中庸而极高明”，高而至于太极之理。太极者理之“极至”，是“极好至善的道理”。这个“道理”，是人生追求的最高目的。在这里，“道理”就是“所以然与所当然之理”。

三 “所以然”与“所当然”如何统一

以上分别说明朱子关于理的不同说法和用法，在于说明理有不同层次的含义，具有丰富的内容。这些不同含义相互联系在一起，形成一个有机整体。理就是这样一个多层次的动态的整体性范畴。正如朱子本人所说，“如人观火”，从不同方向去看，会有不同形状，但却只是一团火。既然如此，就说明理绝不单纯是逻辑分析的结果，而“所以然”与“所当然”不仅不是互不相干的，而且与其他意义紧密相连。

朱子是主张“条分缕析”的。所谓“条分缕析”，就是逻辑分析，就理而言，从中分析出各种不同含义。理的上述不同意义的提出，就是“条分缕析”的结果。但是，分析之后，并不是将这些意义平铺地摆出来，如同商店里的货架，摆满了各种商品，由人们分别去选择。而倒是像中药铺里的方格子，分别装有不同性能的药材，但是真正使用起来，必须将各种药调配在一起，才能起到治病的作用。就方法而言，这里当然有综合的问题。

康德有所谓“先验综合命题”，认为先验的范畴形式，能够将经验材料综合起来，形成新的知识，只靠分析是得不出新知的。但是，“先验综合”后来受到了批判，认为这是形而上学的，不能证明的。中国哲学从总体上说，缺少分析，而重视类比与综合，但基本上是一种经验性的综合。这样的综合有没有普遍必然性？这就成了问题，因而受到了质疑。

朱子关于理的学说，是怎样的综合呢？这是一个新提出的问题。我尝试作出一个解释，即整体论的要素分析与生命论的类比综合，很难用超验论还是经验论来划分。如果说是超验论的，则缺乏两个世界的明确划分以及纯粹形式化的分析；如果说是经验论的，则又有某种形而上的“预设”。因此，用纯粹先验论或经验论来划分朱子哲学，会遇到很大困难。这就如同直觉一样，既有经验主义的直觉，又有理性主义的直觉，还有超理性的神秘主义的直觉，要根据不同哲学的不同语境而定。

可以肯定的是，朱子虽然运用了“条分缕析”的方法，但不是逻辑分析主义的；他虽然很重视经验积累即“铢累而寸积”，但也不是纯粹经验主义的。从总体上说，理具有某种先验形式，但又是以经验为内容的，其先验形式不是“纯形式”，其经验内容也不是“被给予”的材料，而是真实存在的。我们可否说，朱子关于理的学说，主要是在人生体验中得到的，其中既有先验理性，又有人生经验，二者在实践中得到了统一。正如程颢所说：“天理二字，是自家体贴出来。”这“体贴”二字，很值得玩味。它既不是纯粹概念的认识，也不是单纯经验的集合，而是生命体验的结果。“体验”中既有认识，又有实践；既有理性，又有情感。总之是整体性的。朱子之所见、所思、所悟、所愿，在于人与自然界的生命联系与整体和谐，在于追求“天理流行”的人生境界。这种境界既不是纯粹认识的，也不是上帝“启示”的，毋宁说是“自然目的论”的。“所以然”与“所当然”正是在生命目的性的学说中得到了统一。

在西方哲学看来，“所以然”与“所当然”是表述两种截然不同的事物的，根本不能统一。朱子将二者合在一起，不作区分，认为“所以然”就是“所当然”，“所当然”就是“所以然”，笼统地说一个“所以然与所当然之理”，就是概念的含混不清，语言的意义混淆。按照分析哲学的说法，“所以然”是讲事实的，是陈述句，因而是客观的；“所当然”是讲价值的，是祈使句或命令句，因而是主观的。事实和价值是完全不同的两回事，绝不能混淆。事实是客观存在的问题，价值是主观愿望或好恶的问题，主观与客观的界限是十分明确的。

自从休谟提出“事实”与“应当”的区分之后，这个问题一直困扰着许多哲学家。现代西方哲学普遍接受了这种二分的观点，并且从逻辑分析到语言分析，不断进行论证，使之成为“定论”。现代分析哲学家（如艾耶尔、卡尔纳普等人），将价值完全主观化，甚至私人化，使伦理道德变成个人的兴趣、爱好，没有任何客观性，因而出现了“道德的沦丧”（麦金太尔语）。现在，又有一些哲学家试图将二者统一起来，建立“值得信任”的真理和价值观，比如理查德·罗蒂，从新实用主义的观点出发，将真理与价值合而为一，但是受到许多人的批评。

有趣的是，中国哲学早就提出了这一类的问题，“所以然”与“所当然”的关系问题就是最好的证明。中国的哲学家如朱子，并不是将二者混为一谈，而是区分二者的不同含义。但是，他们并没有将二者完全对立起来，而是以独特的方式解决了二者的统一。这是很值得我们重视的。

但是，中国现代的一些哲学家，所遇到事实与价值的关系问题似乎没有现在这么严重，因此没有来得及对西方哲学家提出的挑战作出回应。他们只是从各自的哲学观点出发，对“理”作出了各自的解释。以冯友兰与牟宗三两位先生为代表，他们的理论兴趣不同，其结果也就不同。冯先生的兴趣在“所以然”，因而将其完全形式化，变成“共相”，建立了他的“新理学”。他讲人生境界，更多地是讲概念认识。牟宗三先生的兴趣在“所当然”，因而将其道德化，变成“实体”，建立了他的“道德形上学”。二人都讲本体论（或存有论），但冯先生讲出来的是“真际世界”，牟先生讲出来的是“价值世界”。二人各有侧重，但都没有直接就存在与价值的关系问题进行专门的讨论。现在将前面的讨论归纳起来，专就“所以然”与“所当然”的关系问题提出进一步的解释。

1. 理是一个整体性的范畴，其中有各种不同的要素，因其功能、作用不同而有不同的含义和用法。其中，“自然之理”是整体自身。朱子所谓“一理而万殊”之“一理”，就是整体性的“自然之理”，它不是数学上的“一”，而是包含很多因素和层面的有机整体。尽管它是从“形而上”的层面上说的。这所谓“自然”，即是生命整体，人只是其中的一部分，虽然是居于特殊地位、具有特殊意义的一部分。这是中西哲学关于“自然”理解上的重要差别。对“自然”的不同理解，产生了对“理性”的不同解释。中国哲学主张天人合一，其“理”是天人合一之理，西方哲学主张天人相分，其“理”只能是人的理性。中国哲学承认自然界有“内在价值”，其最高价值就是“生道”或“生理”，故称之为“天德”；西方哲学则认为自然界没有“内在价值”，其价值是由人赋予的。中国哲学认为人是实现“天德”亦即“生理”的德性主题，对自然界负有义务和使命；西方哲学认为人是认识和改造自然的认识主体，对自然界并无任何义务。

2. “生理”或“生生之理”作为“自然之理”的核心内容，是生命和生命创造的秩序和原理。“秩序”标明其存在意义，“原理”标明其价值意义，但“秩序”是显性的，“原理”是隐形的。“生理”的根本意义在于其目的性，而不是机械论的必然性。目的之所向即为“善”，“善”就是目的。但是自然界生命创造之目的即善，是潜在的，其真正实现者则是人。因此，人就是目的。儒家主张“性善论”，其根据在此。

关于这一点，从朱子关于“天地之心”与“人心”的论述看得非常清楚。自然界有没有心的问题，是逻辑概念难以说清的，但中国哲学说清了这个问题。自然界并无心，但自然界能“生物”，而所生之物则有心。人也是天地所生之物，但人心由何而来？只能由自然界的生命创造而来。追根溯源推上去，天地自然界也有心，即以“生物”为心，亦可说“生物之心”。这个心是无心之心，即目的之义，亦可说是无目的之目的。天地之心是潜在的，只能表现在“生物”上，但所生之物即人，却将其真正实现出来，这就是人心。这“人心”，不是生物学上所说的“心”，而是有目的、有意志、有道德情感的。因此朱子说：“天地以生物为心，而所生之物，皆得夫天地生物之心以为心，故人有不忍之心。”（《仁说》）如果说，天地生物之心，只是生命创造的目的，那么，人心就是真正的道德目的。朱子说过，人的“本心”是善的，这个“本心”就是人心，这个“善”就是“继善成性”之善，即生命目的之实现。在中国语言文字中，“心”字最初是“棘心”、“木心”，即木尖，其主要意思就是生长。所以，由“生”而说明“心”，是源远而流长的。由“天地生物之心”过渡到“人心”，是一种生命目的性关系。这正是“所以然”与“所当然”，即存在与价值何以能够统一的基础。

这当然不是说，自然界就是一个道德世界，也不是说，天是一个绝对超越的实体。“天地生物之心”是对“生理”的目的性的一种表述，基本上是存在论的说法，但其中却包含着价值的意义，而“人心”则是它的实现。从发生学上说，这是一种道德进化论的学说，在生命进化中即包含着道德目的，并在人类的生命中得到实现。

3. 从“生理”到“仁理”的实现，体现了人是创造价值的主体。我们说自然界有“内在价值”，是说自然界有生命创造和道德生成的价值，但这又是一个永无止境的过程。说到人类的价值，则只能靠人类自身来完成。因为只有人才有目的和价值诉求，并能创造价值。

这里有两层关系，缺一不可。第一层关系是，人的生命价值从根源上说来源于自然界的生理，自然界是人的生命之源和价值之源。这所谓“根源”，在哲学上同时具有宇宙生成论和本体论的意义，但以前者为基础（这是中国哲学的特点）。人凭自己的理性创造了价值，但人的理性也是从自然界而来的，可称之为“自然理性”。朱子所谓“有知觉之理而后又知觉”，就是此义。“知觉之理”即是“生理”之一种。第二层关系是，人作为“生理”的实现者，同时就是生命价值的创造者，实现的过程就是创造的过程，因而并不完全是“自然主义”的。完成这一过程，正是人的真正使命，也是人的目的所在，这里并没有功利或利益上的打算。仁理就是这样的创造，同时又是不断努力追求的目的。“仁理”作为生命价值的最高原则，有其生命存在的基础，因为人首先是一个生命存在。“生理”在气中存在，“仁理”在心中存在，而心在形体中存在，本来就不是二元的。但人在自然界有很高的地位，能够“为天地立心”（张载语，而为所有理学家所接受）。“立心”就是实现目的，即立“仁德”、“仁理”。人实现了仁德，就是为天地立了心。因为人心就是天地之心的实现。但这又不是“人为自然立法”。“人为自然立法”是人类中心论的说法，人是自然界的主宰，“立法”是为了人的利益。“为天地立心”则是天地本有心而未能全部实现，因此靠人去立，“立”了之后就实现了天人合一境界。这是非人类中心主义的。

4. 在“生理”与“仁理”的统一中，“所以然”与“所当然”实现了统一。“生理”作为自然界“生生不息”的“所以然”之理，目的性地蕴涵着“所当然”之理。“生理”作为自然界生命创造的秩序，是一个客观事实，即所谓“事实”或“存在”问题，但是，其中却有价值意涵。我们之所以称其为“道德进化论”，就是说，其中包含着道德的萌芽与生成。这在某些动物身上也能看得出来。为什么有些动物能够无私地救助人类或其他动物？有些动物不仅有情感、思维和语言，而且有社会，甚至有文化？这是用自然本能无法解释的。就此而论，价值并不是人类专有的。

但“仁理”作为“生理”之完全的实现，不仅是一个“存在”的问题，而且是一个价值的问题，即“所当然者”。但“仁理”又是从生命之“所以然”而来，并不是凭空创造出来的。实际上，仁既是“所以然”，又是“所当然”，是二者的统一。我们说仁是“所以然”，就是一个陈述句，即陈述一个客观事实，回答“是什么”的问题。比如说“人者仁也”（孟子语），就是回答人是什么的问题，即人是具有仁德的动物。同样，我们说仁是“所当然”，就是一个祈使句或命令句，即要求自己或别人应当如何去做，即回答“应如何”的问题。同样是“人者仁也”，则可回答人“如何做”的问题，即人应当按仁的要求去做，“仁民而爱物”，等等。

“人者仁也”，是所有儒家都使用的说法。这是中国哲学语言表达的一个重要特点。在中国哲学中，虽然没有西方语言中的“being”（即“是”或“存在”）这个词，但“者”字却能同时包含两种不同的意思，一是“是”，一是“应当”。仁既是人之所以为人者，从存在上讲“所以然”；仁又是人应当遵守的法则，从价值上讲“所当然”。这正是朱子为什么将“所以然”与“所当然”放在一起，称“所以然与所当然之理”的原因所在。前面说过，理的核心是“生”，故称“生理”，而“生理”之在人者即为“仁”，而“仁”是从理上说的，具有客观普遍性，故称之为“仁理”。万物各有其理，朱子主张“格”万物之理，但从生命的意义上说，万理都归结为一理，这个“一理”就是“生理”亦即“仁理”。朱子不是一般地“格物理”，而是必须“穷到极处”，即理之“至极”。这所谓“极”，就是“仁”，而“仁”就在人的心中。因此，朱子在谈到“格物穷理”时，也要说“穷其所以然与所当然之理”，而不仅仅“穷”其“所以然”之理。因为万物之理都通向“仁理”。所以，不仅要“格物”，而且要“致知”。“致知”就是尽心中之知，即实现仁的自觉。

5. 就主观与客观的关系而言，由于人与自然界是生命整体，而不是二元对立的关系，因此，从根本上说，不存在客观事实与主观价值的对立。理者，天人合一之理，可表述为“生即仁，仁即生”（程颢最先有这样的表述）。这又是中国哲学语言的一种特色。“即”字并不说明二者没有任何区别，完全是一回事，而是说明二者相即不离的统一关系或蕴涵关系。客观地说，理是“所以然”之“生理”，这是一个客观事实，但“生理”之中潜在地包含着“仁理”，因此可以说“生即仁”（即“生理即仁理”）。主观地说，理即是“所当然”之“仁理”，这是一个价值判断，也是一个价值诉求，但“仁理”之中又包含着“生理”，因此可以说“仁即生”（即“仁理即生理”）。这并不是什么“含混”、“混淆”，而是对生命存在及其价值的辩证式的表述。

6. 我认为，语言分析离不开某种哲学，纯粹的语言分析，只具有工具的性质。所谓语言本体论，也只是一种哲学，而且在我看来，将语言视为第一位的存在，会丢弃很多东西，特别是有关人的存在价值以及心灵一类的问题。

分析是重要的，特别是对中国哲学而言，我们很需要分析。但分析并不是一切，也不是唯一目的。要真正解决人生价值的问题，还需要认识的“综合”，更需要生命的“体验”。就朱子和理学家所说的“理”而言，大体上可以说，“自然之理”是从源头上说，也是从生命整体上说。“自然之理”即是“本然之理”。“使之然”是其动力因素。“所以然”是其存在的形式或本质。“所当然”是其目的即价值。“性理”即“所以然”与“所当然”、存在与价值的统一。其终极目的则是“极好至善的道理”，即最高价值，也就是真、善、美的统一。“所以然”与“所当然”的统一，就是这样实现的。

总之，朱子哲学从根本上说，是一种整体论的生命哲学，也是一种目的性的过程哲学（不是通常所谓的目的论），而不是观念论或实体论哲学。理的各种意义及其关系，都是在生命过程中“体会”出来的，在实践中体会出来的。

最后需要指出的是，朱子哲学对于解决人与自然的关系具有非常重要的意义，对于解决生态问题更是具有特殊的意义。朱子哲学是“前现代”的，但其价值意义则是“超现代”的。从中可得到一个启示，即有没有新的哲学转向的可能性？

（作者蒙培元，中国社会科学院研究员、香港中文大学客座教授、武夷学院（筹）客座教授，博士生导师；《中国哲学史》主编，本文是在香港中文大学讲学时的演讲稿，
原载《泉州师范学院学报》2005 年第 1 期。）

朱熹絜矩思想研究

在近代以来的思想文化发展史上，“絜矩”是一个已经消失了的文化概念。但在中国传统思想史上，它却是一个很古老也曾经很辉煌的概念。它最早出现于《礼记·大学》篇，后来朱熹对之做了充分发展，使之成为南宋以后思想文化史上一个经常被谈论并被高度崇尚的文化观念。研究朱熹的絜矩思想，不仅对于全面认识朱熹思想，而且对于深入了解南宋时期思想文化的时代特征，都有其重要意义。

关于古代絜矩思想的研究，由于在近代它已消亡的原因，学界关注较少。而对朱熹的絜矩思想，则有吴长庚先生先后发表了《试论儒家絜矩之道的理论意义》和《儒家絜矩之道的现代诠释》两篇文章。[1]这两篇文章在朱熹的絜矩思想研究方面，具有开拓性意义，但也是学界关于该领域研究仅有的成果。虽然吴长庚先生这两篇文章的标题不是关于朱熹思想的研究，但对朱熹的絜矩思想的一些基本观点都有所涉及，并提出了不少很有见地的看法。比如，他认为朱熹开拓了絜矩之道的理论内涵，并分析了朱熹絜矩思想的多层次构成等。但由于吴长庚先生重在揭示“絜矩之道”的现代意义，并不是关于朱熹絜矩思想的专题研究，所以，朱熹絜矩思想的文化内涵，它的更全面的基本内容，它对后世思想的影响等一系列问题，则没有涉及；而这些，正是笔者的出发点。

一 朱熹对絜矩思想的发展

“絜矩”一词，原出于《礼记·大学》篇：

> 所谓平天下在治其国者，上老老而民兴考，上长长而民兴弟，上恤孤而民不倍，是以君子有絜矩之道也。所恶于上，毋以使下；所恶于下，毋以事上；所恶于前，毋以先后；所恶于后，毋以从前；所恶于右，毋以交于左；所恶于左，毋以交于右；此之谓絜矩之道。[2](p. 1042)

这段话是对“修身齐家治国平天下”大学之道思想内涵的阐扬。意思是说，大学之道强调平天下在于治理好自己的国家，是讲的一个上行下效的问题。国君尊敬老人，民众就会兴起孝道；国君尊敬长上，民众就会兴起悌道；国君同情、抚恤鳏寡孤独之人，民众就不会互相背弃。所以，国君对人民大众的行为有示范表率的作用。对于上级所做的令自己厌恶的事情，就不要用来对待下级；对于下级所做的令自己厌恶的事情，也不要用来对待上级；对于前辈所做的令自己厌恶的事情，不要用来对待后辈；对于后辈所做的令自己厌恶的事情，也不要用来对待前辈；对于身右的人所做的令自己厌恶的事情，不要用来对待身左的人；对于身左的人所做的令自己厌恶的事情，也不要用来对待身右的人。这就是君子应具备的基本品德，是谓“絜矩之道”。

《礼记·大学》篇提出的这个“絜矩之道”，在儒家思想体系中无疑具有重要的意义，应作为一个重要的思想概念去对待。但是，在《礼记·大学》篇创造了这个思想概念之后长达千余年的时间里，除了注释家由于文字注释的原因不得不对之进行释义训诂外，思想家们几乎没有人给予关注，使这一思想遭到不可思议的冷漠。这种状况，直到南宋时代才有所改变。《朱子语类》、《四书或问》、《御纂朱子全书》、《晦庵集》等朱熹著作中，可以检索的关于“絜矩之道”的言论有百余条，阐述了一个内涵丰富的“絜矩”概念，对《礼记·大学》篇的絜矩思想做出了重大发展。

《礼记·大学》篇提出的“絜矩之道”主要表述了两层意思：一是强调君子的示范表率作用，讲上行下效的问题；二是讲了一个“恕”字，强调以“己所不欲，勿施与人”的态度来对待上下前后左右之人。而在朱熹的絜矩思想中，“絜矩之道”的思想内涵要丰富得多。归纳起来，大概有三个方面：

1. 以平均释“絜矩”，将其纳入传统平均思想的范畴

朱熹说：

> 盖絜，度也；矩，所以为方也。以己之心度人之心，知人之所恶者不异乎己，则不敢以己之所恶者施之于人。使吾之身一处乎此，则上下四方，物我之际，各得其分，不相侵越，而各就其中杖其所占之地，则其广狭长短又皆平均如一，截然方正而无有余不足之处，是则所谓絜矩者也。夫为天下国家而所以处心制事者，一出十此，则大地之间将无一物不得其所，而凡天下之欲为孝弟不倍者，皆得以自尽其心，而无不均之叹矣。天下其有不平者乎！[2](卷二)
>
> 所谓絜矩者，矩者心也，我心之所欲，即他人之所欲也。我欲孝弟而慈，必欲他人皆如我之孝弟而慈，不使一夫之不获者，无一夫不得此理也。只我能如此，而他人不能如此，则是不平矣。[3](卷八)
>
> 平天下谓均平也。“所恶于上，毋以使下；所恶于下，毋以事上。”此与（中庸）所谓“所求乎臣，以事君未能”者同意。但（中庸）是言其所好者，此言其所恶者也。问：“前后左右何指?”曰：“譬如交代官相似。前官之待我者既不善，吾毋以前官所以待我者待后官也。左右，如东邻西邻。以邻国为壑，是所恶于左而以交于右也。俗语所谓将心比心，如此，则各得其平矣。”[4](pp. 362—363)

前面所引《礼记·大学》中的“絜矩之道”，并没有提出均平的概念，而以上朱熹的几段话中对“絜矩之道”的阐释，则一再使用平均一词，明显是用平均来释絜矩。在朱熹看来，提倡所谓“絜矩之道”，其目的就是要达到“上下四方，物我之际，各得其分，不相侵越，而各就其中杖其所占之地，则其广狭长短又皆平均如一，截然方正而无有余不足之处”的社会状态，使天下之人无“一夫之不获”，天地之间“无一物不得其所”，这样，天下将无不平之事，人人“无不均之叹”，而最终实现儒家“治国平天下”的政治理想。

当然，仔细推敲朱熹话语中的平均思想，并非今天人们绝对平分财富的意思。古代的“平均”观念，是个含义丰富的思想。除了在部分场合具有财富方面的绝对平均意思之外，大部分情况下都是意味着公平、公正、均平或平衡、秩序与和谐。朱熹所赋予“絜矩之道”的“平均”含义，也应该从公平、公正、均衡与秩序的角度去理解。

朱熹在以平均解释“絜矩之道”的时候，曾有学生提出质疑，而朱熹的答疑，则把他的平均解释为公平、秩序与和谐。

> 问：“论上下四旁，长短广狭，彼此如一，而无不方。在矩，则可以如此。在人则有天子诸侯大夫士庶人之分，何以使之均平?”曰：“非是言上下之分欲使之均平。盖事亲事长，当使之均平，上下皆得行。上之人得事其亲，下之人也得以事其亲；上之人得长其长，下之人也得以事其长。”[5](p. 364)

提问的人直指古代等级社会的要害问题。在宗法礼制社会中，天子、诸侯、大夫、士、庶人都被牢牢地限制在一种极端不平等的等级秩序中，真正意义上的平均或均平、平等或公正是无从谈起的。应该说，这个问题提得是很有分量很有深度的，但朱熹很轻易地就用传统的均平观给予了答复，说均平并不是说“上下之分欲使之均平”，这个上下之分是不能均平，不能改变的，所谓平均或均平，只是说不论上下贵贱都应该做他们应该做的事情，都应该按照礼所规定的名分去事其亲，事其长。这种均衡与秩序，就是“均平”。

2. 反对与民争利，强调富民是教化的前提，为“絜矩之道”增加民本思想内涵

《礼记·大学》中的“絜矩之道”只是说“上老老而民兴孝，上长长而民兴弟，上恤孤而民不倍”，但没有说在什么情况下才可能达到上行下效的目的。而不是在任何情况下，只要“上行”就一定会有“下效”的。

朱熹就意识到了这个问题。他说：

> 此三句见上行下效，理之必然，又以见人心之所同。“是以君子有絜矩之道”，所以以己之心度人之心，使皆得以自尽其兴起之善心。若不絜矩，则虽躬行于上，使彼有是兴起之善心，而不可得遂，亦徒然也。又曰：因何恁地上行下效？盖人心之同然。所以絜矩之道，我要恁地，也使彼有是心者亦得恁地。全章大意，只反复说絜矩。如专利于上，急征横敛，民不得以自养，我这里虽能兴起其善心，济甚事！若此类，皆是不能絜矩。[5](p. 360)

在朱熹看来，要真正收到上行下效的效果，还有一个富民的问题。否则，虽然人心皆同，君子有老老、长长、恤孤之举，而民则想仿效也无能为力；因为他们没有行孝、悌、慈的物质基础。这就是朱熹说“若不絜矩，则虽躬行于上，使彼有是兴起之善心，而不可得遂，亦徒然也”的原因。真正的“絜矩之道”，应该使民富，有条件去兴起善心，并遂其所愿。如果不是这样，而是“专利于上，急征横敛，民不得以自养”，他们“虽能兴起其善心，济甚事”，事实上是做不到的。可见，在朱熹对“絜矩之道”的解释中，很自然地渗透了一种富民的思想。

朱熹认为，君子所以要有“絜矩之道”，就是为的强调富民的问题。所谓上行下效，关键不是期待老百姓对君子的自觉仿效，而是强调君子要给老百姓创造所以能够仿效君子而事亲事长和慈孤的条件。他说：

> “上老老而民兴孝，上长长而民兴弟，上恤孤而民不倍。”是民之感化如此，可见天下人人心都一般。君子既知人都有此心，所以有絜矩之道，要人人都得尽其心。若我之事其亲，备四海九州之美味，却使民之父母冻饿，藜藿糟糠不给；我之敬长慈幼，却使天下之人兄弟妻子离散，便不是絜矩。[5](p.427)

从这一思想出发，他批评后世不懂“絜矩之道”之本义的统治者，只知搜刮民财而不知富民养民的一意孤行。他说：

> 后世不复知絜矩之义，惟务竭民财以自丰利，自一孔以上，官皆取之，故上愈富而下愈贫。夫以四海而奉一人，不为不厚矣。使在上者常有厚民之心而推与共之，犹虑有不获者，况皆不恤，而帷自丰殖，则民安得不困极乎！[5](p.365)

他把官府这种“惟务竭民财以自丰利”的行为，归结为不懂“絜矩之义”的结果。由此也反证，在朱熹看来，真正的“絜矩之道”，是应该包含有富民之义的。

从“絜矩之道”自含有富民之义的角度出发，朱熹特别反对官府、统治者与民争利和无休止聚敛民财的做法。他说：

> 絜，度也；矩，所以为方也。方者，如用曲尺为方者也。何谓“是以君子有絜矩之道”？上面人既自有孝弟，下面民亦有孝弟，只要使之自遂其孝弟之心于其下，便是絜矩。若拂其良心，重赋横敛以取之，使他不得自遂其心，便是不方。左右前后皆然。言是以者，须是如此。后面说民之父母，所好所恶，皆是要与民同利之一事。且如食禄之家，又畜鸡豚牛羊，却是与民争利，便是不絜矩。[5](p.367)
>
> 或问：“絜矩之义，如何只说财利？”曰：“必竟人为这个较多。所以生养人者，所以残害人者，亦只是这个。且如今官司皆不是絜矩。自家要卖酒，便教人不得卖酒；自家要榷盐，便教人不得卖盐。但事势相迫，行之已久，人不为怪，其实理不如此。”[5](p.368)
>
> 聚敛之臣剥民之膏血以奉上，而民被其殃。盗臣窃君之府库以自私，而祸不及下。仁者之心，至诚恻怛，宁亡己之财，而不忍伤民之力。所以与其有聚敛之臣，宁有盗臣，亦絜矩之义也。[3](卷二)

在上面的引文中，朱熹明确地说“与民争利，便是不絜矩”；而他批评的“如今官司皆不是絜矩”，也在于他们实行酒、盐榷卖，与民争利。他甚至把“与其有聚敛之臣，宁有盗臣”的思想，也归入“絜矩之义”。这完全是站在“民本主义”的立场上来说话的。可以说，朱熹对《礼记·大学》“絜矩之道”思想的一个重要发展，就是将其纳入了一个宝贵的民本思想。在朱熹看来，“絜矩之道”是一种道德，但统治者不能空谈道德，要贯彻这种道德，必须副之以爱民、富民的民本思想。

3. 丰富、发展了传统的“恕”道内容

《礼记·大学》“絜矩之道”所讲的“所恶于上，毋以使下；所恶于下，毋以事上；所恶于前，毋以先后；所恶于后，毋以从前；所恶于右，毋以交于左；所恶于左，毋以交于右”，究其实质，就是一个“恕”字。朱熹也是这样认为的。他说：

> 问絜矩之道，推己度物而求所以处之之方，故于上下、左右、前后之际，皆不以己之所不欲者施诸彼而已矣。然皆以敬老事长恤孤之三者，推之以见民心之同然，故下文极言好恶不可以异乎人，而财利不可以擅乎己。苟为不然，皆取恶之道也。是则一章之意，无外发明“恕”之一字。[4](卷八)
>
> 问：“‘终身行之，其恕乎！’絜矩之道，是恕之端否？”曰：“絜矩正是恕。”[6](p. 1161)
>
> 见曾子之传发明“恕”字，上下四旁，无不该也。[5](p. 364)
>
> 恕，亦是絜矩之意。[4](p. 364)

可见，“絜矩之道”即是“恕”道，朱熹的这一思想是很明确的。但是，朱熹并不认为“絜矩之道”所讲的“恕”，就是传统的一般意义上的恕，它不完全等同于孔子所讲的“己所不欲，无施与人”和“己欲立而立人，己欲达而达人”。他对“絜矩之道”中“恕”的思想，做了新的发挥。

> 问絜矩。曰：只把“上下”、“前后”、“左右”等句看，便见。絜，度也。不是真把那矩去量度，只是自家心里暗度那个长那个短。所谓度长絜大，上下前后左右，都只一样。心无彼己之异，只是将那头折转来比这头。在我之上者使我如此，而我恶之，则知在我下者心亦似我如此，故更不将所责上底人之心来待下人。如此，则自家在中央，上面也占许多地步，下面也占许多地步，便均平正方。若将所责上底人之心来待下，便上面长，下面短，不方了。下之事我如此，而我恶之，则知在我之上者心亦似我如此。若将所责下底人之心更去事上，便又下面长，上面短了。左右前后皆然。待前底心，便折转来待后，待左底心便折转来待右，如此便方。每事皆如此，则无所不平矣。[5](p. 363)

这段话中“恕”的思想，已经和传统的讲法有所不同。传统的“恕”讲的是如何对待他人，是“己”与“彼”二者的关系，而朱熹讲的则是以“己”为中央，和上下、前后、左右多方面的关系；对于这上下、前后、左右，都要像矩之方正，可以以“己”为中点进行对折，比前比后，比上比下，比左比右，都无不均齐方正，无有余或不足。这是一种至公至正的态度，是一种更为复杂的人际关系中的“恕”。关于这一点，朱熹有时候把他讲的“絜矩之道”的“恕”，叫做“三折说”或“三人”说，有时候则叫做“七人”说。

“己欲立而立人，己欲达而达人”，是两折说，只以己对人而言。若絜矩，上之人所以待己，己又所以待人，是三折说。[5](p. 362)

德元问：“‘我不欲人加诸我，吾亦欲无加诸人’，与絜矩同否?”曰：“然。但子贡所问，是对彼我说，只是两人，絜矩则是三人尔。”[5](p. 365)

李文（丈）问：“尽得絜矩，是仁之道，恕之道?”曰：“未可说到那里。且理会絜矩是如何。”问：“此是‘我不欲人之加诸我，吾亦欲无加诸人’意否?’”曰：“此是两人，须把三人看，便见。人莫不有在我之上者，莫不有在我之下者。如亲在我之上，子孙在我之下。我欲子孙孝于我，而我却不能孝于亲；我欲亲慈于我，而我却不能慈于子孙，便是一畔长，一畔短，不是絜矩。”[5](p. 365)

《中庸》一段所求乎子之事我如此，而我之事父却未能如此；所求乎臣之事我如此，而我之事君却未能如此；及所求乎弟，所求乎朋友，亦是此意。上下左右前后及中央作七个人看，便自分晓。[5](p. 427)

以上引文说明，朱熹赋予“絜矩之道”的“恕”的含义，确实和传统的“恕”是有区别的，是传统的“恕”道思想的一个发展。这些思想内涵，也可能是《礼记·大学》“絜矩之道”中所内含的，但却是经过朱熹才将其揭示出来。

二 朱熹絜矩思想的文化内涵

那么，朱熹对《礼记·大学》絜矩思想的发展，透露出一种什么样的文化信息呢?或者说，在朱熹的絜矩思想中，我们可以看到一种什么样的民族文化心理或民族文化特征呢?

在中国民族文化心理中，有一个特别重要的文化观念，就是对“均平”的崇尚和追求。以往的思想文化史研究中，一谈到中国传统文化的基本要素，人们总是习惯于举出仁、义、忠、孝、诚、信等，将这些看作是构成中国文化思想之网的关键节点。但是，人们却忽视了这样一个事实，即中国人民对公平、公正、均平的价值追求，始终是一个重要的心理情结。均平观念和仁、义、忠、孝、诚、信等文化观念一样，也是中国传统文化最基本的文化要素，甚至是最重要的文化要素。平均观念，渗透在中国传统文化的各个思想领域，是各种政治思想、社会思想、伦理思想乃至经济思想的重要文化支点。从中国思想文化的这一重要特征出发，笔者认为，在中国传统思想文化研究中，应该提出一个“均平文化”的概念，并对之进行系统地、全面地探讨。就像人们重视的孝文化、忠文化研究一样，要开展对“均平文化”的深入研究，以借此达到对中国传统文化更深入更全面的认识和把握。

如果从“均平文化”的角度看问题，我们会发现，朱熹对《礼记·大学》篇絜矩思想的发展，无不渗透着均平文化的思想要素。

仔细审读《礼记·大学》篇关于“絜矩之道”的原文，它并没有提出均平的思想，而朱熹则以“平均”释“絜矩”，把絜矩思想纳入均平思想的范畴，或者说将自己的均平思想塞进“絜矩”思想体系之中，把本来作为一种伦理观念而存在的、讲求君子修养的“絜矩之道”，变成了一种使天下之人无“一夫之不获”、天地之间“无一物不得其所”、人人“无不均之叹”，最终实现儒家“治国平天下”的价值追求。说朱熹对“絜矩之道”的这一发展是均平文化的渗透不无道理。

朱熹把民本思想塞入《礼记·大学》篇所阐述的絜矩思想，借阐释“絜矩之道”而强调富民思想，也是体现着一种“均平文化”的思想要素。当《礼记·大学》篇阐述“上老老而民兴孝，上长长而民兴弟，上恤孤而民不倍”这一上行下效思想时，大概是没有富民思想包含其中的，它和孔夫子一贯强调的“君子之德风，小人之德草，草上之风，必偃”[7](《颜渊》)，“上好礼，则民莫敢不敬；上好义，则民莫敢不服；上好信，则民莫敢不用情”[7](《子路》)的思想，完全是一脉相承的。而朱熹则别出心裁讲出了一番下效得有物质的基础做支撑，“若不絜矩”，民无财力，“则虽躬行于上，使彼有是兴起之善心，而不可得遂，亦徒然也”的道理，从而使富民思想与作为伦理修养的“絜矩之道”发生了联系，甚至成为其实践的前提。而富民，就要杜绝横征暴敛，分财与民，达到社会财富分配的公平和均衡。这就是古代“均平文化”的基本理念。

甚至就是被朱熹发展了的“恕”的思想，也渗透着“均平文化”的思想理念。在现代人的思想观念中，“恕”和均平是没有什么联系的，但古代的“均平”观念则是一个含义丰富的文化理念，“恕”的思想也包括在其中。中国古代的“平均”或“均平”，除了有公平、公正和平衡、均衡的意义之外，合理和谐也是其基本的含义，建设公平公正、安乐祥和、秩序规范的和谐社会，就是“均平文化”的价值理念。

宋卫湜《礼记集说》中载：

> 又乐书曰：乐合生气之和，道五常之行，使主敬主亲主顺之道，皆会归于和。父子兄弟和亲于闺门，乐之化行乎一家也；长幼和顺于族长乡里，乐之化行乎乡遂也；君臣上下和敬于宗庙，乐之化行乎一国与天下也。古乐之发，修身及家平均天下，如此而已。[8](卷一百)

同样是这一段话，清乾隆十三年钦定的《礼记义疏》记曰：

> 陈氏旸曰：父子兄弟和亲于闺门，乐之化行乎一家也；长幼和顺于族长乡里，乐之化行乎乡遂也；君臣上下和敬于宗庙，乐之化行乎一国与天下也。古乐之发，修身及家平均天下，如此而已。[9](卷五十二)

这两段话都是在讲乐的社会功能和作用。乐之教化，可以使家族亲睦，乡里和顺，国家天下祥和安乐。古代思想家把这种家族亲睦、乡里和顺、天下祥和的和谐状态，视之为平均或均平。和谐是“恕”所追求的境界，也是平均的基本内涵。从这个角度讲，朱熹借阐述“絜矩之道”而发挥的“恕”的思想，也透露出“均平文化”的信息。

以上分析说明，朱熹对“絜矩之道”的阐释，反映着我们民族文化中特别崇尚平均的文化心理。那么，朱熹为什么要用“均平文化”去解读先秦时期的这个思想概念呢？这是与朱熹所处时代的文化面貌相联系的。朱熹所处的时代，是中国古代“均平文化”非常发展的时期，崇尚平均，以均平为基本的价值追求，是这个时代文化面貌的一个突出特点。这当然是有社会的政治经济原因的。不过，以本文的笔墨，还不能展开去论证这个问题，我们仅想举出宋代均平思想发展的广泛性来予以说明。

和朱熹同时代或稍前稍后的一些学者思想家们，在解《易》、《诗》、《书》等儒家经典时，大都把均平思想掺杂进去，从而创造了南宋时代异常突出的均平文化。靖康间人，比朱熹稍早几十年的耿南仲，在解《易》之乾卦时说：

> 乾之为乾，语其德，则大德咸备。其下足以旁通情也，其上足以御天，云行雨施，则其利泽均平，而无彼疆尔界。此乾之所以惟天为大，而孔子叹之也。[10](卷一)

耿南仲赞乾之大德，在于“上足以御天，云行雨施，则其利泽均平，而无彼疆尔界”，这是对一种绝对均平境界的崇尚，并且将这种均平作为一种至高无上的“大德”去赞誉。和朱熹同时代的夏巽、黄伦、李樗、陈经等人，都很明确地表达过均平思想：

> 昔君文王、武王之于天下，皆大均平，其富厚之泽，使之家给人足，不以咎罚治人为务。[11](卷二十三)
>
> 吕氏曰：古之称宰相者，多以平为主。在商则谓之阿衡，衡平之谓也。天之所以立君命相者，不过欲平天下之所不平者尔。使四海之内，贵者贵，贱者践，拼者耕，织者织，士农工商，鳏寡孤独，事事物物，成适其宜，是冢宰均平天下之道。均之一字，是宰相之大纲。[12](卷四十四)
>
> 孔子曰：“公则说。”人主苟有均平之心，则虽征役之重，不以为怨。若有不均之心，则虽征役未甚劳苦，而人亦将怨矣。观幽王之所为，则甚不均矣。《大东》之诗，则赋役亦不均，有粲粲衣服者，有葛屦屦霜者。《北山》之诗，役使不均，有偃息在床者，有不已于行者。以此二诗观之，则幽王之政无一得其平矣。[13](卷二十六)
>
> 均四海，均平也，使四海各得其平。贤者居上，不肖者居下，则贤不肖得其平。贵不陵贱，贱不犯贵，则贵贱得其平。推此以往，无适不平。古之宰相，如谓之阿衡，谓之平章，皆取均平之义也。[14](卷四十)
>
> 世有今古，而理之所在不可易也，有圣君贤相起焉。本先王所以仁民者，揭其心思，揆以天道，协于时义，而损益之，其公平均一之道，盖有可得而求者矣。夫岂有世异而事殊，胶而不可行之患哉。[15](卷三)
>
> 盖善养老，则其仁心之所存，仁政之所行，可知矣。仁人见其然，是以乐从之。自五亩之宅树墙下以桑，而下其善养老之道也。以制田里为先者，田里之制不定，则多寡贫富之不齐，而政教亦未由行也。帷先制其田里，使各有常产，公平均而俱无不足之患，然后政教可行焉。[15](卷七)

朱熹的长孙朱鉴，亦可视为和朱熹大体同时代的人。朱鉴对均平思想也有过十分明确的表达和辨识：

臣伏见近年惟有主张近习一事，赏信罚必，无所假借，自余百率，多务含容，曲直是非，两无所问，似闻圣意谓如此处五方得均平，此诚尧舜之用心也。然臣于此窃有疑焉。若推其本，则臣固已妄论于前，只据平之一字而言，则臣于易象称物平施之言，窃有感也。盖古之欲为平者，必称其物之大小高下，而为其施之，多寡厚薄，然后乃得其平。若不问其是非曲直，而待之如一，则是善者尝不得伸，而恶者反幸而免。以此为平，是乃所以为大不平也。[16]（卷八）

大量资料证明，在朱熹的时代，人们普遍关注社会的均平问题，崇尚平均已经成为一种普遍的文化心理。朱熹所以用“均平文化”去诊释《礼记·大学》中的“絜矩之道”，是有他的时代的社会心理方面的原因的。

三　朱熹絜矩思想的历史影响

《礼记·大学》篇中的“絜矩之道”，经朱熹阐发之后，成了中国传统思想文化史上一个重要思想观念，在以后的元明清几个朝代被广泛使用。在后人的著作中，我们看到，许多学者开始重视絜矩思想，并且接受了朱熹对絜矩的解释和发挥。

元人金履祥在《大学疏义》中写道：

夫老老长长恤孤之事行于上，而兴孝兴弟不倍之心作于下，于此焉可以见人心之同然考矣。夫人之心本无以异于己，则己之心当推以处乎人，使为人上者不能以己之心度人之心，所欲而不与之聚，所恶而或以施之，则天下之人将不得获其所处之分，而无以遂其所兴之志矣。是以君子于此有絜矩之道焉。所谓絜矩者，图度取方之谓也。所谓絜矩之道者，即其在我，度其在人，必使物我之间，土下四旁，不相侵越，面面得其所取之方，人人得其所有之分，概而视之，累而观之，皆截然方正，无高低广狭长短不均之处，此之谓絜矩之道也。以絜矩之心，行絜矩之政，天下之大将无一人之不得其分，无一人之不获其所者，所以人人得亲其亲，长其长，恤其孤，而天下平矣。[17]

明人丘浚在《大学衍义补》中对“絜矩”为平天下之要道有最好的阐述：

平天下之道，不外乎化之、处之二者而已。盖人君以一人之身而临天下之大，地非一方不能处处而亲履之也，人外一人不能人人而亲谕之也，必欲治而平之，岂能一一周而运之哉！夫我有此本然之性，而人亦莫不有此本然之性；我尽我本然之性使之观感兴起，而莫不尽其本然之性皆如我性之本然者焉，是则所谓化之也。夫我有此当然之理，而彼亦莫不有此当然之理，我以当然之理推之以量度处置，使彼各得其当然之理，皆如我理之当然者焉，是则所谓处之也。盖化之以吾身，处之各以其人之身，其人所有之理，即吾所有之理是理也。具于心而为性，人人皆同，以吾之心感人之心，上行下效各欲以自尽，以己之心度人之心，彼此相方各得其分愿矣。必使物我之间，上下四傍，不相侵越，前后左右不相违背，面面得其所处之方，人人得其所有之分，概而视之，累而观之，皆截然方正，无高低广狭长短不均之处。是则所谓絜矩也，以絜矩之心行絜矩之政，天下之大将无一人不得其分，无一事不得其理，无一地之不从其化，人人亲其亲，长其长，恤其孤，由家而国，国无不然；由国而天下，天下无不然。所谓王道平平，王道荡荡，王道正直，端有在于斯矣。[18](卷一百五十九)

清代为皇帝编写的《日讲四书解义》大学篇说：

曾子曰，人之制器，必度之以矩；而君子处物，则度之以心。盖一人之心，无殊于千万人之心也。如上下四旁，位虽不一，其心则同。……盖以人比己，以己度人，故上下四旁，均齐方正，此乃谓之絜矩之道也。人君诚用此道以治天下，以一己之心度人之心，则天下无不各得其所，而无有余不足之憾矣。平天下之道，宁外此与！[19](卷一)

以上这些对絜矩思想的阐发，一方面把“絜矩之道”发挥得淋漓尽致，提高到治国平天下之要道的极端重要的地位；另一方面，也可以看出，所有这些解释，无一不是沿着朱熹所规定的思维路线进行发挥和阐述，甚至不少地方都是在重复朱熹的原话。朱熹思想的影响清晰可见。

朱熹之后，絜矩思想的流行，不仅在思想家的著作中得到普遍反映，并且在一般学人或士大夫家庭的社会生活中，也广泛使用和流传。人们崇尚“絜矩之道”，为表示自己贯彻大学之道的志向，就以此为自己的堂舍取名“絜矩堂”、“絜矩斋”等。

朱熹的学生黄干撰有一篇《袁州萍乡县西社仓絜矩堂记》，记云：

晦庵先生初创社仓以惠其乡人，欲以闻于朝，领之州县。江浉间好义者争效焉。袁州萍乡社仓九县西其一也。钟君唐杰为之记，有堂焉未名。胡君叔器谋于干，以絜矩名之。[20](卷十九)

这是为“义仓”起名“絜矩堂”，以表均平财富、兼善天下之义举。

南宋孝宗时人刘伦撰有《絜矩堂记》一篇：

予友祝君士表，取大学絜矩之义名其堂，而属予以记。……有志于仁者，当知穿镶之间，与吾并生，莫炸同休。休同则性同，性同则情同，公其心，平其施，有均齐而无偏吝，有方正而无颇邪。帅是以往，将亡一物不获者，此所谓絜矩之道也。然大学既言絜矩，而继以义利者，岂异指哉？利则帷己是营，义则与人同利，世之君子平居论说，孰不以平物我公好恶为当，然而私意横生，莫能自克者，以利焉尔。利也者，其本心之螟蟊，正涂之榛莽欤。大学丁宁于绝简，孟子恳激于首章，圣贤深切为人未有先乎此者。然则士之求仁，当自絜矩始。而推其端又自利义之分始，吾子以谓如何？祝君曰然，请以是为记。[21](卷四)

这是为表明堂屋主人的心迹和志向，表明其贯彻大学之道的人格追求，以堂名而自励，而取名“絜矩堂”。

元人刘将孙《养吾斋集》收录有一篇《絜矩堂记》：

絜矩堂者，永丰曾氏义翁记其先训于此者也。义翁之言曰：先君子霜月先生，四十年场屋不得志，晚逢科皮，辟地东西，转侧深僻间，惟教子日笃。……暨事定返舍，扁厅东偏曰‘絜矩’，使诸子读书其中。尝谓义翁兄弟曰：儒吾世慎，毋轻堕斯业，且必为通儒。矩方也，规圆也，人以方非所以处世，吾则谓方；乃所以为圆，斯义也。如有合于予心，己所不欲，勿施于人。他人有心，予忖度之，可以持身，可以待人，吾生平所历，非宁此方，以应于圆，讵能及今日耶！汝谨识之。[22](卷十八)

这是一个普通读书人以“絜矩”为家教之方，命名堂舍。

以“絜矩”命名的做法，还见于一些书院或官府斋舍的取名。不少地方志书中有这样的记载。如：

《赣州兴国县安湖书院记》：“书院之制，前为燕居，直以杏坛旁为堂，左先贤祠，祠后为直舍，缭斋以庑，临溪为门，堂名絜矩斋，名笃志求敏，明辨主善，率性成德，其门总曰安湖书院。”[23](卷一百二十六)

《陕西通志》卷十五《公署》：“弘治十五年，知府马炳然拓修俊堂颜曰‘絜矩’，内署吏舍悉新之。”[24](卷十五)

《浙江通志》卷三十：“御书福字额，雍正十年赐布政使臣王练，内为宅，门为絜矩堂”。“吏舍堂后为川堂，为絜矩堂，西为使宅。”[25](卷三十)

也有人崇尚絜矩，以此为号：“南昌府志：端方字矩叔，丰城人，自号絜矩病叟。”[26](卷三十七)

南宋以后，由于絜矩思想的传播和流行，逐渐将此作为一种品德修养的评价用语，用于对人物性情和情操的褒扬。如下边的一些材料：

公伟晋，字混成，河东虞乡人，廉忠温厚，絜矩通理，束义以立……[27](卷一百九十二)

公即太常府君之长子也，幼而岐旋，长而淳鲲，絜矩慎独，抱仁戴义，阖深博辩之学，稽古礼文之事，炳若含章，靡不通贯。[27](卷一百九十二)

随着絜矩思想的流行，以“絜矩”入诗的做法渐为普遍。所谓诗言志，诗人们也以“絜矩”抒发其情怀：

送子南征爱子深，殷勤听取拙翁吟。为擒但有书堪信，试邑元无谱可寻。民病贫知渠即我，郡贫应念昔柞今。圣门絜矩真良法，彼此秤停要尽心。[28](卷十五)

输多欠少拒能无，积少为多遂屡通。江浙已青沾我泽，青齐忍听向其隅。率因灾软成陈负，概与优镯傅众娱。絜矩要从民所好，为民父母意殷吾。[29](卷十一)

节度江南历多岁，练于吏治悉河工。惟应益懊勤诸事，勿以已知懈一躬。不患士文武莫弛，欲求民裕俭当崇。久而敬者姜平仲，絜矩为师尔我同。[29]（卷二十）

于斯设絜矩，吾独取匡衡[30]（卷十五）。

絜矩思为政，淳风个里寻。[31]（卷二十九）

形下形上道可通，古今絜矩干思中。[32]（卷四十一）

"絜矩之道"虽是《礼记·大学》篇所提出，但此后则不被重视，甚至湮灭不闻。如果不是朱熹的重新提起并赋予诸多新的含义，它在元明清这段历史的思想文化上产生影响是不可能的。元明清时期，絜矩思想的被重视及其广为传布，应该说是朱熹重新发明"絜矩"之义的结果。

（作者李振宏，河南大学教授，博士生导师；本文原载《商丘师范学院学报》2005年第1期。）

参考文献：

［1］吴长庚：《试论儒家絜矩之道的理论意义》［J］，《上饶师专学报》1998年第1期，《儒家絜矩之道的现代诊释》，《南昌大学学报》2002年第2期。

［2］杨天宇：《礼记译注》［M］，上海：上海人民出版社1997年版。

［3］朱熹：《四书或问》［M］，四库全书本。

［4］《御纂朱子全书》［M］，四库全书本。

［5］朱熹：《朱子语类》第二册［M］，北京：中华书局1986年版。

［6］朱熹：《朱子语类》第三册［M］，北京：中华书局1986年版。

［7］论语［M］：《十三经注疏本》，北京：中华书局1980年版。

［8］［宋］卫提：《礼记集说》［M］，四库全书本。

［9］《礼记义疏》［M］，四库全书本。

［10］［宋］耿南仲：《周易新讲义》［M］，四库全书本。

［11］［宋］夏巽：《夏氏尚书详解》［M］，四库全书本。

［12］［宋］黄伦：《尚书精义》［M］，四库全书本。

［13］［宋］李擂黄櫄：《毛诗李黄集解》［M］，四库全书本。

［14］［宋］陈经：《陈氏尚书详解》［M］，四库全书本。

［15］［宋］张拭：《癸巳孟子说》［M］，四库全书本。

［16］［宋］朱鉴：《文公易说》［M］，四库全书本。

［17］［元］金履祥：《大学疏义》［M］，四库全书本。

［18］丘浚：《大学衍义补》［M］，四库全书本。

［19］［日］《讲四书解义》［M］，四库全书本。

［20］黄干：《勉斋集》［M］，四库全书本。

［21］［宋］刘爈：《云庄集》［M］，四库全书本。

［22］［元］刘将孙：《养吾斋集》［M］，四库全书本。

［23］《江西通志》［M］，四库全书本。

［24］《陕西通志》［M］，四库全书本。

［25］《浙江通志》［M］，四库全书本。

［26］朱彝尊：《经义考》［M］，四库全书本。

［27］《山西通志》［M］，四库全书本。

［28］［宋］林希逸、竹溪虏斋十一：《莫续集》［M］，四库全书本。

［29］《钦定南巡盛典》［M］，四库全书本。

[30]《国朝宫史》[M]，四库全书本。
[31]《御制诗三集》[M]，四库全书本。
[32]《御制诗四集》[M]，四库全书本。

朱子理学美学的二重性影响及其功过

由于朱子理学及其理学美学具有深刻的二重性矛盾，因此，它在中国古典美学和文学艺术领域中的影响也就带上了极为突出的二重性特征。所谓朱子理学美学影响的二重性，我把它归为两个方面，一是其方向的二重性，即顺承影响和逆反影响两个方面；二是其功过的二重性，着重表现在伦理功利的局限和理论思维的贡献这相辅相成的两个方面。所谓顺承影响是指对朱子理学美学思想的正面继承，也即朱子理学美学对后代的直接的顺面的影响。这种影响既表现在朱熹的一些具体的理论观念为后来者所接受和援引，也着重表现为朱子理学美学两重性的理论旨趣，即艺术和美学理论的伦理功能的强调和理性思辨的追求在后世产生的巨大影响，其中某些理念习惯几乎成为影响中国传统乃至现代社会意识形态的文化心理模式。所谓逆反影响指的是，似乎是对朱子理学美学思想的一种反叛、反拨或反动，然而就其指向上仍是受着朱子理学美学思想的影响，只不过这种影响是逆反的。

1. 顺承影响

顺承影响首先突出地表现在对朱子理学美学伦理本体精神宗旨的继承。朱熹是一代理学宗师，其理学美学的影响自然首先表现在义理心性之学对美学的融合浸润方面。朱熹的两位再传弟子真德秀和魏了翁可谓是继承朱熹理学美学伦理本体精神宗旨的突出代表。

真德秀生平年代理学已长期被禁为“伪学”，而他“慨然以斯文自任”，独力彰明理学，弘扬朱熹的理学精神。在主张文学和美学理论的伦理本色上，真德秀甚至比其祖师走得更加极端，朱熹的“文道合一”观尚主张文道两得，主道而不忽视文的特点和规律，真德秀则似乎惟道是举。他力图以义理之学作为唯一的标准来评选文学作品，解释一切文学现象，作了著名的《文章正宗》，全书分辞命、议论、叙事、诗赋四类，录《左传》、《国语》以下至唐末之作。其中诗赋一类“约以世教民彝为主，如仙释、闺情、宫怨之类，皆弗取”[1]，以致成为纯粹是伦理学的教本。后《四库总目提要》都称其“持论甚严，大意主于论理而不论文”，可见真德秀是试图继承朱熹理学美学伦理宗旨而实际走向了偏执，流于迂腐。相比之下，同为朱熹再传弟子的魏了翁美学态度较为通融，能本朱熹理学美学之伦理宗旨而又兼取古文家的文学精神，他曾提出“辞虽末伎，然根于性，命于气，发于情，止于道，非无本者能之”[2]，即指文辞是一个人的品性、气质、情感、学识等因素的综合体现，非积养深厚者难以为之。他对有道者人格精神的着力推崇，充分地体现了朱熹的人格美学精神。朱熹的三传弟子吴泳所提出的“文以理为主”[3]，三传弟子王柏所提出的“古人为学，本以躬行讲论义理融会贯通，文章从胸中流出，自然典实光明是之谓正气”[4]，均是朱熹理学美学伦理精神的发挥。

朱熹理学美学“文道合一”的伦理本体精神在后代影响极深，如明代正统复古派的代表宋濂称：“其文之明由其德之立；其德之立宏深而正大，则其见于言自然光明而俊伟，此上焉者之事也。”[5]“古之为文者……郁积于中，摅之于外，而自然成文，其道明也，其事核也，引而申之，浩然有余，岂必窃取辞语以为工哉！”[6]其宗旨与语气，均本自朱熹。明末大思想家黄宗羲、清初大思想家魏禧等均主张文与道合，主张弘扬文学的伦理精神。可以说，这种人文精神模式和理脉一直延续到现代中国社会。即使批判宋明理学激烈和深刻者如鲁迅先生，其骨子里仍然深入地浸润着理学美学那种伦理精神。他对革命之人与革命之文的关系的论述，使人能深切地感受到朱熹“文道合一”、“人品与文品”合一观念的影子，而他对埋头苦干的“民族脊梁”人格品质和人文精神的崇尚与提倡，也与朱熹的人格美学精神有着未必相左的旨趣。鲁迅对陶渊明的评价，也直接受朱熹陶渊明论的影响，都是从人品气质着眼，连语气都相似。朱子理学美学的这种“模式影响”极为深远，可以说至今仍然在起着作用。最明显的是其审美哲学中的伦理化倾向，作为一种“思想先行”[7]的传统意识模式，在朱熹之后历代相沿。这主要又表现为艺术的政治化和人格化，以及审美的伦理功能化。

朱子理学美学的顺承影响也集中体现在美学思辨理趣和形上本体追求精神方面。有宋一代文学艺术创作和美学理论迥别于前代的一个突出特点是对理或理趣的崇尚与追求，当然这种风气已开于朱熹出生之先，北宋文学大家如欧阳修、王安石、苏轼、陈与义等人的创作和理论都已以“理趣”见长。然而，朱熹以理学宗师之尊，以其卓然超越前人的理性思辨构架之力，对宋明时代思辨理性的崇尚和发展显然是产生了更大的影响。

就文学创作而言，如果说理诗的兴起是由北宋的邵雍始作俑者，其中虽然不乏理趣诗味均隽永之作，然由于诗的体性决定了它毕竟主要靠意象或形象思维来说话，因此以理入诗产生了许多弊端，以致有些诗“味同嚼蜡”，由此也引起了诗论家“诗有别材别趣，非关理也”的议论；那么，说理文的成长则更得力于朱熹的理学美学思辨旨趣，而且其积极意义也更为明显。在这方面，廖可斌曾作过较有说服力的论述。他认为理学对诗歌创作不利，但对促进宜于说理的散文的创作有益。因此，几乎与理学的萌芽同步，散文（古文）的创作在中唐兴盛起来。入宋以后，随着理学的发展，古文的创作更趋繁荣。从唐宋八大家到元代的姚燧、虞集，再到元末明初的宋濂等浙东派作家、明中叶的唐宋派，以至清代的桐城派、湘乡派等，著名古文家几乎都与理学有牵连，其中不少就是正牌理学家。他们的散文大都用词简练准确，句法严密，逻辑连贯。与过去带有诗性的赋、骈文及章法浑噩、散漫无宗的散文相比，理性思辨水平有明显提高。[8]我们不难注意到，散文理趣化的兴盛大抵还是在朱熹之后，宋濂、唐顺之、桐城派及其殿军曾国藩等都是朱子理学的信徒，在这方面朱熹的影响举足轻重。

就美学理论而言，在朱熹前后美学理论似乎有个明显的分界，朱熹之前的美学理论无论是理论教化说还是审美自由说，其理论形态均较为外在和散碎，而朱熹之后的美学理论则明显表现出了追求理性本体和思辨体系的取向。这一取向至中国古典美学的集大成者和宋明理学美学的批判性殿军王夫之达到了顶点。而王夫之的思辨成就，正是直接受益于朱熹。朱熹哲学在王夫之哲学形成过程中起了重要的历史作用，这已为中国哲学界所公认。正是朱熹对张载气本体学说未臻圆密处的改造，启迪了王夫之对张载气本体学说缺陷的认识，也正是朱熹哲学中的合理因素推动了王夫之对张载哲学的发展，从而形成了比张载更为严密精致的气本体理论体系。可以说，尽管王夫之在理气体用关系上对朱熹作了批判性颠倒，然而其思辨构架内核深处实仍受承于朱熹，仍没有脱离理气心性“两在合一”的思辨格局。这一点也直接影响了王夫之的美学理论，使其在中国封建社会晚期构建了最为体大精深的美学体系。其后美学思辨体系严谨周密者如桐城派的文论、叶燮的诗论均得益于朱子理学美学的思辨资源。

朱子理学美学有关具体的艺术和美学见解的顺承影响更是十分广泛而深远，尤以对严羽和王夫之两位大家的影响为著。严羽与朱熹同时代而稍晚（约生于公元1191年前后），这两位宋人的形象通常在人的心目中悬若冰炭。其实，正是朱熹给了严羽极大影响。关于这一点，郭绍虞先生已专门作过考辨，朱东润先生在论中也有涉及。① 据我的体会，朱熹对严羽最重要的影响有三个方面：首先是朱熹诗论的重点和审美理想。《沧浪诗话·诗辨》所列“体制”、“格力”、“气象”、“兴趣”、“音节”诸项正是朱熹诗论的重点；严羽言“兴趣”要求“吟咏情性”，感物起兴，并达到“羚羊挂角，无迹可求”的境界，言“气象”推崇“气象混沌，难以句摘”，“似粗而非粗”，“似拙而非拙”，“浑然天成”，这正符合朱熹所推崇的“感物道情”说和“气象浑成”的审美理想。其次是朱熹的“熟读精思”的美学方法论。朱熹的“熟读精思”，一指熟读以“穷理”，严羽亦云“非多读书，多穷理，则不能极其至”；二指熟读以“识得古今体制雅俗向背”，识得前人诗人“优劣”，严羽亦云“作诗正须辨尽诸家体制，然后不为旁门所惑”，并提出“参诗”说；三指熟读以仿古，严羽亦云熟读模仿“做到真古人”。最后是朱熹对具体人物的美学品评，严羽也与之相近。朱熹推崇李杜，严羽同声和之；朱熹对苏黄诗风的非议可谓开严羽抨击江西诗派之先声。尽管尚无确证说明严羽曾自觉地接受朱熹见解，但据其总体观念考察其间的影响十分显然。② 至于朱熹对王夫之的美学影响，且不论其理论思辨的批判继承，就审美意象论，朱熹的“气象浑成”之于王夫之的“二十字如一片云”[9]，“无端无委，如全匹成熟锦，首尾一色”[10]；就审美鉴赏论，朱熹的“熟读涵泳”、“通悟自得”，之于王夫之的“此种诗直不可以思路求佳”[11]，“从容涵咏，自然生其气象”[12]，“读者各以其情自”[13]；就审美修养论，朱熹的“远游以广其见闻”，“不是胸中饱丘壑，谁能笔下吐云烟”[14]，之于王夫之的“身之所历，目之所见，是铁门限”[15]，其间脉络，一目了然。

2. 逆反影响

具有近代叛逆精神的明清浪漫思潮的兴起，表面上看来似乎是与朱子理学美学针锋相对，水火不相容的，其实两者之间亦有内在的否定之否定脉络。这股以个性解放、主情纵欲为主要特征的思潮，其思想渊源可溯之于阳明心学对于朱子理学构架中“心”、“理”矛盾的突破而高扬了“心”的主体地位，进而又由后来者突破“性”、“情”矛盾而肯定了“情”的合理性，并由主情趋向纵欲，走向感性的解放。“主情”派如李贽、徐渭、公安三袁、汤显祖等莫不把抨击的矛头指向朱熹的“天理”，这可以算是朱子理学美学的“逆反影响”。阳明心学在历史上起于朱学弊端泛滥之际，在逻辑上正是朱子理学内在矛盾的必然发展与突破，阳明后学更是把这种突破推向了极致，走向了对朱子理学的彻底反叛。在美学和艺术实践上，这种突破及其后来者的更极端的反叛，直接导致了明清之际以高扬主体、解放个性、畅发情感为主要特征的近代浪漫主义思潮。③

阳明早年曾是朱学的信奉者，曾“遍求考亭遗书读之”[16]。然而随着在现实体验中对理论探讨的深入，阳明逐渐对朱熹的理学由信而疑并进而走向反动，同室操戈，以朱子理学的固有缺陷和内在矛盾为契机，对朱子理学进行了全面的突破，从而建立了与朱子理学风格迥异的心学体系。阳明心学对朱子理学的根本突破，首先表现为在本体论上心本体论对理本体论的突破，其他的种种突破均缘此而派生，其在美学上的革命性意义和影响，从根本上来说也是起源于这种突破。

朱熹哲学框架有两个致命的缺陷，一是理与物的疏离，形上之本与形下之具被隔成两个世界；二是理与心的对峙，客观伦理与主体意愿处于某种异在的状态。尽管朱熹试图沟通两者，但并没真正在理论上解决这二重性统一问题。朱熹本体论的这种二重性疏离，正是阳明批判朱学的锋芒所向，而朱熹试图沟通这二重性存在的努力，又恰恰为阳明突破朱学提供了内在缺口。阳明对朱子理学本体论构架最为不满的正是这两点，他对朱熹的理本体论的突破也正是从这两点入手，首先将被朱熹一分二的二重化世界和二元对立状态统合起来，使其成为彻底的一元的存在；进而把朱熹本体论中客观本体与主观本体的位置彻底颠倒过来，将朱熹的留有心学破绽的理一元论改造为彻底的心一元论。与心本体论对理本体论的突破相应，阳明对朱子理学的人性论、境界论、认识论和知行观进行了全面的突破。在人性论上，阳明心学以“身心合一”论突破了朱子理学的“心统性情”论；在境界论上，阳明心学以“狂者胸次”突破了朱子理学的“圣人气象”；在认识论上，阳明心学以“致良知”的整体直觉突破了朱子理学“格物致知”的两面工夫；在知行观上，阳明心学以“知行合一”说突破了朱子理学的先知后行观。

阳明心学对朱子理学的突破，在美学上具有革命性的意义，而从理论内在的承继关系而言，正是对朱子理学美学的否定之否定，因而可称为朱子理学美学的逆反影响，在我看来，这种逆反影响主要体现在以下几个方面：

（1）心本体论对理本体论的内在突破导致审美主体的极大高扬。美的本体由抽象冷漠的“道体”转变为具有意志自觉的主体，美的对象由客观异在之物表现为与主体对应而生成的关系之物，美的创造由“从道中流出”转向“从心中流出”，美的尺度由绝对永恒的“天理”转变为虚灵不昧的“吾心”，而明代中后期“著我”、“写我”、“抒写性灵”、“诗无我不作”、“画无我不立”等美学主张的兴起以及美学风格向“有我之境”的转变，都可以说是这种突破的直接结果。阳明心学这种对美学本体由理到心的反拨，站在唯心主义的立场上高扬了人的审美主体性地位和作用，对于冲击忽视人的主体地位的古典理性主义美学，有着积极的意义，一定程度上启发着近代审美主体意识的自觉。而其反拨的切入处，正是朱子理学美学本体论心性关系的内在矛盾和破绽。

（2）身心合一论对性情二元论的内在突破导致审美个体感性的高度肯定。如果说本体论上心本体对理本体的突破在美学上的意义是高扬人的审美主体性，那么可以说，人性论上身心合一论对性情二元论的突破则更进一步，导向对更为具体感性的个体审美情感的高度肯定；如果说前者侧重于强调人类整体的审美主体性价值，那么可以说，后者更进入了对人的个体审美情感与欲望的肯定与解放，使审美的价值尺度更加感性化、世俗化、个性化、情感化。明清之际美学和艺术领域内具有近代人本主义色彩的浪漫思潮的兴起，重情感、重愉悦、重世俗、重享乐，乃至畅意纵欲的美学宗旨和艺术旨趣的盛行，正是这种突破的必然产物。

（3）“狂者胸次”对“圣人规模”的内在突破导致审美独创意识的空前自觉和艺术叛逆精神的空前高涨。如果在人格境界上绝对地崇尚“元气浑成”的“圣人气象”，无条件地依乎千古不变的“圣贤规模”，在美学理论和艺术创作上必然表现为偶象崇拜和复古主义倾向；而突破这种古典的敬畏境界，倡扬“自做主宰”的“狂者胸次”，以自心之“良知”判断是非，“信手行去”，“率性而为”，在美学理论和艺术创作上相应就表现为独创意识的标举和叛逆精神的高涨，王学左派或受王学影响甚巨的异端学者文人如李贽、徐渭均表现了极大的叛逆精神和创新意识。

（4）“致良知”对“格物致知”的内在突破导致审美直觉思维的备受推重。“致良知”以整体合一、直觉体认的方式以取代朱熹“格物致知”的格知析理工夫，作为一种思维方式，它对美学的影响是引导美学的思辨方法更多地由理性主义转向直觉主义乃至神秘主义，美学形态更多地由伦理思辨美学转向直觉生命美学，与禅悦之风相呼应。阳明心学“致良知”说的风靡，使美学和艺术领域由宋代严羽开启的“禅喻”说更加活跃，明代文人祝允明、徐渭、李贽、汤显祖、屠隆、袁氏兄弟、王思任、董其昌等生活情趣上都是禅宗和心学的热情的以至狂热的追求者，他们在审美思维上则都受“致良知”说的影响，标举虚灵妙应、整体体认的禅悟式的直觉审美方式。乃至清代王渔洋标举的“兴会超妙”，“兴会神到”的神韵说，叶燮提倡的“冥漠恍惚之境”都与这种直觉主义思辨方式有着血脉关联。这种审美旨趣，也正是对朱子理学美学较为抽象解析的理趣的一种反拨。

（5）“知行合一”对“先知后行”观的内在突破导致对审美实践功能和乐之本体意义的突出注重。从“知行合一”的角度来看，美即存在于人的“知行合一”的德行过程的主客体关系之中，美既不是一种所谓“格物致知”、“读书穷理”的智力活动的结果，也不是自然与社会客观事物的一种固有的价值，而是人的“良知”、“发用流行”在德行过程中主客观交互作用的结果。[17]美的功能不在于仅仅满足人的感官享受或认知欲求，而在于通过审美实践完成人格美的修养，使其“良知”的价值潜能在审美实践的“知行合一”过程中充分地体现。这种观念对于审美教育理论的自觉具有深远的意义，它不但进一步突出强调了审美教育的实践功能，而且进一步突出强调了乐的本体意义。在朱熹那里，乐的价值主要是功能性的，到了阳明这里，乐的意义就直接是本体性的了。

总之，阳明心学从朱子理学的固有缺陷和内在矛盾入手，在本体论、人性论、境界论、认识论和知行观等各个方面对朱学实行了全面的突破，从而完成了明代心学对宋代理学的系统改造。他与朱子理学的同室操戈，虽然其初衷是缘于纠朱学之弊而发展理学，其结果却是歪打正着地瓦解了理学体系，使宋明理学在其行程中走到了它的尽头，也促使中国传统文学与美学的主导思潮在明中后叶产生了由朱子古典理性主义的客观性、绝对性、伦理决定性朝更具近代主体浪漫精神的主观性、此在性、内在情感性的转向。王学左派的异端倾向，更是加速了理学的瓦解及中国近代异端美学精神的产生。而此种反叛、反拨或反动的动力与指向，正是来自朱子的理学与美学。

这里不妨借用中国台湾已故著名学者钱穆先生的一句话："孔子朱子矗立中道，乃成为其他百家众流共同批评之对象与共抨击之目标，实不仅为儒学传统之中心，乃亦为中国学术史上正反两面共同集向之中心。"[18]惟其如此，朱子理学美学方能在中国美学史和文化史上产生如此巨大深远之双向影响。

审美功能的伦理化取向在中国古典美学和艺术领域的影响之功过，犹如一个硬币的两面，也具有双重的特点。首先这种取向对审美和艺术自身的特点和规律是有严重的压抑和束缚之过的，尤其是当这种伦理取向被当朝的统治者所利用，成为审美意识形态的一统天下的钦定规范和模式的时候，更容易变成审美和艺术自身发展的桎梏。审美和艺术就其本质上讲，是人的生命意志的自由表达，是人的本质力量的自由的对象化，它们必须以人的丰富生动的生命内容和情感体验作为观照和表达的对象。"文道合一"的理念在其道是作为现存的社会伦理规范，尤其是统治者的伦理意识尺度来绝对地定义的时候，人的真实自由的生命体验和表达必然受到严格的限制和束缚，艺术就可能沦落为片面的伦理宣传工具，承受单一的明道功能。这样，审美和艺术自身的特殊规律就不可能得到重视，审美的形式和艺术的技巧就可能被绝对地排斥而得不到基本的关注，文坛和艺坛就可能被枯燥僵死的伦理说教所充斥。尽管朱熹自身的情感体验十分强烈、丰富、深刻，他自身的文学创作也颇能掌握艺术自身的技巧并加以很好地发挥，然而他的理学美学的这种伦理取向所造成的上述消极后果客观上是严重地存在的。这是朱子理学美学消极作用的主导方面。值得指出的是庸俗社会学的艺术观在中国之所以易于走红，跟这种"模式影响"有着内在的关系，后者为前者的流行提供了适宜的文化模式土壤和精神氛围。

然而，理学美学的伦理本体追求也体现了中华民族自我人格认识的自觉和深化，审美和艺术作为人的精神世界的自我观照和自我实现的重要方式，有意识地在其中弘扬作为人文导向的人格精神或伦理精神，也是有其一定的积极意义的。这种伦理精神取向对于审美和艺术领域的无病呻吟的颓态和唯形式主义的靡绮之风，有着一定的纠偏作用。

如果说，在审美和艺术领域过分强化的伦理本体取向所造成的负面影响更为主导，因为审美活动和艺术创作本身是情感化、形象化的领域，那么，在美学思维领域本体化、哲理化的追求所带来的正面影响就更为主导了。因为美学就其本质规定是一种精神哲学，需要对情感化、形象化的对象作理性的反思，它不拒绝形而上的追求。朱子理学美学在零碎、片断、诠注式的外在形态下，呈现了深刻的理性精神和内在的逻辑体系，体现了在中国古典形态的理论遗产中极为难能可贵的哲理和思辨水平。以前儒家的美学理论大都还是停留在以仁学为基础，对审美或艺术的本质、功能或技巧作经验式的描述，朱子理学美学则把理论透视直切入美学本体的层面，并努力以统一的理论基点来表达对一切审美和艺术现象的解释，由此构建起一个具有内在逻辑的理论体系，这是对中国传统美学理论尤其是儒家的美学理论的重要超越。朱子理学美学的哲理思辨精神推动了宋明以来美学理论领域对理论思维和理论体系更积极和更自觉的追求，由此在中国古典美学史上产生的积极影响应引起我们充分的重视。他的理学美学的哲理性、思辨性，启发促进了当时整个时代的美学思维。中国古典美学的主体是诗学，这种诗学主要又表现在“诗话”一类的著述里，“诗话”正是在宋代兴起并大量涌现的，而其中最出色的正是受朱熹影响很深的《沧浪诗话》。纵观中国古典美学史，至宋代有个明显特色，那就是美学思辨性的加强，理论著作的丰富。朱熹在其中起了很大作用。这是一份宝贵的理论思维遗产。在中国古典美学领域，这种美学思维遗产不是太多而是太少；更确切地说，不是发掘得太多，而是发掘得太少。笔者之所以选择朱子理学美学作为着力研究的对象，并拟接着更进一步深入展开对宋明理学美学的系统研究，其出发点也正在于试图尽己之力发掘这份理论思维遗产。

（作者潘立勇，文学博士，浙江大学教授，主要从事中国古典美学、宋明理学研究。
本文原载《社会科学辑刊》2005 年第 1 期总第 156 期。）

注 释：

① 详见郭绍虞：《沧浪诗话校释》，人民文学出版社 1983 年版；朱东润：《沧浪诗话参征》，《中国文学批评家与文学批评》（上），台湾学生书局。

② 文中所引朱子语均见语类卷 140；严羽语均见《沧浪诗话》。

③ 据笔者所掌握的材料，对于这个问题，陈来和杨国荣先生已在哲学上作过分析，而李泽厚及其弟子赵士林则在美学上较早地论及。详见陈来《有无之境》、杨国荣《王学通论》、李泽厚《宋明理学片论》、赵士林《心学与美学》。

参考文献：

［1］刘克庄：《后村诗话》［M］。

［2］魏了翁：《杨逸少不欺集序》［M］。

［3］吴泳：《答唐伯玉书》［A］，《鹤林集》卷 31［C］。

［4］王柏：《发遣三昧序》［A］，《鲁斋集》卷 4［C］。

［5］宋濂：《赠梁建中序》［M］。

［6］宋濂：《苏平仲文集序》［M］。

［7］林毓生：《中国意识的危机》［M］，贵阳：贵州人民出版社 1986 年版。

［8］《理学的二重性及其对文学影响的复杂性》［J］，《文艺理论研究》1993 年第 4 期。

［9］《古诗评选》卷 3［M］。

［10］《古诗评选》卷 5［M］。

［11］《古诗评选》卷 3［M］。

［12］《姜斋诗话》卷 1［M］。

［13］同上。

［14］《奉题李彦中所藏俞侯墨戏》［A］，《文集》卷 9［C］。

［15］《姜斋诗话》卷 2［M］。

［16］年谱［A］：《王阳明全集》［C］，上海：上海古籍出版社 1992 年版，第 1223 页。

［17］毕诚：《儒学的转折》［M］，北京：教育科学出版社 1992 年版，第 216 页。

［18］钱穆：《朱子新学案·朱子学提纲》［M］，台北：台湾三民书局 1982 年版。

朱熹理学文化养生及其现代意义

朱熹在理学上的创获与影响为后世所称颂。在当今，有关他的学术思想依然是中国文化哲学研究的热点和重点之一。不过，倘若回顾以往的宋明理学研究历程，即可发现，学者专家关于朱熹学术思想的论述大多集中在经学文化方面，至于他的养生思想与养生实践的研究则寥寥无几。有鉴于此，本文拟在这方面略作考察。从文化史的角度看，研究朱熹的养生思想与实践，这不仅是全面了解儒家学说特点的需要，也是深入认识儒、释、道三家相互关系所不可缺少的。从当代社会健康与个人身心健康的角度来说，发掘朱熹的养生思想资源，分析其养生实践特色，这也是可以获得某些裨益的。

朱熹的养生思想不是孤立存在的，而是与其经学思想等相互交错的。他通过诠释传统儒家经典，丰富、发展了北宋即已形成的理学。与此同时，朱熹博采佛、道诸派之长，以完善自己的理论体系，这种完善即包括养生理论的建立与逐步充实。面对如此复杂的思想关系，我们有必要将朱熹的养生思想与实践置于广阔的文化背景下来加以审视，尤其是应该将之与理学体系联系起来进行分析。我们希望这项工作能够有补于传统哲学文化的研究以及当代养生哲学的建构。

一 朱熹理学文化养生的基本精神

就传统文化的基本构成来看，儒家关注养生问题是有案可稽的。无论是孔子还是孟子的言论，都包含着许多养生思想。这个传统被后代许多著名的儒家代表人物所继承，朱熹正是这方面的重要代表人物之一。在儒、释、道文化相互融通的大背景下，朱熹广泛吸纳各派思想内容，从而使他的理学体系具有比较大的包容性，逐步走向当时学术的前沿。他对传统养生理论也表现出相当浓厚的兴趣，尤其对于道家、道教的养生思想与方法更是潜心探究。在研读《庄子》一书之后，他颇有感触地说："《庄子》云：'闻解牛，得养生。'如何可以养生？曰：只是随他道理去，不假思虑，不去伤害他，便可以养生。"[1](p. 2604)可以看出，朱熹是从自然无为的思想旨趣方面来把握"庖丁解牛"的养生精神的。这种养生精神表现为一定的"理"，故而可以"随他道理去"。

作为一个弘扬儒家道统的经师，朱熹在注意吸纳道家、道教养生思想之后又进行了一番别出心裁的改造功夫，从而使其养生理论与养生实践纳入了理学的思想框架之中。他努力把身心健康与道德修养学说、圣贤境界的追求结合起来。从这个意义上说，我们可以将朱熹的养生理念与养生实践称作“理学文化养生”。必须指出，“理学文化养生”这个命题并不是朱熹提出来的，但这并不意味着他没有这方面的思想。为了发掘朱熹的养生思想、认识朱熹的养生方法与实践，我们有必要先对“文化养生”的内涵略作陈述。

所谓“文化”有狭义与广义之分。狭义的“文化”指的是具有一定系统性的精神与知识形态，例如文学、艺术、历史、医学等等；广义的“文化”则指人类一切精神积淀与物化形态。“文化养生”指的是一定的文化资源向养生技术的转化形态与实施过程。人类精神积淀到一定程度或者成为物化形态，就成为一种资源。从再生与利用的角度看，文化资源可以有不同的转化形态，向养生技术的转化是其中一种非常值得注意的形态。在中国，文化资源可谓丰富多彩，理学作为重要的文化资源，它也是可以向养生技术形态转化的。“理学文化养生”这个命题包含着两层基本含义：一是标志着理学文化本身存在着养生的思想资源；二是标志着理学文化可以转换为养生方法，生发养生功能。

从文化养生的立场来审视朱熹的学术成就与生活历程，不难看出朱熹在建构其庞大的理学体系时，也利用治学求知、道德修养和成就圣贤的生活样式来保持身心健康、修身养性、安身立命。概括起来，基本精神主要表现在三个方面：

其一，主静。此乃源自老庄道家思想。《老子》曾云：“致虚极，守静笃”、“归根曰静”、“清净为天下静”[2]；而庄子则进一步提出“心斋”、“坐忘”等静坐方法。先秦儒家虽然也有“虚壹而静”的提法，但那主要不是从养生的角度说的；北宋儒学处于更加开放的状态，道家的“主静”说遂为儒生们所雅好。[3](p. 340)例如二程将“静坐”之法演为故事，每教人于静坐中“看喜怒哀乐未发以前气象”，后来儒者们以此为口诀，静坐观心。朱熹虽然并不完全赞同二程的做法，但对在静中安养却是认可的。他在注释《周易》时说：“安静以养微阳也”[4](p. 119)。在朱熹看来，静可使人气理平和，从而达到涵养阳气的目的。另外，主静可使人精神刚健和道心坚固。朱熹说：“孟子言志之所尚专一，则气因从之。”[5](p. 284)他认为，“主静”可以养“浩然之气”，人心只有和乐主静，方能使气行合意，益于健康。[6](p. 34)

其二，居敬。朱熹将“居敬”作为“圣门之纲领，存养之要法”。他说：“人只是要求放心，何者为心？只是个敬，人才敬时，这心便在身上了。”[7](p. 209)在朱熹心目中，“敬”的真精神是“畏”与“收敛”。他说：“敬为甚物？只如‘畏’字相似，不是块然兀坐，身无闻，目无见，全不省事之谓，只收敛身心，整齐纯一，不恁地放纵，便是敬。”[7](p. 208)敬无疑对身心健康具有正面的暗示作用，因为敬意味着自然和乐，这正是身心健康的必要条件。他说：“礼主于进个，乐主于和，此是异用。皆本之于一心，是同体。然敬与和亦是一事。敬则和，和则自然敬。”[7](p. 207)

大抵汉朝以来到北宋前诸儒，均注重“修齐治平”的理论阐述与实际运作，但较少注意到心性本源的发明。[8](p. 100)北宋理学在三教合一的大趋势下注重这项工作，二程提出“敬”字，朱熹大力承袭而弘扬开来，他的主敬工夫更强调德智双修，这实际上也可以从养生的立场来认识，因为“德智双修”包含着人生关怀和安身立命的内涵，在深层次中与身心健康的养生境界相通。

其三，顺道。朱熹的养生论是与其理气观、性命论及生死观等紧密联系在一起的。朱熹认为理气结合从而产生了生命。他说：“天以阴阳可行，化生万物，气以成形，而理亦赋焉。”[5](p.29) 这意思是说，人的生命由两部分组成：一是由理构成的非形体部分；二是由气构成的形体部分。“人之所以生，理与气合而已。”[9](p.57) 气聚则成形，气散则身无；反之，有理则生，无理则死。“天下未有无理之气，亦未有无气之理。”[10](p.8) 因此，若理气分离，则命亡人死。

朱熹认为“心统性情”。故心一为性，一为情，二者同见于心。此心包括了两大部分：精神心理与道德品质，所以朱熹的身心实质包括了人的身体、道德之心和精神心理三大部分。可见，朱熹以道德之心的健康作为身心健康的基本点，通过养气、养神等等手段，来实现“圣功”的理想状态。这就是朱熹构造的身心健康思想的基本框架。

朱熹理学文化养生的主体精神在于顺道明志。从朱熹的人生经历可以看出，朱熹从小有志于学，自称“总角闻道，终躬求之”[11](p.325)；又说自己“早岁即甘退藏……冀成一家之言以待后之学者”[12](p.165)。他以传道为己任，以心性合天理，这实际上是一种心理养生和道德养生。朱熹一生对此孜孜以求，“内无空寂之诱，外无功利之贪”[13](p.314)。在工作中，他乐而忘忧，以“道”的信念培育健康的身心，堪称宋明儒家的典范。

二 朱熹理学文化养生的操作法度

经过长期的探索，朱熹理学文化养生思想逐步成熟，并且形成一定的操作法度。简单说来，即是从存理制欲入手，进而格物致知，即物穷理，谨慎笃行，超凡入圣。这是“道问学”的过程，也是朝着养生康乐的境界逐步升华的过程。

第一，存理制欲，深筑养生宅基。

在儒家看来，随着年龄的增长，人心就被唤醒，情欲也随之而起。当此之际，应该以“理”制之。从社会人伦关系的角度讲，这个“理”也就是“礼”，所谓“发乎情止乎礼”就是这个意思。朱熹说：“孔子所谓‘克己复礼’，《中庸》所谓‘致中和’、‘尊德性’、‘道问学’，《大学》所谓‘明明德’，《书》曰‘人心惟危，道心惟微，惟精唯一，允执厥中’，圣贤千言万语，只是教人明天理、灭人欲。”[7](p.207) 朱熹所谓的“灭人欲”并不是否定一切欲望的存在，因为人本来就有动物的欲望本能，朱熹的意思只是要求在满足基本欲望后，去除那些多余的欲望，这种防止纵欲的思想不仅具有社会道德的意义，而且具有个人身心健康的理趣。因为“纵欲”既损耗了精气，也造成自我心理的畸形。长此以往，精神状态与社会生活准则不能合拍，最终发生无形的自我攻击，那是有损健康的。因此，只有控制过分的情欲，才能伸展正气，培元固本。这个环节有如盖房子的筑基，牢固其基础，“身躯大厦”方有着落的实在处。

第二，格物致知，谐和养生环境。

不言而喻，“格物致知”乃是儒家的一种认识方法，过去学术界对此有过很多论述，奠定了很好的研究基础。但是，我们认为，仅仅从认识论的角度来分析“格物致知”是不够的，因为中国传统哲学的许多命题都不是孤立存在的，“格物致知”的理趣当然也是多方面的。从整体上加以把握，我们不难看出，朱熹的“格物致知”论与其“理气论”、“人性论”具有相当密切的联系。在朱熹的思想体系中，“理”既是“生物之本”，又是“天命之性”。格物致知一方面是要认识一般的“天理”，另一方面则是为了认识具体事物之理，“上而无极太极，下而至于一草一木一昆虫之微”[14](p.295)，格物致知的过程实际上既是对事物的认识过程，也是对自我存在状态的感受过程。从主体与客体的关系角度看，这也是一个文化养生的过程。因为文化养生不仅要利用各种可能的精神资源来完善自我，而且要处理好人与养生环境的关系。在这里，养生环境包括自身精神环境、社会人际环境、自然环境。朱熹理学文化养生实际上就是通过协调这三种环境，从而使养生主体更好地适应养生客体。

从某种意义上说，处理好人与养生环境的关系，远比完成肢体之类动作重要得多。因为人的生命存在、寿命的长短受到自然与社会等各种因素的制约，不了解彼此的关系，就不能进行正确的生活定位，更不能形成健康生活的章法。朱熹的“格物”包括了宏观上对“宇宙”的认识和微观上对事物的探索，这种认识与探索，使人们有可能拓展眼界，从而达到更大程度的生存自由，这其中所蕴涵的文化养生智慧是相当深邃的。

第三，即物穷理，激发养生功能。

从认识论的角度说，“即物穷理”乃是“格物致知”的深化。然而，正如“格物致知”的过程可以生发文化养生的功能一样，“即物穷理”也蕴涵着向养生技术转换的可能。因为“即物穷理”的过程实际上可以看作是精神专注的过程。这种专注恰好是身心健康的基本条件之一。老子《道德经》有“载营魄抱一”的说法，所谓“抱一”首先是指形神相合不离，但也包含着专心致志的内涵。生活体验证明，专心致志，这不仅是成就事业所必需的思想状态，而且是身心健康的精神条件之一。按照朱熹的看法，“格物是物物上穷其至理”[14](p.291)。他指出，所谓“致知在格物者，言欲致至之知，在即物而穷理也”[15](p.6)。在这些论述中，有两个字特别重要，这就是“至”与“穷”。所谓“至”本来是形容鸟由高而下来地上的状态。许慎《说文解字》称：“至，从一，一犹地也，象形。”古人以大地连绵一片，故以“一”画来象征。引申到学理上，便有到达极点的意思。至于“穷”从“尽”的意义来理解，这又与“至”字颇能相通。“至”与“穷”表明“即物穷理”的探索者有一个连贯的思想趋向，当他的思想进入这种状态时也实现了从“念我”向“忘我”的功能态转换。在这个时候，思想高度专注，平日间人情世事的烦扰一扫而光。从这个意义上说，“穷理”乃是以一念替代了万念，自身的情绪得到了很好的调整，在客观上这是有益健康的。著名的哲学家有不少人是长寿的，其中的原因固然比较复杂，但如果仔细推究一下他们的思维习惯，那就可以理解儒家“穷理”的文化养生意义了。

在朱熹看来，穷理，虽然包括事事物物之理，但主要的还是穷尽人伦之理。他说：“君臣、父子、兄弟、朋友，皆人所不能无者，但学者须是穷格得尽。”[14](p.284)这表明，朱熹的“穷理”，实际上就是要从根本上懂得人伦之理，它是“入德”的门径。朱熹说：“人入德处，全在致知格物。”之所以把“致知格物”当作“入德”处，是因为“致知格物”从伦理学的角度讲乃是要明了道德的自然根据。按照“天人合一”的思路，道德本之于天。所以，把君臣、父子、兄弟、朋友的伦理关系推究到底，这实际上就是促使自己的精神境界与天道相合，从根本上看，这与顺道养生的基本精神完全一致。因此，“即物穷理”也是以德养生的过程。这种“德”已经不是一般的社会人际关系的调整，而是浩然正气的舒展，一气通天，万念荡尽，其养生之功“大矣哉”！

第四，超凡入圣，升华养生境界。

这是朱熹理学文化养生的终极目标。研读古典哲学的人们不会忘记，“超凡入圣”是儒家一贯重视的修身方法与人生理想目标。在儒家的教导中，“超凡入圣”肇端于人生志向的确立。孔子称：“三军可夺帅也，匹夫不可夺志也。”朱熹注曰：“三军之勇在人，匹夫立志在己，故帅可夺而志不可得，则亦不足谓之志之。”[16](p.165)这说明“志”对于人们立身养生而言是非常重要的。朱熹一直强调“学者大要立志”、“所谓志者，不道将这些意气去盖他人，只是直接去学尧舜”[17](p.133)。朱熹所谓“学尧舜”也就是以尧舜为人生理想典型，自觉行动，成圣成贤。

朱熹十分向往“超凡入圣”的理想境界。他说：“学者须思所以超凡入圣”，“学者大要立志，才学便要做圣人是也”。又说：“凡人须以圣贤为己任，世人多以圣贤为高，而自视为卑，故不肯进。抑不知，使圣贤本自高，而己别是一样人，则早夜孜孜，别是分外事，不为亦可，为之亦可。然圣贤禀性与常人一同，既与常人一同，又安得不以圣贤为己任。”[17](p.133)由此可以看出，所谓立志，其实就是给自己定一个高尚的目标。通过效法圣人的理想人格，不断完善自我人格。立志之后怎么办呢？儒家倡导“笃行”。朱熹对此发挥说：“笃行，所以固执而为仁，利而行也。”在朱熹看来，“笃行”就是在“穷理”基础上，把“理”落实到自己的行动中。这使“理”有了一个现实的落脚点。朱熹解释说：“善在那里，自家却去行他，行之久，则与自家为一”，“凡日用之间，动止语默皆是行处”[18](p.222)。因此，在知行关系上，朱熹信奉知行相依之说。“知”就是在明义理，在这个过程中可以达到修身养性的目的。因为“知”的目的是为了更好地“行”，所谓“行”就是道德修养，“知之之要，未若行之之实”。“工夫全在行上。”[19](p.148)

如何去行？朱熹认为应该从现实细小的事情开始做起，从平凡事情做起。在“日用常行”上见功夫。“圣贤千言万语，教人且从近处做去。”[17](p.129)“须是要谨行、谨言，从细处做起，方能克得如此大。”[19](p.133)这就是说，“行”并不是要好高骛远，而是在日常生活中下工夫。这对于指导人们正确修身养生具有特殊意义。因为从生活细节着眼的“行”，既是超凡入圣的具体步骤，也是引导自我身心健康的举措。“进学在致知。”作为儒家代表人物，朱熹所有追求和努力都在知识分子的本分事上得到体现和落实。他的进学过程，其实就是一个体道过程。因为即物穷理，理即是道。顺道而生，超凡入圣这种修身法式不仅是为了实现道德理想，也是为了涵养天元。儒家把这种方式称作“圣功”，它其实也是延年益寿的养生之道，在这个过程中，圣贤境界的升华与身心健康目标的实现一致起来了。朱熹一生虽然经历坎坷，但在复杂的政治斗争和人生历练中却能活到古稀之年，这本身就是值得深思的。尽管我们不能说这是文化养生的唯一结果，但看到理学文化养生的作用则是无可厚非的。

三　朱熹理学文化养生的现代意义

朱熹通过理学体系的阐述而弘扬了儒家道德哲学，同时也发展了儒释道养生理论。其积极意义不仅表现在古时，而且也延续于现代。随着社会经济水平和教育水平的不断提高，当今的人们更加注重生活质量和知识追求。在这样的背景下，朱熹理学文化养生作为中国一种独特的思想资源与人文技术，无疑是值得珍视的。从现实生活角度来看，至少在如下方面有一定启示意义。

第一，朱熹理学文化养生在现代生活中的价值首先在于它对精神健康的看重。

追溯思想文化的发展历程，我们有充分的理由认为，儒家学派不仅有自己的养生学，而且形成了关注精神健康的特色。传统儒学强调自身的思想道德修养，格物、致知、正心、诚意、修身、齐家、治国、平天下，这“八条目”既是儒家政治伦理的思想纲要，也是身心健康的一种精神原则。朱熹在继承传统儒学的过程中一方面延续了儒家养生学的原则和方法，另一方面则吸纳佛道身心健康的思想精华与养生技术，他把政治哲学、道德哲学与文化养生精神统合起来，这种综合性的文化体系可以帮助当今人们走出那种过分重视肉体健康却忽略自身精神健康的误区。

西方社会自弗洛伊德以来，人的精神层面的健康备受关注，由此诞生了精神分析学科。该学科所倡导的精神分析法在西方社会成为人们健康生活的一种凭借。尤其是那些遭受精神打击的人更可以通过精神分析治疗而康复。中国古代社会虽然没有专门的精神医生，但却有注重精神调节的儒释道文化。朱熹理学文化养生正是注重精神调节的儒释道文化的重要形态。倘若认真发掘整理，其资源是可以为现代中国精神疗法的建构与完善服务的。

第二，朱熹理学文化养生可以启发人们树立崇高的人生目标，形成积极的心理暗示和奋发向上的精神境界。

由于立志明道，朱熹一生尽到了一个儒者的本分。他有坚定的理想信念，所以能在坎坷仕途上超然面对现实。即使在“伪学党禁”阴霾密布的时期，他也没有丧失信心。他曾经颇为坦荡地说，“死生祸福，久已置之度外，不烦过虑”。这种积极的心理暗示和精神追求的人格力量是巨大的，足以支撑他在逆境中自我调整、保持相对平稳的心态。由于时代不同，当今的人们尽管不能按照朱熹的模式来确立人生的理想信念，但他那种对于信念执著追求的精神与积极的人生态度却是值得借鉴的。因为没有理想信念的人生不仅无法成就一番大事业，而且也容易在物质引诱显露的环境中迷失自我，以至于疲惫消极，戕害自我身心健康。从这种现实状况来看，发掘朱熹理学文化养生的道德资源，有助于社会人文素养的提高，也有助于人们将崇高理想信念与健康的生活统一起来。

第三，朱熹理学文化养生可以帮助人们在喧闹中调节情绪，怡情悦志，延年益寿。

朱熹以“主静”和“居敬”的原则指导自己的生活，这是一种实效明显的养生方法。作为一介儒生，朱熹颇能体会怡情悦志在延年益寿中的作用。据载，朱熹多才多艺，他能弹琴，懂乐律。可见他又是一个颇有生活情趣的人。朱熹的日常生活起居细节使我们看到了儒家文化在当今社会重新焕发魅力的可能性与现实性。因为生活正如月亮“晦朔弦望”的交替一样，有客观的节律。在经历了紧张的工作之后，尤其需要宁静。从智慧与活力的保持方面说，“静敬双持”自有其妙用所在。事实证明，人的智慧不可能在躁动中产生，更不可能在喧嚣烦恼中保持。惟有宁静才能沉思。这种宁静状态下的沉思不仅是智慧激发的重要条件，而且是保持精神健康的法度。因为生命功能态的维持不仅表现在体力上，而且反映在脑力发挥上。由“静”而“慧”，由“慧”而“生”，这就是传统儒家延年益寿的妙用。然而，“宁静”心态也不是随便就能够造就的。为了能够进入宁静的功能态，必须“居敬”。在日常生活中，“居敬”就是对自我当下实施的事项保持一种信任和景仰的态度。能够在主静的实施过程中贯注发自内心的“信”，这才能使自己能够真正投入。“静”中持“敬”，以“敬”领“静”，这就是“静敬双持”。朱熹理学这种“静敬双持”的法度在今天的现实生活中依然不会过时，行持得法，则心气平和，思路清晰，活力持久。

第四，朱熹理学文化养生可以帮助人们不断增加知识，在求知过程中提升生活品位。

作为一个读书人，朱熹最为擅长的应该说就是“读”与“写”。这初看起来似乎与养生关系不大，其实养生的真谛就在其中。熟悉中国文化史的人们不会忘记，儒家自孔子立教以来，就相当重视“读经诵诗”。《论语·公冶长》记载，孔子的学生南容朗诵上古诗篇《白圭》，感动了孔子，孔子就把侄女嫁给南容。这说明，孔子对于朗诵是非常看重的。长期以来，儒家把《诗经》作为教化的要典，也作为陶冶情操的基本题材。朱熹不仅精通儒家“诗教”，而且学以致用。查找朱熹文集，我们可以看到为数不少的诗歌作品。可见，朱熹不仅读诗，而且写诗。作为一种文化表现方式，“读写”发生在不同人身上将会有不同的功能。一般而言，大部分人只是把“读写”当作表达的工具，但训练有素的人却使“读写”成为一种境界。因为高声朗诵，全神贯注，这实际上就是一种注意力的集中过程，它能使人暂时忘记烦恼和平日间的诸多杂事，从而使自己的精神获得休息。“读”如此，“写”也不例外。所谓“写”有抄写，也有创作之“写”，不论是哪一种形式的“写”，只要能够使自己的意念专注，这就可以升华自己的境界。古人有所谓“善书者寿”的说法，这说明“书写”也可以成为养生的手段，并且在书写实践过程中获益，从而丰富文化生活，有益身心健康。

（作者詹石窗，厦门大学人文学院哲学系教授、博士生导师；陈文水，厦门大学哲学系硕士研究生；
本文原载《厦门大学学报》（哲学社会科学版）2005 年第 1 期。）

参考文献：

[1] 黎靖德：《胡氏门人》[A]，《朱子语类》：卷一百三［M］，北京：中华书局 1983 年版，第 2604 页。

[2] 老子：《道德经》第十六章［M］，北京：中华书局 1999 年版。

[3] 姜广辉：《理学与中国文化》[M]，上海：上海人民出版社 1994 年版，第 340 页。

[4] 朱熹：《周易本义》[M]，苏勇校注，北京：北京大学出版社 1982 年版，第 119 页。

[5] 朱熹：《四书集注》[M]，长沙：岳麓书社 1998 年版，第 284 页。

[6] 詹石窗、于国庆：《论朱熹的身心健康思想》[J]，《东南学术》2002 年第 6 期，第 34 页。

[7] 黎靖德：《持守》[A]，《朱子语类》卷十二［M］，北京：中华书局 1983 年版，第 209 页。

[8] 钱穆：《朱子学提纲》[M]，北京：三联书店 1999 年版，第 100 页。

[9] 黎靖德：《性理一》[A]，《朱子语类》卷第四［M］，北京：中华书局 1983 年版，第 57 页。

[10] 黎靖德：《理气上》[A]，《朱子语类》卷第一［M］，北京：中华书局 1983 年版，第 3 页。

[11] 朱熹：《答吴仲》[A]，《朱文公文集》卷 59［M］，四部丛刊本，第 325 页。

[12] 朱熹：《辞免江西提刑奏状》[A]，《朱文公文集》卷 22［M］，四部丛刊本，第 165 页。

[13] 朱熹：《答陈正己》，《朱文公文集》卷 54［M］，四部丛刊本，第 314 页。

[14] 黎靖德：《经下》[A]，《朱子语类》卷十五［M］，北京：中华书局 1983 年版，第 295 页。

[15] 朱熹：《大学章句》[A]，《四书集注》[M]，长沙：岳麓书社 1998 年版，第 6 页。

[16] 朱熹：《论语子罕篇注》[A]，《四书集

注》［M］，长沙：岳麓书社 1998 年版，第 165 页。
［17］黎靖德：《总论为学之方》［A］，《朱子语类》卷八［M］，北京：中华书局 1983 年版，第 133 页。
［18］黎靖德：《力行》［A］，《朱子语类》卷十三［M］，北京：中华书局 1983 年版，第 222 页。
［19］黎靖德：《论知行》［A］，《朱子语类》卷九［M］，北京：中华书局 1983 年版，第 148 页。

朱熹哲学的生命意识

中国传统哲学是一种生命智慧之学，它关涉人的生命存在，价值与意义，注重个体生命体验与内在心灵的开拓，以主体生命来贯通天人（形上形下）、内在外在，历史与现实是中国传统哲学的一贯理路。承接这一传统，在朱熹哲学体系中，生命构成了其本体论、人性论、知行观与历史文化观的最本质的链接。本文试从生命的发生、生命的内涵、生命的践履及历史文化生命入手，对朱熹哲学的生命意识作初步的分析。

一　本体与生命：形上形下的统一

人的生命从哪里来？朱熹指出，人的产生与本体息息相关，人是理与气合力作用的结果，“人之所以生，理与气合而已”（《朱子语类》卷四，以下简称《语类》）。其实，不仅人的生命，而且天地万物的生命皆源于本体——“理”，“理”是生命的根源，而“气”只是构成生命的质料和工具而已。故朱熹又云：“天地之间，有理有气。理也者，形而上之道也，生物之本也；气也者，形而下之器也，生物之具也。是以人物之生，必禀此理，然后有性；必禀此气，然后有形。”（《答黄道夫》，《朱文公文集》卷五八，以下简称《文集》）生命是形上形下的统一，形上的理赋予生命以内在的本质，形下的气赋予生命以外在的形体。在现实生活中，朱熹似乎更为强调“气”的作用：“是人物之始，以气化而生者也。气聚成形，则人形交气感，遂以形化，而人物生生，变化无穷矣。”（《太极图说解》）“且如天地间人物草木禽兽，其生也，莫不有种，定不会无种子白地生出一个物事，这个都是气”。（《语类》卷一）“气”是生命的种子，“气化”是生命发生的过程，气的聚散交感是人物生生不息变化无穷的动力和根由。这是对张载“气”论的继承和发展，它也使朱熹思想带有二元论的性质。

在朱熹思想体系中，人对天地宇宙的根源感还体现在“太极”、“仁”、“天地之心”等本体范畴的架构之中。“太极”作为宇宙本体，“所以指夫天地万物之根”（《语类》卷九四），人人有一太极，物物有一太极，在天地之间它表现为阴阳，阴阳化生五行生养万物。

“天地之心”则“别无所做，大德曰生，只是生物而已”（《语类》卷六九），它起的是沟通天一人的作用。而“仁便是天地之心”（《语类》卷一），“仁是天地之生气”，“生的意思是仁”（《语类》卷六），仁是生命力和道德情感的象征，这些本体范畴从不同的侧面论证了生命化生的过程和特征，进一步深化了人们对生命的认识。

理、太极、仁等范畴作为世界本体不仅是万事万物产生的终极根源，落实到现实生活世界中，它们还是生命的最高价值准则。“理”是朱熹哲学的最高范畴（在现实世界中朱熹把它还原为主宰万事万物和人的生命的绝对原则，“然所谓主宰者，即是理也”（《语类》卷一）。“太极”是与“理”等同的范畴。然而“太极……又兼有标准之意”（《答陆子静》，《文集》卷三六），对人而言，太极表现为动静，“生五常以应万事”（《语类》卷九四）。“仁”作为本体，不仅是“万理之原，万事之本”（《语类》卷六），而且“仁”包四德，“周流于四者之中，仁固仁之本体也，义则仁之断制也，礼则仁之节文也，智则仁之分别也”（《玉山讲义》，《文集》卷七四），“仁”又代表“理”作为天下伦理规范的总原则。

生命遵循本体原则，生生不已，发用流行，生命价值的实现在于进入那种超越物我，主体生命与本体世界浑然一体的生命境界。朱熹批评伊川“说仁者以天地万物为一体，说得太深，无捉摸处”（《语类》卷九五），又言“明道言学者须先识仁（仁者浑然与物同体）一段极好，只是说得太广，学者难入”（《语类》卷九七），干脆断言“天地万物本吾一体”（《中庸章句》第一章）。这一思想是对孟子“万物皆备于我”、孔子和二程“仁”的境界的进一步深化，是一种宇宙关怀和人间关怀，带有明显的生命本体意识。把“天地万物一体之仁”作为人生的最高境界或终极目标，朱熹和二程并无不同。他只是认为二程说得“太高”，实质上，天人本无二致，二者本来就是和谐统一的。在朱熹的本体范畴系列中，“天地之心”是他用来沟通天人的重要环节，“熹所谓……天地生物之心，而人物之所得以为心，此虽出于一时之臆见，然窃自谓正发明得天人无间断处，稍似精密”（《答何叔京》，《文集》卷四十）。这种“天人无间断处”意即天人本质相通，天之道即人之道。朱熹明确指出：“天即人，人即天。人之始生，得于天地。即生此人，则天又在人矣。”（《语类》卷十七）至此，宇宙与人生真正贯通为一。

二　人性：本体生命的内在转化

生命的发生源于宇宙本体，生命的活动遵循本体原则，生命的实现以本体境界为终极目标，在生命的完成中，作为本体的“天理”、“太极”、“仁”真正进入人的生命，成为生命的具体内涵。如何把本体世界具体落实到现实世界，把本体生命内化为人的内涵生命，朱熹提出了他的“人性论”。钱穆也指出，“其（朱熹）论性，上承伊川性即理一语，自宇宙界落实到人文界”[①]。实际上，人与宇宙万物皆有“性”，宇宙与人生皆为“理”的派生物，朱熹讲“性即理”在本质上是把生命由本体界落实到现实界。只有在人性上，本体界才真正落实到人文界，本体生命才真正转化为人的内在生命。因此，秉承“天理”的人性构成了生命的具体内涵。

承接张载和二程，朱熹论性，有天命之性和气质之性等不同称谓。

天命之性又称天地之性、本然之性，它指人所禀受的天地之理。朱熹认为人性即是天理，“性即天理，未有不善者也”（《孟子集注·告子上》），由于“理”是最高、最完美的精神实体，它印证到各个具体事物中也是完美无缺的，因此，天命之性是至善的，它的内涵便是仁、义、礼、智等美德，“性者，人之所受乎天者，其体则不过仁、义、礼、智之理而已”（《孟子或问》卷十四）。可见，天道的规则——“理”体现在人的生命中就表现为一种先验的道德伦理法则，以此来规定人性，人性便带上了“超社会、超人类的先验色彩”[②]。这种“天命之性”构成了生命的精神性内涵，它的纯粹性也决定了人的精神生命的理想化，向“天命之性”的精神回归也成为人生追求的终极目标。

然而，天命之性只是性之本体，“性之本体，理而已矣”（《孟子或问》卷十一），它是形而上的先验存在，只有气质之性才是现实的人性。相对于纯粹至善的天理之性，气质之性是包含着理和气共同作用下的人性。朱熹说：“论气质之性，则以理与气杂而言之。”（《答郑子上》，《文集》卷五六）“气”是形而下之器，它决定人的形体，人一旦具备了形体，气质之性也就具备了，“人具此形体，便是气质之性”（《语类》卷九五）。气质之性是天命之性的现实安顿处，“天命之性，若无气质，却无安顿处”（《语类》卷四）。故我们日常所说的性皆指气质之性而言，而非天命之性，“若才说性时，便是夹气禀而言，所以说性时便已不是性也”（《语类》卷九五）。

从朱熹对“气质之性”的规定看，气质之性的内涵应包含专指理言的“天命之性”以及“气”禀而成的人的形体感官欲求。朱熹肯定了这种维护生存所必需的物质欲求，“饥而欲食，渴而欲饮……合当如此者”（《语类》卷九四），并认为“饮食男女，固出于性”（《孟子或问》卷十一），这些物质欲求来源于人的生理本能，与生俱有，是人性的基本构成。这似乎是对告子“生之谓性”，“食、色、性也”（《孟子·告子上》）的认同，实则不然。朱熹注曰：“生，指人、物所以知觉、运动者而言”，“生者，人之所得于天之气也。……然以气言之，则知觉、运动，人与物若不异也”。告子执著于气而遗其理，故“以人的知觉运动者为性，故言人之甘食、悦色者即其性”（《孟子集注·告子上》）。告子的错误就在于把人性等同于物性，只看到人物之性于“气”上的同，而忽略了人物禀受天理有偏全之异，惟有人才能得天理之全。因此，现实的人性应该是“天理”所决定的精神性与“气质”所决定的物质性的统一。“理”与“气”的合力产生了人的生命，它们以同样的方式决定了现实的人性，人的生命内涵也即为精神性生命与物质性生命的统一。

气质之性与天命之性统一于人的生命之中，二者缺一不可，“有气质之性，无天命之性，亦做人不得；有天命之性，无气质之性，亦做人不得”（《语类》卷四）。天命之性构成人的精神生命，决定人的本质，人与物的根本分歧在于仁、义、礼、智，也难怪朱熹得出如此结论：“告子不知性之为理，而以所谓气者当之……所以然者，盖徒知知觉、运动之蠢然者人与物同，而不知仁、义、礼、智之粹然者人与物异也。”（《孟子集注·告子上》）气质之性构成人的现实生命，既包含人的精神本性又含有人的物质本性。不过，存在于“气质之性”中的“天命之性”已不再纯粹至善，而是含有“气”的成分的天命之性；这里的物性欲求也不是指纯粹的物性，而是在天理指导下的物质欲求。

人的生命是物质和精神、理想与现实的统一，气质之性和天命之性相互依存、相互包容，统一存在于生命之中，构成了生命中不可分割的整体。朱熹也常常反驳那种把性分为两截的观点，他说：“大抵本然之性与气质之性亦非判然两物也。”（《答方伯谟》，《文集》卷四四）从源头看，“气质之性，便只是天地之性。只是这个天地之性却从那里过。好底性如水，气质之性如撒些酱与盐，便是一般滋味”（《语类》卷四）。天地之性是气质之性的本然状态，二者关系如水之于盐水。在现实中，天命之性便转化为气质之性，“所以说性时便已不是性也”（《语类》卷九五），据钱穆考证，这是“朱子晚年新得”，系朱熹69岁以后对气质之性与天命之性问题之“晚年定论”。钱穆认为，朱熹早年（46岁时）强调“不必把性分作两截看”，“本善之性堕入气质中便熏染不好，此似不必再有气质之性之一名”，晚年则“以两性相对，然言意间显以气质之性为主”[③]。钱穆看到了朱熹对生命认识的发展路径，即由注重精神生命（本然之性）到注重现实生命的精神和物质的欲求，这不能不说是一大进步。但是钱穆过分强调气质之性与天命之性之间的差异，从而忽视了二者作为生命内涵的不可分割的内在联系。

三　体知：主体生命的认知与践履

在生命的本源处，以“仁义礼智”为内容的天命之性构成了生命的本质。但是，这些先验的内在道德原则由于被气质所遮蔽，并不能完全支配人的现实意识。只有通过大量的学习研究和身体力行即朱熹所谓的“致知”与“力行”才能充分发展内在生命的这一倾向，才能拨开迷雾，返回纯粹至善的本然之性，达到“理”的境界。

宋儒常常把知行问题表述为“致知”与“力行”的关系，知行观只是对“致知”与“力行”的简称，它指称人的生命实践尤其是人的道德认知和践履。在这里，“致知”兼指格物致知，朱熹尤指通过格物穷理，达到对“天理”的认识。“力行”则指知识的实行和道德的践履。在朱熹理学体系中，其“格物致知”注重个体生命的参与，体验和体悟知识与道德浑然一体，本质上属于一种“体知”的认知途径。

“体知”是指儒家认知的一种特殊途径。从字面上讲，“体”有“亲身体验”或“设身处地着想”的意思，意即“体之于身”的认知方式。在“体知”活动中，主体与客体、道德与知识是和谐统一的。关于“体知”，杜维明先生曾有过非常精辟的论述。他指出，在现代汉语中，“知道”与“会”表示两种不同的认知经验。“知道”之“知”是所谓“知道是什么”之“知”，是一种认知；“会”即所谓“知道如何作”之“知”，是一种体验，“体知”是二者的统一。他还用“德性之知”诠“体知”，认为德性之知是内在的体证之知，是从事道德实践必备的自我意识，它是一种体验，一种体知，不能离开经验知识但也不能等同于经验知识。[④]这种体知的自我意识与张载的“大其心以体天下之物”（《正蒙·大心》）和程颢的“仁者与天地万物为一体”（《二程遗书》卷一上）的观点是一致的。它涉及的不仅是认识论的问题，也是本体论、宇宙论和道德实践的问题，其认识结构为天人合一的结构模式。

朱熹的“格物致知”论作为一种认知活动不证自明，但它能否作为一种“内在体证之知”或作为一种“体验之知”呢？回答是肯定的。

朱熹论格物，最精彩的当见于《大学章句》之格物补章：“所谓致知在格物者，言欲致吾之知，在即物而穷其理也。……至于用力之久，而一旦豁然贯通焉，则众物之表里精粗无不到，而吾心之全体大用无不明矣。此谓物格，此谓知之至也。”所谓“致知在格物”，它是朱熹向外穷理的方法。在朱熹看来，理散在万物，物物各有其理。所谓“豁然贯通”，“吾心之全体大用无不明”，就是在格物穷理的基础上，经过直觉体悟，进入万物一体的“仁”的境界，“穷理”的根本目的就在这里。其实，“致知乃本心之知”（《语类》卷十五），“格物”的目的也在于“明此心”，“格物所以明此心”（《语类》卷一一八）。一切只需向内寻求，心即理，“明此心”即是“明此理”，朱熹认为，“心固是主宰底意，然所谓心者，即是理也，不是心外别有理，理外别有个心”（《语类》卷一）。于是，“格物致知”便转化为一种“内在的体证之知”。然而，朱熹与“心学”的差别在于，他虽然认为理内在于心而为心之“全体”，但也散在万物，万物各有其理，故应内外兼修，诚心正意，“今日格一物，明日格一物”，“及其真积力久而豁然贯通焉”（《大学或问》卷二），内与外，天与人，心与理皆合而为一，这也与“体知”的认知结构模式相通。

我们应当看到，在朱熹思想视野里，认知的目的在于为其道德实践服务，“致知”又表现为一种体验之知。朱熹认为，“求仁”的道德实践固然要求“力行”，但是，只有首先通过“致知”，明其义理，才能使其行为合法化，否则就如瞎子行路，在道德实践上陷于盲目性。他说：“实欲求仁，固莫若力行为近，但不学以明之，则有挺埴冥行之患，故其蔽愚，若主敬致知交相为助，则自无此蔽矣。”（《答张敬夫》，《文集》卷三一）致知也只有与道德实践相互依存相互协助，人的道德行为才会不至于盲目。所以那种通过认知而得到的“真知”是指能体验能践履之知，“知而未能行，乃未得之于己，此所谓知者亦非真知也。真知则未有不能行者”（《杂学辨》，《文集》卷七二）。

朱熹的“格物致知”具备了“体知”的两个最基本的特征，在本质上二者是一致的。作为一种内在体证之知，“体知”强调的是主体的生命体验和从事道德实践所必备的自我意识。“体知”是一种认知（致知），也是一种力行，一种道德践履。这种认知与力行的结合一方面使得内在的生命意识转化为现实生命意识和道德行为，由内而外，由本体而现实；另一方面，它又向内探求，回归生命本体，体悟天理。于是，合内外，一天人，融会知识与道德成为“体知”的最终目标，它的实现即是“仁”的境界的获得或“心与理一”的实现。因此，“体知”更多的是对“天理”或“道体”的体认或体悟。朱熹非常重视“体知”的作用，在他的著述中经常可以遇见“体验”、“体认”、“体究”等话语，如“讲论自是讲论，须是将来自体验。体验是自心里暗自讲量一次”（《语类》卷一一九）。“体认是把那听得底自去心里重复思绎过。”（同上）“学问之道，不在多言，但默坐澄心，体认天理。”（《朱子年谱》卷一）并有《体认》诗曰：“虽云道体无形象，形象原因体认生。试验操存功熟后，隐然常觉在中明。”⑤“此个道理，须是用功夫自去体究。”（《语类》卷一一三）这些术语只是“体知”的另一种表述而已。在这种“体知”与“力行”的紧密关联中，始终贯穿着一种生命的现实意识，它贯通天人，主体与客体，知识与道德，因而，注重生命体验和道德自我意识构成了朱熹哲学现实生命意识的主旋律。

四　传统与道统：文化生命的自觉

人既是历史的存在又是文化的存在。一旦人的生命进入历史文化空间，人类的本质——

人的历史文化生命也就开始了。生命在历史活动中选择，承继并创造着文化，一种特定的文化在历史中的延续，演进形成文化传统，一种特定的文化传统（或精神）的承传系统构成道统。对主体生命而言，传统与道统分别指向生命对历史文化的态度和生命在历史文化中的地位，它们共同体现着人类历史文化意识。朱熹自觉地把自我生命融入历史文化的空间中去，通过对历史文化的自觉承传和对儒家道统的自觉担当，朱熹在他的文化观中开展出了他那独特的历史文化生命。

朱熹精心编织的文化观是他用来连接文化传统与道统的纽带。什么是文化？朱熹从本体论的视角亮出了自己的观点，在他看来，作为精神文化的"文"源于本体的"道"，二者是统一的，"这文皆是从道中流出"（《语类》卷一三九），"道者，文之根本；文者，道之枝叶。惟其根本乎道，所以发之于文，皆道也。三代圣贤文章，皆从此心写出，文便是道。"（同上）在这里，作为"道"的具体显现之"文"，其内涵包括文章、文字、文化艺术，典章制度等等，泛指一切精神文化，"道之显者谓之文，盖礼乐制度之谓，不曰道而曰文，亦谦辞也"（《论语集注·子罕》）。这里的"道"指终极的价值根源和由此转化而来的现实价值准则，也即指"天道"或"人道"原则。朱熹把"道"等同于"理"和"太极"，确立了"道"的本体地位，他说："道即理之谓也"（《通书解·诚上》），"物之理乃道也……形而上谓道，形而下为器"（《语类》卷六二），"一阴一阳之谓道，谓太极也"（《语类》卷九四）。形而上之"道"在现实中表现为"人道"或"圣人之道"、"修齐治平"之道，保存在六经和孔孟的经典文本之中，成为能体现终极价值的万世不易之准则，"道之在天下，其实源于天命之性，而行于君臣、父子、兄弟、夫妇、朋友之间。其文则出于圣人之手。而存于《易》、《书》、《诗》、《礼》、《乐》、《春秋》、孔、孟之籍……然古之圣人欲明是道于天下而垂之万世，则其精微曲折之际，非托之文字，亦不能以自传也"（《徽州源县藏书阁记》，《文集》卷七八）。可见，"道"存在于文化之中，"道"的承传必须依赖于文化，没有文化，"道"体本身无法流传下来。

从这种"道本文末，文道合一"的文化观出发，朱熹提出了他对待历史文化传统的"因革"论。他认为，对文化传统的继承和革新应对其所因所革的对象作出明确的"道"与"文"、"本"与"末"的区分。对万事万物的总根源——"道"体现本体原则的伦理纲常是万万不可更改的，"道只是有废兴，却丧不得"（《语类》卷三六），在现实中，"三纲五常，礼之大体，三代相继，皆因之而不能变"（《论语集注·为政》），因为"三纲五常"属于"天理"，"其（天理）张之为三纲，其之为五常，盖皆此理之流行，无所适而不在"（《读大纪》，《文集》卷七十）。所变革的只不过是"礼乐制度"，"文章度"，因为它们不过是天理、道在各个时代的不同形式，是"文"，是"末"，它们是可以革新的，甚至会丧失得干干净净，"文如三代礼乐制度，若丧便扫地"（《语类》卷三六），"其所损益，不过文章制度小过不及之间"（《论语集注·为政》）。把对文化传统的"因革"理解为"文道"和"本末"的关系，是朱熹对儒家传统观的一大发展，其中也体现出其浓厚的文化本体意识。

朱熹的"道统"说也与其"文道合一"的文化观密切相关。朱熹认为，远在三代，"文"与"道"是合一的，"三代圣文章，皆从此心写出，文便是道"（《语类》卷一三九）。这是因为圣贤之心，"既有是精明纯粹之实，以旁薄充乎其内"，故一旦形显于外，便条理分明，光耀万代，不可收拾，其文皆列为六经而垂万世。三代圣贤的文章，"其文之盛，后世莫能及……亦莫之识也”。所以孔子感慨说：“文王既没，文不在兹乎?”孟子之后，圣学失传，“天下之士，背本趋末，求知道养德以充其内，而汲汲乎徒以文章为事业”。于是由战国，经秦汉至隋唐，始有“韩愈氏出，……其师生之间，授之际，盖未免裂道与文以为两物”(《读唐志》，《文集》卷七十)，回顾自三代以来的文化传承和发展，朱熹发现，自孟子之后至隋唐，道与文裂为两物，道统不传，学之不讲，儒家文化传统面临失落的危机。正是对文道二分、儒学没落深切忧虑，朱熹才力倡“道统”说，模仿佛道法统，建立起儒家传道的谱系，宣称儒学由尧舜禹文武周公孔孟至二程脉相承，而自己则私淑其意，自觉地承担起传道的使命，并总结出“人心惟危，道心惟微，惟精唯一，允执厥中”的十字心传，真可谓用心良苦。

实质上，文化传统是人的文化生命在历史中的表现形态，朱熹对文化传统的既因又革的文化自觉凝聚成他那特有的文化生命。道统则是人的文化生命在历史文化中的定位，朱熹对道统传承的自觉担当，以及朱熹在教育与学术上的伟大贡献使之成宋代儒学的重镇，也正是这种对文化传统的自觉承传和对儒家道统的自觉担当的生命自觉，朱熹的文化生命才显示出他不朽的精神魅力。

综上所述，在朱熹哲学思想体系中，其形上建构、现实依托及历史文化的传承都贯彻着一股浓郁的生命意识。本体世界中，生命源于本体，遵循本体原则，趋向本体境界，并独得“天理”之全而成为万物之灵，在宇宙中获得了一种崇高的地位，生命也增添了一份强烈的本体生命意识和与宇宙万物为一体的生命情怀。在现实世界中，秉承“理”的人性构成了人的现实生命内涵并决定了人的内在生命本质，与此同时，生命也在“致知”与“力行”的相互依存中开始了其现实生命的践履，人性论与知行观的合力作用形成了人的现实生命意识，并创造了一个五彩斑斓的历文化世界。人既是现实的存在，又是历史和文化的存在，通过对文化传统与道统的自觉承担，个体与群体的文化意识得以凸显，人的生命也获得了他作为生命存在的价值与意义。与人的本体性（或超越性）、现实性、文化性相连，人的本体生命意识、现实生命意识和文化生命意识相互支撑、密不可分，三者融为一体构成一个完整的生命形态。总之，人的生命存在及人的生命意识始终是朱熹哲学致思的焦点，在朱熹精心构筑的本体世界，现实世界和历史文化世界中，人在宇宙中的位置，人的生命内涵与本质，人的生命实践及人与历史文化等问题始终是其关注的核心问题，这一切形塑了朱熹哲学的人学特质。

（作者朱人求，北京大学哲学系博士后，福建师范大学公共管理学院副教授，
南昌大学江右哲学研究中心兼职研究员；本文原载《东南学术》2005年第2期。）

注　释：

① 钱穆：《朱子新学案》，成都：巴蜀书社1986年版，第304、307—309页。

② 陈来：《朱熹哲学研究》，北京：中国社会科学出版社1993年版，第134页。

③ 钱穆：《朱子新学案》，成都：巴蜀书社1986年版，第304、307—309页。

④ 参见杜维明：《十年机缘待儒学——东亚价值再评价》，香港：牛津大学出版社1999年版，第63—66页。

⑤ 参见束景南编著：《朱熹佚文辑考》，南京：江苏古籍出版社1991年版，第750页。

朱熹对杨时、罗从彦、李侗“静坐”思想的继承与发展

关于二程洛学与朱熹闽学的关系，真德秀说：“二程之学，龟山得之而南传之豫章罗氏，罗氏传之延平李氏，李氏传之朱氏，此其一派也。”（《西山读书记》卷三一）他认为，二程之学传于杨时（龟山），又传罗从彦（豫章），再传李侗（延平），并由李侗传于朱熹，此为“一派”。虽然杨时、罗从彦、李侗与朱熹有着师承关系，但也有学者认为，朱熹并未继承杨时、罗从彦、李侗的“默坐澄心”之教。[①]笔者以为，这种观点需要做进一步的说明。

一

杨时是上承二程洛学下启朱熹闽学的第一人。罗从彦是杨时的高足，颇受杨时的器重，“尽得龟山不传之秘”[②]。朱熹曾说：“龟山倡道东南，士之游其门者甚众，然潜思力行，任重诣极，如仲素一人而已。”[③]杨时曾对罗从彦说：“某尝有数句教学者读书之法，云：以身体之，以心验之，从容默会于幽闲静一之中，超然自得于书言象意之表。”（《龟山集·语录》）要求从“幽闲静一”中体验天理。罗从彦听从杨时的教诲，“终日危坐，以体验天地万物之理”[④]。

关于罗从彦的为学，后人多说是“以主静为宗”。理由有二：一是罗从彦曾筑室于罗浮山，静坐穷理：即通过内心的体悟把握天理；二是罗从彦主张“于静中看喜怒哀乐未发时作何气象，不惟进学有力，亦是养心之要”[⑤]。罗从彦的弟子李侗曾回忆说：“曩时某从罗先生学问，终日相对静坐，只说文字，未尝及一杂语。先生极好静坐，某时未有知，退入室中，亦只静坐而已。先生令静中看喜怒哀乐未发之谓中，未发时作何气象。”（《延平答问》）

罗从彦还把“静坐”的要义传给了李侗，“常教延平静中看喜怒哀乐未发时作何气象。盖以寂然不动之中，而天下万事万物之理莫不由是而出，故必操存涵养，以为应事接物之本”[⑥]。李侗实际上原原本本地继承了罗从彦的“静坐”。他说：“某自少时从罗先生学问，彼时全不涉世故，未有所闻入先生之言，便能用心静处寻求。……而迄于今，更无进步处，常切静坐思之。”（《延平答问》）还说：“大率有疑处，须静坐体究，人伦必明，天理必察。于日用处著力，可见端绪，在勉之尔。”（《延平答问》）

杨时、罗从彦、李侗一脉的“静坐”实际上得自于二程。《二程外书》曾记载：“明道，人向其问学，曰：且静坐。”[⑦]明代的陈献章也曾说过：“伊川先生每见人静坐，便叹

其善学。此一‘静’字。自濂溪先生‘主静’发源，后来程门诸公递相传授，至于豫章、延平尤专提此教人，学者亦以此得力。”[8]李侗也将“静坐”教与朱熹。朱熹说：“李先生教人，大抵令于静中体认大本未发时气象分明，即处事应物自然中节。此乃龟山门下相传指诀。”[9]

二

对于二程、杨时、罗从彦、李侗以来的“静坐”，朱熹是接受的。朱熹曾在评价李侗的“终日危坐以验夫喜怒哀乐未发之前气象如何而求所谓中”时说：“若是者，盖久之而知天下之大本真有在乎是也。盖天下之理无不由是而出。”[10]认为李侗的“静坐”是“知天下之大本真”，把握“天下之理”的重要途径。朱熹还说过：“明道教人静坐，李先生亦教人静坐，看来须是静坐始能收敛。”（《延平答问·附录》）“明道教人静坐，李先生亦教人静坐，盖精神不定，则道理无凑泊处……须是静坐，方能收敛。”[11]朱熹认为，罗从彦、李侗的“静坐”是传之二程，而“静坐”的功能在于使精神得到“收敛”。

朱熹非常强调“静坐”。他说：“始学工夫，须是静坐，静坐则本原定，虽不免逐物，及收归来，也有个安顿处。”[12]“读书闲暇，且静坐，教他心平气定，见得道理渐次分晓，这个却是一身总会处。”[13]《朱子语类》中，当问到“伊川见人静坐，如何便叹其善学”时，朱熹说：“这却是一个总要处。”[14]在朱熹看来，“静坐”是开始学习时必修的功夫，是为了有个“安顿处”，而“静坐”所至“心平气定”则是一个“总会处”、“总要处”。所以他又说：“圣贤之学必主乎静。”[15]

朱熹不仅强调“静坐”，而且还就如何“静坐”提出了自己的看法。《朱子语类》卷一百二十，有人问“静坐用工之法”，朱熹说：“静坐只是恁静坐，不要闲勾当，不要闲思量，也无法。”又问：“静坐时思一事，则心倚靠在事上；不思量，则心无所倚靠；如何？”朱熹回答说：“不须得倚靠。若然，又是道家数出入息，目视鼻端自一般。他亦是心无所寄寓，故要如何倚靠。若不能断得思量，又不如且恁地，也无害。”[16]朱熹认为“静坐”没有特别的方法，只是让大脑安静，不思考；如果不能让大脑安静，也没有关系。

朱熹虽然强调“静坐”，但对当时错误地理解“静坐”也提出了反对。朱熹说：“静坐理会道理，自不妨。只是讨要静坐，则不可。理会得道理明透，自然是静。今人都是讨静坐以省事，则不可。”[17]在朱熹看来，通过“静坐”明白道理是可以的，但是，一味地“讨要静坐”则不可以。在《朱子语类》中，有人问：“初学精神易散，静坐如何？”朱熹说：“此亦好，但不专在静处做工夫，动作亦当体验，圣贤教人，岂专在打坐上？要是随处著力，如读书，如待人处事，若动若静，若语若默，皆当存此。”[18]朱熹认为，初学者通过“静坐”来克服精神易散是可以的，但不可“专在静处做工夫”，“专在打坐上”。朱熹还反对像“坐禅”那样的“静坐”。或问：“疲倦时静坐少顷，可否？”朱熹说：“也不必要似禅和子样去坐禅方为静坐。但只令放教意思好，便了。”又有或问：“不拘静坐与应事，皆要专一否？”朱熹说：“静坐非是要如坐禅入定，断绝思虑。只收敛此心，莫令走作闲思虑，则此心湛然无事，自然专一。”[19]朱熹还在评述李侗的“终日危坐”时，说：“终日危坐，只是且收敛在此，胜如奔驰。若一向如此，又似坐禅入定。”[20]显然，朱熹并不反对“静坐”，只是反对“一向如此”。

其实，在朱熹那里，静与动是相辅相成的。朱熹说：“今虽说主静，然亦非弃事物以求静。既为人，自然用事君亲，交朋友、抚妻子，御僮仆。不成捐弃了，只闭门静坐……动时，静便在这里。动时也有静，顺理而应，则虽动亦静也……事物之来，若不顺理而应，则虽块然不交于物以求静，以亦不能得静。惟动时能顺理，则无事时能静，静时能存，则动时得力。须是动时也做工夫，静时也做工夫，两莫相靠，使工夫无间断，始得。若无间断，静时固静，动时心亦不动，动亦静也。若无工夫，则动时固动，静时虽欲求静，亦不可得而静，静亦动也。动、静，如船之在水，潮至则动，潮退则止；有事则动，无事则静。”[21]

正因为如此，朱熹认为，讲“静”不如讲“敬”更好。朱熹说：“罗先生说，终恐有病。如明道亦说静坐可以为学，谢上蔡亦言多著静不妨。此说终是小偏。才偏，便做病。道理自有动时，自有静时。学者只是‘敬以直内，义以方外’。见得世间无处不是道理，虽至微至小处亦有道理，便以道理处之。不可专要去静处求。所以伊川谓‘只用敬，不用静’，便说得平。也是他经历多，故见得恁地正而不偏。”[22]

对于二程，杨时、罗从彦、李侗以来的“静坐”与朱熹反对一味地“静坐”而主张“静”、“敬”之间的关系，明清之际的黄宗羲说：“罗豫章静坐看未发气象，此是明道以来下及延平一条血路也。盖所谓静坐者，不是道理只在静处，以学者人手，从喘汗未定之中，非冥心至静，何处见此端倪？久久成熟，而后动静为一，若一向静中担阁，便为有病，故豫章为人手者指示头路，不得不然。朱子则恐因药生病，其言各有攸当也。”[23]黄宗羲认为，罗从彦讲“静坐”是“为人手者指示头路”，朱熹讲“敬”是“恐因药生病”。显然，黄宗羲并没有把二者对立起来。笔者以为，这种评价是妥当的。

朱熹曾说：“某旧见李先生，尝教令静坐，后来看得不然，只是一个‘敬’字好。方无事时，敬于自持；及应事时，敬于应事；读书时，敬于读书，便自然该贯动静，必无时不存。”[24]可见，朱熹讲“敬”，是融动静为一体，“敬贯动静”[25]。顺便一说，罗从彦也同样赞同程颐讲“敬”，有诗《观书有感》为证：“静处观心尘不染，闲中稽古意尤深；周诚程敬应粗会，奥理休从此外寻。”[26]这里的“程敬”就是指程颐的“敬”。不过，罗从彦并没有把他的“静”与程颐的“敬”对立起来，而是统一在一起。

三

朱熹讲“敬”，虽然直承程颐所谓“只用敬，不用静”，但也是对杨时、罗从彦、李侗一脉的“静坐”思想的继承和发展。

从朱熹的思想发展看，他早年受学于李侗，接受杨时、罗从彦、李侗一脉的“静坐”，并且予以较多的重视。但是，随着当时一些学者对“静坐”的错误理解而流入佛道，朱熹看到了讲“静坐”的缺陷，于是便吸收了二程的“敬”。其实在二程那里，也有这样一个发展过程。[27]

从朱熹所讲的“敬”的内涵看，“敬”不是与“静”截然对立的，而是包含了“静”，包含了“静坐”。在朱熹看来，“静”是“敬”所不可缺少的，而且在某些情况下，以“静坐”为主。朱熹说：“持敬以静为主。此意须要于不做工夫时频频体察，久而自然。”[28]“学者且于静处收拾教意思在里，然后虚心去看，则其义理未有不明者也。”[29]“今人皆不肯于根本上理会，如‘敬’字，只是将来说，更不做将去。根本不立，故其他零碎工夫无凑泊处。明道、延平皆教人静坐。看来须是静坐。”[30]在朱熹看来，“敬”与“静”是互相补充的，在“敬”的过程，“静”具有特殊的功能。

朱熹还有例证用以说明“静坐”的功能。他说：“昔见延平说：‘罗先生解春秋也浅，不似胡文定。后来随人入广，在罗浮山住三两年，去那里心静，须看得较透。’某初疑解春秋，干心静甚事，后来方晓，盖静则心虚，道理方看来出。”[31]（《朱子语类》卷一〇三）也有同样的论述，并且接着说：“所谓静坐，只是打叠得心下无事，则道理始出；道理既出，则心下愈明静矣。”[32]朱熹又举例说：“昔陈烈先生苦无记性。一日，读孟子‘学问之道无他，求其放心而已矣’，忽悟曰：‘我心不曾收得，如何记得书！’遂闭门静坐，不读书百余日，以收放心；却去读书，遂一览无遗。”[33]

由此上可见，朱熹讲“敬”虽然不同于“静”，但也不是与杨时、罗从彦、李侗的“静坐”相对立的，而可以理解为思想上的继承和发展。一些学者较多地看到“敬”与“静”的不同，因而以为杨时、罗从彦、李侗以来的“静坐”没有为推崇“敬”的朱熹所继承。在笔者看来，“静”与“敬”虽有不同，但并不能否定它们之间的融合之处以及先后的承继关系。而当我们看到这一点时，我们就可以不仅从师承关系上，而且从思想关系中，看到从杨时、罗从彦、李侗到朱熹的思想发展理路和一脉相承。

（作者乐爱国，厦门大学人文学院哲学系教授、博导；
本文原载于《朱子研究》2005 年第 1 期。）

注　释：

① 参见高令印、蒋步荣：《闽学概论》，香港：易通出版社 1990 年版，第 13—15 页。

② 罗从彦：《罗豫章集》张伯行“原序”，王云五主编：《丛书集成初编》，上海：商务印书馆民国二十五年版。

③ 《宋史》卷 428《列传》第 187《罗从彦传》。

④ 罗从彦：《罗豫章集》张伯行“原序”。

⑤ 徐远和：《洛学源流》，济南：齐鲁书社 1987 年版，第 288—289 页。

⑥ 罗从彦：《罗豫章集》张伯行“原序”。

⑦ 程颢、程颐：《二程集·外书》卷 12，中华书局 1981 年版。

⑧ 黄宗羲：《明儒学案·自沙学案上》，北京：中华书局 1985 年版，第 83 页。

⑨ 《朱文公文集》卷 40《答何叔京》。

⑩ 《朱文公文集》卷 97《延平先生李公行状》。

⑪ 黎靖德：《朱子语类》卷 12，北京：中华书局 1986 年版，第 216 页。

⑫ 《朱子语类》卷 12，第 217 页。

⑬ 《朱子语类》卷 11，第 178 页。

⑭ 《朱子语类》卷 96，第 2472 页；《朱子语类》，第 178 页。

⑮ 《朱文公文集》卷 75《林允中字序》。

⑯ 《朱子语类》卷 120，第 2885 页。

⑰ 同上书，第 2602 页。

⑱ 同上书，第 2778 页。

⑲ 《朱子语类》卷12，第217页。

⑳ 《朱子语类》卷103，第2604页。

㉑ 同上书，第218页。

㉒ 同上书，第2596页。

㉓ 黄宗羲等：《宋元学案·豫章学案》“附录”，北京：中华书局1986年版，第1277页。

㉔ 《朱子语类》卷120，第2911页。

㉕ 同上书，卷12，第212页。

㉖ 罗从彦：《罗豫章集》卷10《诗》，第111页。

㉗ 有学者问程颐：“敬莫是静否?”他回答说：“才说静，便入于释氏之说也，不用静字，只用敬字。”（程颢、程颐：《二程集·遗书》卷18）。

㉘ 《朱子语类》卷9，第151页。

㉙ 《朱子语类》卷11，第177页。

㉚ 《朱子语类》卷12，第210页。

㉛ 《朱子语类》卷11，第198页。

㉜ 《朱子语类》卷103，第2602页。

㉝ 《朱子语类》卷11，第177页。

朱熹哲学本体论的构建及其“理”蕴

朱熹的哲学思想是朱熹整个学术思想的核心和理论基础，而天理本体论又是朱熹哲学思想的最高范畴，而且渗透到其哲学思想的方方面面。因此，对天理本体论的研究，对认识朱熹的整个学术思想，具有重要意义。

朱熹的本体论思想是一种伦理本位的哲学思想。其本体论思想的形成是在直接继承二程理学思想的基础上，对中国传统文化中儒、道、佛三家学说从思想内容、哲学范畴到思维模式的全面吸收和改造的过程中完成的。作为本体范畴的“理”具有多方面的意蕴，同时在本体论的构建过程中，朱熹的理论思维表现出一代哲学大师浓厚的思辨理趣。

一 援“佛”入“儒”，构建宇宙本体之理

对于儒学来说，佛教是最大的异端思想，它在价值观方面对儒学构成巨大的威胁，历代不乏以儒学正统自居的学者对其进行激烈的批判。然而在理论思维方面，儒学受惠于佛学也最大。佛学对儒学最大的影响是其本体论的思维模式，这也是对儒学最深层和最根本的影响。

汉魏隋唐以来，儒学渐趋衰微。除了深刻的社会历史原因以外，异端思想（特别是佛学）的攻击和儒学本身的理论缺陷也是一个重要的原因。因此，对于佛学，理学家面临两个任务：一是批判佛教理论与伦理纲常相违戾的方面；二是把儒家的伦理思想与佛学的思辨哲学相结合以提高其理论思维水平。

隋唐以来，佛教各派尽管形式各异，但就其哲学思辨而言，其本质则是一致的，即都采取了本体论的思维模式。如华严宗的“理”，天台宗的“心”和唯识宗的“识”等都是一个本体意义上的哲学范畴。首先他们把这个主观意念上的概念对象化，然后用这个对象化的意念来融通物我使之成为本体。这样心外、识外、理外无物，四大皆空，其修养之道便是通过“主静”的“观心”来证悟这个本体的“空寂”并与之圆融同一。所以天台宗宣扬“心生则种种法生，心灭则种种法灭”。在理学家那里，“理”是宇宙本体。首先他们把这个具有伦理本位的观念对象化，然后以之贯通形而上与形而下，使之成为本体，然后通过“格物”来体认其客观存在。只不过这个本体的“理”不是空寂之理而是囊括了“天地”、“理气”、“道器”、“性命”和各种伦理道德范畴的实理，或者是一种精神性的客观实在。朱子以“理”为宇宙本体，天地万物均以“理”作为其存在的根据，如他说：“宇宙之间，一理而已。天得之而为天，地得之而为地，而凡生于天地之间者，又各得之以为性。……自未始有物之前，以至人消物尽之后，终则复始，始复有终，又未尝有顷刻之或停也。”（《朱文公文集》卷七十）理在这里有了永恒性、普遍性和形而上性。

至于朱熹天理的“天”，其内涵则承袭了先秦以来主宰之天和自然之天两种意蕴。如他说：“天固是理，然苍苍者亦是天，在上而有主宰者亦是天。”（同上书，卷七十九）前者如“天命”之天，后者如荀子所言的“天行有常”之天。这样，朱熹的天理观便具有了如下的哲学内涵。

1. 本体之理，它具有绝对性和普遍性；

2. 主宰之理，它具有神圣性和必然性；

3. 自然之理，它具有客观性和真实性。

所有这些关于理的内涵的哲学规定，都在于说明伦理道德的合理性与合法性，从而极大增强了道德说教的理性色彩。

在吸收佛学本体论思维模式的基础上，朱熹又否定了佛教“空本论”思想。“空”是佛教哲学基本理论之一，佛教各派普遍使用这一基本范畴。其基本含义是指事物的虚幻不实，或指本体的空寂明净。这从根本上动摇了儒家的伦理纲常。朱熹说：“佛老之学，不待深辩而明。只是废三纲五常，这一事已是极大罪名！”（同上书，卷一百二十六）对此，站在儒学的正统立场，就只有“攻其异端，斯害也已”了。

援佛入儒构建本体论哲学，表现出纳实（形下）入虚（形上），以虚统实，虚实贯通，浑然一体的思辨理趣。

二　援“理”入“义”，构建伦理本位之理

言而无文，其行不远。缺乏哲学思辨使得儒学在佛、道等异端思想（二者都具有浓厚的哲学思辨色彩）攻击下渐趋式微。要增强道德教化的说理性，就必须对其进行哲理化改造以适应时代发展的要求。先秦原始儒学没有多少哲学思辨。汉魏以来经学同样缺乏思辨方法（玄学虽然提出体用、本末等范畴，而且具有浓厚的哲学思辨，但不能算是正统的儒学）。古文经学派重名物训诂且恪守家法，禁锢了思想的发展；今文经学派重微言大义，恣

意解经，甚至六经注我，同样不过道德说教，缺乏理论思辨。故只能称之为“义”学而不能称之为“理”学。在中国哲学史上，先秦儒家就具有天人合一的思维模式，但儒家的天人思维具有以人合天或天人合德的思维特征，即附会自然以某种道德属性，表现出道德本位的价值趋向，从未形成自觉的本体论的思维模式。因为从逻辑上讲，既言天人“合”一，自然以天人相“分”为逻辑前提。如孟子曰：“诚者，天之道也；诚之者，人之道也”（《孟子·离娄下》），也只是表现出人道应体现天道的思想倾向而已。董仲舒提出“天人之际，合而为一”（《春秋繁露·深察名号》），仍不是一个本体论的命题而且充满神学色彩。在儒学发展史上真正建立本体论哲学的思想家是宋代的张载，这就是他的气本论哲学。朱熹在继承张载气本论理论思维成果的基础上，形成自己的理本论哲学，他把张载的“气”降为形而下的器，而把道德伦理总名的理上升为形而上的道。朱子曰：“天理既浑然，然既谓之理，则便是个有条理的名字。……须知天理只是仁义礼智之总名，仁义礼智便是天理的件数。”（《朱文公文集》卷四十）天理具有伦理道德的含义，但伦理意义上的天理，其中也有具体的内容，仁、义、礼、智四者便是天理的具体条理。天理与仁、义、礼、智这些具体的物理，便是一多互摄，浑然贯通的一体。由于伦理本位的理学思想其实质在于宣扬所谓的道统论，所以朱熹常常以道命理，合称道理。

在理本论体系内，朱熹对儒家的道德学说进行了全面的总结，他采取以子入经、经传相分、直取经义的路数，将“四书”上升为经学，作为其经学的主体和基础，用四书发明道统，再以理为核心，把经学史上提出的道、气、理、心、情、性、欲、阴阳、太极、道器、体用、本末、形神、变化等范畴都纳入自己的理本论的哲学体系中，从而建立起自己的伦理本位的思想体系，并使之哲学化。

把观念性的仁、义、理、智、信五常，上升为形而上的精神实体，这就为其找到了本体论上的哲学依据，同时也为三纲五常等伦理规范的践行找到了合理性的论证，从而极大提高了儒学的理论思辨水平。

在伦理本位思想体系的构建中，表现出以理明道、道理贯通的思辨理趣和本体论、伦理学和认识论三位一体的思维特征。

三　援“道”入“儒”——构建客观规律之理

伦理本位的朱熹理学自然以宣扬儒家的伦理道德为其目的。但这并不排除他在建立自己哲学体系过程中对自然界客观规律的探索。事实上朱熹对天文、地理、乐律、象数等自然科学都有过深入的研究。他的理本论哲学常常以“道”指称其本体之“理”，其内涵也是十分丰富的。即有道德之道的内涵，也有天道之道即自然规律的含义。从思想的继承上讲，朱熹理学深受道家和道教的影响。道家对朱熹理学的最大影响是道家的宇宙生成、万物化生以及对自然规律的重视。在先秦道家那里，道是老子哲学的最高范畴。老子的道具有以下几个特征：

1. 形而上性。老子曰：“视之不见，名曰夷。听之不闻，名曰希。博之不得，名曰微。此三者不可致诘，故混而为一。”（《老子》十四章）就是说道是一种超越具体形象之上不可被感知的东西。

2. 客观实在性。“道生之，德蓄之，物形之，势成之，是以万物莫不遵道而贵德，莫之爵而常自然”（同上书，五十一章），即道具有普遍性和客观实在性。

3. 绝对性和永恒性。“有物混成，先天地生，寂兮寥兮，独立而不改，周行而不殆。可以为天下母，吾不知其名，字之曰道，强为之名曰大。”（同上书，二十五章）

4. 本源性。“道生一，一生二，二生三，三生万物。”（同上书，四十一章）

以上特征说明老子的“道”是一个本体意义的范畴，但又表现出二元论的色彩，有时指物质实体的道，有时又指精神实体（即规律）的道，具有模糊性的思维特征。而且老子认为人们可以通过“观复”，即以道观物和观物体道的途径来认识道的循环变化流行。其宇宙生成图式为：

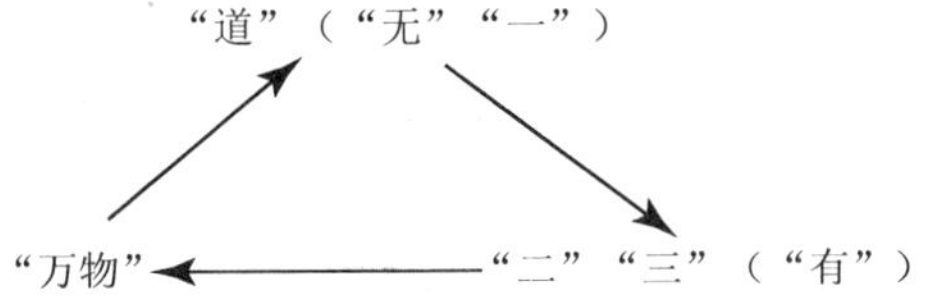

老子的宇宙生成和万物化生观点给朱熹以深刻的启迪。这表现为朱子通过对张载气本论哲学思想的吸收，形成自己理气统一的本体论哲学体系。

张载的气本论哲学在当时已被普遍接受，如果不能纳气入理，理气合一，理本论的哲学体系便不圆满，也很难为时人所接受。不过朱熹对张载的气本论的改造不是把“气”上升到形而上的本体而是降到形而下的器物层面。既然理为本体（道）气为事物（器），那么理气关系就是一与多的关系。朱熹通过“理一分殊”的哲学命题来说明两者的关系。天理只有一个，然而理存在于万事万物之中，通过分殊的万物表现出来，这就如同月映万川一样。

理与气的关系表现为：

1. 理先气后。即从宇宙本体角度看，理在先，气在后。理不仅存在于气之先，而且是天地万物存在的根据。理（形而上之天理）通过气的变化来生长发育万物。这就如同先有天上之月，然后才会有万川的月影一样。

2. 气先理后。从万物禀赋的角度看，气在先，理在后。具体事物的生成在于禀赋了阴阳之气，然后才有了万物之理（即形而下之物理）。即事物之理从属于事物之气，这就如同先有了万川，然后月亮才能被映照一样。

3. 理气不离。“天下未有无理之气，亦未有无气之理。”（《朱子语类》卷一）理无气不能生物，气无理则失去其存在的依据。这里的理便是形而上的天理与形而下的物理的统一圆融，就好像天上之月与水中之月本为一体，只不过水中之月是天上之月的殊相而已。

朱熹哲学思想的逻辑结构可图示为（见张立文《朱熹思想研究》）：

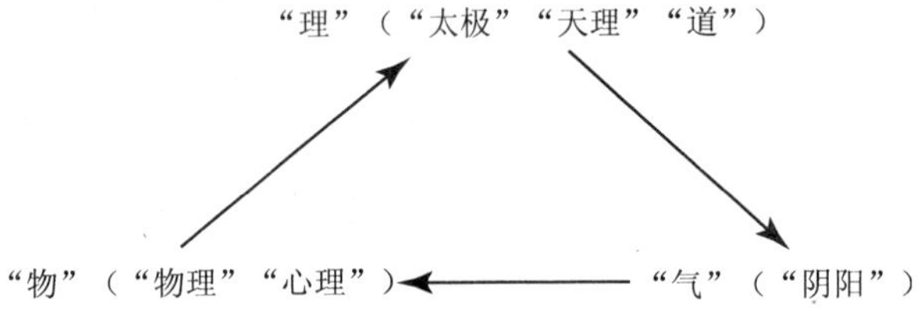

这与老子哲学逻辑结构何其相似。所不同者，老子形而上的“道”具有客观规律（天道）的内涵，而朱熹形而上的“理”却偏重于伦理道德（道理）的内涵而已。不管怎么说，朱熹形而下的理毕竟为探索自然规律留下了空间。同时也因其哲学体用一源、显隐无间的本体特性而使得其形而上的天理具有了客观规律的含义。

朱熹将客观规律之“理”纳入其本体论之中，旨在说明具有本体特征色彩的伦理道德的合理性。他吸收改造老子“万物莫不遵道而贵德”（《老子》五十一章）和“孔德之容惟道是从”（《老子》二十一章）的认识论思想，提出“即物穷理”的认识论命题，即通过对具体物理的探究来体认和把握伦理本体的天理。

在建立客观规律之理的过程中，朱熹的思维表现出纳“气”入“理”，“体”、“用”互发的思维理趣。

朱熹在建立其理本论哲学过程中对儒、道、佛三家哲学思想的吸收和改造可以表示如下：

佛学—思维模式—空 本 论—伦理本体—天理
儒学—价 值 观—三纲五常—道德哲学—道理
道学—思维方式—观物体道—格物致知—物理

作为“致广大，尽精微，综罗百代”（《宋元学案·晦翁学案》）的一代学术宗师，正如其思想的博大精深一样，他的理本论哲学从其思想来源、思维模式以致基本哲学范畴方面也是博采众长，熔为一炉。其理学之“理”是一个道器互贯、体用融通的具有多层次多方面内涵的哲学范畴。

理学的建立，实现了儒学的哲学化改造，极大提高了儒学的理论思维和哲学思辨水平，避免了儒学的宗教化。而本体论构建则是朱熹哲学的核心与基础。在这个构建过程中，朱熹的理论思维具有浓厚的思辨理趣。

（作者朱平安，武夷学院（筹）武夷文化研究所副教授；
本文原载《武夷文化研究》2005 年第 1 期。）

参考文献：

［1］蔡方鹿：《朱熹与中国文化》［M］，贵阳人民出版社 2001 年版。
［2］张立文：《朱熹思想研究》［M］，中国社会科学出版社 2001 年版。
［3］武夷山朱熹研究中心：《朱子学与 21 世纪国际学术研讨会论文集》，三秦出版社 2001 年版。

3. 经　　学

朱熹《四书》学与儒家工夫论

我们可以将朱熹的《四书》学全面理解并等同于一种“修己治人”的工夫论，事实上，无论是从《四书》的文本意义，还是从朱熹《四书》学诠释的目的来看，将《四书》学理解为儒者立志于成就为内圣外王的一整套工夫论，确是具有充分理由的。

朱熹一直强调，“第一义”的儒者学问，应该是来之于个体自我的身心实践，他说：“学问，就自家身上切要处理会方是，那读书底已是第二义。”如何理解这个“第二义”呢？我们认为，“第一义”与“第二义”并不是重要程度的排序，而是“本原义”与“派生义”的关系表述。那么，作为“第二义”的读书，是依托在“第一义”的自家身心实践基础之上的，故而朱熹又强调：“读书，不可只专就纸上求理义，须反来就自家身上推究。”（卷10）我们似乎可以说，以朱熹为代表的宋儒所要复兴的儒学，最关键的并不是创造了一种新的儒学知识形态，即以一种道德义理之学去取代汉唐的章句训诂之学；而是在努力恢复先秦儒者那种“第一义”的学问，即要复兴儒学的人文关怀与实践品格，努力在修己治人的身心实践中建立一个“天下有道”的理想世界。所以他感叹“秦汉以后无人说到此，亦只是一向去书册上求，不就自家身上理会”（卷10）。朱熹所要恢复、建立的这一套能够从“自家身上”推究的学问，就不会是一种与现世实践相隔离的语文知识和历史知识，而是一种与生活日用连为一体的实践工夫论。

问题是，《四书》学本来就是一种经学的学术形态，经学是由体现为历史文献的原典及其历代儒者的训释系统构成的。对历代的儒家学者而言，经学包括了文献版本、文字训诂以及历史、哲学、政治、伦理等多种学问构成的知识体系。这些学问知识如何能够转化成日用伦常的实践工夫？朱熹要求“就自家身上推究”的《四书》学又如何将“知”转化为“行”？

其实，要回答这个问题，首先要回到原典本身，也就是要还原朱熹所反复强调的原典的学术特征与文化精神。因为朱熹认为，儒家学者所诠释的《四书》学所以能够转化成生活日用的实践工夫，其根本原因就在于《四书》原本就是圣人修身工夫与实践历程的记录。孔子、曾子、子思、孟子等先圣先贤均是终生致力于修己治人的实践活动，他们在这种修身实践中获得许多的感悟与体会，圣贤及其生徒们将这些感悟、体认总结记录下来，就成为后代儒者们所读到的儒家经典《四书》。因此，《四书》只是实践工夫的记录而不是一种知识推理的体系。黄俊杰先生认为："所谓'工夫'，就是指这种道德心在具体情境中的展开过程，而不是一种客观而抽象的推理过程，因此，严格地说，古代儒家并没有提出一套作为方法论意义的'工夫论'。古代儒家强调人要随时随地自我提升，在这种'工夫'实践完成之后，才会有对这种'工夫'境界的体认与描述。"（p. 412）先秦儒家圣贤们的"体认与描述"就成为儒家经典的《四书》，它们记录了古代圣贤的修己治人工夫的体认。朱熹就经常强调《四书》本身的工夫论特征，他在多个地方反复说："《论语》之书，无非操存、涵养之要；《七篇》之书，莫非体验、扩充之端。"（卷19）因此，朱熹认为，后来的儒者在阅读、训释孔、孟留下来的儒家经典时，其目的并不只是为了获得一种与经典文献相关的知识，而是要从先圣先贤的实践工夫中获得启示，寻求自我身心实践的方法与手段。也就是说，《四书》留下了孔孟等圣贤修己治人的实践工夫记录，而朱熹等通过诠释《四书》而建立的《四书》学体系则只是阐发、完善这套工夫论体系。朱熹在《四书》的诠释方法方面反复强调"从自家身上理会"、"从自家身上推究"等体验—实践的诠释方法，并将其称之为"第一义"的方法，就是希望先圣先贤留下的这一套成德工夫能够继续为后来的儒家学者所践履。

朱熹在讨论《四书》的大义、在阐发圣人教人的根本宗旨时，总是要强调"做事"、"行"的"第一义"。譬如，他在为被视之为"入德之门"的《大学章句》作序时说：

> 夫以学校之设，其广如此，教之之术，其次第节目之详又如此，而其所以为教，则又皆本之人君躬行心得之余，不待求之民生日用彝伦之外，是以当世之人无不学。(《大学章句·序》)

他还对学生们强调《四书》的工夫论特质、实践性品格：

> 圣贤千言万语，无非只说此事。须是策动此心，勇猛奋发，拔出心肝与他去做！（卷8）

由于儒家所教者不过是修己治人之术，它们来之于"人君躬行心得之余"，求之于"民生日用彝伦"之中，因此，学者们在学习儒家经典、倾听圣贤的谆谆告诫之时，必须懂得他们所学的"知"是来之于"行"，最终又要归之于"行"的。圣贤千言万语所表达的，其实就是人们必须践行的"事"，所以学者们应牢牢记住"策动此心"去做事。

但另一方面，我们应该如何理解朱熹对独立性知识体系的探求？他一生探讨学问，广泛涉及经学、佛学、道学、史学、文学、天文、地理等各门学说，特别是他建构了一个包括太极、阴阳、理、气、天命之性、气质之性、道心、人心等抽象范畴的庞大知识体系，它们显然是一种解释世界的概念化知识体系，与"行"、"做事"的实践工夫并没有直接的关联。确实，朱熹不仅是一个策动人们奋发去做的道学家，也是一位有着广泛知识兴趣的学问家。但是，朱熹本人总是不断强调，一切学问均应与自己的身心实践有关联，而不是某种脱离自己身心实践的外在知识，他说：

学问是自家合做底。不知学问，则是欠阙了自家底；知学问，则方无所欠阙。今人把学问来做外面添底事看了。（卷8）

他强调学问与“自家合做底”的生活实践之间不可分离的关系，可见在他眼中并无完全独立的知识。就是最为明清儒家学者所批评的无极太极、理气、心性的空谈，其实均是有强烈的实践诉求的。朱熹确是建构了一个十分抽象、庞大的宇宙论知识体系。但是，朱熹所探讨、论述的宇宙自然并不是一个独立于人的外在存在，那个推动宇宙化生、自然演进的太极、天理，总是完满地体现在道德实践者的本性、本心之中。那个由太极与阴阳、理与气构造的概念世界并不是一个客观的知识体系，而是一个与实践主体息息相关的“实践知识”，因为儒家的宇宙世界从来就是由人类“参天地，赞化育”的生生不息的过程。那么，一切有关太极、阴阳、理气、天命之性与气质之性、道心与人心的论述与描绘，均是为使实践的人在参赞天地化育的过程中获得实践目的、操作程序的理论依据。譬如，天理是纯静的本体，于是，人的实践工夫也应该是“持敬以静为主”（卷9）；天理拥有对天地自然的主宰性，同样，那包含着天理的人心同样对天地万物具有主宰性。总之，那“位天地，育万物”的宇宙之理，其实也是“圣门日用工夫”的实践之理，朱熹说：

圣门日用工夫，甚觉浅近。然推之理，无有不包，无有不贯，及其充广，可与天地同其广大。故为圣，为贤，住天地，育万物，只此一理而已。（卷8）

可见，那表面上十分高远、抽象的天理，却是存在于同样十分浅近、具体的日用工夫之中，是一种可做可行的操作方法、活动程式，“道”与“术”，应该是一体的。

因此，朱熹以毕生精力研究《四书》，完成了这种新时期的经学形态——《四书》学，而他所建构的《四书》学则正是这样一整套修己治人的儒术，至于其中广泛讨论的理气、心性等问题，其实只是为日用工夫提供文本依据与精神意义。我们可以就此问题对《四书》的主旨与朱熹的诠释意义作进一步的分析。

《大学》是朱熹列入《四书》之首的经典，其理由他曾多次强调：

是以是书（指《大学》）之规模虽大，然其首尾该备，而纲领可寻，节目分明，而工夫有序，无非切于学者之日用。（《大学・或问上》）

《大学》是修已治人底规模。如人起屋相似，须先打个地盘。（卷14）

《大学》所以被列为学问之先，视为“修己治人底规模”，是因为它提出了为学工夫的八目，即格物、致知、正心、诚意、修身、齐家、治国、平天下，朱熹在《大学章句序》中将其称之为“教人之法”、“教之之术”、“修己治人之方”等等。总之，《大学》列入《四书》之首是因为它完整、系统地展示了儒术的纲目，是儒家工夫论的序列与体系。至于其他儒家经典所列的工夫论，均可分别纳入到这个序列、体系之中，朱熹明确说：

《大学》是为学期领。先通《大学》，立定纲领，其他经皆杂说在里许。通得《大学》了，去看他经，方见得此是格物、致知事；此是正心、诚意事；此是修身事；此是齐家、治国、平天下事。（卷14）

这样一部为学纲领的书，也就是指导儒家学者生活实践的“行程”。所以，朱熹亦常常称《大学》为“行程”，认为其主要目的是指导学者的践行，他说：“《大学》如一部行程历，皆有节次。今人看了，须是行去。今日行得到何处，明日行得到何处，方可渐到那田地。”（卷14）朱熹在诠释《大学》时，对这部“行程”的每个具体的节目、工夫均作了系统的阐述，成为表达“儒术”、指导儒者践行的方法和手段。

朱熹将《论语》、《孟子》两书列之于《大学》之后，这种编排亦是从工夫论的角度考虑。他认为《论语》、《孟子》也是两部教人做工夫的经典，可以将其所述工夫纳入到《大学》的框架、纲领中去。朱熹说：“《论语》、《孟子》都是《大学》中肉菜，先后浅深，参差互见。若不把《大学》做个匡壳子，卒亦未易看得。”（卷19）朱熹经常与弟子讨论《论语》、《孟子》的各自特色与差别，这种种特色、差别也正是工夫论的意义，他说：

《论语》之书，无非操存、涵养之要；《七篇》之书，莫非体验、扩充之端。盖孔子大概使人优游餍饫。涵泳讽味；孟子大概是要人探索力讨，反己自求。故伊川曰：“孔子句句是自然，孟子句句是事实。”亦此意也。如《论语》所言“居处恭，执事敬，与人忠”，“出门如见大宾，使民如承大祭”，非礼勿视听言动，之类。皆是存养的意思。孟子言性善、存心、养性，孺子入井之心，四端之发，若火始燃、泉始达之类，皆是要体认得这心性下落，扩而充之。（卷19）

朱熹认为《论语》、《孟子》所教者均是如何做修己治人的工夫，但两者的特色、差异是工夫的侧重点不同，也就是朱子的学生所概括的，“孔子教人就事上做工夫，孟子教人就心上做工夫”（卷19）。在《朱子语类》卷十九的《论孟纲领》中，有朱熹与其弟子讨论《论语》、《孟子》之纲领的大量言论，这些言论的主要内容就是讨论《论语》、《孟子》所讲的工夫论的特色和差异。譬如“孔子教人只从中间起，使人便做工夫去，久则自能知向上底道理，所谓‘下学上达’也。孟子始终都举，先要人识心性著落，却下功夫做去”。（卷19）这都体现朱熹集注《论语》、《孟子》的工夫论学术特色。

《中庸章句》一书的工夫论特点更加鲜明。首先，《中庸》一书亦如《论语》、《孟子》一样，是《大学》工夫论的体现与深入。朱熹将《中庸》所谈的种种工夫均纳入到《大学》修己治人的八大纲目中去，他说：“如读《中庸》求义理，只是致知功夫；如慎独修省，亦只是诚意。”（卷19）可见，《中庸》的工夫论也被纳入到儒学“修己治人之术”的大框架之中。当然，《中庸》一书提出了更加多样化、系统化的修身工夫论，这些工夫论成为朱熹等宋儒反复探讨、躬行实践的对象。譬如被称之为“为学之序”的“博学之，审问之，慎思之，明辨之，笃行之”；作为“修道凝德之大端”的“尊德性而道问学”、“致广大而尽精微”、“极高明而道中庸”，等等。这些修身工夫论有了更加深入细致的规定、含义，但是，它们亦均可纳入到《大学》的工夫论体系之中。如学问思辨、道问学等均属格物致知工夫，而行、尊德性则均属正心诚意的工夫。

当然，《中庸》一书还有更加精深的一面，就是将工夫提升为本体。本来，《中庸》一书的篇名、学术宗旨就是工夫论。《中庸》之“中”本来就不是一种关于外部世界的对象性知识，而是对实践主体的人如何把握行为之“度”、“宜”的运作技艺。主体的人必须在生活实践的“过”与“不及”的两端中寻求适度、合宜的行为方式，它被称之为“中”。从子思开始，到程朱对《中庸》的诠释，均使得工夫论意义的“中”形而上化。从子思的“中也者，天下之大本也；和也者，天下之达道也”，到朱熹将“中和”诠释为天理、天道，他说：“大本者，天命之性，天下之理皆由此出，道之体也。达道者，循之谓，天下古今之所共由，道之用也。”（《中庸章句·第一章》）而这个被称之为“天下之大本”、“天理”的“中”，其本来意义、思想来源从来就是主体实践活动中所要达到合宜的行为方式或操作技艺，也是孔子所传授、子思在《中庸》一书中表述的“执其两端，用其中于民”。所以，尽管朱熹从天理论的角度对《中庸》作了许多形上本体论的诠释，但他始终强调这一点，即《中庸》所传授的儒家的“心法”，他说：“此篇乃孔门传授心法，子思恐其久而差也，故笔之于书，以授孟子。”（《中庸章句·第一章》）所谓“心法”，亦相当于“心术”，即一种精神修炼的技艺或工夫。

可见，《中庸》一书所以能够从《礼记》中列出，成为《四书》之一，一方面是由于它本身所具的工夫论特色，另一方面更是由于它成功地将工夫与本体结合起来。“允执厥中”能够从一种工夫上升为“天理”的本体，也正说明了这样一个重要的事实：《四书》学的真正学术主旨是修己治人的工夫论，天理的本体论来之于生活实践的日用工夫的把握，同时它最终仍须回归到生活实践的工夫中去。

（作者朱汉民，湖南大学岳麓书院教授、博士生导师，
本文原载《北京大学学报（哲学社会科学版）》2005 年第 1 期。）

参考文献：

[1]［宋］黎靖德：《朱子语类》，中华书局 1986 年版。

[2] 黄俊杰：《东亚儒学史的新视野》，喜玛拉雅基金会 2001 年版。

[3]［宋］朱熹：《四书章句集句》，中华书局 1983 年版。

[4] 朱汉民：《中国知识传统的审思》，船山学刊 2003 年第 3 期。

朱子学与经学研究的新突破

——评蔡方鹿先生的《朱熹经学与中国经学》

冯友兰曾把中国从董仲舒到康有为的时代称为经学时代。经学成为封建社会的主流文化意识形态。朱熹作为中国封建社会继孔子之后影响最为巨大的儒家代表人物之一，其实他首先是一个经学家，其著作也主要是经学著作，研究其理学或者其他思想本来都应该建立在对他经学研究的基础上。然而，历来人们都主要把他作为一个理学家来研究，集中研究朱熹的理学思想，而对朱熹经学思想的研究几乎留下大片空白。与朱子学的其他分支相比，朱熹经学的研究显得相当滞后，一般在现代学者的专经通史、断代的经学史及较少的几部经学通史中有相关的章节对朱熹经学进行了简要的研究。这些研究固然都有它独特的价值，但是他们都没有能够对朱熹经学进行全面而深刻的发掘：专经通史只是关注朱熹经学的某一个方面，其中研究较多的就是朱熹的《诗经》学；《尚书》的通史当然只着重蔡沈的《书集传》，至于朱熹的《易》学、《春秋》学和《礼》学则是少有论及。此种情形下，蔡方鹿先生的《朱熹经学与中国经学》（人民出版社 2004 年 4 月版，656 页，49 万字。以下皆简称为蔡著）的出现，无疑具有重要的意义。这是第一部全面系统研究朱熹的经学思想的专著，是对朱熹思想研究的新突破新开拓，填补了朱子学与经学（宋学）研究的空白。蔡著全书分为三大部分，前面四章为第一部分，是对中国经学史的宏观研究，为后面对朱熹经学的研究提供了一个学术的背景和历史参照。第五章至第十一章为第二部分，把朱熹经学分为具体的各个门类进行剖析，这是全书的重点和主体。第十二章至书末，在分门别类对朱熹经学进行研究之后，对朱熹经学的特点、经典诠释学、地位和影响进行了总结和评价。可以说，蔡著第一次深入地对朱熹的经学思想进行了全面系统的研究，深刻揭示了朱熹经学的思想特点，揭示了朱熹的经典诠释学，在一些重要的问题上超越了前人。

一 宏阔的经学文化视野：点、面、线三结合的研究方法

《朱熹经学与中国经学》研究朱熹经学的最大特色，首先就是它的宏阔的经学文化视野，作者采取了点、面、线三结合的研究方法，这实际就是一种宏观探讨与微观研究相结合的方法。关于此书的研究方法，作者有这样一段说明：“鉴于朱熹经学是中国经学发展到宋代的产物，是经学中宋学的重要理论代表，所以应结合中国经学思想发展史、宋学思潮来研

究朱熹的经学思想，把朱熹经学置于中国经学发展的大背景下，以朱熹经学为点，以宋学为面，以整个中国经学发展史为线，通过点、面、线三者结合，在相互联系中，作纵横比较，全面、系统、深入地去研究朱熹经学的理论构成、特征及其在中国经学发展史上的地位，防止只见树木，不见森林，脱离宋学和整个中国经学的演变发展去孤立地研究朱熹经学。”蔡先生对“点、面、线三者相结合”的研究方法的阐述其实很容易理解：就是以中国经学史和宋学作为朱熹诸经学的思想背景，尽可能地为对朱熹经学的研究创造一个网络，使得站在朱熹经学的任何一个点上都可以追溯其渊源和发展历程；都可以通过对以后的影响来评价其意义和贡献；都可以对朱熹经学作出既客观又恰当的定位。

蔡著对朱熹经学研究的超越前人的新突破与深入，在很大程度上得益于它对研究方法的正确的选择。何耿镛先生在《经学概说》中对专门研究经学家的著作作出了这样的评价：“这类著作作为后代记载，不能看出经学发展的趋势，且偏重于个人的成就，而看不出某一时期总的情况。”陈居渊在日本人本田成之的《中国经学史》的“出版说明”里面也表达同样的见解。可见对经学家进行研究不大容易揭示一个时期的经学大势和特色。为了避免此种情况，蔡著在以朱熹为研究对象的同时，注意揭示了他经学思想所处的宋学背景和整个经学思想在历史长河中的演变流转，深入地探讨了朱熹思想的渊源、对前人思想的发展、对自己思想的修正和调整以及对后世的影响。这种研究方法，实质上综合了专经通史、专经断代史、经学通史以及个人经学思想研究的长处和优点。例如，蔡著在论述朱熹《诗经》学的时候，就讲到朱熹《诗》学的宋学背景；讲到宋学在中国经学史上兴起的原因和历程。宋代欧阳修、苏辙、郑樵等人对朱熹《诗》学的影响更是第七章的重点。朱熹关于《诗经》一系列经学思想提出的背景提出的价值以及对经学研究的影响都在后面的章节里一一提到。其中理会赋比兴一节，更是把朱熹之说与东汉郑玄、郑众、唐代孔颖达等人的观点进行了比较，考查了他们在理解上的异同。对这种理解异同背后的治经理念也进行思考和推究，而这种治经理念往往关涉时代的经学思潮。这样一来，就容易使读者对《诗经》研究的经学史脉络有一个大概的了解；对宋代《诗经》学的兴起、思想内容、特色和影响都有一个清楚的印象；对宋学勇于怀疑、破除陈见的总体风貌也有了一个具体而实在的把握。对朱熹经学进行的这种点、线、面相结合的研究，克服了传统以经学家为研究中心所必然具有的缺陷，它超越了仅仅罗列经学家著作的形态，具有很强的理论深度。这种融合专经通史、专经断代史和经学通史的研究方法，使人对研究对象所处的时代的经学思潮有一个较为完整和清晰的印象，从而，对于准确把握朱熹的经学思想有极大的帮助。

蔡著把朱熹的经学思想放到整个经学史和宋学思潮的发展中，对朱熹经学的七个有机组成部分进行了具体详尽的个案研究，然后，把个案研究所得的结论进行深度挖掘，从而总结出朱熹经学思想总的本质层次的特征。这里不妨以蔡著在朱熹《礼》学思想研究上的开拓创新为例：

相比朱熹经学的其他组成部分，朱熹《礼》学思想的研究显得更加薄弱。周予同先生《朱熹的经学》里面对朱熹《礼》学思想做了初步的研究，主要讲了三个方面的问题：第一，三礼的历史；第二，朱熹《礼》学的古文家立场；第三，朱熹对三礼关系论述的论定。周予同先生认为：“朱熹于《诗》不信毛郑，于书质疑《古文尚书》，如按以两汉家法，则当排斥《周官》，尊信《仪礼》；然经学上之宋学，自有其主观上之立场，而非家法之所能限。故朱熹之于三礼，以《周礼》为周制，《仪礼》为未备，而于《礼记》加以贬抑。”又认为“此种以《仪礼》为未备而惋惜《逸礼》亡佚之语调，实俨然古文家言也”。周先生把朱熹《礼》学思想归为经古文学家一类，认为“故以经学言，朱熹多因袭之论，而以礼制言，则朱熹亦自有其创见也”，虽然肯定朱熹制礼的努力，但是从主体上否定了朱熹的《礼》学思想作为经学思想的学术价值。蔡著在全面研究朱熹经学的过程中，发现强调经传相分可以说是朱熹经学一以贯之的特点：在对《大学》研究时，朱熹把“四书”之首的《大学》分为经一章传十章的经传两个部分，以提出和解释三纲领八条目的内在逻辑，把《大学》分为经和传的两个部分；对待《周易》，朱熹把《周易》分为上下经与十翼经传两个部分，在他的《周易本义》里，他把十翼从基本的经文中分离出来，列于上下经之后，体现了经传相分的原则：在《诗经》方面，朱熹提出《毛传》“不与经连”的经传相分的思想；对待《孝经》，朱熹同意《孝经》是孔子自著的观点，把《孝经》分为经传两个部分，其经文部分是《孝经》的前六章，朱熹将其合为一章，作为经文，认为经文是曾子门人记孔子曾子问答之言，其传文部分为经文以下的内容，朱熹把传分为十四章，不与经文混合在一起。同样，朱熹的《礼》学思想也具有经传相分的特点，蔡著认为朱熹以《仪礼》为经，《礼记》为传的思想，是对宋学中王安石新学一派的批评，亦是其经传相分、不以传废经思想的表现。

了解这个总特点，给蔡著分析朱熹《礼》学思想提供了背景知识的支持：基于朱熹在研究其他经书也大都强调经传相分的特点，所以《礼》学中的经传相分相合就不是一个偶然的个别的现象，而是体现了朱熹一贯的治经风格和特点，经传相分是朱熹《礼》的根本观点。这一认识表现了对朱熹经学思想研究的逐步深化，是在发现朱熹经学总特点之后对它的具体组成部分再次进行的深层次的研究。蔡著认为：“朱熹提出经传相分的思想，其目的是为了克服只讲传注，不重经义，或只重阐发传文之义理，而脱离经文之本义的偏向。从而把经文摆在更为重要的位置，以作为经学的基础，强调以经为本，而不以传注为本，道理应从经文本义中得出，或通过以义理解经来探求，但反对以推说义解经，以就己说。这正是朱熹唯本义是求解经原则的充分体现。”蔡著由此敏锐地察觉了朱熹经传相分总特点在《易》学和《礼》学中具体运用时的细微而重要的差别：同是经传相分的特点，“其《礼》学的侧重点在于经传相合。朱熹易学经传相分，复古《易》之旧的目的，乃于说明《周易》的《经》这部分本为卜筮而作，不应将《传》对义理的发挥与《经》的卜筮混为一谈。而朱熹《礼》学的经传相合，则是为了便于学者理解《仪礼》经文的本义。虽然是针对当时学界的流弊而发，目的都是为了强调和突出经文本义的重要性，其易学是为了强调《易经》的本义是卜筮，而其《礼》学则是为了方便学者了解《仪礼》经文的本义为何”。虽然经传相分与相合，都是为了直求经文之本义，都是以经为主，而以传为末，传注等材料是为了解释说明经义的。但是，揭示经传相分这一总特点在运用上的具体差别，表现了蔡著对朱熹经学思想研究的深化和细化。对细节执著的钻研又为充实朱熹经学总特点的研究提供了更感性的实证的支持，这也从另一个方面体现了蔡著研究模式上的优势。这里不妨再看一下周先生在这个问题上的说法和蔡著的纠偏：

周先生把朱熹《礼》学中经传相分的思想与朱熹推重《周礼》联系在一起，得出朱熹重视信赖《周礼》的结论，并进而推定朱熹经古文学家的立场。实际上，经学相分和相合作为朱熹治经一贯的特点，这个特点具体到《礼》学的运用虽然有自己的侧重点，但是都是为了重视经义本身，也就是说为了强调《仪礼》作为经义载体的重要地位，而不是出于古文家的立场对《周礼》进行推重，并不能以此作为朱熹的古文家立场的一个证据。其实，朱熹对《周礼》的推重也应该作具体的分析，蔡著在“因与时”一节对此进行了客观又实事求是的分析：“朱熹以《周礼》为纲领，既强调‘礼，时为大’，变革其流弊，随时变通，以适应社会发展的需要。又主张因与时相结合，不以其流弊而否定《周礼》，对于三纲五常等礼之大本大原，则须护持而不可变。在维护纲常不变的前提下，又主张贯彻简易疏通，易知易晓的原则，目的是为了以礼来治国立教，体现了儒家礼治的精神，亦是朱熹治经为现实服务思想的体现。”因与时都不应该脱离对方而存在，对立又统一，这种看法更合理也更加符合朱熹经学的实际。其实，朱熹经学思想中因时结合法也体现在他对《大学》的研究中，蔡著所以从朱熹《礼》学思想中挖掘出“因与时”的观点，与它对朱熹《四书》学中《大学》的关注是分不开的。

简言之，点、面、线三结合的研究方法，使得蔡著可以对研究对象和研究重点进行全面系统的分析，便于得出全面合理的总的结论和评价，这种高屋建瓴的结论和评价与蔡著对朱熹经学某一具体门类经学的深刻挖掘和研究相辅相成，全面关注与深刻挖掘互相依靠、互相促进。从而使得蔡著在朱熹经学研究的很多重要问题的看法都超越了前人，把朱熹经学思想的研究向前推进了一大步。

二　准确的派别定位：汉学与宋学的集大成者

经学的派别是经学通史、专经通史以及经学断代史都必须涉及的问题，对经学派别的不同观点往往可以影响对具体经学家的研究：首先它影响对研究对象的定位；其次，因为定位不同它又影响对经学家成就和在经学史上贡献的评价。蔡著把朱熹定位为汉学与宋学的集大成者，认为他超越了传统经学派别的对立，是经学史上一个融通汉宋学诸家学派的集大成者。这一定位是十分准确的，是我们全面正确认识朱熹经学思想的基础。历来一般把朱熹简单归为义理经学派，或笼统归为宋学的代表。蔡著认为朱熹“不仅集宋学之大成，而且兼取汉、宋，融会义理与训诂之学”。以此为指导，蔡著从朱熹经学的各个方面都具体揭示出了朱熹经学融贯汉宋学的特征。蔡著深刻揭示出朱熹经学的三大特征：“经传相分，直求经文本义；以四书学为基础，以义理解经；重训诂辨伪。”实际也恰好精辟概括出了朱熹经学的融贯汉学与宋学的特点。

这种定位不光是一个划分经学派别的问题，它实际上就影响了对朱熹经学的准确分析和研究，即使在具体某一门经学的研究上也受到此种定位的影响。蔡著在全书第二部分对朱熹经学进行分门别类的专经研究时，也非常重视朱熹作为汉宋学集大成者所具有的特点。例如在朱熹《易》学上，周予同先生认为朱熹易学与程颐易学相对立而存在，分属宋《易》里面的象数、义理二派。“程、朱之《易》学，虽均属与汉易对峙之宋《易》；然程为宋《易》中之义理派，而朱则为宋《易》中之象数派，二人之立场固自不同。”周著进一步论述了其中的缘由：“朱熹之《易》，喜言太极无极，先天后天，其继承陈抟、邵雍象数之学，无可讳言。在朱熹之本意，或以为程颐《易传》偏于义理，故济之以象数，以维持其哲学上之调和统一的态度；殊不知学术上有绝不能调和统一者，于是程、朱之《易》学陷于敌派之嫌，此实非朱熹初意所及料也。”蔡著在这个问题上却认为朱熹对程颐和邵雍的易学都有扬弃和吸取，并不是最终站在了象数的立场。因为朱熹重视象数，重视义理来源的同时，又强调不能脱离象数和图书来谈义理，要从象数过渡到义理，象数就像朱熹眼中的古文经学家的训诂考据，它最终必须走向义理，而不应该仅仅停留在纯粹考据和训诂的层次。也就是说要全面把握朱熹《易》既重视象数图书的一面，也应该注意到他重视义理以象数卜筮求义理的一面。蔡著在这个问题上的精辟认识与其对朱熹在经学派别上的定位有着紧密的关联。“朱熹以义理思想为指导，重本义，重象数，将义理、卜筮、象数、图书相结合，把宋易之义理派与象数派包括图书学统一起来的易学思想的提出，是对中国易学史上先前思想资料的吸取、借鉴、继承、扬弃和发展，亦是对宋代易学的总结和发展，而集其大成。在这个过程中，程颐的义理学和邵雍的象数易学等均对朱熹思想产生了重要的影响。”这种看法是十分精辟的。根据蔡著，我们可以知道：图书是象数的来源，故朱熹借鉴邵雍等人的图书之说，以图解《易》。又以象数、卜筮求易理，认为象数以自然法象、阴阳之理为存在的根据，通过象数来推其蕴涵的理，并以占卜之辞作为即象推理的中介，义理的推说经历了由象数到卜筮之辞，再到义理的过程，这与程颐《易》说有所区别；朱熹提出理、象、数、辞未尝相离的思想，既肯定《易》的占筮本义，又不停留于此，而是主张于象数、占筮中发挥出义理来，强调义理建立在卜筮之辞的基础上，不得与象数相脱离，分别吸取了邵雍的象数易学和程颐的义理易学，并把两派综合起来加以发展，从而集宋代易学之大成。因此，尽管朱熹的《周易本义》不仅在版本形式上，而且在思想内容上存在着差异，也不该把朱熹简单的视为程颐《易》学的对立面，朱熹的立场应该是以象数、卜筮求义理，统一义理与象数两派，统一了汉《易》学与宋《易》学。

事实上，通过蔡著，我们可以知道：朱熹经学对起始于西汉时期的经学今古文两大对立学派进行了又一次重要的总结。一方面，朱熹经学对今文学派离开训诂小学专谈义理进行了纠偏；另一方面，古文经学溺于琐细考据，忘记“道统”而不求“义理”的做法在朱熹那里也得到了改正。蔡著虽然在分析经学派别根据朝代列为三节众多类型，然而，在后面分章对朱熹经学作分别的研究时，却往往不离这两个基点。这样做的意义在于：第一，在整个宋学给人以“空疏”的印象之后，置重点在朱熹对经学训诂的重视以及他对经书传注的造诣上面，无疑给人以朱熹融贯汉学的印象。第二，今天对宋学的评价日趋客观合理，不会完全站在乾嘉学派的立场对宋学发展经学义理持否定态度。在这种情况下，挖掘朱熹经学研究中对义理的重视和着重，无疑使朱熹经学随宋学的被肯定而一起受到应有的尊重。第三，因为它可以既强调朱熹对今文学派的发挥，又可以突出它站在宋学立场上对汉学训诂考据传统的继承和发挥，这样就加深了朱熹作为一个融通汉宋学术的经学总结者在人们心中的印象。

正是因为蔡著在评论朱熹经学时，充分注意到了朱熹其对经今古文学派的全面吸收和借鉴，所以在第十二章论朱熹经学的特征时，第二节以“以‘四书’学为基础，以义理解经”为标题；紧接着第三节就把“重训诂辨伪”作为题目。其实，对朱熹经学的这种定位在第四章论述朱熹经学思想渊源时就已经提到了。蔡著认为“汉唐训诂之学”也是朱熹经学思想的重要的渊源：“朱熹在治经学的过程中，明显受到以上汉唐训诂注疏之学的一定影响。

他吸取其优长，批评其流弊，并以理学思想为指导，将训诂注疏之学与义理之学相结合，使义理的阐发建立在较为可靠的经注材料的基础上，一定程度地克服了宋学的流弊。这是他高出同时代理学家之处。溯其源，与他一定程度地接受了汉唐训诂之学的治学方法有关。”由此可见，蔡著对朱熹作为汉宋学的集大成者的论述实际上以另一个观点为其背景：那就是朱熹总结了整个自汉至宋的经学历史。当然也可以这样表述：朱熹全面继承自汉以来的经学今古文学派的优点并以此为基点对汉宋学进行了总结性和集大成性的研究。这种观点与朱熹在中国经学史上的地位是很能吻合的。

三　诠释学的文化视角：经学与理学的贯通

朱熹的经学思想体系实际是一个经典诠释学体系，他的经学是通过诠释儒家经典的形式对中国传统经学“原典”加以思想理论的创造，形成了自己完整的理学的经典诠释学。朱熹正是通过经典诠释学把他的经学与理学融会贯通起来。所以在他那里，经学即理学，理学即经学。前人在研究朱熹的经学时，都没有注意到朱熹的经典诠释学体系。蔡著研究朱熹经学的新突破新开拓，又集中表现在对朱熹的经典诠释学的深入研究上。这是对朱熹经学更深层次的发掘。蔡先生自己认为：“本书从研究朱熹经学与中国经学的相互关系出发，在全面、深入探讨朱熹丰富的经学思想的基础上，以朱熹对儒家经典所作大量诠释及其诠释方法论为依据，从中概括提炼出朱熹的经典诠释学，以为创建中国的诠释学作出一些努力和探索。”对朱熹经典诠释学的研究，是《朱熹经学与中国经学》研究朱熹经学最具特色和最具开拓创新的方面。蔡著精密分析了朱熹的经典诠释学，认为朱熹不仅从认识论上提出了一系列系统的经典诠释方法论原则，而且建构起了本体论诠释学。朱熹把哲学诠释与经学诠释结合起来，他以经典原文和原义为经典诠释的依据，以义理为标准来诠释儒家经典，提出了独特的经典诠释方法论，包括训诂与义理相结合法、历史还原法、因时结合法、古为今用法、直阐本义法等，其中尤以训诂与义理结合法最具方法论上的指导意义。在这种经典诠释方法论下，朱熹又提出了具体的经典释读法：包括虚心切己法、熟读精思与多读书结合法、反复绎法、阙疑法等。蔡著的这些分析是十分精辟独到的，它第一次揭示了朱熹的经典诠释学的秘密。可以说蔡著对朱熹经典诠释学的研究，是对朱熹经学思想研究的新的提升和深化，使我们可以透过朱熹的经典诠释学进一步看到朱熹经学思想的本质特征、他的经学与理学的贯通、他的独特的经学体系形成的深层次的思想原因。实际上，中国古代的经学都有自己的经典诠释学：汉学有汉学的经典诠释学，宋学有宋学的经典诠释学，清代经学（朴学）有清代经学的经典诠释学。因此研究经学，必须高起点研究它的经典诠释学，而我们历来研究经学恰恰都离开了它的经典诠释学。蔡方鹿先生的《朱熹经学与中国经学》，在经学研究上开创了研究经学的经典诠释学的新路，意义十分重大。

蔡先生对中国文化和朱子学都深有研究，这次以朱熹经学为点，以宋学为面，以整个中国儒家经学发展史为线，通过点、面、线三者相结合来研究朱熹经学思想及其与中国经学的关系，在他本人是厚积薄发，开创了研究朱熹思想的新境界。蔡先生的《朱熹经学与中国经学》，是当今朱子学研究和经学研究深化的标志，相信本书的出版，必将进一步推动朱子学的研究，进一步推动经学文化的研究。

（作者束景南，浙江大学人文学院古籍所教授、博士生导师；
余全介，浙江大学人文学院古籍所博士生；本文原载《中华文化论坛》2005 年第 1 期。）

朱熹对孔子中庸思想的继承和发展

中庸是儒家的重要学说，最先是由孔子提出来的。《论语·雍也》："子曰：中庸之为德也，其至矣乎！民鲜久矣。"孔子直接言及中庸之处甚少，主要集中在《中庸》一书所引。但关于中庸思想的论述却很多，散见于《论语》、《易传》及其他孔子言论中。如"过犹不及"、"欲速则不达"，"《关雎》乐而不淫，哀而不伤"，"中行"、"允执其中"，又如《易·乾·文言》："子曰：龙德而正中者也，庸言之信，庸行之谨，闲邪存其诚，善世而不伐，德博而化。"等等。孔子所谓中庸，意即适中，适度，中平，中常，核心思想是"无过、不及"。在孔子那里，中庸不过是一种素朴的处世哲学，要求人们待人处事恰如其分，谦恭敦厚，保持低调，着重裁抑过头或偏激行为。《荀子·王制》说"中庸民不待政而化"，《礼记·丧服四制》说"贤者不得过，不肖者不得不及，此丧之中庸也"，贾谊《过秦论》说"材能不及中庸"，这些基本上都接近孔子原意。虽然孔子把中庸的境界看得很高，很难，对其作用极为重视，但他最先提出来的中庸说，就是这样一种朴实无华的学说。孟子没有直接谈论过中庸，但有关的论述，如"中也养不中"、"汤执中"、"子莫执中"、"中道"、"取、与、死"等，与孔子是一脉相承的。相传为孔子之孙子思所作的《中庸》一书，被视为阐述儒家中庸之道的经典之作。然而该书虽以"中庸"名篇，但其核心主张已经是"中和"而不是"中庸"。提出并阐发这一主张的是下面这段著名的论述："喜怒哀乐之未发谓之中，发而皆中节谓之和。中也者，天下之大本也；和也者，天下之达道也。致中和，天地位焉，万物育焉。"显然，这里的中和，较之孔子的中庸已经面目全非。第一，孔子罕言性与天道，子思则心性之精微、天地之广大直言极论；孔子的中庸只是一种道德规范和追求，子思的中和则已具有宇宙观、方法论意义。第二，子思认为，宇宙万物包括人本来就是或应该是适中的、恰如其分的，君子于动静寂感之间，不但要致和，而且要致中，从而使自然、社会同归于有序，人物各得其所。这一思想是孔子中庸中所没有的。第三，以"发而皆中节"取代"无过不及"，以"和"取代"中庸"。"和"是先秦极为重要的概念，其中心义是"和谐"，围绕这一中心义，辐射出种种引申义，广泛运用于人、事、物、自然、社会等各个领域。对单个人而言，"和"指从身到心、从内到外达到和谐，如身和、心和、德和、气和等。对社会而言，“和”指人与人相处融洽、团结，彼此协调，化解矛盾，从而使社会有条不紊地运作。对整个世界而言，“和”指万事万物和谐共存和运动发展。《易·乾》上九彖辞说“乾道变化，各正性命，保合太和，乃利贞”，所谓“太和”，指阴阳二气融合协调。阴阳二气既为万物之本源，其融合协调岂不是宇宙万物之大和，而非人、事、物或自然之小和？这是一种终极的和谐，最高境界的和谐。《国语·郑语》记载春秋时史伯回答郑桓公的话说：“夫和实生物，同则不继。以他平他谓之和，故能丰长而物归之。”“他”指矛盾对立的诸方面、诸要素，“平”指诸方面、诸要素的彼此平衡，协调配合，相辅相成。世间万物，莫不由彼此矛盾的诸要素组成。诸要素既互相对立，又互相依存，共同决定着事物的面貌。无“他”不成事物，无“平”也不成事物，二者缺一不可。“和”就是事物，事物就是“和”。正是这种事物内部诸要素的对立统一推动着事物的发展，“和实生物”。子思讲“发而皆中节谓之和”，又说“和也者，天下之达道。致中和，天地位焉，万物育焉”，显然受到了上述思想的影响。如果说“发而皆中节谓之和”已包括了孔子中庸的全部意蕴，那么除此之外的丰富得多的内容则是孔子提出这一主张时所不曾有的子思的中和，早已不是原来意义的孔子的中庸。与其说它是对后者的继承，倒不如说主要是对它的发展和创新。朱熹继承了孔子的中庸思想，但又着重从中和论的角度作了广泛的阐述和发挥。其要点主要是：

1. 中庸与中和。朱熹在《中庸章句序》中，开宗明义就讲道：“《中庸》何为而作也？子思忧道学之失其传而作也。”在他看来，孔子的中庸，由尧、舜、禹、汤、文、武、周公圣圣相传而来，而子思承接了上述道统，其中和论与孔子的中庸是一脉相承的。这是朱熹对中庸与中和关系的基本看法。关于二者的具体异同，朱熹的观点前后有一些变化。最初他认为二者是体用的关系，或者说是同一事物的两个方面。他说：“以性情言之，谓之中和；以礼义言之，谓之中庸，其实一也……以中和对中庸而言，则中和又是体，中庸又是用。”①晚年他改变了这种说法，认为中庸体用自足，中和已包括在中庸之中。他说：“中庸之中，实兼中和之义”②，“中庸该得中和之义。庸是见于事，和是发于心，庸该得和”③。朱熹显然是认为子思的中和有体有用，而作为圣人的孔子的中庸不可能有用而无体。以体用解释中庸、中和的关系，则降低了孔子中庸的地位。作为孔子后人的子思的中和论，应该已经包容在孔子中庸之中。朱熹的前后二说都不尽符合实际。正如本文开头所阐明的那样，孔子的中庸与子思的中和既有一定的联系，更有较大的差别，后者的许多内容都是前者未涉及的。要说包容，倒是中庸之“中”似乎已被“发而皆中节谓之和”所涵盖，但后者似又无关乎“庸”。对于中庸与中和，我们基本上应作为两种不同的学说来加以理解。

2. 以体用释“中”。中和论或“未发已发”，是朱熹中年以后着力攻治的重要课题，正是在这一课题上的突破，在很大程度上影响着朱熹终身治学门径的确立和整个理学思想体系的形成。这方面朱熹有大量的论述，如《中庸章句》、文集中的与张诸书、《与湖南诸公论中和第一书》、《中庸首章论》、《已发未发论》、《中和旧说序》及《朱子语类》中关于《中庸》的部分等。经过“丙戌之悟”、“己丑之悟”，朱熹在中和问题上形成定论，即以性情体用论中和，中是性是体，和是情是用。这本来是阐发子思中和论的，但为调和孔子的中庸与子思的中和，朱熹将这些思想运用到对孔子中庸的理解，认为中庸之“中”兼含体用即“一中二义”。同一个“中”字，有“状性”、“形道”之不同。当其状性时指体言，是不偏不倚，相当于子思的“中”；当其形道时指用言，是无过不及，相当于子思的“和”。这种看法实际上来自周敦颐、程颐。朱熹说："中庸之'中'，是兼已发而中节、无过不及者得名。故周子曰：'惟中者，和也，中节也，天下之达道也'，若不识得此理，则周子之言更解不得，所以伊川谓'中者，天下之正道'。《中庸章句》以中庸之'中'实兼中和之义，论语集注以'中者，不偏不倚，无过不及之名'，皆此意也。"④他虽然也承认"中庸之'中'本是无过不及之中，大旨在时中上"，但又说"若推其中，则自喜怒哀乐未发之中而为'时中'之'中'，未发之'中'是体，'时中'之'中'是用，'中'字兼中和言之"⑤。这表明以体用释中庸之"中"实际上是一种移植，一种推论，其目的是要照顾到理论上的完整和道统的接续。孔子中庸的本意，未必像后人渲染的那样高深。

3. 以"平常"释"庸"。庸的本意是用，由此分别引申出平常、经常等义。诂训简单地释为"庸，常也"，如郑玄、何晏、孔颖达等。朱熹沿着第一个引申义，释中庸之"庸"为"平常"；二程则言"不偏之谓中，不易之谓庸。中者，天下之正道；庸者，天下之定理"⑥，沿着第二个引申义，释"庸"为"经常"。所谓"不易"，所谓"定"，皆自"经常"而来。综观孔子关于中庸的论述，释"庸"为"平常"是较为准确的。朱熹这样解释，表明他能正确地把握孔子中庸之"庸"的含义。另一方面，正如他不满意于仅仅以用释"中"一样，朱熹也不意于仅仅以"平常"释"庸"，那样势必降低孔子中庸的地位。同时，他还要照顾到二程的说法，想要把自己的理解与之调和起来，因此又在"平常"之义中兼容进了"经常"之义。他说："惟其平常，故不可易。若非常，则不得久矣。譬如饮食，如五谷是常，自不可易。若是珍羞异味不常得之物，则暂一食之可也，焉能久乎。庸固是定理，若以为定理，则却不见那平常底意思。今以平常言，则不易之定理自在其中矣。"⑦其实"平常"和"经常"差别较大，释"庸"为"平常"，较符合孔子的原意；释其为"经常"，则是后人的发挥。朱熹牵合二说，似乎显得有些勉强，更重要的是有时会导致理论上的混乱。事实上，在大多数情况下，朱熹是以"经常"而不是"平常"来理解"庸"的，已经离开了他正式的解释。另外，"庸"的意义无法像"中"那样与"中和"联系起来，因此朱熹对"庸"的理解一般也没有牵扯到"中和"。所谓"庸是见于事，和是发于心，庸该得和"，只是偶然的说法，中庸之"中"实兼"中"、"和"之义，才是朱熹的晚年定论。

4. "中"与"庸"。在我们看来，孔子的中庸，其"中"强调的是凡事要掌握恰当的分寸，其"庸"强调的是凡事要甘于平淡无奇。二者既互相联系，又互相区别。中而不庸者有之，庸而不中者也有之。虽然分寸感对于人类社会似乎更为重要，但只有兼顾了二者，既适中又平常，才是孔子理想的处世哲学。朱熹不是这样理解的，下面这段议论集中体现了他的观点："中、庸只是一个道理，以其不偏不倚，故谓之中；以其不差异可常行，故谓之庸。未有中而不庸者，亦未有庸而不中者。惟中，故平常。尧授舜，舜授禹，都是当其时合如此做，做得来恰好，所谓中也。中，即平常也，不如此便非中，便不是平常。以至汤武之事亦然。又如当盛夏极暑时，须用饮冷，就凉处，衣葛，挥扇，此便是中，便是平常。当隆冬盛寒时，须用饮汤，就密室，重裘，拥火，此便是中，便是平常。若极暑时重裘拥火，盛寒时衣葛挥扇，便是差异，便是失其中矣。"⑧除了这种中必庸、庸必中的观点外，朱熹有时也说中而后庸，庸而后中。如："庸是定理，有中而后有庸"⑨，"中而后能常，此以自然之理而言；常而后能有中，此以人而言"⑩。不难看出，这些都已与孔子中庸的原意相去甚远。

朱熹所说的“中”，不仅远远越过了孔子的“中”，也远远越过了子思的“中和”；朱熹所说的“庸”，基本上完全承袭了二程的说法，而脱离了“平常”的含义。正因为这样，才得出了上述关于“中”、“庸”关系的种种结论。这不是孔子的中庸，而是朱熹自己的中庸。与其说他在注解孔子的中庸，倒不如说他自始至终不过在阐述自己的一“理”。《中庸章句》所说“中庸者，不偏不倚、无过不及而平常之理”，是朱熹对“中庸”含义的最完整的表述。从中可以看出，不论是“中”还是“庸”，都只是“状性”、“形道”而已，真正的核心是“理”。而“中”、“庸”二者，有实质内容的主要是“中”，“庸”只不过说明理常行不变的性质罢了。

5. “大本”与“达道”。从上述分析可知，朱熹对孔子中庸的理解，早已突破了行为准则或道德规范的范围，而上升为一种宇宙观、方法论。中庸不仅是君子应追求的美德，而且是“天下之大本”、“天下之达道”。为什么？朱熹说：“天命之性，浑然而已。以其体而言之，则曰中；以其用而言之，则曰和。中者，天地之所以立也，故曰大本。和者，化育之所以行也，故曰达道。此天命之全也。人之所受，盖亦莫非此理之全。”[11]又说：“大本者，天命之性，天下之理皆由此出，道之体也。达道者，循性之谓，天下古今之所共由，道之用也。”[12]这就是说，中是万事万物存在的根据，所以叫做大本；和是万事万物存在的条件，所以叫做达道。人，只是天地万物中一事而已。当世界处于中和状态时，则正常存在和运行，“天地位，万物育”。若未达中和，又将是一种什么情形呢？“若不能致中和，则山崩川竭者有矣，天地安得而位？胎夭失所者有矣，万物安得而育？”[13]这样，中和即是一切，中和即是存在。正因为这样，朱熹把孔子中庸抬高到无以复加的地位，看成是承自尧、舜、禹、汤、文、武、周公，传于颜、曾、思、孟而被周、张、二程接续的道统所在，是儒家学说的全部精髓，最高境界，认为“天下之理，岂有以加于此哉”[14]。然而，朱熹所说的体、大本不就是中，庸、达道不就是和。中和只不过用以“状性”、“形道”，或者说状体形用，“中，性之德；和，情之德”[15]。朱熹实际上是要说“不偏不倚之体天下之大本，无过不及之用天下之达道”。我们知道，在朱熹那里，世界本体不过一理，世间万物的存在变化不过是理的流行发用。不偏不倚之体就是理，无过不及之用就是其流行发用的理想状态。因此朱熹的意思是，理是天下之大本，是万事万物存在的根据；理之理想流行发用是天下之达道，是万事万物存在的条件。这当然足以范围天地，“天下之理，岂有以加于此哉”。孔子的中庸未言“性与天道”，子思的中和，也不过从一个角度说万事万物应恰如其分，彼此和谐地存在发展。朱熹从理学立场出发作的阐发，显然大大超出了他们的范围。

6. 中与正。就发用而言，中是关乎有无过与不及，正则关乎善恶是非。先正后中，中重于正，是朱熹的基本观点。他说：“盖事之斟酌得宜合理处便是中，则未有不正者。若事虽正，而处之不合时宜，于理无所当，则虽正而不合乎中。此中未有不正，而正未必中也。”[16]又说：“凡人做事，须是剖决是非邪正，却就是与正处斟酌一个中底道理。若不能先见正处，又何中之可言？譬如行赏罚，须是先看当赏与不当赏，然后权量赏之轻重。若不当赏矣，又何轻重之云乎。”[17]可见衡量一切的基本尺度是理，而中的境界则更高。如孔子所说的均天下、辞爵禄、蹈白刃，乃智、仁、勇至难之事，但与之相比，要做到中庸就更难了。朱熹的这种观点来自程颐，后者于《易传》中已提出“中重于正，正未必中”。

上述思想也可以说本来就包含在孔子中庸之中。孔子的中庸以正为前提，是正础上的中，应该是不言而喻的。在《中庸》中，孔子之所以褒扬君子、大舜、颜渊，是因为他们做到了既正且中，或者说首先是因为他们皆正；之所以抨击小人、愚者、不肖者、素怪者，不仅仅是他们不中，首先是因为他们不正。而知者、贤者恰恰是正而不中之人。孔子并未正面论及中与正的关系问题，当其单纯强调无过不及、中立不倚时，便似乎有一定的保守色彩。朱熹继程颐之后对此作了重要补充论证，显得更为积极，尽管这论证是从理学立场出发的。

7. 中与权。在朱熹看来，中庸既为儒家最高境界，在首先做到正的前提下，还对中作出种种限定，才能做到准确把握什么是中。这主要包括中贵权变，中非折中，中致及中兼知行等。中贵权变的思想，最先是由孟子提出来的。在《孟子·尽心上》中，孟子批评子思"执中"虽然近于正确，不像杨朱、墨翟那样或过或不及，但由于不知权变，所执之"中"实际上不是中而是一成不变的"一"，其结果仍然只能是害道。这一思想被理学家所发展，二程说："中字最难识，须是默识心通。且试言一厅，则中央为中；一家，则厅非中而中；一国，则堂非中而国之中为中。推此类可见矣。"[18]这就是说，中不是一个僵死的教条，它视不同的时地事物而有不同的评判尺度。朱熹将这一思想概括为"中无定随时而在"[19]，"道之所贵者中，中之所贵者权"[20]。若"执中而无权，则胶于一定之中而变，是亦执一而已矣"[21]。他举例说，比如"三过其门而不入"，在禹、稷的时候是正确的，颜渊这样做就不对了。反过来，"居陋巷"，颜渊这样做是中，禹、稷这样做就不是中了。[22]如尧舜禅让，汤武放伐，本是惊天动地的大变故，看似极为过分，但按道理当时只能这样做，所以仍然可以说是常，是中。正如程颐说"合权处即是经"一样，当变处即是常，处即是中。[23]这些都不能以固定的标准去判断，最要紧的是随时随地合乎道理，合乎时。因此朱熹反复强调，孔子中庸之"中"一定要理解为"时中"，做到具体问题具体分析是对孔子中庸思想的重要发挥。

8. 中与折中。孔子重视无过不及，但对什么是无过不及并未作出具体说明，因可能被混同于无原则的折中主义。朱熹旗帜鲜明地指出：中庸不是折中，这就与折义、调和主义划清了界线。他与门人陈文蔚关于《中庸》"执其两端，用其中于民"的讨论，清晰地表明了这一观点。陈文蔚认为，所谓两端，指的是众论不同之极致。比如众论有十分厚者，有一分薄者，取极厚极薄之二说而中折之，这就是中。朱熹批评说，这是"子莫执中"，不是中庸之中。"两端只是个起止二字，犹云起这头至那头也。自极厚以至极薄，自极大以至极小，自极重以至极轻，于此厚薄、大小、轻重之中，择其论之是者而用之，是乃所谓中也。若但以极厚极薄为两端，而中折其中间以为中，则其中间如何见得便是中？盖或极厚者说得是，则用极厚之说；极薄之说是，则用极薄之说；厚薄之中者说得是，则用厚薄之中者之说。至于轻重大小，莫不皆然。盖惟其说之是者用之，不是弃其两头不用，而但取两头之中者以用之也。且如人有功当赏，或说合赏万金，或说合赏千金，或有说当赏百金，或又有说合赏十金。万金者，其至厚也；十金，其至薄也。则把其两头，自至厚以至至薄，而精权其轻重之中，若合赏万金便赏万金，合赏十金也只得赏十金，合赏千金便赏千金，合赏百金便赏百金。不是弃万金十金至厚至薄之说而折取其中以赏之也。若但欲去其两头而只取中间，则或这头重，那头轻，这头偏多，那头偏少，是乃所谓不中矣，安得谓之中！"[24]这无疑是"不偏不倚、无过不及"的重要注脚。这些充满战斗性的思想，应该说在孔子中庸里尚不具备，至少是十分模糊的。

9. 中之极致。朱熹认为，所谓中庸，不能满足于基本适中，做到差不多就可以了，必须追求极中，做到无丝毫不中，无半点过不及，才是真正达到了中庸的境界。他说："然人说中，亦只是大纲如此说，比之大段不中者，亦可谓之中，非能极其中。如人射箭，期于中红心，射在贴上亦可谓中，终不若他射中红心者。至如和，亦有大纲唤做和者，比之大段乖戾者，谓之和则可，非能极其和。且如喜怒，合喜三分，自家喜了四分；合怒三分，自家怒了四分，便非和矣。"[25]这也是孔子中庸所未言及的。

10. 中与知行。中兼知行的观点，朱熹于《中庸章句》首发之。孔子说："道之不行也，我知之矣，知者过之，愚者不及也。道之不明也，我知之矣，贤者过之，不肖者不及也。"朱熹在注释这段话时，按知、行两个方面把智、愚、贤、不肖者分为四种情况：智者知过而行不及，贤者行过而知不及，愚不肖者知行皆不及。智者如释氏，见地过高而不肯实行。贤者如老子，清苦持行而不愿明理。只有像舜那样，知既不过而行也无不及；像颜渊那样，行既不过而知也无不及，才真正称得上是中庸之人。[26]我们知道，一般说来，孔子的中庸主要是就行而言。但不管中兼知行是孔子这段话的原意还是朱熹自己的生发，作为方法论，朱熹的阐释都是对孔子中庸的完善。

11. 致中和。朱熹"己丑之悟"的重要意义在于，在对中和论或"未发已发"的讨论中，重新检讨了以内在体验为主旨的道南派学说和以"察识端倪"为要诀的湖湘派学说的优劣，确认并完善了张载、二程"心统性情"的心性论，从而确立了"内外交养"的功夫论，这种功夫论，可以概括为"致中和"，它是朱熹中庸论的最后归宿。

关于"心统性情"，朱熹表述说："人之一身，知觉运用莫非心之所为，则心者固所以主于身，而无动静语默之间者也。然方其静也，事物未至，思虑未萌，而一性浑然，道义全具，其所谓中，是乃心之所以为体而寂然不动者也。及其动也，事物交至，思虑萌焉，则七情迭用，各有攸主，其所谓和，是乃心之所以为用，感而遂通者也。然性之静也而不能不动，情之动也而必有节焉，是则心之所以寂然感通、周流贯彻而体用未始相离者也。"[27]这种对心性的认识很容易引出内外交养的功夫论：心既有未发、已发两种相对独立的状态，致中、致和自然也应采用两种相应的不同方法。未发之前，不见端倪，无可捉摸，只能采用涵养的方法，使心体湛然，如镜明水止，天命之性毕露。已发之后，有踪迹可寻，则应时时反省，辨明是非。他说："存养是静工夫，静时是中，以其无过不及，无所偏倚也。省察是动工夫，动时是和，才有思为，便是动。发而中节，无所乖戾，乃和也。"[28]又说："敬以直内，而喜怒哀乐无所偏倚，所以致夫中也。义以方外，而喜怒哀乐各得其正，所以致夫和也。"[29]内外、动静两类功夫，他常表述为持守、省察；涵养、致知；敬以直内，义以方外；存养、察识；尊德性、道问学；"涵养须是敬，进学则在致知"等，视为"车之两轮，鸟之两翼"，缺一不可。但心的未发已发两种状态实际上是交替出现的，无法截然划分为两个阶段，因此内外动静两类功夫也应是连续不间断的，不可截然分为二事。朱熹说："未发已发，只是一件工夫，无时不涵养，无时不省察耳。谓如水长长地流，到高处又略起伏则个。如恐惧戒慎，是长长地做；到慎独，是又提起一起，如水然，只是要不辍地做。又如骑马，自家常常提掇，及至遇险处，便加些提控，不成谓是大路，便更都不管他，恁地自去之理！"[30]因此必须"敬义夹持"，"内外交养"。支撑这种持续不断的功夫的是"敬"："盖心主乎一身而无动静语默之间，是以君子之于敬，亦无动静语默而不用其力焉。未发之前，是敬也固已主乎存养之实；已发之际，是敬也又常行于省察之间。”[31]“静中之动，非敬其孰能形之？动中之静，非敬其孰能察之？”[32]所谓“敬”，如《中庸》“戒慎乎其所不睹，恐惧乎其所不闻”及“慎独”之类皆是。只有自始至终做到了“敬”，才有可能达到中和。“敬义夹持，涵养省察，无所不用其戒谨恐惧，是以当其未发而品节已具，随所发用而本体卓然，以至寂然感通，无少间断，则中和在我，天人无间，而天地之所以位，万物之所以育，其不外是矣。”[33]功夫论在朱熹学说中占有极为重要的地位，这方面朱熹有大量具体的论述，但其纲领则不外乎内外交养，敬以贯之，以臻中和。由于“内圣”即能“外王”，“修齐”即能“治平”，只要人人做到中和，社会的治理也就迎刃而解了。由于天人一体，人又能“参天地，赞化育”，只要人做到了中和，天地万物也就实现了中和。在孔子中庸中，尚未言及功夫。朱熹致中和的功夫论，无疑是对孔子学说的重要发展。综上所述，朱熹继承并发展了孔子以来的中庸思想，形成了一新的中庸学说，指理及其发用的状态。中庸之“中”，既指理的本体的不偏不倚，又指理的发用的无过不及。中庸之“庸”，指理的常行不变的性质。就发用而言，中以正为前提而又高于正，衡量中的尺度随时地事物的不同而不同，中不是折中，中有种种不同的程度，中兼指知行。中庸涵盖中和，是尧舜以来数千年圣圣相传的大法。它既揭示了人的基本规律和基本特征，也同时揭示了整个世界的基本规律和基本特征。致中和概括了儒家身修家齐国治天下平的全部内容，是儒家追求的最高境界。达到中和的基本途径是内外交养，敬以贯之。显然，在这样一种学说中，不论是孔子的中庸，还是子思的中和，都已被完全纳入了理学的轨道。中庸是古人社会生活经验的总结，在长期的生产与生活实践中，古人惩创于过与不及尤其是过头行为遭致的失利，认识到必须使自己的行为保持恰如其分，才能获得成功。孔子将其概括为“中庸”，其核心是无过不及。分寸感是人类生存发展所必须具备的能力，不论是对自然界还是对社会而言。从这个意义上讲，孔子的中庸可以说是一种“警世通言”。即使是今天，不论在政治、经济还是其他领域，我们仍不断由于不能恰如其分地处理问题而遭到失败。重温一下无过不及的告诫，不是没有意义的。中庸既是一种必然，又是一种取向。从积极方面看，它大智若愚，后发制人，犹如太极推手，企图不战而屈人之兵。从消极方面看，它似乎也确有瞻前顾后，患得患失，折中妥协，不求有功、但求无过的保守色彩。

朱熹的中庸说对孔子有继承，有创新，有改造，有完善，也有拔高，甚至歪曲。最重要的是，它完成了从“合适”到“合理”的转变。合适本质上也可以说就是合理，当然孔子尚未深入到这个层面。只有朱熹的中庸，才真正成为一种系统的学说。孔子是经验的，朱熹是思辨的。在这一点上他超越了孔子。这一学说的若干具体内容，如正先于中，中重于正，中贵权变，中非折中，中之极致，中兼知行等等，也都是创造性的，具有现实意义。在风格上，该学说一扫旧中庸说的消极保守色彩，积极进取，充满生机。但由于朱熹始终是从理学立场出发来阐发中庸的，因而理学体系本身的错误和荒谬必然充斥于中庸学说之中。因此，尽管朱熹的中庸学说堪称精致，超越了孔子中庸的直观，但在实用性上它未必能优于后者。数千年来，深深锲入民族文化心理的既不是子思的中和，也不是朱熹的中庸，而是孔子的“无过不及”。

（作者郭齐，四川大学古籍整理研究所研究员，博士生导师；

本文原载《孔子研究》2005年第5期。）

注　释：

① 《中庸章句》第二章注，中华书局1983年《新编诸子集成》本《四书章句集注》。

② 同上。

③ 《朱子语类》卷62。

④ 同上。

⑤ 同上。

⑥ 《中庸章句序》引。

⑦ 《朱子语类》卷62。

⑧ 同上。

⑨ 同上。

⑩ 同上。

⑪ 《朱熹集》6卷67《中庸首章论》，四川教育出版社1996年点校本。

⑫ 《中庸章句》首章注。

⑬ 《朱子语类》卷62。

⑭ 《中庸章句序》。

⑮ 《朱子语类》卷62。

⑯ 《朱子语类》卷67。

⑰ 同上。

⑱ 《孟子集注·尽心上》引，中华书局1983年《新编诸子集成》本《四书章句集注》。

⑲ 《中庸章句》首章注。

⑳ 《孟子集注·尽心上》。

㉑ 同上。

㉒ 《朱子语类》卷60。

㉓ 《朱子语类》卷62、71。

㉔ 《中庸章句》第二章注。

㉕ 《朱子语类》卷62。

㉖ 《中庸章句》第四章注、《朱子语类》卷63。

㉗ 《朱熹集》卷32《答张钦夫》末书。

㉘ 《朱子语类》卷62。

㉙ 《朱熹集》卷67《中庸首章论》。

㉚ 《朱子语类》卷62。

㉛ 《朱熹集》卷32《答张钦夫》末书。

㉜ 《朱熹集》卷67《程子养观说》。

㉝ 《朱熹集》卷67《中庸首章论》。

4. 教育学

朱熹的礼仪观与《朱子家礼》

朱熹是南宋时代著名的教育家、理论家，他所创立的理学体系，是对中国传统儒学思想的改造和发展，对以后六七百年的中国社会产生了深远影响。《朱子家礼》一书作为日常百姓居家礼仪的规范，更是广为流传，备受尊崇。但自元末至清代，有不少人怀疑此并非朱熹所作。那么，本文要探讨的，就是将朱熹关于家庭礼仪方面的思想加以分析，从而与《朱子家礼》的内容相比照，考察其中是否有些一致性的联系。

朱熹对历史典籍深有研究，尤其是儒家经典，礼仪制度无疑是儒家思想的重中之重。与本文讨论的主题相一致，这里不谈用于朝廷、社会上层的宏观大礼仪问题，而是针对朱熹关于普通社会家庭人生礼仪方面的思想来加以分析。

在封建时代，家庭或多代共聚大家庭，是社会组织的基本单位，其赖以维系的手段及其成员所受家教的程度如何，关系着整个社会的治乱与发展。因此，家庭礼仪自古以来就是中国传统道德教育的一个重要方面，自先秦时期，人们即将修身齐家与治国平天下相提并论，将“国”与“家”并列合称。但是随着时代的发展，家庭礼仪规范的内容也不可能一成不变，这也是朱熹的基本思想。

“礼”是封建社会永恒的主题，在社会生活中，占有十分重要的地位。何谓“礼”？司马光回答：“纪纲是也。”（卷一）这里的“纪纲”，适用于人身、家庭、乡里和国家政治。到了南宋，朱熹认为，礼就是人的情感、生活和行为规范的实践总结，所谓“礼者，履也”，“古礼非必有经，盖先王之世，上自朝廷，下达闾巷，其仪品有章，动作有节，所谓礼之实者，皆践而履之矣。故曰礼仪三百，威仪三千，待其人而后行，则岂必简策而后传哉！”（卷七四《井礼记序说》）古礼之所以产生，本身也是适应世间人的情感与行事规范的发展需要，“先王制礼，本缘人情吉凶之际，其变有渐”（卷三六《答陆子寿》）。在所谓的“三礼”中，朱熹最推崇《仪礼》，但认为《仪礼》也不是古人预作一书如此，“初间只是以义起，渐渐相袭，行得好只管巧至于情文，极细密、极周缴处，圣人见此意思好，故录成书”（卷一八零《经籍考》）。那么，早在先秦时期，关于礼的经典已十分详备。到了宋代，朱熹说：“其存于今者，宫庐器服之制，出入起居之节，皆已不宜于世。”（卷七五《家礼序》）礼制也要随着时代、人情、民俗的发展而变化。不同的时代，根据不同的人情世故所重新规范的礼仪，才是真正适用的礼仪。所以朱熹明确指出：“若有圣贤为之，就中定其尊卑隆杀（隆重和简省）之数，使人可以通行，这便是礼。”（卷八六《周礼总论》）

在古代社会中，礼仪具有极强的承传性。所以任何时期先代礼制也不可能完全废弃不用。关于古礼与当代社会的关系问题，朱熹有许多很明确的论述。如说：“古今异便，风俗不同，虽有崇儒重道之君，知经好学之士，亦不得尽由古礼以复于三代之盛，其因时述作，随事讨论，以为一国一家之制者，固未必皆得先王义起之意。”（卷八一《跋古今家祭礼》）就是随着时代的发展，民情风俗的变化，古礼不可能完全适用于当今，而需要在古礼的基础上，“因时述作，随事讨论”，也需要与时俱进，实事求是，建立适应社会需要的新礼制。另一方面，由于时代的变迁，越往后代，人们对繁缛的古礼也日益疏略，“居今而欲行古礼，亦恐情文不相称，不若只就今人所行礼中删修，令有节文制数等威足矣”（卷八四《论考礼纲领》）。就是要在古礼传统的基础上，结合今人民俗实际，制定出简中易行的礼仪。所以朱熹又说：“礼时为大，使圣贤有作，必不一切从古之礼，疑只是以古礼减杀从今世俗之礼，令稍有防范节文不至太简而已。”适应社会需要的礼制，才是最大的礼制、进步的礼制。在朱熹与门徒的问答语录中，也经常涉及到这类问题：“某尝说，使有圣王复兴为今日礼，怕必不能悉如古制，今且要得大纲是，若其小处亦难尽用。”（卷八四《论修礼书》）“古礼于今实是难行……窃谓后世有大圣人者，与他整理一过，令人苏醒，不必一一如古人之繁，但仿古人大意，简而易行耳。”（卷一八零《经籍考》）

具体到普通社会家庭中，诸如冠婚丧祭等常规的人道礼仪问题，朱熹更提出了因时立制、从俗从简的看法。如冠礼，是标志男子成年的礼仪，朱熹认为这是操作起来最简单不过的礼仪了，因为冠礼是自“家屋里事，却易行。向见南轩（张栻）说冠礼难行，某云是自家屋里事，关了门，将巾冠与子弟戴，有甚难！”（卷八九《冠昏丧礼总论》）关于节令祭祀问题，朱熹认为：“夫三王制礼，因革不同，皆合乎风气之宜而不违乎义理之正。”所以他主张“岁时祭祀之外，各因乡俗之旧，以其所尚之时，所用之物，奉以大槃，陈于庙中，而以告朔之礼奠焉，则庶几合乎隆杀之节，而尽乎委曲之情，可行于久远而无疑矣”（卷三十《答张钦夫》）。为此，朱熹曾编辑一本《古今家祭礼》，共六篇，今已不传。同时，作为一般的居家礼仪，只要本着守名分、重敬爱的精神，某些环节也可根据自家情况而定。当门人问起古今祭礼事体不同、难以一致时，朱熹回答说：“有何难行，但以诚敬为主，其他仪则随家丰约，如一羹一饭皆可自尽其诚。”（卷九十《祭礼》）这里把礼仪从俗从简的思想作了最直白的表述。关于丧礼之服制，“先生曰：礼时为大，某尝谓衣冠本以便身，古人亦未必一一有义，又是逐时增添，名物愈繁，若要可行，须是酌古之制，去其重复，使之简易，然后可”。门人问冠昏丧祭礼，曰：“今日行之正要简，简则人易从”（卷八九《丧礼》、《冠丧礼总论》）等等，这些论述无疑表明朱熹的礼仪观并不是复古，而是在继承古礼传统的基础上，更贴近于他所处的那个时代，贴近于那个时代的大众生活和民俗风情变化的实际。

以上是朱熹关于礼制与人道礼仪方面的基本观点，集中反映了朱熹古今通变的思想。那么，世间流传的《朱子家礼》一书，旧本题为朱熹所撰，该书的内容是否与朱熹的基本思想相一致呢？以下试加以分析。

《朱子家礼》凡五卷，分别为通礼和冠、昏、丧、祭礼五部分，其中后两卷内容稍多。在中国历史上，一般的家训、家规、家约之类有很多，这些著作重在为人品德方面的规约。《朱子家礼》所规范的内容，则主要是社会家庭中，不同时节、不同人生阶段所行礼事的具体仪节，如岁时祭祀、男冠女笄、婚丧嫁娶等礼仪。《朱子家礼》对居家各项礼事的程序、陈设、器用及服饰标准、文书程式等，都作了具体规范。作为家庭礼仪的标准，这部书自朱熹死后（有说朱熹晚年）已广行于世。对此书的真伪问题，朱熹的高门弟子尚无异议。明代邱浚说："黄（幹）、陈（淳）、李（方子）、杨诸子皆出自朱门，亲授指教，皆不以为疑。"但是元末以后，始有人对此书之作提出怀疑。元应氏（生于元至正年间）曾作《家礼辨》，断言"是书非文公（朱熹）所编，不待辨而明矣"，并认为朱熹文集中所载"有与门人言及《家礼》已成四卷，并《家礼序》文"的内容，也是其门人妄意编入的（卷一，引明邱浚语）。到了清代，疑之者又多。突出的代表是王懋竑其作《白田杂著》中，对《家礼》一书进行了考证，认为关于这部《家礼》来源的文献记载支离破碎，《家礼》之名载于朱熹《行状》，《家礼序》载于其《文集》，成书年月载于《年谱》，其书亡而复得之由载于《家礼附录》，而且记述互有矛盾之处，因而断定"《家礼》决非朱子之书"。但也承认这部书影响广大，"自宋以来遵而用之"（卷二）。清代之所以把它编入四库全书，就是因为这部书"自元、明以来流俗沿用"（卷二二《家礼·提要》）。可见，这部《家礼》自南宋末传世以后，经历元、明一直到清，都是"流俗"沿用的治家礼仪之书，而且在清以前的元明时代，对这部书提出怀疑者也并不多。那么，根据朱熹的礼仪观及相关文献记载来考察，这部《家礼》的内容和风格，的确与朱熹的思想及其述作多有相通之处。

首先朱熹的确编过一部《家礼》。

朱熹不仅致力于礼制的理论研究，而且十分重视居家礼仪规范的立制与实践。他知漳州时，"以习俗未知礼，采古丧葬嫁娶之仪，揭以示之，命父老解说，以教子弟"。《宋史》本传记载他编次的著作中，也有《家礼》一书（卷四二九《朱熹传》）。文集中还专门有一篇《家礼序》，其中提到："名分之守、爱敬之实"是有家日用常礼之本，而冠婚丧祭之仪，"皆所以纪纲人道之终始"。但是由于古礼不宜于当世，"世之君子虽或酌以古今之变，更为一时之法，然亦或详或略，无所折衷，至或遗其本而务其末，缓于实而急于文"。因而，自编了一本《家礼》，"以为一家之书"（卷七五《家礼序》）。那么，据此篇序文所说，朱熹的确曾编辑了这样一部居家礼仪之书。

在后人的文献记录中，最早的李方子编《朱子年谱》中有"《家礼》成"一条。旧本《年谱·家礼附录》、《宋名臣言行录》均记载：乾道五年（1169）九月，"先生居（母）丧尽礼，盖自始死至祥禫（除丧服之祭），参酌古今，咸尽其变，因成《葬祭礼》，又推之于冠昏，共为一编，命曰《家礼》。然未尝为学者道之，其后亦多损益，未暇更定"。其高门弟子黄幹也云："《家礼》世多用之，然其后亦多损益，未暇更定，览者详择焉。"（卷一二）可见，这里所说的《家礼》是朱熹所编的未定之稿，由于晚年病重体衰，未来得及更定。但是这部未定稿后来遗失，其失而复得的情况，一个门人曾说："先生既成《家礼》，为一行童窃以逃，先生易箦（病重），其书始出，今行于世，然其间有与先生晚岁之语不合者，故未尝为学者道也。"陈淳则说："嘉定辛未（1211年）自南官回过温陵，值敬之（朱熹幼子）倅郡，出示《家礼》一编，云此往年僧寺所亡本也，有十人录得，会先生葬日携来，因得之。”（卷一四《代陈宪跋家礼》）其他没有更详细的记载。这部《家礼》原稿到底成于朱熹母丧之时，还是成于后日，没有一致说法。但是，无论成于何时，朱熹编辑了这部《家礼》的书稿，则是无可疑问的。黄榦有一篇《书晦庵先生家礼》之文，其中明确提到：“儒取其施于家者著为一家之书，为斯世虑至切也。晦庵朱先生以其本末详略犹有可疑，斟酌损益，更为《家礼》，务从本实以惠后学。盖以人理不可一日而不存，则是礼亦不可一日而或缺也。……是书已就，而切于人伦日用之常，学者其不可不尽心与！”（卷二二《书晦庵先生家礼》）这里显然已经说明，朱熹是根据先儒家庭礼仪著作，“斟酌损益”，编成《家礼》，并且“是书已就”。门人陈淳也曾说：朱熹“探病”司马光《书仪》繁冗难行，“欲为之裁订增损，举纲张目，别为一书，令人易晓而易行，旧亦略有成编矣”（卷一四《代陈宪跋家礼》）。这也说明《家礼》已略有成编。

元应氏、清王氏等，都认为《朱子家礼》系伪作。上文提到，朱熹原稿遗失后，复得之本“有与先生晚岁之语不合”的内容，后人也据此对该书的真实性提出怀疑，或认为其中有后人“附益”的成分。清四库馆臣评论说：“考《朱子年谱》，《家礼》成于乾道六年庚寅，朱子时四十一岁。其稿旋为人窃去，越三十年，朱子没后始复有传本行世。儒者或以为疑。黄榦为朱子弟子之冠，亦云为未暇更定之本。则《家礼》之出自朱子手定与否，尚无显证。即真获朱子已失之稿，而草创初成，亦恐尚非定本。”（卷二二《辨定祭礼通俗谱·提要》）这是比较持中之论，即没有完全否定为朱熹所作。当然，清代也有对否定之论提出批评者，如夏炘认为：“《家礼》一书，朱子所编辑，以为草创之所未定则可以，为他人之所伪托则不可也。”他批评王白田（懋竑）“拾应氏之唾余”，是步应氏的后尘而主此说（卷七《跋家礼》）。这些不同见解，孰是孰非，下面不妨结合《家礼》的内容作一分析。

其次，《朱子家礼》的内容体现了古今通变的礼制思想。

从朱熹的《家礼序》和其他言论中，可以看出朱熹所编之《家礼》，是“参酌古今”之制，是在继承传统礼制的基础上，结合当代社会民俗风情加以改编而成。那么，后世流行的这部《朱子家礼》，其基本内容也明显具有这样的特点。

《家礼》的第一卷是《通礼》篇，之所以称为“通礼”，标注云：“有家日用之常礼，不可一日而不修者。”其中的首条是“祠堂”，下注：“报本反始之心、尊祖敬宗之意，实有家名分之首。”其下分列家中祠堂建制、祖宗排位、祭祀仪式、参祭时节以及祭器、祭田、祭服之仪，并强调“凡祠堂所在之宅，宗子世守之，不得分析”。这里把祭祖的祠堂列为首篇首条，即意味着任何家庭对先祖的崇敬都是第一位的。祭祖敬宗是中国自古以来的家教传统，但是按照传统礼制，这一部分应包含在祭礼之中。这里将祠堂单独分出，并放在家庭礼仪的首位，也正与朱熹所极力倡导的世风相一致。其文集中即强调：“盖人之生无不本乎祖者，故报本反始之心，凡有血气者之所不能无也。”（卷八一《跋古今家祭礼》）因而，在家庭人道礼仪中，建立祠堂，崇祀祖先，无疑应放在首位。围绕祠堂条，通礼还定有许多仪节，如规定有事及出入家门“必告”于祠堂，每月朔望族人参祭，遇清明、寒食、重午、中元等节，要在祠堂“献以时食”，等等。这些显然是继承传统礼仪而来；卷三的《昏礼》篇中，议婚、纳采、亲迎、妇见舅姑等条目，则是继承了传统的“六礼”之制，但并没有完全按照六礼的程序和内容，相关礼仪也作了简化“古礼有问名、纳吉，今不能尽用，止用纳采、纳币，以从简便。”有关婚娶的细节，则强调“如世俗之礼；卷四《丧礼》篇的五服制，仍基本采用传统的斩衰、齐衰、大功、小功、缌麻服制和期限，只是在细节上，如族人行服的范围等，以及一些特殊情况的处理方法，作了顺应时俗的规范而已。某些环节是将古礼与近人之仪相参为用，如“坟高四尺，立小石碑于其前，亦高四尺，趺（石碑的下座）高尺许”。此仪是兼采孔子和司马光之说：“今按孔子防墓之封，其崇四尺，故取以为法。用司马公说，别立小碑，但石须阔尺以上，其厚居三之二。”

在整个这部《家礼》的礼仪环节中，有的是采用古礼，如提到“皆用周礼次第”，有的是采用后人如“郑氏”、“程子”及《杂记》诸说，有的是采用世俗之仪。但其编定礼仪规范的一个基本指导思想就是“参酌古今”，从俗从简。如丧礼中，有些古礼“制度甚详，今不能然，但从俗为之”。某些器用，顺时俗“以从简便”。祭礼中还特别强调要根据自家情况而定：“凡祭主于尽爱敬之诚而已，贫则称家之有无，疾则量筋力而行之。则力可及者自当如仪。”祭祀“初祖”所用的祭器，“此本合用古祭器，今恐私家或不能办，且用今器，以从简便”。这与朱熹的礼仪观，以及他编定《家礼》的意图，是完全吻合的。如若在这样的意旨下编定家礼规范，王氏《白田杂著》中将《家礼》一些条目与古礼相参照，对一些矛盾的地方提出的质疑，就不应该成为质疑的问题。

以上分析说明，《朱子家礼》的编写风格及其内容，与朱熹的家庭礼仪观和他为此所进行的编著工作，很多方面是一致或相通的。这部《家礼》是朱熹所作的未定之稿，其基本内容出自朱熹所撰。由于是未定稿，难免会存在粗疏之处，给后人留下遗憾，也由此招来真伪的猜测。在当时那个时代，朱熹门人陈淳就曾说过：“惜其书既亡而复出，不出于先生无恙之前，而出于先生既没之后，不幸而不能垂为一定之成仪以幸万世，而反为未成之缺典，至贻后世千古无穷之恨，甚可痛也！”（卷一四《代陈宪跋家礼》）后世对《朱子家礼》的否定之论显然是不能成立的。

朱熹的这部“缺典”《家礼》，在元明清社会家庭中广泛流传，就如同他所创立理学思想体系一样影响深远。理学体系的建立，归根结底是一个时代的产物。那么，《朱子家礼》这部书之所以能得到当时及后世社会的广泛认同和采用，也正是因为它适应了人们居家礼仪观念和实践的发展需要，也是适应那个时代而产生的。正如其门人所论：“此书切于人伦日用之常”，“盖以人理不可一日而不存，则是礼亦不可一日而或缺也”。就其全编大旨而言，“上不失先王之大典，而下甚便于斯世之礼俗，虽圣人起，不能以易此矣”（卷一四《家礼跋》）。在中国历史上，关于治家规范方面的著作可谓诸家纷呈，但是对元、明、清社会家庭礼仪影响最大的无疑就是这一部。

（作者安国楼，郑州大学历史与考古学教授，博士；
本文原载《郑州大学学报》（哲学社会科学版）2005 年第 1 期。）

参考文献：

［1］司马光：《资治通鉴》，中华书局 1956 年版。

［2］朱熹：《晦庵集》，四库全书本。

［3］马端临：《文献通考》，浙江古籍出版社

1988 年版。
［4］黎靖德：《朱子语类》，四库全书本。
［5］王懋竑：《朱子年谱考异》，四库全书本。
［6］王懋竑：《白田杂著》，四库全书本。
［7］《四库全书总目》，中华书局 1964 年版。
［8］脱脱：《宋史》，中华书局 1977 年版。
［9］李幼武：《宋名臣言行录外集》，四库全书本。
［10］陈淳：《北溪大全集》，四库全书本。
［11］黄榦：《勉斋集》，四库全书本。
［12］夏炘：《述朱质疑》，四库全书本。

朱熹《小学》的蒙养教育思想

南宋思想家朱熹很重视蒙养教材的编撰，他特别为儿童和青少年编写了《小学》一书，作为“明人伦”的必读教材，对儿童进行品德修养教育。该书集录了古代圣贤的“嘉言、善行”，分为内外两篇。内篇包括“立教、明伦、敬身、稽古”四部分，外篇包括“嘉言、善行”两部分，共 285 章。该书以“立教”、“明伦”、“敬身”和“稽古”为纲，以“父子、君臣、夫妇、长幼、朋友、心术、威仪、衣服和饮食”为目，除了进行直接的道德教育以外，还引用了一些格言、故事、诗歌、家训、书信等。朱熹是儒家学术思想的代表人物，同时又是儒家教育思想的集大成者。他学识广博，有广泛的阅历和四十多年的教育实践，编撰《小学》时已近晚年（58 岁），《小学》可说是他道德教育思想的总结。本文拟就《小学》中的一些合理性方面加以分析，以期有利于今天的道德教育实践。

一 重视道德的养成教育

“养成”的本意是指培养而使之形成或成长。古人认为，“始生之者天也，养成之者人也”。在中国古代，有所谓“蒙养”和“养正”，主要是指对儿童的启蒙教育。一方面教儿童识字，另一方面通过对知识的学习，启迪儿童的道德观念，使儿童养成良好的道德习惯。

早期教育不仅是现代教育学和心理学研究的课题，也是古人极为重视的探究领域。朱熹认为，儿童早期道德教育的成败，不仅关系到儿童本身的发展，而且关系到社会风化、国家前途。他说：“古者小学教人以洒扫应对进退之节，爱亲敬长隆师亲友之道，皆所以为修身齐家治国平天下之本，而必使其讲而习之于幼稚之时，欲其习与智长，化与心成，而无人格不胜之患也。”

朱熹十分重视儿童的养成教育，他提出对儿童要实施胎教、学前教育和学校教育的主张，并认为这三个阶段是相互联系的整体，针对每个阶段儿童生理、心理的不同特点，所实施的教育内容和方法也应该有所不同。

朱熹认为，儿童教育应从胎教开始。他特别提倡胎教法，认为孕妇的一举一动，一言一行，都对胎儿的发育有直接的影响。相传，周文王之所以成为一个贤明的天子，就是同他母亲重视胎教有关。史载文王之母，一贯“端一诚庄，惟德之行”，当她怀上文王后，“目不视恶色，耳不听淫声，口不出傲言”。朱熹称之“能胎教”。孟子之母也实施过胎教。朱熹认为，对儿童的道德教育，应首先从胎教开始。他在《小学》“立教”篇中，要求孕妇按《列女传》的教导去行动，“寝不侧，坐不边，立不跛，不食邪味，割不正不食，席不正不坐，目不视邪色，耳不听淫声……如此则生子形容端正，才过人矣”。当今，优生优育日益为人们所重视，虽然朱熹的“胎教法”不尽科学，但他认为儿童的道德教育应该从胎教开始的观点，则是有合理因素的。

朱熹主张胎教的同时，又十分强调儿童出生后至8岁这一年龄阶段的教育，并把这一阶段的教育称为“乳母之教”。朱熹指出，为了让儿童从小就受到良好的家庭教育，培养他们合乎“天理”的性格和生活习惯，并为长大后接受小学教育打下坚实的基础，应该注意以下几点：第一，要谨慎地选择乳母，即“必求其宽裕慈惠，温良恭敬，谨而寡言者使为子师。”乳母不良，不但教子不成，还会败乱家规；第二，自从孩子能自己吃饭、说话时起，就开始从日常行为处着手，由易到难，由浅入深，由事至理，逐渐对儿童进行“孝悌、诚敬”等内容的教育；第三，对儿童管教要严，做到有教有爱。如果娇生惯养，任其所为，就会造成“骄惰坏了，到长亦凶狠”的不良后果。

朱熹认为，人从年幼之时，逐步懂得了“爱亲、敬长、隆师友”之道，就能为成人后“修身、齐家、治国、平天下”打下基础。只有在智力增长的同时形成良好的道德习惯，才能按照社会道德规范的要求去行动，“习与智长，化与心成”，只有如此，才能避免成人后“扞格不胜之患”。否则，如果儿童自幼不习之于小学，“只为未尝为子弟之事，则于其亲已有物我不肯屈下。病根常在，又随所居而长，至死只依旧。为子弟则不能安洒扫应对，接朋友则不能下朋友，有官长则不能下官长，为宰相则不能下天下之贤”。因此，他认为如果在“小学”阶段不打好“圣贤”的“坯璞”，到“大学”阶段再来弥补就很困难了，即所谓“习之易荒，觉已难悔”。

为此，朱熹对“小学”的教育内容做了具体的规定：“古者小学教人以洒扫应对进退之节，爱亲敬长隆师亲友之道，皆所以为修身齐家治国平天下之本。”这里提到的“小学”教育内容，无论是“洒扫应对进退之节”，还是“爱亲敬长隆师亲友之道”，都是为了教育儿童“事君、事父、事兄、处友”的初步知识，养成他们的良好习惯。朱熹认为，由于儿童的认识辨别能力差，接受能力有限，所以，对儿童的道德教育只说个义理大概或洒扫应对之类的内容就可以了。当然，朱熹也主张“行有余力，诵诗读书。咏歌舞蹈，思罔或逾”。

这样，经过持之以恒的“养成”教育，通过潜移默化的道德熏陶，就把伦理道德的基本要求，内化为儿童内心的道德法则，成为其人格的一部分，使之能够自觉地按照封建伦理道德的要求去做。朱熹对儿童进行“养成”教育的思想，对今天倡导基础道德教育有一定的借鉴意义。

二　重视道德规范的教育

朱熹十分注重道德教育的规范化建设，他在《小学》中提倡的道德规范，不仅长期为传统教育所沿袭，而且不少内容至今仍有借鉴价值。

朱熹认为，道德教育是一个由低向高、由浅入深的过程。因此，他主张把人的道德教育分为“小学”和“大学”两个阶段。“小学”阶段是人的道德形成的基础阶段，教育内容的重点应是伦理道德规范的训练，即“小学者，当其事”。这些规范，从形式来看，包括风俗、礼仪、准则、箴言、义务和责任等。无论什么形式的道德规范，都首先表现出道德上的他律性。道德规范不仅对道德主体有外在的约束力，而且还有价值导向功能，“约束性和导向性，正是道德规范他律性的完整表达形式”。在这个意义上，可以把朱熹在《小学》中列出的道德规范，划分为正面诱导和反面禁防两个方面。

朱熹强调，对儿童进行道德教育，正面的积极引导要尽量多用，而消极禁防的规范要尽量少用。他说：“小学书多说那恭敬处，少说那防禁处。”就是坚持以正面引导为主，启发自觉。他在《小学》中提到的各种道德规范多达数十条，从穿衣戴帽、起床睡觉、交朋会友、待人接物，到吃饭饮酒，一言一行、一举一动、一笑一颦，都要有章可循，有规可依。只要遵守这些规范，又能经常诵读圣贤之书，就能成为像圣贤那样的人。相反，如果一味地使用严加禁防的方式进行教育，即使一时有效，也很难保持长久。

风俗作为一种极为重要的道德规范，对人们行为的约束力是非常大的。朱熹特别重视风俗对人们的道德调节作用。他认为治理天下应该以“正风俗、得贤才为本”，使社会达到：“父义母慈，兄友弟恭子孝，夫妇有恩，男女有别，子弟有学，乡间有礼。贫穷患难，亲戚相救，婚姻死丧，邻保相助。无堕农业，无作盗贼，无学赌博，无好争讼，无以恶陵善，无以富吞贫。行者让路，耕者让畔，斑白者不负戴于道路。”朱熹本人在为官的经历中，每到一地，敦厚风俗教化，积极兴学办书院，规劝当地父老遣子弟入学，并对那些不良社会风俗习惯严加禁止，取得了明显效果，在一定程度上淳朴了民风。既要有起价值导向功能的道德规范的引导，又明确告知严加禁防的规范，并通过一定的规章制度保证实施，二者互相补充，这其中包含着值得借鉴的道德教育方法。尽管南宋以后的道德教育实践不可能充分贯彻这一原则，烦琐的清规戒律箝制了学生的思想和言行，但是朱熹提出的这些主张，对丰富我国的道德教育理论和实践有一定的借鉴意义。

在具有道德教育意义的社会实践中，学生自觉地将社会的道德要求转化为个人的需要和信念，并用来支配自己的行动，养成良好的行为习惯，这样的道德教育才是成功的、理想的。社会主义道德教育的最终目的是培养学生崇高的共产主义道德品质，要实现这个远大目标，就中小学道德教育来说，由于少年儿童形象思维占主导地位，他们往往通过自己身边的人和事来认识社会和人生，通过具体的、活生生的事例和现象来理解抽象的、深奥的道理，通过模仿他们心中的偶像来实现自己的理想人格。因此，教育者必须着眼于道德教育的基础化和生活化，从最基础的社会公德和礼仪举止出发，从仪表、语言、举止、礼节等具体日常行为规范抓起，培养其尊老爱幼、遵纪守法、爱护公物、讲究卫生、礼貌谦让等良好的行为习惯。

三 重视道德榜样的教育

儒家的一个重要传统就是培养人的道德情感与情操，要学会“做人”。儒家教导说，学要“为己”，即培养自己的德性，哪怕不识字，也要堂堂正正地做人。朱熹道德教育的核心内容和根本目的是明人伦，具体到人的行为上，就是做人。做人要有做人的样子，朱熹在《小学》中提出了许多格言和故事，作为“做人的样子”。通过行动，学习榜样，才能逐渐做到“习与智长，化与心成”。朱熹的这一思想是符合儿童的道德心理特征的。他在《小学》中专门编成《稽古》一卷，选取古人的事迹，使儿童读后有所感动，从而能通过模仿古人奋发为善，这也是符合儿童自身认知发展水平的。朱熹特别强调家庭教育在一个人成长过程中的重要作用，他认为父母要以身作则，不仅有“言教”，更重要的是“身教”。他的这一要求也符合儿童的道德判断及其前期道德观念的发展规律。这些对于我们今天如何更为适宜地进行道德教育有很大的启发。

首先，道德榜样的力量是无穷的，先进人物的事迹和模范行为广泛地影响着人们的思想品德和社会风尚。广大少年儿童正处在道德观念形成的关键时期，他们的模仿性很强，在现实生活中，他们常常对自己仰慕的偶像充满了敬佩和羡慕之情，并作为自己学习的榜样。因此，我们在道德教育实践中，应针对儿童的这种心理特征，恰当运用各种典型人物、典型事迹，以他们为榜样，去启发、诱导和激励儿童不断提高自己的道德修养水平。正如朱熹所言：“圣希天，贤希圣，士希贤。伊尹、颜渊，大贤也……志伊尹之所志，学颜渊之所学，过则圣，及则贤，不及则亦不失于令名。”

其次，道德典型的选择，应该是看得见、做得到的，必须既高大、感人，又真实、合宜。如果道德典型过于高大，不适宜儿童学习和仿效，就会在他们心中形成挫败感，不仅起不到应有的道德示范作用，而且还会打消他们继续努力的积极性。儿童在日常生活中经常接触到的父母、老师、亲友和他们周围的优秀人物，其影响往往更直接，作用也往往更大。

另外，利用道德榜样的示范教育，教育者本人的身体力行，具有更大的说服力和影响力。父母和老师作为儿童的主要教育者，不仅应该做到“言教”，更应该“身教”，“正己以格物”，为孩子做出表率，“凡为家长，必谨守礼法，以御群子弟及家众”。朱熹以孟母教子为例，说明父母身教对儿童道德教育的重要性。孟子年幼时曾问东家为何杀猪，孟母随口回答“给你吃”，随后又后悔说：“吾闻古有胎教，今适有知而欺之，是教之不信。”所以就买了猪肉给他吃。另外，公父文伯（鲁国的大夫）的母亲尽管家境殷实，仍然亲自缉麻，以教育文伯做官应该勤劳，因为“民劳则思，思则善心生，逸则淫，淫则忘善，忘善则恶心生”。宋代著名教育家胡瑗在苏州、湖州一带教授时，就制定了严格的条约，先从自己做起，同时，向学生讲“其所以治己而后治乎人者”，即先严格要求自己而后才能治人的道理。

孔子说：“三人行，必有我师焉，择其善者而从之，其不善者而改之。”与实际生活密切相关的道德榜样和典型模范人物，比书本上的圣贤更直接、更生动，向他们学习会有更深刻的感受，易于达到更好的教育效果。

四　重视儿童喜闻乐见的教育形式

对儿童进行道德教育，只有从儿童的生理和心理特点出发，运用儿童喜欢的教育形式，才能达到预期的教育效果。朱熹强调结合儿童的兴趣和爱好进行启蒙教育，因势利导，形式活泼。为此，他十分重视故事、诗歌、音乐、箴言等儿童喜闻乐见的教育形式，重视生动性、趣味性和教育性相结合。

在思想内容上，朱熹注意选取儿童易懂、感兴趣的故事和善行。由于故事本身具有很强的吸引力，便于引起儿童学习的兴趣，从而激起他们模仿的欲望。“往往知稽古爱民矣，则于为政也何有”，儿童通过模仿古人的做法，逐渐形成习惯，从而提高自己的道德品质。

在语言上，朱熹注意选取那些语言浅显生动的内容，尽量减少文字的障碍。有些家训、名言、诗歌，读起来朗朗上口，如“忧人之忧，乐人之乐”，“非淡泊无以明志，非宁静无以致远”，“勿以恶小而为之，勿以善小而不为”等，便于儿童记忆和理解，使之在日常生活中自觉地接受，久而久之，促使儿童的道德水平逐渐提高。

在形式上，朱熹注意灵活多样，既有嘉言、善行，又有故事、诗歌，还有家训、书信等。这些富于变化的教育形式，从不同的角度充分展示了古人良好的道德风貌，更能激起儿童的学习兴趣，使之在对诗歌的欣赏、书信的品味、名言的思索中，潜移默化地陶冶了情操，净化了心灵。朱熹还十分重视音乐对儿童的教化作用，他认为音乐可以表达心声，使儿童在追求快乐、获得美感的过程中，受到高雅志趣的熏陶。

蒙养方法的改进，标志着宋代蒙养教育已经达到较为成熟的水平，而朱熹对蒙养教育的一系列论述，也为后代的蒙养教育提供了思想依据。对《小学》的道德教育思想进一步认真研究，可为我们今天的道德教育实践提供丰富的思想资源。

（作者姚郁卉，中国人民大学哲学系博士研究生；
本文原载《齐鲁学刊》2005 年第 4 期。）

参考文献：

［1］罗国杰：《公民道德建设与养成教育》，载《中国教育报》2003 年 9 月 30 日。

［2］刘文刚：《小学译注》，成都：四川大学出版社 1995 年版。

［3］罗国杰：《伦理学》，北京：人民出版社 1989 年版。

［4］沈灌群、毛礼锐：《中国教育家评传》，上海教育出版社 1989 年版。

5. 法律与道德

传统儒家德刑关系理论的传承和嬗变

——论朱熹德刑关系理论

德与刑是中国古代法哲学的两个核心范畴，对二者关系的探讨贯穿整个古代法哲学发展的始终。南宋理学的代表人物朱熹对德和刑的关系的探讨，既继承了传统儒家的理论，又对其进行了修正。朱熹的德刑论作为其理学的一个重要部分，既适应了现实政治的需要，又对后世法制产生了深远影响。如果说理学是封建社会后期的政治现实的思想反映，那么朱熹的德刑论也是封建社会后期的法制现实的思想反映。因此梳理其脉络，揭示其转变的路径，对理解封建社会后期的法制状况有所裨益。

一

中国历史上明确论及德刑关系，首推周公。周公是西周初年的大政治家，他曾助武王灭商，武王死后，其子成王年幼，一度由他摄政。周公认为，殷商一味“重刑辟”是导致灭亡的主要原因，要吸取商亡教训，就要处理好德与刑的关系，即要“明德慎罚”。“明德”有两层含义，一是要求统治者个人要自我克制，严于律己，勤于政事，不可骄奢淫逸；二是宽以待民，对民怀柔，从民所欲，“彼裕我民，无远用戾”①。“慎罚”要求统治者谨慎地使用刑罚。“乱杀无罪，杀无辜，怨有司，是丛（聚集）于厥身！”②不能乱罚无罪，滥杀无辜。

先秦儒家发展了周公“明德慎罚”的思想，并进一步论述了德、刑的性质、作用，以及在治国方略中的地位。

孔子首先提出：“导之以政，齐之以刑，民免而无耻；导之以德，齐之以礼，有耻且格。”③行政和刑罚的手段虽然可以让民众免于死罪，但内心没有耻辱感，不能消除内心的犯罪动机；而用德和礼进行教化，就可以让他们自觉地遵守法制，这是谈论二者的作用；孟子谈到德与刑时，同样高扬了德的根乎心灵的作用：“以德行仁者王。……以德服人者，中心悦而诚服也”[④]，“善政不如善教之得民也。善政民畏之，善教民爱之”，“善政得民财，善教得民心”[⑤]。

先秦儒家认为，由于德刑的性质作用不同，导致其地位不一，表现在：其一，作为统治者施政的二种方法，德应放在首位，德先刑后。孔子在《论语·尧曰》中说，“不教而杀谓之虐”，提倡先教化而后刑罚，则刑“威而不猛”；孟子认为要使人们遵守统治秩序，主要靠教化而不应依靠刑罚；荀子对于施用教化进行了具体分析：“不教而诛”，结果必然是刑罚越来越繁复，却不能有效地阻止犯罪，但进行教化而不实行刑罚，犯罪的人又得不到应有的惩罚。荀子得出的结论是：对于大多数的人，“不结待政而化”，应先进行礼义教化，对于少数心术不正、不守本分的“奸民”，应该在他们干活的同时加以教化，等待他们弃恶从善。因此，荀子同样强调德的“教化为先”的地位。其二，德是统治的主要手段，而刑罚只是辅助，刑是道德实现的保证，是德化失效后的最后防线。孔子不仅多次强调德的治民、抚民的作用，而且对如何施德以实现“仁”，如何进行“礼治”提出了很多具体的设想，把“德治”放在治国方略的主体位置，而提到刑，必是轻刑，省刑，慎刑，是在教化不灵，德化不行的情况下才用刑。其三，用刑的最终目的为“去刑”，刑罚制裁也是教化的一种手段，犯罪可以通过德化和礼教来预防，罪犯可以通过仁德和礼义来教化。从这一思想出发，先秦儒家不仅反对不教而杀，主张对罪人进行教化，而且视道德教化为消灭犯罪的有效手段。对于先秦儒家的这些观点，后人概括为“德主刑辅”。

汉代董仲舒的德刑关系理论与先秦儒家一脉相承。“教，政之本也；狱，政之末也，其事异域，其用一也。”[⑥]道德教化是“本”，为政应以它为主；刑狱是“末”，应置于辅助地位，德刑在施政驭民中缺一不可，但又有主次本末之分。董仲舒对先秦儒家德刑理论的发展表现在用“天人感应”的神学目的论、阴阳五行说以及“性三品”的人性论来论证德刑关系，作为“德主刑辅”的理论依据。首先，董仲舒从天道引申出德为主，刑为辅。“天道之常，一阴一阳。阳者，天之德也，阴者，天之刑也”，“天道之大者在阴阳，阳为德，阴为刑”[⑦]，天亲阳而疏阴，任德而不任刑，从而提出“阳德阴刑”。把德和刑同阴阳，四时比附，目的在于说明天有德有刑，“刑者德之辅，阴者阳之助也”[⑧]；其次，董仲舒总结了先秦以来的人性论理论，提出“性三品”说，从人性的角度来进一步论证“德主刑辅”的必然性合于人性。人之本性既不是孟子所说的纯善，也不是荀子所言“性本恶”，而是不同的人秉承了不同的人性，人性有上、中、下三类，一类为“圣人之性”，这种人性不需教化，其性纯善，只有少数的圣人才具有；一类为“中民之性”，是有善的潜质却没有表现出善性，这类人一经教化便为善，而不受教化便为恶，这种人性为绝大多数人所具有；第三类为“斗筲之性”，这种人纯恶，即使施以教化也很难为善。董仲舒认为，根据这三种人性，统治者要有效地实施统治，就要施以德刑两手，“圣人”施德，“斗筲”施刑，而“德主刑辅”最具实施的基础，施以大多数民众。

“德主刑辅”经先秦儒家提出，董仲舒进一步论证，并伴随着董仲舒理论登上封建正统思想的地位，而对后世产生了深远影响。后世思想家论及德刑关系，大多沿承这一理论，后世统治者立法，也都以此为指导思想和原则，《唐律疏议·名例律》中“德礼为政教之本，刑罚为政教之用，尤昏晓阳秋相须而成者也”更是直接体用了这一理论。

二

宋代程朱理学自其产生就肩负着重整纲纪，匡复人伦的使命，朱熹作为集大成人物，其对道德的重视，对德治的高扬不言自明。朱熹既继承了传统儒家“德主刑辅”之观点，但又没有简单重复。理学打着复兴儒学的旗号，同时既吸收了当时社会经济和自然科学的成果，又杂糅了佛、道思想，并形成了一个庞大、精巧、逻辑严密的理论体系。朱熹的德刑关系理论作为其理学体系的组成部分，必然服从于整个理论体系构架的需要，服务于理论的最终目的——现实政治。其主要内容可作如下分析：

1. 通过本体之“理”高扬“德”的意义，赋予“德”神圣不可动摇的地位。

理是朱熹哲学的最高范畴，也是理学体系的逻辑起点，“理”就其地位而言，它是世界的本源，是万物存在的依据。“盖其所谓太极云者，合天地万物之理而一名耳”，“未有天地之先，毕竟也只是理。有此理便有此天地，若无此理，便亦无天地，无人无物”[⑨]。理是万物的主宰，“天者，理也。神者，妙万物而言者也。帝者，以主宰而名”[⑩]。理就其性质而言具有时空无限性，“理”（“太极”）充盈宇宙，在时间和空间上是无限的：“这个太极是个大物事。四方上下曰宇，古往今来曰宙。无一个物是宇这样大，四方去无极，上下去无极，是多少大? 无一物是宙这样远，亘古亘今，往来不穷。”[⑪]因此，朱熹之“理”是超乎时空的，高于万物而又主宰万物的本体之理。

“理”的具体内容是什么呢? “宇宙之间，一理而已。天得之而为天，地得之而为地。而凡生于天地之间者，又各得之以为性，其张之为三纲，其纪之为五常。盖此理之流行，无所适而不在”，“万物皆有理，理皆同出一源，但所居这位不同，则其理之用不一。如为君须仁，为臣须敬，为子须孝，为父须慈。物物各具此理，而物物各异其用。然莫非一时之流行也”[⑫]。可见，理的基本内涵就是封建社会的主流伦理——三纲五常，也就是传统儒家的德、仁。

这样，借助“理”的地位，封建之伦理道德也被抬到“天”的位置，被神圣化、绝对化，“德”之主导地位更加牢固。

2. 对德刑关系进行人性论解说。

人性论既是中国古代哲学的一个重要组成部分，也是思想家用来实现理论目的，进行理论阐释的一个重要工具。前文已述董仲舒用“性三品”说为“德主刑辅”找到实施的依据，朱熹同样通过对人性的预设来寻找治国之策。他继承孔子“道之以政，齐之以刑，民免无耻；道之以德，齐之以礼，有耻且格”的理论的基本精神，认为德、礼、政、刑四种治国之策是有充分的人性论依据的。朱熹提出，性有“天命之性”和“气质之性”的区分，“天命之性”是“善”的，但这种“善性”需借助“气”才能派生万物，而在派生的过程，由于“禀气”明暗，厚薄不同，人性就有善有不善，而只有极少数的“圣人”才能做到“纯善”，能专一于“理”，而广大民众所具有的人性，都是气质偏杂，善恶相混的。“人之性皆善，然而有生下来善的，有生下来恶的，此是气禀不同。且如天地之运，万端而无穷，其可见者。日月清明，气候和正之时，人生而禀此气，则为清明浑厚之气，须做个好人；若是日月昏暗，寒暑反常，皆是天地之戾气，人若禀此气，则为不好底人何疑。”[13]

人有善性，这为德化提供了前提，通过教化，将善性发扬，抑制恶性，另外，依据人“气禀”的“浅、深、厚、薄”的差异，分别施以德、礼、政、刑不同的方法。朱熹说：“问：导之以德，齐之以礼。曰：这德字只是适来说底德：以身率人。人之气质有浅深厚薄之不同，故惑者不能齐一，必有礼以齐之。……齐之不以，则刑不可废。”“先立个法制，如此，若不尽从，便以刑罚齐之。”[14]

3. 德、礼、政、刑循环运动、相为终始，最终目的为实现“天理”。

首先，在传统儒家“德主刑辅”的基础上，朱熹进一步区分德、礼、政、刑在治理国家中所起的作用和在治国方略中所处的不同位置。“愚谓政者，为治之具；刑者，辅治立法。德礼则所以出治之本，而德又为礼之本也。此其相为终始，虽不可偏废，然刑政能使民远罪而已。德礼之效，则有以使民日迁善而不自知，故治民者不可徒恃其末，又当深探其本也。”[15]德礼为本，政刑为末，德礼能使民迁善而不自知，即孔子所说能使民“有耻且格”，而刑政只能使民远罪。因此，治理国家不能不把“德礼”放在首位。

其次，朱熹更多强调的是德、礼、政、刑四者的联系。这一点是对传统儒学的丰富。就“德礼”和“政刑”的关系，德礼应该是人们思想行为的最高法则，同样是“政刑”的依据，而二者都是“天理”的产物，都是实现“天理”的工具。所以在本质上、目的上是一致的。“若夫道德性命之与刑名度数，则其精粗本末虽若有间，然其相为表里，如影随形，则又不可得而分别也”[16]；就德与礼、政与刑而言，“德”是“礼”的依据，而“礼”是“德”的保障，“德者义理也，义理非礼不行，故欲以德道民者，必以礼齐民”[17]。“德”是一种心理上的道德品质或善心，而“礼”既包含与封建宗法等级制度相适应的道德规范和伦理观念，也包括贯彻、培植这些道德伦理观念的礼教，教化。只有通过教化，使人们迫于社会舆论的压力而遵守封建道德规范，并且出于内心的善恶评判而远罪迁善。朱熹的“政”，“谓法制禁令也”，即法律制度和法律；“刑”就是刑罚措施，是使法律得以实现的强制力量，政与刑是相互依存的，“政者，法度也，法度非刑不立，故欲以政道民者，必以刑齐民”[18]。没有“政”，“刑”就失去了依据的标准；而没有“刑”，“政”也没有实现的保障。

再次，朱熹把德、礼、政、刑同时并举，并较传统儒家更进一步强化了刑的作用。朱熹提出，针对不同“禀赋”的人群，德、礼、政、刑分别发挥着作用，四者缺一不可，同时，刑罚的作用显得尤为重要，它不仅直接辅助“政”，而且间接辅助“礼”，最终为“德”的实现创造条件。这样，便构成了由德而礼，政而刑，又由刑而至德的“相为终始”，周而复始的循环运动，这一运动的最终目的是革尽人欲，恢复“天理”，把人类社会带向尽善尽美的“天理”王国。

三

中国古代对德刑关系的探讨，始于西周周公，先秦儒家确立了基本内核，随着汉代儒学的正统地位的获得，这些内核迤逦数千年未曾更张，朱熹对德刑关系的阐述也同样以此为主臬，沿承着传统儒家的思路。

1. 传统儒家对德刑关系的探讨实质上是对治国之策的探讨，站在执政者的立场，为最高统治者提出治政建议，为统治者进行制度安排作些预设。

周公的“明德慎罚”，孔孟以德立国，以刑辅助，以及董仲舒“大德小刑”、“阳德阴刑”探讨的都是在治理国家的过程中统治者应以德为主还是以刑为主即德治还是刑治，或德与刑在治国中应有什么样的比重。朱熹的“德礼政刑相为终始”说也是对四种治国方略进行比较分析，论述其内在联系。朱熹自幼接受儒家教育，产生了“齐家、治国、平天下”的政治抱负。他多次上书皇帝，提出政治主张，朱熹晚年还担任皇帝侍讲，虽然屡屡受挫，但一直没有放弃实现政治抱负的希望，其德礼政刑理论既是对传统儒家政治资源的吸收，也是他多年政治实践的经验总结，同时也是朱熹设计的理想的治国模式。

2. 中国古代实际上从周公起就已经对德、刑作出了价值评判和选择，德是治国之本，刑为用，德治即为理想治、根本治，而刑治是暴力治，是辅助治。

儒家“德”的内涵十分丰富，既指静态的道德品行，又指培养这种品行和践履这种德行的方法和过程；不仅依主体不同而不同，而且同一主体也有层次不同的“德”，在传统儒家看来，德实际是人间一切美好品行的指称，是一种符合统治阶级的利益，利于统治阶级统治的理想人格，君王有君王之德，民众有民众之德。所谓君王之德就是统治者自身应具备高操的德行和品质并且为政以德，民众之德即在民众中倡导与封建统治阶级利益相符的主流道德，其主体就是封建的三纲五常。提倡德治，就是君子要以德治民，对民怀柔，实行惠民政策，民众要自觉地尊崇道德，用主流道德来约束行为。朱熹不仅重德，还提出一整套道德修养的方法，包括“居敬”、“穷理”、“立志”、“笃行”。“居敬”旨在把修身看作十分严肃的事；“穷理”主要是穷尽人伦之理，即理解人伦之理；“立志”，要求人们给自己定一个高尚的奋斗目标，提出“以圣人为己任”，激励人们把“圣人”作为自己的理想人格，奋力追求；“笃行”，就是在“明理”的基础上，把“理”落实到自己的行为上，扎扎实实地去实行。朱熹重德，是为了扫除通向“理”的障碍，获得“理”的实现。

“刑”大多数时候仅指刑罚或暴力惩罚措施。周公认定商因滥刑而亡；孔孟主张摆正德刑位置，表现出贱刑、耻刑倾向；秦因一味任刑而亡，汉儒主张轻刑、宽刑，汉“文景”刑制改革后，肉刑基本废除，后世君王不再敢轻言恢复，否则便要背上暴君的恶名。惮于言刑，讳于言刑，即使用刑，也要恤刑。因此，至少从理论上来衡量，德和刑的发展是不均衡的。在朱熹的论述中，实际上也很明显地表现出了这种倾向。

3. 用人性论为德刑的施用提供依据。孟子以“性善论”来支持“仁政”，荀子以“性恶论”来论证礼法并用，董仲舒用“性三品”说来解说“大德小刑”，朱熹则依人们秉承的“气质之性”的差异，分别施以德礼政刑。

4. 传统儒家在突出“德礼”的同时，从来没有否认刑罚在治国实践中的作用。孔子在总结历史经验教训的基础上深刻指出：“圣人之治化也，必刑政相参焉。太上以德教民，而以礼齐之，其次以政焉。导之以刑，禁之刑，不刑也。化之弗变，导之弗从，伤之以败俗，于是乎用刑矣。”[19]朱熹继承了这一传统理论，在论述德刑关系时，强调德礼政刑各有其施用的对象，政刑与德礼一样有充分现实依据，二者互为表里，其本质、目的上都存在一致性。

朱熹在强调德刑的相通性、一致性的同时，已经酝酿了对传统儒家德刑理论变异的前提，运用这一前提，朱熹逻辑地推导出“以严为本，以宽济之”的治国主张，冲破了传统儒家“轻刑”、“省刑”的窠臼，合乎时宜地完成传统儒学的嬗变，使之适应了现实政治的需要。这种转变具体表现在：

1. 由传统的重“德”轻“刑”向“德”、“刑”并重的转变。朱熹始终强调，“德礼”为“政刑”之本，但“政刑”、“德礼”互相依存，互为终始，不可偏废；刑罚作为德、礼、政、刑循环运动中承前启后的关键环节，是最终实现天理的重要保障。打着实现“天理”的旗号，朱熹抬高了“刑”的地位，在德、刑的天平上巧妙地实现了“并重”。

2. 由传统儒家的“宽刑”、“轻刑”向“严刑”的转变。传统儒家一提到刑，言必称“轻”、“慎”，而朱熹敢冒此大不韪，公然提出“以严为本而以宽济之”，甚至主张恢复肉刑，朱熹德刑理论的逻辑是清晰的，其理论指向是明确的——“天理”。

第一，既然“德”是本体，是神圣不可侵犯的，“刑”是实现“德”的工具，那么“刑”也就具备了道德的意义；

第二，既然“刑”的目的是为“存天理，灭人欲”，那么在司法中即使伤民之肌肤，残民之躯命，也是合乎义理之必须，因此也没有必要忌讳肉刑；

第三，“爱人”、“宽人”精神已经体现在法律之中，而一旦转变了“纲纪文章，关防禁约”之后，就有“截然而不可犯”的威严，执法“以严为本”正是在本质上将“以爱人为本”的精神付诸实施；

第四，只有执法“以严为本”，才能禁奸止乱，制止犯罪，使人民“被其泽”、“实受其赐”，使“刑罚可省”，最终实现仁德。而“刑愈轻而愈不足以厚民之俗，往往反以长其悖道作乱之心，而使狱讼之愈繁”[20]。

另外，朱熹认为，人们主张执法从宽、从轻，实际上是基于一些错误的认识。比如，“为政以宽为本”是儒家一贯倡导，是制定“法制禁令”的出发点，即“‘以爱人为本’、‘以养人为本’、‘不生事扰民’”，但“为政以宽”并不等于“执法以宽”；再比如说对“恤刑”的理解，朱熹说：“所谓恤刑者，欲其详审曲直，令有罪者不放免，而无罪者不以滥刑也。”也即“罪疑从轻”，而“所谓疑者，非法令之所能决，则罪从轻”，“非谓凡罪皆可以从轻”，而执法之吏却误“以为当宽人之罪而出其死。故凡罪之当杀者，必多为可出之途以俟奏哉，则率多减等”[21]。

3. 从传统儒家德、刑价值割裂到价值合一，这实际上是对传统儒家法价值观的转化。儒家以是否依德作为政治优劣的评判标准，这一传统可以上溯到唐虞时期，《尚书·大禹谟》云：“德惟善政，政在养民”，已经清晰地揭示了“德”与“善政”的辩证关系，西周周公吸取“桀不务德”终致亡国灭身的历史教训，提出“以德配天”、“明德慎罚”，自此德善刑恶逐渐成为统治者为政施治之圭臬，也成为儒家一以贯之的治政理念，传统儒家因而讳刑、忌刑，由重德而表现出轻视法的倾向；而且传统儒家对刑的道德评判是以量为标准的，惟宽惟轻方为善。朱熹重新高扬刑的价值，特别是强化了刑的道德实现的价值；对“刑”的评判则采用多元标准，比如：“今人说轻刑者，只见所犯错误之人为可悯，而不知被伤之人尤可念也。如劫盗杀人者，人多为之求生，殊不念死者之为无辜，是知为盗贼计，而不为良民计也。”[22]显然朱熹在这更为强调的是刑的公平价值，他还说，犯罪的人已经违反“天理”，那么，同情、宽宥犯罪者，也便同样违反了“天理”，这里讲述的类同于刑的正义价值。

四

朱熹的德刑关系理论既继承了传统儒家理论，又有创新和发展，这种创新和发展是对现实政治的积极回应，同时也带来了传统治政理念的变革。

1. 朱熹德刑关系理论适应了现实政治的需要。封建的伦常道德，是封建社会的绝对皇权，等级特权和宗法制度的精神支柱。但是隋唐五代以来，封建伦常道德败坏，纲纪不整，当时敏感的知识分子已经觉察到，欧阳修就曾经指出："五代之乱，君不君，臣不臣，父不父，子不子，至于兄弟！夫妇人伦之际，无不大坏，而天理几乎其灭矣。"[23]范文澜先生说："宋学的兴起，是由于安史之乱及五代的大乱，伦常败坏，宋学的目的是整顿伦常道德。"这个论断是有道理的，程朱理学的兴起，就是为重整纲纪，由此巩固专制统治的基础，朱熹所处的南宋，内忧外患，南宋政府偏居江南一隅，但上层统治阶级生活颓废，不思进取，生活奢侈无度，[24]社会伦常败坏，纲纪不整，政权危机重重。[25]辛弃疾对当时农民生活困苦的现状做过描述："田野之民，群以聚敛害之，县以科率害之，吏以乞取害之，豪民以兼并害之，盗贼以剥夺害之，……夫民为国本，而贪吏迫使为盗。"[26]社会矛盾日益激烈，人民反抗斗争越来越频繁。朱熹认为，国家之治乱，系于纲常之张弛，纲纪正，则天下安，纲纪乱，则上无道揆，下无法守，天下必然混乱，以严为本，以宽济之，才能力挽颓风，矫正时弊。"某谓当以严为本，而以宽济之。《曲礼》谓'莅官行法，非礼威严不行'。须是礼行禁止。若曰令不行，禁不止，而以是为宽则非也。"[27]而"宽"的结果往往背离了其初衷，使奸豪得志，平民遭殃。"古人为政，一本于宽，今必须反之以严。盖必如是矫之而后有以其当。今人为宽，至于事无统犯；缓急予夺之权，皆不在我。下梢却是奸豪得志，平民既不蒙其惠，又反受其殃矣。"[28]可见朱熹"严"的含义包括严格职守，严肃法纪，严惩奸凶。

2. 朱熹把德刑关系纳入理学体系，对其作了精巧的哲学论证和解说，尤其是注重德刑的内在联系，大大地丰富了传统儒家理论。

朱熹将本体之"理"的内涵规定为三纲五常，获得了与"德"的贯通，亦使"德"的主导地位更加巩固，"刑"是使"德"得以实施的手段和保障，德刑由此也有了不可分割的联系，"性三品"的人性论又为德刑提供了施用的依据。法不是超阶级的规则和原则体系，道德也不是抽象的非历史的观念和规范，而是与特定的阶级、特定的时代相结合，因此道德和法的联系就是必然的，道德与刑的关系亦是如此。朱熹把德、刑统一在"天理"的实现上，并对德、刑的内在联系作了论证，将传统儒家的德、刑价值割裂引向统一，揭示了它们作为上层建筑的共同本质：都是由共同的社会物质生活条件决定，它们的社会阶级本质和服务方向也是共同的。理论更完备，也更具说服力。

3. 朱熹德、刑关系理论实现了由传统儒家重德轻刑向崇法重刑的嬗变，由此带来法律理念的一系列变革。从此，传统儒家温情脉脉的"仁德"面纱被撩开，统治者不再惮于刑罚。南宋一些酷刑成为常用刑，凌迟刑也正式纳入法典；明代开国皇帝朱元璋提出"明刑弼教"，立法指导思想由传统"德主刑辅"改变为"刑主德辅"，并以重典治国，可以说是受朱熹理学的直接影响。朱熹的德刑关系理论继承了儒家传统，又发展了儒家理论。朱熹没有因崇德而轻法，走传统儒家的泛道德主义的老路，也没有因倡严刑而滑入极端的暴力主义泥淖。朱熹的严刑是充满理性色彩的，首先，“严”必须在法律的范围内，严格依法；其次，严刑不等于滥刑、酷刑，相反他十分强调慎刑。“狱讼，系人性命处，须吃紧思量，犹恐有误也。”㉙再次，“严刑”主要是针对法律的执行而言。法一旦制定了，就应该严格遵守。因此“严刑”实际上是对执法官吏的要求。

（作者吴晓玲，南昌大学法学院副教授，中国政法大学博士研究生；
本文原载《河北法学》2005 年第 1 期。）

注　释：

① 参见《商书·洛诰》。

② 参见《尚书·无逸》。

③ 参见《论语·为政》。

④ 参见《孟子·公孙丑上》。

⑤ 参见《孟子·尽心上》。

⑥ 参见《春秋繁露·精华》。

⑦ 参见《春秋繁露·阴阳义》。

⑧ 参见《春秋繁露·天辨在八》。

⑨ 参见《朱子语类》卷一。

⑩ 参见《朱子大全》卷七十八《兴隆府学濂溪先生祠记》。

⑪ 参见《朱子语类辑略》。

⑫ 同上。

⑬ 参见《朱子语类》卷四。

⑭ 参见《朱子语类》卷二十三。

⑮ 参见《朱文公文集·论语集注·为政》。

⑯ 参见《朱文公文集·读两陈谏议遗墨》。

⑰ 参见《朱子语类辑略》。

⑱ 参见《朱文公文集·答程允夫》。

⑲ 参见《孔子家语·刑政》。

⑳ 参见《朱子全书·治道二·论刑》。

㉑ 参见《朱子语类》卷十一。

㉒ 参见《朱子语类》卷二十三。

㉓ 参见《新五代史·一行传》。

㉔ 史料记载了一些极端的例子，比如宰相吕蒙正每天必吃鸡舌汤，杀鸡的鸡毛堆成了山。丁谓作相，勾结宦官雷允恭，贪污挥霍，密令皇宫后苑工匠制作金酒器，“四方赂遗，不可胜记”。

㉕ 南宋苛重的赋税比旧时增加了六七倍，官府侵占的田地亦比北宋时期多了三倍以上。此外，政府还巧立名目，大大增加了老百姓的负担。例如，南宋有一种身丁税就压得农民透不过气来。当时九成的农民因交不起“身丁税”，有的被官府抓去，“笞捶累系无虚日，愁叹之声，闾里相接”。

㉖ 参见《宋史·辛弃疾传》。

㉗ 参见《朱子语类》卷一百〇八。

㉘ 同上。

㉙ 参见《朱子语类》卷一百一十。

从朱熹按劾唐仲友看南宋贪官与营妓的关系

朱熹按劾唐仲友事件，八百多年来一直被人非议。其中朱熹将官妓严蕊送官究问一节，尤为遭到指责。宋人周密在其《齐东野语》一书中，对严蕊倍加赞扬，说她为人正直，且才貌双全。明人凌濛初在其《二刻拍案惊奇》一书，有一篇题为《硬勘案大儒争闲气，甘受刑侠女著芳名》的小说，便是根据周密的记载写成。后来，鲁迅先生为了批判道学，也根据此传统说法，说朱熹对无辜官妓打板子。"文化大革命"时期，罗思鼎借此大做文章，说什么"剥下道貌岸然的画皮，骨子里却是阴谋欺诈，男盗女娼，什么坏事都干得出来，这就是朱熹的待人哲学。朱熹曾以查冤狱为名行打击之实，为了打击反对派，祸及一个无辜官妓"[1]。直到今天，仍有学者认为朱熹与唐仲友之间的矛盾是由陈亮挑拨而起。严蕊真的无辜吗？唐仲友是个正人君子吗？笔者曾发表有长篇论文《从按劾唐仲友看朱熹的政治思想》[2]，可资参考。朱熹六状上奏皇帝不可能是造谣，他也不敢造谣，何况还有大量民间调查为依据。

宋孝宗淳熙九年（1182）七月，提举浙东常平茶盐公事朱熹前往浙东各州、县巡视，得到台州百姓关于知州唐仲友违法虐民和贪污腐化的举报。朱熹对唐仲友的所作所为，逐项进行调查落实，并于七月十九日至九月上旬先后六次上奏孝宗皇帝，揭发了唐仲友违法收税骚扰百姓、贪污官钱、偷盗公物、贪赃枉法、敲诈勒索、打击报复、逼死人命、培植爪牙为非作歹、纵容亲属败坏政事、仗势经商欺行霸市、蓄养亡命伪造纸币、嫖宿娼妓通同受贿等罪行，要求给予严惩。[3]在唐仲友的众多罪行中，嫖妓是其中较为突出的一项，本文试从嫖妓方式、嫖资来源、妓女乱政、朝廷纵容、历史教训五个方面，对此问题进行论述。

一 嫖妓方式

宋朝对官吏狎妓管束较多，据田汝成《西湖游览志余》卷二引《委巷丛谈》载："宋时阃帅、郡守等官，虽得以官妓歌舞佐酒，然不得私侍枕席。"台州知州唐仲友生活腐化，他与其子侄、亲戚、属吏更相嫖妓，他们的嫖妓方式不仅有陪酒，还有陪浴、猥亵、奸宿、包养等数种。

（一）陪酒

唐仲友自出任台州知州以来，每当官场设宴或日常饮酒，总要招官妓（又称“营妓”）前来助兴。如，“行首（官妓行业魁首）严蕊稍以色称，仲友与之媟狎，虽在公筵，全无顾忌”[4]。“每遇仲友宴会，严蕊进入宅堂，因此密熟，出入无间，上下合干人并无阻节。”淳熙九年（1182）五月十七日，唐仲友因升任江西提刑设宴庆贺，“用弟子（指官妓）祗应”。妓女王静“每遇祗应筵会，多在宅堂出入无间”。唐仲友的子、侄也常去妓女家吃花酒。如“仲友侄三六宣教同十八宣教（唐仲友长子唐士俊）到王静家饮酒，及弟子沈玉情涉”。六月二十九日，婺州东阳人周大雅、许与“同仲友男十八宣教并侄三六宣教往王静家饮酒，因外人嘱托关节”。七月间，冯显因事被禁在狱，欲托唐士俊打通关节，“冯显母许钱一十贯文及将钱二百五十文，凭手分（州吏）马澄就官府打供筵酒一十瓶，往弟子施损家饮吃蹄滥”[5]。

（二）陪浴

唐仲友又常招妓女多人来家，轮流服侍他洗澡。如妓女严蕊与沈芳、王静、沈玉、张蝉、朱妙等“更互留宿宅堂，供直仲友洗浴”[6]。

（三）猥亵

唐仲友与其长子唐士俊等，还在公开场合恣意与妓女调情，在民间造成极坏的影响。如台州因旱灾奉圣旨启建祈雨道场，“仲友却追拘收外县弟子十余人及散乐二三十人，逐日出入宅堂，以下棋弹琴为名，公然于道场前往来。一日，寄居士民在仪门下修设水陆道场，其长子士俊自临海县曹格家醉归，挟弟妓数人于本处观视，嬉笑歌唱，无所不至。士庶叹恨，皆云：‘太守如此，儿子又如此，如何会有雨泽感应！’”[7]唐士俊放荡不羁，甚至白昼公然出入娼家，因而被人殴打，唐仲友不敢追究。

（四）奸宿

唐仲友等人嫖妓的最主要方式，当然就是与妓女奸宿。唐仲友有三个儿子：士俊、士特、士济。父子更互嫖妓，三子多出入王静、沈玉、张蝉、朱妙、沈芳各家，进行奸宿。唐仲友除招妓女轮流服侍他洗澡并留宿外，据朱熹查实，又有淳熙九年（1182）“二月二十六日宴会，夜深，仲友因与严蕊蹄滥（指奸宿）”；“五月十七日，仲友贺转官燕会，用弟子祗应，仲友复与严蕊蹄滥”。据王静供，同年三月间，她“因公筵劝酒，遂与仲友男十八宣教蹄滥，自后往来不绝”。六月十八日，王静搬到庙弄严蕊旧屋居住，“十八宣教到家宿卧，至四更回州”。又据妓女沈玉供：“三六宣教先与弟子林莹、散乐弟子刘丑蹄滥，今年五月内，因宴会方与三六宣教蹄滥，自后往来不绝。”此外，严蕊还供出：唐仲友的表弟高宣教“与弟子行首张蝉在书院蹄滥。其高宣教见事发觉，隐避宅堂，不伏出官”[8]。

（五）包养

唐仲友为了包养独占官妓严蕊，竟不照会妓乐司，于五月二十三日擅自将她脱去妓籍，送归家乡婺州别宅，充当自己的“包二奶”。宋人周密在他的《齐东野语》卷二十《台妓严蕊》一文中，为了美化严蕊，说她才貌双全，曾被朱熹关押在绍兴府，后来在被岳霖判令从良时，略不构思，即口占《卜算子》词一首云：“不是爱风尘，似被前缘误。花落花开自有时，总赖东君主。去也终须去，住也如何住。若得山花插满头，莫问奴归处。”其实，这首词并非严蕊在岳霖判其从良时所作，而是淳熙九年（1182）五月十六日唐仲友为她脱去妓籍设宴时，由高宣教所撰。[9]

唐仲友除了嫖妓，还与有夫之妇乱搞男女关系。唐士俊的岳父曹宣教有堂弟曹格任临海县丞，为人凶暴贪婪，倚恃与唐仲友的姻亲关系，胡作非为。曹格的妻子经常出入郡斋，与唐仲友关系暧昧，“日有丑恶之声传播一郡”。唐仲友的弟妇、儿女、妇侄也不时往曹格家饮燕，“媟狎无礼，靡所不至，全无廉耻”，“早暮无节，物论颇丑”[10]。

二　嫖资来源

妓女以卖淫为生，因此嫖妓必需资金。唐仲友等人所耗费的嫖资，一是公费开支，二是贪污所得。所谓嫖资，除了现钱，还包括各类实物。

唐仲友利用权力，擅自动用公家的钱物去嫖妓，这也就是贪官将手中的权力转化为嫖资。朱熹在《按唐仲友第四状》中对孝宗说：唐仲友“上欺君、下虐民，而专以陛下所付千里刑赏之柄，为立威取货娱悦妇人之具”。朱熹在《按唐仲友第三状》中曾具体揭露说：“据叶志等供：草簿内仲友以公库钱六百九十九贯五十二文买暗花罗等与弟子严蕊等制造衣服。”“去年（淳熙八年）十一月，仲友次子娶妇，凡供帐幕帘染破紫绫罗绡凡数百匹、从人衣衫数百领、乐妓衣服，并是什物库陆侃支公库钱，往仲友私家婺州彩帛铺高价买到暗花罗并瓜子春罗三四百匹及红花数百斤，本州收买紫草千百斤，日逐拘系染户在宅堂及公库变染红紫。其妓弟四十余人，都行首严蕊分真红暗花罗，余行首分瓜子罗，其余分春罗，每人分俵真红大袖被子、背子、红裙衫、段帏子各一副。一州惊骇，自来未尝有知州为妓弟制造衣服，名件不一，违法如此，尽是父子蹄滥，以此取媚。其余所染到真红紫物帛，并发归婺州本家彩帛铺货卖。其子亲会，宴集经月，姻亲内外，一文以上皆取办于公库。其妓弟今夏又分纱帛衣，名件并如前。”

为了讨好妓女，唐仲友还命公家厨司煮做荤牲食物送给妓女。如“断屠日，仲友却令公厨造法煮鸡鹅蹄肚食物入宅堂，其长子士俊又以盘盒乘贮生料猪羊水鸡之类，送与行首王静。人皆惊骇，缘此百姓忿怒”[11]。

唐仲友为了将严蕊变成自己的“包二奶”，既不通知妓乐司，也不办理官妓脱籍的相关手续，擅自“令表弟高宣教以公库轿乘、钱物津发归婺州别宅”。严蕊临行时，唐仲友“在宅堂令公库安排筵会，饯送严蕊”，并“多以钱物偿其母及兄弟”[12]。

此外，唐士俊还经常将公家的马匹借给妓女王静、严蕊、沈玉等乘骑，还用官会（即纸币会子）让王静支付马夫报酬。

唐仲友除了直接动用公款公物作为给予妓女的报偿外，还大量贪污公款变为私产，并将其中一部分用作嫖资。据朱熹查实：“仲友贪墨无耻，素乏廉称。到官之初，适见公使库有前政积下官钱十余万贯，遂有席卷之意。乃择奸猾使臣姚舜卿为监官，并与公库手分马澄日夕握手密谋，将公库诸色官钱巧作名色支破，变转官会，并用竹笼盛贮人宅，辄先令其子节次作文字行李担押归，前后几数万络，皆有实迹。”“及染造真丝色帛等物，动至数千匹，皆用官钱。”[13]唐仲友为妓女制造衣服的绫罗绸缎和送给妓女的钱物，都是贪污公款公物所得。

三 妓女乱政

更为严重的是，唐仲友父子及其亲戚、属吏常与妓女勾结，贪赃枉法。如唐仲友等让妓女干预刑政，包揽讼事，收取贿赂，为犯法之人开脱罪责。这也就是贪官为了讨好妓女，利用手中的权力让妓女去捞钱，既满足了妓女对金钱的需求，也使自己发了大财。所以，人们常常说：贪官的背后往往有一些贪图金钱的女人。

唐仲友平时很少坐堂接受民间诉状，但却对涉及男女暧昧之事特感兴趣，皆亲自处理，并穷究根底。因为在封建社会，人们最害怕男女间丑事的曝光，所以经办这类讼事的官吏最容易从中索取贿赂。凡处理这类案件，唐仲友不以狱官推司的调查为依据，皆私自将涉案人带到花园亭馆及住宅后堂中，亲自询问，“语言秽媟，吏卒羞问”。在判决时，唐仲友“尽是子弟同坐商议判词”。由于唐仲友及其子、侄、姻亲均与妓女淫乱，亲密无间，故而妓女们得以插手讼事，奔走于案件当事人与官府之间，牵线搭桥，索取贿赂，为罪犯开脱罪责。而仲友的子弟则“白昼公然乘轿出人娼家，交通关节，受纳财赂”。因此，妓女“严蕊、沈芳之徒，招权纳贿，不可尽纪”，又多有犯事人托王静通关节说与十八宣教，得钱使用。为掩人耳目，有关讼事的文书档案都越过官府有关职能部门，全由唐仲友的亲戚和亲信承办。如“其簿历文字少经倅贰之手，惟倚临海县丞曹格及曹官范杉等”。而“仲友长子之妻父曹宣教者，即曹格之堂兄，往来曹格之家，通同干预公事，全无顾藉”[14]。

唐仲友等人勾结妓女贪赃枉法，其索取贿赂还有一定金额标准。“弟妓早晚出人宅堂，公然请嘱，每事皆有定价，多至数千婚。”为了更多索取贿赂，唐仲友常透露将判重刑之意威吓犯罪嫌疑人，逼其就范。其具体做法是：向犯罪嫌疑人“当面露示其合该刑名至重之意，其弟妓与心腹人吏、住持乡僧等内外相通，同共请托，取受货贿，不可尽纪”。唐仲友判刑轻重全看犯罪嫌疑人行贿金额多寡而定；其断案“并是子弟专决，其所诺不副者，虽已释去，复行追系，增其刑名；所需既满者，刑名虽重，结案以后，平白不断”[15]。

唐仲友勾结妓女贪赃枉法的案例很多，不能一一列举，现仅举数例，以见一斑，并从中了解唐仲友贪赃枉法的具体过程及其手段：

（一）应扬与李承信妻李氏通奸，他们原是外甥与从舅母的关系，此类乱伦奸情在封建社会可说是犯了十恶不赦的大罪。他们为了免被判刑，便托人以钱一百贯贿赂妓女王静，请她写字条给唐士俊去打通关节。另一方面，妓女沈玉事先进人唐仲友私宅，与唐仲友父子密商索贿事宜，然后沈玉抱着唐仲友的幼女出厅，假装为应扬说情，唐仲友表示依允，只判应扬等杖刑赎铜，即时宽放。唐仲友从中获得贿赂钱二千贯。

（二）杨准因私藏偷娶官妓张百二之事犯法。他为免被判刑，便以钱一百贯及青纱、冷衫缎、水线、鱼鳖等物向妓女严蕊、朱妙行贿，请她们向唐仲友说情免罪。另一方面，院虞候丁全奉唐仲友之命前往宁海县催官妓张百二到台州服役，张百二因被杨准藏匿未能到州，丁全为此获罪断配。丁全就通过其弟道童丁希托道士李冲虚向唐士俊求情，然后再通过邓十二付官会（纸币会子）三十贯托妓女王静向唐士俊疏通关节。结果丁全得到从宽发落，只受杖刑一百。王静从中实得官会二十四贯，另有官会六贯由相关吏人学院子金琏和韩百九分赃抽去。

（三）宋代实行酒类专卖。临海县贴司徐新等被差在城外二路及县城总店卖酒，因生意不好，不能完成卖酒任务，总是赔钱送纳官府。为此，徐新等经临海县向台州申请乞免卖酒。为达到这一目的，徐新等答应给妓女严蕊钱一百贯文省，①托她向唐仲友说情免去卖酒差使。徐新等当时手头缺乏现钱，就先将银盏七只付给严蕊作抵押，等到判免卖酒后，再各现钱赎取。严蕊将银盏二只向庙弄丁官人家典钱十二贯足[16]使用。结果，唐仲友只同意免去徐新等在县城总店卖酒任务，徐新也就只送钱三十贯文足给严蕊之母收受，还回银盏四只，其余二只银盏由徐新自各本利钱去向丁官人家赎取。通过此事，严蕊先后受贿计钱四十二贯二百四十文足（其中二百四十文当为徐新向丁官人家赎取银盏之利息）。

（四）李六娘因唐仲友非理追查她与道士王水昌有奸情，便请妓女王静、鲍双帮助。先由王静写字条给唐士俊，再由唐士俊转求其父唐仲友，将李六娘的奸情封案不查。王静从中受贿钱二十贯文省，鲍双得银盏四只、钱一十贯文足，推司萧某得银盏一只。

（五）王五七因姐夫左水犯法被送往当直司结案，他就许给妓女王静官会十贯，将金裹钗一只作抵押，请王静托唐士俊打通关节。

（六）士兵谢荣欲谋得学院子这个差使，答应给妓女王静钱五贯，请她嘱托唐士俊帮助。

四 朝廷纵容

虽然朱熹接连六次上奏孝宗皇帝，揭发了唐仲友欺压百姓、嫖宿娼妓、贪赃枉法等罪行，但是孝宗并不严惩唐仲友。其原因何在？总的来说，这是南宋朝廷对唐仲友腐败行为的纵容，具体表现在以下二个方面。

（一）唐仲友仗势抗拒

当朱熹按劾唐仲友的腐败罪行时，唐仲友也自知罪赃应死，十分害怕。于是，他一面转移隐藏公库的账簿档案，破坏朱熹的查究，一面向朝廷上书狡辩，并向宰相王淮求援。当他得到王淮的包庇后，不仅腐败行为变本加厉，而且态度十分嚣张。严蕊涉案被囚，他竟公然派遣台州吏卒，闯入绍兴府司理院，大打出手。唐仲友还向朝廷反告朱熹，说朱熹不该搜查轿子，吓得他的弟媳王氏心脏病突发，生命垂危。其实，朱熹派员执行正常公务，并未吓着王氏，也未见王氏有病。唐仲友无事生非，企图借此控告朱熹威吓贵族、凌逼官吏，反打一棒。唐仲友的这一系列抗拒行为，无疑给朱熹办案增加了许多困难。

（二）宰相王淮等人对唐仲友的包庇和对朱熹的打击报复

唐仲友与当朝宰相王淮是婺州同乡，并结为姻亲，唐仲友的弟媳王氏便是王家的女儿。尽管唐仲友为官腐败，王淮仍通过亲信向朝廷推荐，在朱熹巡视到台州之前，将唐仲友升为江西提刑。当朱熹接连三次上奏孝宗按劾唐仲友的罪行后，王淮利用宰相权力，压下了朱熹的奏状，“匿不以闻”[17]。由于朱熹继续上奏，按劾唐仲友愈力，王淮不得已，只将揭发尚未深入的《按知台州唐仲友第一状》及唐仲友的自辩疏一起进呈孝宗，并为唐仲友开脱罪责，说什么朱、唐之争只是一场学派争斗，是“秀才争闲气耳”[18]，于是孝宗“笑而缓唐罪”。当朱熹按劾唐仲友至第六状时，朝廷欲使朱熹离开浙东台州，改任朱熹为江西提刑。朱熹拒绝接受这个官职，并于九月十二日离任归家。但王淮仍不放过朱熹，其亲信上奏攻击朱熹是欺世盗名的假道学家，为后来的庆元“伪学之禁”开了头，直至将朱熹置于死地。王淮为什么要打击朱熹？因为早在淳熙八年（1181）十一月，朱熹曾上书宰相，批评他们为官不够清正，“爱国之念不如爱身之切，是以但务阿谀顺旨之计”[19]，从而触怒了王淮。当然，从根本原因上分析，主要还是由于王淮与唐仲友立场相同，他们都是南宋封建统治集团中的既得利益者，他们不容许别人触犯他们的权势和损害他们的利益。实际上，朱、唐之争是一场廉政势力与腐败势力之间的斗争。

（三）孝宗皇帝对朱熹“存天理、灭人欲”主张的嫌恶

“存天理、灭人欲”，这是朱熹理学思想的核心内容。他把“天理”与“人欲”之争归结为“是非”、“公私”之争。唐仲友所犯的贪、淫、暴、虐等罪行，在朱熹看来，正是“人欲”横流的表现。朱熹认为：国家最重要的事情，是要关心老百姓的生活，减轻他们的赋税负担，如果地方官一味横征暴敛，必将激化社会矛盾，使封建统治出现危机。朱熹强烈要求朝廷严惩唐仲友贪污、腐化的罪行，其旨在平息民愤，缓和日趋尖锐的阶级矛盾，以维护赵宋王朝的长治久安。孝宗皇帝之所以不惩处唐仲友，这固然与王淮隐瞒事实真相有关，但主要是由于孝宗对朱熹“存天理、灭人欲”的主张早就有了反感。还在淳熙七年（1180）四月朱熹知南康军时，他曾上疏批评朝政腐败，要求孝宗正君心、立纪纲、亲贤臣、远小人。孝宗读了这一奏章，勃然大怒道：“是以我为亡也！”[20]次年，朱熹改任提举浙东常平茶盐公事，十一月途经杭州，又上奏札，批评孝宗用人失误，“未能循天理、公圣心，以正朝廷之大体，固已失其本”[21]，并向孝宗大讲“正心诚意”和“存天理、灭人欲”的道理，使孝宗心中更为不快。而这次孝宗看到朱熹《按知台州唐仲友第一状》中，又提到地方官“不公不法”和“民不聊生”等话，认为朱熹又来攻击朝政。孝宗只愿听臣下的颂歌，不愿听批评，因此他不想搭理朱熹，并将朱熹调往远离朝廷的江西，以免他再来啰唆。

五　历史教训

唐仲友等人嫖宿妓女和贪赃枉法，最后却未受到应有惩处，这是因为在他们头上有着大大小小的保护伞。妓女严蕊、王静等人的背后有台州知州唐仲友作靠山，唐仲友身后有当朝

宰相王淮庇护，王淮等又得到了当今天子孝宗皇帝的支持。因此，唐仲友等贪官污吏可以有恃无恐，为非作歹。保护伞之所以能起作用，这主要决定于南宋当时的社会性质和政治体制。

（一）在南宋封建君主专制中央集权的政治体制下，权力高度集中，从中央到地方，各级官员权力的大小呈宝塔形结构，即俗语所谓“官高一级压死人”。任何一个人只要能奴事他的顶头上司，就可得到上司的保护。朱熹可以拘禁涉案人严蕊及其他台州吏人，可以向朝廷弹劾唐仲友，但他却要受宰相王淮的约束，而王淮上面又有南宋最高统治者孝宗皇帝。孝宗支持王淮，王淮包庇唐仲友，朱熹无可奈何，除了愤而辞职，别无出路。

（二）在封建王朝，各级官员的权力都缺乏有效的监督，因而权大职重者往往可以为了谋取私利而滥用权力。虽然，从中央到地方的各级封建政权中也设有各级监察机构和司法机构，如御史台、提刑司、司理院等等，但他们的权力却受到同级政权首长的约束。尤其是那些监察官和司法官的任免权操在上级长官手中，最高决定权则操在皇帝手中，所以他们不能越级办事，更不能对上级官员实行有效的监督。如朱熹作为路一级的长官可以监督知州唐仲友，但不能监督宰相王淮，即使只提过一点意见，也要遭到打击报复。朝廷谏官可以监察百官，但得服从皇帝。对皇帝的过失，只能上谏，不能惩处。总之，官愈大权愈大，监督愈少，皇帝则无人监督有时甚至不能批评。

（三）在封建社会，产生官僚腐败的现象几乎是不可避免的。因为在封建剥削制度占统治地位的社会里，剥削者的贪欲是不断增强的，尤其随着他们财富的积累和特权的取得，必然会进一步去追求更奢侈的享乐生活，如妓女便是为满足有钱人的享乐需要而存在的。当封建官僚手中的权力缺乏有效的监督时，他们往往会滥用权力，走上贪污腐化的道路。而腐化的官僚，为了巩固和扩大他们的既得利益，必然要相互勾结和相互庇护，狼狈为奸，甚至在政治上形成一个既得利益集团以抗拒别人的监督。

（四）封建道德是封建社会的上层建筑，是为维护封建剥削制度而建立的。能恪守封建道德的“明君”和“清官”具有稳定社会秩序和维护整个封建统治的全局观念。那些贪官污吏为了满足私利往往会激化阶级矛盾，从而影响封建政权的巩固。因此，在封建时代，也存在腐败与反腐败的斗争。但是，皇帝是依靠各级官吏来实现其对全国人民的统治的，为了维护臣下的既得利益，以获得他们对自己的忠诚，皇帝对腐败官员常常会网开一面。虽然有些眼前的既得利益会损害国家的长远利益，但是许多封建统治者常因利欲熏心而不能分辨是非和权衡利弊，甚至不想顾全大局。当皇帝本人成为荒淫腐败的昏君时，佞臣、奸臣、贪官污吏就会大量涌现，天下将大乱，封建王朝的灭亡也就指日可待。由此可见，封建道德观念对官僚们的约束力是十分有限的，不能靠它来杜绝封建官僚的所有贪污腐败行为。

通过上述分析，可以使我们得到有益的历史启示：要杜绝官员的贪污腐败，最首要的是实行民主政治，从政府决策、法规制定、官员任免、行政执法等等，都有广大人民及其代表机构直接参与和进行有效的监督。而要实现真正的民主政治，又必须彻底消灭剥削制度和避免贫富两极分化，并在此基础上推行“以人为本”的道德教化。

（作者俞兆鹏，南昌大学历史系教授；本文原载《江西社会科学》2005 年第 2 期。）

注 释：

① “省”，是“省陌”的简称，又称“省钱”。陌木作佰，钱陌即百钱。中唐以后，钱币缺乏，官府先后规定以八十五、八十或一七十一七钱为陌。宋初，官用也以八十或八十五为百；私用则随俗而定，有以四十八钱为百者。宋太宗太平兴国一年（997）规定以一七十一七钱为百，称“省陌”或“省钱”，简称“省”；钱陌足百数则称“足陌”或“足钱”，简称“足”。“一贯文省”即以钱一七百一七十文为贯；“一贯文足”即以钱一千一文为贯。

参考文献：

[1] 罗思鼎：《评朱熹的唯心主义先验论》，《人民日报》1974 年 2 月 13 日。

[2] 俞兆鹏：《从按劾唐仲友看朱熹的政治思想》，武夷山朱熹研究中心编：《朱子学新论》，上海：上海三联书店 1991 年版，第 438—451 页。

[3] 朱熹：《朱文公文集》，上海：上海商务印书馆，缩印明刊木（四部丛刊初编集部）。

[4] 同上书，卷 18，《按唐仲友第三状》。

[5] 同上书，卷 19，《按唐仲友第四状》。

[6] 同上书，卷 18，《按唐仲友第三状》。

[7] 同上。

[8] 同上书，卷 19，《按唐仲友第四状》。

[9] 同上。

[10] 同上书，卷 18，《按唐仲友第三状》。

[11] 同上。

[12] 同上。

[13] 同上。

[14] 同上书，卷 18，《按唐仲友第二状》。

[15] 同上书，卷 18，《按唐仲友第三状》。

[16] 罗思鼎：《评朱熹的唯心主义先验论》，《人民日报》1974 年 2 月 13 日。

[17] 脱脱等：《宋史》（卷 429，《朱熹传》），北京：中华书局 1985 年版。

[18] 周密：《齐东野语》（卷 17，《朱唐交奏本末》），北京：中华书局 1983 年版。

[19] 佚名：《宋史全文》（卷 27 上），文渊阁四库全书本，上海：上海古籍出版社 1988 年版。

[20] 脱脱等：《宋史》（卷 429，《朱熹传》），北京：中华书局 1985 年版。

朱熹的生态伦理思想与环境道德

所谓生态，指的是生物之间及生物与非生物之间的相互关系。而生态伦理，就是将处理人际关系的道德理念向人与自然延伸或拓展的一种理论。其目的在于协调生物与非生物环境之间的关系，以期达到最佳平衡状态。它属于 20 世纪 60 年代末至 70 年代初形成的新兴学科——应用伦理学的范畴。生态伦理之外，还有生命伦理、医学伦理、经济伦理、政治伦理、国际关系伦理、两性关系伦理等。包括生态伦理在内的应用伦理学虽是一门新兴的学科，但生态伦理的思想在我国传统哲学中，却有着非常悠久的历史。

我国传统的生态思想，是通过对人类与自然生态关系的理解而展开的。首先表现为对人类和天地万物的起源即宇宙生成论的探讨。我国古代的道家、儒家对此都有比较深入的研究。他们都认为宇宙产生于一种最初的“本原”。老子将此“本原”称为“道”，认为“道生一，一生二，二生三，三生万物”[①]。“一”是事物的最初状态，因其无形而隐，故又称为“无”。又因一立而万物生，又有其有形和显的一面，故又称为“有”。即老子所言“天下万物生于有，有生于无”[②]；“二”是阴阳，事物的对立统一状态；“三”是指天地人。宇宙从“无”生“有”的过程，就是“道”生“万物”的过程。

北宋理学家周敦颐则将此“本原”称为“太极”，在所撰《太极图说》中提出了“无极而太极”为最高本体的宇宙生成论。认为太极动而生阳，静而生阴，阳变阴合，而生水火木金土五行，进而产生四时万物。其宇宙演进模式为：

太极——→阴阳五行——→四时万物。

朱熹则将此“本原”称为“理”。认为理、太极、道是实同而名异，都属于宇宙本原的范畴。所撰《太极图说解》，以其理本论的思想进一步改进了周敦颐源于道家老子从“无”生“有”的太极说和道家宇宙图式理论，使之成为其理学体系结构中宇宙生成论、万物生化论的根源。他说：“未有天地之先，毕竟也只是理。有此理，便有此天地；若无此理，便亦无天地，无人无物，都无该载了！有理，便有气流行，发育万物。”[③]其宇宙演进模式为：

理——→气——→万物。

根据现代科学中影响最大的宇宙生成论，美国天文学家盖莫夫（George Gamov，1904—1968）的大爆炸宇宙论，认为宇宙衍生于高温、高密度的“原始物质”。大约在150—200亿年前，这种“原始物质”由几十亿度高温从热到冷地降温，物质从密到稀地不断膨胀。在此过程中，物质聚集成星云，逐渐演化成各种天体，并生成了时间、空间、生物和人类。也有人把这种“原始物质”称为“能”，认为“在现存的宇宙之前有物存在，这种物就是以均匀状态存在的‘能’”。所谓大爆炸，就是这种均匀状态被打破。

无论是老子的“道”，还是周敦颐、朱熹的“太极”或“理”，以及大爆炸宇宙论中的“原始物质”或“能”，都表明这样一种观念，即宇宙是由一种无形而有质的物质以其自身不停的运动而缓慢地生成的，是“天运不息，昼夜辗转”的结果，人与天地万物有一个共同的创生根源。此即朱熹所说的“人、物之生，同得天地之理以为性，同得天地之气以为形”[④]。这种人与宇宙万物同根同源的思想表现在中国传统的生态思想中，必然逻辑地过渡到“天人合一”的思想，即天道与人道的统一，这是儒家学说的重要特点之一。朱熹所说的“天即人，人即天。人之始生，得于天也，既生此人，则天又在人矣”，表述的就是天人合一的思想。

如果说，宇宙生成论侧重探讨的是天地万物与人的来源问题，那么，天人合一论则侧重探讨的是天道与人道的关系问题。“天道”指的是自然界的运动变化规律，“人道”指的是社会伦理道德规范，但在中国传统哲学中，“天”往往被赋予理想的道德色彩，故“天道”往往又指的是宇宙的道德原则，因人与宇宙天地万物同根同源，所以，天道就是人道的根源，人道是天道的具体体现，天道与人道是相通的、统一的。“道通天地有形外，思入风云变幻中”，北宋理学家程颢的这两句著名的诗，说的就是天道与人道的相通问题。

朱熹说：“天以阴阳、五行化生万物，以气成形而理亦赋焉。……于是人物之生，因各得其所赋之理以为健顺五常之德。”[⑤]“五常之德”即人道，天不仅以阴阳五行化生万物和人，还赋之以五常之德，朱熹此言，所表述的就是天道与人道的关系。人虽与万物均源天地阴阳五行的变化，此为相同之处，但也有不同之处。朱熹说："天之生物，有血气知觉者，人兽是也；有无血气知觉而但有生气者，草木是也；有生气已绝而但有形质臭味者，枯槁是也。是虽其分之殊，而其理则未尝不同。但以其分之殊，则其理之在者不能不异。故人为最灵，而备有五常之性，禽兽则昏而不能备……"⑥在此值得注意的是，朱熹认为人与动物、植物虽同出一理，同源于天地之理以为性，同源于天地之气以为形，这是"同"；但有血气的是动物，有生气的是植物，生气已绝而只有形质的，是枯槁，这是"殊"。更重要的是，人有"五常之性"，即仁、义、礼、智、信等伦理道德，而动植物均不具备，故"人为最灵"，这是人与自然界其他事物的根本区别，也是人之所以为人的根本原因。

既然人与自然天地万物同根同源，且又具有万物所不具备的道德品性和智慧，那么，沟通天地万物，帮助万物生生不息地成长，应是人类的责任，此即朱熹所说的"参天地，赞化育"的含义。再说，人类所有的生活资料都无一例外地来自大自然，儒家的代表人物之一荀子为此提出了"天养说"，认为人类利用大自然养活了自己。基于以上种种重要认识，人与自然万物的和谐统一，以谋求共同发展，这是不言而喻的结论，也是儒家"天人合一"思想的最高体现。

朱熹的生态伦理思想，在其撰成于建阳的《西铭解义》一书中，得到最集中和鲜明的表露。北宋理学家张载在《西铭》中宣称："乾称父，坤称母，予兹藐焉，乃浑然中处，故天地之塞，吾其体，天地之帅，吾其性。民，吾同胞；物，吾与也。"他将天地乾坤视为人的父母，以此揭示人与自然的关系，认为天地之气构成我的身体，天地的精神构成我的本性。宣称人民大众均是我的同胞，世间万物均是我的同伴和朋友。这样一种普爱众生、泛爱万物的思想，是对孔子"仁者爱人"、孟子"亲亲而仁民，仁民而爱物"⑦的思想的继承和发展。张载的思想得到朱熹的充分肯定，在所撰《西铭解义》中并有更进一步的发挥。他不仅肯定了《西铭》的主旨是"以事亲之道以事天地"⑧，即以人类的至爱亲情来关爱世间自然万物，并且认为张载的"民胞物与"的观点把人与人的关系视为手足同胞的关系，人与物的关系视为同伴的关系，人既是社会大家庭的成员，同时也是大自然亲密无间的伙伴，真正完整地体现了"儒者之道"。因此，人与人之间不仅应当相亲相爱，而且应该爱及万物，从而达到"参天地，赞化育"的崇高境界。

值得一提的是，朱熹还把他的生态伦理思想落实在行动上。他每到一处，都要植树种竹，美化环境。在留存至今的朱子文化遗址中，尤溪、五夫有他手植的古樟，历经860多年风雨，仍枝繁叶茂。武夷山朱熹纪念馆内、庐山白鹿洞书院朱子祠前有其手植丹桂，迄今仍桂花飘香。他在任湖南安抚使时，对名列五岳之一的衡山风景区遭到乱砍滥伐，致使"林木摧残，土地破碎"，森林植被遭到严重破坏极为痛心，为此他下令张榜晓示当地民众，一是"不得似前更行砍伐开垦"；二是开展绿化，"既令寺观各随界分，多取小木，连本栽培，以时浇灌，务令青活，庶几数年后，山势崇深，永为福地"⑨。

必须指出的是，朱熹的生态伦理思想，既强调人与自然相互依存和谐统一的一面，同时他也倡导人类合理地利用自然万物，其基本原则就是"取之有时，用之有节"⑩，而不是不加节制随心所欲地占有和掠夺自然资源。

20世纪以来，在全球范围内，形成了越来越严重的生态环境危机。大气污染、森林面积锐减、臭氧层遭到破坏、全球气候变暖、淡水短缺、生态失衡、沙漠化威胁加剧、水土流失严重、能源危机等等，使人类生存的环境日趋恶化。更有甚者，地球上的生态破坏得不够，还要往宇宙上“拓展”。国外有些所谓的科学家，把地球上的四季和西伯利亚的寒冷说成“都是月亮惹的祸”，竟异想天开，提出要炸毁月球。

我国目前在生态环境建设方面，虽然取得了很大成就，改革开放以来，先后制定和颁布了一系列相关的法律法规，如《水土保持工作条例》、《森林法》、《野生动物保护法》、《环境保护法》等，但是从总体而言，生态环境恶化的趋势仍未有效遏制，从而对我国的经济和社会的发展产生了不良影响。生态环境的问题，事实上已经成为事关国家和民族前途、命运的大事。提高环境保护意识，加强环境道德的修养，也就成了每一个公民必须面对的社会公德问题。

从根本上来说，全球性的生态危机，是人类对自然资源的不加节制地任意开发，只顾眼前利益，不顾长远利益，随意排放有毒废弃物，污染环境等不负责任的行为造成的恶果。自从人类诞生以来，人类以自己的聪明才智和双手创造世界，同时也在用他们自己的双手破坏世界。他们在高喊着“人定胜天”口号的同时，不知不觉就把自己摆到了大自然的对立面，人和大自然本应和谐相处的双方在此时却成了对抗的关系。在古代，生产力的发展水平相对比较落后，人与自然的矛盾还不十分突出，环境污染问题也并不十分严重，因此，中国儒家传统的生态伦理思想在当时还不能广泛地被人们所接受。现代社会的发展，特别是西方的产业革命之后，人类的生产能力和科技水平日益提高，他们把古人的“人定胜天”的口号换成了“征服自然”的口号，诛求无厌地向大自然索取，使自然界遭受了越来越严重的破坏，最终酿成了全球性的生态环境危机。这就是早在100多年前，革命导师恩格斯所说的“我们不要过分陶醉于我们人类对自然界的胜利，对于每一次这样的胜利，自然界都对我们进行报复”。

随着大自然的“报复”越来越猛烈，人们终于醒悟，这种报复产生的根本原因是人类在与大自然关系定位上，产生了严重的“错位”。于是，以朱熹为代表的儒家学者所提倡的生态伦理思想的现代价值被人们重新认识，他们所提倡的天人合一即“人与自然的和谐”的观点，不仅被国人所接受，而且还走出国界，被联合国教科文组织列入1999年10月提出的《21世纪伦理的共同架构》宣言的第一条，[11]从而使儒家“天道”与“人道”相结合的天人合一思想成为当代有遍意义的人类社会公德——环境道德的理论基础。

环境道德的基本要求，就是要热爱大自然，爱护自然生态环境，把维护生态平衡作为每一个人的道德责任，自觉遵守环境保护的法律法规，并将这些道德要求转化为爱护一草一木，保护野生动物，节约自然资源的具体行动，《中华人民共和国环境保护法》指出：“环境是指大气、水、土地、矿藏、森林、草原、野生动物、野生植物、名胜古迹、风景游览区、温泉、疗养区、自然保护区、生活居住区等。”由此可知，环境道德的内容除了要关爱自然生态环境外，注意维护人文景观和我们的城乡居住环境，如自觉维护公共卫生，不随地吐痰、不乱扔废电池和垃圾等，也是其中的一项重要内容。

值得欣慰的是，步入新世纪以来，“各地都把保护生态环境，合理地开发和利用资源作为新的发展目标，福建省提出经过20年的奋斗，建成生态效益型经济比较发达、城乡人居环境优美舒适、自然资源永续利用、生态环境全面优化、人与自然和谐相处的经济繁荣、山川秀美、生态文明的可持续发展省份”[12]。其“可持续发展”的含义是，把生态环境保护、资源合理开发利用和高效益绿色经济发展有机地结合起来，把生态作为产业来保护和经营，实现自然再生产和社会再生产的最佳结合，具有可持续发展的强大后劲。要实现这一发展目标，除了政府要加大环境保护力度，加强环境污染的综合治理之外，对每一位公民来说，就是要增强环境保护的意识，自觉遵守环境保护的法律法规和相关的行为准则，并把环境道德的要求落实在实际行动上。

2002 年 6 月 5 日，是第 30 个“世界环境日”，其主题是“让地球充满生机”。这一天，中央电视台播出了由全国 100 多家媒体发起以倡导绿色观念为主旨的《2002 年世界环境日〈绿色宣言〉倡议书》，让我们热烈响应这样的倡议，从我做起，从今天做起，从每一件小事做起——

“珍惜每一滴水，每一棵树，每一块草坪，每一片土地……”；

“让我们彼此提醒，让我们时刻都记得，一缕油烟、一粒沙尘、一节废电池，在不知不觉中就能改变世界，伤害我们自己”；

“让我们彼此教育，学会善待那些与人类共同享有自然的生灵，学会善待孩子们的想象，让他们有更多的机会懂得爱和珍惜”；

“让我们彼此鼓励，尊重那些在风沙线上拼死斗争的人们；帮助那些为了让我们的生活充满绿色而付出代价的人们；支持那些将创造绿色当作事业的人们”；

我们相信，有一天，绿色会铺满中国辽阔的大地！

（作者方彦寿，武夷山朱熹研究中心副研究员；本文原载《武夷文化研究》2005 年第 1 期。）

注　释：

① 《老子》第 42 章。

② 《老子》第 40 章。

③ 《朱子语类》卷一。

④ 段景莲：《朱熹的“理”与宇宙全息律》，武夷山朱熹研究中心编《朱子学新论》，上海三联书店 1991 年版。

⑤ 《孟子集注·离娄下》。

⑥ 《朱子语类》卷十七。

⑦ 《中庸章句·首章注》。

⑧ 《答余方叔》，《朱文公文集》卷五九。

⑨ 《约束榜》，《朱文公文集》卷一百。

⑩ 《孟子集注·尽心上》。

⑪ 韩·郑相峰：《朱熹伦理思想与 21 世纪》，武夷山朱熹研究中心编《朱子学与 21 世纪国际学术研讨会论文集》，三秦出版社 2001 年版。

⑫ 《实施生态省战略，让福建充满生机——省长习近平就环保问题接受记者联合采访》，《福建日报》2002 年 6 月 5 日头版。

6. 历　　史

从吕留良对朱学的阐发与传布看程朱理学在清代的发展与演变

——兼就“理学在明清之交终结”说质疑

朱熹（1130—1200）是我国古代杰出的思想家、哲学家、教育家。今年是朱熹诞辰875年，为纪念其对中国文化、东亚文明乃至世界文明所做的贡献，促进社会主义和谐社会建设和发展，在其著述讲学的武夷山举行“朱子文化节”及“朱子学高峰论坛”，这是很有意义的活动与举措，特撰此小文与会，以表示祝贺之意，并求教于研究朱熹及宋明理学的专家学者。

一 对朱熹及程朱理学的认识与评价

笔者对宋明理学只有一般了解，缺乏专门研究，对朱熹及其思想学说仅是景仰而已，而且对之景仰也曾经历了一个艰难曲折的过程，由于我涉足清代学术思想史领域，在迈入清代学术思想门槛之初，当然首先要学习阅读与之相关的中国思想史界大家前辈的著述，特别是马克思主义学者的论著，如侯外庐、杜国庠等名家的著作，以作为入门的津梁。而在这些大家前辈论及朱熹及宋明理学的著述中，学习阅读之后，留给我最深刻的印象即是：朱熹及程朱理学是中国封建社会后期的官方哲学和统治思想、居正统统治地位的意识形态，乃彻头彻尾的客观唯心主义，既是捆绑和束缚劳动人民的绳索和工具，也是历代反动统治者为维护其统治而“涂抹的圣光油漆”，必须认清其反动本质，肃清其流毒和影响；[①]另留下的深刻印象则是：朱熹及宋明理学受到历代进步思想家的批判与抵制，特别是在明清之际经过黄宗羲、顾炎武、王夫之、颜元的激烈批判，“理学是决定的终结了，绝没有死灰复燃的可能，虽然有人企图把它再新一下，究竟是过实的果实，变了味”[②]。当时，这些属于主流意识形态且具有权威性的论述，确也为多数青年后学信服与接受。如此一来，朱熹与程朱理学的研究便几乎成为禁区，即使是有人撰写有关朱熹的著述，也只能是批判与否定，很难予以客观而科学的分析。难怪有学者指出：“‘五四’以来，朱子更为知识阶级所唾弃，此为不合潮流，我国贫弱，皆出朱子之故，于是耻谈朱子，由1949年至1963年十五年间，据笔者调查，谈朱熹者只有论文五篇，书一本。”③这里，就新中国成立后的十几年内国内研究朱熹状况的调查统计，不见得准确，但确能说明这段时期内，学界对于朱熹的研究多不敢问津。至于“文革”时期，在与传统彻底决裂，批判“封资修”的氛围里，连同孔丘与朱熹都被打入十八层地狱，就更只有批倒批臭了，何谈学术研究。

令人欣喜的是实行改革开放后的近二十多年来，恢复了实事求是，解放思想的路线，在学术研究中也逐渐敢于正视历史与现实，冲破了一些长期不能问津的禁区，特别是在倡导弘扬中华民族优秀传统文化的“国学热”中，对于包括孔子、朱子在内的许多历史人物，学术界都逐渐开展了实事求是的研究。随着对外学术交流的开展，海外新儒学的学术研究成果，也陆续被介绍到国内，内地学者对于包括程朱理学在内的宋明理学的研究也日趋活跃。人们在总结和反思历史的经验教训中，逐渐认识到应划清学术研究与政治问题的界限，要允许不同学术观点开展自由的讨论与争鸣，以往学术研究中受极“左”路线影响的偏颇观点也陆续得到澄清与纠正。在这样的学术环境中对于朱熹及程朱理学的研究，也步入了正常的学术研究轨道。有关儒学、经学、宋明理学的国内、国际学术研讨会曾一次次召开，宋明理学家的著述与资料大量出版，研究宋明理学及程朱理学家的论文与专著，如雨后春笋，公开问世，其中不乏具有真知灼见的深入研究之作。对于朱熹及程朱理学的认识和评价也日益符合历史实际，较之过去更加客观和科学，虽然在一些具体问题上还存在不同观点，而在总体评价上则取得许多共识。

概括目前海内外多数研究朱熹及程朱理学的学者们的观点，结合笔者个人的看法：朱熹是中国古代最有影响的思想家、哲学家、教育家之一，他在中国儒学发展史上，不愧是“孔子后一人”，其集北宋以来产生的理学之大成，将儒学发展推向一个新的阶段，是为新儒学，且成为中国封建社会中后期六七百年的占支配地位的主流意识和社会思潮；他所构建的庞大精致的哲学思想体系，可谓“致广大，尽精微，综罗百代”，既继承了传统儒家的哲学思想又融合吸收了佛学、道学的思辨精髓，将中国哲学的理论思维与逻辑思辨水平提升到新的高度，成为中国中世纪哲学的高峰；他一生著述讲学不辍，著述丰富，学识渊博，而且诲人不倦。无论是居家或在外地，都设堂讲经传学，创办书院。培育后进，门人弟子遍天下。其思想学说，自南宋之后，历经元、明、清一直是官方的思想体系，对当时社会的政治、经济、文化教育、法治伦理都有重大影响，其影响所及既在上层统治，也渗透至整个社会与民间，“在漫长的历史中，显示了它对中后期封建社会具有的价值和意义”④。同对，他的思想“曾广泛传及东亚地区，在近古东亚文明的发展史上产生了巨大的作用和影响”⑤。以精研朱熹与宋明理学而著称的陈荣捷先生亦曾指出：“我觉得中国哲学除了孔、孟、老、庄以外就是新儒学，尤其是朱子，他影响我国很广，很深。韩国、日本也一样。”⑥终生致力于弘扬中华民族传统文化的钱穆先生对朱熹的评价尤高，他在其《朱子新学案》一书的《朱子学提纲》（代序）中，开宗明义说：“在中国历史上，前古有孔子，近古有朱子，此两人，皆在中国学术思想史及中国文化史上发出莫大声光，留下莫大影响，旷观全史，想无第三人堪与伦比。孔子集前古学术思想之大成，开创儒学，成为中国文化传统中一主要骨干。北宋理学兴起，乃儒学之重光。朱子崛起南宋，不仅能集北宋以来理学之大成，亦并可谓其集孔子以下学术思想之大成。此两人，先后矗立，皆能汇纳群流，归之一趋。自有朱子，而后孔子以下之儒学，乃重获新生机，发挥新精神，直迄于今。”⑦作为国学大师的钱穆先生，是新儒学的主要代表人物之一，其高度评价和推崇朱熹是很自然的，其看法与评价不见得是学界的共识，但却值得重视和参考。

由于朱熹的思想在封建社会中后期被作为封建统治的官方哲学和主流意识形态，这也是其自“五四”新文化运动以来，长期受批判，被否定的根本原因，认为其“是替封建统治阶级效劳的反动学说，是中国思想史上的一浊流”，对此，在新时期宋明理学的研究中已有学者指出：“‘五四’以来对宋明理学批判与否定，也有其偏颇，既没有严格区分作为学术文化思潮的理学与作为封建意识形态的理学之间性质上的差别，也没有正确说明学术批判与政治批判之间方式上的不同，以致理学思潮中合理的、有价值的学术文化精神不能得到客观的分析和积极的继承与弘扬。”⑧这种看法和分析，对如何实事求是评价朱熹及宋明理学，从方法论的角度给人以启示。

在如何认识和评价朱熹及程朱理学的过程中，还涉及如何看待与评价当代提倡新理学的有代表性的学者诸如冯友兰先生。冯先生作为著名哲学家，在抗日战争时期曾著有“贞元六书”——《新理学》、《新事论》、《新世训》、《新原人》、《新原道》、《新知言》，通过这些著作构建了自己的新理学思想体系。这些著作问世以来在当时及其后，在学术思想界引起很大反响，既有肯定者，也有批判者，甚至被指认为“是国民党蒋介石的御用哲学”。新中国成立之后冯先生本人对自己的“新理学思想体系”曾作过反省与检查；如其在《四十年的回顾》中就自我批判说：“30年代，就在这个时期，建立了新理学的体系，作为国民党反动路线中的一个思想武器”，而张岱年先生则认为冯先生的这种自我批判有“过主”之处，并在其撰写的《冯友兰先生“贞元六书”的历史意义》一文中肯定了该书的理论意义和社会意义：“第一，‘新理学’体系可以说是在比较完整意义上的综合中西的哲学，在中国的理论思维的发展史具有一定的地位。第二‘贞元六书’中充满了抗战胜利的信心，强调了民族的自尊心，洋溢着对民族复兴的热情”，还明确指出“并未涉及政治敏感问题，还不能简单地说是维护反动路线的。”⑨张岱年先生对“贞元六书”的评价与肯定，与往日对冯先生那种剑拔弩张，无限上纲的批判明显不同，也反映了学术界对程朱理学及新理学的研究已处于宽松和谐的客观环境中。扭转了以政治批判混同于学术讨论的极左倾向，学术研究已走上了民主、规范的正确道路。

学术界在对宋明理学的研究中，也涉及到如何看待明末清初一些进步思想家对宋明理学的批判问题，提出了与过去不尽相同的观点。他们指出：“明末清初，中国社会出现了所谓天崩地裂”的局面。许多知识分子（如黄宗羲、顾炎武、王夫之等），对严酷的社会现实进行了历史反思，将明朝灭亡的原因归结为理学的空谈心性。从此，空谈心性，误国殃民，成为宋明理学的历史定论。然而，这种论点是片面的，幼稚的。尽管它确实看到了明朝覆灭的部分思想诱因，但是，它未能说明导致明儒空谈心理更为深刻的社会历史根源，而是单纯用学术思想的变化来解释如此重大的历史事件，也是不符合唯物史观的幼稚之见。”⑩这是很有见解之论。

上述见解的揭出也启示人们会进一步追问，明末清初黄、顾、王、颜等人对理学的批判是否导致了理学的终结？在笔者看来这并非是一个单纯的理论思考问题，更重要的是要看历史事实，只有根据史事才能对之做出符合历史实际的回答。

二 吕留良对朱学的阐发，传布及其作用和影响

宋明理学特别是程朱之学到明清之交是否已经终结是一个比较复杂的问题，不是任何人可以主观断论的。前已述及理学是宋、元、明几朝的主流意识形态亦是当时普遍的社会思潮，及至明清之交清朝上层统治者与学术思想界及民间对之又持什么态度呢？大量史事证明清朝统治者仍以程朱理学作为其统治思想。同时，多数学者、思想家包括进步思想家黄宗羲、顾炎武、王夫之等虽对宋明理学有所修正与批判，但仍鲜明的打着程朱理学的旗帜，阐发和传布朱学，而吕留良就是其中最突出的一个人，他在清代理学发展演变过程中是不可忽视的人物。但由于“吕家既遭极祸，后世几目之为匪人，毕生大节，鲜有识者”[11]。其生平与思想长期被掩而不张。晚清之江藩与唐鉴曾著有专门论述清代理学的《宋学渊源记》与《清学案小识》，却对吕留良只字不提，这是很不公正的，也掩盖了清代理学的重要线索。

吕留良（1629—1683）生于明崇祯二年，卒于清康熙二十二年，浙江崇德人，字用晦，号晚村，乃明末清初著名学者、思想家。他在甲申事变时，曾“散万金以结客”，组织义勇，抗击清兵，是为抗清志士。顺治十年，为避仇家陷害，被迫应科举中秀才，而后对此一再悔恨，认为此举是“自违心迹”，“落脚俗尘”。康熙五年，拒绝应试学考，被免去秀才。自此而后，以明遗民身份，隐去山林，广交师友，读书论学，评选时文，钻研程朱著述，刻书、印书，阐发与传布程朱之学，以崇正辟邪，弘扬朱学为己任，被推为“朱子以后一人”，成为清初著名的理学家。康熙十七年、十八年因先后拒清廷“博学鸿词”与“山林隐逸”之荐而削发为僧，自谓“僧乎不僧”，“俗乎不俗”，却以各种形式传播反清复明思想。后因雍正时期的儒生曾静与张熙利用吕氏的民族思想策动川陕总督钟琪反清，在其死去四十多年后，被清廷“剖棺戮尸”，且由此在全国掀起一场广为株连的文字大狱，自此而后直到清廷灭亡，吕留良的著述长期遭受禁毁，甚至他人与之相关的诗文著述也遭删削改毁，致使吕留良的思想著述被湮没。

吕留良对程朱理学特别是朱熹的思想学说，可谓坚守笃信，终生身体力行。他曾说：“幼读《朱子集注》而笃信之，因朱子而信周程，因周程而知有孔孟，故与友人言，必举朱子为断。”他认为：“凡朱子之书，有大醇而无小疵，当笃信死守，而不可妄置疑凿于期间”，直到晚年他还说，“某生平无他识，自初读书，即笃信朱子之说，至于今老而病，且将死矣，终不敢有毫发之疑，真所谓宾宾然守一先生之者也”[12]。

由于明中叶以来王阳明心性之学泛滥，朱学式微，因而尊朱必辟王，吕留良也不例外，他对朱学的阐发还突出表现在辟王方面。他认为王阳明等“皆朱子之罪人，孔子之贼人”。因而“今日辟邪，当先正姚江之非”，进而主张“凡天下辨理道，阐绝学，而有一不合朱子者，则不惜辞而辟之者，盖不独一王学也。王学其尤著者尔”。他还再三申明，他之力辟王学并非出于门户之争而是为了明辨是非，明道救世，他说：“道之不明也，凡五百年矣，正、嘉以来，邪说横流，生心害政，至于陆沉，此生民祸乱之源，非仅争儒林之门户也。”[13]他针对王阳明的“心即理”，“物理不外于吾心，外吾心而求物理，无物理矣”这种偏置内

心涵养而不重致知的思想，而继承发挥了程朱一派“涵养须用敬，进学则在致和”的思想而启发学者，既需注重身心的修养，而更要注重知识的追求，要“格物致和”、“格物穷理”，反对一味的内心顿悟，他还继承发扬了自孔孟程朱以来的“华夷之辩”的民族思想，结合明末清初的形势，将对朱学的阐发和强烈的民族思想联系起来，针对南宋以来特别是明清易代的遽变中，一些人不能坚定民族立场投降仕元、仕清，大声疾呼：“华夷之防，大于君臣之义”，对这一根本点，必须明辨是非，站稳脚跟。他总结元末、明末的历史教训，警戒士人，要求得朱学之真髓，继承与弘扬朱子之学，“当从出处去就，辞受交接处，画定界限，扎定脚跟”。他看到“今日之所以无人，以士无志也，志之不立，则歧路多也”[14]。正因如此，吕留良之讲朱学，很少讲心性理气等抽象概念，而是立足现实，强调民族主义，身体力行，经世致用。所以，他对朱学的阐发，虽无重大的学理突破，但能紧密结合当时的形势，有的放矢地阐发朱学，自有其时代特征与独特的贡献。

吕留良对朱学的贡献，还突出表现在对朱学的布道与传播方面，他曾礼聘当时著名的理学大师张履祥到其家坐馆讲学，他本人与其子侄一起，与张共同学习研讨程朱之学，同时，还和张一起编辑刻印程朱遗书，先后编刻有《二程遗书》、《朱子遗书》、《朱子语录》等，并借助其刻书，卖书之便，发往全国各地。这在朱学一度式微，朱子遗书难觅的情况下，不少人就是利用吕氏编刻销售的这些图书来研究程朱之学的。大大有助于对朱学的弘扬与传播。吕氏对朱学的传布，还表现在其对时文的评选方面，由于时文是科举时代应举士子必读之书，而朱熹之《四书集注》又是明清科举制度规定的必读经典，吕留良正是看到这一点，不惜以大量的时间和精力，对时文进行评点，经其评点的时文，由门人后学整理编成《四书语录》、《四书讲义》、《吕子评语》等书，传布到各地士子手中，一时间风行海内，直至穷乡僻壤，正如其子吕葆中在为之所作的《行略》中所说：“其议论无所发泄，以寄之于时文评语，大声疾呼。不顾世所忌讳，穷乡晚进之士，闻而起者甚众。”可见吕留良著作在当时的影响。

吕留良对朱学的阐发与传布在清初的学术思想界有重要作用和影响，陆陇其是清初有名的理学家，而且是清代第一个从祀孔庙的理学名臣，他在回忆自己的治学道路时，曾满怀热情地说明吕留良对他的影响，“陇其不敏，四十以前，亦尝反复于程朱之书，粗知其梗概，经而综观诸家语录，糠秕杂陈，珷玞并列，反生淆惑，壬子（康熙十一年）、癸丑（康熙十二年）始谒先生，从容摧示，我志始坚，不可复变”[15]。也有学者指出：“紫阳之学，六传及方侯成，遭靖之变，而其统遂绝，河汾崛起，曲高和寡，而陈公甫、王倡安遂鼓偏执之说以乱之，学士大夫从风而靡，虽胡振斋、罗整庵力加攻诋，义甚正而力或来之遗也。至吕晚村氏，始大声疾呼，以号于一世，……率其同志，精思力究，南方风气，为之一变。”[16]说明吕留良尊朱辟王思想起到的扭转士风的作用。对此，稍晚于吕留良的著名学者戴名世也曾评价说：“吾读先生之书，而叹其维挽风气，力砥狂澜，其功不可没。”又说：“二十年来，家颂程朱之书，人知伪体之辩，实自吕氏倡之。”[17]戴名世之说也有力印证了由于吕留良的提倡，以至于“家颂程朱之书”，肯定了吕氏倡导朱学，维护士风，功不可没。由于吕留良倡导朱学，且在当时产生了较大影响，也使之与其同时代且有很高学术地位的学者王宏撰曾把他对朱学的提倡，与顾炎武之于经学，毛奇龄之于音韵，梅文鼎之于历数，顾祖禹之于地理，相提并论，认为“近时崇正学，尊先儒，有功于世道人心者，吕晚村也”[18]。把吕留良与其他领域的权威性代表人物并列，将之视为当时思想界倡导程朱理学的代表人物，足以说明其在当时学术界的地位和影响。顾炎武作为当时的硕学鸿儒，在论及吕留良时，也将其与黄宗羲相提并论，认为“黎洲、晚村，一代之豪杰，朽人不敢比也”。天文历算家王锡阐也认为吕留良的“文章行谊，迈绝等夷，当今人杰也”。经学考据大师阎若璩恃才傲物，目空一切，却心仪吕氏，将之评为“清初的十二圣人之一”。当时人们都称吕氏为“东海夫子”、“朱子后一人”。清初浙省的巡抚都曾到其府上拜望送匾，这都说明吕留良在清初学术界的崇高地位。当时的学者对吕之提倡朱学都耳熟能详，他们对吕的推崇与评价，也反映了自己对理学，对朱熹的态度和看法。如果理学在明清之交已经终结，毫无市场，不可能有那么多一流学者如此高度评价提倡程朱理学的吕留良。只是由于雍正朝的文字狱及乾隆朝推行文化专制，禁毁了吕氏的著述，才使其在很长一段时期内湮没无闻。雍正和乾隆之痛恨吕留良并非因其倡导程朱理学，而是因其有反清思想。而今，我们在论及清代理学对彰显其对程朱理学的阐发与传布，正是要抹掉蒙盖在吕留良身上的污泥灰尘，以便更好地理清理学在清代的演变与发展。

三　理学在清代的发展与演变

从吕留良对朱学的阐发与传布及其在社会性上引起的反响、发生的作用看，说明他的思想与行动绝非孤立偶然的现象，也反映了理学在明清之际并没有沉寂与终结。特别是程朱理学还有抬头复兴的趋势。正如钱穆先生所指出的：“故说者莫不谓清代乃理学之衰世，夷考其实，亦复不然。”[19]事实上，从明清之交起到清朝灭亡之前，程朱理学仍始终是清朝居正统地位的官方哲学与社会思潮。其发展演变大致经历了顺、康、雍、乾、嘉、道、咸、同、光等几个阶段；在这几个阶段中，理学的表现形式虽各有不同，却始终未有绝脉与断流。兹分别述之。

明清之际是中国社会历史发生大动乱，大变革对期，明朝腐朽，清兵入关，定鼎中原，甲申之变，明朝灭亡，农民军失败……整个社会发生了天翻地覆的变化。在“天崩地解”的社会变革中迫使一些学者、思想家面对“神州覆荡，宗社丘墟”的残酷现实，痛定思痛，进行深刻的历史反思总结：“探讨国家治乱之源，生民根本之计”，大都把明亡的原因，归之为是由于明末王阳明的心性之学泛滥，道德沦丧，风俗败坏，脱离实际，空谈误国，进而掀起了“崇实黜虚”，经世致用的社会思潮，并涌现出黄宗羲、顾炎武、王夫之等一大批进步思想家。但就他们的学术渊源说，黄宗羲本是刘宗周之高弟，崇奉王学，顾炎武宗朱，王夫之宗奉张载的学说。都有宋明理学的渊源。他们在具有社会批判性质的经世致用思潮中，虽提出了一些包含有早期启蒙色彩的进步思想与观念，但实事求是地说，还都没有从根本上脱离儒学藩篱及他们原自宗奉的学派。如黄宗羲在《明儒学案·师说》中仍高度赞扬王阳明学说：“先生承绝学于词章训诂之后，一反求诸心，而得其心性之觉曰良知，因示人以求端用力之要，曰致良知”；“以救学者支离眩骛，务华而绝根之病，可谓震霆启寐，烈耀破迷，自孔、孟以来未有著此之深切著明也”[20]。难怪有人说黄宗羲之《明儒学案》是“主张姚江门户”[21]。顾炎武一向被称为反理学思想家，尤其是其在《与施愚山书》中所说的一段话："理学之名，自宋人始有之。古之所谓理学，经学也，非数十年不能通也"，"今之理学，禅学也，不取之五经，而但资之语录，校诸帖括之文而尤易也"。顾炎武的原意是很明确的，他是说古代的理学就是经学，需要很长时间潜心钻研才能通达。而今天明代的理学则是禅学，根本不通读经书。只求助于语录及八股帖括。顾并没有反对古时宋代理学的意思，只是反对明代的理学。但后来全祖望在其所作的《亭林先生神道表》中却将《与施愚山书》中那段话改成："（顾炎武谓）古今安得有所谓理学者，经学即理学也。自有舍经学而言理学者而邪说以起，不知舍经学以起，则其所谓理学者禅学也。"[22]经全氏如此改动，抹杀了顾炎武关于理学有古今之别的观点，笼统的说"经学即理学"，"安得别有所谓理学"，似乎顾炎武从根本上否定了理学的独立存在，这并不符合顾炎武的原意，但后来却被人援以为据得出"顾炎武根本不承认理学之能独立"[23]，致使学术界长期以来普遍认为顾炎武是既反对程朱，也反对陆王的反理学思想家。其实顾炎武对朱熹多有赞扬和肯定，他晚年还为朱熹修建祠堂并写祠文说："惟绝学首明于伊洛，而微言大阐于考亭，……启百世之先觉，集诸儒之大成。"[24]还可注意的是顾氏对空谈心性的理学的批判常冠以时间界限，诸如"窃叹夫百余年来之为学者，往往言心性，而茫乎不得其解也"。又说："盖自弘治、正德之际，天下之士厌常喜新，风气之变，已有所自来，而文成以绝世之资，倡其新说，鼓动海内。"[25]可见，顾炎武所反对的主要是王阳明之心学，特别是明季王学末流。他并不反对程朱，且其学术渊源于程朱。对此，清代学者早就明确指出过。章学诚在其《文史通义·朱陆篇》中说："朱熹之学一传而为勉斋（黄干）九峰（蔡沈）……五传而为宁人（顾炎武）、百诗（阎若璩）则旨服百通经，学求其是"。江藩在其《汉学师承记》中也指出，"亭林乃文清之裔……辨陆王之非，以朱子为宗"。依据史实，说明顾炎武反对的只是理学中的陆王学派，并不反对整个理学，既符合顾氏的思想原貌，也不影响其在清代学术思想史上的地位和影响。正因为是他批判了王阳明的心性良知之说，横扫了明中叶以来的空疏学风，倡导经世致用，有力地推动了明清之际经世致用思潮的发展。同时，他提倡"通经服古"，"引古筹今"，重视实证，也为清代经学及考据学的复兴奠定了基础，开辟了道路。不过，从黄宗羲、顾炎武的学术渊源与思想却难以得出"理学是决定的终结了"的结论。而且，黄、顾对理学的态度，也反映了明清之交学术思想界的一般状况，当时学者中也有宗朱学的，如张履祥、陆世仪、陆陇其；也有宗王学的，如孙奇峰、李颙等。只不过，学者们在探讨明王朝灭亡的教训时，大都把矛头指向明末心性之学泛滥的王学，"尊朱黜王"思想强劲。而吕留良的尊朱辟王思想正是在这种历史环境中产生的。当时陆陇其深受吕留良思想的影响，尊朱黜王思想十分突出，他曾尖锐地说："受考有明一代盛衰之故，其盛也，学术一而风俗淳，则薄程朱效也。其衰也，学术歧而风俗坏，则诋毁程朱之效也；每论（天）启、（崇）祯丧乱之乎起而追原祸始，未尝不叹息痛恨姚江。敲断然以为今之学非尊程朱而黜阳明不可。"[26]陆陇其因受吕留良的影响，才"我志始坚，不可复变"而走上"尊朱黜王"道路的，而后又因吕留良的关系，阅读了张履祥的著作，并予大力推荐，以推动程朱之学。陆陇其被清廷称为醇儒，第一个从祀孔庙，影响甚大，其后朝官讲学，莫不以程朱之学为准，致使程朱理学在清朝再度复兴。

程朱理学在清初的复兴不仅表现在民间，更表现在清廷官方的提倡。清初顺治、康熙、雍正三朝为维护其统治，都积极尊孔崇儒，大力提倡程朱理学，将其视为接续孔孟道统的正学，确立为统治思想。顺治二年，就确定朱熹的《四书集注》为科举考试必须遵循的教本。康熙将朱熹升祀大殿一哲之次，认为“孔孟以后，有裨斯文者，朱子之功最为弘巨”。他还命儒臣编纂《性理精义》、《朱子全书》，又亲自为《朱子全书》作序，称赞朱子的思想学说：“非此不能知天人相与之奥，非此不能治万邦于衽席，非此不能仁心仁政施天下，非此不能外内为一家。”雍正时，又首先将“尊朱黜王”的陆陇其从祀孔庙。由于清朝帝王的提倡，在中央和地方很快涌现了一批理学名臣，如魏裔介、魏象枢、汤斌、熊赐履、李光地、张伯行等，这些人位极人臣，直至大学士、首辅之职，在帝王左右，影响朝廷决策，由他们实现了程颐所追求的“行王之道，非可一二而言，愿得一面天颜，罄陈所说”的夙愿，而能“得君行道”。这些所谓的理学名臣虽然在理学学理上没有什么新的突破与创新，但在适应当时的形势和特点，按程朱理学的“治道”、“道统”与“治统”结合起来，在建立和稳定清朝的社会道德秩序方面，确有其不可替代的作用，难怪康熙说：“知朕者莫若光地，知光地者莫若朕。”正是在清朝最高统治的提倡与一批理学名臣的辅翼下，从中央到地方，从官方到民间，出现了一批尊奉程朱之学的官吏与学者和复兴程朱之学的社会思潮。事实进一步说明明清之交到清初的顺、康、雍各朝，理学不仅没有终结，反之更加兴盛。盛阶段，乾隆朝是盛世的继续与发展，当时清朝的统治日趋统一与稳定，幅员广大，疆域一统，社会经济得到高度发展，文化昌盛，与之同时，封建中央集权与专制统治也进一步加强。为实行思想控制，乾隆在整理编纂各种大型图书的同时，也焚书、毁书和禁书，滥行文字之狱，在这种形势下，由清初顾炎武等人提倡的“通经服古”，“名物考据”，由文字、音韵、训诂而达经的考证之学，获得空前发展，经学昌盛，出现了“人人贾马，家家许郑”的盛况，也涌现了一大批如惠栋、戴震、钱大昕、王鸣盛、凌廷堪、焦循、王念孙、段玉裁等考据学大师，这些考据学家推崇和宗奉东汉许慎、郑玄之学，而卑薄程朱理学。此时，清廷一方面提倡程朱理学，另一方面又扶植奖掖考据之学。社会上则大都推崇考据，厌薄宋学，一时间考据学占压倒优势，成为占支配地位的学术思潮，宋学（即理学）重新出现衰落式微的局面，以致形成“近今之世，竞争汉儒之学，排挤宋儒，几乎南北皆是，豪健者尤争先矣”[27]，甚至出现“濂、洛、关、闽之书，束之高阁，无读之者”[28]的现象。但即使是在这种情况下，程朱理学仍是官方哲学，包括汉学家在内虽然在治经的宗旨与方法上与理学家不同，都仍推崇程朱提倡的社会纲常伦理，汉学大师惠栋就曾自题楹联：“六经宗服（服虔东汉经学家）郑，百行法程朱”，足见程朱在汉学家心目中仍有崇高地位。而且，在汉学考据大盛之时，宋学也没有完全偃旗息鼓，汉、宋学之争始终不绝如缕，汉学家江藩写了《汉学师承记》，持宋学立场的方东即著有《汉家商兑》相互对立，旗帜鲜明。因此，此一时期，程朱理学虽有所衰落，却也不能说已经终结。

清朝历史上出现的盛世，到乾隆朝后期已逐渐由盛转衰，嘉庆朝衰败之势更加呈现，及至到了道光时期，特别是经过鸦片战争，清朝一败涂地，内忧外患，接踵而至，整个清朝统治已处在风雨飘摇之中。此一时期，反映到学术思潮方面又发生了新的变化，以龚自珍、魏源为代表的新的经世致用思潮应运而生。继之西方新学输入，又出现了早期资产阶级改良派及戊戌维新思潮，谭嗣同大声疾呼冲决封建网罗，洗涤三纲五常之厄苦。清朝封建统治者及欲维护封建统治制度的思想家，面对新的形势，不得不提出“中学为体，西学为用”，企图以封建伦理纲常为本，辅以西方的富国强兵之术，并推行洋务运动。但经过中日甲午战争，中国割地赔款，沦入半殖民、半封建社会，为挽救中国沦亡的命运，维新派要求要用西方的议会制度，维新变法，但随之又被手握实权的封建顽固派所粉碎。咸同时期又有唐鉴、倭仁、曾国藩、罗泽南等，为挽救封建统治大厦之将倾，又再度提倡程朱理学，强调汉、宋合流，倡导经济事功，一时间又出现了理学复兴与同治中兴的假象。但时代不同了，此时绝不同于清初和清中期，这时封建帝制统治已彻底成为社会生产力发展的桎梏，只有推翻封建统治，社会才能发展和前进。随着资产阶级革命风起云涌，清朝的帝制终于被辛亥革命所推翻，作为封建统治者用以维护其统治的官方哲学的程朱理学也如同落花流水走向终结。

四 余论

理学（包括程朱理学与陆王心学）之所以能在中国封建社会中后期的六七百年内作为元、明、清的官方哲学和社会主流意识形态，说明它从总体上适应了当时社会生产力的发展，生产关系，阶级关的需要，当有其存在的价值和意义。明清之际的社会变革，导致学术思想界产生具有社会批判性质的进步思想家和不同于空谈心性的经世思潮，黄、顾、王、颜等思想家，对宋明理学（或程朱、或陆王）进行了一定程度的批判与扫荡，其思想中也包含有一定程度的民主启蒙因素，但当时的资本主义萌芽毕竟十分微弱，作为这种微弱的资本主义萌芽反映的某些市民思想，在他们的思想中并不占主导地位，他们的思想体系仍属于传统儒家范围，被称之对宋明理学进行了总结的黄宗羲的《明儒学集》与《宋元学案》，只能说是理学家对理学的总结，绝不能作为理学终结的标志。清朝取代明，只是封建政权的更迭。清朝统治确立后，吸收汉族传统文化，仍以孔孟程朱之学作为其统治思想，而且尤其推崇朱熹和程朱理学，使程朱理学一度出现复兴之势。清代理学家，虽对理学形而上的思想体系没有什么重大的突破与创造，这是因为程朱陆王着重于“内圣”——心性理学体系的精心构建，后世的理学家很难再有所推进与创新。但他们在“内圣外王”之学的“外王”方面，毕竟结合当时的时代特色而有自己的贡献。正像余英时先生在其《朱熹的历史世界》一书中所说：“我们早已不知不觉地将道学或理学理解为专讲心、性、理、气之类的‘内圣’之学。至于推明治道的外王之学，虽非全不相干，但在道学或理学中则处于非常边缘的位置。”[29]但在余先生看来，“外王”方面也是程朱等非常看重的，他们构建“内圣”之学，正是为了达到“外王”之“明道治世”的根本目的。因此，也不能说清代的理学家在“内圣”方面没有什么创新，就证明其已走向尽头。其实，理学只能随着封建帝制的终结而终结，是自然而然的事，根本不需要什么证明，而在其尚有存在的根据而作为客观存在时，却要证明其“是决定的终结了”，既与事实不符，也不能令人信服。

理学作为封建社会中后期居支配地位的意识形态与社会思潮，确实具有维护封建统治的社会政治作用，因而，从政治上，它必然伴随封建社会的盛衰交替而升隆起伏，直到封建统治崩溃也就最后终结。但其作为一个具有深远重大影响的学术流派与社会文化思潮，则是中国传统文化的重要组成部分，其中既有精华，也有糟粕，且已积淀在世代中华民族及其子孙的思想与生活习俗之中，这一方面即便是在封建社会灭亡之后，却不会随之消失，仍可作为历史文化遗产来进行研究，这则是不言而喻的。

（作者王俊义，中国社会科学出版社原总编、教授；本文于2005年10月20日在福建武夷山举行的宋明理学研究中心成立庆典暨“朱子学与和谐社会”高峰论坛上报告交流。）

注　释：

① 参见侯外庐：《中国思想通史》第四卷下册第四章，人民教育出版社1960年版，第595—647页。

② 杜国庠：《论“理学”的终结》，《杜国庠文集》，人民出版杜1962年版，第337页。

③ 陈荣捷：《朱子》，台湾：东大图书公司1990年版，自序。

④ 陈来：《朱子哲学研究引言》，华东师大出版社2000年版，第1页。

⑤ 同上。

⑥ 陈荣捷：《新儒学论集》，台湾中央研究院中国文哲研究所筹备处1995年版。

⑦ 钱穆：《朱子新学察》（上），巴蜀书社1986年版，第1页。

⑧ 张立文：《论宋明理学的新文化精神》，《宋明思想和中华文明》，学林出版社1995年版，第55页。

⑨ 张岱年：《冯友兰先生“贞元六书”的历史意义》，《中州学刊》1991年第2期。

⑩ 张立文：《论宋明理学的新文化精神》。

⑪ 钱穆：《记吕晚村诗中涉及黄宗羲语》，《钱宾四先生全集》卷29。

⑫ 吕留良：《答藩用微书》、《答张考夫书》、《与吴睛岩书》，《吕晚村诗文集》卷一。

⑬ 吕留良：《与某书》，《吕晚村先生文集》卷二。

⑭ 吕留良：《复高汇游书》，《吕晚村先生文集》卷一。

⑮ 陆陇其：《三渔堂文集》卷十二，《祭晚村先生文》。

⑯ 李义照：《王元复传》，转引自钱穆《跋车双亭吕子评语》。

⑰ 戴名世：《戴名世集》卷四《九科大题文序》。

⑱ 王宏撰：《山志》二集卷五《著述》。

⑲ 钱穆：《清儒学案序》，《中国学术思想史论丛》（八），台湾东大图书公司1980年版。

⑳ 黄宗羲：《明儒学案》，《黄宗羲全集》第七册，浙江古籍出版社2004年版，第14页 。

㉑ 沈维：《清学案小识序》。

㉒ 全祖望：《亭林先生神道表》。

㉓ 梁启超：《清代学术概论》，复旦大学出版社1983年版，第9页。

㉔ 顾炎武：《华阴县子祠堂上梁文》，《 顾亭林诗词集》卷5。

㉕ 顾炎武：《朱子晚年定论》，《日知录》卷18。

㉖ 陆陇其：《周云虬先生血书集序》，《三渔堂文集》卷8。

㉗ 袁枚：《随园诗话》卷二。

㉘ 昭裢：《啸亭杂录》卷十。

㉙ 余英时：《朱熹的历史世界》（上），三联书店2004年版，第115—116页。

《朱文公文集》版本源流考

朱熹（1130—1200），字元晦（一字仲晦），号晦庵（又号晦翁），别号紫阳。祖籍徽州婺源（古属安徽徽州，今属江西婺源县），生于南剑州尤溪（今福建尤溪县），后徙居建阳（今属福建）考亭。南宋高宗绍兴十八年（1148）进士，授泉州同安主簿，任满罢归，长期赋闲。晚年罹庆元党禁之祸，落职罢祠，卒后追谥为“文”。早年受业李侗，集北宋以来理学之大成，创立“考亭学派”（或称“闽学”）。平生著述颇丰，有《朱文公文集》（亦名《晦庵先生文集》、《晦庵文集》等）、《诗集传》、《四书章句》、《小学》、《近思录》等，又曾整理过韩愈的集子。自宋以来，其刻本众多，本文仅就《朱文公文集》的版本源流略加考证。

1. 闽本

1.1 祖本

東景南据昌彼得文考，朱熹生前乃有三次编刻：一为淳熙十五年（1188），即前集之刻，刻于建阳麻沙。二为前集与后集之合刻，刻于建阳麻沙。三为庆元四年（1198），是出于弟子王晋辅之手，朱熹《文集》卷五十三《答刘季章》书八云：“王晋辅来……渠又欲得鄙文，编次锓木。”书十七云：“近得益公书，闻且寓晋辅家……《文集》之议，当已罢止……衰老扶病如此，又岂能更去广南行脚耶？（按：指刊刻于广南）千万力行之。”知此次因党禁乃秘刻于广南。此本为朱熹生前刻印，故卷数少，当为《朱文公文集》之祖本 。

今存宋椠最早本为《晦庵先生文集》，台湾故宫博物院藏，有影印本，此本原为毛氏汲古阁所藏，后人清大内，唯见著录于《天禄琳琅书目续编》：“《晦庵先生文集》二函十二册，宋朱熹撰。前集十二卷，为古律诗赋、策问、铭文、赞词、歌解义、表剳、上书、记、题跋、序、墓志铭、祭文；后集十八卷，为字、辨、论、问答、易赞、记、行状、碑铭、墓志。无编者姓名，亦无序跋。书中标‘晦庵先生文集’，而前集目录之首标‘晦庵朱先生大全文集’，后集二印不可辨。”又附藏印“宋本”、“甲”、“毛晋”、“汲古主人”（俱朱文）。北京图书馆有复印本。检核复印本，除毛氏印记外，尤有“乾隆御览之宝”、“五福五代堂宝”等印记。大字本，无序跋，每半叶十二行二十一字，白口，间有小黑口，又鱼尾。据郭齐、伊波考，此本为宋刻元明递修明印本，刊于淳熙十五年二月至淳熙十六年二月光宗即位之间，闽坊刻本，即当为祖本 。

1.2 朱在编本

庆元六年（1200），朱熹“疾且革，手书属其子在及门人范念德、黄幹，拳拳以勉学及修正遗书为言。翌日，正坐整衣冠，就枕而逝。”时韩侂胄掌政，朱子理学遭禁毁，麻沙本也有被禁毁的可能。朱熹死后，子在等编其诗文，为《晦庵先生朱文公文集》八十八卷，此即为闽本祖本，佚。考：嘉定元年（1208），朱熹平反，文集虽被禁毁，朱在手中应还有其父文集之本（或为麻沙本，或为广南本，或二者兼）。朱在编刻正集八十八卷本当在嘉定元年（1208）之后。嘉定二年（1209）十二月，朱熹追谥为“文”，“集诸儒之粹”，“有功于斯文”，始称“朱文公”，朱在编本称《晦庵先生朱文公文集》，由此朱在编刻应不得早于嘉定二年（1209）。

1.3 闽本结集

瞿启甲《铁琴铜剑楼宋元书影识语》，卷四著录宋刊本《晦庵先生文集》一百卷：“按淳佑王遂序 、咸淳黄镛跋，《续集》、《别集》非一手，亦不同时，是当时《续集》、《别集》继续成书，与《正集》各有单行之本。”可见文集初刻，三本单行。朱熹《续集》十一卷，后人多称不知辑于何人。据《万卷精华楼藏书记》卷五《朱子大全集》提要：“今复读《黄氏日抄》，于晦庵先生《续集》后题曰：玉山人浦城刘尉观光出先世所藏帖，淳祐庚戌，附刻建安。若是，则《续集》为刘观光所辑。其云附刻建安者，因建安有朱子集版，故附刻于后也。又考今本所刻《续集》，凡书五十四通，跋三首，余之不及，与刘氏所云先世所得帖者正合。” “淳祐庚戌”即为淳祐十年（1250）。另《四库全书总目提要补正》卷四十八云：“《续集》为王实斋遂以蔡觉轩、刘文昌两家所钞掇付刘叔忠所编，卷九以下，徐几从浦城尉观光得，与刘韬仲札数十通增为十一卷。”丁丙《善本书室藏书志》著录有：“《续集》未详何人，有淳祐五年王遂序。”王遂，王实斋也，编《续集》八卷，时在淳祐五年（1245），余下为刘观光所辑，刻印当在公元1250年。又据建安书院黄镛序曰：“建通守余君师鲁，好学博雅，搜访先生遗文，又得十卷，以为《别集》，其标目仍一仿乎前，而每篇之下必书其所从得，是《别集》之编，出余师鲁手。”

此序作于《别集》之首，是时为咸淳元年（1265），其序又云：“文公先生之文，《正集》、《续集》，潜斋、实斋二公已镂板书院。”《四库全书总目提要补正》卷四十八云：“朱子集为朱在所编，王潜斋所刊。”为正集一百卷，或是王潜斋或是另有人将《续集》、《别集》附刻于后，是为闽本，由此可知，闽本刻印时间不得早于咸淳元年（1265）。刘玉林《现存宋人著述总录》云“宋咸淳元年（1265）建宁府建安书院刻”，即宋元明递修本，十行十八字，上海图书馆全帙。

至此，《朱文公文集》由最初集结到闽本完成，已相当的系统和完备，对后世影响甚大。

2. 闽、浙本考

2.1 浙本

《直斋书录解题》卷十八著录《晦庵集》一百卷，现存，潜斋王埜编，是为浙本，宁宗后刊，十行十九字，书口题“晦庵文集”，北京图书馆全帙。《铁琴铜剑楼藏书目录》卷二十一有宋刊《晦庵先生文集》一百卷：“首目二卷无序跋，每半页十行十九字……浙本洪武初取置南雍，不知辑于何人…… ”

2.2 浙本先于阁本考

公元1195年，赵扩即位，是为宁宗，年号“庆元”，即位不久。因“庆元党禁”颁“伪学”禁令，朱子理学受到重大打击。嘉定四年（1211），李道传上书：“经之当先者，莫要于《大学》、《论语》、《孟子》、《中庸》之篇。”要求宁宗明确宣布解除“伪学”之禁，并将《论语集注》、《孟子集注》等四书颁发太学 。时临安（今杭州）为偏隅之都，多良刻工，借此解禁之风，杭州刊浙本《晦庵先生文集》当在意料之中，查其避讳字，“遇‘郭’、‘扩’等皆为字不成，是宁宗后所刻也。”虽不知是否最早浙本，仍先于上述咸淳元年（1265）闽本。

考王肇文《古籍宋元刊工姓名索引》，内附浙本、闽本刻工姓名，记浙本：“宋楼藏《晦庵先生朱文公文集》一百卷，《续集》十卷，《别集》十一卷，宋刊大字本，半页十行十八字，板心记字数及刊工姓名。是书为宋刊明印本。”记闽本：“宋楼藏《晦庵先生朱文公文集》一百卷，《续集》十卷，《别集》十一卷，宋刊大字本，半页十行十八字，板心记字数及刊工姓名，是书为宋刊明印本。”考浙本刊工：王政、张升、陈明为南宋初叶杭州地区名工，张升参与绍兴二年（1132）两浙庾使刊《资治通鉴目录》；王成为南宋绍兴初杭州地区良工，参与绍兴九年（1139）临安府刊《文粹》；严志为南宋绍兴间杭州地区名工；章中为南宋初、中期浙中地区良工；陈伸为南宋初叶南京地区良工；叶正参与淳熙七年（1180）池阳郡斋刊《山海经》；王原为南宋中叶杭州地区刊工，绍定二年（1229）刊池阳本《韩文考异》……再考闽本刊工：文明于宋咸淳（按：1265年后）刊《草窗减员韵语》。浙本刊工众多，然年代差异太大，笔者以为，浙本刊刻，历时已久，且有中断（即在庆元间），据避讳字，当在宁宗时完工；或浙本于朱熹生前有刊刻，用建阳麻沙底本，并录刊工姓名，后补校，亦录刊工姓名，此或为可解之因。闽本有刊工何宗、茅化龙，《古籍宋元刊工姓名索引》云“或为元人”。闽本迟于浙本无疑。

2.3 二本的渊源

闽、浙二本存有差异，如书名行款方面，闽本每半页十行十八字，浙本十行十九字，闽本含《续》、《别》集，浙本则无。亦诸多共同之处。如二本篇目完全相同；卷末所附《考异》，大多数也一字不差；编排大多完全一致。文字上往往误则皆误，缺则皆缺。笔者认为，闽人利用朱在本及浙本，成闽本。故闽、浙渊源深厚，甚或同出一本。它们之间的差别，乃由递相翻刻修订造成 。

2.4 其他

《藏园订补郘亭知见传本书目》著录《朱文公文集》一百卷，“宋江西刊本，十行十八字，白口，左右双栏，版心上记字数，下鱼尾下记朱文公文集卷第几，下记刊工姓名一字。文录堂见残卷。”此残卷今未见著录，莫知其详。《郡斋读书志附志》所录王埜百卷本原有黄壮猷跋，今未见，此本原刻当已不传世；郭齐、伊波考除闽、浙本外，另有旧编、冯本问世。惜无资料，不一一详述。浙本仅见于宋刊，闽本历代通行。《绛云楼书目》卷三：“宋板晦庵文集四十册，一百卷，又年谱三卷，闽板旧刻，佳。”此或为闽本为刻本主流之因。

3. 元、明刻本

3.1 元刻本

《北平图书馆善本书总目》：“宋刊元印本《晦庵先生文集》一百卷。”今残存五十四卷，共五十六册，十行十九字，浙本。《季沧苇藏书目》：“朱文公集九十四卷，元板”，疑有缺漏，惜无传本，无从查考。《古籍宋元刊工姓名索引》：“残存《晦庵先生朱文公文集》二卷，为宋刊元补本，半页十行十八字，白口，左右双边，视浙刊减一字。间有黑阔口者，系元代补板。上记字数，下记刊工姓名。仅‘筐’、‘贞’二字缺笔。编次同浙本，疑出建阳刊本，刊工有：伯俊、德六、女丁、君和。”《增订四库全书简目标注·续录》谓“涵芬楼藏元刊本大全集，十一行二十二字”，此本今未见著录。其版式与宋刻闽、浙两本皆异，而与明天顺本同，疑即天顺本祖本。

3.2 明刻本

“（明）内府国子监刻有《朱子大全》、《晦庵文集》；福建按察司刻有《晦庵文集》，书坊刻有《朱子大全集》等等。”明刻本众多，其中影响最大的有成化本、嘉靖本等。

香港大学冯平山图书馆藏明天顺刻本《朱子大全》一百卷，目录二卷，续集十卷，别集十二卷。明天顺四年（1460）贺沈、胡缉刻本一百册，近人蔡守跋。半页十一行二十二字，四周双边，黑口，双鱼尾，序佚去。傅增湘《藏园群书经眼录》著录有：“明初刻本，十一行二十二字，黑口，四周双边，刻本不精。”即此本。此本金镶玉装，帘纹极窄，凡遇宋讳皆不避，卷五末页末行“晦庵先生朱子大全卷之五”之先字，缺去右边小半，为宋咸淳元年建宁府建安书院刻宋元明递修本。

北京图书馆藏宋刻明初印《晦庵先生文集》，该本残存六十五卷，计六十四册，十行十九字。按明成化十九年黄仲昭跋云：“《晦庵先生文集》一百卷，闽浙旧皆有刻本，浙本洪武初取置南雍。”是明初刻本尚存，“此本即版入南雍所印刷者”，浙本。

朱在编本为闽本之源。“历岁既久，刊缺浸多，读者病焉。”明成化十九年（1487），福建莆田黄仲昭补校此本及《续集》十一卷,《别集》十卷,跋云:“……今闽潘所存本,则先生季子在所编也……历岁既久,刊缺浸多,读者病焉。成化戊子,仲昭自翰林谪官南都,偶得闽本,公暇取浙本校之,其间详略互有不同。”《四库全书总目提要补正》卷四十八云:“……闽本,明初版存福建潘廨,成化中,黄仲昭以浙本勘订,补刻劾唐仲友数状,又修补缺数百叶,约不过宋刊百分之一二耳!”仲昭校本“精加雠订,讹者正之,腐者易之,缺者补之,至是始无遗憾。”后人称之为成化本。成化本整漏补缺,正本清源,广为流传,承上启下。

成化本日本静嘉文库和冈山大学图书馆池田文库有藏,分装七十册。上下左右单栏(续集、别集左右双栏)。每面十行,每行十八字,上下黑鱼尾,上下象鼻,书口下端,多有刻工姓氏,赵体字,笔端前后颇有不同。成化本即为后来嘉靖本、康熙本、雍正本及四部丛刊本之祖本。

嘉靖本据黄氏校闽本为底本,故《劾唐仲友》数状已加详焉。考序、跋,知其刊刻之因:一、弥穹坏道也,刻朱子书,传朱子之道学。二、旧刻破损,有重刻的必要。三、改版,方便流传。今存上海涵芬楼影印本,题“晦庵先生朱文公文集”,“明嘉靖本,元书,板心高营造尺六寸二分,宽四寸二分”,“十二行,二十二字”,刻于嘉靖十一年(1532),前有苏信序,后有潘潢、黄仲昭跋。闽本出,取自成化本。“此本与浙本字句颇不同,篇次亦互异……似浙本以作文先后为次〔案葬祝孺人在乾道六年(1170)正月,葬吏部以其年七月,作文先后,据此知之〕,而此本以父先乎母为次也。”潘潢本较为完备。流传甚广,今有影印本和排印本。杜信孚《明代版刻综录》记有诸多嘉靖本,且名见于潘潢跋、苏信序中,疑与潘潢本同源,在此不一一叙之。

明万历年三十三年(1605)吴养春、朱崇沐刊朱子集《正集》八十八卷,目录二卷,《续集》十一卷,《别集》十卷。犹存朱在本之貌,行款同嘉靖本,北京图书馆、天津图书馆等四馆全帙。

4. 清及近现代刻本

4.1 清刻本较多,且多存于世。如平江蔡氏本、康熙本、紫霞洲祠堂本等

平江蔡氏本,又称闽小字本,一百卷,《续集》五卷、《别集》七卷,“首朱子像,庆元庚申自题,绣水王潇摹,次康熙戊辰臧眉锡序、蔡方炳序,次嘉靖壬辰苏信序、潘潢书后,次成化元年黄仲昭书,次咸淳九年迪功郎建宁府建安书院山长黄镛序”,“此本面题《朱子大全集》,有悉依元本校正重刊篆印”。臧眉锡序曰:“泛棹建阳,访求遗书,得其全帙,归而谋诸平江息关蔡子(方炳),校雠以行于世。”可知蔡氏本源于闽本,从成化本、嘉靖潘潢本,并有稍许改动。“内题《晦庵先生朱文公文集》”,每页二十四行,行二十四字。蔡氏序曰:“朱子故有《大全文集》,岁月浸久,版已磨灭,其书不概见于世。”可见《文集》称《大全集》岁月已久,“考黄仲昭跋及潘潢跋,尚皆称《晦庵先生集》,则其名殆起明中叶以后乎?”此说法不妥,《天禄琳琅》载宋刊前十二卷、后十八卷,目录之首,标《晦庵朱先生大全文集》,是“大全”之名,不始于蔡方炳之刻。则大全之名,宋已有之;另据《万卷精华楼藏书记》卷一一五《朱子大全集》提要:“《赵氏读书志》云:《朱文公帖》六

卷，可以补晦翁大全集之阙者为多，则其名实起于宋。”则此本大全集之称，袭旧而已。《四库全书总目提要》曰：“潢跋称文集百卷，《续集》五卷，《别集》七卷，与今本合。而与潢共事之苏信所作前序，乃称百有二十卷，已自相矛盾。方炳手校此书，其跋又称原集百卷、《续集》十卷、《别集》十一卷，其数尤不相符，莫名其故。疑信序本作百有十二卷，重刻者偶倒其文，而方炳跋则缮写笔误，失于校正也。”

考：按嘉靖本潘潢跋，称《续集》十一卷、《别集》十卷，不作五卷、七卷，盖臧氏所得本中，潘跋文字已被人追改。今以《续集》十一卷、《别集》十卷本校此五卷、七卷，收文相同，惟编次异，可肯定五卷、七卷乃后人所改编，非宋椠之旧。至于馆臣因前人序跋所述与康熙本卷数不符，“莫名其故”，遂有所谓“倒文”、“笔误”之说，纯系谬论。方炳称：“校是书（嘉靖本）时，不敢妄有更定，悉依原本。”即续、别二集亦未依类附人，“颇得古人刊书谨严详慎之意”，“以存其旧焉”。平江蔡氏本印制工整、精良，对后世影响颇大。《四库全书》收录者正是平江蔡氏本。

为辨别真伪，去芜存精，传朱子理学，康熙五十二年（1713）李光地等奉旨编《朱子全书》六十六宋卷。号“全书”，其实只是整理删节，按类编排的一部朱熹《文集》和《语录》的选集，共分十九门。此书编成后，曾以“御纂”名义颁行全国。作为朱熹《文集》和《语录》的删节本，《朱子大全》的史料价值不高，也不可靠。《朱子大全》有康熙年间内府刻白口竹纸本、乾隆十一年（1746）古香斋刻袖珍本等多种刻本。笔者见影印古香斋刻袖珍本，前为李光地序，后有苏信序，为嘉靖本改编本。

雍正八年（1730），朱熹十六世孙朱玉编《朱文公文集大全类编》，将三集合而为一，俾诸体各以类从，每体之中，又以编年为先后，分为八册。用力颇勤，然割裂烦琐，究不及大全集原本，为能存其旧也。《万卷精华楼藏书记》卷一一五《朱子大全集》提要：“其刻版亦不工整，坊间每以此本乱大全集。”

《增订四库全书简明目录标注》：“咸丰时，徐树铭提闽学，刊中楷字本；同治刊本；四部丛刊本；正谊堂全书本。”《东海藏书楼书目》云：“《朱子文集》十八卷，正谊堂本。”不知其所出。咸丰时刊本即咸丰十年（1860）紫霞洲祠堂本，同治刊本即同治元年（1862）紫霞洲祠堂重刊本。

4.2《四部备要》收录有《朱子大全》

今笔者见上海中华书局据明胡氏刻本（嘉靖本）校刊本，题《朱子大全》，共六十册，版心题“朱子大全”，下记“文儿”、“中华书局聚珍仿宋版印”，每面十三行，行二十二字，白口双栏。一、二册为目录，一册前有苏信序，二册后有潘潢跋，百卷后附黄仲昭跋，《别集》后有黄镛序，每册后附校书人名，不著刻工姓名。

《善本书室藏书志》著录有日本刊《晦庵先生朱文公文集》一百卷，《续集》十一卷，《别集》十卷，版心题“朱子大全”，前有苏信序，后有潘潢跋，卷第悉仍旧贯，末有正德辛卯年（1711）八月十三日一条。此本据明嘉靖胡氏刻本，日本平安寿文堂重刊。另，韩国汉城保景文化社1984年曾影印李氏朝鲜英祖辛卯（1771）全罗道观察使尹东升奉敕命刊行本《朱子大全》一百卷、《续集》十一卷、《别集》十卷、《遗集》二卷、附录十二卷，原本韩国当有收藏，1984年韩国汉城保景文化社据原本影印，四周双栏，每面十行，行二十二字，白口，上黑鱼尾，宋体雕版印刷。

由以上考证知，《朱子文集》由朱熹生前刻印本，引出浙本、闽本，闽本承主流，后世本多从闽本出，且影响较大。1996 年，四川教育出版社出版郭齐、伊波先生点校本《朱熹集》。是本以《四部丛刊初编》影印嘉靖本为底本，校以台湾“故宫博物院”藏本，以及闽、浙两系统各宋本，补入佚文，新辑附录，堪称完善。

为方便读者更好地了解《文集》版本源流，现作图以述之：

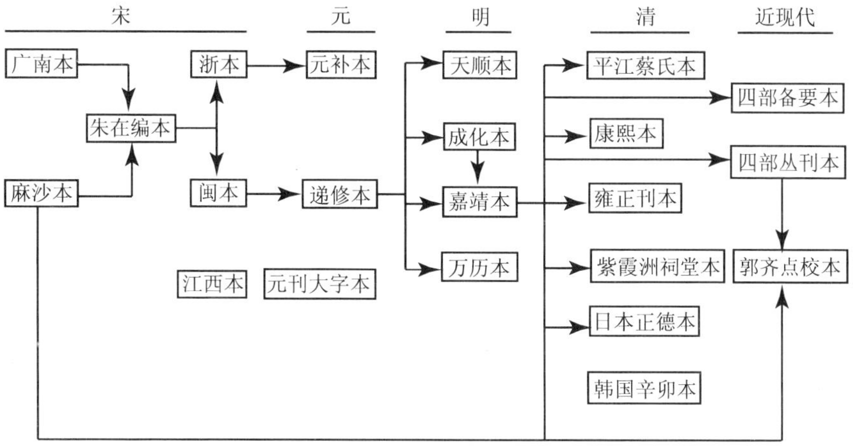

《朱文公文集》版本源流示意图

（作者马德鸿、陈莉，中山大学图书馆；本文原载《图书·情报·知识》2005 年第 1 期。）

参考文献：

［1］莫友芝、傅增湘：《藏园订补郘亭知见传本书目》，北京：中华书局 1993 年版。

［2］纪昀等：《四库全书总目》，北京：中华书局 1965 年版。

［3］马端临：《文献通考·经籍考》，北京：中华书局 1986 年版。

［4］晁公武：《郡斋读书志》，北京：商务印书馆《万有文库》本，1929 年版。

［5］陈振孙：《直斋书录解题》，上海：上海古籍出版社 1987 年版。

［6］上海图书馆：《中国丛书综录》，上海：上海古籍出版社 1982 年版。

［7］王重民：《中国善本书提要》，上海：上海古籍出版社 1983 年版。

［8］丁丙：《善本书室藏书志》，光绪三十四年（1908）丁氏刊本。

［9］于敏中：《天禄琳琅书目后编》，光绪十年（1884）长沙王氏刊。

［10］瞿良士：《铁琴铜剑楼藏书题跋集录》，上海：上海古籍出版社 1985 年版。

［11］朱熹：《晦庵先生朱文公文集》，上海：涵芬楼影印明嘉靖本。

［12］陆心源：《皕宋楼藏书志》，光绪八年（1882）十万卷楼刊本。

［13］王肇文：《古籍宋元刊工姓名索引》，上海：上海古籍出版社 1982 年版。

［14］傅增湘：《藏园群书经眼录》，北京：中华书局 1983 年版。

［15］北京图书馆：《北京图书馆善本书目》，书目文献出版社 1981 年版。

［16］瞿启甲：《铁琴铜剑楼宋元本书影识语》1922 年刊本。

朱子家人略考

旁及到朱子家人的书很多，包括各种野史、地方志和紫阳朱氏家谱等，但较全面介绍朱子家人情况的专论或文章甚少。兹就所涉有关朱子家人的资料梳理考辨，略述于后。

朱熹祖父朱森，字良材，号退翁，生于北宋熙宁八年（1075）。他少业儒，因科举未中，不复进取，但他很超脱，淡于名利，视外物如浮云。朱森二十岁时，父亲朱绚病逝，家道中落，然而仍谆谆教子以忠孝为本。他与夫人程氏随其长子朱松于北宋宣和五年（1123）入闽就养。朱森常对朱松说："吾家业儒，积德五世矣，后必有显者，当勉励谨饬，以无坠先世之业。"[①]宣和七年（1125）十二月初一日，朱森病逝于政和朱松县尉治所，享年51岁。[②]朱森死后，"贫不能归，因葬其邑"[③]。即葬福建省政和县东瞿乡感化里四都桂林坊（今铁山镇凤林村）护国寺西庑外，土名索谷。朱森死后，因其子"贵，赠承事郎，世称承事府君"[④]。

朱熹的祖母程五娘，系徽州歙县（今安徽省歙县）华塘程丞相之孙女，生于北宋元丰二年（1079），十七岁嫁于朱熹的祖父朱森。南宋高宗建炎四年（1130）朱熹出生时，她52岁，朱熹是她当时唯一的一个孙子（朱熹前面的两个哥哥早夭），满心欢喜。朱松为表示对母亲的孝顺，给朱熹取小名为五二郎。程五娘性严，后辈稍有违背家规，则训斥。朱熹说："祖母性严，先妣能顺适之。"[⑤]她卒于绍兴四年（1134）九月，享年五十六岁，葬于政和县将溪铁炉岭下。程五娘生有三男（朱松、朱柽、朱槔），二女。她逝世时，三男皆成家，二女已嫁。

朱熹父亲朱松，字乔年，号韦斋，北宋哲宗绍圣四年（1097）闰二月生于徽州婺源万年乡松岩里。他未冠由徽州郡学生人贡京师太学，徽宗政和八年（1118），以同上舍出生，授迪功郎，任福建建州政和县尉。因赴闽缺少资金，朱松将婺源祖田百亩为质，作为川资，于宣和五年（1123）奉其父母入闽。两年后，朱松父亲朱森去世于政和县尉官舍。服丧期满后，朱松于建炎二年（1128）三月改任南剑州尤溪县尉，并于七月到任。他任尤溪县尉时，曾在寓所治一室聚群书宴坐寝休其间，以韦斋名其室，有责己教人之深意。其师罗从彦极称赞朱松此举，特为他写了《韦斋铭》一文。后来，学者称朱松为韦斋先生。建炎三年五月任满后，他闲居在尤溪的朋友郑安道（字义斋）城南南溪别墅。同年十二月移居政和。建炎四年五月，因闻龚仪叛兵人龙泉（与政和县毗邻）。七月，范汝为在建州起义，四方动乱不安。为避乱，朱松于七月自政和买舟携眷迁至尤溪。朱松与远在徽州的岳父祝确写信时说："自去年十二月初，……携家上政和，寓垄寺。（今年）五月初，闻龚仪叛兵烧处州，入龙泉，买舟仓皇携家下南剑，入，而某自以单车下福唐见程帅。”[⑥]

建炎四年（1130）九月十五日，朱熹降生于尤溪郑安道的南溪别墅。绍兴二年（1132）五月，朱松携家赴任泉州石井镇监税。友人苏籀有《送朱乔年被举荐监石井镇》诗曰：“石井镇初腾一鹗，管城子健十千钧。已然自足雄吾党，其进祗应轶古人。衣被卉裳殊俗惯，解捐犊佩猾商驯。万钟他日扶危手，五斗怡怡为奉新。”[⑦]绍兴四年（1134），朱松应召入奏，即携家从泉州石井回至尤溪。三月，朱松召试馆职，十二月除秘书省正字。《南宋馆阁录》卷八载：“朱松，绍兴四年三月除（秘书省正字），九月丁忧。”“九月丁忧”即朱松母亲程氏夫人去世。绍兴五年，朱松一家离尤溪，寓居政和庐墓守丧。绍兴七年（1137）服除，朱松举家迁居建安（今建瓯市）。《韦斋年谱》云：“公尝往来建（州）、剑（南剑州）间，喜建州山水佳胜，遂筑精舍于环溪之上，迁居焉。时文公已八岁矣。”[⑧]建安是建州州治，乃当时闽北政治、经济、文化中心。朱松举家居于此，有利于朱熹的成长。同年六月，南宋朝廷再次起用朱松。入都之前，他将朱熹母子寄居其师浦城肖额家。他《上赵承相札》曰：“去夏，蒙朝廷收召，寄家建州之浦城，乏赀，仆之费仅能襆被以来。”[⑨]八月，改左宣教郎，除秘书省校书郎，后迁著作佐郎、尚书度支员外郎，兼史馆校勘，刊修《哲宗实录》。此时，朝廷当权者与金国议和，朱松与史院胡埕、张广、凌景夏、常明、范如圭等馆臣合词上书反对与金议和。朱熹在《答李季章书》云：“诸公争和议时，先人与胡德辉（埕）、范伯达（如圭）诸公同入文字，皆史院同寮也。”[⑩]绍兴九年元旦，赵构皇帝布诏天下，与金议和。绍兴十年（1140）三月，朱松因不附和秦桧和议，被罢朝官，转承议郎出知饶州（今江西波阳）。朱松辞职请祠，得主管浙江台州崇道观，回到建安。绍兴十三年（1143）三月二十四日，朱松逝世于建安城南之寓舍，享年47岁，谥献靖公。翌年，朱松葬于建州崇安县开耀乡五夫里西塔山灵梵院侧。乾道六年（1170）七月五日，朱子迁于五夫里的白水鹅子峰下，庆元元年（1195），再迁于崇安县武夷乡上梅里寂历山中峰寺之北。朱松著有《韦斋集》12卷，《韦斋外集》10卷（已佚）。

朱熹母亲祝夫人，徽州歙县人，祝确之女，亦名五娘，后因与姑（婆婆）同名，朱松称之为“小五娘”[⑪]。祝氏于北宋元符三年（1100）七月出生，十八岁与朱松结婚，二十三岁随夫入闽，流离奔跑，“无一日舒泰”[⑫]。她43岁守寡，遵夫遗命带着两个小儿女（朱熹兄妹）迁居崇安县五夫里。朱熹《孺人祝氏圹志》谓其：“性仁厚端淑。……事舅姑孝谨笃至。……贫病困蹙，人所不堪，而孺人处之怡然。”[⑬]祝夫人生三男，伯仲皆夭（大约夭亡于朱松为母程氏守丧饥寒之时），朱熹其季子，一女，嫁右迪功郎汀县主簿刘子翔。乾道五年（1169）九月，祝氏卒于建州崇安县五夫里，享年70岁，翌年正月葬于建阳县升龙乡崇泰里后山天湖之阳（今建阳市莒口乡后山村马伏太平山麓），地名寒泉坞。“朱熹为守墓，筑寒泉精舍于墓旁”[⑭]，并亲撰《尚书吏部员外郎朱君孺人祝氏圹记》。祝夫人死后，以子贵，追封孺人，赠硕人，封粤国夫人。

朱熹之妻刘清四，小名四娘，南宋绍兴三年（1133）生，系崇安县五夫里白水村名士刘勉之长女。她16岁时与19岁的朱熹结婚，当时她家已搬至建阳县群玉乡三桂里萧屯，离五夫里一百多里。四娘与朱熹夫妻生活28年，生有三男五女，在她辞世之前，朱熹只出任过一任同安县主簿小官，家庭处于“贫病困蹙，人所不堪”[⑮]之中。刘氏不仅要抚育八个子女，而且还要供奉伺候70岁高龄的婆婆祝氏。她因家境贫寒，营养不足，家务繁重，操劳过度，于淳熙三年（1176）十一月冬至后一日逝世，年仅44岁。淳熙四年二月葬于建阳县崇政乡嘉禾里唐石村后唐（今建阳县黄坑乡九峰村后塘）。卒后追封为硕人。刘清四逝世后，朱熹一直未续弦，并死后与夫人刘氏归葬一处。

朱熹有两个叔叔。大叔朱柽，字大年，为承信郎；二叔朱槔，字逢年，号玉澜，举建州贡元。朱熹在《皇考吏部朱公行状》中说："府君友爱诸弟委曲将就，有人所难能者。"[16]可见，朱柽和朱槔生活不能自立，还要靠兄朱松照顾。朱柽、朱槔生卒年月不详，但可肯定死于南宋乾道五年（1169）以前，朱熹在《与程允夫洵书》中云："某重念先世南来，八人度岭入闽，今无一人在者。"[17]熹之祖父母、父母、二个叔叔、二个姑姑共八人入闽，朱子母最后去世（于乾道五年九月死），故说今无一人在者。朱柽居住政和县，卒后葬该县延福寺后将溪。他生有一子朱熏（字仲修），其后裔多居政和，今已传二十七八代。朱熹二叔朱槔，在朱松去世后，居住尤溪县，往来于政和、建阳等地。他精于诗，是宋代福建有名的诗人。朱槔与兄朱松经常到建阳考亭参加当地文学团体盖竹社的文学活动，以诗文会友。他著有《玉澜集》一卷（附刻于《韦斋集》后）。宋代文学家尤袤说："朱槔心胸雍容广大，有经世之志，其诗闲暇略不见悲伤憔悴之态……槔随兄松入闽，与松相终始，后为建州贡元，尝自延平还寓所，梦到一所杳非人世处，旁有告之人曰：玉澜堂，故名其集，后卒于闽。"[18]朱槔负轶才，不肯随俗；又超脱，淡于名利。故宋周必大说："公季弟槔亦负轶才，不肯俯仰于世。"[19]由于朱柽和朱槔的情况如此，朱松临终前无法将朱熹托孤于他们两人。

朱熹的两个姑姑，生卒年月均不详。大姑在其父朱森逝世时（1125）未嫁，其母程五娘去世时（1134）已嫁，无子孙，故不见记载。二姑于南宋高宗建炎三年（1130）嫁给建阳登高丘萧。朱松说："吾来闽八岁，先君仲女逋丘君，识公。"[20]朱熹二姑20多岁就守寡，男孩叫丘羲（字子野），比朱熹大几个月。她抚孤，生活困难，由胞兄朱松照顾。朱熹说："府君抚孤甥，教之学，而经理其家事，曲有条理，人无闲言。"[21]朱熹二姑晚年随子丘羲迁居建阳城外崇雒乡洛田里芹溪旁。朱熹为表兄丘羲书"芹溪小隐"匾其堂楣，并作《芹溪九曲棹歌》以贻之。

朱熹之胞妹名心，小名五十六娘，生于绍兴九年（1139），父朱松死时才五岁。绍兴三十年（1160），她嫁与崇安刘子翔（字彦集）为妻。朱熹说："妹为人质实易良，自幼不见其有妄言愠色。……理家事，勤约不懈。抚教诸子，爱而有节。"[22]淳熙八年（1181）二月，她病卒于崇安家中，年仅43岁。朱熹得知胞妹逝世消息，"悲伤殊甚"。他在《答吕伯恭书》云："至闰月（指淳熙八年闰三月）二十七日方得归（指离南康）。初欲乘此一走长沙。……以女弟之讣，悲伤殊甚，谊不可以他逋，遂罢前议。"朱熹为悼念亡妹，为其写了《祭文》和《墓志铭》。《祭文》曰："亡妹五十六娘，……昔妹之亡，兄縻郡（指任职南康军）……今兹窀穸已复有期。"[23]《墓志铭》云："刘君子翔彦集之妻吴郡朱氏者……熹之女弟也。……淳熙八年四十有三，二月己未已病卒……彦集将以是岁十月辛酉藏其柩于崇安县西三里大夫公茔左若干步，谓予曰：子盖铭诸。予寡兄弟，先君之遗女唯心妹……今其病死，而予逋从吏役归。则不复相见矣。老病且衰，不能文，强书此以识其圹。"[24]

朱熹长子朱塾，字受之，绍兴二十三年（1153）七月生于崇安县五夫里（今武夷山市五夫镇）。他"自幼秀慧。生两月，见文书即喜笑咿嘻，如诵读状。小儿戏事，见必学，学必能，然已能辄弃去。后来得亲师友，意甚望之。既而虽稍懒废，然见其时道言语，亦有可喜者。”[25]朱塾从小受家学，后拜建阳陈焯、欧阳光祖和蔡元定为师，21 岁去婺州金华县（今浙江金华市）拜著名理学家吕祖谦（字伯恭，1137—1181）为师。朱熹管束甚严，临行以书规约其言行，不得饮酒或嬉笑喧哗。[26]在金华食宿于吕祖谦门人潘景宪（1074—1130）之家。潘氏把长女嫁给朱塾为妻，淳熙元年（1174）与朱塾结婚时才 13 岁，潘女婚后与夫一直住在娘家，六年后才回到崇安五夫里，此时婆婆刘清四已去世。刘夫人有此儿媳，但从未见过面。在金华六年里，朱塾曾返五夫里守母丧及两次应试（均落第）。归五夫后，朱塾参加第三次应试，然亦落第。绍兴二年（1191）正月，朱塾不幸病逝于金华县，年仅 39 岁。潘氏夫人 29 岁守寡，卒于宝祐六年（1258），享年 96 岁。朱塾生有子二：长镇（早卒）、次鉴；女四：长归、次昭、三接、四满（早卒）。朱熹闻长子塾去世噩耗，悲病极至，即辞官由漳州归家治丧葬。他自为圹记（《亡嗣子圹记》），并请陈亮为之写了《朱塾墓志铭》。绍兴三年十一月归葬建阳县崇泰里（今莒口乡）大同山北麓。朱塾以荫补将仕郎，赠中散大夫。

朱熹次子朱埜，字文之，绍兴二十四年（1154）出生于泉州府同安县主簿官舍。他 11 岁前受家学，11 岁后与兄朱塾先后受业于陈焯、蔡元定、欧阳光祖等。朱埜 21 岁时，与五夫里刘子翚族弟刘复之女结婚。淳熙七年（1180），他与兄同应试，均不第，后以荫补迪功郎，差监（浙江）湖州德清县户部瞻军酒库，任职时间不长。朱埜在五夫里家中时间最多，以管理家务，曾一度帮助父亲从事过印书业。朱熹逝世之后，朱埜从五夫里迁居建阳考亭。嘉定三年（1210），他卒于考亭家中，享年 56 岁，葬于建阳崇洛龙隐庵侧，赠朝奉大夫。朱埜有子四：钜、钧（后改铨）、铎、经。据朱熹于庆元五年（1199）十二月为其父写的《皇考吏部朱公行状》载，朱熹在世时，此四孙皆出生。[27]

朱熹季子朱在，字敬之（旧志作“字敬之”），新发现的刻于理宗嘉熙三年（1239）的《宋故太中大夫焕章阁待制朱府君圹志》作“字叔敬”。乾道五年（1169）正月生于崇安五夫里。朱在六岁时，朱熹想请许顺之前来五夫里教朱在，后因许氏要回家结婚，未果。朱熹对许顺之说：“幼儿未有读书处，为挠。地远，不能遣去尤溪，甚可恨也。”[28]因求无良师，朱在自幼跟随朱熹。淳熙五年（1178），朱熹差知南康军，把 11 岁的朱在带在身边授学。朱在 13 岁时，赴金华拜理学家吕祖俭（吕祖谦胞弟）（字子约）为师，向吕祖俭学习多年。朱熹在《答黄直卿》书中曰：“子约颇爱泰儿，亦已嘱令随诸生课程督察之。”[29]泰儿即指朱在。朱在在金华学习期间，与其师之侄女（吕祖谦之女）结婚，婚后住在吕家。后朱在携妻回五夫里居住。绍熙五年（1194），朱在以父荫补承务郎，从此步人仕途。明戴铣《朱子实纪》记其行实云，“以荫补承务郎，籍田令，迁将作监主簿，累迁大理寺正。知南康军，改知衡州湖州，俱不赴。奉祠。起知信州。除提举浙西常平茶盐公事。加右曹郎兼知嘉兴府。召为司农少卿。充枢密副都。承旨出为两浙运副。宝庆二年（1226）权工部侍郎，寻除右侍郎。丐外，除宝谟阁待制，知平江府。迁焕章阁待制，知袁州。奉祠。封建安郡侯卒。”朱熹去世的前一日，致书朱在诀别，兼令早归收拾文字。叹曰：“许多年父子乃不及相见也。”[30]朱在 59 岁时（即朱熹逝世后 27 年），率侄朱鉴（朱熹嫡孙）承父志由考亭迁居建安城内紫霞洲，专心研究朱子学说，编辑《朱文公文集》。宝庆二年（1226），朱在重编《新安朱氏宗谱》[31]，并请理宗皇帝为其作序，上疏略曰：“先臣太师徽国文公朱熹叨承孝庙眷遇，尝为御制朱氏谱序。绍熙元年不幸被火，典籍俱焚，焯情无已。伏冀皇上殊恩，重新宸翰，庶儿枯骨复荣，免使微臣斋志以设也。”[32]理宗嘉之，为序其首曰：“自周封功臣于邾，子孙以国为姓，此受姓之源也。自朱瑰祖统卒戍婺源，此建家之始也。自朱松至朱熹，以诚意正心之学继往开来，历事四朝，有赫厥功，忠于我矣。赏延后世，封及先人，不亦孝乎？今尔朱在事君致忠，述先致孝，修世德也。故凡收宗合族者，作谱之常居忠君孝亲，而亢宗大族者，则当求之于斯谱。朱氏子孙其尚钦哉，永保厥家与国咸休焉。”[33]嘉熙三年（1239）九月二日，朱在因病逝世于建安家中，享年71岁，葬于建宁府建安县永安寺后黄华山，卒后赠银青光禄大夫。吕氏夫人逝世后，朱在继娶黄岩赵氏，均封硕人，皆无子，并都去世于朱在之先，三娶古杭方氏，是在朱熹卒后。方夫人生有四子：铉、钦、铸、铅，其中钦、铅早亡；二女：锽、兹，皆早世。[34]

朱熹长女朱巽：约生于绍兴三十年（1160）。朱熹在乾道六年（1170）写的《朱府君迁墓记》中云：“女巽、兑皆幼。”[35]朱巽嫁刘子翚养子刘玶（1138—1185）之子刘学古。刘玶是朱熹在五夫里交游最久的好友。刘学古是朱熹门人，以荫补宫儒林郎，曾任泉州府同安县主簿，静江府临桂县令。庆元三年（1197），蔡元定编管道州，朱熹写信给刘学古说：“蔡季通经由治下，恐道间有所烦浼，幸以其故少加照瞩。”[36]

朱熹次女朱兑，字淑真，生于乾道元年（1165）。淳熙八年（1181），朱兑与黄榦（号直卿，1152—1221）订婚。朱熹在《与刘子澄书》中曰：“直卿近遣人来纳币，甥女不成，却是某女子也。”[37]此书写于吕祖谦（字伯恭）逝世的淳熙八年。因书中有云：“渠来春同为金华之行，今既闻伯恭讣，决当如约。某当一与俱往哭伯恭，……”黄榦25岁时，经刘子澄（1139—1195）推荐，从学于朱熹。朱熹嘉其笃志，庆幸得到继承者，就把次女嫁给他。朱熹对黄榦说：“此女得归德门，事贤者，因为甚幸。但早年失母，缺于礼教，而贫家资遣不能丰备，深为愧恨。想太夫人慈念必能阔略。”[38]朱兑是贤妻良母，闻名闽中，为闽中妇女之典型。《福建通志》表彰朱兑时说：“朱兑字淑真，朱子仲女也。适闽县黄榦，守儒风，明妇道，环堵一屋，夫妇相敬如宾，训子有方。文公尝到其家，适榦外出，山居市远，惟奉麦饭葱汤以进，愧不自安。文公口占一诗，云：‘葱汤麦饭两相宜，葱补丹田麦疗饥；莫谓此中滋味浅，前村还有未炊时’，至今传为美谈。棘殁哀毁致疾逝，相去仅一百二十三日。”[39]朱兑卒于嘉定十四年（1221），葬于福州府城北门外岭头乡石碑村。

朱熹三女朱巳，字叔。因生于乾道九年（1173），此年为癸巳年，故取名为巳。朱巳曾应浙台州黄岩赵师渊（字几道）之聘，后因病逝于淳熙十四年（1187）夏，未果，年仅15岁。赵师渊崇拜朱熹，不远千里来武夷山求学，为朱熹门人。朱熹对三女病亡，痛苦之极。他对林井伯说：“某去秋今春两次大病，今夏第三女子得疾，疗治惊扰，凡百余日，竟不可救。老怀伤痛，不可堪忍，病躯缘愈见衰弱，奄奄度日，无复生意。”[40]淳熙十四年十一月初五日，朱熹为巳儿撰《女巳埋铭》曰：“朱氏女，生癸巳，因以名。叔其字。父晦翁，母刘氏。生四年，呱失恃。十有五，逋笄珥。赵聘人，奄然逝。哀汝生，婉而慧。虽未学，得翁意。临绝言，孝友悌。从母藏，亦其志。父汝铭，母汝亲。汝有知，尚无畏。宋淳熙，岁丁未（1187年），月终辜（11月），壬寅（初五日）识。”[41]此铭情意亲切。朱巳在世15年，大部分时间在其父身边，熏陶濡染于问学义理之中，自然“得翁意”。

朱熹四女、五女均失名，有关她们的资料很少。现在仅知道，朱熹第四女生于淳熙元年（1174），嫁进士范元裕（字益之）。朱熹在《朱公（松）行状》中曰：“孙女三：其婿修职郎刘学古、迪功郎黄幹、进士范元裕。"[42]范元裕为朱子门人范念德（字伯崇）季子，建阳人。据蔡沈《朱文公梦奠记》载，范元裕亦"为文公精舍诸生，文公疾，复来问疾"[43]。朱子临终时，范元裕与朱埜、祝穆、蔡沈等11人在侧。朱熹小女生于淳熙二年（1175），淳熙八年（1181）七岁时夭折。朱熹在《与刘子澄书》中云："小女夭折，可伤。"[44]

朱熹逝世时有子二人（朱埜、朱在）、女三人（朱巽、朱兑、四女）、孙五人（朱钜、朱钧、朱鑢、朱铎、朱铚）、孙女九人。[45]

朱熹长孙朱镇，字子魁，约生于南宋淳熙六年（1179）至九年（1182）之间。因淳熙六年，朱塾偕潘氏夫人从婺州金华回崇安五夫里时未有儿子。淳熙九年，朱熹在回朱塾信中云："吾昨日过遂昌，今日方深追远之痛，忽得汝书，知与妇子俱安，稍宽吾意。"[46]淳熙十年，朱熹在作《茶院朱氏世谱序》中亦云："而熹抱孙焉。"可见此前朱镇已出生。明万历《紫阳朱氏建安谱·世系表》载："朱镇早夭，无子。"朱熹在庆元期间《答陈才卿书》中亦云："熹衰病如作，加以患难，今岁夏间复失一小孙，……"[47]这个小孙即是朱镇。因朱塾先其父十年去世，生二子（镇、鉴），死一子；朱埜生四子（钜、钧、铎、铚），朱熹死时均在。朱熹死前三个月，即庆元五年十二月撰的《朱公（松）行状》中云："曾孙男五：钜、钧、鉴、铎、铚；（曾孙）女九，长逋文林郎赵师夏，余或许嫁而未行也。"故知朱熹去世前只夭折一孙。由上可见，朱镇卒于朱熹之前，年龄大约15至20岁之间。

朱熹嫡孙朱鉴，字子明，号环溪，小名恩老，绍熙元年（1190）六月出生。其父逝世时，他才八个月。朱熹特别喜欢此孙，在《与陈同父书》中云："亡子卜葬已得地……其妇子即且同在建阳寓舍。小孙壮实粗厚，近小小不安，然观其意气横逸，却似可望，赖有此少宽怀抱。"[48]朱鉴一直与祖父住在一起，从小就受到祖父的亲自教诲。朱熹曾作《蒙童须知》和《家训》训朱鉴。朱鉴十一岁时，祖父朱熹卒。朱熹在逝世前一年，作《致仕告家庙文》，将主持祭祀重任嘱交长房孤孙朱鉴。文中曰："所有家政，当传子孙。而嗣子既亡，藐孤孙鉴，次当承绪，又以年幼，未堪跪奠。今已毒议，属之奉祀，而使二子埜、在相与佐之。俟其成童，加冠于首，乃躬厥事。异时朝廷察熹遗忠，或有恩意，亦令首及。"[49]朱鉴以荫补迪功郎，累迁奉直大夫，湖广总领，广西经略安抚使。他三十七岁时（即1227年）继承祖父遗志，在三叔朱在的扶佐下，由建阳考亭迁居建安（今建瓯市）城内紫霞洲，并建朱子祠于所居之侧。朱鉴著有《朱子明奏议》2卷、辑录《朱文公易说》23卷、《文埜孽传遗说》6卷等，他娶温州周西麓侍郎之女为妻，生有二子：朱浚、朱川。朱鉴卒于南宋景定元年（1260），享年六十九岁，与妻周氏合葬南平汾常里焙口八仙山。

朱钜字子大，系朱埜长子。他少年从学黄幹，后以从政郎新差监行在杂卖场门，后任顺昌县令、南康知军。南宋开禧二年（1206），元兵南侵，朱钜受命与车骑将军崔锡秀一道率军北伐，在一次战斗中力战不屈而殉节，归葬建阳县忠孝里九龙山。朝廷褒扬其忠义，诏封光国侯，谥忠武。妻李氏，生四子：渊、洽、潜、济，皆出生曾祖父朱熹逝世之后。李氏夫人卒葬考亭书院后。

这里需要对朱钜第三子朱潜的出生问题作一说明。韩国《清溪公实记》载：朱潜，字景陶，号清溪，系出朱文公次子朱埜之后。朱潜于南宋光宗绍熙五年甲寅（1194）生于建阳县三桂里玉枕峰下考亭之正寝，时当文公六十五岁。朱潜在建阳考亭度过了幼年时代，六岁时，文公卒，复七年，甫十三岁，聘杨氏女。嘉定十三年（1243）袖家谱携二男一女与门人浮海而居高丽金罗道之锦城。[50]该实记说，朱潜出生于朱熹生前，有误。因朱熹卒前三个月撰的《皇考吏部朱公行状》中未讲到有曾孙。若朱潜已出生，且有五岁断无不讲之理。朱熹临终时，遗书黄幹托付家事云："三月三八熹启……吾道之托在此者吾无憾矣。……异时诸子诸孙切望直卿一一推诚力赐教诲，使不大为门户之羞，至祝至祝"[51]，亦未说有曾孙。朱熹逝世后二十一年，即嘉定十四年正月，黄幹撰《晦庵朱先生行状》云："曾孙男六人：渊、洽、潜、济、浚、澄。曾孙女七人。"这时朱潜已出生。可见，朱潜出生应在朱熹逝世之后，嘉定十四年正月之前。

朱钧字子平，为朱埜次子。朱熹在庆元五年（1199）十二月写的《皇考吏部朱公行状》中作"钧"，嘉定十四年（1221）正月黄榦写的《晦庵朱先生行状》、明戴铣《朱子实纪·世系源流》和清光绪《重修紫阳堂朱氏家乘》等均作"铨"。可见，朱钧后来改作朱铨。朱钧与其兄钜曾从学于黄榦。朱熹在《答黄直卿书》中云："钜、钧到彼，烦直卿钤束之，勿令私自出入，及请谒知旧有合去处亦须令有随行，不可令自去，早晚在斋中随从读书，供课之外，更烦时与提撕镌戒，勿令怠惰放逸。"[52]朱钧荫补从事郎，监登闻鼓院事，后任融州司法参军、升朝议大夫，除广西安抚使。他后迁居江西庐陵（今吉安）。生五子：浦、湜、洵、淮、澹。

朱铎，字子木，朱埜三子。他授从事郎，任江陵县尉，后迁居浙江海宁。朱铎生三子：浚、澄、沂。

朱铚字子成，朱埜四子，宋末任汉阳县尉。他生三子：涛、濂、溢。

朱熹的孙女九人，"长适文林郎赵师夏，余或许嫁而未行也"[53]。

（作者张品端，武夷山朱熹研究中心副研究员；本文原载《朱子研究》2005年第1期。）

注　释：

① 朱松：《承事府君行状》，《韦斋集》卷4，上海古籍出版社1987年版。

② 清光绪：《续修紫阳堂朱氏家乘》卷一。

③ 《皇考吏部府君迁墓记》，《朱文公文集》卷94。

④ 清光绪：《续修紫阳堂朱氏家乘》卷一。

⑤ 朱熹：《与陈君实》，《朱文公文集》卷29。

⑥ 朱松：《与祝公书》，《韦斋集》卷4。

⑦ 苏籀：《双溪集》卷2，引自清康熙《安海志》卷36。

⑧ 《韦斋集》卷首。

⑨ 《韦斋集》卷七。

⑩ 《朱文公文集》卷38。

⑪ 朱熹：《韦斋与祝公书跋》，《朱文公文集·续集》卷8。

⑫ 《与程允夫书》，《朱文公文集·别集》卷3。

⑬ 《朱文公文集》卷9。

⑭ 《粤国夫人祝氏墓》，明戴铣《朱子实纪》，明正德八年（1513）刻本。

⑮ 《孺人祝氏圹志》，《朱文公文集》卷94。

⑯ 《朱文公文集》。

⑰ 《朱文公文集·别集》卷3。

⑱ 尤袤：《玉澜集跋》，《尤遂初小稿》。

⑲ 《宋史馆吏部赠通议大夫朱公松墓碑》，《周益公文集》。

⑳ 《祭丘君文》，《朱韦斋》卷11。

㉑ 《皇考吏部朱公行状》，《朱文公文集》卷97。

㉒ 《刘氏妹墓志铭》，《朱文公文集》卷91。

㉓ 《祭刘氏妹文》，《朱文公文集》卷87。

㉔ 《刘氏妹墓志铭》，《朱文公文集》卷91。

㉕ 《与陈同父书》，《朱文公文集·续集》卷7。

㉖ 《与长子受之》，《朱文公文集·续集》卷8。

㉗ 《朱文公文集》卷97。

㉘ 《答许顺之》,《朱文公文集》卷39。

㉙ 《朱文公文集·续集》卷1。

㉚ 蔡沈:《朱文公梦奠记》,《蔡氏九儒书》卷6，清光绪十二年，庐峰书院刻本，现藏福建师大图书馆。

㉛ 朱熹于淳熙十年（1183）曾编辑《婺源茶院朱氏世谱》，并作序。后被火毁,《序》存《谱》不存。

㉜ 清光绪:《海宁朱氏宗谱》卷首，现藏浙江省图书馆。

㉝ 清光绪:《海宁朱氏宗谱》卷首。

㉞ 1984年11月出土的刻于南宋嘉熙三年（1239）宋故太中大夫焕章阁待制朱府君圹志碑，现存建瓯市博物馆。

㉟ 《朱文公文集》卷94。

㊱ 《与刘学古书》，《朱文公文集·别集》卷5。

㊲ 《朱文公文集·别集》卷3。

㊳ 《朱文公文集·续集》卷1。

㊴ 民国《福建通志》总卷45，分卷二，1938年刊本。

㊵ 《与林井伯》，《朱文公文集·别集》卷4。

㊶ 《朱文公文集》卷93。

㊷ 《朱文公文集》卷97。

㊸ 蔡沈:《朱文公梦奠记》,《蔡氏九儒书》卷6。

㊹ 《朱文公文集·别集》卷3。

㊺ 朱熹:《朱公（松）行状》,《朱文公文集》卷97。

㊻ 《与长子书》，《朱文公文集·别集》卷2。

㊼ 《朱文公文集》卷59。

㊽ 《朱文公文集·续集》卷7。

㊾ 《朱文公文集》卷86。

㊿ 韩国：《新安朱氏世谱·清溪公实记》（1902年版），现武夷山朱熹纪念馆有存本。

(51) 《答黄直卿书》,《朱文公文集》卷29。

(52) 《朱文公文集·续集》卷1。

(53) 《皇考吏部朱公行状》，《朱文公文集》卷97。

朱熹及从祀孔庙的福建人

庄严肃穆的孔庙是祭祀孔夫子的圣地。历史上从祀孔庙的多是在学术文化和教育方面做出突出贡献者。从祀孔庙是古代学人的最高荣誉。孔夫子逝世后，自公元前478年到1911年，从祀孔庙者仅152人，其中孔门弟子77人；其余75人生于宋朝之前者31人，之后者44人。在宋朝之后44人中，浙江6人，河南6人，江西5人，江苏3人，陕西3人，湖南2人，四川2人，河北2人，广东1人，山西1人，福建13人，约占三分之一，居全国首位。他们是：李纲、胡安国、游酢、杨时、罗从彦、李侗、朱熹、黄榦、蔡沈、陈淳、真德秀、蔡清、黄道周。以上13人，除李纲外，都是理学家，都与朱熹的闽学有关系。

大成殿是孔庙最主要建筑，大成殿共有17座塑像，孔子居中。两侧为四圣，又称四配，东西对座。东为复圣颜回，述圣孔伋；西为宗圣曾参，亚圣孟子。再外为12哲。12哲中，11位是孔子弟子，只有朱熹是汉代以后的学者。

福建从祀孔庙人数之多，朱熹位列十二哲，从一个方面说明了以朱熹为代表的福建学者对儒学，对中国文化发展做出的重大贡献以及福建在中国文化史的重要地位。

从历史发展来看，朱熹思想是孔子思想的必然发展。春秋时期孔子创立儒学思想，尚不具备完整的理论形态，到汉唐受到佛教、道教冲击。朱熹继承孔子思想，吸收佛道思想精华，构建“理学”，把儒学推向第二个发展阶段。

朱熹出生尤溪，一生71年有60多年在福建度过。朱熹对中国文化的哲学、经济学、政治学、经学、伦理学、历史学、文学、教育学等各个领域，都作了全面系统的梳理总结和创新，形成以“理”为理论基石和核心，以忧国爱民为归旨，以会通创新为基本方法，以进取不挠为动力，以格物致知、沉潜精思为行为方式和思维方式，以正心诚意、止于至善为价值目标的文化精神框架。“继绝学、绍道统”，确立以儒学为中心，儒、佛、道三位一体的文化架构，构筑起民族赖以安身立命的精神文化家园。

宋代福建经济繁荣、文化发达。“冠带诗书，翕然大肆；人才之盛，遂甲于天下。”蔡襄、苏颂、李纲、杨亿、刘克庄、郑樵、柳永、袁枢、宋慈、魏庆之、严羽、祝穆等在科技、史学、文学、书法、法医学、地理学等方面做出突出贡献。据明代《八闽通志》等书记载，福建在宋代创建书院60多所。据统计，福建进士，北宋2393人，南宋4362人，其中状元22人，总数约占全国五分之一。如建安县（今建瓯）在宋代有进士994人，闽县（今福州）694人，晋江703人，莆田与仙游1000多人。福建科举兴盛，成为“才子之乡”。著名中国思想史专家、复旦大学教授蔡尚思指出：“朱子是中国文化史上最有地位的人物之一，在中国文化史、传统思想史、教育史和礼教史上，影响最大的，前推孔子，后推朱熹。在中国经学史上，朱熹集宋代经学之大成。在中国理学史上，朱熹集周敦颐、张载、程颢、程颐及邵雍之大成；在中国学术史上，朱熹的博学超过了任何前人，在中国著述史上，朱熹的著述比之前人也是最多的一个，在中国文庙（孔庙）史上，汉后有那么多的先儒、先贤，但被封建王朝列入‘十哲’之内者，朱熹是独一无二的。”他认为，朱熹在福建文化史上的影响至深至广。福建被称为“海滨邹鲁”、“理学名邦”都是与朱熹分不开的。他还作诗云：“东周出孔丘，南宋有朱熹。中国古文化，泰山与武夷。”台湾钱穆先生认为“在中国历史上，前古有孔子，近古有朱子。此两人，皆在中国学术思想史及中国文化史上发出莫大声光，留下莫大影响。旷观全史，恐无第三人堪与伦比”。

朱熹的学术创造适应了中国古代社会于唐宋向由前期向后期过渡，政治、经济、文化重心由北方向南方转移的趋势，实现了国家政治、经济、文化重心的完整南移。朱熹思想在元代从一个地域性的学说逐步北移，成为主流意识形态。而后走出国门，成为朝鲜、日本、越南等国的统治思想，形成韩国退溪学、日本朱子学，成为“东方文明的表征”，对西方社会产生影响。

朱熹之外，福建其余12位从祀孔庙者简况：

杨时（1053—1135），将乐人，官至龙图阁学士。与游酢“程门立雪”，学成南归时，程颢目送之曰：“吾道南矣。”著作有《龟山集》等。

胡安国（1074—1138），崇安人，进士出身。世称“武夷先生”。著作《春秋传》，定为科举取士的教科书。另有《资治通鉴举要补遗》等。.

李侗（1093—1163），南平人。朱熹的老师。著作有《延平答问》等。

黄榦（1152—1221），闽县人，受业朱熹。熹称其志坚思苦，以女妻之。著作有《经解》、《勉斋文集》等。

游酢（1053—1123），建阳人。累官太学博士、监察御史。著作有《易说》等。

罗从彦（1072—1135），沙县人，从学杨时，著作有《遵尧录》、《春秋指归》等。

李纲（1083—1140），邵武人。官至太常少卿。靖康元年金兵入侵，他力主抗战。高宗即位后，用为宰相。曾多次上疏，陈说抗金大计。著作有《梁溪集》等。

陈淳（1153—1217），龙溪人。朱熹弟子，著作有《中庸大学讲义》、《四书性理字义》等。

真德秀（1178—1235），浦城人。官至参知政事。著作有《大学衍义》、《四书集编》、《心经》等。

蔡沈（1167—1230），建阳人。曾师事朱熹习《尚书》数十年。著作《书经集传》列为明清教科书。

蔡清（1453—1508），晋江人，累官江西提学副使。以善《易》著名。著作有《四书蒙引》等。

黄道周（1585—1646），漳浦人。学问宏博，工书画。著作有《易象正义》、《石斋集》等。

（作者马照南，福建省委宣传部副部长；本文原载《朱子研究》2005 年第 1 期。）

7. 朱子学在外国

朱子学在越南

儒学从秦汉开始陆续传入越南，对越南产生了广泛而深远的影响。公元13世纪以后，越南的儒学，主要是程朱理学，特别是朱熹的著作和思想，在越南影响尤为巨大。

一 儒学在越南传播的概况

越南与中国山水相连，关系密切，两国人民之间的传统友谊和文化交流源远流长。越南古为交趾之地，很早就与中原发生联系。从秦汉始至五代末，越南北部和中部地区曾为中国之郡县，形同内地，前后达一千余年之久，史称“郡县时代”或“北属时期”。10世纪越南独立后，仍与中国保持宗藩关系，直至19世纪后半叶沦为法国殖民地之时为止。

越南独立后，先后经历了丁朝（968—980）、前黎朝（980—1009）、李朝（1010—1225）、陈朝（1225—1400）、胡朝（1400—1407）、后黎朝（1428—1784）、阮朝（1802—1945）等历史时代。1945年8月，日本宣布无条件投降。印度支那共产党发动总起义，阮朝末代皇帝阮永瑞（保大）宣布逊位。9月2日，胡志明在河内巴亭广场发表《越南独立宣言》，宣布越南民主共和国成立。1975年南北统一，次年将国名改为越南社会主义共和国。

越南历代名号屡有变动，为方便行文，本文一般以“越南”称之。

从秦汉开始，儒学就陆续传入越南。在郡县时期，越南先后出现过不少儒生儒士，其中最著名的有唐代的姜公辅、姜公复兄弟以及廖有方。三人都考中了进士，各以政绩或诗文闻名于世。姜公辅才高而忠鲠，精通儒典，睿智有谋，曾担任过唐德宗的宰相（同中书门下平章事）。后被贬谪福建，任泉州别驾，卒于南安县九日山，今其墓尚在。2002年，笔者曾赴九日山考察过姜公辅墓。姜公辅是唐代名相之一，中越史家对其评价甚高。所作《白雪照春海赋》和《对直言极谏策》，收录于《全唐文》。姜公辅的弟弟公复，亦举进士，官比部郎中，《全唐文》中载其文一篇。廖有方能诗，且助人为乐，颇具仁者襟怀，与柳宗元相友善。柳宗元称赞他“刚健重厚，孝悌信让，以质乎中而文乎外，为唐诗有大雅之道”[①]。

北宋初年，越南脱离中国而独立。独立前期，丁朝、前黎朝和李朝奉行三教并用、以佛为主的政策。陈朝末年，儒学逐渐取得主导地位。后黎朝是越南儒学的鼎盛阶段，形成独尊之势。阮朝时期，儒学由盛而衰，最终退出历史舞台。越南传统文化的基本格局是三教合一（越南人称为“三教同源”或“三教一原”），但总的来看，其中仍以儒家思想对越南的影响最为广泛深远，儒家思想毋庸置疑是越南传统文化的主流与核心。

在长期的封建社会里，越南人尊崇孔子，信奉儒教，诵读四书五经，并且建有文庙。越南政治经济，文化教育，一遵儒学体制。伦理道德，礼仪礼节，风俗习尚，亦多体现儒学精神。后黎朝以后数百年间，儒学在越南曾经处于正统的地位，成为越南的官方哲学。儒学传入越南之后，经过两千年的浸润传播，已渗透到越南人的思想行为、思维方式、情感状态和风俗习惯之中，在越南民族的文化心理结构上留下了深厚的积淀，成为越南文化遗产的重要组成部分。近代以来，儒学渐趋衰微，但其影响在越南当代社会生活中依然随处可见。当今，越南人仍称汉字为“儒字”，中学毕业生为“秀才”，大学生为“生员”，大学毕业生、学士为“举人”，博士为“进士”，科学院院士为“翰林”。儒学在越南影响的广泛与深入，由此可见一斑。

二 朱熹著作在越南的流传

13世纪以后，朱子学在越南传播日广，受到了上至统治者下至黎民百姓的尊崇。朱熹的地位，在越南文人儒士中尤其崇高。朱熹本人的著作，以及越南人研究朱熹的著作，在越南历史上本来不少，只是由于长期动乱、屡经兵燹等种种原因，大多已经散佚，留存至今的寥寥无几。但仅从这些著作，仍可以看出朱熹著作在越南流传的盛况。值得注意的是，心学派陆九渊、王阳明诸人的著作，却一本也没有流传下来。

四书五经是儒家学派的基本经典，而四书之名，本由朱熹《四书集注》的问世而确立。元朝以朱熹《四书集注》为科场程式，明朝科举也以朱熹等“传注为宗”。越南的科举制度仿效中国，同样以《四书集注》为科场程式和取士标准，从而推动了儒家四书五经在越南的广泛流播。陈太宗元丰三年（1253），朝廷设立国学院，塑周公、孔子、孟子像，画七十二贤像祀之。“诏天下儒士入国学院，讲四书六经。”[②]陈朝鼓励全国士子到国子监讲习四书五经；要求皇子和百官子弟，都要上学研读四书五经。这一做法，为此后越南历代王朝所沿袭，科举制度日趋严密与完善。

明朝永乐十七年（1419），曾遣监生唐义颁赐《四书》、《五经》、《性理大全》等书给越南各府、州、县学校，作为教授生徒的教材。

后黎朝太宗绍平二年（1435），官方刊刻《四书大全》板。黎圣宗光顺八年（1467），诏谕重刻《五经》官板，颁给国子监，供监生学习。并每年颁书于各府，如《四书》、《五经》、马氏《文献通考》、《昭明文选》及《通鉴纲目》等。学官据此讲学，科举据此选人。[③]所谓《通鉴纲目》，即指朱熹的《资治通鉴纲目》。洪德十八年（1487），黎圣宗还亲自会试举人，廷试问“赵宋用儒”。

到了阮朝，《四书》、《五经》一类著作的传播就更加广泛了。明帝（1820—1840年在位）规定诸皇子及生员都必须学习《四书》、《五经》、《孝经》；人民子弟七八岁都要上学，选读《忠经》、《孝经》、《小学》、《四书》，然后再读《五经》，幼童则学习《明心宝鉴》。绍治帝（1841—1847年在位）诏命各地大量印行《四书大全》、《五经大全》，并允许官吏百姓印刷销售，使这些书籍流布全国。

除了刊刻印行四书原著之外，越南历代还先后出现过一些用汉字或者喃字（亦称字喃）翻译注释、讲解阐发四书的著作。现存的有《四书约解》、《中庸演歌》、《嗣德圣制论语演义歌》、《中庸讲义》等三十余种；无论汉文书还是喃文书，这些书的训诂义理大多本之朱熹的注释。

朱熹的其他著作，在越南的流传也很广泛。越南现存此类著作的情况，大致如下：

1.《周易策文略集》：汉文书。编者不详。今存抄本一种。属于策文集，亦即问答体科举文集，共四百七十篇，书前有序。正文取材于《易经》义理及六十四卦，附载有《易序》、《程子序》和朱熹《周易图说》。

2.《易经大全节要演义》：喃文书。景兴年间（1740—1786）范贵适撰。今存同版印本二种。其内容为《易经》的“演义”即对《易经》的喃译和喃文解释。取材于程颐《易经序》、程颢《易经序》、朱熹的《图说》及《朱子五赞》、《易说纲领》、《朱子筮仪》、六十四卦、《系辞》注等。

3.《史文略编》：汉文书。今存抄本一种。为自《唐书》至《元史》的史文节选。所选内容颇杂，似无体例。随文附录李延年《佳人歌》，元结《大唐中兴颂》，白居易《长恨歌》，韩愈《原道》，朱熹《白鹿洞赋》，刘基《瑞麦颂》，《平西蜀颂》等。

4.《群书合采》：汉文书。中国书重抄重印本。今存抄本一种。编者不详。系中国名儒著作的选录。所选录者皆为哲理性片段，例如从《朱子晚年传训》中选录朱子晚年关于太极、诚意、格物致知、良知、神化等问题的议论；此外录有宋人苏洵所撰《苏氏族谱》、范仲淹所撰《义庄规矩》、朱熹所撰《训学斋规》、袁采所撰《世范》、司马光所撰《涑水家仪》、北朝颜之推所撰《颜氏家训》、宋人叶梦得所撰《石林家训》、宋人吕居仁所撰《官箴》等书。

5.《性理节要》（又名《性理大全节要》）：汉文书。今存印本四种，其中有盛文堂绍治二年（1842）印本二种；文堂绍治三年（1843）印本一种，二册，阙卷三至卷五；一种为美文堂绍治四年（1844）印本。为朱熹《性理》一书的概要，据裴辉碧原本印，书中附载若干诗文。

6.《性理略集》：汉文书。今存抄本一种。为朱熹《性理》一书的评注本。

7.《朱子小学全书》（又名《子朱子小学全书》）：汉文书。今存印本一种，阙外篇卷五、卷六；另有抄本一种。为《朱子小学全书》的集注本。朱熹撰，陈士贤（陈选）集注，陈士冕校订，明命二十年（1839）重印本，共六卷，含序文一篇，文后有陈选小传。每卷有篇名，卷一为立教，卷二为明伦，卷三为敬亲，卷四为稽古，卷五为嘉言，卷六为善行。其主题是君臣父子长幼的伦理和日常起居的威仪，逐篇引用古代圣贤的嘉言嘉行作为例证。

8.《朱子家政》：中国书重抄重印本。今存印本一种。慈廉县上葛社三圣庙重印于成泰六年甲午（1894），有成泰六年阮希潘（号清溪）之友所撰序文。系朱熹所撰的家训。书后附载《女训要言》，论及女子四德。

9.《行吟歌词诗奏》：汉文书。绍治三年（1842）壬寅科进士潘廷扬的文集。今存抄本一种。收录诗二百五十六首，有咏景、咏史、赠和等作品；文二十二篇，如《望夫石赋》、《游卫灵山记》、《朱子家训演音·跋》、《祭范贵适文》、《陈孺人行状》等；若干作品见于《高伯适诗集》，如《红毛火船歌》、《洋妇行》、《藤鞭歌》。

10.《名诗合选》：汉文书。今存抄本一种。诗文集。此书包括五部分：其一为阮秉谦的《罗仙十咏》，富市人首科（谓考上第一名）某氏喃译；其二为野庵居士寿元甫的《庭趋诗序》，包括雨篇序文和家训诗；其三为七言的《家训长篇》；其四为《朱子家训》，探花阮氏演喃；其五为建昌府教授成德子所撰的《宜春八景咏》；书后并附载吴时仕题咏双仙峒的诗篇和悼念探花枚英俊的悼文。

11.《朱子小学略编》（又名《子朱子小学略编》）：汉文书。今存印本七种，成泰甲午年（1894）重印于河内玉山庙。为蒙学教科书《子朱子小学全书》的简编。总论、题辞、序文及书中主要内容采自朱熹，陈选集注，桂山阮劝撰再版序文。其中，一种印本附载《劝善书》。

12.《小学句读》：汉文书。今存抄本一种。陈选选注，有序、引及总论。为童蒙教科书，内容为从《论语》、《孟子》、《朱子语录》等书中摘出的若干短句。

13.《箴仪演义》：喃文书。今存印本一种。为《箴仪》的喃译本，题朱子撰，每句汉文原文后为喃译；附《二张说燮爻》。④

从以上介绍可知，朱熹的著作在越南的流传相当广泛。《四书集注》固然是士子必读的教科书，其他的人们从童蒙开始也接触朱熹的有关著作，受到朱熹思想的熏陶。

三 朱熹思想对越南的影响

朱熹思想对越南的影响，主要表现在俗文化或小文化方面，而不是表现在雅文化或大文化方面。也就是说，专门阐扬朱熹思想的学者及著作不多，但朱熹思想却像“随风潜入夜，润物细无声”一般，对越南社会生活的各个领域和各个层面产生潜移默化、浸润熏陶的作用。朱熹思想渗透到越南人的思想观念和意识情感中，成为他们为人处世的指南。

如前所述，越南实行科举制度，《四书集注》成为越南士人必读的教科书，朱熹思想成为统治阶级选拔人才的标准。士子们为要金榜题名，无不熟读《四书集注》，努力掌握其中义理。越南科举制度延续的时间比中国更长，因此朱熹思想在越南知识分子中的影响，也比在中国更加久远（中国的科举制度于 1905 年废止）。1919 年，五四新文化运动在中国风起云涌，而越南却还举行了最后的一次科举考试，科举制度方才寿终正寝。应该看到，实行科举制度，不仅仅是选拔人才的手段，而且也是塑造人性和教化民众的过程。

朱子学以思辨性和道德实践性为特征，这有利于维护社会秩序的和谐有序及等级制度，因而受到封建统治者的推崇和褒扬。朱熹的著作和思想传入越南以后，历朝统治者都尊奉朱子学，以之作为建国治民的指导思想，朱子学遂成为正统的官方哲学。后黎朝统治者从实用和功利的需要出发，特别重视朱子学的道德实践性一面，积极推行以儒家伦理观念和道德规范为主要内容的社会教化活动，使之普及到民间，渗透到社会的各个角落。该朝颁行的

《洪德法典》、《二十四训条》、《教化四十七条》等，将儒家伦理道德和封建等级制度，具体化为法律法令条文以及乡规民约，强制推广到社会民间。诸项措施，各种条文，无不体现了朱子学的基本精神。阮朝的《嘉隆法典》和《十条训谕》，也是如此。

越南人撰写的各类著作，尤其是哲学和史学著作，大都受到朱熹思想不同程度的影响。后黎朝史官编纂的《大越史记全书》，阮朝史官编纂的《钦定越史通鉴纲目》，是越南最著名的官修史书，二者均以朱熹的《资治通鉴纲目》为圭臬。

1400年，陈朝外戚胡季牦篡位自立，建立了短命的胡朝（1400—1407）。还在陈末，胡季牦为了篡位自立的政治需要，就对儒学和儒学人物进行了别出心裁的评价。他以周公为先圣，孔子为先师，并提出"《论语》四疑"；批判韩愈为"盗儒"；谓周、程、朱等宋儒"学博而才疏，不切事情，而务为剽窃"；封《诗经》的解释，也不从朱熹的《集传》。[⑤]胡季牦这种异端思想，遭到了越南正统儒家的猛烈抨击，口诛笔伐。例如，后黎朝著名学者、《大越史记全书》主要编纂者吴士连，在书中写道：

> 朱子生于宋末，承汉唐诸儒笺疏六经之后，溯流求源，得圣人之心于遗经，明圣人之道于训解。研精殚思，理与心融。其说也详，其指也远，所谓集诸儒之大成，而为后学之矜式者也。况有程子倡之于前，而朱子辅其未圆于后，则其义精矣！后之有作，恢廓而充大之，膏沃而光泽之，如斯而已，乌得而非议之哉！[⑥]

吴士连不仅尊崇孔子而且信仰程朱，为宋儒辩护，对朱熹尤其备极推崇。他认为朱熹的思想学说是绝对正确的，应当奉行并发扬光大之。

阮朝时期，嗣德年间由潘清简等人编纂的《钦定越史通鉴纲目》，叙述自"雄王建国"至1789年四千余年史事，为越南编年史中时间跨度最长、篇幅最大的一部通史。前后参加编纂的史学家达四十余人，历时近三十年，始克完成。这部史书的编写体例，完全是以朱熹的《资治通鉴纲目》为样板。朱熹所撰写的《资治通鉴纲目》特别强调正统观念，注重君臣、父子、夫妇伦理纲常，这一点尤其被嗣德帝及其史臣们所赞赏。嗣德帝亲自规定《钦定越史通鉴纲目》要"一准紫阳《纲目》书法"，强调"修史之事，莫大于明正统"。"取前代诸编年史乘以为参考，旁及各家零散著作与传奇野闻，凡诸史事，缺者补之，讹者正之，其取舍褒贬，率以紫阳之《通鉴纲目》章法为准。"[⑦]书中对于历朝年号，凡认为正统者皆大书之，非正统者则用小字双行注之。李朝末帝李昭皇是个女子，胡季牦、莫登庸篡位自立，《钦定越史通鉴纲目》均目为非正统，不承认他们作为越南最高统治者的合法性；这实际上抹杀了曾经客观存在的历史事实。至于农民起义，这部书更视为大逆不道，直以"贼"、"盗"称之。总之，该书作者的写作原则、观点、方法，充分体现了朱熹的史学思想。《春秋》笔法，褒贬劝惩，正统观念，尤为作者们所严格遵循。

黎朝末年，越南出现了一位思想家和政治家黎贵惇（1726—1784）。黎贵惇字尹厚，号桂堂，自幼熟读儒家经典，具有深厚的汉学修养，被称为集大成的学者。有人估计其著述达五十余部，题材包括古籍研究、史地纂修、经传释义、诗文创作，内容涉及哲学、经济及历史地理诸方面。比较重要的有《群书考辨》、《芸台类语》、《圣谟贤范》、《书经演义》、《四书约解》、《见闻小录》、《荫鹭文注》、《黎朝通史》、《北使通录》等。黎贵惇在政治上也颇有建树，现代有些越南学者称之为“越南的王安石”。黎贵惇的思想，受朱熹的影响很深刻。他在哲学上接受了朱熹的理气观，认为“理也者，形而上之道也，生物之本也。气也者，形而下之器也，生物之具也”。“宇宙之间，一理而已。”他在《阴骘文注》明确地说：“人莫不有人心，莫不有道心。人心是人欲，道心是天理。顾得一分天理，便消得一分人欲。人欲生则为恶，天理胜则为善。”⑧这些思想显然来源于朱熹。

前文提及的《明心宝鉴》一书，大概成书于宋、元之际，为中国最早的童蒙书、劝善书之一。内容系儒、佛、道及诸家格言的辑录，而以儒、佛、道三家格言为主要成分。《明心宝鉴》未说明编撰者姓氏，在中国并不流行，知者甚少，各家著作及各类图书目录也极少著录。仅见国家图书馆善本书库中，藏有明刻本三种；清代以后，未闻有重刻翻印者。而此书很早就传入越南，且流行不衰。据明代严从简（1559 年进士）《殊域周咨录》的记载，《明心实鉴》是当时在越南经常见到的儒书之一。其后此书流行日广，影响甚大，几乎达到了家喻户晓的地步。在某种意义上可以说，《明心宝鉴》成了越南民间的家训箴言和人生教科书。这说明该书的三教合一内容非常适合越南民众的口味，适应越南社会的需要，受到公众的欢迎。笔者曾先后六次访问越南，听一些中年以上的越南朋友说，他们小时候曾经反复读过这本书，好些句子还能够背诵；有些词句，已经变成越南尽人皆知的成语。在越南，遗存至今的《明心宝鉴》版本，共有 6 种之多；近年新印的《明心宝鉴》，笔者看到两种，一是 1996 年胡志明市出版社重印的张永记（1837—1898）译本，一是 1998 年越南文学出版社出版的谢清白译注本。可见，直到今天，《明心宝鉴》一书仍然受到越南读者的重视。《明心宝鉴》按所辑录格言的内容，分为继善、天理、顺命、孝行、正己、安分、存心、戒性、劝学、训子、省心、立教、治政、治家、安义、遵礼、存信、言语、交友、妇行 20 篇。从所征引的文献资料来看，主要是儒、道、佛三教的人物和典籍，包括朱熹的著作和言论。如引《近思录》：“循天理则不求利而自无不利，循人欲则求利未得而害已随之。……”“迁善当如风之速，改过当如雷之烈；知过必改，得能莫忘。”正因为《明心宝鉴》富含人生哲理，而又融合儒、佛、道三教思想观念，符合越南合一的社会思潮，所以很早就传入越南，并且广为传播，流行不衰。

朱熹的思想，甚至对越南的佛教和道教也产生一定的影响。

后黎朝郑櫰撰写的《三教一原说》，是系统阐述三教同源理论的专门著作，在越南思想史上占有重要的地位。该书撰写于黎显宗景兴五年（1744），今存抄本一种（天头有批注），洪福寺比丘清和 1886 年重刻本一种，另有福田和尚所编《三教一原解国音》一种。郑櫰，字拙夫，号菊林居士，黎懿宗永佑二年（1736）状元及第。郑櫰深于理学，号称大儒。但又取字“拙夫”，表明他也尊崇道家道教；以“菊香居士”为号，更显示他是一个佛教信徒。本书的主旨是“三教一门，三宗一理”，认为儒、佛、道三教在基本原理和精神实质上是互相一致的，具有共同的根源、目的和宗旨，只是各自的表现形式不同而已。书末以一偈作为结论：“谁云三教有殊途？佛本儒兮道亦儒。”郑櫰身为状元，服膺朱熹思想学说，称：“《春秋》作于夫子，而游夏不能赞一辞；《卦》、《固》演于羲文，惟程朱乃能探其秘。”同时，郑櫰也是一个三教合一论者，主张三教交融互摄。

阮朝福田和尚、沙门安禅编撰的名著《道教源流》，亦名《三教管窥录》，又称《三教通考》，阮显祖绍治五年（1845）刻本，今存。书名《道教源流》中的“道教”，并非指儒、释、道三教中的道教。这里的“道教”二字虽用汉字书写，却包含越南语义和语法。“道”是教门、教派的意思；“教”是宗教的意思，即儒、释、道三教。“道教”系倒装词组，意为“教道”，即宗派派别。《道教源流》所阐述的，就是儒、释、道三教的相互关系以及发展演变情况。书中广引古今典籍文句、传说故事、人物事迹，然后加上作者自己的评论发挥。编撰者作为僧人，把释教放在第一，儒教次之，道教又次之。而全书的中心思想，则是三教合一，认为“教虽有三，理归于一”。在治世方面，主张以朱熹《大学章句》所归纳的三纲领八条目为最高准则。三纲领即明明德、亲民、止于至善，八条目即格物、致知、诚意、正心、修身、齐家、治国、平天下。

从历史上看，朱子学对于越南古代文化教育事业的发展，对于越南民族道德自觉的提高和精神文明的进步，曾经起过积极的作用。另一方面，朱熹关于“明天理，灭人欲”的思想，对于越南社会的发展进步也产生过一定的消极影响。

（作者何成轩，中国社会科学院哲学研究所研究员，本文于2005年10月20日在福建武夷山举行的宋明理学研究中心成立庆典暨“朱子学与和谐社会”高峰论坛上报告交流。）

注　释：

① 柳宗元：《送诗人廖有方序》。

② 《大越史记全书·本妃·陈纪》。

③ 黎贵惇：《见闻小录》。

④ 以上据刘春银、王小盾、陈义主编：《越南汉喃文献目录提要》，台湾中央研究院中国文哲研究所2003年版。

⑤ 《大越史记全书·本记·陈记》。

⑥ 同上。

⑦ 《钦定越史通鉴纲目》卷首。

⑧ 参考于向东：《黎贵惇》，载《东方著名哲学家评传》，山东人民出版社2000年版，第176—190页。

朱子学在日本江户时期急速兴起的原因及其特色

一　朱子学的初期传入及兴起

中国朱子学最初传入日本是镰仓幕府（1192—1333）初期，即约朱熹死后10年左右。当时，日本的海上交通非常发达，随同贸易船只僧侣往来也很频繁。那些来往于中国与日本之间的中日两国僧侣就成为日本朱子学的传播者。最初传播者日本有禅僧俊芿（1199年来宋朝，1211 年回国）、临济宗的开祖园尔辨圆（1235 年来宋，1241 年回国）及后来的静照、绍明、道元等。[1]这些人作为佛僧在中国研修佛教的同时，兼学朱子学，回国后也兼修二者。中国宋朝的僧侣也从宋朝前去日本，在传播禅学、朱子学过程中起了较大的作用。其中较著名的代表人物有：兰溪道隆（1246 年赴日）、兀庵普宁（1260 年赴日）以及无学祖元和一宁一山等人。[2]俊艿、辨圆、慧晓等主要在京都“五山”传教；普宁、正念、高峰等主要在镰仓“五山”布道。由于镰仓、室町时代受官方支持和信奉的仍是禅学。禅僧兼习和传播程朱之学，目的不在于传播儒学，而是将其视为“助道之一”的工具，借以弘扬禅宗，内容大多也限于儒学的文学和历史方面，因此，可以称他们为“五山文学”之儒学。随着朱子学影响的逐渐扩大，到 14 世纪的室町时代初期，兼讲朱子学的“五山僧侣”已形成一种群体，并开始走向禅儒一致，儒佛不二，开始抬高儒学的地位。与禅林的这种变化同步，朱子学也逐渐深入宫廷。后醍醐天皇（1288—1339）时代，禅僧玄惠法印为后醍醐天皇讲解朱熹《四书集注》，天皇受朱熹“大义名分”论思想影响，为恢复皇威、皇权，导演了一场“建武中兴”（1334）。公卿贵族北亲房学《资治通鉴》，并以《通鉴》为蓝本，写了《神皇正统记》。在日本，从平安时代开始，明经家就成为世袭职业。到了镰仓时代，明经博士仅限于清原、中原两家。朱子学的影响扩大之后，与这些墨守汉唐旧注的明经家发生了冲突。“近日风体，以理学为先”，成为一种时尚。明经家也不得不开始研究朱子新注。这样，在公卿博士中也逐渐形成了用新注的博士公卿派。

镰仓和室町时代前期、中期，朱子学主要流传于五山禅僧和京都的公卿、博士间，形成所谓的五山禅僧派和博士、公卿派，也就是说朱子学主要传播在中央地带。但至室町时代后期，日本进入以“下克上”为特征的战国大名连年混战的“战国时代”（15 世纪中期至 16 世纪中期）。公卿、博士和禅僧为避免战乱和贫困，纷纷离开京都去依附于地方大名。于是，朱子学也逐渐普及于地方而形成了萨南学派和海南学派。如果说五山禅僧与博士公卿派的贡献主要在讲儒书、传播朱子学及诗文方面，那么，萨南学派和海南学派则超出这种界限，侧重思想、政治和经济道德方面。

设在关东地区的足利学校是室町时代汉学教育中心，这一中心对朱子学普及于地方发挥了特殊作用。足利学校建于 12 世纪，其间虽有兴盛和衰落，但一直延续到江户幕府时期，为普及汉学，培养学生做出了突出贡献。足利学校还数百年如一日，不断搜集、收藏中国、朝鲜及日本的大量典籍，甚至在战乱中还将其中一部分保留至今。藏书中有些是唐以前的古抄本、宋代精刻本，在我国也不复见。总之，在镰仓、室町时代，朱子学虽仍居于佛教之下，依附于佛教，但经长期流传、浸润，其影响逐渐扩大，从而为江户时代朱子学的全盛准备了条件。

进入江户时代后，朱子学摆脱了佛教禅宗的从属地位，开始独立发展，进入它在日本的全盛期。藤原惺窝（1561—1619）脱离禅门并还俗转向儒学，是日本儒学走向独立的象征性事件。他在 32 岁时协助德川家康（1542—1616）实现治国安邦的政治抱负，系统讲解《贞观政要》。[3]他从桂庵系统的四书朱注和训中受到了很大启发，并向李氏朝鲜一流的朱子学者姜沆学习。与姜沆相处一年多的经历，使惺窝更坚定了要与佛教及博士儒学决裂并转向朱子学的态度。这样，他于 1600 年谒见德川家康时穿上既非僧服又非和服的深衣道服，并应邀与德川家康近侧的学僧进行论辩，公开了自己作为独立的朱子学者的立场。这一事件标志着日本朱子学结束了近400年来依附于佛教的历史，走上独立的发展道路。林罗山称它为“我国儒学之滥觞”[4]。

经藤原惺窝的努力，日本儒学最终摆脱禅学的束缚，成为完全独立的学派。儒学不再是禅僧倡导的淄流文学，开始向政治伦理学发展。荻生徂徕曾说：“有王仁始有文字，有吉备真备始传经书六艺，有菅原道真始见优美的汉诗文，有藤原惺窝才始论天称圣，讲哲学伦理及圣人之道，此4位君子当然应祭奠在日本的大学中。”[5]藤原惺窝门人很多，“师其说者，凡150多人”[6]，嫡传高徒有5人，其中以林罗山为最。

藤原惺窝之后，继续致力于儒学的独立，并努力使朱子学官学化的是他的高徒林罗山。他听说藤原惺窝讲性理之学，就请人介绍入惺窝门下，从此学业大进。他受藤原惺窝身披儒服在德川家康面前与众僧论争的大无畏精神的鼓舞，自己也在京都公开讲朱注《论语》，并基于《春秋》、《资治通鉴》的大义名分说改写国史，开创文献实证主义史学。他还在汉诗文、兵学、药学、国文学等文化领域都起了积极的启蒙作用。林罗山作为朱子学者侍奉4代将军的政治地位，为德川时代300年的教育文化方向向朱子学发展奠定了基础，正是他为朱子学成为江户时期的官学立下了汗马功劳。

二　朱子学急速兴起的原因

可见，朱子学虽然在镰仓幕府初期就已传入，但真正确立自己的地位是在江户幕府时期。那么，为什么朱子学经400来年的传播于江户初期才急速地发展起来了呢？笔者认为，这首先要从当时的社会背景中找原因：日本从源赖朝开创镰仓幕府以来，进入了幕府武士文化时代。镰仓幕府是由幕府首领将军及其御家人（武士）的主从关系组织起来的军事政权。这一政权不是推翻或取代皇室朝廷建立的，而是靠自己的实力得到皇室朝廷的认可并在朝廷之外另立的政权。因此，在镰仓时代以朝廷、公家、大寺社为中心的庄园领主的力量还很强大，事实上是朝廷与幕府的二元政治。这种局面经“承久之乱”（1221）被打破，开始逐渐向幕府占优势的方向发展。到了室町时代，政治、经济等方面的公武二元性严重倾斜，在各个领域都确立了幕府、武士对朝廷、公家的优势地位，朝廷成了形式化的傀儡。然而，室町幕府与镰仓幕府不一样，它们虽然都是武士政权，但它们赖以存在的基础不同：镰仓幕府建立在总领制基础之上，而室町幕府却以守护领国制为基础，将军和守护大名的关系虽然在形式上也是一种主从关系，但事实上二者有很大的独立性，也就是说室町幕府是幕府将军和守护大名在妥协与实力均衡之上建立起来的多元政治。这种局面长期演化，直接导致了群雄蜂起的战国时代（1467—1568）。战国时代是“下克上”的时代，没有权威，没有法则，只有实力。靠实力崛起的战国大名，在自己的势力范围内可以不服从幕府统治。这种各自为政的局面，经一个世纪的拉锯磨合，最终由织田信长和丰臣秀吉推向结束并实现了统一。然而，这一胜利果实却滚到了德川家康面前，1603年，最后一个武士政权——德川幕府成立。

德川幕府是靠实力打败群雄建立起来的高度集权统治。

首先，在政治上，总结战国以来诸国大名统治经验之大成，采取幕府中央集权的统治政策，建立了以大名为幕府的藩屏，通过藩制，把260多个大名置于将军的绝对领导之下，用严格的身份等级制度、武士的戒规等手段，使全国上下都绝对屈服于德川幕府的严密、强权的统治体制。与此同时，还吸取过去武家政治的经验教训，在政治上严格限制天皇的权利，于1615年发布5禁中并公家诸法度617条，[7]详细规定了天皇和公卿贵族的权力和行动，在日本历史上第1次用法律形式几乎剥夺了皇室朝廷的所有世俗政治权利，名副其实地实现了德川幕府的大一统天下。这种大一统天下和过去大大小小的“天下”共存的镰仓幕府、室町幕府不同，为幕府系统内的“君君臣臣父父子子”的儒学一元政治伦理秩序的建立提供了体制基础。

其次，从思想、情感层面上看，自“大化革新”以来，日本虽然一直在模仿、学习中国，但模仿，学到的只是制度的文本，丢弃了真髓的形式，直到德川幕府以前还未形成封建社会所必需的统一、牢固的意识形态，思想观念混乱，佛、儒、神并存，时而佛主神从，时而儒主神从，时而神主佛儒为从，特别是作为武家政治主导力量的将军、武士阶层没有统一的思想价值观念和政治思想理论。这种局面已很难适应政治上实现大一统的幕藩体制的现实需要。而且，德川幕府要想维护自己高度的集权统治，一方面需要有新的理念、新的上下级关系，而那些适应于“下克上”的战国时代流行的“众生平等”、“生死如一”、求来世彼岸的佛教世界观已不适应这种要求；另一方面，德川幕府在确立自己统治的同时，实现了完全的兵农分离，武士丧失了同土地的直接联系，集中在以诸侯为中心的城下町中，在领主之下形成了等级性家臣团。过去武士阶级内部的上下关系和秩序是以较小的“恩领”为基础，以具体的“人情”与“契约”为支柱，在有限的且是直接的家人、朗党之间结成主从关系维持的。然而，集中于城下町的庞大的封建家臣团与领主之间的关系，已从过去的直接和具体的个人关系转化为间接和抽象的组织关系。因此，已很难仅靠过去的那种个人之间的“恩领”、“人情”、“契约”来维持，这样，作为思想统御的手段，要求有一种超越单纯依赖个人情感的客观性伦理，而儒家的君臣道德观念正好适应这种新的社会伦理需求，因此，朱子学就有了发展的广阔市场。

再从朱子学本身来看，朱子学于13世纪初传入日本至江户幕府初期已近400年，尽管主要是在语言文学上的，但毕竟经过400年的训练，到了江户幕府时期已经做好了以新的面貌出现于世的知识上的充分准备。而且，文禄庆长之战（1592—1597）将朝鲜大量的新版宋元明及朝鲜本书带到日本，朝鲜活字印刷术也在此时传到日本。这样，一方面有大量的文本可读，一方面印刷水平的提高使书刊迅速增加，为朱子学的急速传播创造了充足的物质性的精神食粮。偏巧天公作美，庆长之战给日本送来了朱子学老师，朝鲜大儒姜沆。姜沆的人格与学识启迪了在“黑暗”中寻找新曙光的藤原惺窝、林罗山等人，促使他们坚定地扛起了朱子学的大旗。在这种背景下，又有好学爱才的将军德川家康这一绝对权威者的支持，尽管当初他支持、录用朱子学者也是站在像对待有才能的禅僧、汉学家一样的立场。但德川家康的支持和保护，在客观上抵制了来自世袭的汉学博士们因自己的“专利”被别人抢走而奋起的攻击，尤其是起到了抵制来自朝廷背景的缙绅博士们的猛烈攻击的作用，致使朱子学没有在抬头之际被扼杀在摇篮中。上述这些背景和因素，正是朱子学在江户幕府时代急速发展的主要原因。

三 朱子学的特色及其成因

1603年成立的德川幕府，经过近半个世纪的发展，至17世纪中期已牢固地确立了自己的统治地位。因此，在政治上至第3代将军德川家光还施行强硬政治，从第4代将军德川家纲开始则进入富有弹性的文治主义阶段。过去对朝廷、外样大名及浪人一味采取高压政策，但自家纲以降对大名、浪人的态度有了缓解，对制度、礼仪、教化、学艺等方面都有了新的价值观和整备；在经济文化上随着和平生活的长久，都市繁荣，商品经济大有发展，形成了以都市与新兴商人的经济力为背景的町人文化。而且商品的增多、消费的提高，武士的货币支出膨胀，幕府的财政匮乏日益明显。在这种新的政治、经济、文化背景下，日本朱子学的发展呈现出自己的特色。多样性和庶民化是其显著的特点之一。

日本朱子学急速兴起以后，又迅速形成多种学说、多种学派：有以昌平坂学问所为核心的林家官学朱子学；有崇信朱子、退溪，惟朱子是从，严肃整齐的暗斋学；有批判朱子学与暗斋的教条主义，主张"宇宙内事，皆吾儒分内事"的益轩学；有只推崇周公、孔子，以儒家的伦理道德，建构日本武士道的素行学；有否定《大学》、《中庸》，视《论语》为"宇宙第一书"，而将儒学平民化为大众日常伦理规范的仁斋学；有将圣人之道看作是治国之道，从根本上否定学问的目的在于修养成圣，进而把朱子学的道德性转化为政治性，将儒家修身、齐家、治国、平天下的一元体系割裂为个人道德与国家政治二分野的徂徕学和主张朱王同旨的日本阳明学等等。而且其中的大多数学说、学派都将朱子学结合于神道，使朱子学这一理性哲学成为日本神道的理论工具。

日本朱子学的这种多样性、多维性又使日本朱子学与中国、朝鲜正统的、官方的、上层的、士人的、高贵的哲学文化不同，最终发展为廉价的庶民伦理文化。第8代将军德川吉宗的教化政策更进一步推动了儒学向庶民的普及。吉宗开放汤岛圣堂等处，邀请不同学派的学者进行轮流公开讲读，并允许士农工商所有的人自由听讲。讲课内容有《四书》、《近思录》、《孝经》、《小学》等。与吉宗的教化奖励政策相呼应，民间也自发地组织办学，形成了提高教养，修炼自我的风气。江户的会辅堂、摄津的合翠堂、大坂的怀德堂等就是这种产物。会辅堂于1723年由暗斋派的浪人儒者菅野兼山创办，免费向庶民一般志愿者讲解儒典。将军吉宗特为会辅堂奖励土地与金银，致使其成为民间经营的官许学问所。合翠堂则于1713年由摄津国平野地方的同志者共同创办，以自我研修为目的，聘请名人来讲。怀德堂于1716年由大坂的三星屋等5大船场富商创设，讲主三斋石庵，兼学朱子学和阳明学，不宗一是，学舍墙壁上就写着"学问当尽于忠孝，勤于职业"。这种学风恰好迎合了町人的求知兴趣，且加上徂徕学的自由学风，使学问更向庶民层普及。很多学者也不像过去一味应聘大名，成为仕官，而是甘愿做民间教授。松永尺五的讲习堂、中江藤树的藤树书院、伊藤仁斋的古意堂等就非常著名。山崎暗斋、木下顺庵等名儒也都曾经开设讲习，培养门人。与这种私人学塾的兴盛相伴，办学风气很盛行。如果说学塾是教授个人学问的设施，那么，学校就可以说是公共教育机关。这些机关有藩学、乡学、寺子屋等。至明治初年，日本有藩校253所、乡学有作为藩校之延长的乡学152所和以庶民教育为目的的乡学416所、寺子屋

15530所。[8]学塾、学校的兴盛，学问向庶民的普及，导致了儒学向民间的渗透和庶民出身的儒学者的增多。因此，近世诸藩招聘的儒者有很多是浪人、医生、庶民出身者。过去，武士一般都不会抛弃世业成为儒者，他们学儒不过是为提高自己的修养。但此时，很多人都情愿将儒业作为自己的终身职业，并在乡间草野以教授儒学为生。

那么，日本朱子学为什么会呈现出这种丰富多彩的和庶民性的特色呢？笔者认为，日本是一个分化的、多层次的社会，而不像中国和朝鲜那样是一个大一统的封建中央集权体制。这种非整体的、分化的多元社会，需要适用于不同层次的具体的理论而不是一元的、普遍的抽象理念。朱子学在日本的发展正好适应了这种需要而被解构和分割成为众多层次的行为文化而不是普遍的伦理道德的价值观念，成为广大庶民的教育思想而不是士大夫的专有物。具体地说，从理论系统来讲，朱子学理论本身没有受到统一模式的剪裁。日本没有科举制，没有官方的统一考试，不像在中国、朝鲜那样需要有一个统一的绝对的理论标准答案，所以，对朱子学的解释可以因人而异。从实践系统来讲，分化的、多层次的日本社会结构，要求朱子学普遍的抽象原理[9]必须还原为个别的具体规范（多）运用于不同层次的具体道德规范上。在中国、朝鲜这样的儒学一统的国家中，从百姓到皇帝、国王，在终极意义上做人的道德标准实质上是一致的，就是说在理论上人人都可以用修身、齐家、治国、平天下的人生理想规划自己，不同的只是理想所能实现的程度有差异而已，人人都要以“仁”、“义”等这种普遍准则作为价值评判标准。“汤武革命”、“放伐思想”就是基于这种价值标准而得到赞颂的，但从实践上讲，朱子学普遍意义上的伦理道德标准，实际上只是对执权者和士大夫阶层才有现实的实践意义，对广大的老百姓来说，它只是抽象和高远的理想境界，在现实生活中并不属于自己可操作的具体的道德规范。因此，在普遍主义文化统治的社会，往往理论与实际发生脱节，造成上下文化之间的断层和虚无。这在和日本一样接受朱子学，而朱子学成为绝对统治理念的古代李氏朝鲜就非常明显。李氏朝鲜全社会都崇尚君子的道德、抽象的教养，嗜好诗文、讲究礼仪，而且非常重视个体道德的自觉性。这在上层和知识分子中尚且有其价值实现的实践可能性，但在下层诸如农工商者中其实并不适用而造成农工商者之“道”的虚无。这样，哲学以其抽象普遍的原理适用于一般的人的时候，虽然在保持文本本身的完整性上有其积极的一面，但在具体效用上不无空洞的缺憾。李氏朝鲜朱子学的文化效用就有这一方面的因素。

日本则不然。在日本，朱子学普遍的抽象原理[10]还原为个别的具体规范（多）运用于不同层次的具体的道德规范上。在江户幕府时期，一方面身份、等级和职业世袭，没有迁移或转业自由，每个人都作为具体的个人而存在：将军、大名、武士、农民、手工业者、商豪、町人……每个阶层都有严格的自己行为原则和道德要求。因此，儒学的普遍原理“仁”不能作为普遍的价值标准直接运用于社会生活中的具体的个人，而必须将它还原为武士的“忠”，子女的“孝”，商人町人的“信”、“义”等具体的“道”。这种被还原为具体的“道”非常明确而不像抽象普遍的“道”那样模糊。因此，一种行为判断是根据具体确定的外在行为原则而不是不可外在地准确把握的抽象的“仁”。山鹿素行倡导的武士道也是这种具体的武士道德。他认为农工商忙于事物，没有工夫修文武之德，只有武士才有工夫且必须修文武之德，维护“礼”，正人伦于天下。农工商要把他们当作老师效法，武士则以此挣得衣食住。这些具体道德正是由不同层次、不同出身的儒者，基于不同的现实要求，适应不同职业、不同阶层的具体生活提出来的。

再则，日本朱子学并不是作为一种文化体系，而是作为服务于幕府政治统治的文化思想被接受和扶持起来的，因此，只要是支持统治原理并使之正统化的思想，统治者并不在意其具体的理论构成如何，这客观上造成了朱子学理论百花齐放的宽松环境，加上日本的幕藩体制实际上是将军统治下的群雄割据，各藩处于实力竞争关系，藩内的秩序、财力、教育等都与藩自己的兴衰有着直接的关系，这与像中国在一元的中央集权统治下，地方官吏的首要职责是对上负责而并不在意下边如何的情景不同。因此，要想提高藩自己的实力就必须提高藩内全体居民的文化素质和道德水准，这种需要也带动了朱子学的庶民化。而且，在日本社会，儒者和政治并没有直接的必然联系，儒者没能如古代中国和朝鲜那样形成相对独立的文化群体。他们只是在政治圈的外围，作为文化个体随时准备为赏识他的个别政治家所雇用，并通过这些政治家间接地将他们的思想与才智贡献给社会，而不像中国和朝鲜那样儒者知识分子直接就是国家官僚的后备力量，随时有可能参与决策国家的文教政策。日本朱子学者还只是在各阶层缝隙之间传授知识的老师，为具体的将军、藩主、大名、武士乃至庶民等所有需要者提供知识。因此，他们所面对的政治地位、文化层次、具体任务、个人爱好等等都不同，他们向社会提供的知识及儒学精神也当然要根据这些具体的人与需要呈现出五花八门的特色。

总之，日本朱子学从原来的一种文化修养转而作为一种伦理道德思想文化在江户幕府时期急速兴起有其深刻的社会背景。在日本历史上，德川幕府相对实现了最大范围内的大一统集权统治，这种统治比过去相对割据的分治社会需要更为普遍的理念与价值体系，朱子学正是迎合了当时的这种现实要求急速兴盛起来。而德川幕府的大一统集权统治，又与中国或朝鲜高度的中央官僚集权统治有很大的区别，是容纳了众多相对独立的子系统和严格的专业分工的内部结构。这种结构又反过来要求朱子学解决具体的“问题”而不是钟情于抽象的“主义”。因此，日本朱子学就被诠释成日本社会各个层次乃至庶民的不同伦理文化而呈现出多样性和庶民化的特点。

（作者潘畅和，朝鲜族，延边大学政治系教授，哲学博士；
研究方向：中、朝、韩、日比较哲学；本文原载《东北亚论坛》2005年第3期。）

参考文献：

［1］王守华、卞崇道：《日本哲学史教程》，山东大学出版社1989年版，第41页。

［2］同上。

［3］［韩］黄秉泰：《儒学与现代化》，刘李胜、李民、孙尚扬译，北京：社会科学文献出版社1995年版。

［4］［日］阿部吉雄：《日本朱子学与朝鲜》，东京：东京大学出版社1965年版。

［5］［日］阿部吉雄：《东洋思想讲座“日本儒学的特质”》，东京：东京大学出版会1997年版。

［6］王守华、卞崇道：《日本哲学史教程》，山东大学出版社1989年版，第49页。

［7］王中田：《江户时代日本儒学研究》，北京：中国社会科学出版社1994年版。

［8］［日］石田一良：《日本思想史概论》，吉川弘文馆昭和38年版。

［9］王守华、卞崇道：《日本哲学史教程》，山东大学出版社1989年版。

［10］同上。

8. 湖湘学派中的武夷籍理学家

胡寅的理学思想

胡寅（1099—1157），字明仲，学者称致堂先生。胡寅原系胡安国之兄的儿子，后为胡安国收养。经其父胡安国精心调教，潜心于学。后以北宋宣和进士甲科及第，并步入政坛。从政后临靖康之难，为政主抗金复仇，誓不言和。因投降派秦桧当国擅权，乞致仕，归湖南衡山治学。后复出，绍兴二十七年卒，谥文忠。胡寅的学术著作包括《崇正辨》、《读史管见》等，另辑有《斐然集》，均是研究其思想的主要文献。

胡寅是湖湘学派的重要成员，而且他的理学思想往往是在批判佛学思想的过程中提出来的。全祖望在案《衡麓学案》时说："武夷诸子，致堂五峰最著。而其学又分为一。五峰不满其兄之学，故致堂之传不广。然当洛学陷入异端之日，致堂独盼然不染，亦已贤哉！"（《宋元学案》卷四十一，《衡麓学案》）胡寅以儒家正统思想为根本，批判佛学，并且在这种对异端的批判中提出自己的理学思想，这是胡寅理学思想的最大特色。所以，这里也以胡寅的批佛思想为起点，进而论述其理学思想。

一 《崇正辨》的批佛思想

宋代理学的兴起，是由于对汉唐思想文化的状况不满而激发起来的，这个不满体现在两个方面：第一，是由于汉唐经学已经成为一种章句训诂之学，儒家伦理道德则不得彰显，读书人忘记了学术的根本；第二，是由于佛老之学盛行，使儒家的人生观、伦理观受到了严重的挑战，从而导致儒学意识形态的危机。宋代理学的文化使命，就是要重新建构儒学体系，以解决上述两大难题。所以，这种新型的儒学思想体系的重建，又往往是与对上述两种思想文化的批判联系在一起的。

胡寅的理学思想的提出，就是以他对佛学的批判为思想前提的。所以，我们须首先论述他的《崇正辨》的批佛思想。

胡寅《崇正辨》所崇之"正"，自然是儒学之正，与之相反，他认为佛教则是违背儒学之正的邪说，他主要从下列几个方面批判佛教之邪并确认儒学之正。

首先，胡寅从儒家伦理之正的角度，批判了佛教违背了人的道德本性，以致倡导毁二纲、绝四端的邪说。他比较了儒教与佛教，认为儒者之道是天下之至善的，而佛教之道则违背了人的“天性之自然”，他说：“何谓道之至善？父慈而子孝，君仁而臣忠，兄友而弟恭，夫义而妻顺是也。此儒教也。何谓道之不善？离天性之自然，而外立其德，自以为道者是也。此佛教也。”（《宋元学案》卷四十一，《衡麓学案》）他还严厉批评一些文人学士竟然对这种不善之道十分倾慕，他的《崇正辨》就是希望儒家学者能够对二者有一个清醒的认识，进而确认儒家伦理的立场。因此，胡寅在《崇正辨》中首先介明其学术宗者，就是在伦理观念上要“辟佛之邪说”。他说：“《崇正辨》何为而作欤？辟佛之邪说也。佛之道，孰不尊而畏之，曷谓之邪也？不亲其亲，而名异姓慈父；不君世主，而释其师为法王；弃其妻子而以生续为罪垢，是沦三纲也。视父母如怨仇，则无恻隐；灭类毁形而不耻，则无羞恶；取人之财以得为善，则无辞让；同我者即贤，异我者即不当，则无是非，是绝四端也。”（《斐然集》卷十九）他坚持认为，三纲、四端均是人不能违背的天之所命和人道之自然，但是，佛教则恰恰要绝三纲、毁四端，这正说明佛教是一种“邪说”。应该说，从儒家伦理的角度来辟佛，是佛学传入中国后受到儒家士大夫批判指责的一个最重要方面。胡寅对佛教的批判亦是这种批判的继续。所不同的是，胡寅的辟佛不仅是在“破”，尤在于“立”，即通过儒佛的比较和对佛教的批判，最终要建立以儒家伦理为人文信仰的理学思想体系。

其次，胡寅又从儒家的人生观之正，批判佛教以了生死、倡出世的虚无人生观之邪。儒家一直倡导一种积极入世的人生态度，主张在现实的人世间来实现自我，尤其主张以达观的态度看待生死，将生死看作是自然的过程和每个人必须坦然对待的分内之事。但是，佛教则是一种消极出世的人生态度，他认为这种态度的根源在于不能正确地看待生死问题。胡寅说：“盖圣人以生死为分内事，无可惧者，故未尝以为言。佛氏本于怖死，是以藏经五千四十余卷，传灯一千七百余人，皆字字以死为一大事。……自佛教入中国，说天堂可慕，地狱可怖，轮回可脱，于是人皆以死为一大事，而舍生取义，杀身成仁之道晦矣。夫既不以死为常事，必至于贪生失理，惧死怛化，而不顺受其正也。”（《宋元学案》卷四十一《衡麓学案》）他认为儒家圣人之所以重视社会现实而不言生死，是因为他们对待生死有一种正确而达观的态度。而佛教则将人的生死看作是第一大事，其实只是没有一种正确的人生观，以至于贪生而失理。所以，胡寅在《崇正辨序》中，反复批判了佛教人生观的种种谬误，譬如：“人生物也，佛不言生而言死；人事皆可见也，佛不言显而言幽；人死后名之鬼也，佛不言人而言鬼；人不能免者常道也，佛不言常而言怪。”（《斐然集》卷十九）佛教之所以不言生而言死，不言显而言幽，不言人而言鬼，不言常而言怪，正说明他的人生观是一种邪说，而非儒家人生观之正。

再次，胡寅还从儒家的宇宙观之正，来批判佛教的宇宙观之邪。从道德观、人生观角度批判佛教，是宋以前诸多儒家士大夫均已做过的，但是，宋儒注重从宇宙观的高度来批判佛教，从而形成自己批佛的思想特色。胡寅的《崇正辨》亦深刻地体现了他的思想观念及其特色。这一点，尤体现在他对佛学中以空为本的宇宙观的批判。佛学思想的全部理论基础，是建立在宇宙为空的基础上，因四大皆空，故而才有消极出世的人生观、违背三纲四端的伦理观。所以，胡寅集中批判了佛学的空幻人生观，他说：“佛之道，以空为至，以有为幻，此学道者所当辨也。今日月运乎天，山川著乎地，人物散殊于天地之中。虽万佛并生，亦不能消除磨灭使无也。日昼而月夜，山止而川流，人生而物育，自有天地以来，至今而不可易，未尝不乐也。此物虽坏而彼物自成，我身虽死而人身犹在，未尝皆空也。”（《宋元学案》卷四十一，《衡麓学案》）胡寅认为宇宙间的日月、山川、人物均是天地之间客观存在的，故而他以儒家“有”、“实”的宇宙观，批判了佛教“无”、“空”的宇宙观。他还进一步指出佛教“空”、“无”宇宙观与其人生观的、道德观的联系，他说：“学佛者言空而事忍，盖自其离亲毁形之时，已丧其本心矣。”（《宋元学案》卷四十一，《衡麓学案》）他认为这种以“空”为本的宇宙观，必将带来十分严重的社会后果，即所谓“以心为空，起灭天地，伪立其德，以扰乱天下。”

由此可见，胡寅的反佛思想与理学思想是一个整体，他从宇宙观的高度批判佛学，是在伦理观、人生观方面批判佛学的进一步深化；同样，他之所以要从宇宙观上批判佛学，又是缘起于在伦理观、人生观方面的佛学批判。更重要的是，他的佛学批判只是他的理学思想体系的一个组成部分。他之所以要在上述三个方面批判佛学，是希望建构一个以儒家伦理为核心的思想理论和宇宙观念，从而为儒家士大夫完成安身立命的历史使命。

二　以理为本的宇宙观

胡寅隐居衡山二十年，从而“折太极精微之蕴，穷皇王制作之端”，构造了一个独具特色的理学体系。而胡寅的大部分时间是在做官，他所关注的问题更多是形而下之事，故而不像朱熹那样能够建构一个非常系统的理学思想体系。但是在反佛批佛的斗争中，胡寅深感到儒佛之间的对立绝不仅仅是伦理道德、社会政治等观念的差异，更加重要的是，涉及宇宙人生等根本思想的差异。所以，胡寅在批佛的过程中提出了不同于佛学的儒家宇宙观，这也就是宋儒所承担的建构理学思想的文化使命。

胡寅在论证儒家宇宙观时，强调了“理”的观念，他认为在天地自然、社会人生之中，存在一个任何人均不可违逆的必然法则，那就是“理”的观念。胡寅在批判佛教的邪说中，多次讲到了理的存在，他说：“佛不言常而言怪，常道所以然者，理也，佛不言理而言幻，生之后死亡前所当尽心也。”（《崇正辨序》）“盖天命之性，其理自然，非智力技巧所能造作也。”（《宋元学案》卷四十一，《衡麓学案》）佛教认为宇宙世界系因缘而生，其本体则“空”、“无”。胡寅在批判这种虚无主义的宇宙观时，提出了以理为本原的宇宙观，他强调理就存在于天地自然、社会人生之中，是人们时时均必须面对而又不可违抗者，他说，这个理就是“如天之无不覆，地之无不载；如四时之错行，如日月之代明，如飞走动植并育而不相害，仁义礼智并行而不相背。夫又何必以心为空、起灭天地，伪立其德，以扰乱天下哉！”（《宋元学案》卷四十一，《衡麓学案》）可见，天地四时的自然律、仁义礼智的道德律均是理，胡寅主要是强调了“理”的客观必然性，并否定了佛教“以心为空”的观念。

胡寅在反佛斗争中，不仅提出了以理为本的思想。为了更好地说明这种理本论观念，他又论述了理与心、物之间的关系。

首先，胡寅在理与心的关系上，强调了“理与心一”的思想。儒、佛两家都十分重视

"心"，但是，儒、佛教两家的思想又有根本的区别，其原因在哪里呢？胡寅认为根本原因是儒家坚持心与理统一的主张，他说："圣学以心为本，佛氏亦然，而不同也。圣人教人正其心，心所同然者，谓理也义也。穷理而精义，则心之体用全矣。佛氏教人以心为法，起灭天地而梦幻人世。擎拳植拂，瞬目扬眉，以为作用，于理不穷，于义不精。"（《宋元学案》卷四十一，《衡麓学案》）胡寅认为儒家圣学的根本要求就是"心之体用全"，即心之体与理之体的统一，而佛教则仅仅是"以心为法"，并没包含"理"之体，这样，佛教就只能是"以心为空"了。所以，胡寅明确以"理与心一"和"理与心二"来区分儒、佛，他说："佛教以心为法，不问理之当有当无也，心以为有则有，心以为无则无，理与心一，谓理为障，谓心为空，此其所以差也。圣人心即是理，理即是心，以一贯之，莫能障者，是是非非，曲曲直直，各得其所。"（《宋元学案》卷四十一，《衡麓学案》）佛教仅仅是以心为根本，故而否定了理的客观存在；而儒学则是理与心的统一，这样，圣学在尽心知性中，能够保证"心"的主体能动性与"理"的客观法则性的统一。因此，当我们确认胡寅的"理与心一"思想时，还应看到，这种思想究其实而言，还是肯定了"理"的客观法则的至上性。

其次，是理与物的关系。胡寅为批判佛学宇宙世界为空的观点，充分肯定了宇宙万物的客观存在，提出了"此物虽坏，而彼物自成；我身虽死，而人身犹在，未尝皆空也"（《宋元学案》卷四十一，《衡麓学案》）的观点，可见，他具有物质世界是客观存在的观点，这个观念的提出是针对佛学四大皆空的思想。胡寅认为佛学所以会得出世界为空的荒谬结论，是因为他们主张心与迹为二，他说："盖佛氏以心迹为两途，凡其犯理背义，一切过失，必自文曰：'此粗迹，非至道也。'譬如有人终日涉泥途、历险阻，而谓人曰：吾足自行耳，吾心未尝行也，则可信耶？"（《宋元学案》卷四十一，《衡麓学案》）而儒家圣人之学不仅是"理与心一"，同时也主张"心与迹一"，由此可见，他是主张理、心、物应该完全统一起来。胡寅曾提出过儒家圣人之学是理、心、物的统一，譬如，他说："尧舜禹汤文武之德衣被天下，仲尼子思孟轲之道昭觉万世，凡南面之君循之，则人与物皆蒙其福；背之，则人与物皆受其殃。载在方册之迹著矣，其原本于一心，其效乃至于此，不可御也。"（《崇正辨序》，《斐然集》卷十九）他所追求的最高社会理想，正是这种理（道、德）、心与万物的统一。当然在理与物的统一中，胡寅仍然坚持理对万物的主宰性，他说："巨闻天下有至正之理，自有天地生人以来，至于今日不可改者，存之则为正心，行之则为正道，言之则为正论，尽之则为正人。"（《无逸传》，《斐然集》卷二十二）可见，这个天下至正之理，对天地万物、社会人生有不可违逆的绝对主宰性。

由上可见，胡寅在辟佛过程中，提出了理、心、物统一的思想，但是其宇宙的根本，还是为了确立作为宇宙、人生的普遍法则——理的权威性。这是宋代理学家们共同思考并最终确认的学术主题。

三　穷理尽心的修道论

胡寅批判佛教邪说，倡导儒家圣学，提出以理为本的宇宙论，同时，他又倡导"理与心一"的圣学理想目标。当然，要实现"理与心一"的理想目标，尚须经过艰难的修道过程。他说："道一而已，而有中偏大小正邪粹驳之不同，何也？中故大，大故正，正故粹，粹故一。彼狭小偏私辟邪驳杂为道者，失也，其所以失，或由师传，或由凿智，或由气禀，故殊途各出，骛而不返，道无是也。先圣先师为此所以有教。"（《鲁语详说序》，《斐然集》卷十九）。为道者要达到"中"的理想状态，也就是"理与心一"的最高境界，这确是不容易的，这就是为什么先圣先师要竭尽心力去创教传道，而广大儒生学子要尽心求学修道的重要原因。

胡寅认为，汉唐以来的思想界、教育界出现了许多严重的弊端。因此，学者们必须克服"五失"、"二难"的弊端，才能回归到儒家圣学的领域，以求达到"理与心一"的修道境界。首先，他要求学者们要克服"五失"，他说："盖自书契已来至于今，上下数千年，纸墨之传以万号卷，不知其几也。则有溺于名数者焉，则有囿于训诂者焉，则有役于记诵者焉，则有耽于文辞者焉，则有惑于异端者焉，夫是之谓'五失'。"（《岳州学记》，《斐然集》卷二十）这"五失"是汉唐以来学界普遍存在的弊病，故而导致学者们虽是满腹经纶，却仍可能陷入失去本心、悖逆天理的境地。宋儒就是要扭转这种学风，重新倡导儒家的道德性命之说，即所谓"道德性命，圣人之奥也，岂是五者之谓哉！"（《岳州学记》）儒家这种道德性命之奥，说到底，就是要实现、达到"理与心一"的理想境界。胡寅还讲到要克服学道中经常出现的"二难"，这个"二难"使得学者不能成功实现"理与心一"的目的。"五失"是指求学者沉溺于文辞章句或异端而不能归宗于儒家之道，"二难"则是指归宗儒家之道而有困难者，他说："故学而得正，一难也。明善审是，择中庸知正当，不身践之犹无有也，是二难也。"（《岳州学记》）儒家学者的修道以"中"为最高境界，要达到这个境界，当然要克服上述两种困难：一是"学而得正"的困难，二是"身践之"的困难。只有克服了这个"二难"，才有可能实现中和之道。

那么，作为一个儒家学者，要如何通过修道，以在主观上达到"心与理一"的思想境界呢？胡寅认为理与心有着共同的本质，那么，修道的途径就存在两个可能性，即"穷理"与"尽心"，他说根据"圣人之言"，应该是"穷万物之理，反求诸心"（《崇正辨序》）。在这里，"穷万物之理"是外向的探究万物之理的过程，而"反求诸心"则是内向的体认自我之心的过程，由于胡寅认为理与心是统一的，所以他认为这两种修道之法都很重要。

首先，胡寅重视穷理的为学功夫。既然理就存在于天地万物之中，那么，学者通过修道的途径而体认天理，就必须做穷理工夫。胡寅认为"理"就是存在于四时之错行、日月之代明、飞走动植并育而不相害、仁义礼智并行而不相背之中，所以，学者应该在天地万物之中求理。在穷理的过程中，读书显得十分重要，因为天地万物之理就浓缩在这些儒家典籍之中。他说："是以欲知后世之故，必观诸史；欲树史事之是非，必观六经；欲知六经道德性命之旨，必通《论语》。"（《东安县重建学记》，《斐然集》卷二十）无论是学习历史，还是研究经典，最终还是为了"穷理"，即要探讨"道德性命之旨"。

其次，胡寅亦重视"反求诸心"的为学功夫。他认为理不仅存在于天地万物之中，也存在于人的本心之中，因而尽心、求心不仅是一种探究理的途径，而且还可以让自己的心中之理与外部的万物之理相互印证。尤其是那作为儒家伦理核心理念的仁，更是人之本心的体现，故而学仁者，就应该从自己的内心下功夫，他说："故曰：吾道一以贯之。一者，仁也，圣门之徒皆学为仁。……仁者，人之本心，大中至正。"（《鲁语详说序》，《斐然集》卷十九）一个人只要体认了自我“本心”之仁，就可以达到“大中至正”的理想境界，这也是一种纯乎天理的境界。

总之，胡寅还不是一位有着系统化理学思想的学者，所以他对理学的本原论、修道工夫论的论述，都显得比较简略。但从上述的论述中，仍可以看到他的学术思想的宗旨与特征，并从一侧面反映了湖湘学派的思想特色。

（作者龚抗云、朱汉民，均系湖南大学岳麓书院教授；
本文原载于《船山学刊》2005 年第 2 期。）

（三）武夷文学研究

南宋朱熹、吕祖谦“淫诗说”驳议述评

一

子曰：“《诗》三百，一言以蔽之曰：思无邪。”这话载于《论语·为政》篇，其中“思无邪”语出自《鲁颂》，是孔子用来概括他对整部《诗经》内容的看法，完全是断章取义的，与原诗旨意无涉。根据《郑笺》，此语不外是说“思遵伯禽之法，专心无复邪意也”，专心致志无他念；这里则用来比喻《诗经》三百五篇内容正派。《论语集解》引包咸之说，谓“归于正”，大致符合孔子的原意。

有“邪”必有“正”，“正”与“邪”是一对矛盾，所谓“无邪”，也就是“雅正”之意。一说以为古诗三千余篇，因孔子删汰而得三百五篇；也有的以为《诗经》不是由孔子编定的，他做的只是正乐方面的工作而已。无论如何，《诗经》一定经过圣人的手泽，那是毫无疑问的，孔子重视诗教，认为“诗教”可以陶冶性情，使人“温柔敦厚”[①]，所以，他把自己推许的内容雅正的《诗经》列为“六艺”之一的教学课本，又是可以充分理解的。[②]但是，如进一步问，孔子所反对的“邪”，具体指的是什么，就聚讼纷纭，莫衷一是。《论语·卫灵公》说：“放郑声，远佞人；郑声淫，佞人殆。”《论语·阳货》说：“恶紫之夺朱也，恶郑声之乱雅乐也，恶利口之覆邦家者。”孔子“思无邪”的评价，既然对“诗三百”而言，当然也包括《郑风》之诗，再结合“郑声淫”的问题来讨论，意见分歧就更大了，并由此而引发南宋期间牵涉甚广的“淫诗公案”，直接影响宋以后《诗经》研读的方向。

这场公案的主角，是当时学术界两个领袖人物——朱熹和吕祖谦。朱、吕是老朋友，吕祖谦有关《诗经》研究的《吕氏家塾读诗记》正式出版时，其书的“序”也是朱熹为他写的。可是，两人在讨论学问之时，绝不相让。[③]

朱、吕二人争论最剧烈的焦点，其实是“雅郑邪正”的问题。朱熹为吕祖谦遗著《吕氏家塾读诗记》写序时特别指出：

虽然此书所谓“朱氏者”，实熹少时浅陋之说，而伯恭父误有取焉。其后历时既久，自知其说有所未安，如雅郑邪正之云者，或不免有所更定，则伯恭父反不能不质疑于其间。熹窃惑之，方将相与反复其说，以求真是之归，而伯恭父已下世矣。呜呼，伯恭父已矣，若熹之衰颓汩没，其势又安能复有所进，以独决此论之是非乎？

朱熹曾写过一封信给吕祖谦，申明“雅郑邪正”之意，并触及“淫诗”问题：④

问：“《读诗记》中所言雅郑邪正之言何也？”曰：“郑卫之音便是。今邶鄘卫之诗多道淫乱之事，故曰‘郑声淫’，圣人存之，欲以知其风俗，且以示戒，所谓《诗》可以观者也，岂以其诗为善哉？伯恭谓《诗》皆贤者所作，直陈其事，所以示讥刺。熹尝问伯恭，如伯恭是贤者，肯作此等诗否？且如今人有作诗讥刺人者，在一乡为一乡之扰，在一州为一州所恶，安得谓之好人？伯恭以为《诗》三百篇皆可被之弦歌，用之飨祀，今以郑卫之诗奏之郊庙，岂不亵渎？用以享幽、厉、褒姒乃可耳，施之宾客燕飨亦待好宾客不得，须遇齐襄、陈灵之徒乃可歌此耳，不止郑卫，其余亦皆有正有邪。”⑤

《诗经》是古代乐歌总集，所配之乐，有雅、俗的分别，而它的诗篇，据朱氏的说法，有正有邪。郑卫之诗，就因为内容淫邪，配的又是俗乐，所以不能用来宴飨和祭祀。他又说：

雅、郑二字，“雅”恐便是大、小《雅》，“郑”恐便是《郑风》，不应概以《风》为《雅》，又于《郑风》之外别求“郑声”也。圣人删录，取其善者以为法，存其恶者以为戒，无非教者，岂必灭其籍哉？⑥

雅、郑即大、小《雅》和《郑风》，大、小《雅》当然纯正，“郑声淫”即“郑风淫”，因此《郑风》录的都是淫诗。朱熹把声和诗混为一谈，是显而易见的。

吕祖谦意见刚好相反，他否定《诗经》里录有淫诗。《史记·孔子世家》记载了圣人的一句话：“吾自卫反鲁，然后乐正，《雅》、《颂》各得其所。”司马迁也说：“古者诗三千余篇，及至孔子，去其重，取可施于礼义，上采契后稷，中述殷周之盛，至幽厉之缺，始于衽席……三百五篇孔子皆弦歌之，以求合《韶》、《武》、《雅》、《颂》之音。”缘此，一般以为孔子按古乐校正音调进行诗篇篇章上的调整之时，曾把古诗三千删削成三百零五篇，更根据孔子“思无邪”一语，得出一个结论：《诗经》经圣人删削、正乐以后，所录全是雅正的诗歌，即使郑、卫二《风》，也能跟《雅》、《颂》相配。吕祖谦正是这个看法。他在讲论《鄘风·桑中》时说得清楚：

……《诗》，雅乐也，祭祀朝聘之所用也。桑间濮上之音，郑、卫之乐也，世俗之所用也。雅、郑不同部，其来尚矣。战国之际，魏文侯与子夏言古乐、新乐，齐宣王与孟子言古乐、今乐，盖皆别而言之，虽今之世太常教坊各有司局，初不相乱，况上而春秋之世，宁有编郑、卫乐曲于雅音中之理乎?《桑中》、《溱洧》诸篇作于周道之衰，其声虽已降于烦促，而犹止于中声，荀卿独能知之，其辞虽近于讽一劝百，然犹止于礼义，《大序》独能知之。仲尼录之于经，所以谨世变之始也，借使仲尼之前，雅、郑果尝庞杂，自卫反鲁正乐之时，所当正者无大于此矣……《论语》答颜子之问，乃孔子治天下之大纲也，于郑声亟欲放之，岂有删诗示万世，反收郑声，以备六艺乎?[7]

大抵朱、吕争辩的，在于诗和声是否有别，抑或声即等于诗。《诗经》既是古代乐歌总集，其中的诗不是徒歌，似乎可以肯定。古诗虽然离不开声或是谱调，声或是谱调却可以离开诗。朱熹的论点，就是以声为诗，而吕祖谦认为两者不可混淆，所以“郑声淫”并不表示《郑风》的内容淫邪不正。依此类推，《诗经》既经圣人的手泽，他自己又说它是“思无邪”的，因此不但配的是雅乐，录的都是内容纯正的诗，即使涉及秽乱，也只是诗人用无邪之思来铺陈淫邪之事，圣人选录他们的诗歌，是为了宣扬教化，利用这些所谓淫诗作为讽劝的反面教材。吕祖谦又说：

《桑中》、《溱洧》诸篇，几于劝矣，夫子取之何也？曰：《诗》之体不同，有直刺之者，《新台》之类是也。有微讽之者，《君子偕老》之类是也。有铺陈其事，不加一辞而意自见者，此类是也。或曰：后世狭邪之乐府，冒之以此诗之序，岂不可乎？曰：仲尼谓《诗》三百，一言以蔽之曰：思无邪。诗人以无邪之思作之，学者亦以无邪之思观之，闵惜惩创之意，隐然自见于言外矣。[8]

可见由序《诗》者[9]到秦汉经生，甚至宋代的一些学者如吕祖谦，大都没有就诗论诗，只是拘执于道德讽劝，以《诗》说教，把其中的原始恋歌解释为讽刺淫奔的作品。

朱熹自拔于陈说，不以恋歌为讳。他开宗明义地指出：“只是‘思无邪’一句好，不是一部‘诗’皆思无邪。”[10]又推翻以恋歌为美刺的背景和基础，他说：“温柔敦厚，《诗》之教也，使篇篇皆是讥刺人，安得温柔敦厚?”[11]他直接指斥这些恋歌为淫奔之作，对孔子“思无邪”一语另有不同的解释：

诗体不同，固有铺陈其事不加一词而意自见者，然必其事之犹可言者，若《清人》之诗是也。至于《桑中》、《溱洧》之篇，则雅人庄士有难言之者。孔子之称思无邪也，以为《诗》三百篇劝善惩恶，虽其要归，不出于正，然未有若此言之约且尽者耳；非以作诗之人所思皆无邪也。今必曰彼以无邪之思铺陈淫乱之事，而闵惜惩创之意自见于言外，则曷若曰彼虽以有邪之思作之，而我以无邪之思读之，则彼之自状其丑者，乃所以为吾惊惧惩创之资邪？而况曲为训说而求其无邪于彼，不若反而得之于我之易也，巧为辨数而归其无邪于彼，不若反而责之于我之切也。[12]

他是很有理论根据的：

> 夫诗之为刺，固有不加一辞而意自见者，《清人》、《猗嗟》之属是已。然尝试玩之，则其赋之人，犹在所赋之外，而词意之间，犹有宾主之分也，岂有将欲刺人之恶，及反自为彼人之言，以陷其身于所刺之中而不自知也哉、其必不然也明矣。又况此等之人，安于为恶，其于此等之诗，计其平日，固已自其口出而无惭矣，又何待吾之铺陈，而后始知其所为之如此，亦岂畏吾之闵惜，而遂幡然遽有惩创之心邪。以是为刺，不唯无益，殆恐不免于鼓之舞之，而反以劝其恶也。[13]

吕说以为“思无邪”这三个字指诗本身或它的作者来说，朱氏却说是诗本身或它的作者有邪、正，可以劝善惩恶，读诗人就应有无邪之念，不要被这些“淫诗”影响。他说：“看诗大体，要得无邪，盖‘三百篇’中善可为法，恶可为戒耳，不是言作诗者皆无邪意。”[14]又说：“诗上说思无邪，自家口读思无邪，心里却胡思乱想，这不是读书。”[15]

朱熹其实已经恢复了原始恋歌的本来面目，把原作为政治道德教科书的《诗经》（至少大部分《国风》诗歌）解释为纯粹的文学作品。他以为《诗经》中的“风”诗，“多出于里巷歌谣之作，所谓男女相与咏歌，各言其情者也”[16]，公开承认《诗》中有民间爱情诗的存在。因为：

> ……人生而静，天之性也。感于物而动，性之欲也。夫既有欲矣，则不能无思。既有思矣，则不能无言。既有言矣，则言之所不能尽，而发于咨嗟咏叹之余者，必有自然之音响节族（音奏）而不能已焉。此诗之所以作也。[17]

可是，朱熹却又一副岸然道貌，对情诗表示深恶痛绝。他是理学家，是绝对强调“道”的，而所谓“道”，即“天理”，“天理”据说跟“人欲”对立，张“天理”就得灭“人欲”，扼杀了人性正常而合理的表现，当然也就否定爱情的健康抒发，这就是为什么朱熹要把原始恋歌打成淫诗的根本理由。[1]

由于《郑风》的淫诗数目较多，也为了维持孔子“无邪”之说，朱熹把它与“放郑声”、“郑声淫”的说法统一起来，直接在“郑声”和郑诗或《郑风》之间画上等号，“郑声淫”即是“郑风淫”，指斥《郑风》中的恋歌是淫奔之作：

> 郑卫之乐皆为淫声。然以诗考之，卫诗三十有九，而淫奔之诗才四之一；郑诗二十有九，而淫奔之诗已不翅七之五。卫犹为男悦女之辞，而郑皆为女惑男之语；卫人犹多刺讥惩创之意，而郑人几于荡然无复羞愧悔悟之萌。是则郑声之淫，有甚于卫矣。故夫子论为邦，独以郑声为戒，而不及卫，盖举重而言，固自有次第也。《诗》可以观，岂不信哉！[18]

他还说：“……郑声淫，所以郑诗多是淫佚之辞，《狡童》、《将仲子》之类是也。[19]……郑、卫诗多是淫奔之诗。郑诗如《将仲子》以下，皆鄙俚之言，只是一时男女淫奔相诱之语。……故夫子放郑声。”[20]把孔子当作“禁欲主义者”来奉拜，似乎是孔子这个圣人不许男女接近，更不许有什么爱情。爱情即是“淫”，“淫”即是“邪”，这是朱熹想像中孔子的逻辑。出于这种理解，朱熹自然就将孔子的“思无邪”与“放郑声”、“郑声淫”当作一回事来处理了。[21]

汉儒说《诗》，固然把“三百篇”局限于政教的美刺之中，但朱熹抛不掉道学的包袱，始终没有从教化范围跳出来。跟汉人比较，朱熹同样以《诗》说教，他攻击《毛诗序》说教，不外是五十步笑百步而已。看来朱熹的“诗说”，仍局限于经学桎梏之内，以伦理纲常为中心，折回老路踏步。

二

淫与不淫是从声上讲的，孔子讲的“放郑声”、“郑声淫”、“恶郑声之乱雅乐也”，都是把郑的音乐与《韶》、《武》对应提出来的：“颜渊问为邦。子曰：‘行夏之时，乘殷之辂，服周之冕，乐则韶舞，放郑声，远佞人；郑声淫，佞人殆。’”[22]“子曰：‘恶紫之夺朱也，恶郑声之乱雅乐也，恶利口之覆邦家者。’”[23]《史记》所载“吾自卫反鲁，然后乐正，《雅》、《颂》各得其所”以及“三百五篇孔子皆弦歌之，以求合《韶》、《武》、《雅》、《颂》之音”，说明孔子曾整理古乐，对于郑国的音乐，自然有所整理的。当颜渊向他询问如何治理天下之时，孔子在说及“韶舞”以后，即下接“郑声”，音乐方面用韶舞而抛弃郑声，而在另一场合孔子又把“郑声”与“雅乐”对举，可见孔子口中的“郑声”，是指音乐而言，跟《郑风》不能加上等号。孔子对《诗经》与音乐的界限区分是很明显的。他说：“兴于诗，立于礼，成于乐。”[24]认为诗、礼、乐各有不同的作用，这即是有力的说明。《诗》中的郑诗、卫诗，当然早配有现成的乐曲在流传，所以《左传》襄公二十九年吴公子季札观周乐的记载，其中包括《郑风》、《卫风》。[25]但以《诗》为辞而谱成的乐曲，在孔子的时代已入“古乐”、“雅乐”之列，而各类艺术也开始出现了独立的趋势。《墨子·公孟》篇：“（儒者）诵《诗》三百、弦《诗》三百、歌《诗》三百、舞《诗》三百。”《诗》既可以单独诵读，也就逐渐摆脱音乐形式的限制，以独立的面貌出现，并获得生存与发展。孔子教儿子学诗，谓“不学《诗》，无以言”[26]，就证明了《诗》已逐渐从“乐”中独立出来了。因此，“声”或“音”，这是属于“乐”方面的问题，可以与《诗》无涉。[27]孔子提及的“郑声”，是指与“古乐”、“雅乐”对比的一种新乐。《汉书·礼乐志》说：“桑间濮上郑卫宋赵之声并出。”《诗》的《国风》不存《宋风》、《赵风》，可见此处郑、卫之声与宋、赵之声一样，是跟《诗经》没有任何关系的“新声”。应邵《注》说：“桑间，卫地；濮上，濮水之上，皆好新声。”颜师古《注》说：“郑卫宋赵之国，亦皆有淫声。”证明“郑声”是“新声”，不满者即斥为“淫声”。现举《礼记·乐记》中魏文侯问子夏来说明“古乐”与“新乐”之别：

> 魏文侯问于子夏曰：“吾端冕而听古乐，则唯恐卧，听郑卫之音，则不知倦，敢问古乐之如彼，何也？新乐之如此，何也？”子夏对曰：“今夫古乐，进旅退旅，和正以广，弦匏笙簧，会守拊鼓，始奏以文，夏乱以武；治乱以相，讯疾以雅，君子于是语，于是道古。修身及家，平均天下，此古乐之发也。”“今夫新乐，进俯退俯，奸声以滥，

溺而不止，及优侏儒犹杂子女，不知父子，乐终不可以语，不可以道古，此新乐之发也。”

这说明魏文侯听的郑、卫之音，应是说音乐无疑，而子夏区分“古乐”、“新乐”的标准之一，是从音乐滥与不滥着眼。他又说：

郑音好滥淫志，宋音燕女弱志，卫音趋数烦志，齐音敖辟乔志。此四者皆淫于色而害于德，是以祭祀弗用也。

所谓“好滥淫志”，是说郑声在音色上太过分，听了会意志消沉。魏文侯不是曾说“听郑卫之音，则不知倦”吗？郑、卫之音是新兴的通俗音乐，有广泛的群众性，自然是不合于雅乐的，一直受到雅乐的排斥而流行于民间。雅乐，古乐也，后人一般把周的音乐称为雅乐。春秋后期，礼乐崩溃，郑、卫之音蓬勃而起，并逐渐形成一股新乐的洪流，冲击荡涤着雅乐。孔子对于当时礼乐崩溃的现象深为痛惜，所以他“恶郑声之乱雅乐”，提出“郑声淫”，要“放郑声”，而子夏说“是以祭祀弗用”，又是可以理解的。

据此推论，孔子的所谓“郑声淫”原是从音乐的角度立论，与《诗经》的《郑风》无涉。至于“淫”的本义，即使专就音乐说，也不是因为涉及男女之事而斥之为淫的。明·杨慎《丹铅总录》卷十四“订讹类”说：

《论语》“郑声淫”，淫者，声之过也，水溢于平地曰淫水，雨过于节曰淫雨，声滥于乐曰淫声……“郑声淫”者，郑国作乐之声过于淫，非谓郑诗皆淫也。[28]

清·陈启源《毛诗启古篇》卷六二说：

淫者，过也，非专指男女之欲也。古之言淫多矣，于星言淫，于雨言淫，于水言淫，于刑言淫，于游观田猎言淫，皆言过其常度耳。乐之五音十二律，长短高下皆有节焉。郑声靡曼幼眇，无中正和平之致，使闻之导欲增悲，沉溺而忘返，故曰淫也。朱子以郑声为《郑风》，以淫过之淫为男女淫欲之淫，遂举《郑风》二十一篇，尽目为淫奔者所作，幸免者惟《缁衣》、《大叔于田》、《清人》、《羔裘》、《女曰鸡鸣》五篇而已。其余虽思君子如《风雨》，刺学校废如《子矜》，亦排众论而指为淫女之词。

推孔子之意，“郑声淫”的“淫”字，实不作淫邪解释。指音乐而言，大抵是过分、过量、过度的意思。上文引子夏说的“郑音好滥淫志”，即是一例。其他“宋音燕女弱志”、“卫音趋数烦志”、“齐音敖辟乔志”，都与淫邪无关。“趋数烦志”表示音乐节奏太快而令人烦躁，“敖辟乔志”表示音乐嚣张听了令人骄傲。宋音涉及女人，但也是宴飨和女子的音乐，使人沉迷其中罢了。“淫”在先秦不解释为淫邪，不可以后起的词义来理解“郑声淫”的“淫”字。

孔子的“郑声淫”，是说郑国的“新乐”太过分了，没有朱熹所说的斥责“淫奔”之意。那么，孔子在这里指责郑声的“过分”又是什么意思？似乎是指不合礼制规定而言。他说：“非礼勿视，非礼勿听，非礼勿言，非礼勿动”[29]。一切违反礼乐制度的，他都认为是潜越，是过分、过甚，因而加以谴责。所谓“郑声”，作为当时从民间新兴起来的流行音乐，在上层贵族社会中已广为流传。如《孟子·梁惠王下》：“王变乎色，曰：‘寡人非能好先王之乐也，直好世俗之乐耳。’”“郑声”就是梁惠王所喜欢的当时流行的“世俗之乐”一类。“先王之乐”是合乎当时礼制规定的，而“世俗之乐”则突破了礼乐制度的规范，所以梁惠王才会“变色”。孔子的所谓“郑声淫”，就是对以郑国的“世俗之乐”为代表的新兴流行音乐的批评与谴责。这种新乐没有经过乐官的整理与编选，自然不合“先王之乐”的礼乐规范，因此会破坏现行制度的安宁。即使以朱熹的标准来看《郑风》、《卫风》，录的大多是淫诗吗？上文提到《左传》襄公二十九年记载吴公子季札观周乐，并没有斥郑、卫诗为淫奔之作，反而对之推崇备至：“为之歌《邶》、《鄘》、《卫》，曰：‘美哉，渊乎忧而不困者也。吾闻卫康叔、武公之德如是，是其《卫风》乎？’……为之歌《郑》，曰：‘美哉，其细已甚，民弗堪也，是其先亡乎！’”说卫诗深厚，忧愁而不窘迫，至于郑诗，季札虽嫌其琐碎得太过分了，百姓不能忍受，仍然情不自禁说一声“好！”《左传》记载古代外交上赋《诗》言志，而所赋之诗见于《郑风》的有三处，那是襄公二十六年、襄公二十七年及昭公十六年。[30]根据文中这三段记载，当时所赋《郑风》之诗如《缁衣》、《将仲子》、《野有蔓草》、《羔裘》、《褰裳》、《风雨》、《有女同车》、《萚兮》，都可以赋予所谓“正风”、“正雅”甚至是《颂》之间，《郑风》如是淫诗，有些与史实不合，特别是昭公十六年（公元前526年）当韩宣子访郑之时，六卿没理由不赋雅歌而赋淫诗的，把自己国家淫奔之词、床第之语献给外国使者，岂不是大不敬吗？或说赋《诗》言志，不过断章取义，又或说春秋时代道德观念不如后代之重，但是襄公二十七年（公元前546年）当伯有赋《鹑之贲贲》，为什么赵孟立刻露出“非礼勿听”的态度呢？《庸风》这首诗是卫人刺其君淫乱，连鹑鹊也不如的作品，伯有取的是“人之无良，我以为兄”和“我以为君”的意义来影射其君郑伯，赵孟也不理伯有真正的企图，而大叫“床第之言不逾阈，况在野乎”了。刺淫的诗歌不可赋，何况是真正的淫诗？这个例子可说明《左传》里所赋的郑诗应不涉及淫奔。[31]

概而言之，“淫诗”公案朱熹一方的论据站不住脚：声和诗有别，孔子口中的“郑声”不是《郑风》，“郑声淫”与“郑风淫”之间不可加上等号；“淫”字在先秦只释作过分、过量、过度，没有淫邪之义。吕祖谦对孔子“思无邪”说的理解比较符合孔子原意，当然，他的“诗说”局限于政教的美刺之中，又是否歪曲了诗意呢？也值得进一步研究。

三

“淫诗”公案其实是汉、宋学有关《毛诗序》存废问题论争的一个焦点。

原来自孔颖达《五经正义》编订，[32]《诗经》方面的《毛传》、《郑笺》流行以来，唐代学者大都不敢轻议毛、郑的得失，对于《毛诗序》也照样跟从。但是，踏入宋代初年，学者喜欢抛弃历史的包袱，而另外创立新的学说。这种弃旧立新的精神渐渐形成了一种时尚,[33]《诗经》方面，率先攻击旧说的，有欧阳修、苏辙。欧阳修的《诗本义》“本出于和气平心，以意逆志，故其立论，未尝轻议二家（指毛、郑——引者）”[34]，而苏辙的《诗集传》“亦不激不随，务持其平者”[35]，仍没有跳出旧说范围。到了南宋诸儒，如郑樵、王质、朱熹才开始正式提出激烈的言论，主张废除《毛诗序》。郑樵的《诗辨妄》诋斥《诗序》最力，朱熹那本《诗集传》也是根据它写成的，可惜现在已经看不到了。[36]王质的《诗总闻》，“毅然自用，别出新裁，坚锐之气，乃视二家为加倍”[37]。但也不是字字针对《诗序》的，所以“从序派”没有把它视作眼中钉。朱熹注释《诗经》，自称易稿两次，初稿全遵《小序》，晚年改从郑樵之说，即是《诗集传》现在的本子。[38]又因为苏辙留了《小序》首句，便是“病根”[39]，于是把大、小《序》分割，别为一编，而且写了《诗序辨说》一卷，附在《诗集传》八卷后面。[40]由郑樵的《诗辨妄》面世开始，周孚即作《非郑樵诗辨妄》二卷，罗列42件事攻击郑樵,[41]而王质的《诗总闻》，书成以后却不能实时出版，没有产生影响,[42]朱熹就给学者当做攻《序》的巨擘了。同时期的吕祖谦、陈傅良、叶适诸人,[43]在另一边竖立起了保护旧说的旗帜，双方壁垒分明，都希望能够把对方压倒。“淫诗”问题就是这场论争的核心之一。

这场论争以《诗序》的存废作为重心，但是，吕祖谦对于旧说固然是百般维护（所作《读诗记》搜罗了前人护《序》的片言只语，成为《诗序》的护法者），而朱熹的所谓攻《序》出乎意料之外竟然十分平和。[44]把《诗集传》仔细翻阅一遍，可以发现朱熹没有完全跟从郑樵去攻击《诗序》，即使旧稿仍有删改未尽的地方，也不是首首攻《序》的。朱、吕之争始终环绕着“淫诗”这个课题进行。

在汉代后期章句故训之学逐渐成为凝固的状态，隋唐的义疏虽然虚实繁简也未必全部相同，立场和古文学并没有差异的情况之下，[2]宋代学者自辟蹊径，不再墨守前人的传注，而主张自己的义理。在“诗经学”上，朱熹的“诗说”开创了一个新局面，影响是既深且远的。首先，到了南宋末年，朱熹一派渐渐战胜了对方。元代学者研究《诗经》，大都依傍朱《传》。[45]元仁宗延祐时举行科举考试，按照皇庆二年诏令，“《诗》以朱氏为主”[46]，讲学的人大多不遵用毛、郑旧说。明·胡广等人奉敕撰《诗经大全》，剽窃朱熹元代信徒刘瑾的《诗传通释》成书，而且成为令典，命士子一律跟随,[47]结果朱熹《诗集传》的地位变得更加巩固，而“汉学”也宣告灭亡了。其次，朱熹的“诗说”，在治《诗》领域中开了一种新风气。清魏源《诗古微》卷一说：

> 夫《诗》有作诗者之心，而又有采诗、编诗者之心焉；有说诗者之义，而又有赋诗、引诗者之义焉。

《小序》所言，有部分自然是采诗、编诗之意，但它的说《诗》方法，长期被奉为圭臬。至朱熹力求作诗者之心，因此他能力破传统的美刺之说以及予“思无邪”一语新的解释，恢复了《国风》中大部分诗的本来面目，从而消除了自汉儒以来长期对这些诗的曲解。上文说朱熹有关“淫诗”的论据站不住脚，但对于帮助后人以新的角度去理解这些诗篇，是有其积极意义的。清代全盘反对前人旧说的姚际恒《诗经通论》、崔述、方玉润《诗经原始》三部重要《诗经》著作,[48]和五四时代“疑古派”的提倡废《序》，要拨开云雾，追求诗人原旨，[3]说是从朱熹《诗集传》和《诗序辨说》取得灵感，其脉络线索是可追寻的。

就《诗经》整个情况而言，《毛诗序》的感化观点当然要重新商榷，但以个别情况而言，也是有它的根据的。如《诗大序》说“颂”是“美盛德之形容”，说“雅”是“言王政之所由废兴”，说“风”有讽刺的意义，[49]就接触到了《诗经》真实的内容。如果片面地以为《诗经》是偶然流传下来的一些诗歌的登录，丝毫没有一定立场或者政治目的，那是缺乏说服力的。古诗数目何止三百零五？这些经采集而保存下来的诗篇，有部分极可能跟教化有关系而被采录作为施政参考。歪曲诗义的封建教化观点是必须反对的，但并不表示要同时对教化观点全面加以否定，除非否定文学是人类生活和意识的具体反映。这也就说明了要推翻吕祖谦由“思无邪”一语衍化出来的美刺之说以前，必须提出有力的论据，才可叫人信服而接受。何况，朱熹的“淫诗说”也在说教，学术立场事实上和汉儒并无二致。他仍以为《诗经》是“经”，乃孔子用来垂训后世的。至于把其中的爱情、婚姻诗看成是“淫诗”，要待三传弟子王柏删去32首，“一洗千古之芜秽”，[50]如果要说出一个所以然来，恐怕是程（颢、颐）朱理学盛行，禁欲主义猖獗的产物。[4]《诗经》内容广泛，既有歌颂功德的“美诗”，也有批判揭露的“刺诗”，还有大量描绘男女关系的爱情诗，这一切孔子都“一言以蔽之”，称为“无邪”，既雅且正，合乎“礼”的要求，后世腐儒，与之比较，无疑倒退得多。[5]

“《诗》无达诂”，[51]后人说诗，固然不可抱残守缺，但也不可仅仅因旧说不合己意，轻率地别立新说。对于南宋“诗经学”这场“淫诗”公案，在遽下任何结论以前，还有待进一步的探究。简言之，孔子说《诗》，注重教育，所谓“温柔敦厚，《诗》教也”[52]；汉人说《诗》，改为侧重美刺，到了宋代朱熹进一步提出“淫诗”之说，各有立场，也各有其时代背景及意义。

（作者李家树，哲学博士、香港大学教授、英国语言学会院士（F. I. L）、香港大学亚洲研究中心院士；本文原载《河北师范大学学报》2005年第1期。）

注 释：

① 《礼记·经解》：“温柔敦厚，《诗》教也。”

② “六艺”古有两种含义，一是指贵族必须学的初级的礼、乐、射、御、书、数六种技艺，一是指贵族必须学的高级的《诗》、《书》、《礼》、《乐》、《易》、《春秋》等六种典籍。

③ 试看几段朱熹对挚友不客气的批评：“欧阳公有《诗本义》二十余篇，煞说得有好处，有‘诗本末论’，又有论云何者为诗之本，何者为诗之末。诗之本不可不理会，诗之末不理会得也无妨，其论甚好。近世自集注文字出，此等文字都不见，有了也害事，如吕伯恭《读诗记》，人只是看这个，他上面有底便看，无底更不知看了。”〔宋朱鉴（熹孙）《诗传遗说》卷一〕“东莱说诗忒煞巧，《诗》正怕如此看，古人意思自宽平，何尝如此纤细拘迫？”（《诗传遗说》卷一引杨与立编《语略》录）“人言何休为《公羊》忠臣，熹尝戏伯恭为毛、郑之佞臣。”（《诗传遗说》卷二引杨道夫录）“吕伯恭专信《序》文，不免牵合，又云伯恭凡百长厚，不肯非毁前辈，须要出脱回护到了不知道，只为得个解经人，却不曾为圣人本意。是便道是，不是便道不是方得。”（《诗传遗说》卷二引邵浩别录）

④ 宋代第一位谈及“淫诗”的是欧阳修。所著《毛诗本义》卷二明确指出《国风》中部分篇章是“淫诗”：“据《序》言：‘（静女），刺时也，卫君无道，夫人无德。’谓宣公与二姜淫乱，

国人化之，淫风大行，君臣上下举国之人皆可刺，而难于指明以偏举，故曰刺时者，谓时人皆可刺也。据此乃是述卫风俗男女之诗尔，以此求诗，则本义得矣。……而淫风大行，男女务以色相诱悦，务夸自道而不知为恶，虽幽静难诱之女亦然。举静女犹如此，则其他可知。”

⑤ 《诗传遗说》卷二引《答吕祖谦书》。

⑥ 同上。

⑦ 《吕氏家塾读诗记》卷五，第二册。

⑧ 同上。

⑨ 此专指《毛诗序》而言，因为鲁、齐、韩三家诗的《序》随三家诗的亡佚而不存。《毛诗序》作者，当然是西汉经生无疑，《儒林传》说卫宏作《序》，他做的最多是润色、集录的工夫。

⑩ 宋·黎靖德编《朱子语类》卷八十。

⑪ 同上。

⑫ 《诗传遗说》卷二引《文集读吕氏诗记桑中篇（甲辰春作）》。

⑬ 《诗序辨说·桑中》。

⑭ 宋·黎靖德编《朱子语类》卷八十。

⑮ 《诗传遗说》卷二引黄有开记。

⑯ 《诗集传·序》，见《诗集传》。

⑰ 同上。

⑱ 《诗集传》卷四《郑风》“附注”。

⑲ 宋·黎靖德编《朱子语类》卷八十。

⑳ 同上。

㉑ 朱熹曾于三百零五篇中，选出24首作为“淫诗”的代表：《邶风》的《静女》，《鄘风》的《桑中》，《卫风》的《木瓜》，《王风》的《采葛》、《丘中有麻》，《郑风》的《将仲子》、《遵大路》、《有女同车》、《山有扶苏》、《萚兮》、《狡童》、《褰裳》、《东门之墠》、《丰》、《风雨》、《子衿》、《扬之水》、《出其东门》、《野有蔓草》、《溱洧》，《齐风》的《东方之日》，《陈风》的《东门之池》、《东门之杨》、《月出》，参见《诗序辨说》“鄱阳马氏跋”。

㉒ 《论语·卫灵公》。

㉓ 《论语·阳货》。

㉔ 《论语·泰伯》。

㉕ 《左传注疏》卷三十九。

㉖ 《论语·季氏》，第150页。

㉗ 《乐记》还有一段记载，可以证明诗和声的分别：“子赣见师乙而问焉曰：‘赐闻声歌各有宜也，如赐者宜何歌也？’师乙曰：‘贱工也，何足以问所宜，请诵其所闻而吾子自执焉。爱者宜歌商，温良而能断者宜歌齐。夫歌者，直己而陈德也，动己而天地应焉、四时和焉、星辰理焉、万物育焉；故商者，五帝之遗声。宽而静、柔而正者宜歌《颂》；广大而静、疏达而信者宜歌《大雅》；正直而静、廉而谦者宜歌《风》。肆直而慈爱，商之遗声也，商人识之，故谓之商；齐者，三代之遗声，齐人识之，故谓之齐。”（《礼记注疏》卷三十九）此处的“商”、“齐”和《风》、《雅》、《颂》有别，二者应是音乐或谐调，师乙说的是用商、齐之声来歌《风》、《雅》、《颂》的事。“商”和《商颂》不同，“齐”和《齐风》有异，“郑声”也就不应该是《郑风》。

㉘ 见《丹铅余录》。

㉙ 《论语·颜渊》。

㉚ 详见《左传》襄公二十六年记载。

㉛ 同上。

㉜ 据《旧唐书·高宗本纪上》，永徽四年（公元653年），“颁孔颖达《五经正义》于天下，每年明经令依此考试”。

㉝ 参清·皮锡瑞：《经学历史》卷八“经学变古时代”。

㉞ 《四库全书总目·诗类·毛诗本义提要》，清·永王容等编《钦定四库全书总目》卷十五。

㉟ 《四库全书总目·诗类·诗集传提要》，《钦定四库全书总目》卷十五。

㊱ 《诗传遗说》卷二引叶贺孙录朱熹自言。

㊲ 《四库全书总目·诗类·诗总闻提要》，《钦定四库全书总目》卷十五。当然，王质去《序》言诗，考订毛、郑之失以及反对汉人以经说教的传统，《诗总闻》里的例子很多；就十五《国风》来说，除《豳风》外，《诗总闻》抛弃《序》说的，印象为90%以上，而二《雅》的例子也不少。参李家树《宋王质‘诗总闻’初探》，载陈荣照主编《学丛——新加坡国立大学中文系学报》第4期，第181—204页，后收入李家树《诗经专题研究》（西安：太白文艺出版社2001年版，第31—56页）。

㊳ 《四库全书总目·诗类·毛诗本义提要》，清·永王容等编《钦定四库全书总目》卷十五。

㊴ 《诗传遗说》卷二引邵浩别录。

㊵ 在漳州刊行《四经》的《后跋》里，朱熹说得清楚："熹尝病今之读《诗》者知有《序》而不知有《诗》，故因其说而更定此本，以复于其初，犹惧览者之惑也，又备论于其后云。"

㊶ 周孚撰：《非诗辨妄》二卷，收在《蠹斋铅刀编》之末，见《四库全书总目》"别集类"著录。参《非诗辨妄提要》，《钦定四库全书总目》卷一百五十九。

㊷ 直到宋理宗淳祐三年（1243年），即他死后54年，《诗总闻》始由陈日强锓梓印行。参《四库全书总目·诗类·诗总闻提要》，《钦定四库全书总目》卷十五。

㊸ 《四库全书总目》"诗类"著录吕祖谦《吕氏家塾读诗记》三十二卷，《提要》说："朱子与祖谦交最契，其初论《诗》亦最合，此书中所谓'朱氏'者，即采朱子说也。后朱子改从郑樵之论，自变前说，而祖谦仍坚守毛郑。"（《钦定四库全书总目》卷十五）《四库全书总目·别集类》著录陈傅良《止斋文集》五十一卷，《提要》说："叶绍翁《四朝闻见录》称考亭先生晚注《毛诗》，尽去《序》文，以彤管为淫奔之具，以城阙为偷期之所（此指《郑风·静女》：'静女其娈，贻我彤管'及《郑风·子衿》'挑兮达兮，在城阙兮'——引者），止斋陈氏得其说病之，谓以一千七百年女史之彤管与三代之学校为淫奔之具、偷期之所，窃有所未安。独藏其说，不与考亭先生辩。考亭微知其然，尝移书求其'诗说'。止斋答以公近与陆子静互辨无极，又与陈同甫争论王霸矣。且某未尝注《诗》，所以说《诗》者，不过与门人为举子讲义，今皆毁弃之矣，盖不欲滋朱子之辨也。"（《钦定四库全书总目》卷一百五十九）清朱彝尊《经义考》卷九十九引叶适说："《诗序》随文发明，或纪本事，或释诗意，皆在秦汉之前。虽深浅不能尽当，读《诗》者以时考之，惟是之从可也。若尽去本序，自为之说，失诗意愈远。"

㊹ 参李家树：《国风毛序朱传异同考析》，香港：学津书店1979年版；李家树：《诗经国风毛序朱传异同考》，《东方文化》，17卷1、2期合订（1979年），第118—133页；李家树：《诗经历史公案·汉宋诗说异同比较》，台北：大安出版社1990年版，第39—82页。

㊺ 如许谦：《诗集传名物钞》、刘瑾《诗传通释》、梁益《诗传旁通》、朱公迁《诗经疏义》、刘玉汝《诗缵绪》等。

㊻ 《元史·选举志》。

㊼ 参《四库全书总目·诗类·诗经大全提要》，《钦定四库全书总目》卷十六。

㊽ 李家树：《诗经历史公案·清代传统"诗经学"的反动》，第125—173页，后收入林庆彰、蒋秋华编《姚际恒研究论集》（台湾中央研究院中国文哲研究所中国文哲专刊11，1996年），中册，第479—538页。

㊾ 《毛诗注疏》卷一之一。

㊿ 《诗疑》卷一。

51 董仲舒：《春秋繁露》卷三。

52 《礼记·经解》。

参考文献：

[1] 石文英：《宋代学风变古中的"诗经"研究》，《厦门大学学报》（哲社版）1985年版，第116页。

[2] 周予同：《朱熹》，上海：商务印书馆1931年版，第3—4页。

[3] 李家树：《传统以外的诗经学》，香港：香港大学出版社1994年版；李家树：《五四"疑古学派"诗经研究述评》，中国诗经学会编：《第五届诗经国际学术研讨会论文集》，北京：学苑出版社2002年版，第332—354页。

[4] 陆水品：《略谈对"诗经"中爱情、婚姻诗评价的演变》，中国社会科学院文学研究所古代文学研究室编：《古代文学研究集》，北京：中国文联出版公司1985年版，第125—141页。

[5] 蒋凡：《"思无邪"与"郑声淫"考辨——孔子美学思想探索点滴》，《社会科学战线》编辑部：《古典文学论丛》（第3辑），济南：齐鲁书社1982年版，第42—65页。

论朱熹《诗集传》叶音对吴棫《毛诗补音》的改订

从明末陈第以来，古音学开讲必批宋人乱改字音，批改音则必提及宋儒朱（熹）、吴（棫）叶韵，讲到朱吴叶韵则通常会说朱抄吴音，似乎成为定式。但笔者对宋儒叶音所作的系统研究表明，事实并非完全如此。对于叶音是否乱改字音，笔者已有《朱熹诗骚叶音的语音依据及其价值》[1]、《朱熹叶音本意考》[2]两文辨之，而在《朱熹吴棫音叶异同考》[3]一文中，根据宋人杨简《慈湖诗传》和工质《诗总闻》两书，笔者钩稽其中引述吴《毛诗补音》的音叶计 1359 条。将这 1359 条叶音与《诗集传》相应叶音逐条对比后，发现两者不同有 419 条，又有 62 个韵段因对其中叶音处理不同而引起对韵段的韵例或押韵方式理解不同，两者相加，朱吴差异几乎达 40%，足见朱抄袭吴之说难以成立。证明朱子自己所说“叶韵乃吴才老所作，某又续添减之”，“叶韵多用吴才老本，或自以意补入”[4]，确非虚语。这两句自述还告诉我们，朱子叶音是在参考吴的基础上修订而成的，是“添减之”、“以意补入”，说明有许多修改，其中包括两种形式：一是改变吴氏所补古音的切语用字；一是不取吴氏补音作为叶音，即对吴氏某些注了叶音的韵字，朱子或不注音或将吴氏叶音当作正常音读注出。朱子对为何要改变吴氏的叶音有过说明：“近因推考见吴才老功夫尽多，但亦有未尽处。”[5]“吴才老《韵补》甚详，然亦有推不去者。”[6]可见，朱子是在作纠正吴氏“未尽处”、“推不去者”的勘谬补缺。那么，朱氏究竟助正了吴氏的什么错讹？除了在《朱子语类》中偶然提及外，他并没有给我们留下太多的资料。幸而有修订的实例在，可以从分析这些实例推知其修改的意图，相信这些修订实例中一定隐含了朱熹的语言学思想，也隐含了许多宋代实际语音的信息，这对语音史和语言学术史无疑都是很有价值的。

全面考察朱子对吴的近五百处修订，仅就改订切语用字这一点来看，如果拿《切韵》音系为参照系的话，朱子对切语下字绝大多数都改动了音类，一小部分没有改动音类的修订，也可以说明朱子在作叶音时不是抄袭吴氏的切语，可见，朱子的修改是有其意图的，以下将从二个方面进行讨论。

一　考订古音理据更合理、理由更充分

朱熹古韵叶音有三条理据：方音证古、文献考证与音理推阐。[7]在《毛诗补音》和《韵补》中也可以看到这三种理据的存在，但在具体问题上，运用各种资料来证明古音时，其

深大程度与合理性还是有差异的。朱熹改订的音叶中，有一些就在利用各种理据方面做得更加合理。

首先，从运用方言理据的例子来看，《郑风·清大》第三章韵脚字为“轴陶抽好”，王质《诗总闻·闻音》引吴氏“陶徒报切、好呼报切”。“轴抽”不见引补音，可能是吴氏未作补音，若如此，则可认为吴氏将该韵段当作隔句韵：一押豪韵，一押尤韵。查吴氏两个补音均来自《释文》。韵书也有记录，《广韵》“好”字就有去声一读，但《广韵》去声号韵不收“陶”字，《集韵》收之，注“陶陶，驰驱貌”，音注全同《释文》，可知是存古。吴氏注叶乃据古注给两字的声调异读定其去声一读。朱氏则不然，朱氏“陶徒报反叶徒候反”、“好呼报反叶许候反”，把吴氏之补音改作本音加注读候韵的叶音，然后将“轴叶音胄”、“抽叶勃救反”，则全段协肴候（即相当清代学者的幽部去声），句句韵。朱子将豪韵字改读候韵来协韵，是以闽北方音为据，[8]吴棫也是闽北人，[9]他同样也知道其方音中“好”可读候韵去声，因为吴氏《韵补》去声有韵就收“好”字，音许候切，所引文例为《楚辞》。可他在《清人》诗中不取此叶，恐怕是他看到韵脚字全属豪韵字本身可协的缘故吧，这就过于拘泥诗韵了。该韵段的叶韵，不但朱氏理据充分，而且与后人的古韵归部相符。朱吴相较，朱胜于吴。

其次，在文献考证方面，宋人用来考证古音的文献大致有两类：韵书和包含古音注的经传注释与古诗用韵的统计。统计的思路大约是：古诗中一个字较多的与另一类韵字相押，即使不合诗韵，也应当认作古有此读。朱子在跟学生讲学时曾对吴棫两处叶音有过正面批评，都与根据古文献考、订古音相关。一是批评吴棫将《小雅·常棣》的韵句“蒸也无戎”、“外御其务”的“务（侮）”读作“蒙”的叶韵。朱子说：“‘外御其务’叶‘蒸也无戎’，才老无寻处，却云‘务’字古大读做‘蒙’，不知‘戎，汝也’；‘汝、戎’二字，古大通用，是协音‘汝’也。如‘南仲太祖，太师皇父，整我六师，以修我戎’，亦是协音‘汝’也。”[10]朱子认为这段诗不该“务”读如“蒙”，应当是“戎”读如“汝”。理由为：第一，戎古训为汝，《诗经·大雅》之《江汉》、《民劳》、《崧高》、《烝民》、《韩奕》等篇郑笺均“戎犹女也”，《韩奕》“硅戎祖考”句下的郑笺，《李善蛋文选注》卷二四《答贾谧》下引作“戎，汝也”。可见，“戎”、“汝”二字古训相通。第一，“蒸也无戎”与“务”相韵，出自《小雅·常棣》，此外《诗经·常武》篇又有“戎”与“祖”、“父”相韵。可知“戎”读作“汝”与遇摄字相韵并非偶然，有统计的支待。其实，朱子将“戎”读作“汝”还有一个理据，就是“戎”与“汝”声母相同，可以“切响同用”[11]。朱熹批评吴棫“无寻处”，显然是指其证据不足。比较朱吴音叶，吴读“务”为“蒙”确实几乎没有提供实际可考的根据，①朱子则有二据，可备一说。另一处是批评吴氏将《商颂·长发》中“严”字改读“庄”不对。朱熹说：“‘下民有严’，协‘不敢怠遑’。才老欲音‘严’为‘庄’，云避汉讳，却无道理。某后来读《楚辞·天问》见一‘严’字乃押从‘庄’字，乃知是叶韵，‘严’读作‘昂’也。《天问》才老岂不读？往往无甚意义，只您打过去也。”[12]这段话批评吴棫的“严为庄之避讳”“无道理”。同样，王质在《诗总闻》也说“吴氏不必以严作庄，避汉讳而改”，王氏引《集韵》“严，鱼衔切”来解释“严”与“遑”叶韵，引韵书作据，不过咸摄“鱼衔切”与宕摄“遑”之间协韵也觉得勉强，还需要解释。朱子引述《天问》“熏阖梦生，少离散亡，何壮武厉，能流厥严”来论证“严当叶音昂”，在《楚辞集注·

天问》严字下，朱注“严叶五郎反，《诗·殷武》篇有此例”，以同时代文献相似的用韵互相印证，寻求其条例，显得理据比较充足。当然，“严读同昂”还有闽音为依据，不过朱子在这里没说。[13]此外，《商颂·长发》第五章句末韵字“共厖龙勇动辣总”，吴氏仅于“共”补音居容切，“厖”补音莫红切，认作两韵段：“共厖龙”叶平声，“勇动辣总”叶上声。王质认为这种叶音不妥。他说：“若欲平叶则六句皆叶龙，若欲仄则六句皆叶动，三平三仄亦可，但与上不类。”所谓“与上不类”，是指本诗第四章在句式上是与第五章对偶的。而第四章的用韵是通押尤韵的句句韵，故而其对偶章也须句句韵。朱氏正是取与前章相似的方式对吴氏进行大修改，“共音恭叶居勇反”、“厖莫邦反叶莫孔反”、“龙叶丑勇反”、“动叶德总反”，则句句韵，叶东钟上声。对吴氏叶音而言，朱氏只改动“共”、“厖”两字而已，但关键却在“龙厖”。“龙厖”字本读平声，未见上声的读法，“共”有平去两读，故吴氏定“共”字读平声。然“龙共厖”均有上声古读，《经典释文》：“龙，毛如字，郑作宠”；“共，毛音恭，法也，郑音拱，执也”。“厖，莫邦反，厚也，徐云郑音武讲反，是叶拱及宠韵”，载之甚详，读上声者，郑玄说也。朱子取郑读，做到了句句韵，符合王质说的与上章对偶相称，较吴氏胜。

再次，朱子论定古音据音理推阐主要有四声互用、声符推古两例。[14]据声符推古音，吴棫也是用的，但在某些问题上似不如朱子。如《邶风·二子乘舟》第二章叶“逝害”，吴氏“害”补音“暇憩切”，叶去声。朱氏在“逝”下注：“此字本与害叶，今读误。”“害”下不但没有照抄吴氏，而且没有注叶音。表面上看，好像朱子这里也是按去声来叶韵，说“逝”本与“害”字叶韵，似乎是要改读三等细音的“逝”为洪音。但后面却又来一句“今读误”，就叫人不太明白，毕竟“逝”的“今读”究竟怎么“误”他没有说。朱子经常说注书从简，不过这里似乎太简了一些，致使这个叶韵该读哪个音，为什么要读这个音，不甚清楚。从《朱子语类》卷一四〇找到了他的一段话，恰是对这个叶音的说明：“‘逝’字从‘折’，故可与‘害’字叶韵。”[15]原来，朱子认为“逝”字的“今读误”是指其声调，因为“逝”字从折得声，其古音就是读“折”，今音读成了去声，所以误。朱子是从谐声来推古音的，按谐声推求古音符合宋代古音学求古音原则。[16]所以，“逝”的古音从其声符推就读为入声“折”。然而，“逝”读大声“折”音，跟去声“害”怎么押韵呢？朱子认为，“害”字古音也读人声“曷”，这个叶音在《诗集传》中是一以贯之的，如《诗集传》的《蓼莪》第五章、《四月》第三章、《生民》第二章、《荡》第八章下都可见到“曷叶音”叶音，所以，在这里“害”应当也一样读为“曷”。“曷”属山摄曷韵开口一等，“逝”的人声，“逝”音属山摄大声薛韵开口三等，两音声调和主元音是和谐的，仅洪细略有差异。《郑风·女曰鸡鸣》第三章叶“来赠”，吴氏“来”叶陵之切，王质看出有问题。他说：“惟来赠不叶，赠当作贻字转。”从王质的话推测，吴氏只叶“来”字，没注“赠”字的读音，按王质的意见，“赠”当转读“贻”，方可叶韵。“赠”为什么可转读为“贻”呢？猜想是“赠”、“贻”义通，而取其训读。无论怎么说，吴棫是将本段叶阴声之韵，但他没有解决“赠”字阳声如何与阴声韵“来”相叶的问题。《毛诗补音》和《韵补》中都不见说到“赠”字的古音。而朱氏叶音则完全不同：“来叶六直反”、“赠叶音则”。从所注切下字看，朱子认为本段古音当叶大声职韵。“来”读大声，音如“力”，有两个根据：其一是当时方言“来”有“陵之切”的实际读音，此亦见于《集韵》，为平声；其二是据宋代古音学“四声互用”的音理读为大声，就是“六直反”，“赠”叶音“则”也是根据“四声互用”转读入声的。“四声互用”又称“旁纽”，其内容类似清人的对转。[17] 朱子这样叶音，可以说对解决该韵段古音叶韵问题提供了在当时学术水平下的最佳方案。

此外，朱子还综合运用文献与音理两条途径来修订吴氏的叶音。《大雅·抑》第十一章叶“昭乐惨藐教虐耄”，吴叶去声，故昭之笑切，乐鱼教切，惨七到切，藐眉教切，虐宜教切。朱氏改叶入声，则为昭叶音灼，惨（按，当为懆字）叶七各反，教叶入声，耄叶音莫。这个韵段从《切韵》音系来看，有三个入声字，两个去声字，一个上声和一个平声字，声调不和。吴氏认为古音当叶去声，故除原读去声的字外，给5个字补注去声的音。朱子改订为入声，就只需注4个叶音，其中昭叶音灼，其实是昭（炤）的异读，《诗经·小雅·正月》第十一章“亦孔之熠”《释文》熠音灼，该句《礼记·中庸》引作“亦孔之昭”，黄公绍，熊忠《古今韵会举要》据此定“昭”、“（炤）”为或体，在该书第六卷二萧与宵通云：“昭，之遥切……或作。”可见，朱子读“昭”为“（炤）”是有根据的。耄叶音莫亦见于《周南·关雎》。只有“惨”、“教”两字读大声可据“四声互用”来定。可见，朱子的改订较之吴氏非但经济合理，而且论据充分。

二　期于古韵相协的前提下使韵段入韵字洪细开合与声调和谐

有一些《诗经》韵段在协什么韵部的大前提下，朱子同于吴棫，但又修改了吴棫切语，这是因为朱熹的叶音不但考虑到韵（韵基）是否可叶，而且还照顾到了开合洪细（介音）和声调是否相同，这样的叶音朗读起来更加和谐。主要包括以下三条：

第一，对开合和谐的修订。朱子改吴氏叶音合口为开口的例子如《郑风·将仲子》第三章韵字“墙桑兄”，吴氏补音“兄虚王切”，阳合三；朱改为“叶虚阳反”，阳开三。全诗若按吴氏则开口（墙桑）与合口（兄读虚王切）押韵，朱子将“兄”字改订成“虚阳反”，就同属开口。《大雅·抑》第五章：“白圭之玷，尚可磨也。斯言之玷，不可为也。”“为”字吴氏叶“吾何切”，读果摄歌韵开口一等，其音同“娥”；朱改“叶吾禾反”，戈合一，其音同“讹”。这样一改就与本韵段的“磨”字同属合口，介音和谐。其实，这里朱子还照顾到跟“为”字本身的等呼相应，即“为”字本为五支合口，从支韵读为歌韵也当读合口的讹。从谐声来看，“为”读讹也是合音理的。这比吴氏简单地将“为”字读入果摄开口就多了一层讲究。

第二，对洪细和谐的修订。《大雅·生民》第二章第一韵段韵字“达害”，吴氏“达”补音“徒对切”，读队韵合口一等；“害”补音“暇憩切”，读祭韵开口三等，同叶去声，虽同读蟹摄且声调相和谐，但开合洪细明显不伦。朱氏“达”注音“他末反”，“害，叶音曷”。“达”字《广韵》音唐割切，定母，而朱子音“他末切”，透母，是否有误？查《生民》篇之“达”字原句“先生如达”，毛传“生也”，郑笺“羊子”，朱子释为“小羊也”，从郑氏。陆德明《经典释文》音“他末反”。而《广韵》唐割切的“达”，义为“通达”，显然不是《诗经》上的“达”字。《广韵》曷韵他达切小韵收“羍，小羊也”，此即“先生如达”的“达”。原来，朱子的注音是结合音韵训诂综合考察的，所以他取《经典释文》的音，直接注音“他末反”（即他达切），不看作叶音。而吴棫读作定母，可能没注意到韵书的“羍”才是《诗经》的“达”，于是就根据韵书“达”字作音了。这一条生动反映了朱、吴两大注音的旨趣不同。当然，这里也绝不是定母的浊音清化。“害叶音曷”的根据还是那条“四声互用”。如此，读“他达切”的“达”与“音曷”的“害”就都是曷韵开口一等，读起来开合洪细都和谐了。朱熹在这里不但改订了洪细，还改订了韵部（韵基）。当然，朱子只改订洪细而不改动韵基的例子也是有的，如《唐风·扬之水》第一章韵字“凿爆沃乐”，“沃”，吴（补音）“鬱缚切”，切下字属药合三等，照吴氏读，全韵段药铎两韵洪细通押。朱子将“沃”改“叶鬱缚反”，属铎韵一等。则全韵段均叶铎韵一等。此外，朱子还有改吴氏所叶洪音为细音的例子，如《小雅·桑扈》第二章韵字“翰宪”，吴氏“翰”叶“胡干切”，“宪”叶“虚言切”，取山摄一三等相叶。朱氏“翰”叶“胡见反”，“宪”不注音，叶读本音，则取山摄三四等去声细音相叶。同样，《大雅·江汉》第四章：“宣翰”，吴氏“翰”叶“胡干切”，寒开一，“宣”字不注叶读本音，则本段取仙三等与寒一等韵相叶。朱氏“翰”改订“叶胡千反”，读先韵开口四等，则本段乃平声仙先两韵相叶，同为细音。上两例“翰”字吴氏补音实际上只是改声调一律叶平声，音的洪细并没有措意；而朱熹则“翰”字声调取平去两读之平声外，韵却一律读细音。原韵段中韵字洪细夹杂，朱熹统一改洪读细，可能反映了他对山摄古音的看法。

朱子这种强调开合洪细相谐绝非偶然，而是有意为之，其意可归为两点：一是照顾被叶音字原来的开合洪细，如“为”字本为合口字，改叶也读合口；二是尽可能地照顾改叶以后韵段读音的等呼和谐。在这个思想指导下，凡属于需要强调等呼和谐的地方，朱子总是加以改订，甚至不厌其烦。典型的例子是给“友有右”三字改订开合。“友有右”三字中古属流摄，在《诗经》时代属之部，现在这已是常识。吴氏当时叶止摄，音“羽轨切”，读为合口，在《韵补》中均收入上声四纸。三个字中古都是流摄开口三等喻母字。吴氏怎么定其古音为合口？推测吴氏的根据来自对“有”字的古诗用韵与谐声的双重考察。杨简《慈湖诗传》之《葳炳》下云：“《补音》有，羽轨切。《说文》疮清鲔皆以有得声。《史记·封禅颂》有与祉叶。《龟策传》有与纪叶。《司马相如叙传》有与始叶。班固《西都赋》有与里叶。付毅《洛都赋》有与畤叶。按，采有此苟切，有云九切，宜从两读例。而诗十用有韵，无作云九切者，今定从一读。”②徐藏《韵补·序》也说：“有为云九切，而贿痏洧鲔皆以有得声，当为羽轨切”，从这条引文可知吴氏是折中古韵与谐声而得其音。也就是说，吴氏认为“有”字古韵押“祉始畤里”等止摄字，又与“洧”等合口字谐声，故定其古音当为止摄合口。“有”既为合口，则同类的“友右”也还看作合口。但朱子在《诗集传》中将这三字的叶音大多改订为开口“叶羽已反”，总计25次（友8、有11、右6），不避重复。大概是认为在这里简单应用“谐声推古”定其开口似有不妥。因为“有”字所有的谐声字并不同质，“洧”固然是止摄合口三等字，但“贿”乃灰韵合口一等，“宥囿”等字又属于开口三等，而朱熹古音中灰韵独用，既不同于咍韵，也不同于支微韵，[18]故此，仅据谐声取音则开合均宜，那么确定其开合主要看它出现在什么样的韵段中，改叶之后能达到韵脚字开合洪细和谐即可。“有右友”诸字多与止蟹摄开口字相押，故其音叶也就多改为开口了。

第三，对于声调和谐的修订。《小雅·斯干》第九章第一段：“乃生女子，载寝之地，载衣之裼，载弄之瓦。”“瓦”，吴氏叶危委切，纸合三，上声；朱氏改“叶鱼位反”，至合三，去声。该段韵脚字为“地裼瓦”，吴氏“瓦”字叶上声，则取上去通押；朱氏叶去声，与同韵段“地”、“裼”两字同读去声。

三 期于在不变更古韵的前提下使韵脚更接近诗韵

众所周知，宋代实际语音已与诗韵大不相同，但诗韵凭借其在科举考试中的权威仍在读书大中有很高的地位，文人做诗通常还是依从诗韵。朱熹在《诗经》叶音中也注意到了这个问题，在不违背他的古音前提下，朱子注叶在许多场合是照顾了诗韵的。比方说宋代实际语音中蟹摄细音祭废齐三韵已并大止摄，形成支微部。而蟹摄许多字在上古音中本属脂、之两部，在《诗经》中也常与脂、之两部字同韵段相叶。遇到这种情况，吴棫通常是将这些蟹止摄字叶读齐韵，如采叶此礼切、子叶奖礼切、丝叶新资切、宰叶奖礼切、在叶此礼切等。按照吴氏叶音读，原韵段中就成了脂之与齐通押，这当然符合宋代通语，无可厚非。但却不符合诗韵。朱子在很多韵段就将吴氏的齐韵系切下字改订为止摄诸韵字，共18条，见于“采子丝弟宰在涘梓秄”等9个韵字的切语，下面略举几例：

《召南·何彼秾矣》第二章：子，吴补音奖礼切，荠开四，朱改叶奖履反，旨开三；

《邶风·缀蛛》第一章：弟，吴补音待礼切，荠开四，朱改叶待里反，止开三；

《小雅·小舟》第三章：在，吴补音此礼切，荠开四，朱改叶此里反，止开三。

这些改订是不是反映了在朱子口中齐韵四等与止摄三等存在语音分别？全面考查朱熹叶音就会发现，他的叶音对吴氏此类改订并不严格。如《周南·葛覃》第一章第二韵段韵字“萋飞喈”，吴棫在“喈”下补音“居西反”，并明确注上“叶飞”字样，止摄的“飞”下不注叶音。这意味着止摄“飞”字可以凭本读的身份跟齐韵的“萋”和读作齐韵的“喈”字相叶。朱子对该条用韵的处理与吴氏相同，仅将嘈“居西切”写作“叶居奚反”，“飞”字下不注叶音，仍是齐与止摄字相叶。在《诗集传》中，齐叶止摄的例子计有36例，有的是改叶别韵字为齐韵以与止摄字相叶，如前所引例。还有的韵段韵字本身就是齐韵字与止摄各韵的字，那么，朱子就不注叶音，表示它们直接相叶，如《卫风·硕大》第一章韵字为“颀衣妻姨私”，齐韵的“萋”与脂微韵字相叶，朱子没有注一个叶音。王力先生因此指出：“齐荠弄已经和支纸、脂纸至、之止志、微尾未合为一个韵部了。朱熹反切在这方面是和宋兀韵图一致的。”[19]

由此可见，在“以齐叶止摄”中，朱熹跟吴棫没有什么不同，对某些吴棫补音“以齐叶止摄”进行改订，是一种局部修订，其目的可能是为了使原韵段用韵更接近诗韵。如《关雎》第二章韵字“采友”，吴氏“采”补音此礼切，“友”补音羽轨切。从诗韵的角度来看，就是上声荠韵与旨韵通押，不合诗韵，且开口合口混押。朱子改订“采”字“叶此履反”，“友”字“叶羽已切”，就是止旨同用，符合诗韵，且均为开口相押。全部18条改订都可以这样来看。

四　结论

通过上述实例考察，大致可以看出朱熹批评吴棫的“未尽”与“推不去”有两层意思：一是吴棫有错讹之处，典型的如将“严”字认作避讳改读“庄”，“务”字读“蒙”，“害”字读“暇憩切”等；二是吴棫没有做到尽善尽美，虽不一定至于错，但其所补音还有可议之处，因而在不违背其占音的前提下，朱子作出许多修订，使之更加和谐，更符合一般音理。从所修订内容来看，朱熹音韵学造诣明显高于吴棫 。还可以举一个简中一的例子：《大雅·抑》第二章韵字“今政”，吴氏仅叶“政诸仍切”，“今”字不注音，显然吴氏只注意到该韵段中平声与去声不合，故改“政”为平声，而没有考虑这里还有韵尾不合的问题，这是因为吴口语中-m 尾与-ŋ 已经相混，这个韵段照吴氏的叶音，是-m 尾混押-ŋ 尾。朱氏改订为“今叶音经，政叶音征”，则全诗押-ŋ，修正了吴氏鼻尾混淆的问题。

看到朱子对吴这些修订，不得不使我们产生更多的思考，以重新审视朱子叶音的语音价值。如《月出》第二章韵脚字“懰皓受懰”，吴棫补音“受时倒切”，“懰七老切”，朱熹同之，连皓字一起都是洪音，仅“懰”字音细，所以朱子改叶“朗老反”，让它们全叶洪音。至于几“受叶时倒切”，以二等上字切一等下字，不合音理，但如此讲究洪细和谐的朱熹却没有改换切上字，这就恐怕不能简单地看作疏忽，很可能实际语音中章组字正在洪化，亦即正在卷舌化，故可以拼一等。又如《小雅·大田》第一章韵脚字“谷硕若”，吴氏“谷”补音“讫约切”，读为药开三细音；朱改“叶工洛反”，为铎韵开口洪音。但吴氏叶硕“常约切”，下字仍是三等，朱子却从之，又不据洪细改订其切下字了。表面上看，这个韵段朱熹的改订有两个问题：一是吴氏叶音均为三等，全读细音，照《切韵》音系本身洪细是和谐的，朱子改订谷“叶工洛反”似画蛇添足；其二，若要改读洪音，则“硕”从吴氏“叶常约反”又不伦，也当改读洪音而未改。其实关键就在章组字，只要将韵段中章组字看作洪音，这些问题就迎刃而解了。因为“硕若”两个章组字本身如果已读洪音的话，该韵段中朱子只需将吴氏“谷讫约切”改读洪音就和谐了。这也可以印证为什么会有“受叶时倒切”，等章组切一等韵的音，前文提及的“害读洪音曷”与“据声符读为折的逝”叶韵洪细略为不谐，若章组读洪音则“折”与“曷”就无不谐。总之，如果章组卷舌化的话，不论下字是洪是细，切出来的都可以看作是洪音。当然，仅凭这几个例证就论定南宋时章组就已经卷舌化似为时过早，不过这可以提醒我们做进一步的深入研究，同时也体现了朱熹叶音改订吴补音的价值。

（作者刘晓南，南京大学中文系教授，文学博士，主要从事汉语语音史方言史研究；
本文原载《浙江大学学报》（人文社会科学版）2005 年第 3 期。）

注　释：

① 在《韵补一东》中读“务”为漠蓬切引的例据正是《常棣》，可见其证据不足。

② 这段考证文字在《韵补》上声纸韵羽轨切小韵的“有”字下没有，可见《补音》不同于《韵补》。

参考文献：

［1］刘晓南：《朱熹诗骚叶音的语音依抓及其价伯》，载《汉语研究》2003 年第 4 期。

［2］刘晓南：《朱熹叶音木意考》，载《汉语研究》2004 年第 3 期。

［3］刘晓南：《朱熹吴音叶异同考》，载《语言研究》2004 年第 4 期。

［4］黎靖德：《朱子语类》，中华书局 1986 年版，第 2081、2079 页。

［5］朱熹：《朱子大全·别集卷三·与沙随程可久书》，同治十二年（1873）六交涂氏求我斋本。

［6］黎靖德：《朱子语类》，中华书局 1986 年版，第 2080 页。

［7］刘晓南：《朱熹诗骚叶音的语音依抓及其价伯》，载《汉语研究》2003 年第 4 期。

［8］刘晓南：《朱熹与闽方言》，载《方言》2001 年第 1 期。

［9］邵荣芬：《吴〈韵补〉和宋代闽北建瓯方音》，载《中国语文》1995 年第 5 期。

［10］黎靖德：《朱子语类》，中华书局 1986 年版，第 2080 页。

［11］刘晓南：《朱熹诗骚叶音的语音依抓及其价伯》，载《汉语研究》2003 年第 4 期，第 29 页。

［12］黎靖德：《朱子语类》，中华书局 1986 年版，第 2080 页。

［13］刘晓南：《朱熹与闽方言》，载《方言》2001 年第 1 期，第 19 页。

［14］刘晓南：《朱熹诗骚叶音的语音依抓及其价伯》，载《汉语研究》2003 年第 4 期。

［15］黎靖德：《朱子语类》，中华书局 1986 年版，第 3336 页。

［16］刘晓南：《朱熹诗骚叶音的语音依抓及其价伯》，载《汉语研究》2003 年第 4 期。

［17］刘晓南：《朱熹诗骚叶音的语音依抓及其价伯》，载《汉语研究》，2003 年第 4 期，第 28 页。

［18］王力：《朱熹反切考》，载《王力文集》第 18 卷［C］，济南：山东教育出版社 1991 年版，第 273 页。

［19］同上书，第 257 页。

朱子说诗的语言学思想札记

朱子《诗》学成就主要体现于《诗集传》和《朱子语类》卷 80、81 论诗言论中，他在吟咏诵读会通古人的基础上解《诗》，使《诗经》训释出现崭新的面貌。本文试从语言学史的角度就朱子说《诗》中体现出的语言学思想作简要总结。

一 语法学思想

杨树达很早就注意到“朱子注经留意文法”。他说：“汉儒所释古书有诘诎之病者，朱子以涵泳本文之法救之，颇有文从字顺之乐，此自汉以来训诂学之一大演变，而实开清儒研究文法之先声者也。"[1]其例证大都采自《诗集传》。如《小雅·鱼丽》"旨且有"郑释为"酒美而此鱼又有"就不懂"且"字为连词，在此处只能连接同类的"静字"，朱传释为"多"则通。本文从三个方面谈谈一孔之见。

（一）关于虚词的分析

朱子诗传的语法思想首先表现为一系列说明虚词用法的语法术语，其使用如下：（1）"辞"。如《周南·葛覃》："言告师氏。州言，辞也。"他如"且、其"等。（2）"语助辞（词）"。如《周南·樛木》。乐只君子。删只，语助辞。他如"且、只且、忌、抑、其"等。或称"语助"，如《唐风·椒聊》："椒聊之实。""聊，语助也。"（3）"语辞（词）"。如《周颂·清庙》："无射于人斯。""斯，语辞。"他如"只、思、且、其、居、诸、止、员、猗、胥"等。（4）"发语辞（词）"。如《邶风·式微》："式微式微"，"式，发语辞"，他如"聿、思、噬、逝、抑、通、诞、载"等。或叫"发语声"，如："烝，发语声。""烝，然，发语声也。"

以上术语"辞、语辞（词）、语助辞（词）、语辞（词）"有混用处，但与"发语辞（词）"有明显的区分，即它们在实词和句子末尾，而发语辞的句法位置一定处于实词或音节句的开头。另外，"辞"可作为虚词通名，解释不同的词类：释叹词，如《卫风·淇奥》："猗重较兮。州猗，叹辞也。"还有"猗嗟消与、于嗟、於皇、噫嘻、於、且"等。也可用"叹声"表示；释疑问代词，如《邶风·二子乘舟》："不瑕有害。""不瑕，疑词。"释情态副词，如《卫风·伯兮》："其雨其雨。""其者，冀其将然之辞。"释否定副词，如《大雅·行苇》："牛羊勿践履。删勿，戒止之词也。"对于一些不便训释的虚词，就用语法功能类似的虚词进行替换性的解释，如释代词"遐，何也"，"印，我也"；释关联词，如"肆，故今"，"矧，况"；释音节助词，如"侯，维"，"伊，亦维也"，"谁昔，昔也，犹青畴昔也"；释副词，切"靡，不"，"莫，犹勿也"。

以上术语和方法，参考前人所辑汉唐材料，[2]属于朱子首创的很少，这显示出其语法学思想的继承性，也应看出先前没有人能有意识地用这么多分类更细的术语和方法。如汉人注解多用"辞也"统言之，《正义》时代虽有"辞"、"语辞"、"语助"、"助语"、"助句词"等，但多混言无别，且朱子不用"助语"、"助句词"也显示了他规范术语的意识。

（二）关于实词的分析

《集传》没有明确的实词分类概念，但注释中体现出"类"的观念。朱子虽不懂现代语言学的"分布"、"功能"之类概念，但在实际训释过程中深知特定语法位置词语的性质。如在"有＋A＋名词"、"A＋彼＋名词"、"A＋其＋动词"的格式中，将A释作状词："有齐季女。""齐，敬貌。""郁彼北林。""郁，茂盛貌。""碾其叹矣。""啜，泣貌。"这类词可以描摹事物的形态和声音。朱传还能根据特定的格式正确地训释一些词的小类。如《王风·葛藟》："亦莫我有。""有，识有也。"这个解释强调认知过程，不这样解释就不能说明这个否定句的动宾关系。例如：

释量词用法。《召南·鹊巢》："百两将之。""两，一车也。"《小雅·瓠》："有兔斯首。""有兔斯首，一兔也，犹数鱼以尾。"

释实词活用。《鄘风·干旄》："良马四之。""四之，两服两骖，凡四马以载之。"《豳风·东山》："九十其仪。""九其仪，十其仪，言其仪之多也。"

释状词（descriptive，周法高术语[3]）。有拟声的，多用"某某声"，如"令令，犬颔下环声"，"喈喈，鸡鸣之声"，"坎坎，用力之声"，"许许，众人共力之声"，"槛槛，车行声"，"丁丁，伐本声"，"薄薄，疾驱声"，或径用"声也"，如"（浙米）叟叟，声也"。有拟形的，多用"某某貌"，如"（其鱼）唯唯，行出人之貌"，"汤韵，水盛貌"。"岩岩，积石貌"，"赫赫，显盛貌"。

释代词。布龙菲尔德把"替代"看作与句型和结构并列的三大语法形式之一，代词正是语言中的一种替代法的运用。朱子释代词重视语言义和言语义的区分。如"印，我也"，即黄侃"以语言解释语言之谓也"，是系统内部的解释，而朱子特别重视结合上下文语境和言语环境训释代词。如一称代词"我"在不同语境中可以有"女子自我也"、"申后自我也"、"东人自我也"、"不去者自我也"、"胺自我也"、"嫁者自谓也"、"为宣王之自我也"、"为有田禄而奉祭祀者之自称也"等不同的"言语义"。人称代词的所指根据时空关系、面称或背称而有复杂变化，仅仅满足于一称、二称的划分并不能把握其确切古义，如设语史中"伊"、"尔"在一定语境中指。"我"的现象。朱子解诗充分注意到这类现象，如《豳风·九最》："鸿飞莲潜，公归无所，于女信处。"释"女"为"东人自相女也"即东人自称，"东人闻成王将迎周公，又自相谓而言，鸿飞则遵渚矣，公归岂无所乎？今特与女信处而已"，周公不在场，东人自唱此诗，故"女"指向自己。

（三）关于词法句法的分析

释重叠及其语法意义。名词重叠：《邶风·燕燕》："谓之燕燕者，重育之也。"动词重叠：《邶风·式微》："式微式微。""再言之者，言衰之甚也。"形容词重叠："萋萋，盛貌。"朱子释《周南·卷耳》"采采"和《小雅·南嘉鱼》"罩罩"为表"非一"之词，有人认为是形容词，此处暂不辩解，但朱子的训释体现出他对重叠式语法意义的有意识分析。

释偏正结构。如"中谷，谷中也"，"中田，田中也"，"中露，露中也"，"中阿，阿中也"，"中沚，沚中也"，此类多承《毛传》。邢公畹以为这是原始汉语结构，与汉台语有关。[4]再如《唐风·无衣》："岂日无衣七兮？州言我非无是七章之衣也。"《豳风·东山》："有敦瓜苦，烝在粟薪。""因见苦瓜系于粟薪之上。"

释宾语前置句。《魏风·硕鼠》："谁之永号？""当复为谁而永号乎？"《小雅·十月之变》："胡为我作。"言"动我以徙"。这些是代词宾语前置句。

释双重否定句式。如《小雅·湛露》："不醉无归。""不醉则不归。"还有复杂的周遍性双重否定句，如《邶风·北风》："莫赤匪狐，莫黑匪乌。洲皆不祥之物，人所恶见之者。所见无非此物，则国将危乱可知。"所见无不是赤狐、黑乌。再如《小雅·小弁》："靡瞻匪父，靡依匪母。""况父母至尊至亲，宜莫不瞻依也。"朱传还帮助分别与此不同的并列式平行否定。如《商颂·长发》："苞有三蘖，莫遂莫达。""皆不能遂其恶。"即不能遂达其恶。

释语态。《周南·芣苢》："采采芣苡，薄言有之。""有，既得之也。"汉语动词无形态变化，并不表明没有"时"的表意范畴，此处释"有"强调动作的完成或实现，而不是表静态的"具有"，深得文义。类型学研究表明许多语言中表完成时的语法标记都由"有"类实词语法化而来，朱传印证了这个类型学普遍性的语义基础，可谓精微。

探讨朱子的语法学思想，并不是要证明朱子具有今人的语法观念，主要是寻求限语本身语法学思想的发展脉络。朱子继承前人成果，在紧密联系文本情景、语境阐释诗句的过程中体现的语法分析方法和思想，是中国语言学史研究中不可忽略的一环。还要看到朱子语法学思想形成的深刻时代背景，前人的分析成果在有宋一代积聚，使语法分析形成新的气象。如欧阳修、严羽提出“语病”说、王若虚常用“句法”概念分析、探讨修辞句法问题，朱子只是时贤中的一员。由此，元代出现中国最早讲古汉语虚词的专书《助语辞》是中国古代语法学思想合乎逻辑的发展，朱子丰富了他那个时代的语法分析实践。

二　篇章语言学思想

现代篇章语言学强调对一定语境下特定语篇的衔接及其用意的研究，不完全受句子语法的约束。汉代以来的经传注疏和文论专著中都有丰富的篇章语言学思想。《诗》发乎情，辞意隐，自古有“诗无达诂”之说，朱子《集传》“推寻脉理，以平易求之”[5]（《诗二》），“吟咏讽诵，观其委曲折旋之意”[6]（《论读诗》），积累了宝贵的篇章语言学研究经验，值得挖掘和研究。

从篇章语言学角度看，传统的赋、比、兴其实是语篇展开或衔接的手段，汉代经师已言及这三个名目，朱子不仅释其涵义而且与风、雅、颂联系，产生了重大影响。“风、雅、颂乃是乐章之腔调……至比、兴、赋又别；直指其名，直叙其事者，赋也；本要言其事，而虚用两句钩起，因而技续去者，兴也；引物为况者，比也。立此六义，非特使人知其声音之所当，又欲使歌者知作诗之法度也。”[7]（《诗一》）古注即使告知赋、比、兴，后人也未必都能借以理解诗篇的语义连接，朱子往往点破其中的关系。如《卫风·氓》：“于嗟鸠兮，无食桑葚。于嗟女兮，无与士耽。”注曰“比而兴”，那么吃不吃桑葚与下文有什么关联呢。朱子“鸠食葚多则致醉”，如此方与“耽”意联系上。诗篇中“兴”的连接并非都是单就实物而言，事物间抽象的否定关系也能起兴，《朱子语类·诗一·纲领》：“‘行苇勿践履’，‘戚戚兄弟’，‘行苇’是比兄弟，‘勿’字乃兴‘莫’字。”这是对篇章联系的深层把握。“直叙其事”的“赋”的诗章也不易一下子理清篇章的前后联系。如《魏风·陟岵》：“陟彼岵兮，瞻望父兮。父曰：‘嗟！予子行役，夙夜无已。’”“孝子行役”如何能听到父亲说的话呢？朱子“因想象其父念己之言”，一语中的。这种对篇章内部联系的阐发，对语篇作者“用意性”的揭示，如果不设身处地从特定语境去考察，是很难做到的。

语篇中小句词汇意义的重述和强化是语篇联系和扩展的重要手段，在诗中通常表现为一组富于变化的递进式并列句。朱子已注意到了这种语义上的扩展并做了系统注解。较明显的如《召南·摽有梅》首章“其实七兮”，“言梅落而在树者少，以见时过而太晚矣，求我之众士，其必有及此吉日而来者乎？”次章“其实三兮”，“则落者又多矣”；最后一章“顷筐墍之”，“则落之尽矣。谓之，则但相告语而约可定矣”。还有不太明显的，如《卫风·淇奥》三章各有“绿竹猗猗”、“绿竹青青”、“绿竹如箦”，语篇扩展是借助词义变化推进的：“猗猗，始生柔弱而美盛”，“青青，坚刚茂盛之貌”，“箦，栈也。竹之密比似之，则盛之至也”。当然并非所有诗篇都是递进式展开，有的只是重奏复沓而已，这类诗朱子一般不注。20世纪30年代顾颉刚与魏建功关于《诗》的徒歌、乐歌的争议，涉及诗意是否有递进问题，[8]若参以朱子言论，可能会少一些笔墨吧。

篇章语言学中“互指”，包括代词、指示词和表比较的词。是语篇外部联系的重要形式，不解释出这种指代关系就无法把握语篇的衔接和意义。如《召南·殷其雷》：“殷其雷，在南山之阳。何斯违斯，莫敢或遑。”第一个“斯”和第二个“斯”的解释众说纷纭。《毛传》：“何，此君子也。斯，此。”《郑笺》：“何乎此君子，适居此，复去此，转行远从事于王所命之方，无敢或闲暇时?”释两“斯”为此地，泥于《毛传》“此君子也”而不能正确解释第一个“斯”字。陈澧说《毛传》“简而精，精而奥”，后人误解《毛传》者多因不能在语篇的、功能的、宏观的层面思考，此处“何”字正是语篇层次上的功能性解释而非替代性的随文释义，“斯，此”总释两“斯”，“何、斯”之解总释一句（采胡承珙《后笺》意），[9]故朱子释“何斯，斯，此人也。违斯，斯，此地也”，深得毛意。胡承琪释两“斯”为“此地”，严粲《诗缉》倡“此时”、“此地”解，“虽不中不远矣”，杨伯峻以音节助词观之就远了。三章各有“在”，以雷无定所兴“莫敢遑息”，三处变换，意无递进，其兴意一也，故前“斯”不必随之变换时地。另，指代词须有可指者，下文“君子”上文“之阳”正满足此条件。而此句时间性伴随叙述之中，文意自明，不须再指代“此时”。朱子揣摩篇章以求正诂，何其精也。

朱子还尝试从语篇中代词的指称关系辨明指称的对象。有弟子问《郑风·狡童》一诗“古注谓诗人以‘狡童’指忽而言”确否，朱子答曰：“似不曾以‘狡童’指忽。且今所谓‘彼’者，它人之意也；所谓‘子’者，尔之意也。他与尔似非共指一人而言。今诗人以‘维子之故．使我不得餐兮’为忧忽之辞，则‘彼狡童兮’自应别有所指矣。”[10]（《诗二》）此虽可商，即“予”未必不可意指“彼狡童”，但朱子有意识地利用代词说明语篇的联系还是值得肯定的。有时还要联系文体，如说《抑》：“盖武公作此诗，使人日夕讽诵警己耳，所以有‘在子’‘告尔’之类，皆是箴戒作文之体自指耳。”“东莱硬要做刺厉王，缘以‘尔’‘汝’字碍。”[11]（《诗二》）

从篇章的接受性角度看，对诗篇的理解有一种特殊的“断章取义”现象，现代篇章语言学对此总结不够。这种读诗、解诗或用诗方式，春秋始盛。《文心雕龙·章句》：“寻诗人拟喻，虽断章取义，然章句在篇，如茧之抽绪，原始要终，体必鳞次。”朱子进一步倡发此意以说明《诗》篇阐释问题。如今人有以《鲁颂·駉》中“思无邪”承上文“思无疆”、“思无期”、“思无斁”的事实而认为孔子评《诗》的“思无邪”是“思无际涯”之意，此不明断章取义之例也。《集传》：“孔子曰，《诗》三百，一言以蔽之，曰思无邪。盖《诗》之言美恶不同。或劝或惩，皆有以使人得其正。然其明白简切，通于上下，未有若此言者，故特称之，以为可当三百篇之义，以其要为不过乎此……苏氏曰，昔之为诗者，未必知此也。孔子读诗至此，而有台于其心，是毗取之，盖断章云而。”这里说的“为诗者，未必知此”正说明读者对语篇可以有创造性的阐发。“断章取义”有两个方面；一是“兴于诗”，即理解诗而不游离于语篇，这是因为《诗》有“感发人的意思”[12]（《论读诗》）；一是，“寓己意”，即引诗可“但借其言以寓己意，初不理会上下文意”[13]（《论读诗》）。“断章取义”现象可以用来探索对语篇的理解和阐释过程中接受者如何创造性提取、发挥和转移原有语篇意义的互动过程与规律。

三 音韵学思想

南宋是古音学的萌芽期，吴棫提出古韵通转之说，粗分古韵为九部，郑庠著《古音辨》分古音为六部，徐蒇指出古谐声偏旁相同的字，古韵必同部，王椿认为古诗写作自有其音。在这种背景下看朱子古音思想的形成与发展具有学术史的逻辑性。从明代焦竑以来就不断有人对吴棫、朱子的叶韵进行批判，谓之“强为之音”。洪诚对此有所驳正，认为“叶韵”的实质是“改今音以协古韵”，是求古音的读法，[14]本文主要用朱子本人的论述说明其进步的音韵学思想。

朱子古音研究承上启下。对《诗经》古音的考证，三国徐邈、六朝沈重已有滥觞，唐陆德明《经典释文》所引可证。沈重、徐邈注《诗经》古音持“叶韵观”，钱玄同批评说：“他们并没有古今奇异的思想，只不过求读音的和谐而已。”[15]认为魏晋以迄隋唐在考证古音上，并没有什么贡献。对古音的自觉研究始于南宋吴棫（字才老），他著有《韵补》、《毛诗补音》（佚）等。朱子《诗集传》吸收了吴氏研究成果并有所发展，“叶韵多用吴才老本，或以自意补人”，“叶韵乃吴才老作，菜又续臧之”[16]（《诗一·纲领》）。朱子“叶韵”在前人基础上有自己的主张，能代表南宋人研究古音的水平，其研究方法启发了后世学者，明代焦竑、陈第都是站在朱子基础上将古音研究向前推进的。明清之际，学者才进而试图给古音建立一个更详尽的语音系统。朱子的古音研究显然处于承先启后的位置，是值得语音学史和语言学史家重视的。

朱子对吴棫《韵补》有所批评和改进。“吴才老《韵补》甚详，然亦有推不去者。某煞寻得，当时不曾记，今皆忘之矣。如‘外御其务’叶‘烝也无戎’，才老无寻处，却云：‘务’字古人读作‘蒙’，不知‘戎’，杖也，‘汝、戎’二字，古人通用，是协音汝也……‘下民有严’叶‘不敢怠遑’，才老欲音‘严’为‘庄’，云避汉讳却无道理。某后来读《楚辞·天问》见一‘严’字乃押从‘庄’，乃知是叶韵，‘严’读作‘昂’也。”[17]（《诗一·纲领》）朱子发展了吴才老的叶韵思想并有意识探究古韵的真面目。由“乃知是叶韵”也可推知，朱子说的叶韵讲究的是有古代韵文押韵证据的古音，并非迁就今人读音的改读。

朱子叶韵理论重视从活的方言中求证。弟子问“《诗》音韵间有不可晓处”，朱子答：“如今之所在方言，亦自有音韵与古合处。”（《诗一·纲领》）朱子在《楚辞辩证上·九歌》中还用闽方言进行考证。如“堂、宫、中，或云当并堂韵，宫字已见《云中君》，中字今闽音正为当字”，又“雄，与凌叶，今闽人有谓雄为形者，正古之遗声也”。

朱子注《诗》注重总结韵例，如论“换韵”说：“有全章换一韵处，有全押韵处”[18]（《诗一·纲领》）；“互文协韵”说，如《鄘风·定之方中》：“定之方中，作于楚宫。揆之以日。作于楚室。”“楚室，犹楚宫，互文以协韵耳”；“就字为韵”说，如《小雅·常棣》：“是究是图。亶其然乎”，“就用乎白为韵”；“便文协韵”说，如《小雅·甫田》：“以我齐明，与我牺羊，以社以方”，“齐与粢同，《曲礼》曰，稷曰明粢。此言齐明，便文以协韵尔”。

朱子有语音演变的观点吗？我认为朱子有明确的语音演变观。论者多讲明代陈第始知“音有古今之别”，“不宜执今音以概古”[19]，朱子已完全懂得这个道理：“盖古人作诗皆押韵，与今人歌曲一般。今人信口读之，全失古人咏歌之意。”弟子问：“《诗》叶韵是当时如此作？是乐歌当如此？”朱子答：“当时如此作。古人文字多有如此者，如正考父《鼎铭》之类。”[20]（《诗一·纲领》）这不是流于假想，而引用了被汉语史研究者最为看重的“同时性语料”金文，是非常不简单的。朱子还知道“古人文章，亦多是叶韵”，并举《王制》及《老子》叶韵处数段以示学生。认识到上古语言也是有变异性的，预见性地指出古音研究中可能存在误区，他指出叶韵之古音也并非是十分严格的，当时时韵，只是要便于讽咏而已，到得后来，一向于字韵上严切，却无意思。如今之儿歌、民歌也不都是处处严格押韵，何况还有方音的差异，若是字字“严切”古音，反而作茧自缚。

总之，朱子说《诗》的语言学思想在《诗经》学史和汉语研究思想史上具有承先启后的作用。周法高先生曾呼吁重视宋儒在汉语研究史上的地位是很有见地的，[21]朱子其他的解经成就也应进一步总结研究。

（作者张延成，武汉大学文学院讲师，文学博士后；
本文原载《西南师范大学学报》（人文社会科学版）2005 年第 1 期。）

参考文献：

［1］杨树达：《中国文法学小史》，载湖南师范大学汉语教研室编：《古汉语论集》，湖南教育出版社 1985 年版，第 347—348 页。

［2］郑典、麦梅翘：《古汉语语法学资料汇编》，北京：中华书局 1964 年版。

［3］周法高：《中国古代语法：造句编上》，台北：史语所 1961 年版。

［4］邢公畹：《〈诗经〉“中”字倒置问题》，载《邢公畹语言学论文集》。北京：商务印书馆 2000 年版，第 332—339 页。

［5］朱熹：《朱子语类》第 3 册，北京：中华书局 1994 年版。

［6］同上。

［7］同上。

［8］王煦华：《古史辩伪与现代史学——顾颉刚集》，上海：上海文艺出版社 1988 年版，第 223 页。

［9］胡承珙：《毛诗后笺》，合肥：黄山书社 1999 年版，第 98 页。

［10］朱熹：《朱子语类》第 3 册，北京：中华书局 1994 年版。

［11］同上。

［12］同上。

［13］同上。

［14］洪诚：《中国历代语言文字学文选》，南京：江苏人民出版社 1982 年版，第 5 页。

［15］钱玄同：《钱玄同文集》第 4 卷，北京：中国人民大学出版社 1999 年版，第 91 页。

［16］朱熹：《朱子语类》第 3 册，北京：中华书局 1994 年版。

［17］同上。

［18］同上。

［19］何九盈：《中国古代语言学史》，广州：广东教育出版社 2000 年版，第 256 页。

［20］朱熹：《朱子语类》第 3 册，北京：中华书局 1994 年版。

［21］周法高：《宋代在语言学史上的地位应重视》，载《论中国语言学》，广州：中山大学出版社 1980 年版。

格物致知　即物穷理

——朱熹咏物诗的理学思想内蕴

朱熹是北宋开启理学的集大成者，也是南宋理学的宗师。他不但是一位伟大的哲学家、教育家、思想家，也是一位成就卓著的文学家和诗人。单就诗歌而言，他一生写的诗不计其数，仅在《朱文公集》中，经他亲手编定的诗作就达十卷，共 1100 多首。其中属咏物诗的，就不下 200 首。这些咏物诗作，不但为数可观，其思想内蕴也很精深，艺术价值也很高，其中不少是脍炙人口、流传至今的佳作名篇。

咏物诗是以物（动植物、器具和某些自然景物等）为吟咏对象的诗歌。我国古代的咏物诗，有着极其悠久的传统。而宋代的咏物诗，在唐诗的基础上又有新的发展，具有数量多、摹写真、情理具等共同特点。作为一代理学宗师的朱熹，他提出了“格物致知”的理学理论，认为必须从即物、穷理、致知三个方面综合地规定格物，并把格物与致知的关系概括为“格物所以致知”。朱熹的理学思想精髓也极大地影响并渗透进其咏物诗创作。他继承与发展了历代咏物诗的优良传统，并自觉地、创造性地在作诗论理方面进行开拓与创新，从而使其咏物诗作“多以明理言志为务”，带上了鲜明的理学思想烙印，成为熔情、理、物于一炉的脍炙人口的佳作。可以说，朱熹的咏物诗，是他生活历程的清晰印记和社会活动的真实写照，也是他博大精深的理学思想的艺术结晶。具体来说，在朱熹咏物诗中，其理学思想内蕴鲜明地体现于以下几个方面：

第一，朱熹的许多咏物诗体现了咏物以讽世的特色，具有鲜明的社会政治内容与时代色彩。我们知道，朱熹生活的南宋，处于外有严重的外族入侵威胁，内有尖锐的阶级矛盾的时代。诗歌是社会生活的一面镜子，朱熹的咏物诗也不例外，他本着“一草一木亦皆有理”（《语类》十八）的见地，通过对一些花草虫鱼、鸟兽风物等自然物的咏吟，触及时事，针砭时弊，嘲讽世道，从而表现出强烈的民族意识和忧患意识，对统治者和权豪们的残暴行为与无耻行径作了深刻的揭露与抨击。在《闻蛙》一诗中写道：“两枢盛怒斗春池，群吠同声彻晓帷。等是一场狼藉事，更无人与问官私。”诗人通过一群青蛙彻夜怒斗狂吠，最后狼藉不堪的描写，尖刻形象地影射当时朝中韩侂胄之流的朝廷权贵，排除异己、争权争利、尔虞我诈、互相倾轧、勾心斗角的丑恶现实，有力地针砭了时弊，揭露并抨击了那些像“斗蛙”一样小人的“狼藉事”。他晚年写的《墨梅》一诗“梦里清红醉墨香，蕊寒枝瘦凛冰霜，如今白黑浑休问，且作人间时世装”，也通过对墨梅的吟咏，用反语对当时那种莫辨真伪、混淆黑白的昏乱朝政与时世，进行了深刻的揭露与辛辣的嘲讽。在另一首《晚霞》诗中，诗人感叹道：“日落西南第几峰，断霞千里抹残红；上方杰阁凭栏处，欲尽余晖怯晚风”，则抨击并嘲讽了当时现实生活中“晚风”般的社会风气与世态，令人生畏，教人胆寒。这类针砭时弊，嘲讽世风的咏物诗，充分表现了作为理学宗师的朱熹那忧时伤世、厌恶权世、不愿与其同流合污的高风亮节，堪称为一位忧国忧民的仁人志士。

第二，朱熹的咏物诗，还经常咏物以抒愤。朱熹认为，诗歌是“感于物而动，而发于咨嗟咏叹之余春”。在南宋，内忧外患，国势衰微，有识之士，报国无门，悲愤之情，充塞于胸，欲吐不能，欲吞不忍。朱熹往往通过咏物诗，用隐晦曲折的手法，借物抒情，来抒发其对国家之危急、个人遭遇之坎坷的悲愤。例如《题蕃骑图》一诗：“传闻姑靼，欲南侵，愁破雄边老将心，却是燕姬能捍虏，不教行到杀胡林”，诗中愁心满怀的边关老将，正是诗人的自身写照。它抒发了诗人对朝廷不抵抗主和政策的愤慨，也显示了同仇敌忾“杀胡林”的勇气与决心。而在《柚花》中，诗人对“淑郁丽芳远”的柚花盛赞后，却笔锋陡转，感叹道：“南国富嘉树，骚人留恨词。空斋对日夕，愁绝鬓成丝。”为南国许多像嘉树一样志行高洁的人才，不为世所用，而抒发出倍感凄凉，愁得连鬓发都变白了的不满与愤慨。在《兰涧》中写道：“光风浮碧涧，兰杜日猗猗，竟夕无人采，含熏只自知”，也通过兰杜芬芳，光风浮涧，却“竟夕无人采，含熏只自知”的反差对比，抒发了志士仁人怀才不遇，不得赏识，无法施展自己才能抱负的愤懑之情。同样，在《茉莉》一诗中，写“冰蕤乱玉英”的茉莉花，“不因秋露湿，岂识此香清，预恐芳菲尽，微吟绕南行”，曲折微妙地传递出自己“预感芳菲尽”，无法报国报民的深忧远虑，抒发了自己满腔的悲怆。在《再得古木》一诗中，对“中有千岁姿，偃蹇卧寒谷”的深山古木，却因“明堂不征材”，只好“从渠媚幽独”，也淋漓尽致地抒发了怀才不遇、埋没世间的忧愤。而在《题榴花》中，则写道：“五月榴花照眼明，枝间时见子初成。可怜此地无车马，颠倒苍苔落绛英”，也借咏榴花，感慨怀才不遇，对执政者埋没与糟蹋人才深感义愤填膺。

第三，咏物以明志。即通过咏物来表明自己的志向与理想。朱熹发挥了古人“诗言志”的观点，提出“诗以言志”的主张，认为作诗者的“心志”须有“高明纯一”的境界，亦即其“德”与“义、理”合。因而在其咏物诗中，也鲜明地体现了这一诗论。例如《赋水仙花》一诗中，诗人在浓墨重彩描绘了水仙花“纷敷翠羽被，温艳白玉相”的美好形象，颂扬它“弱植愧兰荪，高操摧冰霜”的高尚品质后，就直抒胸臆道：“嗟彼世俗人，欲火焚衷肠。徒知慕佳冶，讵识怀贞刚？凄凉《柏舟》誓，恻怆《终风》章，卓哉有遗烈，千载不可忘。”诗人嗟叹世上庸人只知慕佳丽妖冶的美色，不知重视刚贞的节操，并举出诗经《柏舟》中誓不变心的烈女和《终风》中静定自守的女主人公，启示人们：这些以高风亮节自誓的刚贞女性，虽在千载之后，仍像水仙花一样，留下芳馨，令人难忘。实际上，诗人在这里是以水仙花的高尚品质与情操，来表明自己坚贞不矢、爱国忧民的思想信念，是一首“明理言志为务”的代表作。又如《子姜》诗云：“姜云能损心，此谤谁与雪？请论去秽功，神明看明彻”，诗人也是借“姜”尽管受人误解与诽谤，无辜被诬会“损心”，而它自信“神明看明彻”，会肯定它的“去秽功”，为它平反昭雪，从而表明了正直的人不畏小人毁谤，终将功留人间的矢志，可谓寄怀深远，寓意深刻，也是咏物明志诗的一个典型范例。

再如，他晚年写的《兰》：“漫种秋兰四五茎，疏帘底事太关情。可能不作凉风计，护得幽香到晚消。”其实，这秋兰就是诗人自己及其同道的精神风貌的写照。诗中通过对兰花的洁身自好、超凡脱俗、保持晚洁的颂扬，表明了自己要终身坚守高尚节操，不愿同流合污的坚贞本性，与屈原写的“受命不迁”、“苏世独立，横而不流”之南橘确有异曲同工之妙。此外，朱熹还写了大量的咏梅诗，如《江梅》、《野梅》、《小梅》、《枯梅》、《红梅》、《腊梅》……这些咏梅诗，都对“野风吹孤芳”（《野梅》）、“冷蕊缀冰雪”（《枯梅》）的冰肌玉骨、傲然挺立于风雪摧残之中的梅，独标梅格，衬现出孤高洁净、志趣高远的人格，从而表明了诗人不随波逐流、同流合污的崇高品格与志向。

第四，咏物以言理。朱熹是一位学术思想深邃、知识渊博的理学大师。他通今博古，思想缜密，常用理学家的头脑观察思考客观事物，从中获得独到的发现和感受，并能高屋建瓴，深入浅出，在平实的叙述描写中，揭示出深奥的哲理。就如他的《偶题三首》之二：“劈开苍峡吼奔雷，万斛飞泉涌出来。断梗枯槎无泊处，一川寒碧自萦回。”这是一首水的奋斗精神的赞歌。诗人见到山间的流水出山时，尽管遇到艰难险阻，但仍勇猛冲击，“劈开”挡道的“苍峡”，从而使“万斛飞泉”奔涌而出，一泻千里，把一切断梗枯枝扫荡殆尽，终见“一川寒碧”的江水，回旋萦绕，自由奔流。通过这首咏水诗，告诉人们，一切澄清的世界，只有通过艰苦奋斗才能取得，奋斗是成功之母。可谓物中含理，理中有趣，形理结合，曲尽其妙。又如脍炙人口的《观书有感之一》：“半亩方塘一鉴开，天光云影共徘徊，问渠那得清如许？唯有源头活水来”，则通过对半亩“方塘”的吟咏，揭示了读书要追根溯源，“源头活水”是最为根本的哲理，熔物、情、理于一炉，是朱熹“格物致知”“即物穷理”的理学思想最好的形象表现。再如《春日》一诗：“胜日寻芳泗水滨，无边光景一时新。等闲识得东风面，万紫千红总是春”，诗中以“春日”为吟咏对象，在赞美春天繁荣的同时，贯穿以“寻芳”（探究事理）的机趣，启发引导人们只要自觉地摆脱陈旧思想观念，就能达到心地明彻通畅、豁然开朗、妙趣无穷的胜境，诗中深含着人生哲理。还有一些诗作，则阐明了一些精彩的孔孟之道的人生哲学，就如《黄雀鲊》一诗：“黄雀飞鸣处，交交异窃脂。稻粱求易足，罗网去何迟。味厚资偏嗜，谋疏阙自为。韩彭尚菹醢，么麽尔诚宜。”这首咏雀诗，写黄雀贪食稻谷，终至“鸟为食亡”，并引用韩信彭越功成被杀的教训，劝世人吸取“人为财死，鸟为食亡”的教训，克制贪欲，不恋利禄荣华，充分体现了朱子理学一贯主张的“存天理，灭人欲”的思想，至今仍有强烈的现实教育意义。

第五，咏物以寄情。作为理学大师的朱熹，不仅思想深邃，知识渊博，同时还是一个有血有肉、感情丰富又幽默风趣，很有人情味的才子雅士。在《山馆观海棠作》中写道：“春草池塘绿，忽惊花屿红。乱英深浅色，芳气有无中”，因而他就动了雅兴，“置酒宾朋集，披襟赞咏同”，足见其平时感情之丰富，兴致之浓烈。事实上，朱熹是一位感情浓烈、恤民爱民、关心现实、接近社会下层的仁者。在《唱酬西湖一首》中，诗人十分赞赏滨海城市福州西湖的自然美景：“满眼芰荷方永日，转头禾黍便西风，湖光尽处天容阔，潮信来时海气通。”然而，他在盛赞西湖的美丽景色之后，还写了“酬唱不夸风物好，一心忧国愿年丰”，从而抒发了其忧国忧民，一心祈待民殷物阜的心愿与感情。对于严重危害民生的天灾，他则迸发出异常焦虑急切之情。乾道三年秋天，崇安持续久雨，早稻歉收，朱熹心急如焚，在《苦雨》一诗中，他不禁对老天爷提出了强烈的控诉：“仰诉天公雨太多，才方欲住又滂沱。九关虎豹还知否？烂尽田中白死禾。”诗中公然对“天公”进行了严厉谴责，对受灾百姓寄予无限同情，充分体现了诗人心忧黎民与民休戚与共的强烈感情。与之相反，对于惠及百姓的久旱后的“喜雨”，他则欢呼道：“雨师谁遣送余春，珍重天公惠我民。且看欢颜垂白叟，莫愁鬓颊踏青人。黄昏一雨到天明，梦里丰年有颂声。起望平畴烟草绿，只令投笔事耕耕。”（《和喜雨二绝》）多么酣畅淋漓地表达了诗人与村民心心相印，同甘共苦的思想感情，可谓欢欣鼓舞，情露于景！

第六，咏物以摹美。朱熹提出了“诗以言志”的观点，主张作诗须“从容于法度之中”，并强调“诗中有句”之境界。所谓“有句”者，指的是“义理”旨趣与诗中景语、情语交融为一，既有唯美的艺术情调，又含深邃的哲理内蕴。他还主张“为诗穷理致用”，反对浮华，贵在自然，妙在神韵，追求真、善、美，给人以美的享受。因而朱熹的不少咏物诗中，都娴熟地运用了多种多样艺术手法，把所咏之物描摹得形神兼备，美不胜收。他经常以比喻的手法把物态特征描摹得十分精当新颖，极富美感，并有传神之妙。例如在《百丈山六咏之六》:《瀑布》中他把飞泉比成“龙鸾共掀舞”；在另一首《次观瀑布韵》中，则把瀑布比成“白龙飞下郁兰天”，可谓形神俱显，活灵活现；在《新笋》一诗中，则把竹林寒土中的新笋喻为“下有万玉斛”，也极富美感，而在吟《石池》时，则以“骊珠吐玉盘”来巧喻月光泻入池中之妙状，令人如临其境，心神陶醉。此外，为了把所吟的对象表现得真切动人，朱熹诗作中还经常把“物”拟人化，使之产生不凡的审美效果。就如《赋水仙花》中，把水仙花写成“纷敷翠羽被，温艳白玉相，黄冠表独立，淡然水仙装，弱橙隗兰荪，高操摧冰霜”，把水仙花人格化了，俨然是一个亭亭玉立，情操高尚的女子，简直成了美的化身。在《秋兰》一诗中则写道：“兰皋一以悴，荒秽不能治，端居念离宗，无以遣所思，愿言托孤根，岁晏以为期”，秋兰已悴，却托志于根，宛然成了通人性、有个性的人物形象化身。还有一首以《梅》为题的诗中写道：“姑射仙人冰霜容，尘心已共彩云空”，也是以物拟人，使梅人格化的精彩之句。此外，朱熹的咏物诗中，还经常以想象作为创造艺术意境美的重要手段。朱熹提出作诗须以“从容于法度之外”的主张。所谓“从容”，即不受拘束，“心态”沛然，富于想象。

他的许多咏物诗作确实按此理论来实践的。就如《春雪》一诗中，就通过想象，把雪景描摹成“稍开银世界，渐长玉枝条”、“香随梅蕊落，轻伴柳花飘”，整个意境有动有静，有虚有实，绮丽优美，又如《渔艇》一诗：“出载长烟重，归装片月轻，千岩猿鹤友，愁绝棹歌声”，也是通过想象，把九曲溪渔艇的“出载长烟”与“归装片月”之“重”与“轻”两相对比，渲染出千岩之间猿鹤相亲的静寂环境气氛，并衬托出棹歌声的“愁绝”，收到了以动衬静，以静衬愁的强烈美感效果。正因为如此，此诗连同其他的《武夷精舍杂咏》迅即为人们所广泛传诵，成为武夷灵秀、道南理窟的生动写照。再如《偶题三首》中“劈开苍峡吼奔雷，万斛飞泉涌出来”，也浓抹了瑰丽的想象色彩，把奔涌激荡的水流的“动态美”描摹得栩栩如生，出神入化，令人浮想联翩，心动魂摇！

近代闽籍诗评家陈衍评朱熹诗时认为，朱熹的诗是“道学中之最活泼者”，但若选其诗，则“不如选其寓物说理而不腐之作”（《宋诗精华录》）。确实，作为朱熹的许多“寓物说理”的咏物诗，形象化地实践了其“格物致知”、“即物穷理”的理学思想，并体现了“诗中有句”的诗论观点。可以说，这些诗作是形象思维的奇葩，又是抽象思维的结晶，具有很高的审美价值，堪称为脍炙人口的“不腐之作”，从而显示了朱熹深邃的理学思想与卓越的艺术才能。当然，由于诗人的世界观与艺术创作时的灵感所限，以及生活体验的深浅程度有别，因而在他繁多的咏物诗中，也难免有一些思想内容上有“腐气”之嫌，艺术表现上较平直粗糙之作。然而总的来说，还是瑕不掩瑜，陋不遮秀。我们今天在认真研究、深入发掘朱熹的理学的同时，也应把其咏物诗作为其理学思想有机组成的一部分加以重视与研究。我们应积极从这些优秀诗作中汲取精华营养，为继承与弘扬朱子理学作出更大的贡献。

（作者陈家生，武夷学院（筹）教授，本文为 2005 年 10 月 20 日宋明理学研究中心成立庆典暨“朱子学与和谐社会”高峰论坛交流论文。）

柳永屯田家法探论

柳永是词史上最具创造力的词人之一。关于其词体观念及创作路径，前人曾以“柳氏家法”、“屯田蹊径”、“屯田家法”言之。如宋人王灼曰：“诗与乐府同出，岂当分异？若从柳氏家法，正自不得不分异耳。”[1]（卷 2，第 35 页）清人张思岩引《古今词话》曰：“真州柳永少读书时，以无名氏《眉峰碧》词题壁，后悟作词章法。一妓向人道之。永曰：‘某于此亦颇变化多方也’。然遂成屯田蹊径。”[2]（卷 18，第 483 页）近人蔡嵩云曰：“周（邦彦）词渊源，全自柳出，其写情用赋笔，纯是屯田家法，特清真有时意较含蓄，辞较精工耳。”[3]（第 4912 页）王灼笔下的“柳氏家法”，相对于苏轼的词学思想而言，即苏轼一派认为，“诗与乐府同出，皆重在抒写个人情性，岂当分异”，而柳永精通音律，认为诗词异体，“正自不得不分异”。《古今词话》所言之“屯田蹊径”，盖重在“作词章法”，而蔡嵩云之言，以为“屯田家法”的关键在于“写情用赋笔”。笔者认为：蔡嵩云之说大体能涵盖王灼及《古今词话》之说。作为词史上罕有其匹的天才词人，柳永以其独到的眼光，过人的勇气及非凡的艺术才能，以词（尤其是其音乐性）为本位，吸纳并整合赋体文学的异质因子，开创了宋词发展的新纪元。这里的“赋笔”，既指源自《诗经》的“敷陈其事而直言之”[4]（卷 1，第 3 页）的艺术手法，更指对作为文体的“赋”，涵纳楚辞、汉大赋、六朝抒情赋乃至唐变文、传奇等的艺术元素的摄融。通过对赋体文学异质艺术因子的吸纳融汇，创立慢词的新体式，这正是“屯田家法”的精髓所在。

一

慢词的创作源远流长。慢词，指配合慢曲子的歌词，而“唐中叶渐有今体慢曲子”[1]（卷 5，第 11 页）。约成书于晚唐的《云谣集杂曲子》一书中，收录的百字以上的慢词已有

《内家娇》(104字)、《倾杯乐》(110字);成书于宋初的《尊前集》,收录的词有杜牧《八六子》(90字)、后唐庄宗《歌头》(136字)、钟幅《卜算子慢》(89字)、尹鹗《金浮图》(94字)等。“宋朝循旧制,教坊凡四部。其后平荆南,得乐工32人;平西川,得139人;平江南得1人;平太原,得19人;余藩臣所贡者83人,又太宗藩邸有71人,由是四方执艺之精者皆在籍中。”[5](《乐考》,1283页),“宋初置教坊,得江南乐,已汰其坐部不用,自后因旧曲创新声,转加流丽”。[6](《乐志》,3345页)。宋初教坊新声的出现,对慢词的发展产生了积极的推动作用。

北宋王朝结束了五代十国长期的分裂局面,重新建立了统一王朝。“华夏民族之文化,历数千载之演进,造极于赵宋之世”[7](245页)。都城汴京,是一个“太平日久,人物繁阜,”“八荒争凑,万国咸通”[8](《序》4页)的政治、经济、文化中心。柳永漫游的杭州、扬州、苏州、金陵、成都等地,都是经济发达、文化繁荣的著名都会。繁华的城市,丰富的社会生活,形形色色的平民阶层人物,人生大舞台正上演着一出出人间悲喜剧,丰富多姿、色彩斑斓的社会生活已远非形制短小的小令所能涵纳,而平民阶层琐屑庸常的日常生活也绝不是以含蓄蕴藉见长的小令所能尽情展现的,在柳永生活的时代,慢词已具备了发展的一切客观条件,教坊新曲的繁盛,民间慢词的创作基础,都市生活的繁荣,商品经济的发达,市民阶层消费娱乐的巨大需求,催生着慢词的进一步发展,生逢其时的柳永身为寒士,流连秦楼楚馆,既熟谙音律,又独具文学禀赋,在一个晚唐五代以迄北宋前期词坛,同样“向着歌词之诗化的途径默默进行着”[9](《论柳永词》,129页)的时代,自觉地从根深叶茂的中国古典文学创作,从华夏大地最早的诗歌创作手法“六义”中的“赋”中吸取养分,从文体地位最为特殊的汉大赋中寻取异质艺术因子,找到了对慢词形式最适合的表现手法——赋笔,从而将慢词创作带入康庄大道,为慢词的发展开出了无限广大的法门。千年后的今天,当我们回顾其时诸多词人视慢词为畏途,多创作句法与近体诗相近的小令的前尘影事,饱览具出位之思的柳永融汇赋法创作的名篇佳制时,仍不能不叹服于柳永宏阔的艺术视野和巨大的创造能力。

二

赋本为诗的“六义”之一。汉代以后,赋作为一种最具民族特色的文体,以铺陈、叙事、描绘为其特色。“赋者,铺也,铺采文,体物写志也”[10](卷2,134页);“诗缘情而绮靡,赋体物而浏亮”[11](《文赋》,241页);“赋起于情事杂沓,诗不能驭,故为赋以铺陈之,斯于千态万状层见叠出者吐无不畅,畅无或竭”[12](卷3,86页)。汉帝国的兴盛,大汉帝国的声威,汉代社会生活的多姿多彩,赋予汉赋作家繁富的题材和宏阔博大的胸怀。汉大赋正是以其铺陈扬厉、汪洋恣肆的恢宏气度,成为文学史上一道炫目的风景。生当北宋中叶太平盛世的柳永,其所处的社会、文化背景,与大汉盛世恰有诸多相似之处。用其文体属性诗文两栖,铺排雄肆的赋笔入词,以开拓慢词发展的新空间,实在也是历史的必然选择。

柳永“屯田家法”以赋笔为其当行本色,而在其赋笔中,对慢词发展最具影响力即为其铺陈、铺叙手法。“柳耆卿《乐章集》,世多爱赏,其实该洽,序事闲暇,有首有尾”[1](卷2,36页);“耆卿词,细密而妥溜,明白而家常,善于叙事,有过前人”[12](卷4,108

页）。诸家之说，皆就此艺术手法立论。在词中运用铺叙手法并非自柳永始。敦煌慢词中已有此手法，敦煌词中的《倾杯乐》对深闺女子心态意绪的细致刻画，对女子体貌举止的层层描摹，均极富民间词叙事极多，写景极少，善铺陈渲染的特色。晚唐五代文人的词作也有善铺陈者，如后唐庄宗李存勖《歌头》以“赏芳春”、“夏云多”、“露华浓”、“岁时暮”为序，描绘四时景色，钟幅《卜算子慢》叙写思妇哀怨心态，皆层次分明，细致入微。柳永词即以敦煌词及前此文人慢词为基础，涵纳赋体文学的艺术元素，融叙事、写景、抒情、状物为一炉，创造出一种“曲处能直，密处能疏，奡处能平，状难状之景，达难达之情，而出之以自然”[13]（第3585页）的词风，从而深刻地影响了宋词发展的历史进程。

柳永词对赋笔的运用突出表现在他以都会为题材，咏都会繁华，颂承平气象的一类词里，如《迎新春》：“嶰管变青律，帝里阳和新布，晴景回轻煦。庆嘉节，当三五。列华灯，千门万户。遍九陌，罗绮香风微度。十里然绛树。鳌山耸，喧天箫鼓。”[14]（第17页）

京都赋是汉大赋的代表，也是汉大赋的主要门类，萧统《文选》第一卷至第六卷（赋甲、赋乙、赋丙）即为“京都上”、“京都中”、“京都下”。这些赋铺张扬厉，踵事增华，极尽夸张铺陈之能事。与班固《两都赋》等鸿篇巨制相比，柳永的都会词似乎连“具体而微”也算不上，但就其“较近于图画，用在时间上绵延的语言表现在空间上并存的物态”，“有几分是‘空间艺术’”[15]（第十一章，第203页）而言，这些词确是继承了汉大赋“体物”以彰显大汉声威的传统的。事实上，柳永的这些都会词早已引起关注。宋人黄裳《书〈乐章集〉后》曰：“予观柳氏《乐章》，喜其能道嘉祐中太平气象，如观杜甫诗，典雅文化，无所不有。是时予方为儿，犹想见其风俗，欢声和气，洋溢道路之间，支植咸若。令人歌柳词，闻其声，听其词，如丁斯时，使人慨然有感。呜呼，太平气象，柳能一写于《乐章》，所谓词人盛世之黼藻，岂可废耶。”[16]（卷35，第1120册第239页）祝穆亦引范镇之言曰：“仁宗四十二年太平，镇在翰苑十余载，不能出一语咏歌，乃于耆卿词见之。”[17]（卷10）柳永的都会词，充分展现了仁宗时物阜民康的承平气象，承载着明快积极的时代精神，这与汉大赋是一脉相承的。

柳永用以体物见长的赋笔入词还体现在他的咏物词里。本用于花间尊前娱宾遣兴的曲子词似乎并没有咏物的功用，柳永的咏物词有《黄莺儿》、《受恩深》、《望汉月》、《望远行》、《临江仙引》、《瑞鹧鸪》、《木兰花》等近十首，其中《黄莺儿》、《望远行》等为慢词。以下即以其《黄莺儿》为例：“园林晴昼春谁主。暖律潜催，幽谷暄和，黄鹂翩翩，乍迁芳树。观露湿缕金衣，叶映如簧语。晓来枝上绵蛮，似把芳心、深意低诉。无据。乍出暖烟来，又趁游蜂去，恣狂踪迹，两两相呼，终朝雾吟风舞。当上苑柳秾时，别馆花深处。此际海燕偏饶，都把韶光与。”这首词咏黄莺，它“具有在时空两个方面把事物加以展开的意义”，“不假比兴，直接表现事物的时空状态”[18]（第一章，第7页）。它以时为序，自“暖律潜催”的初春向“上苑柳秾”的春深时节作纵向铺陈，在纵向铺陈、时光的流逝之中，又对黄莺的行踪、性状进行了细致的横向铺陈，翩翩黄莺“乍迁芳树”，其羽金色耀眼，其声婉转动听，“乍出”、“又趁”刻划出黄莺的轻盈欢快，其“呼”、其“吟”、其“舞”莫不充分展现了黄莺踪迹的“恣狂”，篇末海燕的“都把韶光与”，侧写出黄莺占尽春光的骄人英姿。纵横交织，时空完整，对黄莺的吟咏刻画备足无余，《钦定词谱》称其咏黄莺儿，取以为名。此调以此词为正体。晁词、无名氏词皆变体也。[19]（卷24，第1628页）柳永用以体物的咏物词，不仅成为此调的正体，还因其对词的题材及创作手法的突破，为宋人开拓出咏物词的蹊径。柳永之后咏物词渐盛，至南宋时大盛，柳永的开创功不可没。

柳永的俗词上承敦煌词传统，以叙事见长，明快浅近，委婉细密，如著名的《定风波》："自春来，惨绿愁红，芳心是事可可。日上花梢，莺穿柳带，犹压香衾卧。暖酥消，腻云亸。终日厌厌倦梳裹。无那。恨薄情一去，音书无个。早知恁么，悔当初，不把雕鞍锁。问鸡窗，只与蛮笺象管，拘束教吟课。镇相随，莫抛躲，针线闲拈伴伊坐。和我。免使年少、光阴虚过。"[14]（第29页）

柳永的雅词，前人称其"用六朝小品文赋做法，层层铺叙，情景兼容，一笔到底，始终不懈"[20]（第87页）。笔者认为，柳永雅词的层层铺叙，在其景与情的铺叙。柳词铺叙的景，大多是羁旅行役，"登山临水"所见"萧瑟兮草木摇落而变衰"之秋景，柳词铺叙的情，大体是"悲忧穷戚兮独处廓"、"去乡离家兮徕远客"、"贫士失职而志不平"[21]（《九辩》）之情。从这些情景兼容的词作中，我们可以深切感受或隐隐窥见从宋玉《九辩》到东汉后期抒情赋乃至魏晋南北朝时期以王粲《登楼赋》为代表的抒情小赋的深刻影响，当然，赋笔的铺叙是始终贯穿其中的。

在这些情景兼容的作品中，柳永的艺术手法并非一成不变、整齐划一。有的作品重在平叙、实说，将身之所历、目之所见纳入词中，真切质实，鲜明如画。这些词注重形象间的客观联系，空间景物是连续的、全景式的，气势雄健，宏丽壮阔，与温庭筠等"撇开一切具体性，而一味地以象征手法把非特指的、因而更加纯粹的感情世界描绘出来的作品"[22]（第104页）大异其趣，如《夜半乐》："冻云黯淡天气，偏舟一叶，乘兴离江渚。渡万壑千岩，越溪深处。怒涛渐息，樵风乍起，更闻商旅相呼。片帆高举。泛画鹢、翩翩过南浦。望中酒旆闪闪，一簇烟村，数行霜树。残日下，渔人鸣榔归去。败荷零落，衰杨掩映，岸边两两三三，浣纱游女。避行客、含羞笑相语。到此因念，绣阁轻抛，浪萍难驻。叹后约丁宁竟何据。惨离怀，空恨岁晚归期阻。凝泪眼、杳杳神京路。断鸿声远长天暮。"[14]（第37页）

关于《夜半乐》，唐圭璋先生曾有一段精彩的评述："此首三片。上片记泛舟所经，中片记舟行所见，下片抒远游之感。大气磅礴，铺叙尽致。起首，点天气黯淡，乘兴泛舟。'度万壑'两句，记舟行之远。'怒涛'三句，记舟行所遇。'片帆'三句，记舟行之速。中片写景如画，皆从'望中'二字生发。霜树烟村，酒旆闪闪是远景，渔人鸣榔，游女浣纱是近景。下片触景生情，语语深厚。初念抛家飘泊，继叹后约无凭，终恨岁晚难归。沉思千般，故不觉泪下。'到此'以下，皆曲处密处，至'凝泪眼'三句，乃用直笔展开，极疏荡浑灏之至。"[23]（第74页）

《戚氏》长达212字，时空转换，开阖动宕，是其时空前的鸿篇巨制。"《离骚》寂寞千年后，《戚氏》凄凉一曲终"[1]（卷2，第36页），将《戚氏》与《离骚》对举，可见其词作地位之一斑：" 晚秋天，一霎微雨洒庭轩。槛菊萧疏，井梧零乱惹残烟。凄然，望江关，飞云黯淡夕阳间。当时宋玉悲感，向此临水与登山。远道迢递，行人凄楚，倦听陇水潺湲。正蝉吟败叶，蛩响衰草，相应喧喧。孤馆度日如年，风露渐变，悄悄至更阑。长天净，绛河清浅，皓月婵娟。思绵绵，夜永对景，那堪屈指，暗想从前。未名未禄，绮陌红楼，往往经岁迁延。帝里风光好，当年少日，暮宴朝欢。况有狂朋怪侣，遇当歌，对酒竞留连。别来迅景如梭，旧游似梦，烟水程何限？念利名、憔悴长萦绊，追往事、空惨愁颜。漏箭移、稍觉轻寒，渐呜咽、画角数声残。对角窗畔，停灯向晓，抱影无眠。"[14]（第35页）

《戚氏》谋篇布局之章法及气势历来备受称道，清人蔡嵩云曰："第一遍，就庭轩所见写到征夫前路。第二遍，就留连夜景写到追怀昔游。第三遍，接写昔游经历，仍落到天涯孤客竟夜无眠情况。章法一丝不乱。惟第二遍自'夜永对景'至'往往经岁迁延'、第三遍自'别来迅景如梭'至'追往事空惨愁颜'，均是数句一气贯注。"[3]（第4916页）柳词的气势既源于其题材的拓展、物象的宏丽，但与其章法结构的大开大阖、跌宕起伏，以及篇中对句、领字的运用（详下文）等都有密切关系。

三

除了运用铺陈、铺叙手法，柳词的"赋笔"还突出表现在词中对句的运用上。

朱光潜先生曾经对"中国诗何以走上'律'路"、"赋对于诗的影响"进行了深入的探讨。朱先生指出，中国诗的转变"尤以律诗的兴起为最重要"，"它的最大特征是丢开汉魏诗的浑厚古拙而趋向精妍新巧。这种精妍新巧在两方面见出，一是字句间意义的排偶；一是字句间声音的对仗"。中国诗走上"律"的路，最大的影响是"赋"，诗和散文的骈俪化都起源于赋。因为"赋侧重横断面的描写，要把空间纷陈对峙的事物情态都和盘托出，所以最容易走上排偶的路"。朱先生认为，赋对于诗有三点最重要的影响。一是意义的排偶，赋先于诗；二是声音的对仗，赋也先于诗；三是律诗与赋一样，意义的排偶也先于声音的对仗。故"意义的排偶和声音的对仗都发源于词赋，后来分向诗和散文两方面流灌"[15]（第十一章，第198—217页）。这是一个精辟的论断。

《诗经》中已偶有对句出现。《楚辞》则逐渐有意于排偶，在《楚辞》中我们可以见到这样的句子："朝骋骛兮江皋，夕弭节兮北渚。鸟次兮屋上，水周兮堂下。捐余玦兮江中，遗余佩兮醴浦。"[21]（《湘君》）

汉赋则从偶作骈语逐渐演变为有接连数句乃至十数句用骈语者，如："尔乃龙吟方泽，虎啸山丘。仰飞纤缴，俯钓长流。触矢而毙，贪饵吞钩，落云间之逸禽，悬渊沉之魦鰡。"[34]（张衡《归田赋》）

魏晋以后，由于技巧日趋成熟，从意义排偶到声音的对仗，成为词赋的普遍追求，词赋的排偶对诗和散文的影响也更加明显。从陆机的《文赋》我们可领略其时赋对词藻、骈偶考究之一斑："伫中区以玄览，颐情志于典、坟。遵四时以叹逝，瞻万物而思纷。悲落叶于劲秋，喜柔条于芳春。"[11]（陆机：《文赋》）

唐时，除了律诗成熟、律赋定型外，受高度繁荣的诗文影响，传奇的创作也日趋繁盛。传奇作品的语言流畅传神，也时有对句出现。宋人陈师道曰："范文正公为《岳阳楼记》，用对语说时景，世以为奇。尹师鲁读之，曰：'传奇体尔。'"[24]（第310页）即就这一特点而言。传奇中以对语铺陈状物者时有所见，如《游仙窟》："芙蓉生于涧底，莲子实深；木栖出于山头，相思日远。未曾饮炭，肠热如烧；不忆吞刃，腹穿似割。"[25]（第25页）

敦煌变文中亦可见用对语者，如《伍子胥变文》："子胥哭已，更复前行。风尘惨面，蓬尘映天，精神暴乱，忽至深川。水泉无坻，岸阔无边。登山入谷，绕涧寻源。"[26]

敦煌曲子词中已有对句出现，如《内家娇》："两眼如刀，浑身是玉，风流第一佳人。

及时衣着，梳头京样，素质艳丽青春。”[27]（第1283页）

在五代、宋初的词作中我们也可以看到这样的句子，如韦庄《更漏子》：“钟鼓寒，楼阁暝，日照古桐金井。”[28]（卷3，第42页）

又如范仲淹《苏幕遮》：“碧云天，黄叶地。秋色连波，波上寒烟翠。”[14]（第11页）

与前辈词人相比，柳词中对句的运用十分频繁，日本学者宇野直人曾对柳词中对句所占的比例作过细致的统计，其结果是：《花间集》为311/500，《敦煌曲子词集》为45/162，柳永《乐章集》为311/213（左为对句数，右为作品总数），[29]（第192页）柳词中对句所占的比例最高。

柳永不但在词中多用对句，词中的主干句式亦多用四言句，这些四字句多为两个双音节词的组合，往往有骈偶的趋向。“以四言句作为主干句式，既可形成词体外观的整齐均衡之美，亦可形成内在节奏韵律的匀停和谐之妙。再适当配以其他字数的句式，词体便能在错落有致、变化多姿而又匀称和谐、修短有度中发散更大的审美诱惑”[30]。柳词中对句及四言句的频繁运用，是柳永以赋笔入词，也即“屯田家法”的重要组成部分。

“对句易于言景，难于言情。”[31]（《词品》上卷，第840页）柳词中的对句，常用于对景物的描绘铺陈。对句的整饬均衡，带给作品令人赏心悦目悦耳的形式之美，而铺陈的语言形式，既能拓展空间，获取空间的完整，又随时间的延续得到时间的完整。伴随着作者丰富的想象、强烈的感情色彩的对客观景物的时空状态的展开，往往使作品具宏伟博大的场景与气势，如《笛家弄》：“花发西园，草薰南陌，韶光明媚，乍晴轻暖清明后。水嬉舟动，禊饮宴开，银塘似染，金堤如绣。”[14]（第16页）

又如《望海潮》：“东南形胜，三吴都会，钱塘自古繁华。烟柳画桥，风帘翠幕，参差十万人家。云树绕堤沙。怒涛卷霜雪，天堑无涯。市列珠玑，户盈罗绮，竞豪奢。”[14]（第39页）

词本为和乐之长短句，其对句必然有其特异之处。清人沈祥龙曰：“词中对句贵整炼工巧、流动脱化，而不类诗赋。”[32]（第4043页）在柳词中，词的对句的“流动脱化”、“整炼工巧”是通过对仗的自由灵活、对句形式的多样化、对句与散句的灵活搭配、领字的运用（详下文）等手法实现的，整饬中寓参差错落，而情思的缠绵、意脉的贯通使得这些对句动宕流走，韵致摇曳，毫无因讲求对仗而带来的板滞与生硬之弊。如《满江红》：“暮云初收，长川静、征帆夜落。临岛屿、蓼烟疏淡，苇风萧索。几许渔人飞短艇，尽载灯火归村落。遣行客，当此念回程，伤飘泊。”[14]（第41页）

再如《雪梅香》：“景萧索，危楼独立面晴空。动悲秋情绪，当时宋玉应同。渔市孤烟袅寒碧，水村残叶舞愁红。楚天阔，浪浸斜阳，千里溶溶。”[14]（第13页）

在上述这些传诵的名篇里，正是铺叙、对仗等手法的成功运用，使柳词享有“长调尤能以沉雄之魄，清劲之气，写奇丽之情，作挥绰之声”[33]（第87页）的盛誉。

四

清人周济曰：“柳词总以平叙见长。或发端，或结尾，或换头，以一二语勾勒提掇，有千钧之力"[34]（第1615页），这里的"以一二语勾勒提掇"，即指柳永慢词中对领字的成功运用。王力先生曾论及词的这种修辞特点，一是"在词里，副词可提到主语的前面"，二是"副词后面有所省略。譬如'但'等于'但有'、'但见'或'但觉'，'更'等于'更有'，'空'等于'空馀'"等等，称："本来，唐五代的词里还没有'一字豆'，因此，上述的两种情况只能产生于宋代：北宋还是很少，南宋渐渐多起来。"[35]（第659、660页）

前文已述及，铺叙是赋最重要的创作手法，而意义的排偶和声音的对仗都源于词赋，柳永以赋笔入词，为慢词的发展开拓出巨大空间。然而，由于铺叙和对句的广泛运用，致使用以合乐的词易产生堆垛板滞之弊，领字的运用似即为救弊而产生。

领字是词的句法特点之一。词本为合乐之唱词，在发端、换头、句首等词意转折处用领字领起下文，可使句式灵动，词意纡徐，情韵悠扬，悦耳动听。柳词中领字的广泛运用，是柳词的重要创作特色，在"很少"用此手法的北宋时期，尤为难能可贵。

在句首等词意转折处用有引领作用的字联系或过渡上下文，似乎早在《楚辞》中已有其例："冀枝叶之峻茂兮，愿俟时乎吾将刈。怨灵修之浩荡兮，终不察夫民心。固时俗之工巧兮，偭规矩而改错。"[21]（《离骚》）"去白日之昭昭兮，袭长夜之悠悠。何况一国之事兮，亦多端而胶加。"[21]（《九辩》）

在汉大赋中我们似也能不时发见起引领、连接作用的语辞："于是伯乐相其前后，王良、造父为之御，秦缺、楼季为之右。既登景夷之台，南望荆山，北望汝海。"[11]（枚乘：《七发》）

魏晋南北朝的抒情赋中也有类似的用法："本不达于危行，又无情于禄仕。莫不随狐兔而窟穴，与风尘而殄瘁。但坐观于时变，本无情于急难。"[36]（庾信：《哀江南赋》）

敦煌变文中亦可见这样的句子："唯见江乌出岸，又见长洲浩汗，若有失乡之客，登岫岭以思家。"[2]（《伍子胥变文》）

柳词中对领字的运用技巧已十分纯熟。其中以单字的领字最为常见，后人称"一字豆"或"一字领"。这些字大多是去声，多数是虚字，如"但"、"正"、"渐"、"更"等，也有用动词者，如"对"、"望"、"念"、"叹"等。一字豆可以用于三字句前构成四字句："对长亭晚"[14]（《雨霖铃》，第21页）；"乍迁芳树"[14]（《黄莺儿》6，第13页）。

一字豆也可用于七字句前构成八字句："算九衢红粉皆难比。"[14]（《尉迟杯》，第21页）"叹浪萍风梗知何去。"[14]（《夜半乐》，第53页）但一字豆最常见的用法是用于四字句前构成五字句："渐霜风凄紧"[14]（《八声甘州》，第43页），"动悲秋情绪"[14]（《雪梅香》，第13页）。一字豆可以领起二句，此二句如均为四字句，则多用对句："念去去、千里烟波，雾霭沉沉楚天阔"[14]（《雨霖铃》，第21页）；"奈好景难留，旧欢顿弃"[14]（《内家娇》，第28页）。

一字豆还有领起三句的，此三句中往往有两句是对句："愿天上人间，占得欢娱，年年今夜"[14]（《二郎神》，第29页）；"奈芳兰歇，好花谢，惟顷刻"[14]（《秋蕊香引》，第25页）。

一字豆最多可领四句，其中一般至少有二句为对句："奈泛泛旅迹，厌厌病绪，迩来谙尽，宦游滋味。"[14]（《定风波》，第21页）

柳词中用二字作领字者，有"早是"、"又是"、"况有"、"幸有"等："早是伤春情绪，那堪困人天气”[14]（《内家娇》，第 28 页）；“况有狂朋怪侣，遇当歌，对酒竞留连”[14]（《戚氏》，第 35 页）。

柳词中用三字作领字者，有“又争似”、“更那堪”、“便纵有”、“争知我”等：“又争似从前，淡淡相看，免恁牵系”[14]（《慢卷紬》，第 21 页）；“便纵有千种风情，更与何人说”[14]（《雨霖铃》，第 21 页）。

柳词对领字的创造性运用，成功地避免了慢词长句可能出现的质实、堆垛、板滞之弊。领字对长句乃至多句的引领，往往使词体既有空灵摇曳之姿，又有一气贯注之势。柳永之后，北宋词人逐渐开始尝试领字的运用。南宋时，对领字的运用逐渐成为词的重要创作手法。南宋末年，张炎《词源》卷下有“虚字”一条，沈义父《乐府指迷》也论及词中虚字的运用，其后的论词著作中，对领字（或虚字）的探讨时有所见，领字的运用已成为慢词创作不可或缺的重要部分，这是柳永对慢词创作的又一重大贡献。

综而论之，“屯田家法”体现了柳永的词体观念，是柳永的基本创作路径。柳永以词为本位，摄融赋体文学的异质艺术因子，创立了慢词的新体式。

柳永以赋笔入词，创造性地运用赋体文学的铺叙、铺陈、体物手法，融叙事、写景、抒情为一炉，开创了既细密真切又跌宕开阖的词风。柳词多用对句，对领字的运用独具匠心。正是由于“屯田家法”的成功实践，柳永开创了宋词发展的新纪元，也奠定了他在词坛的不朽地位。

（作者赵晓兰，四川师范大学文学院教授；
本文原载《四川师范大学学报》2005 年第 5 期。）

参考文献：

[1] 王灼：《碧鸡漫志》，岳珍校正，成都：巴蜀书社 2000 年版。

[2] 张思岩：《词林纪事》，成都：古籍书店 1982 年版。

[3] 蔡嵩云：《柯亭词论》，唐圭璋：《词话丛编》，北京：中华书局 1986 年版。

[4] 朱熹：《诗集传》，上海：上海古籍出版社 1980 年版。

[5] 马端临：《文献通考》，北京：中华书局 1986 年版。

[6] 脱脱等：《宋史》，北京：中华书局 1977 年版。

[7] 陈寅恪、邓广铭：《宋史职官志考证·序》，金明馆丛稿二编．上海：上海古籍出版社 1980 年版。

[8] 孟元老：《东京梦华录》，邓之诚注，北京：中华书局 1982 年版。

[9] 缪钺等：《灵谿词说》，上海：上海古籍出版社 1987 年版。

[10] 刘勰：《文心雕龙》，范文澜注，北京：人民文学出版社 1978 年版。

[11] 萧统：《文选》，北京：中华书局 1981 年版。

[12] 刘熙载：《艺概》，上海：上海古籍出版社 1982 年版。

[13] 冯煦：《蒿庵论词》，唐圭璋：《词话丛编》，北京：中华书局 1986 年版。

[14] 唐圭璋：《全宋词》，北京：中华书局 1980 年版。

[15] 朱光潜：《诗论》，北京：三联书店 1984 年版。

[16] 黄裳：《演山集》，载《文渊阁四库全书》，台北：台湾商务印书馆 1986 年版。

[17] 祝穆：《方舆胜览》，载《文渊阁四库全书》，台北：台湾商务印书馆 1986 年版。

[18] 万光治：《汉赋通论》，成都：巴蜀书社

1989 年版。

［19］《钦定词谱》，北京：中国书店 1983 年版。

［20］龙榆生引夏敬观：《手评乐章集》，见《唐宋名家词选》，上海：上海古籍出版社 1980 年版。

［21］洪兴祖：《楚辞补注》，北京：中华书局 1983 年版。

［22］村上哲见：《唐五代北宋词研究》，西安：陕西人民出版社 1987 年版。

［23］唐圭璋：《唐宋词简释》，上海：上海古籍出版社 1981 年版。

［24］陈师道：《后山诗话》，何文焕：《历代诗话》，北京：中华书局 1980 年版。

［25］汪辟疆：《唐人小说》，上海：上海古籍出版社 1988 年版。

［26］王重民等：《敦煌变文集》，北京：人民文学出版社 1957 年版。

［27］孔范今：《全唐五代词释注》，下册，西安：陕西人民出版社 1998 年版。

［28］赵崇祚：《花间集》，贵阳：贵州人民出版社 1981 年版。

［29］宇野直人：《论柳永的对句法》，载王水照等（编选）：《日本学者中国词学论文集》，上海：上海古籍出版社 1991 年版。

［30］苏涵：《从柳永词四言句论词体建构的语言美学问题》，载《山西师范大学学报》（社会科学版），1999 年第 26 期。

［31］沈雄：《古今词话》，唐圭璋：《词话丛编》，北京：中华书局 1986 年版。

［32］沈祥龙：《论词随笔》，唐圭璋：《词话丛编》，北京：中华书局 1986 年版。

［33］郑文焯：《与人论词遗札》，龙榆生：《唐宋名家词选》，上海：上海古籍出版社 1980 年版。

［34］周济：《宋四家词选目录序论》，唐圭璋：《词话丛编》，北京：中华书局 1986 年版。

［35］王力：《汉语诗律学》，上海：上海教育出版社 1982 年版。

［36］曹道衡：《汉魏六朝辞赋与骈文精品》，长春：时代文艺出版社 1995 年版。

论柳永的豪放词

在中国词史上，第一个打破传统观念，使词在内容与风格方面大大为之拓展的，是北宋中期的作家苏轼。苏轼以天纵之姿，挟铁板铜琶闯入词坛，仰首高歌大江东去，“指出向上一路，新天下耳目”[1]，被人目为豪放词人，且与追慕他的作家一并被称作豪放词派。苏词之所以为豪放词，固然有其性情和艺术趣尚等方面的原因，但与前辈作家对他的启迪、影响也有很大关系。换言之，就是曾经有人作为先驱者为其“导夫先路”。笔者以为，为苏轼“导夫先路”的就是北宋前期的词人柳永。

柳永虽是一位很有才气的词人，但因一生蹭蹬不遇，并未引起旧时史学家们的重视，不但一生行事湮没无闻，就连生卒年也不为人所知。而值得庆幸的是，经过近人的一番考索，这个问题得以解决。夏承焘先生考证他约生于太宗雍熙四年（987），卒于仁宗皇祐五年（1053）；唐圭璋先生认为他人约生于雍熙二年（985），卒年与夏说相同。由此看来，柳永生于 10 世纪 80 年代中期是可以肯定的。北宋早期有名的词人，范仲淹生于太宗端拱二年

(989)，张先生于太宗淳化元年（990），晏殊生于淳化二年（991），欧阳修生于真宗景德四年（1007），显然，他们均和柳永大抵同时而略晚一些。

既然柳永生年较范、张、晏、欧诸人为早，依理而言，其文学生涯也应早于四人。况且柳永出身于仕宦之家，从小就受到优渥的文化教养。从他对音律的熟悉程度来看，其青少年时代就开始制曲填词应是不容置疑的。因此，可以断言，柳永词的创作，只能在范、张诸人之前，而绝不会晚于他们。为了更为明晰，这里再引李清照《论词》：

> 始有屯田柳永者一，变旧声，作新声，出《乐章集》，大得声称于世，虽协音律而词语尘下。又有张子野、宋子京兄弟，沈唐、元绛、晁次膺辈继出，虽时有妙语，而破碎何足名家，至晏元献、欧阳永叔、苏子瞻，学际天人，作为小歌词，直如酌蠡水于大海，然皆句读不葺之诗尔，又往往不协音律者。

李清照上距柳永诸人不过三十几年，其关于柳、张、晏、欧诸家词作先后的叙述应该是可信的。正因为如此，在考虑给苏轼以影响的词人时，令人最先想到的自然就是柳永。

要说明这一问题，须得先对豪放词的含义作一界定。"豪"是豪爽，豪迈；"放"指放达，放旷。合起来，就是意气豪迈，不受拘束。但在词学界，豪放一词的概念却远远比这宽泛。大凡内容不涉闺情春怨，雪月风花，而是感时伤事，怀古咏史，刻摹山水图貌，抒写身世友情，风格上或沉雄，或悲壮，或飘逸，或奔放，语言不事雕琢藻绘，不受声律束缚的，都被称为豪放词。正因为长期以来前人执此以为圭臬，王国维才有"永叔'人生自是有情痴，此恨不关风与月'，'直须看尽洛阳花，始与东风容易别'，于豪放之中，有沉着之致"[2]的评论。

下面就用这个标准来衡量柳永的词。

用词怀古，北宋中期以后逐渐盛行于世。然柳永却有不少怀古之作。他的怀古词有《双声子》、《西施》、《瑞鹧鸪》等若十首。举《双声子》为例：

> 晚天萧索，断蓬踪迹，乘兴兰棹东游。三吴风景，姑苏台榭，牢落暮霭初收。夫差旧国，香径没、徒有荒丘。繁华处，悄无睹，惟闻麋鹿呦呦。想当年，空运筹决战，图王取霸无休。江山如画，云涛烟浪，翻输范蠡扁舟。验前经旧史，嗟漫载，当日风流。斜阳暮草茫茫，尽成千古遗愁。

这是柳永游览苏台有感而作。沉郁苍凉，感慨万端，寄意遥深。词以登览所见发端，描绘了春秋时期曾经称霸东南，争雄中原的吴国，而今都城荒凉、萧条的景象；接着追想当年吴王图王取霸的战争，惋惜吴国的灭亡；最后以凭吊遗迹，借景抒怀作结。任何怀古之作都不会仅仅落脚于怀古，而是作家表述对现实看法的一种手段。北宋是一个懦弱的王朝，辽与西夏都是其劲敌。面对西、北边陲的强大威胁，宋王朝不但不思奋发，反而从上到下醉生梦死歌舞升平。可见，词人援引吴国灭亡的教训，发出"斜阳暮草茫茫，尽成千古遗愁"的慨叹不为无因。世人多以"无行"目柳永，未免太不公允。比起苏轼的《念奴娇·赤壁怀古》，这首词的气魄当然不够浩大。究其原因，苏轼要借着怀古抒发自己的襟抱，这首词却旨在表述个人对某些政治问题的看法。所以，苏词显得奔放，柳词显得压抑；苏词浪漫，柳词冷静；苏词在于表达理想，柳词却更多地关注现实。不管怎么说，这首词总是冲破了以柔媚之语写轻艳之情的婉约词的规范，寄寓了感时伤事的意旨。如果依照传统观点，把词分为婉约、豪放两类，那么，这首词无疑就属于后一类。

在宋代的词人中，柳永的仕途命运可以说是最为不幸的一个。宋王朝自立国之日起，为了消弭文人的失望与不满，一直广开仕进之路，大量录取士子，文人们多能比较顺利地跻上仕途。柳永却没有交上这样的好运，他在科场上连连失利。为了获取功名，他曾经四处奔走，在颠沛流离中度过了大半生。漂泊不定的凄凉和饱经忧患的苦痛时时怅触着他，阴郁、感伤就成为其词的主调。尽管区区奔走，但却仍无缘与功名亲近。这种境遇，使他压抑，使他悲伤，更使他愤激。《鹤冲天》中那种玩世不恭的态度，正是这种愤激心情的曲折表露："未遂风云便，争不恣狂荡。何须论得丧？才子词人，自是白衣卿相。""且依偎红翠，风流事，平生畅。青春都一饷，忍把浮名，换了浅斟低唱！"故作狂放达观，依旧不能掩饰满肚皮的牢骚。怀才不遇的思想是不难触摸得到的。词中强调才子词人的地位以自我解嘲和安慰，恰恰是遭受挫折后郁怒心理的一种折射。悲凉失望已极，偏以狂傲出之，这正是豪放词的本色。

功名无望之时，他也曾渴望归隐田园：

暮雨初收，长川静，征帆夜落临。临岛屿，寥烟疏淡，苇风萧索。几许渔人飞短艇，尽将灯火归村落。遣行客，当此念回程，伤漂泊。桐江好，烟漠漠。波似染，山如削。绕严陵滩畔，鹭飞鱼跃。宦游区区成底事？平生况有林泉约。归去来，一曲仲宣吟，从军乐。（《满江红》）

从这首词中不难看出，柳永对终年辛勤奔走是非常厌倦的，所以，对着美丽如画的富春江景色，想到东汉高士严光，自然会产生退隐田园的思想。这首词一洗绮罗香泽之态，摒弃了常见的游子思归主题，尽管略带感伤，但飘逸和激昂终究成为主调。这种情调，只有在后来的苏、辛等人的词作中才有所展露，而在传统的婉约词中却是绝难感受得到的。

归田不能，进取不得，也不甘心长此在痛苦之中徘徊，于是，他就极力在精神上寻求解脱，而能使他暂时忘却痛苦的，莫过于及时行乐：

残蝉声渐绝，傍碧砌修梧，败叶微脱。风露凄清，正是登高时节。东篱霜乍结。绽金蕊，嫩香堪折。恁宴处，落帽风流。未饶前哲。把酒与君说。恁好景佳辰，怎忍虚设。休效牛山，空对江天凝咽。尘劳无暂歇，遇良会，縢偷欢悦，歌未阕，怀兴方浓，莫便中辍。（《应长天》）

西风吹帽，东篱携酒，共结欢游。浅酌低吟，坐中尽是饮家流。对残晖，登临休叹；赏令节，酩酊方酬。且相留，眼前尤物，举盏忘忧。（《玉蝴蝶》）

与《满江红》相比，这两首词情调更高昂，胸怀更开朗，豪放色彩更浓郁。词人认为他们这次重阳聚饮，并不逊色于当年桓温龙山雅集。他劝告朋友们不要像齐景公那样，在牛山上慨叹人生短促而痛哭流涕，而应痛饮狂歌，以不辜负良辰美景。鼓吹及时行乐，以抵抗痛苦的折磨，不过是一种消极的无奈的办法，这样的精神鸦片只能使人在一时的麻醉中忘却痛苦，但无法彻底得到解脱。同曹操、苏轼一样，作为封建社会知识分子的柳永，只能选择这样一条路径。

可能由于多次碰壁，使柳永对现实有了较为清醒的认识，仕进的热望有时显得非常淡薄，出世的思想却时时闪现：

驱驱行役，苒苒光阴，蝇头利禄，蜗角虚名，毕竟成何事，漫相高。抛却云泉，狎玩尘土，壮节等闲消。幸有五湖烟浪，一船风月，会须归老渔樵。(《凤归云》)

此际争可便恁，奔名竞利去。九衢尘里，衣冠冒炎暑。回首江乡，月观风亭，水边石上，幸有散发披襟处。(《过洞歇》)

一向为己为人孜孜以求之的功名利禄，在这时的柳永心中变得那么菲薄，那么微不足道。他感到追名逐利，不但没有任何用处，反而妨害了自由自在的生活，损伤了自己高尚的节操，他表示要驾一叶扁舟，离开喧嚣污淖，做一个“散发披襟”的隐者，与其说这是词人的自我解嘲，毋宁看作是其对过去行为的一种检讨。从这些词中我们不难看到词人性格上旷达、开朗的一面。

上列诸词已经完全脱离了“词为艳科”的窠臼，风格或超逸，或狂放，毫无轻浮与柔媚。这样的作品，无论是内容与形式，还是传达出来的感情，都不是婉约词风所能牢笼的。这是婉约词人的自赎，也是词坛上一次小小的变革。在《乐章集》中，尽管这些词为数不多，但是在婉约词统治词苑的肃杀气氛中，这些别具一格的词作却像草木突努而出的芽蘖，传递着春天的消息，预示着豪放词万紫千红季节的到来。

柳永这一部分具有豪放色彩的词，开了豪放派先河，而他在婉约词里壮阔景物的描写，也对后来豪放词的产生起了很大的推动作用。

词自晚唐以来，专以描写艳情为务，因此，便一直被关锁在闲庭曲院，绣户珠帘之内，它所反映的环境，也不外乎芙蓉帐、茜纱窗、雕栏玉砌和月台花榭。偶尔也有例外，如温庭筠“江上柳如烟，雁飞残月天”，李后主“一江春水向东流”之类，但毕竟是出于想象和比喻，还没有构成一个完整的博大境界。只有到了柳永，情形才大不一样，在他的笔下，有“高柳乱蝉嘶”的“长安古道”（《少年游》），有傍“断桥幽境”的“隐隐渔村”（《诉衷情近》），也有“焰杏烧林，细桃绣野”的都城郊区（《木兰花慢》），甚至“云树绕堤沙，怒涛卷霜雪，天堑无涯”（《望海潮》）的钱塘江也进入了他的画面。柳永善于描绘秋景，赵令畤《侯鲭录》中记载苏东坡的话说：“世言柳耆卿曲俗，非也。如《八声甘州》云：‘霜风凄紧，关河冷落，残照当楼。’此语于诗句不减唐人高处。”[3] 其实，在柳永的词，还有描写得更雄壮的景色：

景萧索，危楼独立面晴空。动悲秋情绪，当时宋玉应同。渔市孤烟袅寒碧，水村残

叶舞愁红。楚天阔浪浸斜阳，千里溶溶。（《雪梅香》）

远岸收残雨，雨残稍觉江天暮。拾翠汀洲人寂静，立双双鸥鹭。望几点渔村，掩映蒹葭浦。（《安公子》）

登孤垒荒凉，危亭旷望，静临烟渚。对雌虹挂雨，雄风拂槛，微收烦暑。（《竹马子》）

骤雨新霁，荡原野，清如洗。断霞散彩，残阳倒影，天外云峰，数朵相倚。（《玉山枕》）

词人虽然是用这些景物来衬托宦游的凄凉况味，或者点染离情别苦，但却把读者带进了壮美、开阔的境界，让读者在欣赏这些壮观景象中增加了几分雄豪之感。这样的环境描写，不要说在以前的词中见所未见，就是杂置于苏辛词中也能称得上佳品。

古人论诗词，多爱讲意境。所谓意境，就是人与自然，我与物，情与景的统一。也就是说，客观景物和主观感情浑然一体的意象，便是意境。人们喜欢借物寓志，往往会触景生情，可见，志寓于物，情生于景，景是情产生的基础，是意境、内容和所要表达的感情的重要组成部分。王夫之说："不能作景语，又何能作情语耶？古人绝唱多景语……而情寓其中矣。"[4]这足见写景在文学作品中的巨大作用。

柳永和花间词人以及晏殊都喜欢选择相思、离别的主题，但是他们的作品给人的感觉却大不一样，前者沉，后者浮，前者粗犷，后者很纤细，前者悲中透壮，后者缠绵悱恻，这是由于背景不同所致。

柳永以奔放之笔涂抹壮阔之景，给后来的豪放派以很大的启示当是毋庸置疑的。这就是豪放词的前奏，是自婉约通向豪放的一座不可缺少的桥梁。

（作者傅毓民，咸阳师范学院中文系教授；本文原载《广西社会科学》2005年第9期。）

参考文献：

［1］《中国古典戏曲论著集成·碧鸡漫志》，中国戏剧出版社1980年版。

［2］王国维：《人间词话》，人民文学出版社1982年版。

［3］龙榆生：《唐宋名家词选》，上海古籍出版社1980年版。

［4］王夫之：《掛斋诗话笺注》，人民文学出版社1981年版。

爱在烟花的感悟

——评词人柳永对女性情感的特殊关怀

在历史上，柳永留给我们的印象大概是士行尘杂的落魄词人。他一生潦倒，生前身后的遭际不能不令人深为同情。生前，他才高受抑，久不得志，浪萍风梗，沦落天涯；及至垂老博得一第，而又辗转僻州小县，屈居下位，终其身不过做到屯田员外郎。在北宋文坛上柳永是一位颇具争议的人物。他因为“薄于操行”（严有翼：《艺苑雌黄》）而蹭蹬仕途，又因流连风月而遭人耻笑。封建皇帝不喜欢他，“且去填词”（同上）一声令下，使他的“浅斟低唱”有了堂皇的理由，他自嘲“奉旨填词”（同上），未仕的年月充满了“白衣卿相”的自傲和自赏。虽然在“偎红倚翠”的时候颇能自得其乐，但他的心里却充满了怀才不遇的痛苦和感伤。当时的大家相公们不喜欢他，晏殊虽也与他一样作曲子，却鄙夷他的“彩线慵拈伴伊坐”（《定风波》）。同期的词家不喜欢他，苏轼倒是常常把自己的词拿着与柳词比较，却不许他的弟子学用柳词做法。后辈的词家就更不用说了。此外，他的词又很受流俗的喜欢，获得过任何人都不曾获得的“凡有井水处，即能歌柳词”（同上）的声誉。戏曲、传说中的他有着不寻常的魅力。落魄一生之后，是妓女们集资营葬了他，也是妓女们抬高了他的名气，以上种种，使我们对他有了一个基本的认识，那就是柳永是文学史上封建正统之外一位落魄多情的词人。

在宋初享乐之风弥漫朝野，文化学术气氛浓郁，平等和竞争意识强烈，城市商业经济发达，市井文艺空前蓬勃，歌台舞榭热闹非常的环境中，柳永怀着对时代的衷心热爱和强烈的淑世情怀，以审美的眼光观照世俗生活，以痴迷的心态享受人生。仕途的失意伴着情场的风流，落魄的人生离不开红巾翠袖的温情。与当时的众多文人士大夫不一样的是，他的天真的诗人性情又使他在“赢得青楼薄幸名”的同时，又“一生赢得是凄凉”。在仕途失意的时候，他扎到市民堆里，沉迷于烟花丛中，在那里成就了他的文名，成就了他在中国文学史上的地位，他是中国封建知识分子中一个仅有的类型，一个特殊的代表。

他的词作让我们认识到，柳永与当时别的士大夫不同之处，乃在于他的用情过多和为文的直率。直到今天，我们仍然把天真和多情看作是诗人的本性。在这个意义上，柳永有他的独特的价值。他热情地歌颂下层女子对于爱情的追求和对幸福生活的渴望，也热情地歌颂肉体的欲望，他的大胆直率被时人和后来的道学家一致认为是“薄于操行”。而在今天看来，柳永对烟花女子的爱情，无疑是他身上最有光彩的地方。

一 《乐章集》中的情感世界

柳永在入仕前的绝大部分时间都是在青馆粉楼中度过的，因此，在《乐章集》中有很大一部分词是描绘男女之间艳冶情事的，可与前人这类词作不同的是，词中的男女主人公不是作为欣赏者的官僚雅士与被玩的歌儿舞女，而是市民阶层的浪子和艺女，他们以相等的地位相近的感情相亲相爱。柳永词中出现的女子，不是朦胧的女性形象，而是有名字有个性的真实人物，读者一眼便可看出为何而写为谁而作。在柳永的《乐章集》中可以见到，与柳永相好过的歌妓有秀香、英英、瑶卿、虫虫、心娘、佳娘、酥娘等。词人曾分别描画了她们的形象，表现了她们的内心世界，也抒写了与她们之间的情谊。如写秀香的《昼夜乐》“秀香家住”，写英英的《柳腰轻》“英英妙舞”，写瑶卿的《凤衔杯》“有美瑶卿”，还有写虫娘的《集贤宾》“小楼深巷”。他认为这些女子秀外慧中，不应被埋没在风尘之中，“心性温柔，品流祥雅，不称在风尘”（《少年游》），甚至把她们与阿娇、潘妃这些帝王的后妃相比，“潘妃宝钏，阿娇金屋，应也消得”（《惜春郎》）。这种大胆的提法，之前之后，恐怕都不曾有。他与许多女子之间有过逢场作戏的露水风情，但也曾有真正相爱的韵事，有些词充满所谓“淫亵之语”，毫无顾忌的突破了封建礼教和道德规范的约束，以爽快率直的风格，充沛的气势，热烈的感情，描写了男女情爱的自由放纵，追求官能享受的肆无忌惮，从而反映了北宋初期这一阶层特有的思想感情、生活态度和文化趣味。市民阶层的爱情，如此大量的在词中咏写，又如此广泛的传唱，而“平生自负，风流才调”（《传花枝》）的著名词人柳永，竟然投身于他们中间，歌唱他们的爱情，这现象是十分罕见的。而我们现在看来，惟其罕见，才更显其可贵。

二 歌妓与词

作为一代文学之宋词，与歌妓有绝大关系。所以无论研究妓女史，还是研究宋词，都不能不肯定和重视这一事实。更何况我们在探讨柳永这位“诗酒为念，好上花台作弟子”（关汉卿语）的浪子词人。他的许多词为妓女而写，他的词因歌妓的传唱而远扬。柳词与妓女的关系，在北宋这个特殊的时代，有着独特的内涵和价值。

由于宋代文化的普及，许多女子在琴棋书画、歌舞、言语等方面都有良好的修养以至过人的才能，她们有良好的文化素质、艺术素质和高雅的审美情趣，谈吐不凡，应对有度，甚至有的妓女有很高的人生智慧和思想境界。比如说，苏轼的家妓朝云，能说出“学士一肚子不合时宜”这样具有高度理解力的话来，堪称红颜知己。王定国家的柔奴，也曾经激发起苏轼创作的灵感：就是那句著名的“此心安处是吾乡”（苏轼《定风波》）。妓女能作词，见于记载的也不少。《全宋词》录有“陈凤仪、琴操、盼盼、严蕊等”多人的词作，这些才艺出众的女子，曾令很多文人墨客心仪神往。《能改斋漫录》记载琴操改词的故事就是个典型的例子。这里略去不提。

在封建时代，蓄养家妓、携妓游乐，是士大夫名士的一种风流；出入勾栏瓦舍，与歌妓舞女有情，也是文人的一种浪漫。士大夫与歌妓交往是不受指责的。陶慕宁在《青楼文学与中国文化》中指出："西方妓院自古希腊、罗马迄今，主要解决性欲问题。中国青楼则不然，性交易不是其主要内容。"他认为，唐宋以来的士子出入青楼，主要是一种精神的宣泄。因为"这些莘莘学子在浸淫科目，奔走投托的日日夜夜中"，压抑的时间太久，心理的负担太重了。而客观上，城市经济的繁荣和政策的相对宽松又为他们提供了必要的条件和机会。在古代中国社会，夫妻讲的是名分和责任，而不是爱情，这样一来，文人们喜欢到"烟花巷陌"去寻访"意中人"，也就不足为怪了。柳永不同于其他文人的地方，就在于他总是直接进入闺情之中，体会或是承担那种种的喜乐哀怨，从而用心喊出闺阁的声音。他的闺情词可以写得大胆直率，可以流露出男人偶尔的软弱和女人的坚强，而我们读晏殊，只能在其富贵缠绵中，体会到一点温柔蕴藉。从某种意义上来说，同样是狎妓游乐，同样是女子入词，尽管柳永放浪形骸，词中常有"粗俗"的肉欲描写，却比满口仁义道德，一肚子男盗女娼的伪君子道德得多，最起码，他是真情投入的。

蓄妓、携妓游乐和与妓女往还的风气直接影响到词的创作。最新出版的《中国文学通史系列·宋代文学史》统计"苏词中间接涉及歌妓的词多达一百八十余首"，占其全部词作的一半。《贵耳集》写周邦彦在名妓李师师处遇到道君皇帝，居然以小词让皇帝也吃了醋。后来他又以一首《兰陵王》获得了皇帝的原谅，在惊险中更显出风流。也许，许多材料也带有传闻的性质，但即使是后人的杜撰，也表现出当时的社会风气、趣味时尚。那就是唐宋时代的士大夫文人，与歌妓舞女关系密切，在蓄养家妓、携妓游乐的同时，大量创作"曲子词"，并因此获得人生的风流韵致和趣味享受。这种情况客观上为词的创作提供了生活基础、情感源泉和消费对象，因而内在地决定了词的繁荣的趋势。

同样，决定宋词繁荣的外在的原因也离不开歌妓。我们都知道，词是随着隋唐燕乐的兴盛而产生的一种音乐艺术，它既有文学特性，又有音乐性，这就决定了它与一般的文学作品不同。就传播而言，从词的创作到词的编印成籍，乃至抄本、刻本的产生，进而进入传播渠道，往往有一个过程，一段较长的准备时间。可事实上，在抄本、刻本尚未产生的时段里，许多词作就已经广为流传了。它是通过歌妓得以传播的。在柳永那个时代，文学作品的传播还是以口头传播为主。柳永的靡靡艳歌，在秦楼楚馆，酒宴舞席的演唱环境中产生而传播，也在朱唇皓齿、轻音慢声的传播中而存在，伴随着词、乐、声、舞多种艺术的整合，依靠着色艺俱佳、声势浩大的传播大军，柳词不翼而飞，传遍大江南北，传到任何一个"有井水"的地方，甚至远扬海外。

人们为什么要喜爱柳词呢？今天的学者文人读柳词，会觉得《乐章集》中最有价值的词应该是羁旅行役类抒写个人怀才不遇情怀的那些雅词。可在当时，深受大众喜爱的却无疑是那些语句俚俗、适合二八少女持红牙板，佐以曼妙舞步，清齿丽喉来歌唱的艳情词，这是时代决定的。

三　积极的女性关怀

女性形象一直是文人写作中的重要对象。至宋代，词的发展和成熟，为描写女性提供了一个新的模式。从唐代温庭筠的《菩萨蛮》（“小山重叠金明灭”）开始，就奠定了士大夫描写女性以端庄、高贵、文雅为美的基础，表达方法也以含蓄、浓丽、浮艳为贵，并多以女性的服饰、举止、容颜为主题。至柳永，他一反前代词人的表达主题，开始关注女性的情感需求和内心活动，表现出对女性的尊重和爱慕来。柳词中的女性形象不同于当时的许多士大夫文人笔下的女性，没有温柔敦厚、听天由命的性格，而是个性卓异、多姿多彩，挥洒着生命的光彩、青春的魅力。他的赠妓咏妓之作，洋溢着宋代市民阶层初步觉醒的爱情意识，也表现了女性对自由精神和幸福人生的向往和追求。柳永之所以由科场走向情场，一方面受封建科场的遗弃排斥，另一方面则是红巾翠袖的“意中人”、“知音人”的热情吸引。他以尊重与理解的态度，写歌妓美丽的容颜，高超的伎艺，纯洁而受伤的心灵，备受践踏而又有尊严的人格，并哀怜她们的非人的生活。所以是歌妓们真正的知情人和同情人。同时，妓女们的“怜才深意”也使他满足了文人被崇拜被热爱的心理需求。极高的音乐素养，极其投入的真情，使他创作出许多优秀感人的词作来。他以代言体的方式描写女性的词，用一气倾泻、内心独白式的线形结构，连贯的细节描写，深刻的人物心理刻画，给人深刻的印象。以《定风波》为代表：

> 自春来、惨绿愁红，芳心是事可可。日上花梢，莺穿柳带，犹压香衾卧。暖酥消，腻云亸单。终日厌厌倦梳裹。无那！恨薄情一去，音书无个！早知恁么。悔当初、不把雕鞍锁。向鸡窗、只与蛮笺象管，拘束教吟课。镇相随，莫抛躲，针线慵拈伴伊坐，和我，免使年少光阴虚过。

在这首词中，表现出一位主体意识已经觉醒了的女性。女主人公的眼里，桃红柳绿尽变为触目伤心之色，除了有诗经《伯兮》里“谁适为容”的“厌厌倦梳裹”之态，也有唐诗里“悔教夫婿觅封侯”的感悟，更有柳永对于女子幸福生活的理解，那就是平平常常的相恋相随。女主人公的大胆、爽朗、无所顾忌的性格为词人所欣赏，而词人对于女性心理的细致描绘和把握却招致晏殊们的嘲笑。这首被称为“描写了新的女性对生命的愿望”的作品，通俗、明白，像在讲一个故事，却得到如此高的评价，正是柳词自身的表现具备了足以引出这种评论的“强度”和“分量”。

在《锦堂春》“坠髻慵梳”里，柳永塑造了一位注重个人意志，蔑视封建礼法，不愿听任别人摆布的女性形象。“尽更深、款款问伊，今后敢更无端。”女主人公没有像其他闺体诗和艳词所塑造的儒家正统女性形象那样，为这个“疏狂”的年轻人长久地沉溺于忧伤之中，而是要采取报复行动，讨回公道，捍卫自己的情感尊严。这与那些传统的温柔敦厚、逆来顺受、听天由命、自怨自艾的妇女形象迥然不同。还有如《昼夜乐》“一场寂寞”，《凤栖梧》“拟把疏狂”等作品中的女主人公也都是沉浸在自己的情感世界里，执著无悔，表现出对爱情坚定不移的领悟。柳永的代言体词作都是有真实的情感体验的，体验过程本身就是对女性心理的尊重，是一种崭新的、健康的、合乎人性与道德的女性观的体现。

柳永对青楼女子的态度，不同于达官贵人仅仅出于玩弄和享受的目的而表现出轻薄无行的特点。他尊重她们，体察她们的苦衷，同情她们的遭遇，当然也爱恋她们。在他笔下，令女性倾倒的是男性的才学、风度和情谊，如《合欢带》“檀郎幸有，凌云词赋，掷果风标。况当年，便好相携，凤楼深处吹箫”。而令男性迷醉的是女郎的绝色美姿，如《少年游》“层波潋滟远山横，一笑一倾城”，还有歌女们的能歌善舞，如《木兰花》“心娘自小能歌舞，举意动容皆齐楚”，更有歌女们的温柔多情善解人意，如《少年游》“心性温柔，品流详雅”。这种世俗化平民化的爱情理想和爱情模式，我们不能低估它对封建社会后期文人才子文化心态的巨大影响。宇野在《柳永论稿》中指出，在柳永的词中，值得赞赏的女性的条件，与其说是外在的美，不如说是丰富的文学艺术才能和快活而且好强的性格。那些用来赞美女性的词语，在以往的任何诗词中都几乎看不到。只有在六朝志怪小说和唐代的传奇小说中，可以见到此类热情、主动、果敢、积极、聪明好强的女性形象。这里我们也可以看出柳永自觉向民间文学吸收营养的一面。

作为一代文学之宋词，与歌妓有绝大关系。柳永的许多词为歌妓而写，也因歌妓的传唱而远扬。他对声色欢娱的执著，对自我个性的放纵，实际上体现了自我意识觉醒中个性自由发展与封建制度下伦理规范的抵牾。遗憾的是，他对仕途的执著追求以及人格方面少有提升的客观事实，造成了他的局限。不管怎么说，柳永的努力和真情仍然是封建时代难能可贵的一个亮点。借着对世俗生活和两性爱情的热烈讴歌，他的词赢得了当时上至帝王，下至贱民的普遍喜爱。他是宋初市民文艺空前高涨历史语境中由士人身份走近平民生活的一个表率。由民间孕育出来后上升到文士手中，最后又回到民间的词，成为“一代之盛”（王国维语），与词体生性柔媚而柳词多写男女相思迎合世俗心理终备受欢迎，有着内在的联系。从这个意义上来看，研究柳词的确是有着很重要的意义。

（作者贾美艳，文学硕士，华北工学院分院副教授；
本文原载《山西高等学校社会科学学报》2005年第1期。）

参考文献：

1. 薛瑞生：《乐章集校注》，北京：中华书局1997年版。

2. 朱生春：《文人末路·柳永纪事》，北京：中国文史出版社1998年版。

3. 宇野直人：《柳永论稿》，上海古籍出版社1998年版。

4. 杨海明：《唐宋词史》，南京：江苏古籍出版社1987年版。

5. 陶慕宁：《青楼文学与中国文化》，北京：东方出版社1993年版。

歌妓在柳永词创作中的作用

歌妓不仅是卖淫制度的存在，同时也是一种文化存在。在宋代，歌妓作为一个特殊的社会群体，对于词的传播与创作产生过重要影响，而柳永在中国词的创作史上是处于一个历史的转折点上的，因此歌妓对柳永词的创作自是产生决定性的影响。

一 柳永与歌妓的合作

柳永（约983—约1053），原名三变，字耆卿，排行第七。福建崇安人。他出生在一个典型的奉儒守官之家，从小即受到儒家思想的系统训练，养成功名用世之志，自然是无疑的了。按理说，柳永是不该与歌妓合作的，但他天生的率真浪漫性格与时代条件促成了他与歌妓的紧密合作，使他在词的创作上能自是一家。

柳永早年是在福建家乡用功读书，时刻准备一举成名的，他自己曾著《劝学文》表明志向，“学，则庶人之子为公卿；不学，则公卿之子为庶人”。但自小在那种僵化而又枯燥乏味的儒家教条思想的钳制底下，个性受到了极大的压制，一旦到了京师，受到了到处秦楼楚馆、“竞赌新声”的刺激，原有的浪漫率真个性便显露出来，涉足青楼就是自然而然的事情了。他的浪漫率真个性也体现在他应试前的一首赠妓词《长寿乐》：“便是仙禁春深，御炉香袅，临轩亲试。对天颜咫尺，定然魁甲登高第。待恁时、等着回来贺喜。好生地，剩与我儿利市。”这就是一个不知天高地厚的少年个性的体现，即使皇帝亲试，我也不怕，不仅能高中，还要回来和你玩乐。他的这种性格更是淋漓尽致地体现在第二次考试落败后的《鹤冲天》里，“未遂风云便，争不恣狂荡。何须论得丧。才子词人，自是白衣卿相”。考试失败就要“狂荡”，“才子词人”也是“白衣卿相”，公然把对皇帝的不满写在他的词里到处传唱；“风流事、平生畅。青春都一饷。忍把浮名，换了浅斟低唱”，一切功名都是“浮名”；所以失败有什么，我就去“风流”，就去“浅斟低唱”。柳永的反抗与单纯率真，从他的词里尽显无遗。可以说，柳永的率真性格是他词作最显著的情感基调。

在宋初，词是不登大雅之堂的，文人士子们不会也不屑于专力作词，由词被称为“诗余”就可看出；而柳永不一样，他是词史上第一个专力作词的作家。柳永与晏殊的“针线闲拈伴伊坐”（柳永《定风波·自春来惨绿愁红》）的争论，虽争的是关于词的雅俗，但深层次的原因却是文人士大夫们对词这一小道艳科的不屑一顾，而柳永却很把它当一回事。柳永不仅充分认可词的体裁，而且柳词还是本色当行的音乐文学。词本身是传唱文学，是歌舞筵席上的“调味品”，音乐性是词的本质属性。柳词“声律谐美”，可看出柳永对音乐的精通，同时他还具有开创性，能如李清照《词论》所说的“变旧声，作新声”。柳永对音乐的精通，再加上他的善作词和词的贴近市民，自然受到歌妓们的喜爱，只有这样，柳永和歌妓们才能合作。

歌妓，首先是歌者，而后才是妓女。作为唐宋政治制度、文化制度支撑下的歌妓制度，这些歌妓并不像现下的妓女，首先她们都是有才艺，能歌善舞的，“有美瑶卿能染翰。千里寄、小诗长简。想初襞苔笺，旋挥翠管红窗畔。渐玉箸、银钩满”（《凤衔杯·有美瑶卿能染翰》）。“英英妙舞腰肢软”，“倚轻风、佩环微颤”，“乍入霓裳促遍。逞盈盈、渐催檀板。慢垂霞袖，急趋莲步，进退奇容千变。算何止、倾国倾城，暂回眸、万人肠断”（《柳腰轻·英英妙舞腰肢软》）。其次，她们有情，前引这首《凤衔杯》就是歌妓寄书信给柳永后他的喜悦心情。最后，这些歌妓才是卖身。从社会文化学的角度看，词人笔下的歌妓是被艺术化、被物化的审美对象。“人生自是有情痴，此恨不关风与月”（欧阳修《玉楼春·尊前拟把归期说》），词人把与歌妓们的交往纯洁化了。柳永与歌妓们的交往自然有纵情的一面，“再三追思，洞房深处，几度饮散歌阑，香暖鸳鸯被”（《浪淘沙·梦觉》），他刚到京师时，与当时一般的士子一样经常出入秦楼楚馆，抱着“玩”的念头，只不过，他比他们还更过格，把他的“私事”写进词里，让歌妓们传唱。后来，他应试失意，便不再把歌妓当作玩物，而是当做知心朋友，“系我一生心，负你千行泪”（《忆帝京·薄衾小枕凉天气》）是很好的写照，他在《秋蕊香引·留不得》里更是深切怀念已经去世的一位昔日相知的歌妓。只有这样，他才可能与歌妓充分合作。这是从他自身角度去探讨他们合作的可能。当时的时代条件也给柳永提供了适宜的与歌妓合作的土壤。北宋王朝虽说外患不断，但国内还是相对太平繁荣的，人民生活富裕，市民文化发达，市民的娱乐场所众多。加上当时人们对“狎妓”这样的行为是认可的，至少不会耻笑。从歌妓与柳永关系来看，他们的合作更是紧密，因为歌妓可借柳永出名，柳永也可为歌妓填词“糊口”。因之，歌妓便成了柳词中的主要歌咏的对象。

二 歌妓为柳词奠定创作特点与风格

歌妓是柳永词的传唱者，她们的喜好对柳词的创作和传播有着深远的影响，北宋由西夏归朝的官员说：“凡有井水饮处，即能歌柳词。”（叶梦得《避暑录话》）柳词的广泛传播与歌妓们的传唱不无关系。柳永和苏轼、欧阳修文人士大夫们不同，他们主要是自家蓄养“家妓”，而与柳永交往的主要是在酒店茶坊诸处出入演唱的“私妓”。家妓是为主人及主人的客人服务的，而这些私妓主要是为大众服务的，所以她们唱的曲词是要适应市民口味的，“市场”的需要决定了柳永的创作风格，可以说，歌妓是柳永与听众的中介。曾大兴先生对此有过系统的论述，他说：“首先，歌妓乐工请求柳永为之填词。第二，柳永按照他们提供的‘新腔’进行创作。第三，歌妓乐工又将柳永所填的歌词拿到勾栏坊曲一类的市民文艺场所去演唱。第四，由于演唱者本身是下层市民，而听众也多是普通的市民群众，他们在思想意识和审美情趣方面原本属于同一个层次，这样，歌妓乐工便会收到许多来自听众的反馈信息；这些信息又由歌妓乐工传给柳永，于是柳永再次调整自己的认知结构……”这个过程是双向互动的。这里值得我们注意的是歌妓在这个过程中，不仅仅是起中介的作用。

由前述可知，这些歌妓们很多与柳永是有很深厚的感情的，柳永不仅在他的歌妓词里歌咏她们，甚至在他的羁旅行役词里也有大量的与歌妓离别或怀念歌妓的描写，他著名的《雨霖铃·寒蝉凄切》、《八声甘州·对潇潇》就是这样的词作。柳永现存的两百多首词中，百分之八十以上词作内容是与歌妓有关的。柳词具典型的市民文学特征，无论是他的表情方式、结构艺术，还是他所运用的音乐与语言都是典型的市民文学特征，这种文学特征与它的主要内容有很直接的关系。歌妓是柳词的主要歌咏对象，单歌妓词就占了柳词三分之二以上。

这些歌妓不仅美丽、能歌善舞，还很有文才，“属和新词多俊格。敢共我勃敌。恨少年，枉费疏狂，不早与伊相识”（《惜春郎》）。“幸自苍皇未款，新词写处多磨。几回扯了又重援”（《西江月》）。柳永不仅应邀填词，还与她们一起讨论、修改作品，和她们一起往来唱和。这样，柳永的创作风格自然大受歌妓们的影响，甚至可以这样说，柳永正是因为和歌妓们“混”在一起，才形成了他的独特风格，自是一家。关于柳词风格的争论，由来已久，李清照、陈师道、张炎等皆因柳永的“狎妓”行为，而鄙其俚俗，因人品而鄙其文品，甚至因此辱骂柳词，并不是有太多的道理；也有人认为柳词是雅俗并陈，但我们认为柳词是以俗为主体的，因为柳词主要是面对市民阶层。即使有些雅的成分，也并不纯粹，比如他的《八声甘州·对潇潇》，上阕的“霜风凄紧，关河冷落，残照当楼”曾被苏轼认为“不减唐人高处”（宋赵令畤《侯鲭录》），是有些雅的成分；而下阕又转为“想佳人、妆楼顶望，误几回、天际识归舟”的“俗”。当然，柳词的俗，并不鄙俗，而是符合市民阶层需要的俗，是重真情的俗。正因此俗，才奠定了柳永在中国词史上的特殊地位。

三　歌妓奠定柳永在词史上的地位

如前所述，从歌妓词在柳词中所占的数量与歌妓形象在柳词中所占的比重，以及歌妓跟柳永的合作程度与方式，我们可以这样说，没有歌妓，没有柳永自己坎坷的冶游、宦游经历，就没有现下我们所能看到的柳词。对于卫道的封建文人士大夫们来说，因为柳词的歌咏对象，所运用的语言，更因柳永自己的狎妓行为而受到鄙视。宰相晏殊就对柳永说他自己不曾作“针线闲拈伴伊坐”的句子，很让柳永下不来台，后来的陈师道、李清照、刘熙载、陈廷焯等都是如此，甚至新中国成立以后也还有人因柳永的狎妓行为，而鄙其词品的。可以说，柳永正因为创作大量的歌妓词而没有受到正确的对待。

词为“艳科”的观念由来已久。受“花间词派”的影响，到北宋初期，人们大都认为词是“艳科”，文人学士们只是偶有染指，并不把它当一回事。真的染指了，无论是在内容上，还是体例上，也是墨守成规、不敢越雷池一步。以晏殊为例，他的《珠玉词》的主要特点是温润空灵，是典型的贵族风格，显得怨而不怒、哀而不伤，一点也没有柳词的喜怒随心的活泼。柳永是一个很有创新精神的人，首先他开拓了词的题材。以晏殊为代表的北宋初期词坛，墨守西蜀南唐的题材，大都是流连光景、娱宾遣兴的，真正大规模开拓词的题材的正是柳永。他用词悼亡，前引的《秋蕊香引·留不得》就是这样的作品，为后来的苏轼《江城子·十年生死两茫茫》开了风气；他用词怀古，《双声子·晚天萧索》是这样的作品；他用词咏物，《瑞鹧鸪·天将奇艳与寒梅》也是这样的作品。特别是他的羁旅行役词，不仅写了自己的失落与孤独，更是写了大量的对歌妓的刻骨铭心的思念与怨别，极大地开拓了北宋词坛的天地。其次，与歌妓合作、面向市民阶层的平民化、通俗化的语言，以及同情歌妓悲苦命运的平民意识。过于雅化、诗化的语言，最终只能走向文人的案头，而不能走向大众。柳词大量采用市井新声（我们并不排除柳永也有很多运用传统诗赋的语言），丰富了词的语言。使词走向平民化、大众化，获得了新的发展趋势；歌妓一直以来都是供人玩乐的，很少有人会同情她们的悲苦命运，特别是贵族阶层更是把歌妓当玩物，他们词里出现的歌妓形象大多是歌舞筵席上的玩乐对象，即使真有一些“同情弱者”的味道的作品，也是高高在上的怜悯，他们作品里的歌妓并不是一个真正的“人”。而柳永首先把歌妓当人，他与她们是平等的，她们有自己的个性、矛盾与痛苦，所以柳永能跟她们成为朋友，她们才会“已受君恩顾，……何妨携手同归去。永弃却，烟花伴侣。免教人见妾，朝云暮雨”（《迷仙引·才过笄年》）。正是基于这样的原因，词才走向平民化、大众化，使词获得了新的发展趋势，可以说，柳词正是处于由贵族化向平民化的转折点上。柳永还是第一个大量创制慢词的人，他自创的曲也占他词作不小的比例。一句话，柳永在中国词史上的地位，可以用承前启后来概括，具有里程碑式的意义，而这一切都跟歌妓分不开。

（作者陈登平，三明学院初教系讲师；本文原载《厦门教育学院学报》2005年第1期。）

参考文献：

1. 曾大兴：《柳永的生活道路与创作分期》，中南民族学院学报（社科版）1986年版。

2. 王灼：《碧鸡漫志》，上海：古典文学出版社1957年版。

3. 方星移：《以歌妓为参照的词人身份——兼谈苏轼、柳永的自我选择》，湖北社会科学2003年版。

4. 曾大兴：《柳永和他的词》，广州：中山大学出版社2001年版。

李纲的武夷山水诗歌创作

李纲（1083—1140），字伯纪，号梁溪，宋昭武（今福建邵武）人。李纲出身于小官僚家庭，历宋徽、钦、高宗三朝，累官至丞相，是生活在南北宋之交的一位重要的政治家和军事家，是著名的抗金将领。是东京保卫战的直接领导者。宋人嗜读书，好学问，许多名人集政治家、思想家、文学家于一身，李纲亦然。后人在研究李纲时，更注重于把他定位于政治家，或是民族英雄，或是爱国名臣，对其文学思想和文学创作的研究并不够重视。正如《全闽诗话》所言："梁溪李忠定公纲，忠义勋业照耀千古。人但知传其奏疏耳，至其所为诗，气格浑雄，才情宛至。"长期以来，李纲的文学创作为政绩所掩盖。其实其生平著述甚丰，卷帙浩荡。后人收编为《梁溪全集》计一百八十卷之多。朱熹作序曰："其言正大明白而纤微曲折，究极事情，绝去雕饰，而变化开阖，卓荦奇伟。"对李纲的创作给予了充分的肯定。李纲诗中流淌着的爱国热情和积极进取的精神，更是为当时的一般文人所不及。

一　论灾遭贬，寄情故乡山水

宣和元年（1119）农历六月，"京城之西，大水渺漫如江湖，漕运不通；畿甸之间，悉罹其患，无敢言其灾异者"（《李纲年谱》）。但骨硬且"以宗社为心，以生灵为意"的李纲将生死置之度外，大胆上疏徽宗，以恳切的心情提出要体恤民生，储蓄物产，巩固国防，以备外族入侵。可惜，他这一番披肝沥胆的铮铮忠言，换来的是谪监南剑州沙县税务。

是年，诗人"渡淮历浙，道江南，入闽境，遂游武夷"（《武夷山赋·并序》）。这一时期，李纲创作了大量的诗篇，以排遣他内心的苦闷。诗中多是穷愁之词，离京初期尤甚。独坐苦吟的是"渺渺孤舟"、"凄凉离恨"、"浩荡诗愁"（《初到临平见山二首》）。满目所见的是日薄西山，苍山白雪，茫茫江水，寂寂寒日。诗人希望自己能心如止水，但却常常"独坐不成眠"（《渡浙江》），清梦到日边，洗不尽的尘虑。而这一切并不是因为诗人是个追名逐利的庸俗之辈。"但使孤忠能感激，岂辞远谪备艰难"（《上饶道中杂咏三首·二》），诗人反复申明"辑束轩冕非所荣"（《恫江行赠江致一少府》），"冠冕志已冷"。只要国家安宁，苍生幸福，"烂额焦头哪足惜"（《杂兴四首·四》）。颇能代表诗人当时的心境：

暮天来远色，行客尚贪行。
棹急浪花碎，月高云缕轻。
巢鸟栖更起，渔火暗还明。
独寝不成梦，夜寒闻雁声。

这里，诗人借景抒情，表达他内心的孤寂。暮色四合，月高云轻，宿鸟迭起，渔火幽明。景致何等优雅。但诗人是被贬离京，羁旅行役，断梗飘蓬，这一切非但不会唤起他的美感，愉悦身心，反而徒增他的愁绪，回归的阵阵雁鸣，更引发诗人的远谪寂寞。

宣和元年的这次贬谪，虽然让诗人在政治上遭遇了挫折，但却实现了诗人游历武夷的夙愿。福建是李纲的故乡，他曾在沙阳，即现在的福建三明生活了好多年，足迹遍及了闽北的山山水水，最后在福州溘然而逝。正应了那句古话——树高千尺，叶落归根。李纲虽是闽北人，且知"武夷山水之胜，为七闽最"，但诗人"宦游四方，每以未至其下为恨"，甚至于"昼寝梦游山间"。"玉色秀美，瑰奇不可模写"的武夷山水，似乎涤荡了诗人的心胸，让他忘却了尘世的烦恼。正如《题栖真馆三十六韵》诗中所云："开襟豁怀抱，壮观慰幽独。却邀白云归，伴此岩下宿。"刘勰的《文心雕龙·物色》篇说："情以物迁，辞以情发。"山清水秀，东南第一形胜的武夷山不仅让诗人疲惫的心灵获得了轻松和满足。而且激发了诗人的创作灵感。这近五十首的武夷山水诗，与李纲的其他作品相较，无论从思想内容还是从艺术特色来看，都有其独特之处，可书一笔。

二 把丰富的想象融于美丽的传说中

武夷山是座历史文化悠久的名山，位于福建省西北部，碧水丹山，有三十六峰，七十二洞天，九十九岩，素有"奇秀甲东南"之称。这里不仅有许多美丽动人的神话传说，而且自秦汉以降，骚人墨客留下了无以胜计的赞誉诗篇。李纲创作的这些武夷山水诗，既能抓住景物的特征进行准确细致的描摹，又能展开丰富的想象和联想，幻化许多美丽生动的传说。玩味这些诗篇，让人们沉浸于武夷美景的同时不禁感慨钟灵毓秀。甚至于不知今夕何夕，混淆了天上人间。《幔亭峰》就是这方面的代表：

燕罢虹桥绝世氛，曾孙谁见武夷君？
更无橱幕空中举，时有笙竽静处闻。
猿鸟夜啼干嶂月，松篁寒锁一溪云。
洞天杳杳知何处？翠石苍崖日欲曛。

幔亭峰，位于一曲大王峰北侧，峰半壁刻有"幔亭"二字。据宋祝穆《武夷山记》载，秦始皇二年农历八月十五日，武夷君与皇太姥、魏王子骞等仙人，在峰顶大摆筵席，会见乡人。是夜，月明星稀，虹桥架空。应召而来的男女两千多人循桥而上。乡人们听到咚咚的鼓声，并有人称他们为"曾孙"。席间歌师彭令昭唱起了《人间可哀之曲》："天上人间兮会何稀，日落西山兮夕鸟飞；百年一瞬兮事与愿违，天宫咫尺兮恨不相随！"宴罢，乡人拜别，刚到山下，一阵疾风骤雨，虹桥飞断。回顾山顶，空无一物。从此，再无仙人光临此地。又据传汉武帝使者曾在此祭祀武夷君，所以此处景点又称汉祭坛。关于武夷君，有两种说法，其一，说的是商大夫老彭在此地隐居，有二子，一名武，一名夷，同居于此，固有此山名；其二，说是从前有仙人降居山中，自称武夷君。橱幕，即张心为幕，此处指武夷君设幔亭宴会乡人。此诗前四句叙述的是"幔亭招宴"的神奇传说，虽然虹桥不再，虽然无缘面见武夷君，但善于深思妙想的诗人，仿佛聆听到了时断时续的笙竽声，宛然有重温仙境之感。"时有笙竽近处闻"一句在整首诗中起着关键的作用。此前的三句一再说明传说中的一切不复存在，但时近时远的乐音，又令人对这人仙相聚美好往事深信不疑。此一句，把我们的思维引向了遥远的过去，一个"近"字，又让我们驻足现实。后四句，写出了幔亭峰此时此刻——日薄西山，山月新出，鸟鸣猿啼，松林竹丛，云雾缭绕——的迷离景色。这样的景物描写，既符合暮霭四合时幔亭峰的景致特点，又与此前所回溯的仙境相呼应，整首诗显得自然圆润。早于李纲的晚唐诗人李商隐曾在此处留诗曰："只得流霞酒一杯，空中箫鼓几时回。武夷洞里生毛竹，老尽曾孙更不来。"李纲好友朱松之子，宋理学家朱熹在1184年创作的十首武夷棹歌则是这样吟咏幔亭峰的："一曲溪边上钓船，幔亭峰影蘸晴川。虹桥一断无消息，万壑千岩锁翠烟。"相比之下，李纲的"幔亭"诗，显得更为意蕴丰赡。

《鸡窠岩》、《三女石》、《大小二廪石》、《鼓楼岩》、《丹灶》、《仙掌》、《仙接石》等诗篇同样具有这样的特点，即把眼前的美景与动人的传说相结合，构成耐人寻味，引人遐思的艺术意境。云雾朦胧中身着影霹啼晓的神鸡已羽化登仙，但它在山岭的"遗栖"平分风景"镇芳妍"。(《鸡窠岩》)站在廪石旁，诗人想象仙人们以紫石为田，必琼芝为粮，驾龙耕作的情景，并饶有趣味发问，即是不食人间烟火的仙家，为何"赢粮"？(《大小二廪石》)武夷山属丹霞地貌，面对仙掌岩这块巨大完整的山石，细心多情的诗人生动地描绘："玉指纤纤烟霭中，挥云映日掌微红"(《仙掌》)。

难能可贵的是，崇尚理学并深受其影响的李纲，他的诗歌创作却能摆脱理学的藩篱，大胆抒写性情，与重"理趣"的宋诗相较，诗风清新、活泼、自然。提倡"存天理，灭人欲"的朱熹是这样诗赞玉女峰的："二曲亭亭玉女峰，插花临水为谁容。道人不作阳台梦，兴入前山翠几重。"为了避免人们面对峭拔秀美的玉女峰联想起巫山神女的风流韵事，朱熹一本正经表明自己是"道人不作阳台梦"。李纲则不然，他不仅把玉女峰刻画得风姿绰约，明艳动人："风舞芳林鬓脚垂，朝云暮雨湿仙衣"，更是深情款款问道："不知当日缘何事，化石山头更不归。"《三女石》诗更为直白地点出巫山行云，湘江解佩的故事：

粲粲三英傍碧溪，玉肌云鬓晓参差。
想因巫峡行云日，记得湘江解佩时。

这类诗中情性光辉的自然流溢无疑提高了李纲诗的价值。

三　豪迈清逸，飘然有凌云之志

李纲在《读〈四家诗选〉四首·并序》中评论李白的诗曰："太白诗豪迈清逸，飘然有凌云之志。"诗赞曰："谪仙乃天人，薄游人间世。词章号俊逸，迈往有英气。"在此，借用这句"豪迈清逸，飘然有凌云之志"来概括李纲部分武夷诗作也是精当的。与"会当凌绝顶，一览众山小"的泰山和险象环生的华山相较，武夷山无疑是秀气平和的，却也是重峦叠嶂，甚至不乏悬崖峭壁，李纲的《武夷山赋》曰："秀气磅礴，实钟武夷。"为此，《天柱峰》、《狮子峰》、《三层峰》、《画鹤》、《试剑石》等诗就颇为雄健豪迈，气势磅礴。

峻峨千丈插烟空，始见天南一柱峰。
绝顶雾开擎日月，半岩云暝噫雷风。

府临万壑林葫秀，高压群山气象雄。
谁道共工曾触折？断鳌端是女娲功。

——（《天柱峰》）

天柱峰，又名大王峰，顶大腰细，是进入武夷的第一峰。董天工的《武夷山志》载："高数千仞，矗立云表，俨若一柱，故又名天柱。"此诗的前四句从形象上描绘了天柱峰的高峭险峻；后四句则刻画了天柱峰气势上的雄伟高大。首句用数字"千丈"来说明山峰的高，第三句则用具体形象的例子来说明——云雾散去，远远望去，仿佛天柱峰顶与天相接。因为高，所以此峰可以高瞻远瞩，自然有了五六句的"府临万壑"，"高压群山"。七八两句诗人联想到了中国古老的创世神话——共工触不周山，折天柱；女娲断鳌足，立四极——进而否定这一神话故事——天柱不曾断，女娲也不曾立四极。而是武夷山的这座天柱峰一直尽职地擎着天，托着日月，功不可没。把天柱峰与神话中天柱、鳌足相提并论，这是何等的气魄。整首诗笔力雄健，气象豪迈，情绪高昂。在《狮子峰》一诗中，诗人也是如此这般，把一块静止于山峰，毫无生机的巨石表现得奔腾啸傲，生气勃勃：

奇石腾挐竹树苍，奋髯矫首据崇冈。
山深怪底无豺虎，端为溪头百兽王。

李纲少时便有将帅之风。十四岁那年，李纲随父戍边，适值夏兵来犯，别的官宦子弟一心等待奖赏——按宋法，边城被围，守城的人以日论赏——只有李纲骑着战马在城池四周巡逻，显示了他的大无畏精神。《宋史》赞他："负天下之望，以一身用舍为社稷生民安危……其忠诚义气，凛然动乎远迩。"这首《试剑石》正是李纲英雄气概的真实写照：

炼气为金铸剑成，且将顽石试青萍。
光芒郁郁冲牛斗，斩尽妖魔若发铏。

武夷试剑石乃一小石，因其中裂一罅，如同利剑劈开，故得名。相传是控鹤仙人的试剑处。青萍乃名剑，据传，若是等闲之辈持之，则有自伤之患。因直言上谏而遭贬斥的诗人深感怀抱利器，却报国无门。赤胆忠心，壮志难酬的诗人也有剑气冲天的昂扬斗志，他多么渴望有机会为朝廷出力，平息国家的内忧外患，铲除奸佞小人，驱逐外敌。

这些诗作寄寓着诗人的理想和豪情，写得铿锵有力，雄壮豪迈，有大丈夫气概，充满昂扬的斗志。这非常符合李纲作为一位不屈不挠，将生死置之度外的抗金将领的高大形象。

四　放浪江湖作散仙

李纲对陶渊明诗歌的语言平淡冲和，意境高渺悠远的艺术风格甚为推崇，他在《和陶渊明〈归田园〉六首·并序》赞陶诗曰："嘉其词旨平淡高远。"在《梁溪全集》中李纲和陶渊明诗有八十一首之多。仅在谪居沙县时，他就写了《和陶渊明〈归田园〉六首》、《和渊明〈饮酒诗〉二十首》、《桃源行》、《和渊明〈采菊东篱下〉二十首》等诗。由此可见李纲对陶诗由衷的喜爱。王质《和陶渊明〈归去来辞〉·序》说："元祐诸公，多追述柴桑之辞。自苏子瞻发端，子由继之，张文潜、秦少游、晁无咎、李端叔又继之。居闲无以自娱，随意属辞，姑陶写而已，非自附诸公也。"李纲也不例外。他不仅在创作上学习阐、实践陶诗"平淡"的文风，在思想上也深受其影响。此次遭贬，诗人内心充满忧愤之情，面对仕途坎坷，难免产生消极无为的思想，况且，武夷山乃道教名山，黄老学说自然萦绕脑际，因此李纲在《洞天穴》、《观音岩》、《丹灶》、《大隐屏》、《车钱峰》等一些诗篇中流露了陶渊明似的隐逸思想。试看《车钱峰》一诗：

尘缘洗尽便神枷，泉石幽奇即洞天。
我欲云崖结茅屋，待从天姥借车钱。

武夷山到处是仙居神府，泉清石奇。车钱峰是处，相传圣母曾鞭牛车载钱至此。诗人真想洗尽尘缘，于此处搭建茅草屋，过闲云野鹤般的日子。在《洞天穴》诗中，诗人表达了同样的愿望，即希望继刘少公、张垓之后，结茅庐隐居于武夷山："刘公隐后今谁继。张湛仙来不记年。紫府若容幽客到，诛茅欲卜隐屏前。"在《丹灶》诗中，诗人想象当年仙丹炼成的壮观场景"金鼎丹成透碧天"，"一丸五色光腾夜"。诗人渴望能够服下一枚成仙，"乞取从教作散仙"。道家清静无为的思想慰藉了诗人疲惫的心灵，武夷山水的秀美涤荡了郁闷的心情。故此产生了我心悠然，南山亦悠然的诗句：

林花不逐岁寒凋，半岭烟花媚远霄。
须信仙家风景好，四时峰岫紫苕荛。

——（《紫岭》）

孔子曰："天下有道则见，无道则隐。"孟子曰："达则兼善天下，穷则独善其身。"作为一个具有强烈的使命感和深沉的忧患意识的儒家知识分子，李纲当然不会因此一贬就心灰意冷。归隐山林，寄情山水，只是为了平息内心的愤懑，其秉承的仍是"居庙堂之高，则忧其民；处江湖之远，则忧其君"，"先天下之忧而忧，后天下之乐而乐"的儒家知识分子以天下为己任的精神。

五　结语

除此以外，这些武夷山水诗篇还有其他的一些艺术特色。有的诗抓住景点特征来写，惟妙惟肖。李纲的这部分山水诗大多是一诗一景点，而这些景点又往往是根据其特征和附会的传说故事加以命名的，李纲的诗不仅写出了这种神似，而且显得更为生动，富有灵性。在《将次武夷》、《游仙溪》、《武夷山》等诗中，作者或描绘了武夷山"秀气蜿蜒"，"百里云山”，“苍石插天”的整体特征，或写出了九曲溪的个体特征：轻舟浅碧，一溪九曲贯群峰。《泛舟毫瞬真馆遇雪》、《宿栖真馆夜雪大作诘旦遂行》诗更是写出了雪中武夷的银色风光：“玉树瑶林”，“琼花巧缀”，《纪旧梦》则是写雪中游武夷，堪称是诗、序俱佳之作。有的诗写法生动活泼，饶有情趣，如《趋真亭》一诗：

烟霞深处一亭闲，石磴萦纡紫翠间。
但觉峰峦劳顾揖，不知身到武夷山。

据董天工的《武夷山志》记载，趋真亭至明代唤作入佳亭，至清又改作问津亭，此乃初入武夷之处。古人称山为“翠微”，因武夷山属丹霞地貌，故此诗人用“紫翠”来指称武夷群山。此诗的第三句诗人用拟人的艺术手法。把趋真亭描写成一位好客的主人，拱手作揖欢迎诗人的到来。有的诗又写得清净悠扬，自然和谐，温宛有致。如下面两首诗：

观音岩
铢衣铢珞宝花冠，宴坐俪然山水间。
应为武夷山水好，不输海岸补陁山。

兜担石
仙人戏睹翠娥眉，空有花舆照西晖。
云日娟娟风袅袅，尚疑玉质在帘帷。

这些诗作与李纲的其他诗歌作品相较，有其独特之处，显示了李纲创作风格的多样性。诗人在《武夷山赋·序》中谈及这些诗篇曰：“留山中赋诗，几五十篇，又广其崽而为之赋。予于武夷，可谓无负，亦足以偿平昔之愿矣。”宣和二年六月，李纲复承事郎一职，是年冬，诗人“蒙恩北归”，旧地重游，又创作了《武夷行》、《泛游仙溪》、《崇安令送示武夷图》等诗。除诗赋以外，李纲还用词这一艺术样式对武夷山进行赞美。总之李纲的武夷山水诗不仅数量多，而且水平高。

怀旧、思乡是中国人传统的文化心理。福建是李纲的故乡，此次贬官，武夷山是诗人回到故乡的第一站。武夷胜境吸引、征服了李纲。而李纲又为她写下了许多美丽的诗篇，为这座历史文化名山抹了一道亮丽的色彩。

（作者郑淑榕，福建公安高等专科学校基础部教师；
本文原载《南平师专学报》2005年第3期。）

参考文献：

［宋］李纲：《李纲全集》，岳麓书社2004年版。

读罗从彦哲理诗笔记

罗从彦，字仲素，先世自豫章避地南剑，因家剑浦，后徙沙县。（《南平县志·儒林传》）同书记罗从彦“严毅清苦，笃志求道”。求学于杨时，“尽得不传之秘”。宋周垣《覆谥议》曰：“公受学龟山之门，其潜思力行，任重诣极，同门皆推敬之。”称罗从彦“上承伊洛之正派，下开中兴以后诸儒之传受，昭然不可泯也”。读其诗，思其人，吟咏之，采其数首，笔记如下。其《观书有感》曰：

静处观心尘不染，闲中稽古意尤深。
周诚程敬应粗会，奥理休从此外寻。

我把这首诗读为尊师说。关键在于“周诚程敬”和“奥理”是什么？理学开山祖周敦颐，是二程的老师，朱熹、张栻皆推崇之。周敦颐的“太极图”和《太极图说》，演绎无极、太极、阴阳、五行而万物，为宋明理学的宇宙生成说奠了基。《通书》则完全避开无极、太极，而只谈“诚”。黄宗羲说：“周子之学，以诚为本。”周敦颐曰：“寂然不动者，诚也。”这就把《通书》和《太极图说》挂上了钩。周敦颐曰：“乾元”是“诚之源”，“乾道”是“诚之立”，而“元亨，诚之通，利贞，诚之复”。在周敦颐学说中，诚是“纯粹至善者也”，是“五常之本，百行之原”。这样，诚以及其运行也就是由静及动又复于静。所以，在社会伦理道德观上，周敦颐强调“主静，立人极焉”。这是一脉相承的。在这点上，程子则强调不讲静而讲“敬”。程子认为，不能以“主静”来提升为修养的最高标准，而以主敬较为妥当。黄宗羲在《宋元学案》曾经说：“自周元公（敦颐）主静立人极开宗，明道以静字稍偏，不若专指于敬。”程子曰：“但惟是动容貌，整思虑，则自然生敬，敬只是主一也。”

周敦颐《太极图说》的“静”，与《通书》的“诚”，是一脉相通的。程子却用一个“敬”字把它贯穿起来，纠偏过来。而罗从彦的“周诚程敬应粗会”，说得很得体，很谦虚，让我们看到，尽管罗从彦有许多“静”、“闲”之语，但“奥理”不只是一个“上静，立人极”，而应该从先师们思想的发展去探求。程子说过：静也定，动也定，并没有绝对的“静”，把“敬”贯穿到动静之中，尤其是灌注在“静”当中，更要强调的是“敬以直内”，就可以把偏纠正过来。罗从彦是领悟到这个“奥理”的，所以诗中表达是那么明确。

有关“静”的问题讨论，朱熹的评述是比较公允的。在谈到杨时门人，朱熹说：“罗先生严毅清苦，殊可畏。”“……道理自有动时，自有静时。学者只是‘敬以直内，义以方外’。见得世间无处不是道理，便以道理处之。不可专要去静处求。所以伊川谓‘只用敬，不用静’，便说得平。也是他经历多，故见得恁地正而不偏。若以世之大段纷扰人观之，若会静得，固好。若讲学，则不可有毫发之偏也。如天雄、附子，冷底人吃得也好；如要通天下吃，便不可。”（《朱子语类》卷第一百二）这里把“敬”与“静”看成是内外之分，敬是一心如此，静即是具体的履行之事，有的人须静，有的时须静，但静并不是万灵的膏药。在与学生议论罗先生和李（侗）先生时，朱熹说：

盖心下热闹，如何看得道理出！须是静，方看得出。所谓静坐，只是打叠得心下无事则道理始出；道理既出，则心愈明静矣。（《语类》卷第一百三）

盖义理自有着力看不出处。然此亦是后面事，初间亦须用力去理会，始得。若只靠着静后听他自长进，便却不得。然为学自有许多阶级，不可不知也。如某许多文字，便觉得有个吃力处，尚有这些病在。若还更得数年，不知又如何。（同上）

上述三段话，起码有三层意思，肯定“静”对某些人，某些时候是需要的，一则心里热闹，看不得道理，这时，让心里静下来是十分重要的，这样才会理出心明。次则静是有条件的，在你对事物理解不了时，还是要靠你“用力去理会”，经过这个过程，因为心里杂乱，然后要排除其他，有利于一心理会事理。而不是头脑空空的，静下来会生出个道理来。静下来前有个经验积累、整理领会的步骤。再则，这是“义以方外”之事，讲学时更要强调的是“敬以直内”，才不会偏了。我们从朱熹的这些评述来理解罗从彦的诗意，才不会只着意于罗从彦求静和长期隐居生活而对“静”的片面描写。这也是把罗从彦的思想给看偏了，从下面再吟读的诗中，我们还可以进一步看到诗中的深义。《勉李愿中五首》之二曰：

不闻鸡犬闹桑麻，仁宅安居是我家。
耕种情田勤礼义，眼前风物任繁华。

这首诗贯穿了罗从彦的性情、仁义说。“不闻鸡犬闹桑麻”和“眼前风物任繁华”意思相衔接。“仁宅安居是我家”和“耕种情田勤礼义”是本诗的中心，表达了对性情、仁义关系的理解。罗从彦认为性为内在，情为外在，仁为内在，礼义为外在。罗从彦收集的《二程语录》有伊川曰：“仁，理也，人，物也，以仁合在人身言之，乃是人之道也。”罗从彦在《遵尧录》卷二曰：“立人之道，曰仁与义，仁体也，义用也，行而宜之之谓也。”因此，性、仁安居为家，而情、礼义即如宅外之物。内为体为本，外是用是末，性与情、仁与义的关系，截然分得很清楚。仁宅安居需要一心一意呵护，情田勤耕也须专心努力。

在罗从彦的著作中，我们看到罗从彦认为仁义礼智四德是立身之本。他在《议论要语》中说：“仁义礼智，所以是立身之本，而缺一不可。故孟子的恻隐之心为仁之端，而无恻隐之心则非人；以羞恶之心为义之端，无羞恶之心则非人；以辞让之心为礼之端，无辞让之心则非人；以是非之心为智之端，而无是非之心则非人。李林甫为宰相，在廷之臣皆非人也。”为什么？因为：

> 掊克生灵，无恻隐之心；阿附宦官，无羞恶之心；势利相倾，无辞让之心；上下雷同，无是非之心。夫一端之亡，亦非人矣，况四端俱亡，安得谓人？宜乎有天宝之乱也。（同上）

这是罗从彦对社会观察的判断："掊克生灵"、"阿附宦官"、"势利相倾"、"上下雷同"，这是社会混乱的四种恶劣的行为，它与仁义礼智背道而驰。话说的是天宝之乱，其实指的是现实社会，有此四恶横行，社会怎能不乱呢！小程子在《上仁宗皇帝书》中说："窃惟王道之本，仁也。"在《南庙试策》中又说："老吾老以及人之老，幼吾幼以及人之幼，此纯王之心也。使老者得其养，幼者得其所，此纯王之政也。"四恶与仁政背道而驰，罗从彦看到社会危机严重。

四恶当中，罗从彦把"掊克生灵"看成是与仁相对立的劣行，就是认为它是首恶，生灵受到糟蹋，恻隐之心泯灭无存，住宅被毁，仁政渺茫，国家危殆。加之阿谀奉承之风，成为主流；为一己之私和权势互相倾轧，比比皆是；一言堂使朝廷和社会毫无生气；四端尽亡，社会肌体病入膏肓，这是罗从彦痛心疾首的呼吁。罗从彦通过赠李延平之诗，呼吁有识之士，呼吁青年们应该振作精神，横扫四恶，安居仁宅，勤勉义礼，救社会之将亡。罗从彦在《自警》诗写道："性地栽培恐易芜，是非理欲谨于初。孔颜乐地非难造，好读诚明静定书。"

《勉李愿中五首》之三和《送南剑王守归》，罗从彦的安民说值得注意。《勉》诗曰：

> 古今乾坤共此身，安身须是且安民。
> 临深履薄缘何事，祗恐操心近矢人。

"古今乾坤共此身"。天地人中，人的重要性是很明白的，没有此身，乾坤何在。"安身须是且安民"。古人云："崇德莫大乎安身，安身莫尚乎存正。"在罗从彦看来，所谓存正，安民也。"临深履薄缘何事"一方面不但做任何事情，尤其是安民之事，应该诚惶诚恐，战战兢兢，如临深渊，如履薄冰，以便把本分做好。另方面，"祗恐操心近矢人"，光绪版《罗豫章先生遗集》卷十二有书注曰："外吾圣人之学申韩佛老皆有书，在抉择也。"我们可否不局限于此，而理解为特别要注意，不该接触道外之人，或者不该接触别有用心的人。罗从彦勉李侗"安身须是且安民"，这是读书明理人的第一要务。不要只看见罗从彦"筑室罗浮（坊）山中，绝意仕进，终日端坐，以验天地万物之理"。而且要注意到，"尝教学者读书之法，以身体之，以心验之，从容默会于幽闲静一之中，超然自得于书言象意之表"。在罗坊山中著述《遵尧录》，其心可表。

在罗从彦思想中，他时时刻刻想的是"人君"的行为规范。他在《遵尧录》卷一记载着：建隆元年（960）太祖听户部侍郎沈伦的话，发军储赈饥民一事，大加赞颂。罗从彦说："人君之所以有天下者，以其有民也。民之所恃以为养者，以有食也；所恃以为安者，以有兵也。《书》曰：'民为邦本，本固邦宁。'昔孟轲氏以民为贵，贵邦本也。故有民而后有食，有食而后有兵。自子贡问政，孔子所答观之，则先后重轻可知矣。"贵民是贵邦本，安民的重要性是很突出的。罗从彦在《送南剑王守归》一首写道：

三年政化被生民，甘雨祥风溢剑津。
解组幡然赋归去，攀留无计可留恂。
未把阳关三叠吟，且将谬句写离心。
千寻浩浩镡溪水，别恨不知谁浅深。

朝廷更“势利相倾”，而“三年政化被生民”的南剑州王守却“解组幡然赋归去”，这种离情别绪，用“千寻浩浩镡溪水”来写也写不清楚别时的心情。从此可以看到罗从彦对仁政之本的重视和对朝廷腐败的失望。我们从《邀月台》诗看来，他把希望寄托在至高无上的“人君”上。罗从彦收集的《二程语录》上，伊川曰：“君仁莫不仁，君义莫不义。天下治乱，系乎人君仁不仁耳。离是而非，则生于其心，必害于其政，岂待乎作之于外哉！”《邀月台》一首读起来，我看主要是积极的，我把它读成罗从彦对政局的寄望。诗曰：

矮作垣墙小作台，时邀明月写襟怀。
夜深独有长庚耀，不许庸人取次来。

书注：“延平先生云：侗见先生出此诗，尝妄意云：下两句不甚浑然。先生因改云：也知邻斗非吾事，且把行藏付酒杯。益作此数绝对时，正靖康间也。”我看原诗不错，能代表罗从彦忧国忧民的胸怀，改诗乃一时戏言，说说笑笑就罢了，编集子的人只作附注，并没有正式作出修改。但是，“正靖康间也”，此言重要。靖康间正是北宋末最混乱的时候，早年血气方刚，笃志求道，而此时（1126—1127）罗从彦五十多岁，《遵尧录》正当完稿之时的罗从彦虽然深居罗坊山中，时常也静坐思考问题，但是思想却一直关注整个社会，他把对社会的关注完全沉浸在《遵尧录》的写作上，以待拯救社会痼疾。怎么可能把它当成“邻斗非吾事”呢？假如罗从彦有这种思想，就不可能专心致志地写《遵尧录》了。大政问题，该是十分严肃的。

《宋史本传》曰：罗从彦“著《遵尧录》，述祖（太祖）宗（太宗）以来宏规懿范，及名臣硕辅，论建谟画，下至元丰功利之人，纷更宽度，贻患国家。撮经提纲，无非理乱安危之大。”《遵尧录》卷一曰：“人君者，天下之表。若自正，则天下正矣；自心邪曲，何以正天下。”“人君当淡淡无欲”，所以诗中，“夜深独有长庚耀”，寄托罗从彦的全部希望。他希望当今天子，能像太祖重用“使捍北敌”的关南巡检李汉超那样，使“汉超感泣，誓以死报”；他希望当今天子像太祖那样，措施得当，“外人畏服，不敢犯塞”；他希望当今天子像太祖那样，“聪明英睿，善知人”，因而他希望朝廷不能搞一言堂，臣子不能唯唯诺诺，《议论要语》中说：“君子在朝则天下必治，盖君子进则常有乱世之言，使人主多忧而善心生，故天下所以必治；小人在朝则天下必乱，盖小人进则常有治世之言，使人主多乐而怠生，故天下必乱。”“天下之乱不起于四方，而起于朝廷，比如人之伤气，则寒暑易侵；木之伤心，则风雨易摧。”由此看来，《邀月台》一诗的立意，在于“夜深独有长庚耀”。我们于此看罗从彦用心良苦，虽然一心寄托于“人君”，有其时代的局限性，但是罗从彦强烈希望时局能得以扭转，不允许“庸人”的干扰，思想上仍然是积极的。那么，什么“也知邻斗非吾事，且把行藏付酒杯”，不过是一句戏言，绝非罗从彦真意，并不是我们的任意猜测。

笔记零乱，不足以表达对罗从彦先贤的敬仰之万一。最后，以罗从彦的《自述》作为收篇，我看还是适宜的。诗曰：

松菊相称英厌频，纷纷人生只红尘。
自怜寡与真堪笑，赖有清风是故人。

（作者何乃川，厦门大学哲学系教授；本文原载《朱子研究》2005 年第 1 期。）

严羽唐宋诗“词理意兴”论辩略

“宋诗尚理而病意兴，唐诗尚意兴而理在其中”，此话出自严羽《沧浪诗话》，他在该书《诗评》九中说：诗有词理意兴。南朝人尚词而病于理，本朝人尚理而病于意兴，唐朝人尚意兴而理在其中；汉魏之诗，词理意兴，无迹可求。[①]

严羽以“词理意兴”为标准，来衡量汉魏、六朝、唐、宋四个时代的诗歌，其中，尚理而病于意兴，尚意兴而理在其中。就是分别对宋诗和唐诗的特质所作的概括和总结。这个总结和概括准确吗，在多大程度上接近唐宋诗的实际呢？

一

要回答这个问题，首先须明确严羽所谓的唐诗和宋诗是什么。

先看唐诗。

严羽在对唐诗的流衍变化作了全面考察以后，将唐诗分为唐初、盛唐、大历、元和及晚唐五种体式，[②]在这五种体式的诗中，严羽最推崇的就是盛唐体诗，在《沧浪诗话》第一篇《诗辨》开篇即明确提出：“夫学诗者以识为主：入门须正，立志须高；以汉魏晋盛唐为师，不做开元天宝以下人物。”[③]《诗辨》四则曰：“论诗如论禅，汉魏晋与盛唐之诗，则第一义也。大历以还之诗，则小乘禅也，已落第二义矣。晚唐之诗，则声闻辟支果也。”[④]《诗辨》五历析诗歌之源流高下之后，不容置疑地说：“推原汉魏以来，而截然谓当以盛唐为法，虽获罪于世之君子，不辞也。”[⑤]严羽如此推崇盛唐诗，那么他推崇的盛唐诗是什么呢？

《诗辨》五说：“盛唐诸人惟在兴趣，羚羊挂角，无迹可求。故其妙处透彻玲珑，不可凑泊，如空中之音，相中之色，水中之月，镜中之象，言有尽而意无穷。”[⑥]这里的“兴趣”、“意”，就是“意兴”，这是严羽特别推崇盛唐诗之处，他从未以此称许过大历以后之诗，而且处处分辨盛唐诗与以后诗之别，所谓“辩家数如辩苍白，方可言诗”[⑦]。如他说：“大历以前，分明别是一副言语；晚唐，分明别是一副言语。”[⑧]“大历之诗，高者尚未失盛唐，下者渐入晚唐矣。晚唐之下者，亦堕野狐外道鬼窟中。”[⑨]这种分辨的目的在于示学诗者以法门，学诗学什么，当然是学“惟在兴趣”的盛唐诗，这是第一义的诗，而大历以后之诗，则堕为第二义，如禅家“小乘”，甚者则“声闻辟支果”也。他郑重地告诫学诗者，“不作开元天宝以下人物”，甚至不承认晚唐诗为唐诗。

当然，严羽的“盛唐”也不是一个严格、固定的时代概念，而是一个模糊的“诗体”概念，故并不是所有盛唐人写的诗都可以称之为“盛唐诗”，“盛唐人诗，亦有一二滥觞晚唐者，晚唐人诗，亦有一二可入盛唐者，要当论其大概耳”[⑩]。比如，“戎昱在盛唐为最下，已滥觞晚唐矣。戎昱之诗，又绝似晚唐者。权德舆之诗，却又绝似盛唐者”[⑪]。他还称赞顾况“诗多在元白之上，稍有盛唐风骨处”[⑫]。要之，能符合“惟在兴趣”这个美学理想的，即或不是盛唐人，也还算得上盛唐诗。反之即使是盛唐人，如不合这个美学理想，也算不上盛唐诗。所谓“唐朝人尚意兴而理在其中”的“唐诗”，就是指这个意义上的唐诗。

那么，严羽所谓的宋诗，又所知为何呢？《诗辨》五中有一段论述，对宋诗的发展做了粗线条的勾画：

国初之诗尚袭唐人：王黄州学白乐天，杨文公、刘中山学李商隐，盛文肃学韦苏州，欧阳公学韩退之古诗，梅圣俞学唐人平澹处。至东坡山谷公始出己意以为诗，唐人之风变矣。山谷用工尤为深刻，其后法席盛行，海内成为江西宗派。近世赵紫芝灵舒辈，独喜贾岛姚合之诗，稍稍复就清苦之风；江湖诗人多效其体，一时自谓之唐宗。严羽将宋代诗歌发展分为三个阶段：宋初至仁宗嘉祐年间苏轼现身诗坛以前为第一阶段，此期诗人多效法唐诗，方回说：“宋刬五代旧习，是有白体、昆体、晚唐体。白体如李文正徐常侍昆仲王元之王汉谋；昆体则有杨刘《西昆集》传世……晚唐体则九僧最逼真。”[⑬]从诗歌发展流变的总倾向看，只能是晚唐五代诗风之余绪和流衍，宋诗还未形成自己的风格，作为一种能与唐诗相抗衡的独具一格的诗，还不够格。第三个阶段是南宋中叶以后即严羽所谓的“近世”，诗坛上有影响的是两派，意为“永嘉四灵”，其实多仿效晚唐贾岛姚合，尖纤浅易，以清苦为工。方回说：“嘉定而降，稍厌江西，永嘉四灵复为九僧。”[⑭]江湖诗人比起“四灵”来，虽说比较关心时事，关心民生，但学晚唐时却是与四灵一致的，所以纪昀说：“四灵一派，摅晚唐清巧之思；江湖一派，多无季衰飒之气。”[⑮]“四灵”和江湖诗人都是学晚唐五代诗，走的都是宋前期诗风的路子，当然也不能算得上是宋诗。宋诗能够自立的标准是“唐人之风变矣”，从“东坡山谷始自出己意以为诗”到后来的江西诗派，这才是严羽所谓的“宋诗”。刘克庄说：“元祐后，诗人迭起，一种则波澜富而句律疏，一种则锻炼精而情性远，要之不出苏黄二体而已。”[⑯]这种以“波澜富而句律疏”、“锻炼精而情性远”为特色的独具风标的诗，显然是能与唐诗相抗衡的，这才是严羽心目中的宋诗。应该说，严羽对宋诗的区分，有他不精确的地方，比如宋诗的开创当上溯到梅尧臣、苏舜钦，[⑰]又不言“尤杨范陆”四大家等等，但严羽从宋诗与唐诗的承继关系着眼宋诗的流变，大体说来是不错的。

二

明确了严羽的唐诗宋诗的特定含义之后，我们进而可以讨论严羽“宋诗尚理而病意兴，唐诗尚意兴而理在其中”的关键词“理”、“意兴”的含义了。

何谓“理”?

《沧浪诗话·诗辨》中有一段十分著名的话：“夫诗有别材，非关书也；诗有别趣，非关理也。然非多读书，多穷理，则不能极其至。所谓不涉理路，不落言筌者，上也。诗者，吟咏情性也。”严羽首先将“理”与“书”并提，而区别于“别材”、“别趣”。“别材”就是诗人独具审美创造的艺术才能，“别趣”就是诗人“情性”在某种特定环境下所产生的独特审美感受。诗人既有独特的审美创造才能，又有独特的审美艺术感受，创作的诗也就独具风貌和韵味，尽管这种艺术才能和审美感受的获得需要“多读书，多穷理”，但这种“读书穷理”仅仅是至其极的一种途径而已。诗之上者即最好的诗，应该“不涉理路，不落言筌”，论述中，严羽很快又将“理路”与“言筌”并提，“言筌”意为“言”乃“意之筌”也，指语言的工具性质。典出《庄子》，[18]涉及“言意之辨”这个古老的阐释学命题。所谓“言”者，即“辞”也，在《周易》里指阐释卦象的言辞，“夫象者，出意者也。言者，明象者也。尽意莫若象，尽象莫若言。言生于象，故可寻言以观象。象生于意，故可寻象以观意。意以象尽，象以言著”[19]。“意”是认识现象世界而得到的概念，“象”是象征概念的形象，“言”是对“卦”这个指示形象的抽象符号的解说，相对于作为形象的卦象，“言”亦可视为对这种形象的抽象。严羽既把“理”与这种以抽象方式反映形象的“言”并提，这“理”同样也具有相近的含义。从思维的角度说，“理”是指抽象的理性思维，所谓“不涉理路”，不是说排斥理性，而是指不在诗中搞逻辑推理，不在诗中以概念化的语言直接发议论，以破坏诗歌独具的以美感动人的艺术特征。“不落言筌”也不是说脱离语言文字，而是强调不要执著于语言的形式之上，而忽略了诗意的追寻。言者，筌也，是工具，而非目的；是符号，而非意义。“不落言筌”强调的是超越形质物累的桎梏去追寻“意”（诗意）的自由，不死守语言形式之上，而应具言外之意，亦即“言有尽而意无穷”的深沉隽永的韵味。

“诗有别材，非关理也”，强调的是诗歌的特殊性，从创作主体来说，是指创作前的特殊审美感受，这是一种不期然而至、浮想联翩的心理状态，而非按图索骥所能得、条分缕析所能穷；从作品来说，它是指要表达这种特殊的审美感受，而不是阐释抽象的道理，因此，“理”既可指“原理”，即思想内容，亦可指“说理”，即用抽象的方式来论理。

再看“意兴”。

“意”就是“言有尽而意无穷”的“意”，它涉及形象问题。《周易·系辞上》：“子曰：‘数不尽言，言不尽意。’然则圣人之意不可见乎？子曰：‘圣人立象以尽意，设卦以尽情伪，系辞焉以尽其言。’”[20]首次提出“意”与“象”的关系问题。这里的“象”不仅是卦象，同时也是具有美学意义的形象。“象”是可以尽“意”的，“立象”是为了尽“圣人之意”。那么，“意”又指什么呢？从《周易》我们知道，“意”不是那些纯粹抽象的道理，而是与君子建功立业的志气、人格道德的完美，以及对社会国家的治理，天下安宁的实现等等密切相关的东西；[21]也不是与人事无关的自然规律，而是同个体的志向、情感、理想、作为成败等等相关的东西。它存在于“象”中，不能脱离“象”而独立存在，又绝非简单的概念，要领会“象”中之“意”，就要“观其象而玩其辞”[22]，这就是《周易》中“象”与“意”的关系。到了曹魏时期，荀粲提出“象外之意，系表之言”[23]，后来王弼以老庄解《周易》，进一步提出“忘象乃得意，忘言乃得象”[24]，把形象系列分为“言、象、意”三个构成层次，发展了“言不尽意”说。钟嵘又把它运用到诗歌美学中，在论证“比兴”时说：“文已尽而意有余，兴也。”[25]指那种含蓄委婉的诗歌风味，对后世影响尤大。唐代刘禹锡提出“境生于象外”[26]，皎然也提出“文外之旨”[27]的说法，到晚唐司空图总结唐诗的创作经验，提出了所谓“韵外之致”、“味外之旨”[28]、“象外之象，景外之景”[29]，进一步发挥了关于艺术形象的二重性（“象”与“意”）问题：即是诗歌的形象构成往往包含两个层次，一是作为形象外观的活生生的画面，以示这个形象画面所蕴含所暗示的深层的意念情趣。前者作为形象的表层结构可为读者所直接感知，后者作为形象的深层结构，体现着形象内蕴的某些延展性，它往往凭借想像和思致来间接感知把握，并进行审美再创造。严羽的“言有尽而意无穷”的“意”，正是这一路而来，指的正是这种在诗歌艺术形象中所蕴含着的丰富的意念情趣。

严羽的“兴”，所指不是陈子昂“兴寄”和白居易“美刺兴比”、“兴讽”[30]之“兴”，即偏重于诗歌的社会内容和所寄托的讽喻，而是严氏所谓的“兴趣”，即与“理”相对的“别趣”，也就是钟嵘所说的“文已尽而意有余”的那种韵味。[31]“意”和“兴”不可分割，因而并列连用，它的具体含义就是指诗歌艺术形象所产生的含蓄隽永、余韵曲包的美学特点。所谓“盛唐诸人惟在兴趣，羚羊挂角，无迹可求。故其妙处透彻玲珑，不可凑泊，如空中之音，相中之色，水中之月，镜中之象，言有尽而意无穷”，正是对盛唐诗歌“不涉理路，不落言筌”亦即不见逻辑推理，“但见情性，不睹文字”[32]，超乎言意之表的浑厚艺术境界的形容，也是对“意兴”的形象化描述。

三

严羽把“尚意兴而理在其中”作为唐诗的特征，只是人们从中去追寻“透彻玲珑，不可凑泊”、“言有尽而意无穷”的审美境界，确实把握住了探视美学品格的一个重要方面。问题是作为唐诗的特征，“尚意兴”显然不是对它的全面的概括。

严羽在《答出继叔临安吴景仙书》中曾这样说过：

> 又谓：“盛唐之诗，雄深雅健。”仆谓此四字，但可评文，于诗则用健字不得。不若《诗辨》“雄浑悲壮”之语，为得诗之体也。毫厘之差，不可不辨。坡公诸公之诗，如米元章之字，虽笔力劲健，终有子路事夫子时气象。盛唐诸公之诗，如颜鲁公书，既笔力雄壮，又气象浑厚，其不同如此。

此处严羽是用“雄浑悲壮”即“既笔力雄壮，又气象浑厚”来概括唐诗的。所谓“气象浑厚”，与“尚意兴”含义相近，指盛唐诗的“透彻玲珑，不可凑泊”、“言有尽而意无穷”的浑成的艺术境界，这只是盛唐诗特征的一个方面，而另一个特点，则是“雄浑悲壮”，即“笔力雄壮”。那么，《沧浪诗话》在强调盛唐诗“尚意兴”、“气象雄浑”的特征时，是否意味着“笔力雄壮”只是唐诗的次要特征，可以忽略不计呢？当然不是。我们知道，严羽的诗论是为了矫正诗坛时病而发的，它要矫正的主要是变尽唐风、对诗“作奇特解会，遂以文字为诗，以才学为诗，以议论为诗”[33]的江西派之弊，也包括理学家的性命义理之诗。江西诗派的产生有多方面的历史原因，从诗体发展看，诗至盛唐，古典抒情诗发展已到了极盛的顶峰，中唐以后，是要发展，要创新，就不得不一反常态，以不美为美，以非诗为诗——所谓“不美”、“非诗”，均相对于传统抒情诗而言，于是就有了韩愈等人的议论说理之诗——所谓“以文为诗”，而成为苏黄及江西诗派的先导。作为诗歌发展的趋势和需要，这并不是造成宋诗“尚理”的唯一原因，宋代社会上广为盛行的理学，可能是更为重要的原因，所以刘克庄在《林子显序》说：“近世理学兴而诗律坏”[34]，理学家把“吟咏情性”作为阐发性命义理的工具，要求“情累都忘”，但写“名教之乐”、“观物之乐”[35]。宋诗中最枯燥乏味的作品，不见得是江西诗派的诗，而可能是理学家的诗。兹举两首邵雍的诗为例：

我今行年四十七，生男方始为人父。鞠育教诲诚在我，寿夭贤愚系於汝。我若寿命七十岁，眼前见汝二十五。我欲愿汝成大贤，未知天意肯从否？

——《伊川击壤集·生男吟》（卷一）

富贵多傲人，人情有时移。道德不傲人，人情久益归。道德有常理，富贵无定期。蒿莱霜至萎，松柏雪更滋。

——《伊川击壤集·偶见吟》（卷七）

这两首诗味同嚼蜡，当然是比较极端的例子。

在本来就已经很少文化的宋诗中，再掺杂以道学家的这种枯燥乏味的说教，这就难怪刘克庄感叹，有宋“三百年间，虽人各有集，集各有诗，诗各自为体；或尚理致，或负材力，或逞辨博，少者千篇，多至万首。要皆经义策论之有韵者尔，非诗也。自二三钜儒及十数大作家，俱未免此病”[36]。针对宋诗整体上的“尚理而病于意兴”这种说教化概念化的弊病，需要强调诗歌艺术的内在审美特征，严羽的诗论正是以这为特色的。他的“尚意兴”、“气象浑厚”正好可以作为宋诗“尚理”的反拨，他强调诗歌“吟咏情性”，反对“和韵”[37]，反对“用字必有来历”，反对铺排“使事”，“不问兴致”，刻意求工，以避免束缚诗人的“情性”，更反对“叫噪怒张”、“以骂詈为诗”[38]。他认为诗歌形象应该是一个浑成的整体，应该是“词理意兴，无迹可求”。出于这种动机和目的，《沧浪诗话》在标举“以盛唐为法”时，更多地注意盛唐诗的“气象浑厚”的一面。

但严羽并不轻视唐诗“笔力雄壮”这一特点。《沧浪诗话》中也有称许“笔力雄壮”

的言论。如“李杜数公，如金鳷擘海，香象渡河。下视郊岛辈，直虫吟草间耳”[39]。“金鳷擘海”典出《华严经》三十六，[40]此处比喻“笔力雄壮”，“高岑之诗悲壮，读之使人感慨；孟郊之诗刻苦，读之使人不欢”[41]。他批评孟郊，称孟郊之诗“憔悴枯槁，其气局促不伸……自为之艰阻”[42]。“笔力”之诗歌的气魄、力量，提倡“笔力雄壮”，则是针对“四灵”诗派和江湖诗人而来的。

江西诗派的出现，是宋诗对晚唐五代柔弱诗风的一种否定，以文字为诗，以才学为诗，以议论为诗，从某种意义上说，就是矫晚唐五代之弊。然而，矫枉过正，它本身却产生了种种流病：着意堆砌冷僻的典故，好用奇险的字句，卖弄才学，大发议论，趋于枯槁生涩而缺少情韵，从而引起人们的不满和厌恶，“四灵”、江湖诗人正是在反对江西诗风的背景下产生的，然而，他们依傍的却仍然是晚唐体诗。正如叶适所说：“初，唐诗废久，君与友徐照、翁卷、赵师秀议曰：‘昔人以浮声切响单字只句计巧拙，盖《风》、《骚》之至精也；近世乃连篇累牍，汗漫而无禁，岂能名家哉！’四人之语，遂极其工，而唐诗由此复行矣。”[43]他们的弊病与江西诗派不同，苏黄及江西诗派所缺少的并不是“笔力雄壮”，他们的笔力并不孱弱，而是过于“雄壮”，过于“深刻”，“终有子路事夫子时气象”，刚气毕露，缺少含蓄蕴藉之美。而“四灵”诗人则“敛情约性，因狭出奇”[44]，追求“情瘦而意润，貌枯而神泽”[45]，其毛病不在于“病意兴”，而是虽有意兴却“立志未高，尖纤浅易”[46]；江湖诗人亦“多效其体”，且又走上独抒性灵的道路而失之粗率。严羽提倡“笔力雄壮”，就是针对他们的。他们所学的虽也是唐诗，但却是“止入声闻辟支之果”的晚唐诗，如果“学者谓唐诗诚止于是耳，得非诗道之重不幸邪！”[47]严羽提倡的是“笔力雄壮”的盛唐诗，在取法的对象上，比“四灵”和江湖诗人层次高多了，这也奠定了后世唐诗学的主导倾向。

宋诗——尤其是苏黄及江西派诗确实存在着严羽所说的种种毛病，严羽的批评也是切中时弊的。但严羽的理论是建立在尊唐贬宋的基础上的。在他的头脑里始终先验地存在一个“唐诗”而且是盛唐诗的观念，并以此作为参照物来衡量、评价宋诗，便觉得宋诗处处不顺眼，所谓“唐人与本朝人诗，未论工拙，直是气象不同”。殊不知，正因为宋诗与唐诗“直是气象不同”，宋诗才成为宋诗，这正是宋诗的发展和创新处，如果真的同唐诗气象一样，那就不是什么宋诗了。

我们知道，盛唐时期，由于综合了汉魏齐梁以来的诗学遗产，古代诗歌尤其是抒情诗的发展达到了顶峰。以后诗歌究竟怎样向前发展，是谨守着诗歌的抒情传统，在盛唐诗后亦步亦趋呢，还是在题材写法上另辟新径，这是唐诗以后每个诗人面临的新的历史课题。实际上，从盛唐杜甫开始，经元、白、韩、孟到宋代的欧、王、苏、黄，最后发展成江西派诗，中国古代诗歌的发展历程就是由抒情写景向叙事说理的转变历程，杜甫开其头，到宋代苏轼、黄庭坚明显的突破了这一传统，纪事说理、评文咏画、书简酬答，讲学论道以至身边琐事都可以写进诗里，在写法上又喜欢逞才斗险，议论横生，长铺广引，盘折生奇，“总之是把过去认为不宜入诗的材料和手法用于诗歌创作，开辟了新的蹊径。如果说，唐诗比起汉魏古诗来，基本上属于量度的变化，那么，宋诗较之唐诗，就有了质素的更新”[48]。从唐诗的“以诗为诗”到宋诗的“以文为诗”，诗史的流变有它历史的必然性，有它的合理性，与当时的思想解放、古文运动、政治斗争、社会经济的现实都有关，从总体上说，“以文为诗，以才学为诗，以议论为诗”是宋诗的进步和创新的结果，只是进步太小，创新的代价却又过大，它的弊病掩盖了它的精神实质和实绩，而成为严羽乃至后人指责的把柄。而它产生弊病的根源也即是它的致命弱点，就在于宋人游离于广阔的社会人生之外，用书斋代替社会实践，这一点是严羽所未曾看到的。钱钟书说得好："有唐诗作榜样是宋人的大幸，也是宋人的大不幸。看了这个好榜样，宋代诗人就学了乖，会在技巧和语言方面精益求精；同时，有了这个榜样，他们也偷起懒来，放纵了模仿和依赖的惰性。瞧不起宋诗的明人说它学唐诗而不像唐诗，这句话并不错，只是他们不懂这一点不像恰恰就是宋诗的创造和价值所在。明人学唐诗是学得来惟肖而不惟妙，像唐诗而又不是唐诗，缺乏个性，没有新意，因此博得'瞎盛唐诗'、'赝古'、'优孟衣冠'等等绰号。宋人能够把唐人修饰的道路延长了，疏凿的河流加深了，可是不曾冒险开荒，没有发现新天地。"[49]正指出宋诗的价值和不足。

严羽以盛唐诗的"尚意兴"、"气象浑厚"矫正苏黄与江西派诗的"病于意兴"，又以盛唐诗的"笔力雄壮"矫正"四灵"和江湖诗人的"虫吟草间"，目的在于全面拯救宋代诗坛的流弊。这有他对诗的特殊规律及审美规律的深刻认识，但他的"以盛唐为法"的思想，却反映了他的退化复古的诗歌发展观，这是他诗论的一个根本缺陷：宋诗"岂不工，终非古诗"，但也认为宋诗中也有可取之诗，那就是"合于古人者而已"，合于古人的，即是好诗。他不喜欢韩愈的诗，但对于韩愈的《琴操》却赞不绝口，认为"非唐贤所及"，就因为"极高古"[50]；他对王安石的集句《胡笳十八拍》很是欣赏，一是它"混然天成，绝无痕迹"，符合他"气象浑厚"的标准，二是它"如蔡文姬肺肝流出"[51]，即模拟古人模拟得像。这些都可看出严羽的思想中有某些辩证的成分，并不机械，但他的基本点不对，他有一句很有名的话，很明显地表明他的模拟古人的思想："诗之是非不必争，是以己诗置之古人诗中，与识者观之而不能辨，则真古人矣。"[52]模拟要模拟到"真古人"——乱真的地步，这才算是好诗，这就是提倡全面的模拟古人了。当然，即使没有这些话，他的"以盛唐为法"的思想，也必然导致这样的结果。严羽的目的是要矫正诗弊，重振诗运，但他所指示给人们的道路却离这个目标越来越远，他自以为消除了江西派和"四灵"、江湖派的弊病之后，就会使诗道重振起盛唐气象，但他的诗论的实践，却带来明"七子"的全面拟古，随之而来的并不是真正的盛唐气象，而是装腔作势的"瞎盛唐诗"，这些"瞎盛唐诗"连某些"病于意兴"、"虫吟草间"的诗都不如，这是"以盛唐为法"的诗论主张所导致的必然结果，恐怕为严羽始料所不及，这也是一个历史的矛盾。盛唐诗的时代、社会生活已不复存在，产生这块丰沃土壤之上的盛唐诗的光辉，也只能永远留在历史的墙壁上闪闪发光，然后人回首是惭愧不已。文学的发展注定要从以诗歌为代表的正统雅文学转移到以吸取小说为代表的俗文学，产生于市民阶层基础上的话本小说和戏曲等俗文学注定要成为文学的主流，严羽没有也不可能认识到这一点，他没有也不可能把眼光投向正统封建文人以外的下层人民的社会生活，因此，他的目的永远不能达到，他的矛盾也就永远无法解决。整个中国封建社会后期相互矛盾对立的诗论思想，差不多都可以在严羽那里找到源头，这表明了严羽的深刻。

（作者范道济，嘉兴学院文法学院教授；本文原载《嘉兴学院学报》2005年第5期。）

注　释：

① 严羽：《沧浪诗话·诗评九》，《郭绍虞》5《沧浪诗话校释》6（以下简称《校释》6），第148页，

人民文学出版社 1983 年版。

② 严羽:《沧浪诗话·诗体二》云:"以时而论,则有……唐初体(唐初犹袭陈梁之体)、盛唐体(景云以后,开元天宝诸公之诗)、大历体(大历十才子之诗)、元和体(元白诸公)、晚唐体。"《校释》,第 52—53 页。下引仅标注页码。

③ 《校释》,第 1 页。

④ 同上书,第 11—12 页。

⑤ 同上书,第 27 页。

⑥ 同上书,第 26 页。

⑦ 同上书,第 136 页。

⑧ 同上书,第 139 页。

⑨ 同上书,第 146 页。

⑩ 同上书,第 143 页。

⑪ 同上书,第 159 页。

⑫ 同上书,第 161 页。

⑬ 方回:《送罗寿可诗序》,《宋元金文论选》,第 499 页,人民文学出版社 1984 年版。

⑭ 同上。

⑮ 《四库全书总目》卷 165《集部》十八《韦航漫游稿》"提要"。

⑯ 刘克庄:《后村大全集》卷九十七《后村诗话前集》卷二。

⑰ 叶燮:《原诗·外篇下》:"开宋诗一代之面目者,如梅尧臣苏舜钦二人。"

⑱ 《庄子·外物篇》:"筌者所以在鱼,得鱼而忘筌;蹄者所以在兔,得兔而忘蹄;言者所以在意,得意而忘言。吾安得夫忘言之人而与之言哉!"(《诸子集成》本《庄子集解》,第 181 页,上海书店 1986 年版)意为语言是外在的工具符号,一旦其意义、内涵被提取出来,他们的形式就应该被抛弃。

⑲ 王弼:《周易略例·明象》,《王弼集校释》,中华书局 1980 年版,第 609 页。

⑳ 《周易·系辞上》,《黄侃手批白文十三经·周易》,上海古籍出版社,第 44 页。

㉑ 参见《中国美学史》第一卷,中国社会科学出版社 1985 年版,第 304—307 页。

㉒ 《周易·系词》,《黄侃手批白文十三经·周易》,第 39 页。

㉓ 《三国志·魏志·荀子传》注引何劭《荀粲传》,《二十四史》缩印本第三册,中华书局 1997 年版,第 320 页。

㉔ 王弼:《周易略例·明象》,《王弼集校释》,中华书局 1980 年版,第 609 页。

㉕ 钟嵘:《诗品序》,《历代诗话》,中华书局 1981 年版,第 3 页。

㉖ 刘禹锡:《董氏武陵集序》,《中国历代文论选》第二册,上海古籍出版社 1979 年版,第 90 页。

㉗ 皎然:《诗式·重意诗例》,李壮鹰:《诗式校注》,齐鲁书社 1986 年版,第 32 页。

㉘ 司空图:《与李生论诗书》,《中国历代文论选》第二册,第 196 页。

㉙ 司空图:《与极浦书》,《中国历代文论选》第二册,第 201 页。

㉚ 陈子昂:《与东方左史虬修竹篇序》,《中国历代文论选》第二册,第 55 页;白居易:《与元九书》,《中国历代文论选》第二册,第 100 页。

㉛ 关于"兴"的两重含义,参见陈伯海《说"兴趣"·读〈沧浪诗话〉札记之一》,《文艺理论研究》1982 年第 2 期。

㉜ 《校释》,第 26 页。

㉝ 同上。

㉞ 刘克庄:《林子显序》,《宋金元文论选》,第 414 页。

㉟ 邵雍:《伊川击壤集自序》,《宋金元文论选》,人民文学出版社 1984 年版,第 116 页。

㊱ 刘克庄:《竹溪诗序》,《宋元金文论选》,第 409 页。

㊲ 《校释》,第 193 页。

㊳ 同上书,第 26 页。

㊴ 同上书,第 177 页。

㊵ 《华严经下》卷三十五:"譬如金翅鸟王,飞行虚空,安主虚空,以清净眼观察大海龙王宫殿,奋勇猛力一左右翅搏开海水,悉令两闢,知龙男女有命尽者而撮取之。"

㊶ 《校释》,第 181 页。

㊷ 同上书,第 195 页。

㊸ 叶适:《徐文渊墓志铭》,《宋金元文论选》,第 354 页。

㊹ 叶适:《题刘潜夫南岳诗稿》,《宋金元文论选》,第 355 页。

㊺ 叶适:《徐斯远文集序》,《宋金元文论

选》，第 355 页。

㊻ 范文：《对床夜语》卷二，《历代诗话续篇》上，中华书局 1983 年版，第 416 页。《校释》，第 27 页。

㊼ 陈伯海：《宏观世界话玉溪》，《全国唐诗讨论会论文选》，陕西人民出版社 1984 年版，第 437 页。

㊽ 钱钟书：《宋诗选注》，人民文学出版社 1982 年版，第 13 页。

㊾ 同上。

㊿ 《全国唐诗讨论会论文选》，第 187 页。

(51) 同上书，第 189 页。

(52) 同上书，第 138 页。

严羽诗禅理论与宗杲禅学

诗禅相喻是严羽论诗的重要方法，也是后世特别是明清以来争论最多的问题。关于严羽诗禅理论，有学者注意到其与宗杲禅学之间的关系，[1]但对于宗杲禅学具体是怎样影响严羽诗禅理论的，现有的研究对此并没有深入发掘。

一 严羽可能受宗杲禅学影响之线索

借鉴佛学方法分析诗歌问题在文学批评史上历来很多，宋人尤甚。受时风影响，严羽思考诗学问题时，自然就会借鉴禅学方法。宗杲是两宋之际著名的高僧，看话禅的开创者。宋代文字禅盛行，禅风背离了南宗禅注重在日常生活中体悟的特点，把禅学导向重视文字逻辑思辨的方向。当时反对文字禅的代表人物有曹洞宗的正觉禅师，他提倡默照禅，倡导静坐默观，这种禅风在反对文字禅的同时，又把禅风导向了类似禅宗史上北宗主张坐禅、重视渐修一路。宗杲认为以上禅风均违背了南宗禅重妙悟的宗旨。他利用佛教中常用的教判方法，激烈批评当时他认为禅林的各种不良风气，提出看话禅的主张，在当时产生了极大的影响。宗杲距严羽时代更近（宗杲生于 1089 年，卒于 1163 年。严羽可能生于 1192 年或 1197 年左右，卒于 1245 年或 1241 年左右），严羽诗禅取譬时受宗杲的影响可能更为直接一些。说严羽可能直接受宗杲影响的依据可归为以下几点。

（1）严羽模仿宗杲“参禅精子”之称，自诩为“参诗精子”。这是严羽受宗杲影响最直接的内证。“妙喜（径山名僧宗杲也）自谓‘参禅精子’，仆亦自谓‘参诗精子’。”[2]他以禅宗大师宗杲自比。“仆之《诗辨》，乃断千年公案，诚惊世骇俗之谈，至当归一之论。……是自家实证实悟者，是自家闭门凿破此片田地，即非傍人篱壁，拾人涕唾得来者。

李杜复生，不易吾言矣。”[2]其诗学思想受宗杲禅学影响当在情理之中。

（2）理论相通。严羽对宗杲的借鉴不仅仅有词语上的承袭套用，更重要的是方法论的借鉴。如借鉴禅宗内部教判的方法，特别是套用宗杲的教判体系，提出辨体说，对历史上不同诗歌体制进行评判，以确立学诗的标准；借鉴宗杲提倡的具有教判色彩的妙悟说，提出诗道亦在妙悟，说明理想诗歌的艺术思维特点；借鉴看话禅，通过参究公案悟道的方式，提出参诗说，指出学诗的途径等，从以上都可以看出宗杲禅学的痕迹。

（3）师学渊源。据学者黄景进先生的研究，严羽曾师事包扬，包扬有兄弟三人：兄包约，弟包逊。包扬兄弟三人思想相近。三人原本象山的学生，象山没后，又投到朱子门下。而《后村大全集》中的《南城包生行卷》提到，敏道（包逊）喜谈禅，由义理之学逃归杲佛日光拙庵，“杲佛日”即是临济宗禅师大慧宗杲，杲号佛日大师，“光拙庵”，即是宗杲的名法嗣佛照禅师德光，号拙庵。包扬兄弟对宗杲禅学的喜好，无疑会影响到他。[1]

（4）气质相通。比较宗杲与严羽，会发现二者在气质上有某些相通之处。宗杲曾激烈地批评文字禅、默照禅等种种禅风，而严羽对江西、四灵、江湖等诗派进行了严厉批评，这种甘与时风为敌的精神与宗杲冥合。而看严羽的《沧浪吟卷》，或抒发抗敌救国的豪情，或寄托伤时忧乱之深衷，与大力表彰“忠义之心”的宗杲精神相通。因气质相近使得严羽对宗杲禅学易发生兴趣，潜移默化地受其影响。

（5）乡风影响。严羽为福建邵武人，其家乡禅风极盛，而宗杲在福建法嗣甚多，其禅学在福建影响极大。祖咏《大慧年谱》言宗杲受林适可之邀，住于洋屿庵。宗杲抨击默照禅，也由福建开始。“时宗徒拨置妙悟，使学者困于寂默，因著《辩正邪说》而攻之，以救一时之弊”[3]，在当地影响极大。而得宗杲教义者，又以福建出身为最多。严羽熟悉宗杲禅学当是很自然的事。

二 严羽诗禅理论所受宗杲之影响

（1）严羽借鉴禅学的教判说，提出辨体说，套用宗杲教判体系建立自己的判诗体系。

严羽借鉴禅学教判的方法，提出“辨体说”思想。严羽以对诗之“别材别趣”体悟的不同为依据，把汉魏至宋代诸家之诗划分为不同的层次，并套用宗杲的禅学教判体系来说明，建立了一个富有价值判断色彩的诗禅相喻体系。《诗辨》云：

> 禅家者流，乘有小大，宗有南北，道有邪正。学者须从最上乘，具正法眼，悟第一义，若（小乘禅）声闻辟支果，皆非正也。论诗如论禅：汉魏晋与盛唐之诗，则第一义也，大历以还之诗，则（小乘禅也）已落第二义矣；晚唐之诗，则声闻辟支果也。学汉、魏、晋与盛唐之诗者，临济下也；学大历以还之诗者，曹洞下也。大抵禅道惟在妙悟，诗道亦在妙悟。惟悟乃为当行，乃为本色。然悟有浅深，有分限，有透彻之悟，有但得一知半解之悟。汉魏尚矣，不假悟也。谢灵运至盛唐诸公，透彻之悟也；他虽有悟者，皆非第一义也。[2]

梳理这段话，加上他对宋诗的评论，可推导出如下逻辑，见下表。

诗体之高下邪正与禅乘之高下邪正相喻表

分类	悟之深浅	义之高下	道之邪正	权乘之别	宗派之别	家数之别
汉魏	不假悟	第一义	正道	大乘	南宗	临济下
盛唐	透彻之悟					
晚唐	一知半解之悟	第二义	邪道	小乘（声闻辟支）	北宗	曹洞下
宋	不悟		外道			

禅宗在发展过程中存在着不同的宗派，严羽认为诗史也存在类似现象。他借鉴佛教教判的方法，提出辨体说。“辨体”的目的是为了确立诗识，入于诗道之正门。以上诗禅相喻体系就是辨体的结果。而他采用的以比喻判断诗歌体制高下邪正的教判体系，就是宗杲的教判体系。宗杲在与宋禅林诸种禅风特别是默照禅斗争的过程中，运用佛教斗争中常用的教判手段，按照自家的标准，对当时禅林内部不同教派的性质做邪正高下的判断，建立了自己的教判体系。所谓教判，又叫判教，指佛教内部将后世所传佛教各部分，依据义理浅深、说时先后等方面，加以剖析类别，以说明意之所在的方法。[4]中国佛教在流传过程中，形成众多的流派，而各宗派为显示自己的正统地位，往往把诸派划分为不同的层次，以达到宣扬本派宗旨，贬抑其他教派的目的。宗杲也不例外，他批判当时诸禅风时说：

近年以来，禅有多途，或以一问一答末后多一句为禅者；或以古人入道因缘，聚头商榷云，这里是虚，那儿是实，这语玄，那语妙，或代或别为禅者；或以眼见耳闻和会在三界唯心万法难识上为禅者；或以无言无说，坐在黑山窟里，闭眉合眼，谓之威音王那畔父母未生时消息，亦谓之“默而常照”为禅者。如此等辈，不求妙悟，以悟为落在第二头，以悟为诳唬人，以悟为建立，自既不曾悟，亦不信有悟底。[5]

邪见之上者，和会闻见觉知为自己，以现量境界为心地法门。下者弄业识，认门头户口，簸两片皮，谈玄说妙；甚者至于发狂，不勒字数，胡言汉语，指东划西，下下者以默照无言，空空寂寂，在鬼窟里着到，求究竟安乐，其余种种邪解，不在言而可知也。[5]

他对当时正流行的默照禅抨击尤烈：

如今学道人，多不信自心，不悟自心，不得自心明妙受用，不得自心安乐解脱。心外妄有禅道，妄立奇特，妄生取舍。纵修行落外道二乘禅寂断见境界。邪师辈（默照禅）教士大夫摄心静坐，事事莫管，休去歇去，岂不是将心休心，将心歇心，将心用心、若如此修行，如何不落外道二乘禅寂断见境界！[5]

所谓“禅有多途”，即是总结当时禅宗内部各宗派不同的修持方法；而“邪见之上者，……下者……，下下者，……其余种种邪解，……”，“近年来有一种邪师，说默照禅，……”，“近世有一种邪禅，……”，“邪师辈（默照禅）……，……若如此修行，如何不落外道二乘断见境界”就是采用教判的方法对诸家做的评判。依据宗杲对宋禅林特别是对默照禅之评判，可得出如下印象：

曹洞门下：默照禅→主坐禅→渐门→北宗→小乘→第二义→邪道
临济门下：看话禅→主妙悟→顿门→南宗→大乘→第一义→正道

而禅宗史上南宗禅在与北宗斗争的过程中，也有类似的教判体系：

南宗→顿门→大乘→第一义→正道
北宗→渐门→小乘→第二义→邪道

可知这是宗杲依据南宗禅的师承及修持体验来衡量默照禅做的教判。出于曹洞门下的默照禅，修持方式上以坐禅默照为主，按照宗杲的认识，已经带有某种向北宗渐修回归的倾向，因而不会把握禅之真谛（第一义），只能落于俗谛（第二义），落入了小乘境界，是修禅的邪道。相反，出自临济门下的看话禅，主张妙悟，才是继承南宗顿门的真精神，属于大乘第一义的禅学正道。宋代禅宗各派从承袭上讲，几乎都是出自南宗禅的门下，这自然不是对看话禅、默照禅承袭史实的判断，而是一个禅学内部的教判体系。

（2）套用宗杲富有教判色彩的“妙悟”说，提出同样具有价值判断色彩的“诗道惟在妙悟”的主张。“禅道惟在妙悟，诗道亦在妙悟”[2]，是严羽诗论的重要观点。严羽于诗言妙悟也应是受到宗杲于禅言妙悟的启发。妙悟是宗杲禅学的核心内容，是带有某种教判色彩的概念。“不求妙悟”或“以悟为落第二头”是宗杲批评诸种禅风的原因。他抨击默照禅也说：

> 近年以来有一种邪师，说默照禅，教人十二时中是事莫管，休去歇云，不得做声，恐落今时。往往士大夫，为聪明利根所使者，多是厌恶闹处，乍被邪师辈指令静坐，却见省力，便以为是更不求妙悟，只以默然为极则。[5]

> 近世丛林有一种邪禅，执病为药，自不曾有证悟处，而以悟为建立，以悟为接引之词，以悟为落第二头，以悟为枝叶边事。自己既不曾有证悟处，亦不信他人有证悟者，一味以空寂顽然无知，唤作威音那畔空劫已前事，逐日噇却两顿饭，事事不理会。一向嘴卢都地打坐，谓之休去歇去，才涉语言，便唤作落今时，亦谓之儿孙边事，将这黑山下鬼窟里的为极则。[5]

祖咏《大慧年谱》也谈到宗杲攻击默照禅是由于其“拨置妙悟”的结果：“时宗徒拨置妙悟，使学者困于寂默，因著《辩正邪说》而攻之，以救一时之弊。”[3]

宗杲所谓的“妙悟”，即是对禅之本体、涅槃妙心的体悟。依据以上宗杲的教判体系，“妙悟”属南宗顿门，被认为是大乘正道、第一义之悟，其实质即顿悟。其含义可分四点说明：（1）在把握对象上是对禅之本体、也即对“道”的把握；（2）在性质上是顿悟，不由阶渐，直下顿了，有直觉整体性，内在圆满性、不假知性的特点；（3）在教判上属于第一义之悟透彻之悟；（4）在途径上妙悟是把握禅道的唯一法门，而其他修为方式都无法实现对禅道的把握。

严羽无论是在对禅宗意义上的“妙悟”说含义的体认上，还是在诗学意义上对妙悟的界定上，都承袭、借鉴了宗杲的“妙悟”说。他说：

> 禅者流，乘有小大，宗有南北，道有邪正，学者须从最上乘、具正法眼，悟第一义；若（小乘禅，）声闻辟支果，皆非正也。论诗如论禅……大抵禅道惟在妙悟，诗道亦在妙悟，惟悟乃为当行，乃为本色……[2]

认为学者把握禅道应“从最上乘，具正法眼，悟第一义”，只有体悟南宗之大乘正道第一义，其他皆非正途——这即是他对“大抵禅道惟在妙悟”的理解。这显然契合宗杲“妙悟”说的含义。就“诗道惟在妙悟”含义的几个层次上，也可以见出严羽对宗杲妙悟说的借鉴。

从妙悟对象上看，“妙悟”是对诗道“别材别趣”的体悟，与宗杲提倡妙悟、强调对禅之本体的把握相类似。所谓“诗道惟在妙悟”，其目的是实现对诗道、也即诗之别材别趣的体悟。严羽认为诗有别材别趣，这种别材别趣是诗之所以为诗的根本所在。他认为诗道与禅道在思维方式上有相似之处，所以要实现对诗道的把握也必须通过类似于禅悟的方式，盛唐写诗重视兴趣，兴趣即是别材别趣的具体体现形式，妙悟诗道，就是妙悟兴趣的特点。

从思维方式上看，“妙悟”是诗之“顿门”，宗杲之妙悟实质上与顿悟相类。在指示实现妙悟的手段时，严羽强调通过对大乘正道第一义的盛唐诗直观参究，悟入诗道，对这一把握方式，他又用一系列南宗禅术语“向上一路”、“直截根源”、“顿门”、“单刀直入”等[2]来说明。可知诗之“妙悟”有类于顿悟的特点。

从价值判断上看，“妙悟”即第一义之悟、透彻之悟，价值判断色彩浓烈，与宗杲之妙悟相类。盛唐人写作讲究兴趣，严羽认为是透彻地体悟到了诗歌的别材别趣，所以推崇为第一义之悟，也即“妙悟”。大历以来的中晚唐诗人，写诗重苦思琢磨，在他看来是体悟得不透彻，已落于第二义，在他看来，宋代诗人并没有体会到诗须悟的特点。

从悟道途径上看，“妙悟”是透彻把握诗道的唯一有效方式，与宗杲强调妙悟为唯一悟道途径相类。“不求妙悟”或“以悟为落第二头”是宗杲批评诸种禅风的口实，诗道“唯在”妙悟，这就意味着其他的修为方式，不会实现对诗道的透彻把握。严羽强调写诗要确立识，要认准路头，以第一义之诗为楷模。否则的话，“路头一差，愈骛愈远”[2]。

（3）借鉴看话禅悟道的途径，提出由参究第一义诗体悟道的参诗说。如何实现对诗道的妙悟？严羽提出了由参究第一义诗体悟道的参诗说。这一点上，似也可看到严羽受宗杲看话禅影响的痕迹。严羽认为通过遍取诸家之诗“熟参”，就会确立诗识，以盛唐诗为诗之正门；然后通过对第一义之诗进行“熟读”、“讽咏”，运用“枕藉观之”、“治经”式的功夫，使之“酝酿胸中”[2]，久之，就会自然悟入诗道。

这和宗杲提倡看话禅来指示实现妙悟的途径有某些相似。看话禅有三个特点。一是通过对公案话头“活句”的参究来获得对禅之本体的体证。二是这种参究有直觉体验的特点。宗杲说：“和尚只教人看狗子无佛性话，竹篦子话，只是不得下语，不得思量，不得向举起处会，不得去开口处承当。”[5]四个“不得”，实际上就是强调不对话头作意义上的分析或认识上的判断，而仅限于对话头作直观参究体悟。三是参究还强调长期的功夫。宗杲语录常用诸如“时时提撕”、“参究”、“体究”、“做工（功）夫”表示这一观念。[5]只有在长期直观参究的基础上才会最终实现对禅道的妙悟。宗杲认为经过长期看话实践后，就会参破话头，实现顿悟。

对照二者，不难见出其内在的联系：在体悟对象上，严羽强调由第一义之盛唐诗歌作品的熟读、讽咏中悟入诗道。这和宗杲要求参究公案，而禅宗公案被认为保存着禅之根本精神，有相通之点。在体悟方式上，严羽倡导具有直观体悟特点的“熟读”、“讽咏”，这与看话“参”活句的方式相通。在修为方式上，都强调用功夫。

但是他的以禅喻诗，不是以禅衡诗，也不仅仅是禅学话头，或某家禅学体系的机械套用，而是方法论的借鉴，是借禅家之石，攻诗家之玉，说明自己的诗学主张。

三　启发严羽借鉴宗杲禅学以禅喻诗的原因

严羽为何借鉴宗杲的禅学来说明其诗学理论主要原因有两点。一是他的诗学理想在本质上与禅道存在着某些相通之处。严羽对诗道有独特的看法，即诗有“别材别趣”。禅是所谓“教外别传，不立文字，直指人心，顿悟成佛”；而诗是要传达感情体验，二者在思维方式上有相似的特点，别材别趣之别，应是从借鉴禅之“教外别传”而来。别材别趣的含义是说，诗情作为诗歌特定的传达对象，在思维方式上，有别于义理的推演、知性的判断，在材料来源上，有别于知识、学问，“不涉理路”、“不落言筌”[2]，指诗情的非理性、直觉性、难以用概念性文字诠释的特点。这个“别材别趣”的样本，就是盛唐诗体所传达出来的兴趣。兴趣是严羽对盛唐诗审美本体的说明。趣大体而言，为旨归意，并含美感意味，唐代的“兴”，已涵蕴、积淀了非常丰富的内涵。兴是内在感情的产物。兴由兴义、兴象构成，二者之间是触发与被触发的直觉关系。在兴的状态中，形象失去其客观规定性，成为感情的投射、象征。而兴的触发流动，始终受到感情的推动，循感情的脉络运行。对其只能直观整体把握，不可条分缕析。总之，兴之核心是诗人在外物触发下产生的有审美特点的情绪体验，也即形式化的感情。“艺术品是将人的情感（广义的情感，亦即人能感受到的一切）呈现出来供人观赏的，是由情感转化成的可见的或可听的形式。”[6]艺术家只有将情感形式化，使之变成具有普遍性的情感结构时，才是艺术创造。“兴”既然是一种形式化的情感，因而也可视之为诗之本体，视之为诗之所以为诗者。兴趣作为诗之本体在思维方式上与禅道有相通之处。既然“禅道惟在妙悟”，那么“诗道亦在妙悟”也就是很自然的了。

二是由于诗禅在发展流变上的某些相似。诗歌发展到宋代，产生了种种流派，严羽认为可以划分为汉魏、盛唐、大历、晚唐、宋等不同类型。汉魏晋诗人写作不假安排，自然流露；盛唐人在声律诗体制的束缚中创造出化工般的诗境；大历以后诗人渐渐形成清苦诗风；以江西诗派为代表的宋人，则形成散文式的写法。四灵和江湖都以“唐诗”相标榜，但诗作只能流于中晚唐清苦一路，这与宗杲时代禅宗的发展有相似之处。禅宗主张不立文字，顿悟成佛，但到宋代，也出现了文字化的趋势，而作为这种禅风的反动出现的默照禅，又走上了与北宗禅渐修类似的道路，严羽反对江西的文字化，同时也不满四灵江湖以中晚唐诗为样本，而以提倡盛唐诗体为己务。面对前人已有的优秀遗产，宗杲提出通过参究公案话头实现妙悟禅道的看话禅的主张，并且运用教判的方法批评别的宗派，标榜自家学说，给严羽提供了思路。

正是由于两者在上述几方面的相通，促成了严羽的以禅喻诗说。看到在这个过程中，他所受到的特定禅学宗派——宗杲禅学的影响，对把握严羽的诗禅理论体系，进而把握严羽诗论的内涵，是很有意义的。

（作者魏静，天津大学社会科学与外国语学院博士研究生、讲师；
本文原载《天津大学学报》（社会科学版）2005年第1期。）

参考文献：

［1］黄景进：《严羽及其诗论之研究》，台北：文史哲出版社1986年版，第167、179—188页。

［2］［宋］严羽：《沧浪诗话校释》，郭绍虞校释，北京：人民文学出版社1986年版，第236页。

［3］［宋］祖咏：《大慧普觉禅师年谱》，台北：佛教出版社1978年版，第28页。

［4］中国佛教协会：《中国佛教》第4辑，上海：知识出版社1989年版，第298页。

［5］［宋］宗杲：《大正藏第四十七册·大慧普觉禅师语录》，《蕴闻集》，东京：大藏出版社1924—1934年版，第941页。

［6］［美］苏珊·朗格：《艺术问题》，北京：社会科学出版社1987年版，第8页。

严羽《沧浪诗话》美学思想初探

南宋末年，一部自成体系的诗学专著——严羽的《沧浪诗话》所总结的宋代诗歌的经验和教训，对明清诗坛产生过深远的影响，即使在今天，也有重要的借鉴意义。然而，《沧浪诗话》产生几百年来，对它的评价却是褒贬不一，毁誉参半。但是归根结底，这朵艺术奇葩的土壤，以其五色斑斓的生活矛盾，给予这位在艺术气质上颇具遗世独立之风，而在内心深处极为关心宋王朝危机深重的批评家和诗人以层层审美规范。

在笔者看来，以禅喻诗，倡导“妙悟”为核心的审美认识论，以“兴趣”为重心的审美特征论，以“入神”为极致的审美标准和“优游不迫”与“沉着痛快”的审美趣味共存论，构建了严羽《沧浪诗话》的美学思想体系。

一　“妙悟”为核心的审美认识论

《沧浪诗话》中的“妙悟”说，是严羽美学思想的核心。严羽以禅喻诗，倡导“妙悟说”。他把学诗看作学禅，认为“禅道惟在妙悟，诗道亦在妙悟”，“惟悟乃为当行，乃为本色”。所谓“禅道”，则禅宗之原理；所谓“诗道”，则诗歌创作的内在规律性。本来，“禅道”与“诗道”是两个截然不同的范畴。之所以能够“借禅以为喻”，就在于“妙悟”。那么，什么是妙悟？古今以来，说法颇多。我本人认为，“妙悟”是一种带有直观顿悟性的思维智慧。这种内省的智慧虽然需要建立在长期的生活经验和文化涵养的基础之上，但其表现方式却具有偶然感发的特点。

南朝诗人谢灵运在《辨宗论》里，谈到儒道两家与外来佛学的差别时说：“良由华人悟理无渐，而诬道无学，夷人悟理有学，而诬道有渐。”谢灵运认为“顿解”与“渐修”应该结合。他说：“是故旁渐悟者，所以密达顿解；倚孔敬者，所以潜成学圣。”这种观点不仅开了唐代禅宗的先河，而且下启宋明理学，对古代文人的思想有很大影响。皎然也在《诗式》中言：“有时意静神王，佳句纵横若不可遏，宛如神助。”

但是，这种“宛如神助”的“妙悟”在创作中占有什么样的地位？它与作者平时的“渐悟”关系怎样？直到南宋的严羽，才在《沧浪诗话》里，联系诗歌的“兴趣”，对“妙悟”作了认真的解说。他说：“论诗如论禅”，“大抵禅道惟在妙悟，诗道亦在妙悟”①，并说：“作之《诗辨》，及断千百年公案，诚惊世骇俗之谭，至当归之一论，其间说江西诗病，真取心肝刽子手。以禅喻诗，莫此亲此，是自家实证实悟者。是自家闭门，凿破此片田地，即非傍人篱壁，拾人涕唾得来者。李、杜复生，不易吾言矣。”②禅道的妙悟指灵会山上世尊拈花迦叶微笑的那种神秘的直观感悟。诗道的妙悟也带有直观感悟的特点，但它所悟的不是佛家的“真如”，而是诗歌的“兴趣”。严羽说：“诗者，吟咏情性也，盛唐诗人唯在兴趣。”③兴趣是指蕴涵在具体物象中的美感情趣和神韵。它有如：“水中之月，镜中之象，言有尽而意无穷。”④透彻玲珑，不可淡泊，只有靠“妙悟”去心领神会。因此只有“妙悟”才是诗歌创作的“当行”和“本色”。

“妙悟”本是禅家语，而严羽并不精于禅道。且曾因此而招来非议：“以禅喻诗”是“不知禅理之蠢先所为”⑤。既然如此，严羽为什么还要以禅喻诗呢？联系当时社会看，这与他生活的时代有关。佛教传入中国以后，佛教教义区分为“天趣”“人趣”，引导人们摆脱苦难、污浊的“人趣”，去追求清静、自在的“天趣”，这就给中国本土古老的“天人问题”增添了新的素材。同“天人合一”相一致，宋代哲学家主张“合内外之道”。张载说：“合内外，平物我，自见道之大端。”⑥“圣人东天，故合内外而成其仁。”⑦佛教以天人为本，遵天遥人，所以弃世避俗，自然不能兼备内外之道。儒家以“人”为本，“天人合一”，所以就能“满又以直内，义以方补”，“合内外之道”。所有这一切都可以说是精神活动的“虚静”现象。

中国古代艺术中的“虚静”说，非常注意静观审美在作家思维中的作用。而“虚静”又渊源于庄周的哲学思想：“唯道集虚，虚者，心斋也。”[8]“水静犹明，而况精神，圣人之心静乎？天地之鉴也，万物之镜也，夫虚静恬淡寂寞无为者，天地之平而道德之至也。”[9]这是一种追求理想人格和人生境界的本体论哲学。庄周的“虚静”就是要求人们抛开一切主观杂念，以冷静的客观态度去认识事物。如果把这种“虚静”运用于审美活动中，有利于作家驰骋自己的想象。而严羽“妙悟”所追求的也正是这种虚静空灵的艺术境界。他是以禅境喻诗境，而不是用禅来代替诗，他在谈禅成风的宋代末年，不得不从“借禅以为喻”，从正面来论述自己的观点和主张，吴景仙曾批评他说：“说禅非文人儒者之言”，严羽回答说：“以禅喻学”，“本意但欲说得诗透彻，初无意于文，其合事人儒者之言与否，不问也”[10]。这就是严羽“以禅喻诗”的真正意图。

而这种“本色”，严羽又称之为“别材”，指诗人所应具备的特殊素质。严羽认为，“孟哀阳学力下韩退之远甚，其诗独出退之之上者，一味妙悟而已”，就是用具体事例阐明了“妙悟”的内容，作为创作论来说，从“悟”到“妙悟”，主要是指诗歌创作要富有形象性，符合诗歌创作的艺术思维规律，正确地处理好“词、理、意、兴”的关系，达到四者的和谐统一。严羽论诗，之所以主盛唐，推李、杜，“以汉、魏、盛唐为师，不作开元、天宝以下人物”，正是以这种“妙悟说”为理论依据的。要提高辨别能力，严羽认为必须“熟参”各种作品才能达到。他把“熟参”喻人的好诗作为写诗的金科玉律。从文学是生活的反映论角度看，这种观点是片面的，源流倒置，这又反映了严羽美学观的局限。

综上所述，严羽以禅喻诗，倡导“妙悟”，其最终目的无非是通过从“悟”到“妙悟”、从“渐悟”到“顿悟”的审美活动，领悟、体味诗歌的审美特性，创造诗歌的艺术美，达到浑然天成的最高层次上的审美境界，这大概就是“妙悟说”的真谛之所在。

二　“兴趣”为重心的审美特征论

“妙悟”与“兴趣”是《沧浪诗话》中两个密切相连的美学概念“兴趣”就是“妙悟”审美观照的具体化。严羽发现：宋人多数不懂诗是要用形象思维的，而唐人尤其是盛唐人恰好可以说多数是懂得诗要用形象思维的。所谓“本朝人尚理而病于意兴，唐人尚意兴而理在其中”[11]。故他的兴趣说的旨归便是以盛唐人的“唯在兴趣”来治疗“本朝人”的“不问兴致”[12]。

严羽诗话在论及诗歌的审美特征时指出：诗者，吟咏情性也，盛唐诗人，惟在兴趣，羚羊挂角，无迹可求。故其妙处透彻玲珑，不可淡泊，如空中之音，相中之色，水中之月，镜中之象，言有尽而意无穷。沧浪论诗“标举兴趣”，严羽所谓“兴趣”，是指诗人对于外界事物所触发起的某种情思，用意味隽永的语言形象地表达出来，一面抒发自己的感受，一面引起读者的审美趣味。这与唐人戴叔伦所说的“诗家之景，如蓝田日暖，良玉生烟。可望而不可量于目睫之间”的情形是相似的。亦如皎然所说“但见性情，不睹文字”，可司空图那里则是“不著一字，尽得风流”，用严羽的话说就是“不涉理路，不落言笔”。这种抒情达意的兴趣要靠优美深远的意境来体现。也就是“透彻玲珑”，如空中音、相中色、镜中象，逐起人无限情思，给人以无尽的审美感受。

从严羽的上述主张，我们可以看出，他已经约略认识到艺术思维的直觉性与具象性的特点，意识到艺术美与自然美的区别与联系，提出了对诗歌含蓄隽永的要求。

严羽认为诗歌是吟咏情性的工具，言志抒情为其能事，“惟在兴趣”为其标帜。没有“兴趣”、“不问兴致”的诗不能打动人的心弦，震撼人的感情，同儒家的经义、策论、语录、讲义没有什么不同。在严羽看来这些“经义、策论之有韵者”、“语录、讲义之押韵者”根本不能算是诗，诗之所以为诗，有别于哲理主义论文学的独具美感特征。这种美感特征是在我们这个诗的国度里最为优秀的诗作——盛唐诗歌所广泛具有的，同时又是中国古代的优秀诗作所体现的民族审美趣向之所在。

严羽的“兴趣”说是盛唐诗歌审美经验的积淀，对于力挽唐风以救宋人之失，对于诗歌审美特征和艺术规律的探讨有不可磨灭的贡献。但是，“兴趣说”亦有一定的局限性。把“兴趣”作为诗歌创作和批评的范畴之一是正确的，但严羽却把它片面夸大，以偏概全了。所以在反对江西诗派形式主义的同时，自己又陷入一种新的形式主义。

三　“入神”为极致的审美标准

严羽论诗，也有自己的审美标准，这就是“入神”。不管是“兴趣”还是“意兴”都是指诗歌的艺术特征。只有遵循了这种艺术的特殊规律才能写出好诗，达到出神入化的境界，所以严羽说：“诗之极有一：曰入神。诗而入神，至矣，尽矣，茂此加矣、惟李、杜得之，他人得知盖寡也。”[12]很显然，严羽论诗以“入神”为审美标准。他认为诗歌至善至美，达到无以复加的艺术造诣，就是“入神”。

诗要“入神”是严羽对我国传统美学的继承和发展。形神问题是我国诗文画论中极为重要的美学问题。在艺术领域，画论是最先谈到形神问题的。谢赫说：“卫协之画，虽不备该形似，而妙有气韵，凌跨群雄，旷代绝笔。”[13]这里所说的气韵就是指的传神。苏东坡以画论作诗论说：“论画以形似，见与儿童邻，赋诗即此诗，定知非诗人。”[14]陶明浚《诗说杂记》解释说：“入神二字之义，心通其道，口不能言。己所专有，他人不利袭取。所谓能与人规矩，不能使人巧，巧者其极为入神。”

严羽则将“妙悟”与“入神”连在一起，要求诗歌不仅要写出事物之“形”，而且要“悟”出事物之“神”。它与皎然的“采奇于象外”，司空图的“超以象外，得其环中”、“韵外之致，味外之旨”、“象外之象，景外之景”，梅尧臣的“必然状难写之景，如在目前，会不尽之意，见于言外，然后为至矣”有着一脉相承的关系。这里的“象外”、“韵外”、“味外”、“言外”指的都是“神”。“妙悟”就是要“妙”才能“入神”。因为诗歌所创造的艺术形象不是神色索然的叙述，它必须具有“象外之象”的“神”，写出形不离神的境界。也就是要去捕捉、表现和创造出那种可意会不可言传，难以形容却又动人心弦的情感、意趣、心绪和韵味。只有这样，才能给人以艺术美的享受。

本诸严羽而倡神韵说的王士祯曾指出，神韵写景贵“清远”[15]，写情贵“朦胧萌拆”[16]就是说写景要选取最富有诗意的景物，使诗意包孕在景物之中，景清而意远；写情要景来透露，不明说，因而“朦胧”，只冒了一点头，所以“萌拆”，总之是含蓄朦胧。严羽所追求的诗歌的理想之美，就正是这种“言有尽而意无穷”的“入神”之作。

处于古典美学意境审美范畴的末期，严羽受了禅宗的影响，既通过“洒脱”提倡要求个体解放而得空灵之乐，其微云远岫，也可以说是受了姜夔的启发。然而与此同时，他仍然没有忘记司空图是他的主要精神支柱。他既然不可能让自我完全从客体中超脱出来，那么他的“悟入”的境界，就不可能像晚明文人以主体凌于客体的俗流之上，不得不在学习古人上主张“熟参”。这所谓“熟参”不仅是要参古人，还要参古人的意境，因而也就包括触景生情，融情于景，读者之神与古人之神交融。既指作者的“入神”，也指鉴赏者的“入神”严羽主张“立志须高”，而且立志反俗，这不仅是他诗歌的审美倾向问题，更表现了他对审美理想执著和坚韧不拔的精神。

所谓“高”者，实在就是突出诗人个体。严羽一面主张作为形象画面客体的意境的和谐，而另一面，即又朦胧地认识到了意境的内在矛盾，特别是“高”与“俗”的对立；一面神往于古典主义的典雅、和谐之美的审美意趣，而另一面，却又竭力想通过诗人自身的识力和悟性的发挥，找到自觉地支配意境的能力，从而形成主体的创作自由和楔入境界奥区的、善于妙悟的诗人。

从审美范畴来说，严羽以九品论诗，将诗歌分为“高”、“古”、“深”、“远”、“长”、“雄浑”、“飘逸”、“悲壮”、“凄婉”九品，兼言李白之“飘逸”和杜甫之“沉郁”。

四 “优游不迫”与“沉着痛快”的审美趣味生存论

沧浪论诗，谓：“其大概有二，曰优游不迫，曰沉着痛快。”他所说这两大界限，也可把古今诗体包举无遗。优游不迫，取出世态度，什么都可放过；沉着痛快，取入世态度，什么都可以不放过。

这就是说，对风格的多样化，严羽是有其真知灼见的。“辨”字断如辨“苍白”，说明他善于识别风格、流派。“李、杜二公正不当优劣；李白有一二妙处，子美不能道；子美有一二妙处，太白不能作。”显然是说风格各有千秋。如果强求一致地为某些作品定高低，妄加抑扬，那是徒劳的。特别是前文提到的“优游不迫”和“沉着痛快”这两种似乎对立的审美范畴，二者并提，无所轩轾，这就更说明严羽的兼收并蓄，有其艺术见地。当然，他之所以能兼收并蓄绝不是偶然的，推本探源，这和严羽的审美意识的多重性有关，主要在于：

其一，严羽自身的性格是矛盾的。

《邵武府志》中写道：羽为人粹温中有奇气，好结江湖闻名士。……羽既不仕，然其忧国忧民，每见于诗……其后元人约宋同灭金，已而败迫，江淮涂炭。羽身居草野，未尝不二致意焉。（光绪二十三年纂本卷二十一）

“粹温”偏于敦厚悠闲一面，导致他倾向于“优游不迫”的风格；但与此同时，他富于“奇气”，这就又与“沉着痛快”为近。联系他的身世来看，严羽的隐居不仕，既有其悠闲自得、求仙问道的一面，又有愤世嫉俗、任狭使气的一面。

其二，严羽的诗歌理论与创作，有一致性，也有矛盾。

严羽所接受的诗歌理论传统，主要是渊源于倾向王孟风格的司空图的美学思想，所以应该说“优游不迫”是《沧浪诗话》中的审美理想的重要一面。但他又在《沧浪诗话》中肯定李杜之作是“诗人极致”，推崇备至，在《沧浪诗话》中，又会发现他的慷慨悲歌的作品并不少。

上述似乎是彼此矛盾的，处于南宋之末的民族矛盾和阶级矛盾十分尖锐的时代，要他按照《沧浪诗话》中反复致意的悠然神韵的规范写诗，力求蕴藉空灵、一唱三叹，是难以抒发他所深具的巅奇磊落之气的。因而在艺术判断的主张上，严羽可以大谈其透彻玲珑，继而写下了一些暗含叱咤的古诗。他更喜欢把剑引入诗篇，作为悲愤苍凉的画面有力渲染。严羽就是充满了这样的矛盾。但是，这个矛盾却有其统一的基点，那就是所谓“入神”。“入神”要求以楔入心灵为主。由于感性知识的丰富和对审美对象的领会的深刻，灵感的涌现，促使诗人掌握了创作自由，无所不施无所不可，万斛泉源，玄时从平涌出，情茂气充；不加雕琢，艺术魅力富于浑浩流转之中。这样的魅力可以表现为“沉着痛快”，也可表现为“优游不迫”。“沉着痛快”固然是通过心灵的暴风雨倾泻而入神，“优游不迫”也可以通过韵味的有余不尽而入神。

“宋人谈艺半陈固，独有沧浪得解析。挂角羚羊妙无迹，阮亭佩服到终身。”⑰宋末文艺批评家和诗人严羽对诗歌艺术本质的探讨和形象美感特征的辨析对于诗歌美学理论的发展无疑是积极的、重要的。

当然，严羽的《沧浪诗话》的理论缺憾还是很明显。《沧浪诗话》以禅喻诗，侧重探讨诗歌的艺术规律，并非沧浪之病。其理论上的最大缺憾，就是对宋诗的全盘否定。他指责宋人以议论为诗缺乏“兴致”和“气象”。应该说从唐诗到宋诗，各有所长各有所短，并由重情到重理，这是中国古代诗歌升入高层次的表现，是宋代士大夫解剖生活思索人生，冷静地反思历史的产物，是不应该全盘否定的。

（作者陈捷，第三军医大学人文社科部讲师，专业技术少校；
本文原载《重庆邮电学院学报》2005年第2期。）

注　释：

①　吕凤子：《人生制作即艺术制作》。

②　吕凤子：《中国画法研究》。

③　霍松林主编：《古代文论名篇详注》，第319页。

④　同上书，第320页。

⑤　钱振鍠：《沧浪诗话校释》，第21页。

⑥　《经学理窟·义理》。

⑦　《正蒙·三十篇》。

⑧　《庄子·人间世》。

⑨　《庄子·天道》。

⑩　严羽：《沧浪诗话》。

⑪　《沧浪诗话·诗评》。

⑫　《沧浪诗话·诗辨》。

⑬　《古画品录》。

⑭　《写鄢陵王主簿所画折枝二首》。

⑮　《池北偶谈》引汾阳孔文谷语，见《带经堂话语》卷二。

⑯　《香祖笔记》引王合州语，见《带经堂诗话》卷三。

⑰　《沧浪绝句三十首》，见《赌棋山庄诗集》卷五，谢章铤著。

（四）世界遗产武夷山研究

论世界遗产武夷文化研究基地建设的意义

武夷文化是以武夷山世界文化遗产为核心内容，以古往今来武夷山及其周边地区人民所创造的物质文明和精神文明的总和为广泛基础，以文、史、哲、经等学科交融合为主要特点的、具有深厚积淀和典范价值的地域文化。是闽学的重要组成部分。而所谓“闽学”，是“以南宋朱熹为首的学派。因朱曾侨寓并讲学于福建省的建阳（福建别称‘闽’），故名”[①]。以后逐渐拓展，人们将朱熹及其后学以及闽籍学者关于闽文化的创造与学术研究统称为“闽学”。作为闽学与武夷文化灵魂的朱熹理学，是被世界遗产委员会认定的武夷山世界文化遗产的主要内容之一，曾在中国乃至东北亚、东亚和东南亚部分国家的思想、教育、文化史上产生过深远的影响。武夷文化的精华在新的历史条件下仍具有人类先进文化的特质。

因为“越是民族的便越是世界的”。所以，本来只属于一种地域文化的武夷文化，便因了武夷山世界双遗产的显赫地位和典范价值，自然而然跃升为世界性的文化了。在全世界范围内，任何一处文化遗产的具体内容都不可能是孤立存在的。与之相关的内容都十分丰富，其中的精华部分的辐射功能当然也会十分强大。例如朱熹的理学思想体系及其理学、教育学、文学等成就，就是在武夷山地区形成后，又走向了全国乃至全世界的许多地方。从而使朱熹研究不只局限在武夷山而是几乎遍布全世界，而近乎世界“显学”的地位。

除了朱子学之外，武夷山在文学、历史学、民族学、社会学、民俗学、经济学、宗教文化等领域，也都承载着十分深厚的积淀。加上武夷山世界自然遗产与文化遗产的互补性，双重遗产成为不少新兴学科和交叉学科的“孵化器”，从而更加丰富、发展了武夷文化的内涵。因此，在世界双遗产地建设一处“世界遗产武夷文化研究基地”，其必要性应当是不容置疑的。

一　世界遗产武夷文化研究基地建设的目的

建设以世界双重遗产为依托的武夷文化研究基地的目的，是为了在先哲今贤的研究基础上，对武夷文化研究进行新的拓展，取得新的突破，在理论和应用的结合上进行综合性、原创性研究；在新的历史条件下创新发展武夷文化。

二　基地建设目标

1. 建成福建省人文社科多学科交叉融合的开放性研究平台之一；
2. 建成福建省人文社科研究的思想库之一；
3. 建成福建省人文社科研究的人才培养基地之一；
4. 打造国内世界文化遗产研究方面的特色学科和学科品牌。

三　基地建设的意义

1. 建设世界遗产武夷文化研究基地，对于拓展闽学内涵，培育海峡西岸经济区建设所需的新的学科生长点具有重要意义。

第一，开展综合性的与闽学一体相连的世界遗产武夷文化研究，有利于实现多学科的交叉融合。世界遗产武夷文化学科体系是由哲学、历史学、文学、经济学、社会学等一级学科的数十门二级学科及其更多三级学科组成的，其中存在着大量多学科交叉现象。中国工程院院士、四川大学校长谢和平教授说："多学科交叉融合是优势学科的发展点、新兴学科的生长点、重大创新的突破点，也是人才培养的制高点。"[②]与闽学一体相连的世界遗产武夷文化体系纵横交错的网状结构，将哲学—人文社会科学体系中的若干学科网织在一个巨系统中，经纬交叉，纲举目张，相互策应，相得益彰。对这个多科性集合体系进行深入系统的研究，有利于各分支学科尤其是临近学科之间的沟通与渗透，有利于新兴学科的培育和优势学科的生长与发展，有利于建设具有福建和武夷学院特色的学科群，同时有利于培养锻炼科研工作取得突破性进展所特别需要的团结协作精神。

第二，建设以世界文化遗产为对象的武夷文化研究基地，对运用科学发展观整合文化资源、人才资源，优化人文社科资源配置，最大限度地激发地方高校的创新活力，大幅度提高其原始性创新能力和解决海峡西岸经济区建设中南北不平衡等重大问题，具有重要意义。把与武夷山及其周边地区相关的人文社科各学科整合成为一个纲举目张的有机整体，既可在理论和科学内涵上提升武夷文化研究的层次和品位，又可搭建一个多学科交叉融合的开放性研究平台 。

第三，建设多学科交叉融合的武夷文化研究基地，将为影响全省发展水平的闽北的经济腾飞和社会发展提供一个角度极佳的学术支点。武夷山是一座品位极高的“宝矿”，而武夷文化研究则是打开这座宝藏的“开山之斧”，其研究成果将为解决制约海峡西岸经济区建设的“瓶颈”问题——为欠发达的闽北提供经济建设、社会发展等方面的智力、对策与方略支持。同时，对扩大福建省目前唯一的世界遗产在国际上的影响也将发挥更大的作用。

第四，建设与闽学一体相连的世界遗产武夷文化学科体系和人文社科基地，是武夷学院创建特色学科和学科品牌的必然选择。武夷学院地处武夷文化的发祥地，并冠以“武夷”之名，既负有发掘整理、传播创新武夷文化的历史使命，又具有得天独厚的条件，自然要以“武夷研究”为其学科支撑点之一，因此，武夷研究理所当然地应该成为这所大学赖以生存和发展的特色学科和重点学科，成为武夷学院在海峡西岸经济区建设的学术坐标系中的定位点之一。随着学院的诞生和逐步做大、做实，必将借助武夷文化研究提升学院的学术地位和水平。

2. 建设世界遗产武夷文化研究基地，对于深入开展武夷文化研究，弘扬中华文化传统精华，促进和谐社会的持续发展，具有普遍的理论指导和思想意义。

世界遗产主要代表了人类及其生存环境对世界的三大贡献：一是世界文化遗产和人类口头与非物质遗产所代表的人类的创造。二是世界自然遗产所记录的那些大自然的创造。三是文化与自然双重遗产及文化景观遗产所代表的人类与大自然的共同创造。世界遗产所代表的是人类和自然界的最高价值。这些价值是通过其学科蕴藏体现出来的。在列入世界双重遗产名录的我国四大名山中，武夷山在其文化底蕴方面存在着明显的比较优势。泰山是华夏古文明的浓缩与象征；峨眉山为普贤道场；黄山基本上应算是道教名山；而武夷山却具有儒释道三教同山的特点，但这还不是最重要的。更重要的是，泰山、黄山、峨眉三大名山中，没有一家孕育并拥有过像朱熹这样一位曾经影响过中国思想文化数百年且远及海外的重量级文化巨人。朱熹是继孔孟之后，儒家道统的集大成者。在中国哲学史、思想史、教育史乃至整个文化史上，都有着举足轻重的地位和极其深远的影响。从这个角度来看，作为武夷文化核心内容之一的朱子学的文化经典性价值，在中国四大世界双遗产中是无与伦比的。而作为基地依托的中国社科院和福建社科院宋明理学研究中心所在的武夷学院（筹）设在武夷山世界双遗产地，这里既是闽学和武夷文化的原生地，又可能成为多学科交叉的新兴的武夷学科的孵化与生长地。因此，在这里建设世界遗产武夷文化研究基地，不仅具有得天独厚的地理区位优势，而且具有在开放运作机制下吸引高层次人才参与研究或进行高端学术交流的便利条件。这种文化比较优势、区位优势和便利条件，有利于开展深层次的闽台文化与学术交流，有利于扩大与东南亚的学术文化交流和中西学术文化交流，有利于提高本省高校在学术界的竞争力。

3. 建设世界遗产武夷文化研究基地，不仅对于为海峡两岸经济区建设培养复合型、应用型高级专门人才具有长远意义，而且对新建本科院校的人才培养具有提供一种示范模式的积极意义。

申请建设的世界遗产武夷文化研究基地，将依托福建社科院—中国社科院哲学所宋明理学研究中心，借助武夷山世界遗产的吸引力，运用基地的开放式运作机制。在全校、全省、全国范围乃至国际上征聘高层次专家、学者；围绕学术带头人和重点项目，整合科研队伍，确定研究方向和建设目标；通过抓课题带队伍，锻炼提高本校教师的教学、科研水平。在建设过程中出成果、出人才，从而走出一条凭借人文社科基地快速培养、提高师资队伍质量的新路子，有效解决长期困扰“第三世界”高校师资力量单薄，科研水平不高的难题。从这个意义上讲，在现武夷学院（筹）建成一处省级人文社科研究基地，不仅能为海峡西岸经济区建设和世界文化遗产研究迅速培养一批又一批高质量的高级专门人才，而且能够充分发挥基地的工作母机作用和人才“孵化器”功能，打破专科和新建本科院校科学研究工作先天不足、后劲乏力的“劫数”，在人才培养方面为全国100多所新建本科院校提供一些可资借鉴的有益经验。

4. 建设世界遗产武夷文化研究基地。对于系统开掘和全面彰显武夷山世界双重遗产的美学价值具有典型意义。

根据《世界遗产公约》第一条第3款规定：部分世界文化遗产是指“从历史、美学、人种学或人类学的角度来看，具有突出的普遍价值的人造工程或自然与人类结合工程以及考古遗址的地区”[③]。《执行世界遗产公约的操作标准》第3条规定，世界自然遗产应“具有绝妙的自然现象或含有罕见的自然美景，在美学上具有重要意义”[④]。世界遗产武夷山的峰峦丘壑、碧水丹山地貌、令人神往的动植物王国和大量富含自然、社会、人生哲理和情趣的石壁岩刻及点缀于山坳、溪畔的儒学书院、佛道寺观、民俗故居等人文景观，多侧面地展示了武夷山世界双重遗产所应有的美学价值。

综上所述，围绕世界双重遗产开展武夷文化研究“是一项使世界双重遗产武夷山锦上添花的创新性系统工程”。武夷研究“无可置疑的学科价值及其在海峡两岸经济区建设中的学术价值”[⑤]，是我们决心要在双世遗所在地建设一处人文社科研究基地的科学依据，也是我们据以打破学科壁垒．整合相关资源，组织复合型学术团队，进行开放式运作，开展多方位研究的基本出发点。

（作者杨国学，武夷学院中文系教授，朱平安，武夷学院旅游系副教授，
赵健全，武夷学院基础部副教授，兰宗荣，武夷学院旅游系副教授；
本文原载于《南平师专学报》2005年第3期，收入《年鉴》时作了修订。）

注　释

① 《辞海》，上海辞书出版社1980年版，第880页。

② 谢和平：《综合性大学的学科交叉融合与新跨越》，载《中国大学教学》2004年第5期。

③ 陶伟：《中国世界遗产的可持续旅游发展研究》，中国旅游出版社2001年第7—8期。

④ 同上。

⑤ 杨国学：《论武夷学的学科体系及其与武夷文化的关系》，载《南平师专学报》2004年第3期。

（五）武夷民俗研究

福建闽北建瓯挑幡

——中华民间一绝活

闽北建瓯的挑幡，相传始于明末民族英雄郑成功，在迎请唐王朱聿键入闽组建反清复明义军时，招募大军横渡海峡，当时建瓯的村民和造船工匠纷纷入伍出征，参加收复台湾的战役。战后，部分将士凯旋而归，并把军旗带回家乡，与家人团聚，百姓欢欣鼓舞，备酒宴请，搭台唱戏，喜庆“接龙脉”，而将士们则将带回的军旗捆在长竹竿上，尽情挥舞旗杆，以表达对捐躯的将士的怀念。此后，每年的农历正月廿四，举行纪念表演活动的习俗一直延续至今，逐渐演化成为现在建瓯民间特有的挑幡习俗，成为福建闽北山区特有的民间绝活。

1986 年，建瓯市的 7 名退休工人自发地组建了“老来乐”传艺队（后更名为“老来乐”传艺协会），在有关部门的支持下，如今全市挑幡队的人数大增，所有成员大都是自觉自愿、义务地为社会服务，多年来，传艺协会应邀到境内外表演数百场，观众达数十万人次。

建瓯挑幡具有其独特的风格，幡是用毛竹制成的，直径约 15 公分，高约 10 米，重约 40 余斤，顶端有灯笼、花灯、彩旗等图案，做工精细，图案优美。挑幡的表演，配有锣鼓号队，同时有舞龙队助阵，表演者用足尖将幡踢起，在一片锣鼓声中，幡在表演者的身前肘后起舞，令人赞叹不已。主要是祈求平安吉祥，来年风调雨顺，五谷丰登，是一项参与群众较多的文艺表演项目和健身方式。

建瓯挑幡的表演形式多种多样，其套路主要有手舞东风转、肩扛南天松、脚踢西方柱、牙咬北海塔、时擎中军令、腰摔日月星、童子拜观音、烟斗挑大梁、鼻托乾坤棒等 10 余种招式组合而成，或肩扛口咬，或手舞脚踢，或左旋右转，或前挑后抛……动作各异，一招一式都令人心旷神怡，观后流连忘返，惊叹叫绝，给观众带来愉快和欢乐，留下美好的回忆。

建瓯挑幡表演难度很大，既要有力量又需要技巧，它是一项力量与技能共同配合的高难度技艺表演项目，掌握平衡是表演能否成功的关键。要将一根10余米，重约40余斤的幡举起来，还要做出各种动作、造型，特别是在表演牙咬北海塔、烟斗挑大梁、童子拜观音等节目时实在是难上加难。况且这些表演队的队员大都不是专业人员，平时他们都有自己的工作和事情，只是在空余的时间进行练习，需要表演的时候，招之即来，来则能演。

如今，建瓯的挑幡已经不再是男人们的专利，女子挑幡队的成立是这门古老民间绝活的最大亮点。巾帼不让须眉，过去男子能表演的动作女子也照样全部都会。这些挑幡女子没有固定的报酬，哪里需要，她们就到哪里去表演。她们的出现，也更加吸引了越来越多的挑幡爱好者关注这项健身活动，从而不断扩大建瓯挑幡的队伍，也使越来越多的群众了解和熟悉了这项老少喜爱的健身活动。

近年来，建瓯挑幡在保留传统技法的基础上，经过艺术创新，吸取建瓯乡土气息的音乐伴奏，重新进行编排，使挑幡表演声情并茂，更加具有艺术感染力，真正成为建瓯的民间艺术精品。1998年被列入上海大世界吉尼斯之最，基尼斯总部赞誉："建瓯挑幡，天下第一"；还参加了中央电视台举办的1999中华民族绝技艺术周活动；2000年8月，参加中央电视台"欢聚一堂"节目的录制；特别值得一提的是2001年10月，建瓯挑幡作为福建省的参赛节目，赴湖北荆门参加第五届中国民间艺术节表演比赛，获得金奖；2002年获福建省首届巾帼健身大赛特色奖；在2004年的10月，参加由澳门中华妈祖基金会主办的第二届妈祖文化旅游节，在开幕式上建瓯挑幡登台展示了自己的各种绝活，博得了海内外嘉宾的阵阵掌声。建瓯挑幡在为人们送去欢乐的同时，也让这项民间艺术永远流传，被世人所认识，它不仅登上了大雅之堂，而且在港澳台及东南亚引起了很大的反响，被称为"中华一绝活"。

（作者肖红兵，南平市委宣传部对外宣传办公室干部；
本文原载《武夷文化研究》2005年第1期。）

（六）武夷旅游文化研究

武夷山国家级自然保护区旅游客源市场预测与定位

旅游业发展必须遵循以资源为基础，以市场为导向的原则。客源市场的性质、规模、特点是旅游产业定位、旅游开发建设内容的主要依据，是旅游基础设施、资源和产品开发方向定位、旅游总体形象定位的依据。武夷山国家级自然保护区的主要目的是对其内部的各种资源、环境进行保护，但由于其内部的丰富的生态旅游资源，吸引着越来越多的生态旅游者的到来。为了合理的发展旅游业，在保护的前提下吸引更多的客源，我们必须对武夷山国家级自然保护区的当前客源市场进行分析，对未来客源市场进行定位，以保证旅游业的健康、稳定、快速的发展。

1. 武夷山国家级自然保护区旅游业发展现状

1.1 保护区旅游业发展现状

现代社会，人们的生活节奏在加快，城市化在加剧，每天重复的单调工作，促使人们想回归自然，返朴归真，到大自然中去尽情的“放纵”。武夷山国家级自然保护区作为优美的自然环境和丰富的生态旅游资源的拥有者，吸引着越来越多游客的到来。

1.1.1 保护区拥有丰富的旅游资源

武夷山国家级自然保护区作为世界同纬度带现存面积最大，保护最完整的中亚热带森林生态系统，是中国东南大陆生物多样性最丰富的地区。保护区内年平均温度在8.5℃—18℃，年降水量为1486—2150毫米，空气相对湿度为78%—84%，且武夷山国家级自然保护区空气负离子旅游资源丰富，根据中南林学院森林旅游研究中心测定，保护区内空气负离子浓度平均超过10000/cm^3的点有7个，平均值最高的为桃源峪，达到84720个/cm^3，空气负离子浓度高，开发利用价值大，使武夷山国家级自然保护区成为人们度假、休闲、疗养的好去处。

现有的旅游景点，如三港、黄岗山、桃源峪、大竹岚、挂墩等自然旅游资源和三港教堂、自然博物馆等人文旅游资源都备受旅游者的青睐。

1.1.2 保护区旅游业发展现状

根据1985年国务院颁布实施的《森林和野生动物类型自然保护区管理办法》第12条关于有条件的保护区，经省市区林业主管部门批准，可以在指定范围内开展旅游活动的规定，武夷山保护区于1986年4月10日向省林业厅递交了关于要求开展科普旅游的报告，由林业厅转报林业部，林业部于6月20日批复在武夷山保护区开展旅游活动。在1993年10月经省林业厅批准成立了“福建武夷山国家级自然保护区管理局生态旅游管理委员会”，下设办公室，负责旅游组织安排工作，从此武夷山保护区旅游正式起步运营。1994年11月福建武夷山国家级自然保护区绿涛实业公司成立，把原来“生态旅游管理委员会办公室”更名为“生态旅游部”。1996年3月成立了“福建武夷山国家级自然保护区森林生态旅游公司”，独立法人公司成立标志着保护区旅游业走上正轨。主要开设的旅游项目有生态旅游、生物科考旅游、青少年夏令营、教学实习、观鸟旅游、休闲度假旅游等。

1.2 保护区客源市场流量变化规律

根据对武夷山国家级自然保护区近年游客统计资料进行分析，从下述统计数据和流量结构变化图可看出，武夷山国家级自然保护区客源地近五年游客流量呈现一系列的独特的特点。

表1　　保护区游客近五年数量变化统计表

年度变化		旅游形式		费用形式	
年度	人数	团队	散客	收费	行政接待
1998	15325	无统计资料	无统计资料	13163	2162
1999	18610	30390	37785	16061	2549
2000	21323	9208	6551	18621	2702
2001	30210	17505	8653	27223	2987
2002	34032	13193	16300	29493	3028

备注：其中1999年统计数据不包含1、2月份，旅游形式内容中不包含行政接待人数。资料来源：保护区管理局。

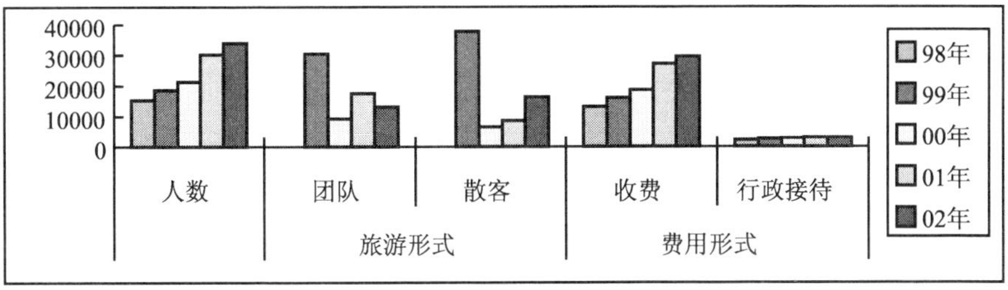

客源结构流动分析图

1.2.1 保护区旅游地客源数量不断增加

1998 年有 15325 人次到保护区旅游，2002 年增加到 34032 人次，增长比例为 122.07%。

1.2.2 保护区旅游的散客比例增加

除 1998 年团队和散客资料没统计外，1999 年的统计资料与 2000 年的统计标准不一致，所以，到武夷山国家级自然保护区的游客散客比例在不断上升，从 2000 年的 41.6% 到 2002 年的 55.3%；团队旅游在游客中的比例在下降，从 2000 年的 58.4% 到 2002 年的 44.7%。

1.2.3 行政接待在游客中占有一定比例，在不断下降

从 1998 年的 14.1% 下降到 2002 年的 9.31%；收费游客占大多数，且其比例在不断增加，从 1998 年的 85.9% 增加到 2002 年的 90.6%。这些都表明，随着武夷山国家级自然保护区旅游业的开展，保护区的旅游业发展速度迅速，游客数量在不断的增加，散客旅游在旅游中是主要的形式。保护区目前的旅游业中，行政接待与其他地区的旅游业发展相比，还占有较大的比例。

2. 武夷山国家级自然保护区旅游客源市场现状

根据武夷山国家级自然保护区森林旅游公司旅游部的统计资料（其中，1999 年以前资料以博物馆接待人数为准），武夷山国家级自然保护区的客源人数从 1992 年到现在不断增加，从 1991 年的 12433 人次增加到 2002 年的 34032 人次，增长比例为 173.7%。在此我们以近三年的游客统计资料（2000—2002 年）为基础对武夷山国家级自然保护区的客源进行分析。

2.1 游客旅游形式分析

游客的旅游组织形式主要有散客旅游和团体旅游，游客到武夷山国家级自然保护区的组织形式分析如表 2 所示：

表 2　　旅游者近三年旅游形式构成（2000—2002 年）

年度变化	旅游形式、人数及比例（%）		
2000	散客	6551	41.6
	团队	9208	58.4
2001	散客	8653	33.1
	团队	17505	66.9
2002	散客	16300	55.3
	团队	13193	44.7

备注：其中不含行政接待人数。

从以上统计数据和分析图可以看出，在武夷山国家级自然保护区的旅游者从旅游形式上来看，占比例较大的是散客旅游，2000 年、2001 年、2002 年分别为 41.6%、33.1%、55.3%，散客旅游的人数总体在不断上升。

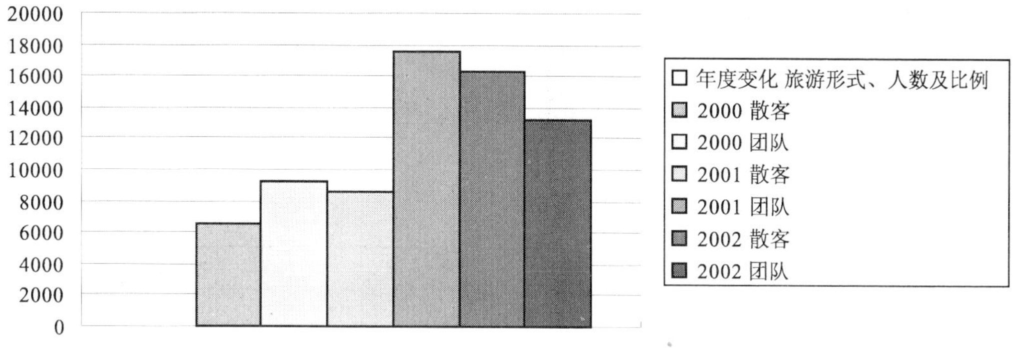

旅游形式年度变化图

2.2 旅游者旅游费用来源结构分析

表3　　旅游者费用来源结构表（2000—2002年）

年度变化	费用来源		
2000	行政接待	2702	12.7%
	收费	18621	87.3%
2001	行政接待	2987	9.9%
	收费	27223	90.1%
2002	行政接待	3028	9.3%
	收费	29493	90.7%

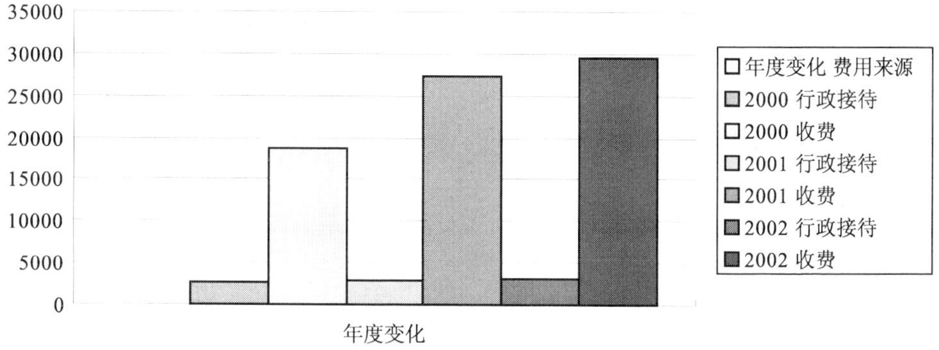

游客费用来源统计分析图

从上面的统计资料和数据分析图可以看出，在2000年到2002年三年的时间内，到武夷山国家级自然保护区旅游的游客的统计资料中，其中收费旅游的游客所占比例在不断上升，从2000年的87.3%增加到2002年的90.7%，而行政接待的人数所占比例在不断下降，从

2000 年的 12.7% 下降到 2002 年的 9.3%。表明目前到保护区旅游的游客花费情况也在不断变化，武夷山国家级自然保护区的旅游业正在走入正轨。

2.3 旅游者月季变化分析

表 4　　旅游者月数量变化分析表（2000—2002 年）　　（单位:%）

年度	1、2 月		3 月	4 月	5 月	6 月	7 月	8 月	9 月	10 月	11 月	12 月	总计数
2000 年	224	608	687	1269	2732	1584	3700	4061	1888	2364	1610	596	21323
2001 年	369	373	1144	2024	3715	2303	4767	5691	2750	4470	2267	337	30210
2002 年	482	602	1444	2463	4237	2148	5752	7236	3184	3882	1587	1015	34032

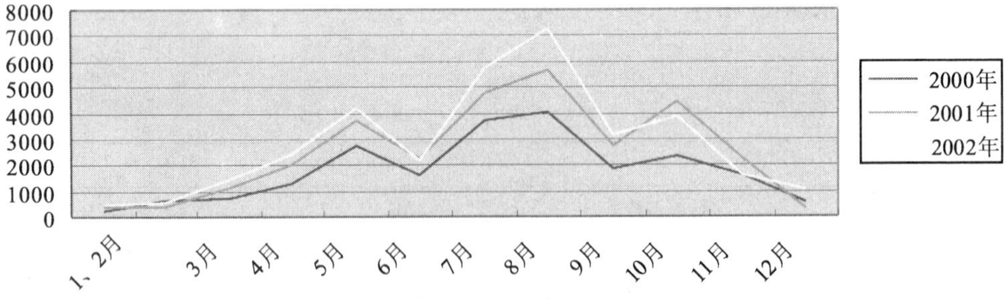

武夷山国家级自然保护区游客月变化趋势图

一般来说，武夷山国家级自然保护区的旅游旺季集中在 5—10 月，其中以 7—9 三个月为最旺的旅游季节。主要是由于保护区适宜的气候，良好的环境，夏季可以避暑，所以，从上图可以看出，在 7—9 月形成了一个波峰。

2.4 国内与境外游客统计分析

表 5　　国内与境外游客数量统计表

年度变化	国内与境外游客划分		
2000	境外游客	290	1.36%
	国内游客	21033	98.64%
2001	境外游客	151	0.5%
	国内游客	30059	99.5%
2002	境外游客	147	0.43%
	国内游客	33885	99.57%

备注：2002 年统计数据中不含 12 月数据，国内游客数为游客总数减国外游客。

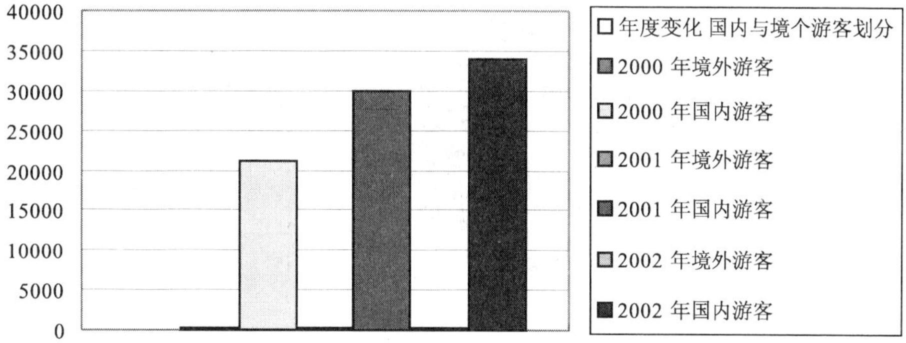

境外与国内游客统计分析图

从上述统计资料和图表分析可看出，在到武夷山国家级自然保护区旅游的游客中，国内游客占98%以上，武夷山国家级自然保护区以其在世界上的知名度，境外游客是武夷山国家级自然保护区市场扩展的重点对象。

2.5 国内客源市场区域结构

根据对武夷山国家级自然保护区游客的统计资料分析，到武夷山国家级自然保护区的客源以国内游客为主，境外游客只占极少数。在国内客源市场中，依据保护区专家楼2003年1—8月统计资料汇总分析如下，从下表可以看出，国内游客在地域结构上呈现较大差异，其中，南平所占人数最多，占60.22%，其次是江西和福州，分别占19.29%和7.86%。这组数据表明武夷山国家级自然保护区的国内客源市场在地域空间分布上的逐渐递减规律，近距离客源市场是武夷山国家级自然保护区的主要客源地。

表6　国内游客区域分布表

省、市	人数	比例（%）
福州	163	7.86
南平	1249	60.22
三明	6	0.29
厦门	35	1.69
江西	400	19.29
上海	24	1.16
江苏	77	3.71
广东	20	0.96
其他	100	4.82
合计	2074	100

备注：其他都是旅行社带来的团队。

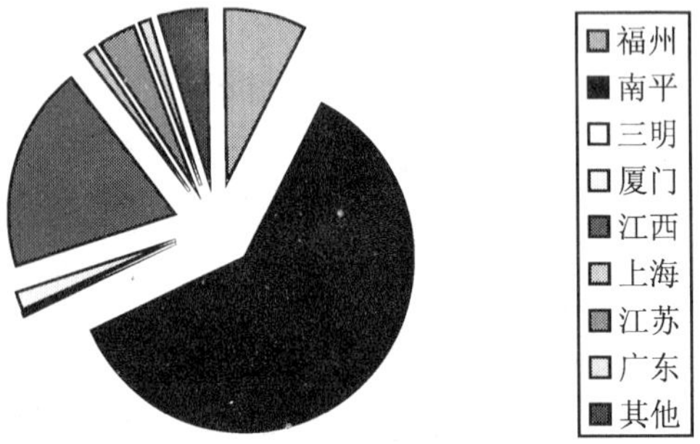

客源区域结构图

3. 客源市场预测

可持续发展，作为规范人类活动的一种方式，日益为越来越多人们所接受，已成为20世纪末和21世纪人类经济、社会发展的重大理论和实践课题，要做到旅游业的可持续发展，必须遵循环境容量、游客容量的规定。要使风景区产生最大的效益，必须在不破坏环境的前提下设计所能允许的最大游客规模，取得最佳的经济效益。所以我们必须对客源市场进行正确的可行的预测。

3.1 预测依据

游人规模受到一系列因素的影响，既有国内外政治、经济、自然环境因素，旅游者主题的社会人口学特征因素，政府发展旅游业的方针政策因素，也有景区在旅游市场中的竞争力因素，景区的开发速度和接待能力因素，旅游资源的质量、优势及开发旅游的制约性因素，景区的开发管理经验因素等。所以，客源市场预测主要依据景区的开发速度、接待能力、旅游资源质量与优势、开发旅游的制约性因素和景区开发管理经验等。

3.2 游人规模预测

根据武夷山国家级自然保护区的实际情况，依据其区位条件、可进入性、旅游资源特征、客源现状、建设速度及周边旅游区现有游客增长率的比较，作为自然保护区游客增长率的预测数据参考。起点数据依据自然保护区旅游部的统计资料（表3—7）作为起始基数。

表7　　武夷山国家级自然保护区近四年接待人数统计表

年度	游客人数	年度	游客人数
1999	18610	2001	30210
2000	21323	2002	34032

根据现在旅游业的发展趋势，武夷山国家级自然保护区的游客数量会随着时间的增加也在不断的增加，每年成自然增长的趋势，且游客数量的增加呈现一种线性相关，所以对其预

测采用线性回归预测，具体采取的预测计算公式为：

$y = a + bx$

其中：y——因变量　　x——自变量　　a、b——回归参数

其中回归参数按照上述数据通过微分和最小二乘法可得出。根据上述统计数据，结合线性回归参数的计算方法，得出其线性回归方程为：

$y = 5515.3 \times x - 11007313.9$（其中 x 为年份），依据该公式对未来十年的游客数量规模预测如下：

表 8　　武夷山国家级自然保护区未来十年游客规模预测

年度	游客人数	年递增率（%）	年度	游客人数	年递增率（%）
2004	45347.3	4.53%	2010	78439.1	7.56
2005	50862.6	12.16	2011	83954.4	7.03
2006	56377.9	10.84	2012	89469.7	6.57
2007	61893.2	9.78	2013	94985	6.16
2008	67408.5	8.91	2014	100500.3	5.81
2009	72923.8	8.18	2015	106015.6	5.49

从上预测可以看出，武夷山国家级自然保护区接待游客 2010 年游客数量可达 7.8 万人次，到 2015 年游客数量有望突破 10 万人次大关。本次规划预测游人规模并非绝对值，仅提供发展趋势和一般规律。游客规模受一系列社会综合因素的影响。

4. 武夷山国家级自然保护区客源市场定位

根据旅游客源市场分析，目前旅游区客源市场现状及对武夷山国家级自然保护区客源市场的预测，我们对武夷山国家级自然保护区的客源市场定位按照不同标准分别进行定位。

4.1 旅游客源市场区域定位

对客源市场进行正确的区域定位，使我们在作旅游促销时有针对性，在旅游项目的设计上更能满足游客的需求。根据我们对武夷山国家级自然保护区客源市场的调查分析，对武夷山国家级自然保护区客源市场区域定位如下。

4.1.1 国内客源市场为主，海外客源市场为辅

从表 5 可以看出，在所有统计的到武夷山国家级自然保护区旅游的游客中，2000 年、2001 年、2002 年在到保护区旅游的所有游客中，境外游客分别占到 1.36%、0.5% 和 0.43%，而国内游客分别占到 98.64%、99.5%、99.57%，结合旅游客源市场预测，我们对客源市场区域定位应以国内客源市场为主，海外客源市场为辅。

4.1.2 以福建省、江西省和华东华南游客为主，其他省市次之

根据保护区 2003 年 1—8 月对游客的调查资料分析，在到武夷山国家级自然保护区旅游

的国内游客中，南平、江西、福州、江苏、厦门、上海的人数比例分别为60.22%、19.29%、7.86%、3.71%、1.69%、1.16%。从上述统计资料可以看出，到武夷山旅游的国内游客人数比例与到武夷山距离呈反方向变动，即到武夷山距离越近，游客数量在所有游客中所占比例越大。所以，我们对国内客源市场定位以福建省、江西省和华东华南游客为主要客源市场，国内其他省区次之。即把福建、江西作为一级客源市场，江苏、浙江、上海、广东等华东和华南地区作为二级客源市场，国内其他省市作为三级客源市场，我们在作旅游促销时的重点是一级和二级客源市场。

4.2 旅游客源市场类型定位

4.2.1. 生态旅游客源市场

武夷山国家级自然保护区由于其动植物资源丰富，气候适宜，再加上空气负离子含量高，森林含有对人体健康有益的植物精气，受到生态旅游者的青睐。

三港景区有三条溪汇集于此，有逗人的短尾猴，可观赏清澈见底溪流中的高山鱼群，清脆悦耳的鸟语虫鸣，野生动物救护中心还有黑熊、龟、蛇、鸟等；黄岗山号称“华东屋脊”，海拔2158米。登上山顶，晨可观红日喷薄；昼可望云海腾浪，夕可看晚霞绚丽；夜可思摘星揽月。从山脚到山顶依次排列的五种植被带令人赞叹不已；桃源峪景区森林繁茂、绚丽多彩，带你进入原始森林中，能使游客产生回归大自然的奇妙心境。这些丰富的生态旅游资源都吸引着生态旅游者的到来。

主要可开展的生态旅游项目有植物生态及景观观赏，野生动物观赏，地形及地质景观观赏，森林浴场静养，空气负离子呼吸等。

4.2.2. 科考科普客源市场

武夷山国家级自然保护区被称为人类的基因库，许多学者都来这里搜集资料。武夷山国家级自然保护区由于其独特的地理位置，物种特别丰富，根据1994年统计，武夷山国家级自然保护区有高等植物267科1028属2466种；有已知的脊椎动物475种，早在19世纪即以生物标本采集胜地闻名于世。自从1987年加入世界生物圈保护区网后，逐渐扩大国际交往，先后有阿根廷、日本、美国、英国等国的专家学者到区内考察，我国动植物专家每年都要到保护区进行科学考察，这些都使科考科普的学者成为其又一客源市场。

保护区内的桐木关—大竹岚断裂带、黄溪州—皮坑口断裂带是保护区内重要的自然景观，是各种自然生境的分界线，也是一些古树名木的集中分布区，由于“边缘效应”和河流的“富集效应”，断裂带是生物多样性十分丰富的地方；挂墩景区是世界闻名的模式标本产地，风景迷人，珍稀动植物繁多，挂墩瀑布落差40米，是令生物学家珍惜，让游人赞叹的胜山福地；麻粟景区动物种类繁多，特别是鸟类资源，是鸟类理想的栖息地，被誉为“鸟的天堂”，在此处有观鸟台，是观鸟的理想场所。

也正是由于保护区内有丰富的动植物资源，有奇特的地质、地貌结构，武夷山国家级自然保护区被确定为全国科普教育和全国青少年科技基地，也是福建省内外各大、中专院校生物教学实习基地，是生物爱好者进行科普和科学考察的理想地方。

4.2.3. 休闲度假客源市场

是目前发展较快的客源市场。其气候适宜，是出游的城镇居民休闲度假、避暑疗养的好去处，以本地游客为主。

保护区有丰富多彩的森林景观，清幽宜人的生态环境，96.3%的森林覆盖率为旅游者创造了一个满目翠绿的绿色世界，壮观迷人的水体景观构成一幅幅优美的自然山水画卷；三港的猴群、蛇园更让你领略浓郁的野生动物景观；再加上保护区内雄峻奇特的风石洞景观，变换万千的气象景观及别具一格的人文景观，都证明武夷山国家级自然保护区是游客休闲度假的好去处。

在三港接待中心修建的网球馆、正筹建的保龄球馆、现有的休闲娱乐设施等加上保护区优美的自然和人文景观，使休闲度假的客源成为重要的客源市场。主要度假休闲项目有：乘车观赏游览、森林散步、野餐（指定地点）、钓鱼、戏水、摄影写生等。

4.2.4. 探险漂流客源市场

利用保护区的河流及现已开发较完善的漂流，对于探险漂流的游客成为武夷山国家级自然保护区的又一客源市场。

尼洋罗家洞景区有丰富的自然和人文景观，有古洞、瀑布、古道遗址等，道路艰险，但景观质量较高，富有刺激性，能够体验大自然的惊险与神秘，是开展探险旅游项目的主要景区。在保护区的龙川大峡谷是开展漂流的主要景区，现在已开始接待游客。

（作者卢玉平，武夷学院（筹）旅游系教师、厦门大学硕士研究生，
本文原载《南平师专学报》2005年第4期。）

参考文献：

1. 王兴斌：《中国旅游客源国/地区概况》，旅游教育出版社2001年版。

2. 于向东：《中国旅游海外客源市场概况》，东北财经大学出版社1999年版。

3. 杨桂华、陶犁：《旅游资源学》，云南大学出版社1999年版。

4. 王长青：《解读武夷山》，海风出版社2002年版。

5. 曼杰：《九寨沟旅游者的结构与行为分析》，载《经济地理》2001年第1期。

6. 陈金华：《临夏回族自治州旅游资源客源市场分析与定位》，载《资源开发与市场》，2002年第5期。

7. 周相林、王爱珍：《浅析武夷山旅游业的发展》，载《发展研究》，1997年版。

8. 何建源：《武夷山研究》，厦门大学出版社1994年版。

9. Http：//www.wuyiguide.com（武夷山旅游资讯网）

10. 刘锋：《旅游温岭区国内旅游市场营销研究》，载《经济地理》2001年第3期。

11. 王秀兰、甘枝茂：《我国青少年学生旅游市场开发初探》，载《旅游管理》2003年第3期。

12. 赵西萍：《旅游市场营销》，南开大学出版社2001年版。

武夷山自然保护区生态旅游问卷调查

一 “生态旅游”浅议

随着社会工业化、人口城市化，尤其是20世纪90年代后经济发展和社会进步，人们日益关注自身的生活方式和生命质量，加上工业污染严重，城市环境质量不断下降，人们环保意识增强和人们物质文化、科学水平、生活、生命价值意识不断提高。在世界范围内兴起回归自然、返璞归真、崇尚自然的一种高品位生态旅游，它满足人们探索大自然奥秘的好奇心，促进人们对自然环境的认识，提高生活科学知识，获得身心健康、舒畅和享受。生态旅游最大特点是不再把旅游活动局限在一般旅游观光，可以是人烟稀少山峰之巅、湖泊溪流、江河源头、草原丛林或冰天雪地等自然生态地，也可以是社会生产活动中具有特殊意义工艺流程或人文景观等。生态旅游活动项目的共同特点是符合生态学目标和生态学原理。

“生态旅游”一词在1983年由世界自然保护联盟（IUCN）特别顾问H. Ceballos Lascurain首先使用；1986年墨西哥国际环境会议提出生态旅游概念。世界银行环境部和生态旅游学会给生态旅游的定义是：有目的地前往自然地区去了解环境的文化和自然历史，它不破坏自然，而且会使当地社区从保护自然资源中得到经济效益。美国学者D. N. B. Lee认为理想的生态旅游系统包括：旅游者对所游览地区具有保护意识，当地居民在发展旅游业中充分考虑环境和文化需求，采用一个有当地居民参与的长期规划战略，减少旅游业带来的负面影响，培育一个有利于当地社会发展的经济体系。张广瑞认为生态旅游项目设计安排应是“了解当地环境的文化与自然历史知识”、“欣赏和研究自然景观、野生动物及相关文化特征”等；从事该项旅游活动的应“不改变生态系统的完整”、“保护自然资源使当地居民在经济上受益”。1993年国际生态旅游协会把生态旅游定义为：具有保护自然环境和维护当地人民生活的双重责任的旅游活动。

生态旅游是一种到大自然中去欣赏和认识自然与文化遗产的旅行，并从中学习各种知识，获得身心舒畅和享受；同时，要求旅游者必须爱护自然和观赏对象，不允许对它们有任何伤害，只留下脚印和只带走相片，生动地表述了这种基本要求。当地社区受益，这是开展生态旅游活动的又一要求，只有当地社区经济得到发展，才能保证旅游区环境资源不遭破坏，生态旅游才可得到可持续发展。可以说，生态旅游是到大自然中去求知求新，尽力保护环境安全，遵循可持续发展要求的旅行活动。

二 武夷山自然保护区及旅游业概况

福建武夷山国家级自然保护区位于福建的武夷山、建阳、邵武、光泽四县（市）交界处，北与江西武夷山国家级自然保护区毗邻，地处武夷山脉北部最高地段，主峰黄岗山海拔2158米，是我国东南大陆最高峰。保护区内1500米以上的山峰有23座，地理位置为27°33′—27°54′N，117°27′—117°51′E，总回枞56527ha。武夷山自然保护区1979年成立，是我国第一个国家级自然保护区。1987年被《人与生物圈计划》国际协调理事会（UNESCO）接纳为世界生物圈保护区。1999年进入世界自然与文化遗产名录，成为我国仅有的一个既是人与生物圈保护区，又是世界“双遗产”保留地的保护区。同年又被科技部、中宣部、教育都、中科协确定为“全国青少年科技教育基地”，中国科协确定为“全国科普教育基地”。

武夷山自然保护区是我国东南大陆生物多样性的关键区域（陈易笃，1999），是地球同纬度带现存面积最大、保留最为完整的中亚热带森林生态系统。保护区以生物种类的多样性，珍稀动植物的丰富性和中亚热带森林植被的典型性，获得“鸟的天堂”、“昆虫的世界”、“蛇的王国”、“生物模式标本产地”、“东南植物宝库”、“世外桃源”等盛誉。保护区内森林生态旅游资源极为丰富，具有多姿多彩的生态景观、绚丽迷人的曲溪瀑泉、奇趣怪异的森林植物、野趣盎然的鸟鸣猴跃、雄峻奇特的峰石景观，古树名木、珍奇花卉、空气中高负离子含量（全国最高区域之一）成为生态旅游的绝好胜地。

20世纪70年代末到90年代初，根据我国的自然保护区管理规定，武夷山保护区采用封闭管理模式。这一时期不提倡开展旅游活动。1993年国家明确保护区可适当开展旅游活动后，武夷山自然保护区得天独厚的生态旅游资源才开始有步骤地局部的向游人开放，满足人们对回归大自然的向往和愿望。根据国家林业局批准武夷山保护区《生态旅游计划》，现保护区生态旅游主要景区和景点有黄岗山、桃源峪景区、三港景区、挂墩、大竹岚科考区等。这些景点和景区是开展生态环境保护知识教育与生态旅游的理想场所。进入保护区旅游人数不断增长。

三 武夷山自然保护区生态旅游问卷调查

为加强对武夷山保护区生态旅游的规划和管理，通过了解游客环境保护意识和对自然保护区认识，确切掌握武夷山保护区生态旅游现状和潜在资源以及发展前景，为武夷山自然保护区生态旅游的开发、组织、规划、管理和实施提供经营策略的依据。我们对武夷山自然保护区旅游活动的三大要素（旅游资源、旅游业、旅游者）的主体——旅游者进行问卷调查。问卷内容包括：客源地、文化程度、职业、年龄、收入、生态旅游看法等项，深入了解武夷山生态旅游市场。问卷调查时间为2003年8月1日至10月31日，共发出调查问卷111份，回收问卷111份，回收率为100%。

1. 游人结构组成

根据问卷调查统计结果，保护区旅游的客源市场主要以华东区为主，占游人70%（详见表1），入区旅游的外省市游人数量相对比较少，说明保护区要发展生态旅游，需要调整客源市场，把目标集中到我国大城市人口和发展中国家的外国游客。调查问卷显示，进入保护区游人的文化程度较高，大专以上文化程度占66%以上（详见表2），为保护区开展生态旅游提供游客基础。从游客职务和收入统计分析，进入保护区游人以来自党政机关或事业单位人员和企业公司职员为主，这些人群收入一般较高（详见表3和表4），在年龄结构上，来保护区的游人中青年为多（20—40岁），占66%，这为生态旅游提供了必要的发展条件。

表1　游人客源地问卷统计表

客源地	福建	华东地区（除福建外）	其他省市	不明
人数	52	26	26	7
%	47	23	23	7

表2　游人文化程度统计表

文化程度	小学	中学	高中	大专	大学	研究生	不明
人数	2	8	21	35	39	3	3
%	2	7	19	31	35	3	3

表3　游人职业统计表

职业	党政机关或事业单位人员	企业公司职员	个体经营者	军人或警察	工人	农民	学生	其他	不明
人数	42	34	3	9	6	3	5	4	5
%	37	30	3	6	3	5	4	4	

表4　游人月收入统计表　（单位：元）

月收入	无固定收入	300以下	301—600	601—900	901—1200	1201—1500	1500以上	不明
人数	4	1	3	17	23	26	27	10
%	4	1	3	15	21	23	24	9

表5　游人年龄结构统计表　（单位：岁）

年龄	19以下	20—29	30—39	40—49	50—59	60以上	不明
人数	6	34	39	20	8	3	1
%	5	31	35	18	7	3	1

2. 游人自然保护意识

经调查，大多数游人对自然保护意识强，认为自然保护区的功能中保护自然资源与环境的比例达95%；认为大自然比较脆弱，比较容易遭到破坏的占65%；认为人类有责任保护动、植物物种达91%（详见表6和表7）。因此，从问答环境保护的问题上看，入区游人具有较强的环境保护意识，大多数游人具有很强的生态保护意识，具备开展生态旅游相接条件。

表6 **游人保护意识及对自然保护区认识**

内　　容	同意（%）	反对（%）	无所谓（%）	不明（%）
大自然很脆弱，容易遭到破坏	65	5	2	28
人类有责任保护动植物物种	91	0	0	9
人类自身在不断破坏自然环境并造成污染	60	21	5	14
保护区工作人员为游人提供有价值旅游服务	74	4	9	13
我们可以依靠科技进步克服自然资源短缺和环境保护问题	79	5	8	8
人类有必要改造自然环境以适应自身的需要	55	32	5	8

表7 **游客认为保护区各项功能的重要程度**

内容	重要（%）	不重要（%）	不明（%）
保护自然资源与环境	95	2	3
提供娱乐消遣场所	35	59	6
科普教育	88	6	6
科学研究	84	9	7
教学学习、培训	69	19	12
支持当地经济发展	64	23	13
鼓励当地群众参与自然保护	86	5	9

3. 生态旅游管理

在保护区开展生态旅游的成败取决于旅游项目的设计与管理。当前还应探索既严密科学，又灵活多样的管理模式，在自然保护、环境宣传和当地社区经济协调发展等方面要加大宣传，引导组织管理教育力度，积极主动提升旅游质量。在调查中，游人对破坏保护区的动植物资源进行处罚表示赞同者占60%（详见表8），由此可见管理中进行环境保护有效的宣传和规范教育是可行的。

表8 **游客对各项管理措施的态度**

内　　容	同意（%）	反对（%）	无所谓（%）	不明（%）
限制进入保护区旅游人数，开发高质量生态旅游	60	19	14	7
限制旅游人数以减少对保护区环境破坏的压力	67	14	8	9
向游客提供保护区的环境保护宣传教育	87	5	5	3
限制保护区的旅馆和其他建筑的建设	79	7	7	7
对破坏保护区内动植物资源的游人进行处罚	86	3	4	7

4. 武夷山保护区生态旅游项目开展

目前从武夷山保护区开展的旅游项目来看，主要以参观武夷山自然博物馆和驱车考察黄岗山为主，未真正按生态旅游原则来安排旅游项目。到保护区一日游的游人数占总数的91%，而且首次来保护区参观的游人数占60%。因此，目前保护区旅游项目仍然不是真正意义上的生态旅游。

从游人进入保护区的旅游目的分析，75%的游人认为到保护区重要的是为了了解大自然，为了欣赏风景，放松身心；32%的游人认为可以感受大自然，回归大自然，了解保护区，关注环保事业，学习生态知识；42%的游人认为到保护区，以观景为目的。武夷山保护区有丰富的旅游资源，86%的游人对目前保护区游览项目感到满意。

保护区旅游管理部门可以尝试开展真正意义上的生态旅游项目。根据目前保护区旅游市场现状可以将大众观景旅游与生态旅游同时进行，应对保护区生态旅游项目进行认真调研、规划和设计，而不仅仅对完全符合条件者开展生态旅游项目。

5. 生态旅游的可持续性

95%的游人认为目前保护区开展旅游活动不会造成环境破坏；86%的游人支持当地社区经济发展（表7），认同当地群众应参与保护区的旅游项目。调查显示只要保护区把握好生态旅游开发管理，是可以做到可持续发展的。

6. 结语

（1）调查结果表明，武夷山保护区开展生态旅游项目是可行的。区内有丰富的自然资源，高素质的入区游人，他们自然保护意识强，对保护区开展生态旅游表示理解与支持。所以武夷山保护区具有开展生态旅游的条件和基础，符合保护区管理目标，具有广阔前景。

（2）目前旅游仍然以大众观景旅游为主体，要开展好真正意义上的生态旅游，应当把生态保护作为既定的前提，把环境教育和自然知识普及作为核心内容，是一种求知的高层次的旅游活动，而不应当把生态旅游消费放在首位。应鼓励游人根据自己的兴趣和意愿，徒步进入划定的大自然风景中，充分享受大自然给予人类的感受。要设计出一些特殊的旅游产品，以满足对生态环境有特殊兴趣的旅游者的需求。

（3）提高保护区生态旅游管理与服务，对进入保护区的游人进行妥善组织，加强指导。保护区必须制定详细旅游规划，确定旅游线路，培训有专业素质的导游，建立游客宣教中心和生态保护监测体系，出版精美的生态旅游教育手册、宣传品和野外详细的导游图。

（4）规范生态旅游入区活动。制定周密的入区活动计划，并在实践中不断加以完善，包括生态旅游团队个人的活动，诸如严格遵守废弃物处理的细则等。

（5）生态旅游市场分析。要经常性开展生态旅游市场调查，及时获取生态旅游信息；可以通过有效组织与生态主题有关专业考察活动如摄影、作画、观鸟、户外登山活动等培育扩大生态旅游市场。

（6）吸收生态旅游专业人才。要大量吸纳生态旅游管理与经营的专业人才；对于缺乏生态专业知识与技能的导游人才要加强培训。

（7）组织生态旅游。给当地社区群众提供生态旅游参与的机会，提高当地社区的经济收入，确保实现保护区社区共管，达到可持续发展目的。

生态旅游开发要比一般大众旅游开发复杂的多，困难的多，不能仅仅停留在回归大自然层次上，福建武夷山国家级自然保护区作为国家重点自然保护区，在继续发展大众旅游的同时，应在生态专家的帮助和指导下，认真切实做好生态旅游项目规划和研究工作，以最科学、优秀的服务迎接世界性生态旅游的到来。

（作者方燕鸿，福建武夷山国家级自然保护区管理局职工；
本文原载《南平师专学报》2005 年第 3 期。）

参考文献：

1. Lee D N B, Snepenger DJ, An Ecotourism Assessment of Tortuero（J）. Costa Rica 1992. 19（2：367—370）.

2. 张广瑞：《生态旅游的理论与实践》，载《旅游学刊》1999 年第 1 期。

3. Lindberg, Enriquez, Sproule, Ecotourism Questioned：case studies from Belize（J）, Annals of Tourism Research, 1996, 3：543—562.

4. 王献溥：《什么是生态旅游》，载《中国生物圈保护区》1998 年第 4 期。

5. 陈艇舫等：《武夷山自然保护管理计划》。

6. 何建原、方燕鸿：《武夷山自然保护区生态旅游计划》2000 年 6 月。

7. 《自然保护区生态保护教育》，中国林业出版社版。

8. 《自然保护区与生态旅游》，中国科学技术出版社版。

（七）武夷茶文化研究

武夷岩茶

历史悠久

名山出名茶，名茶耀名山。武夷山与武夷茶双绝人寰，著称于世。

武夷山何时有茶？据当代茶叶专家陈椽等考证，我国茶叶在2世纪时由西南向东南传播，不久武夷山就有茶了。武夷岩茶最早被人称颂，可追溯到南朝时期（479—502），而最早的文字记载见之于唐朝元和年间（806—820），孙樵写的《送茶与焦刑部书》（见《崇安县志》第19卷）。孙樵在赠送武夷岩茶给达官显贵的一封信札中写道："晚甘侯十五人，遣侍斋阁。此徒皆乘雷而摘，拜水而和。盖建阳丹山碧水之乡，月涧云龛之品，慎勿贱用之！"孙樵在这封信中，把出产在"建阳丹山碧水之乡"的茶，用拟人化的笔法，美称为"晚甘侯"。"晚甘"，甘香浓馥，美味无穷之意。"侯"，乃尊称。"碧水丹山"是南朝作家江淹对武夷山的赞语。当时崇安县尚未建置，武夷山属于建阳县，故信中称"建阳丹山碧水"。因此说孙樵所送的茶乃武夷山所产。从此，"晚甘侯"遂成为武夷岩茶最早的茶名。清朝闽北人蒋蘅写的《晚甘侯传》一文中，更是通篇以拟人化的笔法，酣畅淋漓地为武夷岩茶写传。他写道："晚甘侯，甘氏如荠，字森伯，闽之建溪人也。世居武夷丹山碧水之乡，月涧云龛之奥。甘氏聚族其间，率皆茹露饮泉，倚岩据壁，独得山水灵异，气性森严，芳洁迥出尘表……大约森伯之为人，见若面目严冷，实则和而且正；始若苦口难茹，久则淡而弥旨，君子人也。"该传沿用了前人对武夷岩茶的美称——"晚甘侯"，以拟人化的笔法记述了它的姓名和表字：姓甘，名如荠，字森伯。作者巧妙地用了《诗经》中的典故，予武夷岩茶以姓名：甘如荠。《诗经·邶风·谷风》云："谁谓荼苦？其甘如荠！"《晚甘侯》作者匠心独具，为甘甜美味的武夷岩茶取了出典于《诗经》的尊姓大名，令人解颐生津。传中还把武夷岩茶的"茶品"拟人化为"人品"，赞之曰："君子人也！"足以与周敦颐称莲花为"花之君子"相媲美。

唐代诗人徐夤有诗云："武夷春暖月初圆，采摘新草献地仙。飞鹊印成香蜡片，啼猿溪走木兰船。金槽和碾沉香末，冰碗轻涵翠缕烟，分赠恩深知最异，晚铛宜煮北山泉。”（见《中国古代茶诗选》），诗人不但高度评价武夷茶，而且说明武夷茶从研膏转为蜡片，且印有飞鹊等装饰图案。值得提及的是，中国第一茶圣陆羽在晚年慕名来到武夷山，写有《武夷山记》，对武夷君的神话传说，表示兴趣，遂记之。虽然此记已佚，但是从其他的书、志的注释中，尚能见到片言段语。该记当是陆羽在晚年蛰居江西上饶时所撰，于《茶经》的成书之后若干年，因此也是《茶经》上未见武夷茶记载的原因之一。为此肯定武夷茶在唐代已有之，且名度很高，深得文人赞赏，引得垂将老矣的陆羽慕名而来。

自唐代孙樵称武夷茶为“晚甘侯”后，历代多有讴歌其者。宋朝陶谷著《荈茗录》写道：“汤悦有森伯颂，盖茶也，方饮而森烈严乎齿牙；既久，四肢森然，二义一名，非熟夫汤瓯境界者，谁能目之。”森伯既是超群的好茶，而要能体会森伯的佳妙之处，非熟练的评茶者莫属。那么，谁是“森伯”的知遇者呢?《晚甘侯传》云：“森伯之祖，尝与王肃善。”于是，王肃可以肯定是早期与武夷岩茶（森伯之祖）神交的一位雅士了。宋朝叶清臣在《述煮茶小品》中也说：“王肃癖于茗饮。”这也说明他算得上一位精于品茶的人。南北朝时期，王肃的父亲王奂在南齐任尚书右仆射（中书郎，宰相的助手），很可能得到进贡的武夷岩茶礼品。因此，当代著名茶叶专家陈椽据此论证：武夷茶约在距今1500年前的南朝时已初具名度。而北宋大文学家苏轼写的一篇散文《叶嘉传》，也是以拟人化手法记述武夷岩茶的一篇佳作。文章把茶树这种嘉木誉为“叶嘉”，意为“茶叶嘉美”。苏轼为之立传，并在传中曰：“上（汉帝）惊，敕建安太守召嘉，给传，遣诣京师。”从《叶嘉传》里，我们又可以推测说武夷茶早在约二千年前的汉朝就可能有之，但由于这篇散文略带虚构成分，且有唐代陆羽（733—804）《茶经》在汉帝之前之误，所以不宜作为信史。至于武夷岩茶早在何时问世？不妨当作“武夷岩茶之谜”，让今人去考证。在未有确实答案之前，权以范仲淹的诗句：“武夷仙人从古栽”作为浪漫的“定论”吧！

鼎盛时期

北宋太平兴国初年，朝廷特置龙凤模印，遣使到建州，监造团茶以别一般的庶饮，龙团凤饼从此诞生。当然也包括产于碧水丹山的武夷奇茗。由于当时崇安尚未建县，而建州的州治建安县已为人们所熟知，所以龙凤团茶也称为北苑茶。北宋淳化五年（994），崇安县正式建县，武夷山逐步走向兴盛，文人墨客，达官显宦，释家羽士纷至沓来，名声日高，武夷渐脱“北苑”之统称而独步傲立于茶坛，加之诗人的吟咏，武夷岩茶的名气大盛。民国《崇安县新志》载：“宋时范仲淹、欧阳修、梅圣俞、苏轼、蔡襄、丁谓、刘子翚、朱熹等从而张之，武夷茶遂驰名天下。”苏轼在咏茶诗中写道：“君不见武夷溪边粟粒芽，前丁后蔡相笼加。争新买宠各出意，今年斗品充官茶……”由此说明武夷岩茶已经脱颖而出，崛起于岩壑之间，为名家所津津乐道，并开始步入皇家宫室，享誉于朝廷。与此同时，武夷名丛如铁罗汉、坠柳条也开始形成。清朝学者郭伯苍在《闽产录异》中曾记述：“清时山中仍有这两种名丛，皆为宋朝留存下来的茶树，各仅有一棵，年产少许，为无价宝。”

宋朝南渡以后，来武夷山游览、讲学、隐居者日增，武夷山极为兴盛。儒家羽士、文人墨客，荟萃山中，斗茶品茗，以茶论文，以文论道，极一时之盛，茶事因之兴旺。著名诗人陆游到此赞曰："建溪官茶天下绝。"（按：建溪起源于武夷山，流经崇安、建阳至建瓯。建溪泛指该三县。）从这诗里，足证武夷茶新军突起，已与北苑茶同负盛名。朱熹在隐屏峰下构筑精舍，著书立说，授经讲学，聚友品茗，可谓是山中大隐者，颇具雅兴，他利用九曲溪上的一块有罅隙的天然石头当做茶灶，以倡导茶事，并咏诗曰："仙翁遗石灶，宛在水中央。饮罢方舟去，茶烟袅细香。"传说隐屏峰下，旧有朱熹手植茶一株，因山僧不堪县官诛求，潜以沸汤浇之遂枯的故事。有清人诗句为证："县官不解修祠祀，但索文公手植茶。"朱熹在寓居武夷山之时，还亲自携篓去茶园采茶，以此为乐事，并以《茶坂》为题赋诗曰："携籝北岭西，采撷供茗饮。一啜夜心寒，跏趺谢衾影。"八仙之一的吕洞宾的游武夷诗也咏及武夷茶："所将白石与青精，漫燃龙竹闲烹煮。武夷之山秀且高，参元堪把死生逃。"（见《武夷山志》第22卷）青精指武夷茶，这位云游道士对武夷山水、茶叶注满情感。"两腋清风起，我欲上蓬莱"，这是武夷著名道士白玉蟾的《水调歌头·咏茶》中词句，茶如灵丹，清人脾胃。

近年，武夷山市志办方留章先生，收到来自蜀省万源县友人惠寄的信札、资料等，言及于1988年在该县石窝乡古社坪村，发现一方完整的石刻，记载着北宋元符二年（1099）王雅父子从福建武夷山移植茶苗于本地种植的始末。碑云"……时在元符二载，月应夹钟，当万卉萌芽之盛，阳和煦气已发。前氏府君王雅与令男王敏，得建溪绿茗，于此种植……"此碑中虽写的是"建溪绿茗"，但在此前的几十年，范仲淹诗已经说明"溪边之茶"乃"武夷仙人从古栽"，因此说其是武夷之茶，并不牵强。可见，由于武夷茶在当时享誉极高，名声远播，身价不凡，为国人迢迢而求之品。其青出于蓝，返回巴蜀，荣归故里，理所当然。

凡此说明在宋代脱颖而出、崛起于碧水丹山的武夷茶，与武夷名山同映辉煌，为名家所津津乐道，并开始跻身于皇家宫廷，享誉于朝野，与当时全国兴起的品茶、斗茶、分茶之风尚和合共鸣，集一时之盛，享非凡之誉，乃武夷岩茶千古流芳之缘也。

朝贡珍品

宋时，由于地方官员的争宠，武夷岩茶名声日高，已悄然进入京都皇室，但真正列为贡御之品而生产制作的还在元、明两朝。

元朝至元十六年（1279），浙江省平章高兴路过武夷山，监制了"石乳"茶数斤入献皇宫，深得皇帝爱赏。至元十九年（1282），高兴又命令崇安县令亲自监制贡茶，"岁贡二十斤，采摘户凡八十。"大德五年（1301），高兴的儿子高久住任邵武路总管之职，就近到武夷山督造贡茶。第二年即大德六年（1302），他在武夷山九曲溪之第四曲溪畔的平坂之处创设了皇家焙茶局，称之为"御茶园"。从此，武夷岩茶正式成为献给朝廷的贡品，每年必须精工制成龙团饼，沿着驿站递送进入大都（今北京）。当时御茶园的建筑物巍峨、华丽，完全按照皇家的规格模式设计和构建。进了仁风门，迎面就是拜发殿（亦名"第一春"殿），还有清神堂、思敬堂、焙芳堂、宴嘉亭、宜寂亭、浮光亭、碧云桥。又有通仙井，覆以龙亭，称之为通仙亭，"皆极丹陛之盛"。

御茶园设有场官、工员。场官主管岁贡之事。后来贡制扩大，采摘、制茶的农户增加到250户，采茶360斤，制龙团五千饼。元泰定三年（1326），崇安县令张瑞本在御茶园的左右侧各建一场，悬挂“茶场”的大匾。元至顺二年（1332），建宁总管在通仙井之畔建筑一个高五尺的高台，称为“喊山台”，山上还建造了喊山寺，供奉茶神。每年惊蛰之日，御茶园官吏偕县丞等一定要亲自登临喊山台，祭祀茶神。祭文曰：“惟神，默运化机，地钟和气，物产灵芽，先春特异，石乳流香，龙团佳味，贡于天下，万年无替，资尔神功，用申当祭。”祭毕，隶卒鸣金击鼓，鞭炮声响，红烛高烧，茶家拥集台下。同声高喊：“茶发芽！茶发芽！”响彻山谷，回音不绝。在回荡嘹亮的喊山声中，通仙井的井水慢慢上溢，甚为奇异。有人解释之当时已是惊蛰，地气温热，加之祭祀茶神时火熏热炙，地温增高，井水渐溢，这是可能发生的现象，“茶神享醴，井水上溢”之说无非增加一种神奇的色彩，并非迷信，无可厚非。茶农因称通仙井的井水为“呼来泉”。

武夷贡茶鼎盛于元朝。元亡明兴，贡茶制度仍沿袭前朝，明洪武二十四年（1391），皇帝朱元璋诏令全国产茶之地按规定的每岁贡额送京，并诏颁福建建宁（按，武夷山当时归属于建宁府）所贡的茶为上品。茶名有四：探春、先春、次春、紫笋，并下令不得辗捣为“大小龙团”，按新的制作方法改制成为芽茶入贡。嘉靖三十六年（1557）由于御茶园疏于管理，茶树枯败，茶业衰落，武夷岩茶遂免于进贡。御茶园前后经历255年。它的兴废，引起了后人的深深喟叹。编纂《武夷山志》的清人董天工在《贡茶有感》中写道：“武夷粟粒芽，采摘献天家。火分一二候，春别次初嘉。壑源难比拟，北苑敢矜夸。贡自高兴始，端明千古污。”御茶园精制贡茶，取悦天子，源于进献贡茶的北宋蔡襄（曾任端明殿学士），其造成加重茶农负担，理应受到抨击。但由于御茶园悉心栽培和精工制作贡茶，使武夷岩茶品质益精，影响日大，独秀于茶坛，称雄于建州，为世人青睐，被皇帝天子所确认，进一步确定了武夷岩茶正统的高贵地位，其客观功绩是不可磨灭的。

武夷茶史

大自然的恩赐造就了风光绮丽的武夷山水，也给武夷茶树生长繁衍提供了优越的自然条件。武夷产茶历史悠久，早在南北朝时（479），就以“晚甘侯”（武夷茶名）著称于世。唐元和年间（806—820），孙樵送茶予焦刑部书云：“晚甘侯十五人，遣侍斋阁，此徒皆乘雷而摘，拜水而和。盖建阳丹山碧水之乡，月涧云龛之品，慎勿贱用之！”这是有关武夷茶最早的文字记载。武夷茶最早采叶作饼，以“森伯之祖”而闻名。到唐时，以研膏茶出现，它是一种不加香料的自然茶。9世纪，武夷茶从研膏转为腊面，而且有飞鹊之饰和加入香料配制成片状茶型，当时已作为高贵的馈赠礼品之用。至宋代武夷茶在研膏、腊面的基础上，又制作蒸青大小龙凤团茶，部分极品随北苑进贡朝廷。当时就有“茶出武夷，其品最佳”的记载。元代大德六年（1302）在武夷山四曲设置御茶园，制龙团五千饼。每年惊蛰，当地县丞要亲临御茶园的“喊山台”祭祀茶神，此时的“石乳”茶是贡茶极品。至明代洪武年间（1392），罢造龙团，改蒸青团茶为炒青绿茶。15世纪末16世纪初，创制小种红茶，到17世纪清代达到全盛时期，扬名四海。由于小种红茶制法繁复，红茶逐渐衰弱，于是武夷山茶农又创制“三红七绿”的青茶，即现在所称的“岩茶”（又称乌龙茶）。到19世纪初，岩茶已发展到盛期。随后，至民国后期，岩茶又一度衰弱。新中国成立后，武夷岩茶生产又有了新的发展，现已创历史的高峰。

得天独厚

武夷岩茶驰名中外，与优异的自然环境是分不开的。武夷山位于北纬27°35′—27°43′，东经117°55′—118°01′。方圆120华里，平均海拔650余米。四周皆溪壑，与外山不相连接，由三十六峰、九十九岩及九曲溪所组成，自成一体。岩峰耸立，秀拔奇伟，群峰连绵，翘首向东，势如万马奔腾，堪为奇观。澄碧清澈的九曲溪，萦绕其间，折为九曲十八湾。山回溪折，真有“曲曲山回转，峰峰水抱流”之貌。而沿溪两岸，群峰倒影，尽收碧波之中，水光山色，交相辉映，实为“碧水丹山”人间仙境。前人题“武夷山水天下奇，三十六峰连逶迤，溪流九曲泻云液，山光倒浸清涟漪”，概括了武夷山的轮廓。名山胜境，陶冶出岩茶的天然灵气。

武夷岩茶区，气候温和，冬暖夏凉，年平均温度在18—18.5度之间；雨量充沛，年雨量2000毫米左右。山峰岩壑之间，有幽涧流泉，山间常年云雾弥漫，年平均相对湿度在80%左右。正如沈涵《谢王适庵惠武夷茶诗》云：“香含玉女峰头露，润滞珠帘洞口云”。茶园大部分在岩壑幽涧之中，四周皆有山峦为屏障，日照较短，更无风害。优越的自然条件孕育出岩茶独特的韵味。

武夷山之地质，属白垩纪武夷层，下部为石英斑岩，中部为砾岩、红砂岩、页岩、凝灰岩及火山砾岩五者相间成层。茶园土壤之成土母岩，绝大部分为火山砾岩、红砂岩及页岩组成。《茶经》称茶山之土“上者生烂石，中者生砾壤，下者生黄土”。武夷茶园土壤系烂石或砾壤。明代徐𤊹《茶考》所述“武夷山中土气宜茶”。适宜的土壤，造就出岩茶的优良内质。碧水丹山，峭峰深壑，高山幽泉，烂石砾壤，迷雾沛雨，早阳多阴，“臻山川精英秀气所钟”，武夷岩茶独享大自然之惠泽，它奉献给人们以独特的“花香岩骨”，使同属自叹不如。

品种特征

武夷岩茶品种很多，品种特征各异，有的较为明显，有的差异甚微。因此区别品种是件不易之事，需要有长期的观察、辨别、比较才能分别清楚。分辨的办法，主要是从茶树的枝、干、叶，成品茶的外形、香型，茶汤味道等方面进行。茶树枝叶等的差别还较易分出，香型上的差异更是靠嗅觉辨之，微乎、微乎！明人张源在《茶录》中说：香有真香、有兰香、有清香、有纯香。表里各一，曰纯香；不生不熟，曰清香；火候停均，曰兰香；雨前神具，曰真香；更有含香、漏香、浮香、问香，此皆不正之香。岩茶首重“岩韵”，讲究“香、清、甘、活”和“喉韵”、“嘴底”、“杯底香”等体味享受。现将几种主要的品种特征大体简介如下：

水仙：其树高大，枝干直立，树高最大者有3米、树冠5米、主干11厘米。叶有三种：叶大者发芽早，稍细长者发芽较迟，叶近圆者发芽最迟。叶最大最长11厘米、宽8厘米；一般的叶长10厘米，宽5厘米。叶面平滑，浓绿有油光，叶脉粗而隐，为8—12对，边缘锯齿较深。开花期早，花多，花朵大，红白色不易结实。成品茶条索肥状，色泽绿褐油润而带宝色，部分叶背呈现沙粒。香浓辛锐、清长，有“兰花之香”。茶汤味浓醇厚，喉韵明显，回甘清爽，汤色浓艳呈橙黄色。耐冲泡，叶底软亮，缘边鲜红，但不耐久贮。

肉桂：树高者达1.6米，冠1米，干粗3厘米。枝条向上伸展略扩张。枝叶颇密，叶厚而脆呈浓绿色，叶片光滑，叶缘内翻成瓦筒状，叶尖较钝，椭圆形，叶脉细而隐。萌芽力强。花甚多，花朵小。成品茶外形紧结，色泽青褐鲜润。香极高锐，有明显的桂皮香味，佳者带乳香，有诱人之感，香气久泡尤存。味鲜滑甘润，汤色橙黄清澈，叶底黄亮，红点鲜明，但不很耐泡。

乌龙：乌龙有大叶（高脚）和小叶（矮脚）之分。大叶者高达2米，冠1.95米，主干多。枝条略弯曲，叶脉细而隐，叶尖钝，叶质厚而脆。开花期迟，结实性弱；小叶乌龙最高者120厘米，枝叶平展。叶浓绿色，平滑不发光，叶形向下弯曲，叶尖圆钝。主脉特别明显。花朵很小，红白色。成品茶外形紧细，色泽墨绿带褐，有较明显的水蜜桃香，香细而长，有幽远之感。微含茶汤，有芬芳馥郁之味冲鼻而出。味极甘润，清快爽适，厚而不浓，活色生香，喉韵清冽。茶水明净，汤色金黄。叶底软亮，红点泛现。

佛手：亦叫“雪梨”，又叫“大白”。树高约1.4米，冠1米。树势略扩张，枝条软，性脆。叶特大，近似蛋形，皱曲不平，像梨树叶。叶片厚，蓝绿色，叶细有油光，主脉粗显，侧脉稍隐细。萌芽力较弱，花朵结果性差或不结果。此种在民初由安溪茶商（芳茂茶庄）自安溪带到武夷。其成品茶外形肥壮粗实曲皱，状似春蚕。色褐绿鲜润，香浓而清，有明显的雪梨香。味极浓厚，较甘润，有梨味。汤色深橙泛红。叶底粗大黄亮，红边鲜艳，叶背有明显沙粒状。

奇种：又名“菜茶”，是武夷山最早的品种之一。其树丛很矮小，枝干较细。是靠种子播种的有性繁育之品种。花盛籽多，可供播种。其成品茶外形紧结匀整，色泽铁青带褐，较油润，有天然花香，香不强烈，细而含蓄，味醇厚甘爽，喉韵明显，汤色橙黄清明，叶底欠匀净，与其他茶拼配，能提高味感。

梅占：树势高大，只略低于水仙。高者可达1.6米，冠1.1米，分枝颇盛。叶厚，成椭圆形，色呈浓绿，深于肉桂，清于铁观音。叶面不平，两缘外展稍朝天，尖端钝圆而略长，锯边呈细浅，却锐坚。花蕊甚多，开花期迟，以十二月中旬花期开最盛。成品茶比较粗紧。茶水金黄色，味浓厚耐泡。香形辛锐，但不够细长。

岩茶之王大红袍

武夷名丛中数大红袍享有最高声誉，名居武夷岩茶“五大名丛”之首，素有“岩茶之王”的美称。

大红袍母树于明末清初发现并采制距今已有350年的历史。数百年来盛名不衰，其传说颇多，广为流传。大红袍母树生长在武夷山天心九龙窠的悬崖峭壁上，两旁岩壁矗立，日照不长，温度适宜，终年有涓涓细泉滋润茶树，由枯叶、苔藓等植物腐烂形成的有机物，肥沃土地，为茶树补充养分，使得大红袍天赋不凡，得天独厚，品质超群。古时采摘大红袍，需焚香礼拜，设坛诵经，使用特制器具，由名茶师制作。解放初期，大红袍在采制期间有驻军看守，制作过程中的每道工序都有专人负责并称重后签字，最后加封由专人送呈当地市人民政府。现在，大红袍母树的管理、采制已由市政府指定交市岩茶总公司茶叶研究所管理、制作。

大红袍的品质优异，独具特色，"岩韵"特显，香气馥郁，回味甘爽，与其他名丛对照冲至九泡尚不脱原茶真味——桂花香。

如今，对大红袍只能观其形，难以品其味的历史已经结束。由无性繁殖的大红袍已批量投放市场，其品质保持原种的优良特性，是武夷山的名牌产品。母树大红袍茶叶，在1998年9月18日第五届武夷岩茶节的拍卖会上，拍出天价，净含量20克的母树大红袍茶叶拍卖价15.68万元，创下了茶叶拍卖史上的奇迹。

（本文作者赵大炎，原崇安县县委书记，本文原载 http：//www.wuyishan.gov.cn。）

武夷茶艺的美学探究

一　碧水丹山孕育武夷名丛

作为世界自然与文化双遗产地的武夷山是我国优秀的旅游城市。这里不仅拥有丰富的自然资源和优越的生态环境，更以"岩岩有茶，非岩不茶"的武夷岩茶闻名中外。自古高山云雾出名茶，武夷岩茶更以其绿叶镶红边的优美形态和清、香、甘、活的独特品质在中国茶叶史上写下"臻山川精英秀气所钟，品具岩骨花香之胜"的光辉诗篇。为了发展民族茶叶精品和弘扬中国茶文化，在政府的严格管理和控制之下，武夷山国家自然风景区、旅游度假区和国家自然保护区的空气环境质量已远超过国家一级标准，绿地覆盖率达90%以上，年平均湿度在80%左右；配合该地区气候温和湿润，雨量充沛，沟谷纵横以及由砾岩、红砂岩、页岩构成的茶园优良土壤的丹山碧水地质地貌孕育出岩茶独特的韵味。

武夷岩茶的种植与培育早在晚唐就已经被美称为"晚甘侯"，取意为甘香浓馥美味无穷。至南宋后武夷岩茶已极为兴盛，以朱熹为代表的众多儒流、羽士、文人墨客荟萃于此，斗茶品茗作文论道，授经讲学，给武夷山留下了许多珍贵的历史和文化遗产。享有“岩茶之王”的大红袍位居五大名丛之首，其母树生长于武夷山天心九龙窠的悬崖峭壁上，这里温度适宜，日照不长，终年有涓涓细泉滋润着茶树，加之岩石与植物有机物的护养使其品质优异名扬四海。大红袍茶叶色乌黑，焙透火功，香气高、厚，汤色由橙黄到橙红，经久耐泡直至九泡有余香，回味甘爽，岩韵显著。经过几代茶人的不懈努力，积极推进无性繁殖和不断改进制作工艺，铁罗汉、白鸡冠、水金龟、半天腰和大红袍共同被誉为“五大名丛”，在国内外市场上备受青睐。

二　武夷茶艺的美学范畴和审美理念

茶艺是中华民族的瑰宝，她是以中华民族五千年灿烂文化内涵为底蕴的。从茶文化科学的角度看茶艺实则是一门陶冶情操提升人的生活品位并与书法、文学、绘画、陶艺、插花、音乐、园林等相关的博大精深的艺术。广义的茶艺是指：研究茶叶的生产、制造、经营、饮用的方法和探讨茶叶原理，以达到物质和精神享受的学问；狭义的茶艺是指：研究如何泡好一壶茶和如何享受一杯茶的艺术。因此凡是有关茶叶产、制、销、用等一系列的过程，都属于茶艺的范畴。茶艺美学则是探讨制作和品饮茶的技巧、礼法、茶道的审美意境的科学，是茶艺科学和美学的综合。随着社会的不断进步发展，茶艺已涉及众多科学领域，并逐渐衍生为现代高品质健康生活的艺术象征。武夷茶艺在升华为武夷茶文化的过程中吸收了儒释道三家的思想精华，成为体悟人生意义和感受自然美好的精神享受。

1. “智者乐水，仁者乐山”

茶艺美学的形成和发展受到了古典美学理论的影响和哺育，在长期的茶事实践中形成了自己的特色。例如儒家推崇仁、义、礼、智、信，讲求自我修养，慎独自重，孔子提出“智者乐水，仁者乐山”儒家审美的“比德”理论。它建立了中国古典美学的基础，始终指导着茶人的审美实践，从品茶环境、器具、茶艺技法、鉴水、用火到品味、品韵、得道、茶人无处不体现文雅、平和、清廉的传统美德。宋代大文豪苏轼把茶比为容貌如铁、资质刚劲、风味恬淡、清白高洁，敢于赴汤蹈火的仁人志士叶嘉，赋予了茶叶君子的品德。理学家朱熹在解释这一理念时进一步说明了审美主体在审美过程中偏爱与自己品德和人格相通的事物和现象。朱熹更是把武夷岩茶比作“中庸之为德”赋予了岩茶中庸之道的深层次含义，也可以理解为“保合太和”，既无不过又无不及。岩茶茶道的核心就在于“和”，这是儒释道三教共通的哲学思想。首先茶性阴寒，而宜植于阳坡，并以乔木遮蔽强光，阴阳互补；其次茶树生于酸土而其质为碱，酸碱平和；最后茶味苦涩而回甘，这正是其“美”之所在。一切恰到好处，一切都要达到“和”的标准，这是儒家重视的中庸之美。就好像我们制作、冲泡武夷岩茶要把握好六个度一样：采青时要注意茶芽，既不能太老也不能太嫩；茶叶发酵程度也不能太过或不及；烘焙时要控制火候不可太高或太低；泡茶时动作力度太强或太弱；动作速度不可太快或太慢；动作幅度也不能太大或太小。因此，耐心、细心、用心成了冲泡乌龙茶的基本要求。

2. 道法自然保合太和

道家的学说则为茶道注入了“天人合一”的哲学思想，树立了茶道的灵魂。中国茶道吸收了道家的思想，把自然的万物都看成能与人进行精神上的相互沟通的生命体，赋予自然界万物人格化、人性化的深刻内涵。武夷茶艺中的“叶嘉酬宾”、“母子相哺”、“君子之交”、“龙凤呈祥”这几道程序则把品茗者由单纯的品茶带入一个充满亲情、友情和爱情的温馨境界中。一杯茶品出了人情，这正是道家思想将自然人化的结果。武夷茶艺第九道程序引用了题在武夷云窝路口明朝万历年间“重洗仙颜”摩崖石刻，这处摩崖石刻蕴涵了道家推崇者要使道家文化（仙颜）在道教名山重新显现出来的深刻意义。质朴温厚的茶壶在注水加盖后再被开水徐徐浇淋壶身，好似一神仙老翁悠然吐露着古老而美丽的传说。“重洗仙颜”更形象地把茶壶拟人化，情与景便自然地交融在品茶活动中，把品茗者带入一个高雅而神奇的境界。此外，茶艺美学表现形式的一个基本法则“道法自然”源于老子的《道德经》，老子倡导的回归自然本性的哲学思想在茶艺美学中表现为追求自然美的渴望，只有自然的东西才淡然无极、朴素无华，才是真的美，并包含了物质、行为、精神三个层次。物质方面，在种茶、采茶、制茶时必须顺应大自然的规律才能产出好茶；行为方面，在茶事活动中，一切要以自然为美，朴实为美，动则行云流水，静如山岳磐石；精神方面表现为茶人的身心得到完全解放，心境达到清静、恬淡、寂寞、无为，使自己的心灵随茶香弥漫，仿佛与自然融合，感受心灵深处的宁静，升华到“无我”的境界。

3. 禅茶一味平常是道

武夷山佛教的历史可追溯到唐代，现有瑞岩寺、天心永乐禅寺、莲花寺等寺庙为武夷山佛教文化交流之地。佛教强调“禅茶一味”以茶助禅，以茶礼佛，在从茶中体味苦寂的同时，也在茶道中注入佛理禅机，这对茶人修身养性借以达到明心见性的目的是有好处的。佛经中的总纲“四谛”以苦为首，茶性也苦，苦后回甘，从苦中有甘的特性中，佛家可以产生多种联想，可以帮助修习佛法的人在品茗时，品味人生，参破“苦谛”。佛教还在茶道中融进“清静”思想，茶人希望通过饮茶把自己与山水、自然融为一体，僧侣们在饮茶中得到精神寄托也是一种悟，佛与茶便连接起来。武夷山佛寺举办的茶宴上，要谈佛经与茶道，并赋诗，把佛教清规、饮茶谈经与佛学哲理、人生观念都融为一体，开辟了茶文化的新途径。

武夷山充分利用并吸收着中华文化的博大精深，最终形成了独特的武夷茶文化。结合以上茶艺美学的审美理念，武夷山茶人在提高武夷岩茶冲泡技艺的同时也在反复地实践研习中总结了几套完整又充满高雅艺术风格的武夷茶艺十八道表演程序。比如程序技法要体现对称和不均齐的平衡美，用天然材料雕刻的图案是不均齐的美，而茶桌上摆放精巧的茶杯和茶壶则表现出对称和谐的美，这些美的表现手法的结合便使得茶艺表演变化无穷引人遐想，合乎自然规律。又如背景音乐解说词与表演动作体现了个体与整体的照应美。除此还有操作程序编排的反复美增进了茶艺的整体美感；解说词语音的高低、轻重、缓急，动作的连续、间断、反复等变化又着重表现了富有音乐色彩的节奏美；朴素儒雅的俭约美，紫砂茶具与绿叶红边的对比调和美，清雅幽玄的意境美，多样统一的整体美等各种审美表现的成熟和发展都将武夷岩茶由单一的品茶鉴赏提升到了回归自然、净化心灵、感悟人生的综合审美境界。

三 武夷茶艺审美鉴赏

武夷山人不但擅长种茶制茶而且精于品茶，在继承古人煮茶、斗茶、鉴茶的基础上，把品茶和观景、赏艺融为一体，整理总结出武夷茶艺表演程序，极大地丰富了武夷茶文化的内涵。就品饮武夷岩茶而言讲究环境、心境、茶具、水质、冲泡技巧和品尝艺术。然而在这些审美要素中，茶由人制、境由人创、水由人鉴、茶具器皿由人选择组合、茶艺程序由人编排演示，因此人是茶艺最根本的要素，同时也是最美的要素。

1. 茶人有德

茶有德，饮茶人有茶德。现代茶叶专家庄晚芳教授把中国茶德概括为：廉、美、和、敬，而且他提出，要通过饮茶方式，对人们进行礼法教育和道德修养教育。从茶艺审美的主体茶艺表演者看，她不仅仅是在为宾客冲泡一壶清香甘美的岩茶，更是美的创造者。表演者在冲泡茶叶的同时，通过其规范、自然、优美的站姿、坐姿、步态和简洁素雅的服饰美，亲切文明的语言、手势、表情等仪容仪表美展示出彬彬有礼、热情大方的茶人礼仪，让品茗者感受到了茶人的文明高雅。然而心灵美才是其他美的真正依托，是人的思想、意志、情操和行为美的综合体现，是茶人追求的深层次的审美境界，只有心灵美与仪表美、语言美、神韵美等外在美相和谐才能造就完整的，打动人心的美，这就是真善美。

2. 岩茶本色

我们在茶艺中欣赏茶之美，其实是欣赏茶的名、形、色、香、味及韵之美。武夷岩茶品种繁多，名丛、花名就有近千个之多，其中有不少都是根据其生长环境和品质特征来命名的。如：孔雀尾、东篱菊、素心兰、金观音、绿牡丹、老君眉、绣花针、玉美人等等，单听这些美妙的茶名就已经引导品茗者进入听觉的联想空间了。而且很多茶名还有不少美丽动人的传说，这些传说和武夷山如诗画般的秀丽风景共同培育着一代代优秀名茶，营造了一个仙境品茗的艺术氛围。在武夷茶艺表演中有一道程序是“孔雀开屏，鉴赏佳茗”，其实就是对茶叶外形美的鉴赏。优良成品的岩茶在外形上必须达到条索长短适中、紧致稍细，力求纯净，整齐美观。视觉和听觉的统一美感才能激发心理共鸣的审美效果。鉴赏茶色之美更是茶艺审美中的关键环节之一。茶色之美主要是指干茶茶色、叶底颜色和茶汤的汤色之美。武夷岩茶茶艺中的茶色鉴赏又主要指的是茶汤是否呈清澈鲜丽的橙黄色，且冲泡至第三第四次水色仍不变淡者为贵。为了鉴赏茶的汤色，评茶师们用内壁洁白的素瓷杯或晶莹剔透的玻璃杯盛茶汤，在光的折射作用下，杯中茶汤的底层、中层和表面会变幻出三种不同颜色的光环，很耐观赏。茶人们把色泽艳丽醉人的茶汤比作“流霞”，把色泽清淡的茶汤比作“玉乳”，把色彩变幻莫测的茶汤比作“烟”，这就更加强化了茶色之美的视觉联想和享受。茶艺审美的另一关键环节就是茶香之美。茶香清幽淡雅，高爽持久，变化无穷，是茶的灵魂也是最受茶人赞赏之处。范仲淹称赞岩茶香为“斗茶香兮薄兰芷”，给予岩茶王者之香的美誉。一般茶人们要通过三闻来鉴赏茶香。一闻干茶的香气，二闻开泡后充分显示出来的茶的本香，三闻茶香的持久性。随着温度的变化，茶叶中香气的不同成分在高温、中温和低温下都可挥发，所以闻茶香既要热闻、温闻又要冷闻，只有这样才能全面的感受到茶香之美。武夷茶艺表演中的第十五道程序“喜闻幽香”就是用闻香杯慢慢地细闻杯底留香。由于武夷岩茶是半发酵茶，故须具有绿茶之清香和红茶之熟气，且香气愈强愈佳，清新幽远者为上品，缺此不能称为佳品。除了茶色、茶香之外，茶味之美也是茶艺审美的又一重要之处，如同人生有百味一样，茶亦有百味，主要是苦、涩、甘、鲜、活。鉴别岩茶品质几乎全部取决于气味的香淳和韵味之淡厚。武夷岩茶色、香、味俱佳，所以品饮时，必须先闻其香，再观其色，后尝其味。武夷岩茶之佳品，入口后须有一股浓厚芬芳气味，入口过喉均感润滑活性，初虽有茶素之苦涩，过后则渐渐生津，甘甜可口。品到了岩茶清醇甘爽的滋味，闻到了齿颊悠远的高香就品味到了独具神韵的岩骨花香即岩韵。

3. 灵秀山泉

早在唐代，茶圣陆羽就对宜茶用水做了明确规定：“其水用山水上，江水中，井水下。”最早提出美水标准的宋徽宗赵佶在《大观茶论》中写道：“水以清、轻、甘、冽为美。”水质的优劣直接影响佳茗的色香味的散发，俗话说名水沏名茶，更添一层佳。武夷山九曲溪水流清澈，水源充沛，水质达国家地面水Ⅰ类标准，景区内的虎啸岩“语儿泉”、桃源洞“金砖泉”、御茶园“呼来泉”、天柱峰“三敲泉”、仙掌峰“碧高泉”均为武夷品茗之名泉，这些名泉历来以清、轻、甘、冽、活著称，备受茶人青睐。水质清无杂质透明才能体现茶的本色，这也符合视觉美的标准。水体轻则矿物含量适中，否则会影响茶汤的味道。水味甘能使茶汤入口后顿感甜爽，回味悠远。水温冽因出于地层深处则污染少，泡出的茶汤滋味才纯正。水源活冲出的茶水才自然纯净，氧气含量高，有利于茶叶中的香气充分释放，口感新鲜清爽。武夷茶艺第三道程序“活煮山泉”明确说明了用旺火烧到“涌泉连珠”时是冲泡岩茶最佳温度。武夷岩茶能名扬四海不仅依靠名丛的优异品质，更应归功于滋润武夷山秀山灵草的山泉。

4. 紫砂赏艺

茶艺审美的另一审美对象茶具和武夷岩茶共同构成了武夷茶艺的鲜明特色。茶艺中的茶器已非一般的盛茶的器皿，它已融入了审美要求，成为独立的审美对象。首先，茶器对茶汤有补色作用。宋人兴斗茶风习，要求茶色洁白，所以武夷山遇林亭窑址出土的茶具大多为黑釉盏。其次，茶具的精巧神韵，取材自然，形式活泼多样备受茶人喜爱，尤其是宜兴制造的紫砂壶最具美学鉴赏价值。紫砂壶易于塑造，颜色古雅，质朴纯厚，体现了中国传统文化和民族艺术的精髓，折射出古典美学崇尚自然的艺术灵光。鉴赏时应注意以下五个方面：一是看壶的嘴、把、体三个部分是否均衡，壶嘴、壶把、壶口应成一个平面。二看壶的形态应流露出艺术感染力，充满神韵和生命力，给人以美的视觉享受。三看泥质，其色泽温润、光华凝重，亲切悦目者为佳，并能发出清脆悦耳的金属声则为上品。长期把玩欣赏冲泡茶水后越发光亮，充满灵气。四看实用性能，手感应舒适，出水流畅，壶嘴不滴漏。最后看装饰题款。含义隽永书画精深的题刻更增添了紫砂壶的儒雅韵味。冲泡乌龙茶最好选用紫砂壶才有助于茶香的散发，因为它耐高温，透气性能好，泡茶不失原味。武夷茶艺表演中“孟臣沐霖”、“若琛出浴”就是通过用开水浇淋茶壶表面，并将茶杯从茶洗中取出而形象生动地展现出紫砂壶具有的艺术鉴赏价值。

5. 情境交融

自古以来民间饮茶将插花、挂画、点茶、焚香并称为四艺，意在营造质朴优雅的古典审美意境；武夷茶艺的一大特色就是品茗环境幽雅。三三九曲溪水，六六三十六山峰，九十九岩，七十二洞，如诗如画的山水风光引发了茶人对自然的热爱和对人生的感慨。在这种环境中品武夷岩茶，茶人最能与自然界展开精神上的沟通，内心与外界环境交融，使尘心洗涤，达到精神升华。无论是茶观，还是御茶园、茶科所、天心永乐禅寺、九曲溪边的“研易台”、“庞公吃茶处”以及“茶王”大红袍原产地九龙窠，在这群山环抱、鸟啼蜂鸣、溪水淙淙的自然清新的环境中品茗才能真正体味到环境、艺境、心境、人境的和谐美，才能心旷神怡；游人伴着古筝、琵琶这类古典乐器悠扬的乐声，坐在素雅的厅堂或散步到户外小亭、竹林中品饮岩茶，一种浪漫温馨、格调高雅的环境氛围激发了品饮者对茶艺审美的共鸣，和发自心底的感动。所以很多茶艺馆经营得道的一个重要宝典就是要努力营造与茶艺审美理念一致的环境氛围，力求表达真善美的深刻含义以体现文化品位，顺应时代需求。

总之，武夷茶艺之美，美在一种浓浓的艺术氛围，美在茶人丰富的哲学思想和智慧的光辉，美由心生。它使人对茶的享受由生理延伸到心理，以美求真、求和，达到乐趣无穷的美好境界。

（作者马小玲，武夷学院（筹）旅游系教师，本文原载《南平师专学报》2005年第4期。）

参考文献：

1. 黄贤庚：《武夷文化之·佳茗飘香》，福建人民出版社1993年版。

2. 郑春英：《茶艺概论》，高等教育出版社2001年版。

3. 林治：《中国茶艺集锦》，中国人口出版社2004年版。

（八）武夷艺术研究

朱熹音乐著述文化背景之探究

朱熹（1130—1200）是我国历史上的著名哲学家、思想家。作为中国后期封建社会最有影响的大儒，朱熹上承洙泗，重视“乐教”传统，对音乐发表了诸多精辟见解，散见于大量著述之中。近年来，随着朱子学日益成为一门显学，朱子论“乐”也开始引起音乐学界的关注。作为一个特定的文化事项，朱熹的音乐著述从其产生伊始，即与其所处时代的社会特征和主流价值观息息相关。为了更深入地研究其音乐著述，洞察蕴藏于其中的深层次内涵，本文拟从学术思潮和音乐文化二个层次分四个方面对形成朱熹音乐著述的文化背景加以探究。

一　新儒学的兴起

1. 疑古惑经风气的影响

“经”是儒家经典著作，一度被汉儒奉为统治之龟鉴，学术之圭臬，神圣不可侵犯。宋初，新儒学崛起，疑古惑经之风大盛，范围遍及诸经，自北宋初期到南宋末年，参与者多达一百三十人，各门经学的学者纷纷卷入，形成全社会规模的学术运动。一代疑古惑经思想对朱熹的音乐著述产生了深远的影响。他本来也信奉旧说，赞同古文诗学“上以风化下，下以风刺上；雅者正也，言王政之所由废兴也；颂者美盛德之形容，以其成功告于神明者也”的观点。直至淳熙四年（1177）撰写《诗集传》初稿出时，还是没有跳出传统说法的窠臼，但没过五年，他的观点发生了很大的变化。

首先是抛弃传统的美刺说。孔子曾在论语中说过“《诗》三百，一言以蔽之，曰：‘思无邪’”。这句话可难住了后世的经学家，他们千方百计地掩盖《国风》中存在大量情歌的事实，认为圣人作诗，每篇都有深意，连《郑风》中的情歌在他们的笔下都成了政治讽刺诗。朱熹挖苦坚守《诗》序旧说的人说：“今必曰三百篇者皆祭祀朝聘之所用，则未知《桑中》、《溱洧》之属，当以荐何等之鬼神，接何等之宾客耶?”这对长达千年的“思无邪”诗教无异于是当头一棒。

其次是强调声歌观点。他认为“凡诗之所谓风者，多出于里巷歌谣之作，所谓男女相与咏歌，各尽其情是也”（《诗集传序》，四库全书本）；雅是正乐之歌，“其篇本有大小之殊，以今考之，正小雅，燕享之乐也。正大雅，会朝之乐，受厘陈戒之辞也”（《诗集传》卷九，四库全书本），颂则是宗庙之乐歌。这种还《诗》以乐歌本来面目的做法，无疑要高出旧时腐儒许多。

再次是分辨雅郑之别。朱熹否定了关于诗三百篇篇皆雅的传统说法，认为《郑风》和《卫风》就是遭斥的“郑卫之音”，其中既有描绘男欢女爱的“淫奔之诗”，也有“意思好的”（如《出其东门》、《女曰鸡鸣》），读了令人手舞足蹈（《朱子语类》卷八十，中华书局1994年3月点校本，下同）。他还进一步指出《郑风》和《卫风》不同的特点，“卫犹为男悦女之词，而郑皆为女惑男之语”。

虽然从现代研究者的角度来看，朱熹的观点并不一定全对，但这在八百多年前却是一个了不起的学术成果。一方面固然是朱熹本人的才识使然，另一方面社会文化背景的因素亦不可忽略。设想倘若朱熹生活于思想禁锢森严的社会里，纵使他鼓足勇气来疑古疑经，发表以上异说，充其量也不过是死水微澜而已，我们今天也看不到其如此精彩的音乐著述了。

2. 自由议论风气的影响

宋廷实行“强干弱枝”的政治策略，成功地避免了地方割据势力的“问鼎之忧”，但宰相权力过重，又有发展成“指鹿之患”的新危险。因此，为了巩固皇权，宋代统治者大开自由议论之风气，许风闻言事，“百年未尝诛杀大臣”。即使是像宋徽宗这样昏庸的皇帝也不杀害谏官，他虽然被魏汉津阿谀奉承得飘飘欲仙，荒唐地以为自己三个手指连接起来的长度真的可以作为黄钟律管的标准长度。（《宋史》卷一二八，中华书局1977年点校本，下同）但当大臣执意反对，刘昺背地里另行一套，“但以其前议为度”，将当时教坊律的黄钟作为夹钟，推算出民间的黄钟音高标准作为大晟律后，他也就睁一只眼闭一只眼，不去详细追究当事人的责任了。（《宋史》卷一二八）这和因一句“清风不识字，何故乱翻书”即招来灭门之祸的清代形成了何其鲜明的反差!

过去由于种种原因，曾有过一种误解，以为朱熹只会啜吮儒学经典的残羹冷炙，在学术上缺乏新意。实际上，只要是仔细地加以研究，就会发现朱熹是将解经纳入自己理学体系的范畴，借儒家经典来阐发自己的学说，于平实中见新意。如朱熹晚年撰写的《仪礼经传通解》一书，从表面上看似乎只是对《仪礼》一书的注解，实际上却包含了许多经世致用的阐发：在第七卷《乡饮酒礼第十二》中对仪式中音乐的运用场合、奏唱的乐曲、“礼”和“乐”的配合等都有详细的描述；第十三卷《钟律第二十二》则是对中国古代乐律的一个研究，不仅将郑玄《仪礼注》和司马迁《史记·律书》中十二律吕生律方法的异同列表作了比较，还提出了自己的计算方法；第十四卷《诗乐第二十四》更表现出朱熹在音乐上卓尔不群的眼光。北宋胡瑗曾在湖州讲学授徒，从《诗经》中选择数十篇配上埙、籥伴奏，教学生们歌唱。此后，儒生骚客常常挑选一些自认为是古代雅乐正声的《诗》乐进行演唱，赵彦肃的唐开元《风雅十二诗谱》正是在这种风气下流传开来。对此，杨荫浏先生在《中国古代音乐史稿》中指出它绝非周代民歌的音乐，是不折不扣的假古董。黄翔鹏先生也在

《传统是一条河流》一书中提及它在宫调上就露出了马脚。事实上，生活在八百多年前的朱熹就已经清醒地意识到这些并不是所谓真正的古乐。他虽然主张从声歌的角度来研究遗留下来的《诗经》文本，但却不主张这种以时乐配古诗的作法，“今《关雎》、《鹿鸣》等诗，亦有人播之歌曲，然听之与俗乐无异”；“乐律中所载《十二诗谱》，乃赵子敬所传，云是唐开元间乡饮酒所歌也。但却以黄钟清为宫，此便非古”（《朱子语类》卷九十二）。因此，他既如实地记录了这些诗谱，使我们后人得到了一份珍贵的宋代歌曲曲谱的同时，又从音乐本体的角度做了中肯的批评。

二 音乐文化的转型

1. 宫廷音乐的式微

这一点可以从两宋间宫廷音乐管理机构和人员的变动中得到清楚的证明。北宋初年因袭唐制设立了名目繁多、种类细致的官僚机构来管理宫廷音乐活动。最高管理机构为太常寺，下辖太乐署和鼓吹署，并具有相当规模，如宋真宗在位期间（998—1022），仅太乐署就有大小官吏和乐工340余人。另设教坊，隶宣徽院，置教坊使一人，教坊副使二人，属官有都色长、色长、高班都知、都知等。元丰改制后，宣徽院废，教坊改属太常寺。这些机构在北宋宫廷音乐活动中发挥了重要的组织和管理作用，举办了不少颇具规模的音乐活动，如每年春、秋、圣节三大宴，宴会程序达十九道之多，表演《倾杯乐》、歌诗、百戏、杂剧、蹴踘、鼓曲、法曲等，场面十分庞大。为了达到这样的排场，表演的人数动辄数十人，甚至上百人。单单女弟子队就153人，分菩萨蛮队、感化乐队、佳人剪牡丹队、拂霓裳队、采莲队、凤迎乐队、菩萨献香花队、彩云仙队、打球乐队（《宋史》卷一四二乐志），真可谓是花团锦簇，令人应接不暇。

但这一切随着金兵挥师南下，并于靖康二年（1127）攻陷汴京，掳徽钦二帝北去后全部化为泡影。偏安一隅的南宋朝廷被金国咄咄逼人的进攻和屈辱和约的巨额负担压得喘不过气来。教坊被废置，原先的乐工被遣散。后虽曾于绍兴十四年（1144）复置，但短短二十年后再次被废。宫廷举行宴乐活动，都由修内司教乐所召集旧时乐工、小孩子和民间艺人，临时操练后表演一下。太乐局的命运稍好一点，但也面临乐器的短缺、乐工的匮乏、乐舞资料的遗失等问题，这种尴尬的境地和北宋时的繁荣形成鲜明的对比。

生活在多事之秋的朱熹目睹了大好河山的破碎，皇帝的昏庸无能和大小官吏的沆瀣一气。终其一生，朱熹在边防军事上坚守“夷夏之防”，力主用兵抗金，反对议和；在政治上赞成广开门路，吸纳人才，恢复吏治；在文化上力主用儒家的礼乐来治国平天下。这就使得他相当关心作为礼乐代表的宫廷雅乐的建设，最突出的是关于定律的问题。翻开历代乐书、律志，我们会发现历代关于雅乐争论最多的几乎都是音高标准的问题，宋代亦不例外。据杨荫浏《中国古代音乐史稿》，自北宋初年（960）至崇宁三年（1104），宋代的雅乐黄钟律的音高标准曾有六次改变。（具体改变情形可参见《史稿》第386页，兹从略）

针对这六次调律，朱熹既批评王朴不知变律之法，嘲笑魏汉津的无耻无知（《朱文公文集》卷七六），又认为范镇、胡瑗、阮逸、李照等人空争辩一场，其实都理会不得。他很推崇唐代杜佑的《通典·乐典》，主张恢复古时的律高，还原古乐“和”的本来面目。

这一点在他为蔡元定《律吕新书》所作的序中（《朱文公文集》卷七二）说得尤为明显：

> 古乐之亡久矣。然秦汉之间，去周未远，其器与声犹有存者。故其为法，犹未容有异论也。逮于东汉之末，以接西晋之初，则已浸多说矣。历魏周齐隋唐五季，论者愈多，而法愈不定。爰及我朝，建隆皇祐元丰之间，盖亦三致意焉。而和胡、阮、李、范、马、刘、杨诸贤之议，终不能以相一也。丁未南狩，今六十年，逐无复以钟律为意者。吾友蔡君元定季通著书两卷，其言虽多出于近世之所未讲，而实无一字不本于古人已试之成法。若黄钟围径之数，则汉斛之积分可考。寸以九分为法，则淮南太史小司马之说可推。五声二变之数，变律半声之例，则杜氏之通典具焉。变宫变徵之不得为调，则孔氏之礼疏因亦可见。至于先求声气之元，而因律以生尺，则尤所谓卓然者，而亦斑斑杂见于两汉之志，蔡邕之说，与夫国朝会要以及程子张子之言。抑季通之为此书，词约理明，初非难读。而读之者往往未及始篇，辄已欠欠伸思睡。独以予之顽钝不敏，乃能熟复数过。季通故属予以序引，而予不得辞焉。

在宫廷音乐摇摇欲坠的情况下，统治者极力扶持雅乐，这不能不给朱熹的音乐著述产生一定的影响，使之带上复古主义和神秘主义的色彩。

2. 民间音乐的勃兴

和宫廷音乐衰落形成鲜明对比的民间音乐的繁荣，这里既指当时城市中的文艺娱乐活动，又包括农村里的文艺演出活动。北宋初年，随着商品经济的发展，城市的规模不断扩大，不仅原有的坊、市分区的格局被打破，就连坊与坊之间的墙壁也拆除了。城市的物质生活和精神生活呈现出焕然一新的面貌。以都市汴京（今河南开封）为例，商店林立，集市营业通宵达旦，市场上有来自各地的粮食、水产、牛羊、果品、酒、茶、纸、瓷器、药材等，还有来自国外的墨料、香料、折扇等。在工商业与农业分离日益明显的趋势下，城市人口急剧增加。天禧三年（1019），宋廷派出官员，首先从洛阳开始均定“坊郭居民等”（《宋会要辑稿》食货六七），以后逐渐推广到各地。将城市户口单独定等列户，从量的积累上说明了市民人数的增加，从质的规定性上说明了市民阶层的存在。

为了满足商贾市民的文化生活需求，各种文娱活动应运而生，其中两个特点尤值得注意：

一是固定演出场所（瓦舍勾栏）的出现。所谓瓦舍者，“谓其来时瓦合，去时瓦解之义，易聚易散也”（吴自牧《梦粱录》卷十九瓦舍条）。所谓勾栏者，指瓦舍中由不同专业的艺人，又用栏杆等物组成一些小的演出场所。宋徽宗在位时期汴梁的瓦舍勾栏里，可以看到多种伎艺的表演，有小唱、嘌唱、杖头傀儡、悬丝傀儡、药发傀儡、杂手技、球杖踢弄、讲史、小说、散文、舞旋、小儿相扑、杂剧、弄乔影戏、弄虫蚁、诸宫调、说浑话等等。（孟元老《东京梦华录》）南宋临安北瓦中，又增加了说经、覆射、使棒作场、打硬、教飞禽、装鬼神、舞番乐、水傀儡、唱赚、散耍、学乡谈等等。（《西湖老人繁胜录》）关于两宋时期瓦舍勾栏表演的盛况，时人孟元老《东京梦华录》、吴自牧《梦粱录》、灌圃耐得翁《都城记胜》、周密《武林旧事》等书均有详细描绘。中国商业出版社于1982年3月将这四部著作合集出版，使用颇为方便，读者可自行参看。

二是民间艺人地位的变化。随着宫廷音乐的衰微，出现了宫廷乐工向民间流动的趋势。据陈旸《乐书》，宋代州、府一级的地方政府设有衙前乐营，简称衙前乐。衙前乐工同其他民间工匠一样，在官府注籍。平时在瓦舍勾栏演出，官府有需要时，则是服役性质的工作。绍兴三十一年（1161），教坊被废后，大量的教坊乐工被拨充到"临安府衙前乐"（《宋史》卷一四二，乐志）。另一方面，由于宫廷宴享活动缺少乐工，又常把民间艺人召入宫中演出，除衙前乐工外，还有走街串巷的"路岐人"。这种风气在南宋时期愈演愈烈，以至于在孝宗乾道、淳熙年间（1165—1189），教坊乐部15种乐工中，民间艺人占了绝大多数。

通过以上的分析，我们可以看出固定演出场所的出现为民间音乐提供了广阔的舞台空间，艺人成分地位的变化为民间音乐的发展注入新鲜的血液。在朱熹的生长地福建，民间戏曲的表演当时已经具有相当的规模。据稍晚的诗人刘克庄诗词记载，莆田民间的戏风十分兴盛，戏曲演出的地点多样，有庙宇戏台、广场戏棚、临时搭台；演出的剧目内容丰富，有历史故事、神话故事、传奇故事；演出的场面红火，"空巷无人尽出嬉"；演出的艺术效果感人，"邻翁看罢感牵丝"（《后村先生大全集》卷二十一）。民间音乐繁荣的文化背景在朱熹音乐著述中也投下了它的踪迹。但由于朱熹曾提出"明天理，灭人欲"的著名理欲观命题，容易使人认为朱熹只可能钟情于宫廷雅乐，或者根据朱熹知漳州政事任上发布的"禁戏"条款断言朱熹反对和否定民间音乐。对此，笔者另有专文加以辨析，此不赘述。事实上，朱熹不仅从小生活在民间音乐的熏陶中，幼时曾向深村乡老了解唐代俗舞的跳法和谱子。（《朱子语卷》卷九十二）即使成为理学党魁之后，他也不简单地反对和否定民间俗乐。笔者在系统整理朱熹的音乐著述中，曾发现若干有趣的材料，兹引录朱熹和他的学生胡泳之间的一段谈话如下：胡泳问："今俗妓乐是否不能用?"朱熹答："今州县都用，我们自家如何不用得？亦在人斟酌。"（《朱子语卷》卷九十二）

三 结语

朱熹的音乐著述作为其著述的有机组成部分，既直接地反映出他对客观世界的思考，带有个人的特殊性，又间接地折射出他所处时代的主流精神，体现群体的普遍性。当我们对其所处时代的文化背景进行深入探究后，我们就可以从中归纳出朱熹音乐著述的特点：既勇于创新而又带有复古守旧的残余；既重视雅乐而又不排斥俗乐。

（作者郑俊晖，福建师范大学音乐学院2004级博士研究生；
本文原载《福建师范大学学报》哲学社会科学版2005年第4期。）

参考文献：

叶国良：《宋代疑经改经考》，台北：台湾大学中研所，1978年论文。

方从义与武夷山水

在著名的世界双遗产地武夷山游山玩水，最精典的莫过于在九曲溪上乘坐竹筏，顺流而下，纵览千岩万壑。中国历代画家寻胜或卜居武夷，应该都不会缺少这一主题内容的，只不过昔日“放棹”而今日乘筏。中国古代在绘画上多有直接再现或表现武夷山水的佳作，而定名《武夷放棹图》且流传至今的是元末明初[①]的著名画家方从义。在许多古今撰著的中国绘画史书中，《武夷放棹图》被认为是方从义的传世代表作之一。该图现藏于北京故宫博物院。

毫无疑议，根据此图，可初步推断方从义曾游历武夷山水。而从清董天工《武夷山志》记载的明人蓝智所作《题程芳远所得方壶写大王峰图》诗文一首中，[②]可进一步确证方从义不仅曾寻胜武夷，而且还与元代著名的全真教领袖人物金蓬头隐居在武夷山间有相当长的一段时期。因此，《武夷放棹图》只是方从义写武夷山水中为人所知并得以传世的作品，他还有《大王峰图》等其他表现了武夷山水的画作，此则为后人鲜知。

明人蓝智，生卒不祥，字明之，崇安县将村（今武夷山市星村镇）人，明初著名诗人。其“举明经，明洪武（1368—1398）年间，因荐授广西按察司佥事，以清介著”。蓝智著有《蓝涧集》六卷，明《永乐大典》和清《四库全书》收入此集。其兄蓝仁，字静之，世居武夷蓝原。“蓝原”为一地名，俗名蓝家村，在武夷九曲溪之一曲中的溪南，今属武夷山市星村镇区。蓝仁曾向元末曾为画家、享有诗名、辞官隐居武夷的著名文人杜本学习诗法，肆力学古，并以诗名世。郑振铎曾赞其诗“似在十才子（按指明初‘闽中诗派’）之上”。蓝仁曾开办武夷书院，明洪武初年（1368）应征辟为书院山长，著有《蓝山集》[③]。蓝仁世居崇安境内，对武夷山的故实历史十分熟知，因而蓝智从兄长处知晓金蓬头和方从义在武夷山的行迹应是没有问题的。

明人蓝智《题程芳远所得方壶写大王峰图》全诗如下：

魏王炼丹武夷顶，石洞千年松桧冷。
凭虚楼阁散虹光，积翠峰峦荡云影。
狂歌披发有金公，曾共方壶隐此中。
半夜神龙问丹诀，西风一鹤度辽东。
方壶爱山不得住，两入仙岩种琪树。
寻常一笔扫云烟，三十六峰在庭户。

鹅湖之水春茫茫，梅林独客人还乡。
壶中点染出小米，溪上嵯峨怀大王。
我昔曾陪幔亭宴，别来岁月如飞电。
王母青鸾夜不旧，神君白马秋难见。
金蟾谷口久相期，锁笛岩前漫一吹。
锦浪芙蓉晴滉漾，翠屏茅屋晚参差。
洞门铁锁苍苔静，芝草琅玕满幽径。
黄金大药鼎烟微，白木长镵山雪盛。
更约幽人把钓过，扁舟白发弄清波。
刘郎载酒题春雨，九曲桃花日暮多。

程芳远，失考。方从义，生卒年不祥，字无隅，号方壶，又号不芒道人、鬼谷山人、金门羽客等，贵溪（今属江西省）人。方从义“早弃尘事”[④]，跟随著名的全真教领袖金志阳号野庵，因素不栉发，人呼为金蓬头，永嘉（今浙江温州）人，一说将乐（今福建将乐）人，在江西龙虎圣井山修道。江西龙虎山与闽赣边界的武夷山以白塔河牵连而遥遥相望，两山均为道教名山。宋代的闽北，道教鼎盛，至元不衰，而武夷山更以道士众多、宫观无数堪称“名山巨构”。南宋时期，被称为“道教南宗正统，丹鼎派中最杰出之才”[⑤]的全真教南宗五祖之一的白玉蟾［（1131—？一作 1194—1229）南宋道士、著名画家。本姓葛，名长庚，字如晦，一字白叟，闽清（今福建省闽清县）人。宁宗嘉宁（1208—1224）中征诏，馆太乙宫，封紫清明道真人］曾长期在武夷山修炼传道，并重建了止止庵这一著名的道教古址。“元一统后，隔绝百余年之久的南北文化开始交流融合”，而北方三派新道教中势力最大的全真道教渡江南传之前，原出于南宗门下的金志阳，就活动于江西龙虎山和福建武夷山宣传全真教旨，在赣闽一带影响不小。[⑥]明何乔远《闽书》卷一百三十八《方外志》记载，“金志阳，居武夷山”。清董天工《武夷山志》卷十八《方外》记载，金志阳“结庵于龙虎圣井山，……后至武夷，居一曲之复古洞及止止庵，不炉不扇”。明人蓝智《题程芳远所得方壶写大王峰图》中“狂歌披发有金公，曾共方壶隐此中”，便是方从义跟随金蓬头在武夷山传道行迹的历史记录。

关于金蓬头的籍贯，清乾隆《将乐县志》记为将乐“玉华都烟霞村人”。此志还详细记载有金蓬头的生活行迹，称其“懒栉盥”，“发蓬垢”且“嗜酒”，“贯饮三华桥酒肆”。其曾“邀亲旧夜饮”并“结伴步月长林曲径”，此处“迥非人境”。“众酣”后，“复出二娘劝饮”，于是“各酩酊就寝”，“乃卧天壶山麓也，自是不复见”。这些记载，可说明金蓬头与将乐县有密切关联。重要的是，据此志记载，金蓬头“善画”，且“辄醉以画”，并多以画兑酒钱。由于金蓬头的画名，故明初“朝贵善赏鉴者属门生某巡按”，至“闽中购蓬头真迹”，后获得“神妙难言”的“真蓬头物矣”——即所谓“画月之作”，巡按“悟为仙物”[⑦]。因此，笔者当可将金志阳列为元代的闽北籍画家——画史上名誉当世却不见经传者实在太多了，作为著名画家方从义忠实追随的道教领袖，想必金蓬头的画品不会令方从义失望的。

方从义随金蓬头隐居武夷山止止庵及复古洞均在九曲溪畔，故蓝智诗中有“方壶爱山不得住”之说。虽然方从义所作《大王峰图》今已不见踪迹，亦不知其作于何年，但一句“寻常一笔扫云烟，三十六峰在庭户”，形象地概括了方方壶在武夷山阅尽众山水、丹青写群峰的艺术创作活动。方从义工山水，传南宗一脉，取董巨、米高之法，尤“善画云山墨戏”⑧。清代京江画派张崟曾云：“米家父子、房山、方壶，不知胸中贮几许云烟，一放笔，不觉腾腾从手指中出也，……”⑨方从义“壶中点染出小米”而作《大王峰图》，这也许是能窥见或想象出其在《大王峰图》中参用小米（友仁）笔法的根据。许多古今中国美术史论著例如陈传席的《中国山水画史》在论及方从义的生平时，均将其定调为“居江西龙虎圣井山，其师金蓬头死后漫游南北各地和天下名山”。这样，就造成《武夷放棹图》是方从义至正初年（1341）之后游经武夷山，随后在异地创作的历史假象。然而事实并非如此。

清董天工《武夷山志》卷十八《方外》记载，金志明在“至元间（按1335—1340）坐化，旬余，体颜不坏”。从文句上判断，金志明是在武夷山故去的。所以，后人有理由在《武夷山文化丛书》之《洞天佛地》明确称曰，金蓬头“至元间坐化止止庵”⑩。有一说，称方从义在至元四年（1338）曾为危太朴（1303—1372），本名素，字太朴，号云林，江西金溪人，洪武二年授侍讲学士知制诰，善文辞，精书法，有释智永、虞世南典则作《云林图》⑪。此图当在金蓬头坐化前后完成。如果作于金蓬头坐化前，那么方从义应在武夷山完成此图。因为，在金蓬头垂暮之年，作为其忠实追随者，方从义应当不会离他出走的。若此图是方从义在江西所作，那么可以推断，金蓬头是在至元四年（1338）之前就已坐化。我们虽然不能知晓方从义从何年开始随金蓬头隐居武夷山，但可以相信，由于武夷这方山水和道教名山的影响，方从义跟随金蓬头在武夷山传道必有数年时日。而方从义自金蓬头在止止庵坐化后出走武夷山辗转南北各地后，必有再度游历武夷的可能。明人何乔远在《闽书》中记载有这样一段史实：元末（元至正间，1341—1368），光泽邑人危德华隐居在光泽县（今福建省光泽县）境内的北溪之上。危德华“家贫教授，不求闻达”。然“当衰乱之时，草寇暴横，奔走鼠伏，靡有宁日。德华为诗，悲愤激烈，皆嫉奸邪、崇节义、尊君亲上之意”。诗集成，名曰《北溪观海》，“同时危太朴、葛元吉（按生卒不详，官抚州令，工书法，与赵孟頫并称）、方壶、邓宇，皆称赏之”⑫。光泽紧邻江西，为由赣入闽之要冲。当年方从义由贵溪出入武夷，当经此道，由此结识危德华应在情理之中。因此，元至元间金蓬头虽已坐化，方从义元末明初在闽北一带仍有行迹。

方从义在中国绘画发展历史上是有地位的。他被认为是继元初赵孟頫、高克恭以及元季四家黄公望、吴镇、倪瓒、王蒙之后“独树一帜”⑬的画家。元人夏文彦《图绘宝鉴》称，方方壶“画山水极潇洒，无尘俗气”。清恽南田《南田画跋》称，其笔“多诡岸而洁清”。民国郑午昌《中国画学全史》称，“方从义画登逸品”，其“武夷放棹图，水墨，高崖峭壁，乱木萧疏，一人扁舟溪面，此图运笔以草法作画，墨气浓润，足称高逸”⑭。

显然，无论是“高逸”、或是陈传席《中国山水画史》中称之“放逸”，都是方从义山水画美学品格的体现，也无疑是方从义追随金蓬头修道成果的艺术体现。笔者探究的是，由于方从义在武夷山的经历，那么，被称之为全国道教“三十六洞天”之一的“第十六升真元化之洞”的武夷山这一山水地境给了方从义什么影响。

如果说，方从义在“至正乙亥（按1359）冬”，即在金蓬头坐化近二十年后作被称为

"方壶第一妙迹"的《武夷放棹图》，是其"寓居君山"[15]神游武夷所为。那么，昔日或后来重游故地在武夷九曲溪上"放棹"，应当是方从义一生中印象极好、感受极深的一桩乐事。《大王峰图》虽不排除有根据回忆作画的可能，即"虽然画中标明某处山水，其实也出自'丘壑内营'"[16]。但是反过来说，虽然出自"丘壑内营"，但也可标明某处山水。毕竟这两幅作品画题直接标注的是真确的武夷地名。这说明，当年方从义在后来成为世界自然与文化遗产地——道教文化是其中重要内容之一的武夷山是有过深刻的内心体验的。同时，当年方从义隐居武夷山时，作为山水画家的他在此境想必画有较多的山水图，《大王峰图》当可列为其中。

明万历三十一年（1603），由虎林（今杭州）双桂堂初刻刊行、由明人顾炳［字黯然，号怀泉，钱塘（今杭州）人，征授中秘］在其缩小画幅细心描摹精雕细刻并辑录成的《历代名公画谱》[17]中，有一幅方从义的山水图。该画面虽无题签跋语，也无标题注释，但其来源于真迹应有相当的可信度。感知画面，凡熟悉武夷山水之人，很容易从图中溪流荡舟、河岸丛树，尤其是从远处山形岩状中见出如同武夷山大王峰一带的地形地貌。同样，现珍藏于台北故宫博物院的方从义《崇冈独眺图》虽作于"上清宫"中，但由于方从义曾多年在武夷山弘法行道，因此，《崇冈独眺图》所描绘的山水景致未必不曾是来自其当年在武夷山九曲溪畔止止庵或复古洞时的生活体验。其实，从画面上看，"崇冈独眺"之道人实际上立足于并不太高的坡岸，面对的却是危岩耸壁，不远处岩穴溪涧、沙渚苇竹在武夷山九曲溪两岸比比皆是。武夷山市旧称崇安县，为北宋淳化五年（994）从建阳县分出，改场建县，武夷山在此县郊外。方从义所作指称的"崇冈"虽有"高冈"之意，但在其潜意识中，未必不与崇安这一地名有丝毫关联。同样，现珍藏于台北故宫博物院另一幅方从义的《高高亭图》，图中对危耸峻峭的山脊的描绘，也未必不曾来自方从义当年在类于武夷山天游峰等陡峭险峻的山脊上攀游的经历。

历代画家尤其是山水画家在作画时，常常将生活经历中最熟悉、最难忘、感受最深的某地山水景致，作为抒写心境的媒介。武夷山众峰列阵、巨岩突兀、峰壁如削；九曲水溪流跌宕、深潭暗涧、岩穴沙渚，极有区域地貌特征。其野而幽、僻且静、藏但雅，历为佛道儒三家高人名士隐身避乱，弘法修炼，著书立说的佳境妙处。正如元萨都剌［约1300—？字天锡，号直斋，雁门（今山西代县）人。元泰定四年（1327）进士，官至燕南河北道肃政廉访司经历，曾以劾权贵左迁闽海知事］曾言，武夷山"幽深僻远，若与世隔。是故，前贤大儒藏修于此，真仙炼士蜕骨于此。今昔达公巨卿、文人骚客、名僧高道、逸人迁客之流过兹山者，莫不发为题咏，模写其胜，以泄胸中之所素蓄。……'非胸中有武夷，莫能状武夷之万一……'"[18]。由于方从义在武夷山这一道教名山的生活经历，由于方从义曾有《武夷放棹图》和《大王峰图》这些直接标明地点的山水图画，那么，其曾经历过的武夷山水并由这个特定视觉效应下的造型特征所起到的先导作用是极为重要的，它不仅成为画家再创造的对象，而且本身就是个性主体的附着物。方从义这一路"高逸"或"放逸"性山水，一方面是作为道士其身心已融进道教理法的方从义胸次心境的自然而妥帖的流露，另一方面，也许正是其准确地利用了某些客体形象特征对主体风格先导性的影响作用，[19]因此，与大多数相对集中江浙苏杭一带的元代山水画家相比较，在图式上呈明显不同。

由此，笔者作上述论辩当不为太过。

（作者王辉；本文原载《武夷文化研究》2005 年第 1 期。）

注 释：

① 述古业钞本：《明姜绍书·无声诗史》卷一载：“方壶虽生于元，而洪武间尚在。”又称，方从义“与高太史棅同时，则知其元末明初人也”。

② ［清］董天工：《武夷山志》卷之六《一曲中》。

③ 参见《闽北历史人物》“蓝仁”、“蓝智”条，1987 年闽北闽学研究会编。

④ 陈传席：《中国山水画史》第八章第一节，江苏美术出版社 1996 年版。

⑤ 何绵山：《闽文化概论》第七章《宗教》，北京大学出版社 1996 年版。

⑥ 任继愈主编：《中国道教史》第十四章《金元全真教》，上海人民出版社 1990 年版。

⑦ 清乾隆：《将乐县志》卷十六《拾遗》。

⑧ 徐邦达编：《中国绘画史图录》，上海人民美术出版社 1981 年版。

⑨ 赵力：《京江画派研究》之三《京江画派综合年表》，湖南美术出版社 1994 年版。

⑩ 丘理真、高洪、方留章：《洞天佛地》，载《武夷山文化丛书》，福建人民出版社 1993 年版。

⑪ 俞剑华：《中国美术家人名辞典》“方从义”条，上海人民出版社 1981 年版。

⑫ ［明］何乔远：《闽书》卷之二十七《方域志》。

⑬ 杨仁恺主编：《中国书画》，上海古籍出版社 1990 年版。

⑭ ［民国］郑午昌撰：《陈佩秋导读·中国画学全史》第十章《元之画学》，上海古籍出版社 2001 年版。

⑮ 清安岐：《墨缘汇观》之《宋元明名画大观》。

⑯ 陈传席：《中国山水画史》第八章第一节，江苏美术出版社 1996 年版。

⑰ ［明］顾炳辑：《历代名公画谱》，中国国家图书馆提供，广西师范大学出版社 2001 年版。

⑱ ［元］萨天锡：《武夷诗集序》，载清董天工《武夷山志》卷二十一《艺文》。

⑲ 尚辉：《区域地貌与中国山水画的风格及流派》，载《美术》1995 年第 6 期。

（九）海峡文化研究

台湾“山夷”与古越渊源考

台湾高山族有多种来源，“其中从大陆迁去的古越人……是构成台湾高山族的主要成分”①。三国时期，沈莹在《临海水土志》中将夷州（台湾）人称为“山夷”。最近，笔者在研究闽北地方史时发现，早在新石器时代，闽北的建瓯土著也称“山夷”。《建瓯县志·人口》载：“商周时期散落在福建有七支氏族，在闽北的为客家族，和当地土著‘山夷’相处。”这一史料把“台湾山夷的祖先很可能都是原来居住在浙南、闽北的古越人”②的推论向前推进了一步。

考察台湾“山夷”的来源，必须对古代大陆“夷”的分布和“山夷”与古越、闽越的关系及习俗特征进行考证，才能得出其水源木本的根脉所在。

一 关于古代“夷”的分布

我国是一个多民族的国家。历史上，有所谓东夷、北狄、南蛮、西戎的说法。狄，春秋前活动于齐、鲁、晋、卫、宋、邢等国之间。公元前7世纪时，分为赤狄、白狄、长狄三部。因居北方，通称北狄。蛮，是我国古代对南方各族的泛称。戎，是旧时中原人对西北各族的泛称，部落众多。殷商时有鬼戎、西戎等。春秋有己氏之戎、北戎、允姓之戎、伊洛之戎、大戎、骊戎、戎蛮7种。

《周礼·夏官》载：“职方氏掌天下之图，以掌天下之地。辨其邦国、都鄙、四夷、八蛮、七闽、九貉、五戎、六狄之民。与其财用九谷六畜之数要，周知其利害。”郑玄注曰：“东方曰夷，南方曰蛮，西方曰戎，北方曰貉。”闽、蛮之别。国语曰：“闽芊蛮矣。四、八、七、九、五、六，周之所服国数也。”《周礼·秋官》云：“象胥掌蛮、夷、闽、貉、戎、狄之国。”周王朝设置职方氏、象胥等官职，掌管天下版图和管理四方之夷、蛮、闽、貉、戎、狄等少数民族部落方国。上述所说的“七闽”是指周朝福建的七支氏族，闽人七族，故称“七闽”。“七闽地”的范围包括福建全境和浙江南部部分地区。由此可知，闽与蛮、夷、貉、戎、狄都是相对独立的一个个部落方国，他们臣服于周，向周进朝贡。

夷，是我国古代对东方各族的泛称，亦称“东夷”。夏至周朝有“九夷”之称，郭璞《尔雅注》：“九夷在东。”《论语·子罕》：“子欲居九夷。”疏：“东有九夷：一玄菟、二乐浪、三高骊、四满饰、五凫臾、六索家、七东屠、八倭人、九天鄙。”又《尔雅·释地》：“九夷、八狄、七戎、六蛮，谓之四海。”

史料记载“九夷”的大致分布：玄菟，是汉武帝元封三年（公元前108年）设置的郡，治所在沃沮城（今朝鲜咸镜南道咸兴）。辖境相当于今辽宁东部至朝鲜咸镜道一带。后移治辽河流域。乐浪，也是汉武帝元封三年设置的一个郡，治所在朝鲜（今平壤市南），辖境约今朝鲜平安南道、黄海南北道、江原道和咸镜南道地。高骊，即高句丽。《周书·王会解》作高夷。分布在辽宁新宾东境，后为卫氏朝鲜所并。凫臾，亦作扶馀。西汉亦称所建政权为夫馀。在今松花江平原上。倭人，即指古代日本。《汉书·地理志下》：“乐浪海中有倭人，分为百余国。”颜师古注引《魏略》：“倭在带方东南大海中，依山岛为国。”除“疏”记载“九夷”的分布外，其他典籍也有记载，但种类不同，分布也有所不同。如疏引《后汉书·东夷传》云：“夷有九种：畎夷、于夷、白夷、黄夷、阳夷、方夷、赤夷、玄夷、风夷。”这些少数民族在不同时期分布在不同的地域，如畎夷，又称畎戎、大戎、昆夷、绲夷。殷周时游牧于泾渭流域（今陕西省彬县岐山一带）。方夷，是商周时对周围少数民族的称呼，有鬼方、土方等分支，其中土方分布在殷的西北方；鬼方，亦称鬼方氏、鬼方蛮等，殷商时分布在陕西西北境，等等。

上述记载“九夷”的分布可知，一是部分“夷”的名称是古郡名，如玄菟、乐浪，其辖地是少数民族聚居地，封建政府在此设立行政管理机构。二是古代所说的“东有九夷”，是“夷”人大致活动的地区，除东北、西北各族外，还包括古代与我国交界或邻近的朝鲜、日本部分族民。三是“夷”有时是通称，并非实指某一少数民族，如汉代对西南少数民族称“西南夷”。又如《拍案惊奇》卷九说，元大德年间（1297—1307），有个叫宣徽的院使任开平俯尹，想请一个馆客记室，因此地是“极北夷方”，人才奇缺，难以如愿。开平府治所在今蒙古自治区多伦的东南。显然，这里的“夷方”是少数民族聚居地，而不是指某一少数民族名称。当然，不同地区的族民所处的环境不同，生活习性有着明显的区别。四是从“九夷在东”的大致分布和有关专家考证可知，台湾“山夷”不是东夷之“夷”，也不是西南之夷，更多的应与古越之“夷”关系密切。

二　建瓯“山夷”与古越及闽越的关系

闽与越是古代相对独立的民族方国。闽居民居福建，越居民居浙江，但闽、浙、赣毗邻，尤其是闽北东北部的政和、松溪、浦城、武夷山与浙江交界。闽与越地理生活环境相近，居民杂居，相互往来，加之春秋时期诸侯间的战争，加快了闽、越融合的过程。

秦汉以前，越人就已分布在我国长江中下游以南，部落众多，有扬越、夷越、于越、闽越、东越（东瓯）、南越、西越、骆越等，故称“百越”或“百粤”。扬越，亦称扬粤，战国至魏晋时期对越人的泛称，因散布于古扬州而得名。于越，姒姓。相传始祖为夏代少康的庶子于余，建都会稽（今浙江绍兴）。春秋末年常与吴国相战，公元前494年为吴王夫差所败。南越，是南方越人的一支，也作南粤。秦于其地置桂林、南海和象郡。秦末，龙川令赵佗兼并三郡，建立南越国。汉武帝元鼎六年（公元前111年）灭南越，设置九郡。骆越，为百越西方部分。秦汉时主要分布在今广东、广西及越南北部。与今壮、黎等族有密切的渊源。西越（西瓯），秦汉时分布在岭南的广大地区。与今壮族有密切的渊源。一说西瓯即骆越，梁顾野王《舆地志》：“交趾，周时为骆越，秦时为西越。”闽地是闽越的发源地，闽越是“百越”中的一支，最早在闽北建溪流域从事耕织和渔猎活动。

春秋末期，中原诸侯混战，群雄并起。先是吴与越相战，至公元前492年越被吴王夫差打败，越王勾践卧薪尝胆，奋发图强，至公元前473年灭吴国。战国时，越国力渐衰，约在公元前334年为楚所灭，越人的后裔大量南迁入闽，形成战国时期的闽越国。秦统一中国后，在古越人的聚居地置闽中郡，割境包括现在的福建全境、浙江南部和江西铅山一带。

西汉时，中原对福建的闽越族、闽越国，除全称“闽越”外，也有称“闽”或“越”。如《汉书·严助传》有“闽王以八月举兵于冶南”，“虽得越王之首”等。但这里的“越”是指“闽越”，而不是其他越族支系。由于闽越位于东南沿海，故亦称东越。

西汉时期，汉与越之间、百越之间多有战事。秦末农民大起义中，闽越王无诸率七闽健儿北上参加倒秦斗争，后又帮助刘邦击败项羽。汉高祖封无诸为闽越王，王闽中郡故地。建元三年（公元前138年），闽越攻东越，汉武帝遣大中大夫严助往救之，闽越退兵。建元六年（公元前135年），闽越又攻南越，汉武帝遣大行王恢、大司农韩安国分兵攻闽越，闽越王郢抗拒，被其弟馀善及族人所杀。为了相互牵制，平衡势力，汉武帝册封摇（繇）君丑为闽越王，加封馀善为东越王。馀善虽然接受汉武帝的册封，但背地里却与汉分庭抗礼，想独霸一方称帝。他以闽北为中心，在闽、赣交界的闽北中北部建起了六座城堡，分别是建阳的大潭城，浦城的汉阳城、临浦城、临江城，邵武的乌坂城及武夷山汉城，作为御汉的军事基地。元鼎五年（公元前112年），南越反叛。馀善表面上“自请出水军八千人从征”[③]助汉，私下却与南越交好，派密使向南越通风报信。汉武帝识其诡计，平定南越后，转而攻东越，越摇王与东越亲族杀馀善归汉。为息永久之患，汉武帝对闽越故地进行“清洗”，以“东越狭多阻，闽越悍，数反覆”，“诏军吏皆将其民徙处江淮间，东越地遂虚”[④]。“武帝时，闽越反，因灭之，徙其人于江淮间，尽虚其地。”[⑤]

春秋时期的多次战争，导致大批越人入迁福建，与闽族居民融合，形成闽越国。虽然汉武帝将闽越人北迁江淮，仍有部分闽越人逃遁山谷。东汉时期，闽越居民称为“山越”。山越是闽越人的后裔，但比“山夷”出现的时间迟。可见，闽北古居民在人类社会发展的进程中，经历过山夷、闽越、山越的不同称呼，但他们都是古越族的一支。闽越是因福建、浙江古居民融合而得名，山夷、山越则因其所处自然地理环境而得名，山夷的时间最早。建瓯山夷应是秦汉以前居住在福建北部、浙江南部越“籍”土著居民的一部分。

三 台湾"山夷"与越、闽越的习俗特征

台湾"山夷"与古代越族、闽越族有深厚的渊源，但仅从祖国大陆"夷"人的分布及与古越的关系看，仍然无法确切说明二者之间的必然关系，必须从物质与精神生活两个方面加以考察。

人类的生活习惯，与所处的自然地理条件和生活环境有关，是人们在长期生产、生活中形成的。越人生活的江南地区，多是山高林密、溪流纵横的环境，这种地理环境决定越人的习性是以渔猎、农耕、金属冶炼、水上航行为主要特征，与这种习性相适应，形成越人相对独立的生产与生活习俗。

石器、陶器。从考古发掘出的大量新石器时代的文物可知，闽北与台湾属同一文化系统。新石器时代至汉代，闽北的武夷山、建瓯、建阳、浦城等地出土的石器有石锛、石斧、石戈、石刀、石矛、石杵、石凿、石锥、石环（残）等文物，其中石锛、石刀等文物在台湾也多有出土。学者认为，"有段石锛应是发生在我国东南闽、粤、赣等地区"[⑥]，而后向台湾传播的。从出土的陶片中也能证明台湾与古越族的渊源。据考古学家考证，闽北建溪、富屯溪等流域近千处古文化遗址中，出土许多饰有方格纹、弦纹、水波纹、曲折纹、细绳纹、S形纹等印纹陶片。台北、宜兰等地遗址中出土的此类饰纹陶瓷，"与祖国大陆东南地区发现的极为相近，都具有新石器文化特征之一"[⑦]。

干栏居屋。这种建筑的特点是以桩木为基础，上架大、小梁，形成架空建筑基座。建筑材料多用竹、木，地板高于地面，房墙、隔墙用竹编木骨泥墙。闽北中北部的建瓯、建阳、武夷山也多有此类建筑。据考古发掘发现，武夷山汉城遗址各式宫宇多为木质材料，地板的铺设高于地面，房墙、室内隔墙多采用"木骨泥墙"、"或直接以木板为墙的方式"构筑房屋，具有古越"干栏式"遗风。汉城遗址中主殿与西侧殿"内部结构都是地面架空铺设地板，类似'干栏式'的建筑遗构"[⑧]。建瓯早期民居的木构架板壁民居称"竹笐厝"。笐，为竹子的行列，引申为竹木架子的通称。闽北乡间，还普遍存在上下结构的木构居室。按"最早闽越人居住的房屋是一种'干栏'式建筑"[⑨]的观点，建瓯早期民居应是从"干栏式"建筑演化而来的。台湾凤鼻头文化住房遗址，也是"地板高出地面"，具有"干栏式"的特征。清代，台湾高山族更是普遍居住这种居室。台湾"地多竹，大数拱（握），长十丈，伐竹构屋，茨（蒙）以茅，广长数雉（丈）"[⑩]。"筑土为基，架竹为梁，葺茅为盖，编竹为墙，织蓬为门"[⑪]，这种建筑手法与古越人的建筑相似。

行俗，也是古越人的生活习性。《越绝书》载：越人"水行山处"，"以船为车，以楫为马，往来飘风，去则难从"。《汉书·严助传》也说闽越人"习于水斗，便于用舟"。台湾高山族也善于习水操舟，平埔人称独木舟为"蟒甲"、"莽葛"、"艋舺"。黄叔璥《台海使槎录》载："蟒甲，独木挖空，两边翼以木板，用藤缚之……"学者认为，台湾高山族祖先最早使用的独木舟与大陆存在渊源。考古发现，福建连江县浦口乡山堂村的独木舟残体，鉴定为舟体系整根樟木刳成，其年代距今2170±95年。武夷山的船棺传说最早是武、夷两族居民用来渡水的。相传，远古时期，有大耳佛发誓要水淹武夷山，武、夷两族居民刳木为舟，

逃过劫难。为感谢木舟的救命之恩，人们将木棺刳成船形，此即今日所说的武夷架壑船棺。

崖葬。崖葬是古越、僚民的习俗。《临海水土志》说，“父母死亡，杀犬祭之。作四方函以盛尸，仍悬着高山岩石之间，不埋土中作冢椁也”。这种葬俗在闽北中北部也很普遍。《建瓯县志》载：商周时期在闽北的客家族和土著“山夷”相处，他们依山架屋，人死后“作四方函以盛尸”，“悬着高山岩石之间”。与闽、浙、赣三省交界的武夷山“地多崖葬遗迹”[12]。“与武夷山相对，半崖有石室……悬棺仙葬。”[13]武夷山古代先民的葬具称架壑船，又名仙槎、仙舟、船棺。《崇安县地名录》载：“至今该县还保存有商周时期的古越族先民生活的遗迹——架壑船棺。”顾野王说：“武夷山溪有仙人葬处。”[14]萧子开《建安记》更记载武夷山有“悬棺数千”。

武夷山究竟有多少悬棺，至今没有准确的数字，但单有文字可考的就有“仙函”68具，其中有东汉以前的“十三仙”。有人认为，骨函属成仙的人，是流羽“坐化”后捡骨装入小木函，再葬于孤崖绝壁，而船棺则属更早期的古越人葬俗。台湾高山族的“崖葬习俗，在兰屿‘雅美’人中至今尚存”[15]。说明高山族的葬俗与古越族属于同一文化系统，是大陆古越人崖葬文化的传承。

断发文身。断发文身是古越人的文化特质。《淮南子·齐俗训》载：“越人劗发……”《战国策·赵策》曰：越人“被发文身，错臂左衽，瓯越之民也。”《史记·周本纪集解》曰：“（闽越人）常在水中，故断其发，文其身，以象龙子，故不见伤害。”台湾高山族文身也很盛行。清代高山族人文身，已不仅仅是为了“以避蛟龙之害”，而且是成人的标志和健美、勇敢的象征。高拱乾《台湾府志》说，平埔族“身多刺记，或臂或肩，好事者竟至遍体皆文。”《隋书·流求传》载：“妇人以墨黥手，为虫蛇之文。”与古越人习俗一脉相承。

图腾信仰。闽人崇蛇，以蛇为图腾。《说文》：“闽，东南越，蛇种。”唐代《括地志》亦载：闽越人，“皆蛇种，有五姓，谓林、黄等是其裔”。闽北人与台湾高山族不仅尊蛇为神灵和祖先，而且可以人蛇共居，繁衍后代。闽北建阳的“樟蛇精”和政和的“蛇郎和织娘”传说，都是说蛇变成女子，与男子结为夫妻，繁衍后代。台湾排湾族也传说，“在皮那巴敖加桑地方的竹丛中有灵蛇，化为男女，生下两个小孩，是为人类”[16]。嘉义达邦和特富野二村的“曹”人中，也流传着“蛇的儿子”的神话传说。[17]可见，闽北与台湾都有以蛇为图腾的信仰。

闽北与台湾的蛇图腾信仰也表现在陶纹和雕刻艺术之中。闽北与台湾出土不少饰纹与蛇形相类似的印纹陶片，学者认为，“至青铜时代，几何形印纹硬陶装饰上，更加表现出与蛇身花纹或形态类似的特征。如回形纹、三角形纹、圈点纹、方格纹、曲折纹等，都可能是蛇的斑纹的模拟和演变”[18]。闽北武夷山的汉城遗址出土的瓦当中，纹式既有卷云纹、树纹、更有明显的虫蛇图案。台湾高山族雕刻艺术精湛，其中以排湾族为最精，生产工具和生活用具乃至乐器、宗教器物，如刀柄、盾牌、神像、烟斗、门楣、食器、木桶、木盒、拐杖、陶罐、连杯等都雕刻各种形象。图案多为人首、蛇及鹿等动物，有的人头与蛇并用。建筑上则多雕刻有人纹或蛇纹浮雕，蛇形多为三角形，以强调其为毒蛇。

文化遗存是先民社会生活的真实记录。上述越人和闽越人习俗，实际上存在于广大江南的僚、蛮等族之中。如僚人的居室建筑也称为“干栏”。“僚者，盖蛮之别种，自汉中达于邛笮川洞之间，所在皆有，种类甚多，散居山谷”，他们“依树积木，以居其上，名曰干阑"[19]。"南平僚者……部落四千余户。土气多瘴疠，山有毒草及沙虱、蝮蛇。人并楼居，登梯而上，号为干栏。"[20]而浙江杭州湾南岸河姆渡遗址的木构造建筑，是目前已知最早的"干栏式"木构造建筑。崖葬习俗的分布也很广泛，除了浙江临海、福建武夷山外，湖南、江西、广西、云南、贵州等地也多有此类葬俗。如四川泸州"夫亡妇不死家，葬之崖穴"[21]。李京《云南志略》亦载当地土僚（仡佬）人死后，"以棺木盛之，置于千仞巅岩之上"。《马可波罗游记》也说"秃落蛮"人死后，用小匣装部分尸骨，携之至高山山腹大洞中悬之。明、清时期贵州的"花仡佬"人死后举行殡殓，再把棺材置于"千仞悬岩"。虽然这种遗迹"肯定不是某一古代民族所独有的文化现象和风俗习惯"[22]，但"台湾高山族的风俗习惯与祖国大陆南方的少数民族绝大部分相同或接近"[23]，"台湾高山族与古越人有着密切的渊源"[24]。

四 越、闽越文化遗迹、遗址分布

闽北历史悠久，文化积淀深厚，早在四千多年前，先民就在建溪流域生息繁衍。夏商时期，闽北属扬州，周时为七闽地，战国时期是越王勾践的领地，秦时属闽中郡，西汉时属闽越国。明代，闽北建宁、邵武、延平三府辖有18个县，其中建宁府领建安、瓯宁（以上二县今为建瓯）、建阳、崇安（今武夷山）、浦城、松溪、政和、寿宁（今福建宁德管辖）等8县，延平府领南平、顺昌、将乐、尤溪、沙县、永安（将乐、尤溪、沙县、永安今为福建三明管辖）6县，邵武府领邵武、光泽、泰宁、建宁（泰宁、建宁今为福建三明管辖）4县。

由于闽北东北部的武夷山、浦城、松溪、政和与浙江为邻，西北有光泽与江西为邻，是古越人活动的主要地区。闽越国形成后，这些地区在其势力的范围之内。因此，闽北地方史料对越、闽越的记载很多，其中县志明确记载其地古代为越、闽越聚居地的有建瓯、建阳、浦城、武夷山、邵武、顺昌、松溪等县（市）。《邵武县地名录》载："在四千多年前的新石器时代，这里就有古越族定居。"《浦城县地名录》亦载：该县"系古代闽越族开发之地"。《松溪县志》也说："西汉前包括松溪县在内的闽越地居民为闽越人。"据说，武夷山的地名也是当地有"夷"人居住而得名的。相传，远古时期，武夷山住着一位老人，名叫彭祖。他有两个儿子，长子叫彭武，次子叫彭夷，彭祖活到880岁仙逝后，武、夷兄弟俩继承父业，带领山民开荒种地，花果满园，后人为报答武、夷俩兄弟，取二人之名叫"武夷山"。另一说法是，古时，武夷山住着武族与夷族两个部落。他们各占山头，高筑城墙，铸剑练兵。有一次，两族为争夺地盘，聚众械斗。这时，一位老人出来劝和，从此两族和睦相处，此山因此以两族之名命名为武夷山。

与古越、闽越人活动范围相应，福建、浙江、江西三省交界的地区分布着许多越和闽越人的生活遗迹、遗址，其中以福建境内居多，范围涵盖福州、闽侯、连江、龙海、尤溪、沙县、武平、宁化、上杭、连城、长乐、莆田、仙游、长泰等地，而福建境内又以闽北居多。从《闽越国文化》一书"福建迄今已发现的闽越国遗迹、遗址分布图"所示可以看出，福建全省此类古迹、遗址有64处，其中在闽北境内就有46处，占全省的71.9%，且多集中在河畔、便于水行的地区。“在福建地区，汉代闽越国文化最典型、最有代表性的遗存是武夷山市（原崇安县）的城村故城遗址。”[25]此外，邵武、建瓯有无诸的越王台，浦城县有越王山，“相传越王于此筑台烽堠”[26]。建瓯有伏狮岩，“岩下有越王潭，相传越王尝游其地，故名”[27]。延平还有越王墓、越王台。松溪境内的湛庐山以冶炼著称。据史书记载，春秋时期，欧冶子奉越王允常之命，到山中冶炼湛庐宝剑，此山因此得名。唐朝诗人郭振见《古剑篇》诗：“君不见昆吾铁冶飞炎烟，红光紫气俱赫然”，咏的就是欧冶子昆吾山炼剑的情景。昆吾山即今福建省松溪县的湛庐山。《山海经》载：“此山有积石，冶炼成铁，铸出宝剑光如水精，削玉如泥，名锟铻剑。”锟铻剑就是湛庐剑。《越绝书·外传记宝剑》载：欧冶子“挟其精术，经往湛庐之山，于其麓之尤胜且绝者设炉……悉其技巧，铸湛庐剑”。这是越人从事“金属冶炼”习性的记载。台湾同样如此，《临海水土志》记载台湾有越王射的之白石和闽越王遗址。

五 闽北“山夷”入台时间推测

台湾“山夷”与祖国大陆的“山夷”有很深的渊源。林惠祥《台湾石器时代遗物的研究》说：“台湾的新石器时代人类，便应是（从大陆迁去的）古越人的一支。”翦伯赞推测，越人迁入台湾，“不在宋元之际，而是在遥远的太古时代”[28]。从台湾山夷的祖先可能是原来居住在浙南和闽北的古越人和台湾出现“山夷”的时间看，可以肯定三国之前祖国大陆就有“山夷”到台湾。

历史上，闽台有过多次人口交流的记载。考古表明，闽台之间的人类交往可追溯到一万年以前的旧时器时代。远古时期，闽台之间曾有一条时“沉”时“浮”的“陆桥”。大约在距今7000—10000年前的第四纪末次冰期，台湾海峡曾经有过三次海退和海进，每一次海退，出现“陆桥”，闽台两地连为一体，远古华南地区的人类，通过这条“陆桥”进入台湾。而台湾学者李亦园先生则认为，祖国大陆尤其是福建先民至少曾三批分别在不同时期进入台湾：第一次从祖国大陆南方迁入台湾的移民距今五万年或更早，他们即是所谓“长滨文化”的主人；第二次移民距今约6500—2000年，他们大部分是现代台湾高山族的祖先；第三次移民则是后来的汉族。由此推论，台湾“山夷”的祖先，应是前两批入台的，其中又以第二批入台的可能性最大。因为，这批移民的入台时间大致是我国新石器时代末期，距楚越战争的时间相去不远。

建瓯地处闽北中部，与地方志记载为古越人聚居地的浦城、松溪、政和等县交界，历史上的隶属与闽北其他县基本相同。东汉建安初年（196），建瓯建县，名曰建安，唐时称建州，宋绍兴三十二年（1162）设建宁府（治所在建瓯），辖闽北中东、中北部多个县，地域范围相当于今天半个闽北地区，以建瓯方言为代表的闽北方言除浦城部分乡镇外，在其境内及与其接壤的南平、顺昌部分村镇都能通行，现在使用闽北方言的人约200万，占闽北人口总数的三分之二。虽然现在的建瓯为县级市，但新石器时代建瓯的“山夷”可能分布在闽北方言涵盖的广大地域，也就是说，语言相通，习俗相近的这部分土著居民都有可能是“山夷”。楚灭越后，大批越人为寻找安居之所，散居江南各地，有的陆续迁居台湾、澎湖。

连横《台湾通史》载："楚灭越，越之子孙迁于闽，流落海上，或居于澎湖。"居住在闽、浙、赣交界的"山夷"，利用其高超的"水行"技术，随着越人入台的人流，自北向南，沿着崇阳溪、南浦溪、建溪、富屯溪漂流，从闽江东流入海，辗转进入台湾，成为台湾"山夷"的祖先。

海峡两岸，同根同源。有学者把台湾的"左镇人"与北京的"山顶洞人"比喻为"堂兄弟"。如果台湾"山夷"的祖先可能来自浙南、闽北的古越人的推论成立，那么，建瓯与台湾的"山夷"可能就是"亲兄弟"，他们之间可能有着昭穆不远的血缘和亲缘关系。

（作者罗小平，南平市台湾情况调查研究室助理研究员；
本文原载《武夷文化研究》2005 年第 1 期。）

注 释：

① 施联朱：《台湾史略》修订本，第 38 页。

② 杨琮：《闽越国文化》，第 98 页引黄展岳《闽越、南越和夷州的比较研究》。

③ 《史记》卷 114，《东越列传》。

④ 同上。

⑤ 《太平寰宇记》卷 100，《福州》。

⑥ 施联朱：《台湾史略》修订本，第 48 页。

⑦ 同上书，第 49 页。

⑧ 杨琮：《闽越国文化》，第 78 页。

⑨ 刘建：《大潭书》，第 41 页。

⑩ 刘如仲、苗学孟：《清代台湾高山族社会生活》，第 170 页，引陈第《东番记》。

⑪ 黄叔璥：《台海使槎录》卷七，《南路凤山番一》。

⑫ 施联朱：《台湾史略》修订本，第 27 页。

⑬ 《太平寰宇记》卷 101，《建阳县》。

⑭ 武夷山市市志编纂委员会：《武夷山市志》，1994 年版。

⑮ 旋联朱：《台湾史略》修订本，第 27 页，引台湾史迹研究会《台湾丛谈》。

⑯ 刘如仲、苗学孟：《清代台湾高山族社会生活》，第 238 页。

⑰ 施联朱：《台湾史略》修订本，第 22 页。

⑱ 叶文程、林忠干：《福建陶瓷》，第 81 页，转引陈文华《几何印纹陶与古越族的蛇图腾崇拜》。

⑲ 《魏书》卷 101，《僚传》。

⑳ 《旧唐书》卷 197，《南平僚传》。

㉑ 《太平寰宇记》卷 88，《泸州风俗》。

㉒ 唐嘉弘：《古代的悬棺葬》，原载《文史知识》1984 年第 10 期。

㉓ 施联朱：《台湾史略》修订本，第 31 页。

㉔ 同上书，第 33 页。

㉕ 杨琮：《闽越国文化》，第 61 页。

㉖ 《八闽通志》卷之六，《地理》。

㉗ 同上。

㉘ 施联朱：《台湾史略》修订本，第 16 页，引蒴伯赞《台湾番族考》。

（十）武夷医学典籍研究

《洗冤集录》传世考述

《洗冤集录》于南宋理宗淳祐七年（1247）首刊于湖南，为宋慈自刻本，共五卷，五十三条。明《永乐大典》曾收此书，清《四库全书》又据《永乐大典》本辑为二卷。[①]

《洗冤集录》作为一部理论体系完备、历史影响深远、世界现存最古的法医学名著，成书至今已七个多世纪，仍在世界上广为流传，对今天的法医学实践仍然具有一定的指导价值。该书主要通过“正本”与“改编本”两种形式传世，现将国内、外流传情况简介如下。

一 《洗冤集录》在国内传播概况

1.《洗冤集录》的“正本”流传：宋慈自刻本与宋代的其他版本现均已无存，但通过元刻本和仿元本及重刊本得以传世。该书现存最早的刻本为元代刻本，国内仅北京大学图书馆善本书室存有一帙，其为元刻的真实性业经该室工作人员及清代藏书家李盛铎鉴定。由于当时宋慈正值湖南提刑充大使行府参议官任上，故后来的翻刻本多将此书题为《宋提刑洗冤集录》。清代藏书家孙星衍《岱南阁丛书》曾据元刻本影刊，称“兰陵孙氏元椠重刻本”或“岱南阁仿元本”，所据底本是与北大藏本不同的另一元代刻本。其内容与北大藏本基本相同，唯有卷首附有元朝的检验制度《圣朝颁降新例》。[②]清代吴鼒将孙星衍的“岱南阁仿元本”收录于《宋元检验三录》之中。1937 年，王云五又据孙氏“岱南阁仿元本”重刊，编入《丛书集成初编》，由商务印书馆（上海）发行。我国改革开放之后，从 80 年代初期开始，北京、福建、上海和辽宁等地出版社又先后推出了《洗冤集录校译》、《洗冤集录译释》、《洗冤集录（点校）》和《中国古代科技名著译丛——洗冤集录》等书，传承了上述正本源流。

2.《洗冤集录》的“改编本”流传：必须强调的是，该书通过改编本的形式传播更为广泛。历代研究、增补、考证和仿效《洗冤集录》的著作如雨后春笋，直接增删该书而成的法医检验专书就达40—50种之多，有些版本还不断重刊，故有“后来检验诸书，大抵以是为蓝本而递相考究，互有增损，则不及后来之周密也”[3]的说法。究其原因，一方面是由于我国古代法医学发展的自身需要与必然结果；另一方面，也是往往被大家所忽略的，即宋慈本人在《洗冤集录·序》中埋下了伏笔。宋慈在自序的末尾写道：“或有得于见闻及亲所历涉，出于此集之外者，切望片纸录赐，以广未备。”然而，宋慈于《洗冤集录》刊行之后两年就去世了。“闻”、“涉”、“录”是历代的司法检验官员都能做的事。斯人已逝，“纸录”何赐？而其中的佼佼者，必然跃跃欲试于“以广未备”的工作。

具体而论，先后有宋、元间赵逸斋订《平冤录》，元朝海盐县令王与作《无冤录》，清朝吴鼒又把这三种书合辑在一起，称为《宋元检验三录》。还有清初曾慎斋著《洗冤录汇编》，陈氏作《洗冤集说》，王明德著《洗冤录补》。清康熙年间，统治者鉴于《洗冤集录》对检验工作的巨大影响，就指定律例馆在《洗冤集录》的基础上，汇集了有关解释和论证《洗冤集录》的著作和其他司法检验书籍二十余种，加以编辑校正，汇订为《律例馆校正洗冤录》（或称《校正本洗冤录》）四卷颁行于世，俗称馆本《洗冤录》。嘉庆年间王又槐搜集了一些经实践检验过的案例，附在馆本《洗冤录》之后，名为《洗冤录集证》。其后，李观澜等人又多次进行增删修订，并将汪歙的《洗冤录补遗》、国拙斋的《洗冤录备考》、姚德豫的《洗冤录解》和《检验杂说》、《检验杂说歌诀》、《宝鉴篇》、《石香秘录》等汇辑一起，称为《补注洗冤录集证》。至此，馆本《洗冤录》遂增衍为五卷，这是流传得最为广泛的改编版本。此外，以《洗冤录》为基本书名，缀以“详义”、“义证”、“辨正”、“续辑”、“补辑”、“集注”、“集览”、“便览”、“附著”、“全纂”、“歌诀”、“表”、“附记”、“摭拾”、“摭遗”、“外编”、“续录”、“捷录”、“法录”等等增补阐释之作，名称和版本之多，难尽悉数。由此足以窥见宋慈《洗冤集录》在我国的影响之大。

3.《洗冤集录》的建阳刻本：宋慈是建阳人，并且归葬于故里。《洗冤集录》的初版虽然不在建阳，但南宋时期的建阳是全国著名的三大雕版印刷中心之一，素有“图书之府”的美誉，其所刻版本是闻名海内外的“建本”。建阳刻书自南宋之后还拥有数百年的悠久历史。因此，《洗冤集录》的建本就成了学者们关注的话题。据方彦寿先生[4]考证：元代建阳就有此书刻本，是由当时的著名刻书家余氏勤有堂刻印的。现代版本学家王文进《文禄堂访书记》卷三著录了这个刻本，遗憾的是所记甚少，未能反映刻本全貌。但这已是迄今为止硕果仅存的著录。此书经王文进之手时，已是民国年间，距今不过半个多世纪，估计尚存于世，只是未见藏家提及。但愿其有朝一日能重见天颜，为《洗冤集录》的研究提供一份珍贵的建本。

明代建阳书坊也刻印了宋慈的《洗冤集录》。明嘉靖《建阳县志》卷五有一《书坊书目》，列有这一时期建阳书坊刻印的图书382种。其中“杂书类”中有《洗冤录》一书。明周弘祖的《古今书刻》上篇也有明嘉靖间建阳书坊的刻书目录，其中列有此书。明万历《建阳县志·艺文志》“梓书”门收录万历间建阳书坊刻本137种，“诸子类”中有《洗冤集录》一书。由于年湮代远，朝代更替，这些明代建本《洗冤集录》竟无一部完好地保存下来，令人为之叹惋不已。

二 《洗冤集录》在国外传播概况

在国外，该书从15世纪初叶首先传入高丽（朝鲜）之后，先后又从不同途径传入日、法、英、荷、德、美等国。主要以改编本的形式传播，唯有美译本可能源于《宋提刑洗冤集录》。据不完全统计，该书在国外出版的汉文版本及外文译本有：朝鲜三种，日本八种，法国三种，德国二种，荷兰、英国、越南、美国各一种，共计八国20种之多。此外，还有评论及介绍《洗冤集录》的英文和俄文书评文章发表。一方面，《洗冤集录》传入朝、日等亚洲国家之后，对亚洲邻国法医学的发生、发展具有决定性的影响。该书成为以我国古代法医学为中心的亚洲法医学的理论核心；另一方面，《洗冤集录》传入法、英等欧洲国家之后，很快融入西方文化的氛围之中，对欧洲法医学的迅速发展产生了积极的影响。当时的世界法医学仅有亚、欧两个主要流派，由此可见，《洗冤集录》对世界法医学发生、发展的影响是极其深远的。这是中华民族传统科技文化对世界文明做出的伟大贡献。

（作者刘通，建阳卫生学校副教授、福建医科大学硕导；
本文原载《武夷文化研究》2005年第1期。）

注 释：

① 贾静涛：《中国古代法医学史》，群众出版社1984年版，第181页。

② 贾静涛点校：《洗冤集录》，上海科学技术出版社1981年版，第84页。

③ 《补注洗冤录集证》（童濂本）。

④ 方彦寿：《法医立说数开先》，载《福建日报》1994年7月5日。

（十一）新武夷文化群体研究

解读与超越

——论新武夷山文化群体对武夷山文化的贡献

有这么一批人，他们或担任小县城的某个要职，或小官，或在偏僻乡村当教师，或从省城、海滨，从更远、更大的地方因不同原因来到武夷山当干部、教师、农民。土生土长也罢，远道而来也罢，他们都是武夷山人。他们有个共同的特点那就是爱上了、迷上了武夷山文化。于是收集、整理、挖掘、研究、创新。于是他们成了一个群体，那就是新武夷山文化群体。

在他们当中有我们耳熟能详的名字：张建光、陈祥龙、余泽岚、王长青、黄贤庚、邹全荣、邱理真、高洪等等。更有以文章、茶艺、工艺美术等多种形式展示武夷文化之美及丰富内涵的诸多默默耕耘的劳动者。他们共同构成的新的武夷山文化群体在与武夷山旅游业同步发展的过程中他们既是对武夷文化的解读，更是一种超越。

武夷山以她独特的自然环境和丰厚的历史积淀，于1999年12月被联合国世界遗产委员会列入《世界自然与文化遗产名录》。从此这颗璀璨的明珠开始走向世界，为世界人民所瞩目。武夷山双世遗的申报成功，使武夷山在与世界接轨的进程中迈上了一个新台阶。作为“双世遗”的重要组成部分的武夷文化，辉煌灿烂，博大精深。它发源于闽北，以武夷山为中心，以古越渔猎农耕文化为基础，以朱子理学为核心，融海洋与中原文化于一体，具有神秘、整体、独创、兼容、辐射性的区域文化。武夷文化作为中国传统文化的一个部分，在福建乃至全国文化史上占有十分重要的地位，正如著名学者专家蔡尚思教授所言：“中国古文化，泰山与武夷。”武夷文化源远流长，内蕴丰富，在祖国东南独树一帜。它不仅是中原文化、海洋文化的输入者；其本身也是一脉相承、自有特色的，同时又是输出者。其中的某些方面在祖国文化乃至世界文化发展史上处于领先水平，为人类文明做出了突出的贡献。其所具有的唯一性和不可替代性，使得国内外众多的专家学者前来武夷山探寻与研究，而新武夷山文化群体因为占尽了天时地利人和而成为其中的佼佼者。

自改革开放以来，武夷山的旅游业就开始起步并逐渐发展成熟，自此，新武夷山文化群体开始解读“武夷文化”这部宝典。他们以“弘扬民族优秀传统文化，古为今用”为基础，在回顾历史的同时又面向未来，掀起了武夷山文化史上一个又一个新高潮。开创了又一个“百家争鸣、百花齐放”的新局面。这也充分说明武夷山人过去能、现在能、今后也能创造历史的辉煌。美丽的风景、悠久的历史、丰富的人文景观以及庞大的文化群体，为将武夷山建设成为国际旅游度假城市打下了坚实的基础。

所谓“新武夷山文化群体”，是指上世纪 80 年代开始并随着武夷山的旅游发展而对武夷山文化进行研究而形成的文化群体，他们在最早的武夷山文化的发掘者和研究者所创造的光辉灿烂的武夷山文化的基础上进行探索研究，并取得显著的成效，从而形成了武夷山文化不可或缺的组成部分。

武夷山人杰地灵，名家辈出，群星璀璨。著名的政治家、思想家、哲学家、史学家、文学家、教育家代不乏人。杨亿、李纲、朱熹、游酢、柳永、袁枢、严羽、宋慈、真德秀、杨荣等都在不同的领域里创造了辉煌的业绩。而崇安五夫的胡氏五贤、刘氏五忠、建阳蔡氏九儒、光泽乌洲李氏七贤则以家族群贤的优势在理学史、姓氏文化史上被传为佳话。著名理学家、教育家朱熹一生中有五十多年在闽北度过，他在武夷山读书、讲学、著述、创建书院、创立学派。他扎根于闽北深厚的土壤之中，融儒、释、道于一体，构筑了庞大而缜密的理学思想体系，被称为闽学、朱子学，成为继孔子之后中国文化史上的又一座高峰，更成为中国封建社会后期的官方哲学。朱熹及其学术文化思想的产生，不仅标志着武夷文化发展到一个新阶段，更标志着武夷文化最终融入中国主流文化，并成为中国主流文化的极具特色的组成部分。因此，在对武夷山文化进行的研究中，朱熹及其理学思想有着十分重要的意义。

而后，清朝的董天工则更是旧武夷文化群体中的集大成者。董天工，字材六，号典斋，1723 年拔贡生，官至沧州同知。他酷爱武夷山水，筑望仙楼于茶洞左边，留云书屋（为其父董茂勋所建）背后，因当时多种武夷旧志皆残缺不全，他于是不遗余力，重加修撰，于乾隆十六年（1751）编成了二十四卷武夷山志。成为继朱熹之后众学者们学习研究的又一代大家。

新武夷山文化群体正是在武夷深厚的“家学渊源”的基础上，让历史与现实结合，文化与旅游结合，把武夷山文化更进一步地推向世界。经过近几年的发展，新武夷山文化群体对以古越渔猎文化为源头，经汉唐时期的发展，最终以集孔孟传统儒学和佛道学之大成的朱子理学为核心，在中原文化、海洋文化和闽北山地文化的撞击、整合和交融中脱颖而出的武夷古文化的研究方面已具雏形，并且在现代艺术与传统文化、现代传媒与山水美学之间做了许多有益的研究。

在 20 世纪的后二十年间，新武夷山文化群体对武夷山文化展开了“地毯式”的研究，初步摸索、解读武夷山文化。其代表出版物是张燮飞、陈祥龙策划，萧天喜主编的《武夷文化丛书》，它涵盖了奇山异水、千古之谜、道南理窟、佳茗飘香、洞天佛地、美丽传说、摩崖荟萃、物华天宝、名家赞山等九个部分。这套丛书是献给武夷山设县建制一千年的礼物，它凝结了十几位编委的辛勤汗水，他们是对武夷山文化进行挖掘的第一个文化群体。其中的每位编委在武夷山文化的某些方面都有十分突出的成就，如黄贤庚同志在武夷山的旅游文化上就有着很高的远见和深厚的造诣。他除了编著《武夷文化丛书》外，另著《武夷撷英》，以纪实散文的速写形式，描述武夷山国家级风景名胜区及武夷山国家级自然保护区的旅游见闻，包括政治生活、社会面貌、自然风物、山川名胜、风土人情、传说轶闻等，对武夷山做多角度、多层次的全方位把握，使山水立体化、典型化，将一幅幅旖旎的画面、一个个生动的人物、一段段翔实的历史集腋成裘，汇成无声的导游词，给人以十分深刻的印象和感受。其后萧天喜出版了《走向世界的武夷山》一书。该书详细地介绍了武夷山在改革开放，尤其是20世纪的后二十年来的历史。内容包括：伟人圈出保护区、碧水丹山晋国级、撤县建市展新篇、闽越王城今犹现、休闲度假怡乐园、扩建机场迎宾朋、“一关四检”树国风、铁龙穿过分水关、中国优秀旅游城、文化自然遗产地。以写实手法记述二十多年来，武夷山经历的重大事项的过程，把武夷山人过去、现在和未来所创造的和将要创造的辉煌一一展示。此书的出版，让世界人民更加了解武夷山，也让武夷山走向了世界。

“以一木之荣，引来武夷山万木之春”的高级导游员、高级摄影师倪木荣同志，怀着对武夷山秀丽山水的一腔挚爱和对旅游事业的执著追求，数十年如一日，风里来雨里去，足迹遍及武夷山景区的山山水水。作为一名资深的高级导游员，他谙熟武夷山的自然景观、历史文化和民俗风情，善于触类旁通，以幽默生动的语言，把一处处景点说活，赢得了游客的好感和声誉。他还借助手中的相机，将许多来访的领导和中外友人的风采定格成永恒的记忆。他的代表作主要有《武夷风采集》和《武夷风采续集》。

丘理真同志则对“洞天仙府”的道教文化颇有研究。著书《洞天仙府》，将武夷山的三三九曲水、水水溪环峰、奇形怪状七十二洞穴、突兀壮观九十九岩、错落有致一百零八处景点都归结为道家的安排和仙人的点化，成一家之统。

此外福建省还成立了“福建省炎黄文化研究会”来研究八闽文化，这些研究会的成员中还有许多的学者都根据自身对武夷山的了解而对武夷山文化进行梳理和研究，在此笔者就不一一列举了。

有了这些堪称武夷山文化研究的“先锋队”的艰苦努力和不懈追求以及改革开放浪潮对武夷山的影响和国家、政府对旅游业的高度重视，使得武夷山获得了国家级自然保护区、国家级重点风景名胜区、中国优秀旅游城市、世界自然与文化双遗产地等一项又一项殊荣。

20世纪后期是武夷山创造辉煌的时期。短短二十余年，在人类历史长河中，只是弹指一挥间。可是古老的武夷山却有着翻天覆地的变化，从东南名胜，跃居为国家重点，腾达至世界顶级。武夷山已是属于全人类共同享有的珍贵的世界自然与文化遗产。

新武夷山文化群体更是不甘沉寂，不辱使命，把握机遇，乘势弄潮，用自己的智慧和汗水，续写着武夷山的辉煌。正如鲁迅先生所说的：“世界上本没有路，走的人多了，也便成了路。”武夷山的文化也是如此，有了以上那些“第一个吃螃蟹”的武夷文化工作者，就会有更多的人来走这条路，也就会有更多的游客慕名而来，从而也就进一步推动武夷山旅游业的发展。这也是新武夷山文化群体的重要贡献之一。

随着武夷山旅游业的蓬勃发展，进入新世纪后，新武夷山文化群体的队伍也在不断壮大，他们开始更加深入地研究武夷文化。上到政府官员，下至导游员，他们都在研读武夷文化这部博大精深的人类宝典。学习研讨武夷文化成了一时风尚。众多的专家学者各抒己见，畅所欲言，“百家争鸣”的文化现象又一次在武夷山出现了。

这些专家学者当中，有些人从美学角度出发，深入浅出地解读武夷山。如王长青，他所著的姊妹篇——《永远的武夷山》和《解读武夷山》，对武夷山的奇峰秀水、文化源流、旅游设施等进行了全面的梳理和阐述，对武夷山旅游景点的自然与人文价值进行了深刻的分析和解剖，诠释了各个景致的文化底蕴和历史沉积，读来令人沉迷其中，手不释卷。其中，《永远的武夷山》图文并茂，内容涵盖了武夷山自然与人文的方方面面；《解读武夷山》则全方位、大角度地展示武夷山博大的内涵，集文学性、知识性、史料性和实用性于一体。洋溢着浓郁的诗意，乡情；武夷山市委书记张建光也自称“看山人”、“兼职导游”。他所著的《朝圣山水》一书，用诗的载体、思辨的色彩，对武夷山的美学价值进行了个性化的分析和提炼，把武夷山当成朝夕厮守的智者朋友，且心灵相通，情深义重地与之倾心交谈，这正是自然与文化和谐交融的结晶。《朝圣山水》可谓独树一帜，乃武夷美学上的一个新亮点，体现了“双世遗”领导者和“守业者”在思想文化上的深层造诣和深厚的文学功底。

有些人则从旅游文化角度来解读武夷山。如“善用笔头与镜头，把风景与心情收藏”的武夷山市旅游局局长余泽岚。他所著的《畅游武夷》一书，详细地介绍了武夷山中的精华旅游景点，内容涵盖游程指南、景观解说、民间传说、摩崖石刻、游览线路、资讯参考、武夷文化及旅游交通、吃、住、购、娱等各个方面。此书现已成为导游员的必备手册。此外还有倪木荣的《武夷山实用导游指南》等书籍，都是从旅游文化的角度出发，对武夷山旅游的历史和现实进行解析，并面向未来，为武夷山旅游事业的发展提供理论性的指导。

另一些人则从茶文化角度出发来看武夷山。王志纲先生用“千载儒释道，万古山水茶”一言蔽过武夷山的文化。茶文化也是武夷山文化的一个重要组成部分。正如民谣所言“武夷三件宝，山清水秀岩茶好”。武夷岩茶已有一千多年的历史了，唐代诗人徐夤《谢尚书惠腊面茶》诗中，便有“武夷春暖月初圆，采摘仙芽献地仙”之句。到了宋代，文人雅士对武夷山更是喜爱，苏轼的《咏茶》诗中，就作了“武夷溪边粟粒芽，前丁后蔡相宠加；争新买宠各出意，今年斗品充官茶”的描述。元代以后，武夷岩茶成了皇室的贡品，以致在九曲溪边专辟御茶园产茶入贡，各代文人对武夷岩茶的描述也就更加层出不穷。

到了现代，武夷山的有志之士更是致力于茶文化的研究与发扬。如“老有所学，老有所为”的原崇安县县委书记赵大炎，他的《漫话武夷茶文化》。立足武夷山，全面详细地介绍了博大精深的武夷茶文化。独树一帜、令人神往的茶道、茶艺等在他笔下栩栩如生，令人信服，充分体现了武夷茶文化的源远流长和丰厚积淀，及其在国内乃至世界茶叶发展史上占有的重要地位。更有“最大乐事是以茶会友”，“喜是攀阑者，惭非负鼎贤”的林治先生“坐破寒毡、磨破铁砚”所著的力作《中国茶道》一书，揭示了茶艺的四大特点（文质并重，犹重意境；百花齐放，不拘一格；道法自然，崇静尚简；注重内省，追求恰真）；归纳了茶艺审美的四个要领（美由心生；应目会心；迁想妙得；六根共识）；阐明了中国茶艺的九大表现法则（神定气朗；对称与不均齐相结合；照应；反复；节奏；简索；调和对比；清雅玄幽；多样统一）；更将茶艺上升到了美学的高度，并指出了中国茶艺美学的四大理论（天人合一，物我玄会；智者乐水，仁者乐山；涤除玄鉴；道法自然，保合太和）。林治先生多年来潜心钻研茶艺美学理论和茶艺实践，对中国茶艺的理论建设作出了积极的贡献，对中国茶艺的表演实践也起了积极作用，在更深、更广的层面上弘扬了武夷茶文化。

再有的就是从民风民俗高度出发来表现武夷山的独特神韵，如独辟蹊径的邹全荣老师。

他对武夷山的民俗进行了“三更灯火五更鸡”（张建光言）的研究，其撰写的《武夷山村野文化》，对武夷山广袤乡间的民间习俗、生活形态、劳作景观等文化现象进行收集，较全面地介绍了世界双遗产地武夷山丰厚的人文历史，展示了武夷山广袤村野间绚丽多彩的文化事象。揭示了武夷山村野百姓的生活俗信与精神理念，并从中提炼、挖掘出“世界双遗产地”的原生态文化——村野文化，用深入浅出的手法对村野文化进行探密并进行了生动的描述，史料丰富、风格新颖、可读性强，是一部解读武夷山这一世界文化遗产的新著，使得武夷山文化又增添了新的亮点。

又有些新闻作品角度出发的学者，如熊慎端。他的《武夷写真》一书，把九十余篇的新闻通讯分成“人物访谈、群英荟萃、精彩回放”三个部分，时间跨越十五年，其中三分之二是人物通讯。无论是各界英模，还是普通百姓，熊慎端都能从他们身上寻找到亮点，这也折射出武夷山历史进程中的一个小小缩影，让人们以史为鉴，共创辉煌。

有些人从宗教的角度出发，剖析武夷山，有如丘理真（代表作《洞天仙府》）、蒋步荣（代表作《武夷道教文化》）、乐裕贤（代表作《佛教与武夷山》），他们都从各自的角度解读“千载儒释道”的武夷文化内涵。

另外，随着时代的进步，世界已经进入一个“地球村”时代。许多信息都可以通过互联网进行传播，新武夷山文化群体也及时顺应这一时代发展的潮流，不断拓宽武夷山旅游市场，建立新的旅游网络体系，并以网络文化丰富武夷山文化这一使命历史地摆到了新武夷山文化群体的面前。随着“武夷山旅游资讯网”、“武夷山网站建设公司”、“武夷山网络建设中心”、“武夷山联合数据商务网站”、“武夷山厦门旅游网”、“武夷山旅游综合网”、“武夷山信息网——数字武夷”等网站、公司的建立建成，新武夷山文化群体又以其敏锐的视角和创新精神为武夷山文化建设献上了一份厚礼，对武夷山旅游文化和旅游宣传都有着不可磨灭的贡献。其更深远的意义还在于文化与经济上的有机链接，传统文化与新科学技术的全全面面融合，在这一点上新武夷山文化人的尝试已超越了武夷山文化本身。

综上所述，我们可以看到这样一个事实：武夷山文化虽然源远流长，但大多如散落的珍珠，有的甚至湮没于史海书山。由于受地理、交通、经济等方面的制约，文人学者之间缺乏交流，这就使得他们对武夷山的研究有着较明显的局限性和狭隘性，而新武夷文化群体则突破了这种局限性和狭隘性，已经形成一套较完整的体系，具有系统性；在日常的研究中，他们取前人研究之精华，弃其中之糟粕，并注意吸收省外甚至国外旅游业中的先进思想和宣传手法，将武夷山推向新的高峰，因此，开放性也是新武夷山文化群体的显著特色；他们在继承前人优秀文化的基础上，更深层次地挖掘出前人未能发掘或发掘得不够深入的文化，还大胆借助网络等现代高科技手段来为我所用，因此具有很强的创新性。

总之，武夷文化博大精深，兼容豁达。正如武夷山市张建光书记所言：“一千个人眼里，就有一千座武夷山”，“一言难尽武夷美”。现在，只要您走进武夷山，无论是在书店，还是在风景区，抑或是摆着琳琅满目的商品商场，您都可以看到众多的旅游宣传册或文化书刊，听到精彩的导游词讲解。感受到“双世遗”的深层文化底蕴。这些文化现象的形成都和武夷山文化群体的辛勤耕耘和他们对武夷山文化的不懈追求息息相关。

博大精深的武夷山文化，通过新武夷山文化群体的解读，更加显得光彩夺目、绚丽动人。随着武夷山旅游事业的发展，武夷山文化已经有了许多新的突破，增加了新的内涵，新武夷山文化群体在努力解读的基础上已经有了超越。这也是传统文化的发展趋势。

（作者许亦善，南平师范高等专科学校旅游系副主任、副教授；
本文原载《南平师专学报》2005 年第 1 期。）

参考文献：

1. 余泽岚文/摄：《畅游武夷》，（南）文出（200）内书第 75 号。

2. 张建光著：《朝圣武夷》，人民日报出版社 2001 版。

3. 熊慎端著：《武夷写真》，海潮摄影艺术出版社 2003 年版。

4. 黄贤度著：《武夷撷英》，海潮摄影艺术出版杜 1992 年版。

5. 陈家生著：《闽北今昔》，华东师范大学出版社 1997 年版。

6. 王长青编著：《解读武夷山》，海潮摄影艺术出版社 2003 年版。

7. 武夷山风景名胜区管委会编：《武夷山之旅》，海潮摄影艺术出版社。

8. 倪木荣编著：《武夷山风采续集》，鹭江出版社 2002 年版。

9. 萧天喜主编：《武夷文化丛书》，福建人民出版社 1993 年版。

10. 王长青著：《永远的武夷山》，海潮摄影艺术出版社 2003 年版。

11. 吴邦才编著：《世界遗产武夷山》，福建人民出版社 2001 年版。

12. 邹全荣著：《武夷山村野文化》，海潮摄影艺术出舨社 2003 年版。

二　宋明理学研究中心

福建社会科学院　中国社会科学院哲学研究所
宋明理学研究中心简介

宋明理学研究中心是福建社会科学院、中国社会科学院哲学研究所共同创办，由福建社会科学院主管，院址（秘书处）设在武夷学院（筹）。本中心由福建省编委批准、福建省人事厅社会事业单位登记局登记注册。研究中心副主任兼秘书长、武夷学院（筹）校长张祖英教授任法人代表。

研究中心的主要任务是：收集整理宋明理学和朱子学等文化遗产，推出具有重要理论价值和实践意义的研究成果；培训宋明理学和朱子学研究人才及后备力量；建立宋明理学和朱子学的研究信息资料库，弘扬中华民族文化优秀遗产，推动海峡两岸和国内外学术与文化交流，提升武夷山世界“自然与文化遗产”的品牌效应，为进一步繁荣发展哲学社会科学贡献力量。

建立宋明理学研究中心为时任中共中央政治局委员、中国社会科学院院长、现任全国人大常委会副委员长李铁映首倡，先后得到了当时和现任福建省领导宋德福、习近平、卢展工、黄瑞霖、汪毅夫，以及前任中国社会科学院常务副院长王洛林、现任常务副院长冷溶和朱佳木副院长的关怀和推动。研究中心的成立，凝聚了福建省和中国社会科学院几届领导的心血。

武夷山素有“道南理窟”、“闽邦邹鲁”盛誉，是朱子学的发祥地和宋明理学的重要发源地之一，是世界“文化与自然”双遗产地。宋明理学研究中心所在的武夷学院（筹）地处武夷山风景名胜区与武夷山市市区之间，研究中心办公楼为仿宋建筑，坐落在校园明月湖畔，依山傍水，风景秀丽。中心内设文献室、专家工作室和国际学术会议报告厅，为国内外专家学者进入中心开展研究工作提供必要条件。

本中心竭诚欢迎有关领域专家学者前来讲学、客座研究、学术交流。

竭诚欢迎馈赠或有偿提供有关朱子学、宋明理学和武夷文化方面的文献资料。

宋明理学研究中心组织机构及其主要成员名单

顾问

冷　溶　中国社会科学院常务副院长、研究员
黄瑞霖　福建省政协副主席
朱佳木　中国社会科学院副院长、研究员
汪毅夫　福建省人民政府副省长、教授
朱　清　中共福建省委宣传部副部长
施祖美　福建省委教育工委副书记、福建省教育厅副厅长
黄浩涛　中国社会科学院副秘书长、研究员
严　正　福建社会科学院院长、研究员
杨华基　福建社会科学院党组书记、副院长、研究员
朱崇实　厦门大学校长、教授

主任

陈筠泉　中国社会科学院学术咨询委员会副秘书长、哲学研究所原所长、研究员

副主任

潘叔明　福建社会科学院哲学研究所原所长、研究员
吴邦才　中共福建省南平市委常委、政府副市长
李存山　中国哲学史学会副会长、中国社会科学院哲学研究所研究员
张祖英　福建武夷学院(等)院长、教授
黎　昕　福建社会科学院社会学研究所所长、研究员

秘书长

张祖英(兼)

副秘书长

姚进生　武夷学院(筹)党委副书记、副教授
杨国学　武夷学院(筹)教授
张廷枋　武夷学院(筹)教授
张品端　武夷山朱熹研究中心秘书长、副研究员
赵健全　武夷学院(筹)副教授

宋明理学研究中心学术委员会

主任委员

李学勤　清华大学教授、博导

副主任委员

陈　来　北京大学教授、博导
李存山　中国社会科学院哲学研究所研究员

委员

蒙培元　中国社会科学院哲学研究所研究员、博导
周桂钿　北京师范大学教授、博导
姜广辉　中国社会科学院历史研究所教授、博导
张立文　中国人民大学教授、博导
葛荣晋　中国人民大学教授、博导
朱杰人　华东师范大学教授、博导
朱高正　台湾欧洲文教基金会董事长、博导
何　俊　浙江大学教授、博导
束景南　浙江大学教授、博导
蔡方鹿　四川社会科学院研究员、博导
黎　昕　福建社会科学院社会学研究所研究员
杨国学　武夷学院（等）教授

（另由主办方提出一名厦门大学教授为委员。）

通信地址：福建省武夷山市武夷大道16号武夷学院
邮政编码：354300
联系电话：0599－5136406
网址：www.smlxyjzx.cn

宋明理学研究中心章程

（2005年10月19日宋明理学研究中心第一次主任会议通过）

第一章　总　　则

第一条　本中心的名称为：福建社会科学院　中国社会科学院哲学研究所/宋明理学研究中心。英文名称为：Chinese Research Center of Neo-Confucius in The Song and Ming Dynasty。

第二条　本中心是以国内宋明理学和朱子学研究人员为主要研究队伍的跨地区的学术研究机构。

第三条　本中心以世界文化与自然遗产地武夷山和武夷学院（筹）为基地，以宋明理学和朱子学为主要研究对象，团结全国宋明理学和朱子学研究的专家学者，为繁荣和发展我国的哲学社会科学，构建先进文化事业，促进海峡两岸学术交流，推进社会主义精神文明而努力。

第四条　本中心由福建省编委审批成立，在福建省人事厅登记注册，遵守社会事业登记管理局有关的管理规定。本中心由福建社会科学院和中国社会科学院哲学研究所共同创办，由福建社会科学院主管，院址设在武夷学院（筹）。

第五条　本中心办事机构设在武夷学院（筹）内，注册地址为：福建省武夷山市武夷大道16号。本中心法人代表由中心副主任兼秘书长担任，中心秘书长人选单位为武夷学院（筹）。

第二章　业务范围

第六条　本中心的任务：

1. 组织开展宋明理学和朱子学领域的国内外学术交流活动；

2. 收集整理宋明理学和朱子学的文化遗产，推出具有重要理论价值和实践意义的研究成果；

3. 培训宋明理学和朱子学研究人才和后备力量；

4. 建立宋明理学和朱子学的研究信息资料库；

5. 组织开展宋明理学和朱子学科研成果的评奖活动。

第三章　组织机构与人员

第七条　本中心设中心主任一名，副主任若干人。秘书长一人，副秘书长若干人。由主任、副主任、秘书长等组成本中心主任会。

主任会的职责是：

1. 制定和修改章程；

2. 审议本中心发展规划，制定具体工作计划；

3. 筹备组织各类研讨会的召开；

4. 组织科研成果的评奖工作；

5. 审议中心财务。

第八条　中心设顾问委员会，由国内外知名专家学者、领导与社会名流等组成。由主管部门和主任会协商推荐、聘请。

第九条　本中心日常工作由秘书处负责，秘书长与副秘书长组成办公会议，负责处理中心的日常事务，并根据工作需要聘请若干工作人员。

第十条　本中心成立学术委员会。学术委员会设主任一名，副主任三名，学术秘书一至二人。学术委员会章程另行制定。

第十一条　本中心根据科研需要可向国内外聘请兼职研究人员，采取常任与非常任两种形式。研究人员的聘请事宜由主任会负责。

第十二条　进入本中心的研究人员有义务接受中心的有关工作安排，维护中心的名誉。研究人员应遵守学术道德规范，不得擅自使用中心的名义开展活动或发表、出版作品，不得从事违法违纪活动。对中心名誉造成严重损害的，中心有权终止、撤销其资格。

第四章　经费及管理

第十三条　本中心的经费主要由福建省南平市负责，可多方筹措。由武夷学院（筹）代为管理。

第十四条　承担中国社会科学院、福建社会科学院等有关部门交办的课题，接受委托课题经费。向全国、省、市申报有关的社会科学研究课题及经费资助。

第十五条　接受社会各界以及海外的资助和捐赠，必要时建立特定基金。

第十六条　本中心经费必须用于本章程规定的业务活动及事业的发展，不得在会员中分配。

第十七条　本中心财务按国家有关财务制度严格管理，并接受主管单位和领导机关及学院有关部门的监督、审计。

第五章　章程的修改程序

第十八条　对本中心的章程修改，由主任会提出后报主管单位审议，经同意后报社会事业单位登记管理机关核准后生效。

第六章　附　　则

第十九条　本章程由主办单位提出，经主管单位审议并经登记管理机关登记核准之日起生效。

第二十条　本章程由宋明理学研究中心主任会负责解释。本中心的终止须经主管单位批准。

宋明理学研究中心主任陈筠泉研究员在宋明理学研究中心成立庆典上的讲话

尊敬的朱佳木院长、黄瑞霖主席，各位领导和来宾：

首先，我代表福建社科院、中国社会科学院哲学所宋明理学研究中心，对各位百忙之中前来出席宋明理学研究中心成立仪式，表示热烈的欢迎和衷心的感谢！

武夷山是宋明理学和朱子学的重要发源地，是世界文化与自然双遗产地。在武夷山建立以宋明理学和朱子学为主要对象的研究中心，是一项对于研究整理传统文化、繁荣我国哲学社会科学具有重要意义的文化建设工程。

宋明理学研究中心的筹建，得到许多领导与专家的大力关心和支持。

全国人大副委员长李铁映同志非常关心这件事情。在武夷山建立宋明理学研究中心，就是在他任中共中央政治局委员兼中国社科院院长的时候提出的。

福建省领导高度重视铁映同志的建议。原福建省委书记宋德福、原省长习近平同志和现任省委书记卢展工、省长黄小晶等领导都亲自过问中心筹建之事。今天出席会议的黄瑞霖副主席更是将此事常系心中，他担任省委副书记期间先后三次亲临武夷学院视察指导工作，省政府汪毅夫副省长也曾经亲临武夷学院视察指导工作，他们都对中心的选址和建设作了重要指示。

去年十一月吴邦国委员长与王兆国、盛华仁副委员长在福建省委卢展工书记陪同下视察了武夷学院，他高度赞赏学院把宋明理学研究作为创建本科学院的研究特色。

中国社会科学院领导高度重视这项工作。王洛林原院长、冷溶院长、朱佳木副院长都非常关心这项工作，多次研究落实有关问题。

中国社科院哲学所的葛良志书记、福建社会科学院的严正院长和杨华基书记都亲自负责、直接领导推动了许多具体的筹建工作。

南平市委常委吴邦才副市长亲自担任南平市有关研究中心筹建工作的领导小组组长，直接领导推动了中心在武夷学院筹建的具体工作。

根据各级领导的指示，武夷学院承担了有关建设工作。基建工程先于2003年8月完成选址、设计，后于2003年底动工建设，直至2004年10月交付使用。为举办本次活动，武夷学院近期又投入上百万资金进行中心学术报告厅的装修、装备及环境布置。

正是由于各方面的共同努力，我们今天才可以在武夷山、在武夷学院这依山傍水的仿宋式建筑中举办这次盛会。

在这里，我代表研究中心向李铁映副委员长，向福建省和中国社会科学院领导和各位领导专家所给予的关心支持，对各有关单位的积极工作，表示衷心的感谢和崇高的敬意！

希望各位领导和专家学者，以及海内外朱子后裔继续关心和支持宋明理学研究。我们要在大家的关心支持下，团结协作，努力办好宋明理学研究中心，为时代和社会做出应有的贡献。

祝各位领导来宾工作顺利、身体健康！祝朱子文化节圆满成功！

福建省政协副主席黄瑞霖在宋明理学研究中心成立庆典上的讲话

尊敬的朱佳木院长，各位专家和来宾：

在全国人大李铁映副委员长的亲切关怀下，在中国社会科学院领导王洛林同志、冷溶同志、朱佳木同志的大力关心支持下，中国宋明理学研究中心今天在这里挂牌成立了。这是我省哲学社会科学发展和精神文化建设方面的一大喜事，是我省哲学社会科学界又一个重要的理论研究基地。

我代表福建省领导和福建哲学社会科学界专家学者，向中国社会科学院领导和哲学所的专家们，向到会的各位专家和来宾，表示诚挚的谢意！

武夷山具有深厚的历史文化底蕴，是世界自然与文化双重遗产地。在中国文化思想史上，武夷山具有独特的地位。这里是世界研究朱子理学乃至东方文化的一个重要基地，史称“道南理窟”。尤其是宋代哲学家、思想家、教育家朱熹在武夷山创立了朱子理学，也被称之为闽学。福建由之被称为“海滨邹鲁”、“理学名邦”，都是同朱熹分不开的。

著名思想史家蔡尚思教授高度评价了朱熹和武夷山，他写道：“东周出孔丘，南宋有朱熹；中国古文化，泰山与武夷”。

著名学者钱穆先生高度评价了朱熹在中国理学史上的地位。他说：“在中国历史上，前古有孔子，近古有朱子。此两人皆在中国学术思想史及中国文化史上发出莫大声光，留下莫大影响。旷观全史，恐无第三人堪与伦比。”

此外，武夷山还保留着茶文化、宗教文化、民俗文化等悠久的地域文化，具有多元文化的发展特征。在武夷山这样一个钟灵毓秀、人文荟萃的文化福地来建设“宋明理学研究中心”，不仅可以团结全国宋明理学和朱子学研究的专家学者，为繁荣和发展我国的哲学社会科学，促进先进文化事业，推进社会主义精神文明做出贡献；还可以提升武夷山作为国际旅游城市的知名度与品牌效应，促进海峡西岸经济区绿色腹地的闽北经济发展。

盛举逢盛世，盛世添喜事。在刚刚结束的党的十六届五中全会上，党中央给我们描绘了“十一五规划”的宏伟目标，这为我们福建省加快建设对外开放、协调发展、全面繁荣的海峡西岸经济区，全面建设小康社会，促进祖国统一进程提供了大好的环境和契机。我们要用马克思主义的立场观点和方法，研究和弘扬传统文化的精华，为全面建设小康社会做出更大的贡献。

祝中国社科院领导和各位专家工作顺利、身体健康！祝朱子文化节取得圆满成功！

中国社会科学院副院长朱佳木研究员在宋明理学研究中心成立庆典上的讲话

尊敬的黄瑞霖主席，各位领导和来宾：

首先，请允许我代表中国社科院对于福建社科院和中国社科院哲学所宋明理学中心的成立表示热烈祝贺！

刚才，陈主任介绍了中心筹建过程。借此机会，我代表中国社科院衷心感谢福建省领导的亲切关心！感谢省社科院、南平市和武夷学院所作的不懈努力！感谢海内外专家学者以及朱子后裔的大力支持！

宋明理学及朱子学是我国中古以后对我国社会并对国际特别是东南亚具有重要影响的中国传统思想和学说。朱熹作为宋明理学的集大成者，集传统文化精华于一说，大成新儒学传扬于天下，成为今日之武夷山世界文化与自然遗产的文化实体性要素。

在世界“双遗产地”——武夷山，在朱熹故里建设宋明理学研究中心，使之成为我国乃至于国际上知名的宋明理学和朱子学研究的基地，可以团结全国宋明理学和朱子学研究的专家学者，为繁荣和发展我国的哲学社会科学，构建先进文化事业，推进社会主义精神文明发挥积极作用。

最近召开的十六届五中全会通过了《国民经济和社会发展的十一五规划的建议》，这又一次激励全党和全国人民在新的发展起点上继续向全面建设小康社会的宏伟目标迈进。全面建设小康和建设社会主义和谐社会，赋予我们这个时代的哲学社会科学以不可推卸的历史重任。让我们以邓小平理论和“三个代表”重要思想为指导，树立和落实科学发展观，共同携手汲取传统文化精华，为繁荣和发展具有中国气派的哲学社会科学而不懈努力。

祝各位领导、来宾工作顺利、身体健康！祝朱子文化节圆满成功！祝宋明理学中心健康发展！

宋明理学研究中心第一次主任会议

宋明理学研究中心第一次主任会议纪要

地　点：武夷山市世纪桃源大酒店二楼小会议室

时　间：2005 年 10 月 19 日晚 9：30—11：00

参加人：中心主任、副主任、秘书长、副秘书长

主要议题：

一　介绍宋明理学研究中心的筹建过程；

二　讨论并通过宋明理学研究中心章程；

三　讨论并通过宋明理学研究中心的组织机构；

四　讨论宋明理学研究中心今后工作。

2005 年 10 月 19 日晚，宋明理学研究中心在世纪桃源大酒店二楼小会议室召开了研究中心第一次主任会议，宋明理学研究中心主任陈筠泉研究员主持了会议。

一　关于成立宋明理学研究中心的意义

中心副主任、南平市吴邦才副市长在发言中代表东道主南平市委市政府对中国社会科学院及福建社科院的领导、专家学者莅临宋明理学研究中心揭牌仪式和“朱子学与和谐社会”高峰论坛表示热烈欢迎；代表宋明理学研究中心筹建领导小组向主任会议汇报了研究中心的筹建过程，并对国家领导人、中国社会科学院、中国社科院哲学所、福建省委省政府、福建社科院、南平市委市政府、武夷山市委市政府、武夷学院党政等各级领导对研究中心热情关心和大力支持表示感谢。研究中心筹建从选址、设计、基建施工到室内装修共历时一年，基建资金投入 400 多万元，近期武夷学院（筹）为了迎接研究中心的揭牌仪式和“朱子学与和谐社会”高峰论坛又投入装修资金 120 多万元，共计投入 500 多万元。研究中心已申请并被福建省编委正式批准为事业单位，这将为研究中心今后开展工作带来极大的方便。吴邦才副市长进一步表示南平市委市政府将一如既往地关心和支持研究中心。

武夷学院（筹）张祖英校长在讲话中对各级领导给予研究中心的关怀和支持表示由衷的感谢，并代表研究中心的依托单位武夷学院（筹）表示一定竭尽全力，尽地主之谊，做好研究中心的日常管理工作，为推动宋明理学的研究工作作出应有的贡献。

中国社会科学院哲学研究所党委书记葛良志在发言中指出，宋明理学研究中心的建立，得到中国社会科学院领导的高度重视，并纳入院务会议专题讨论，哲学所也非常重视研究中心的筹建工作，在各级领导的关心和支持下，研究中心终于正式成立了，这是各方共同努力的结果，他对此表示非常感

谢。他认为，研究中心采取事业单位的运作机制，为研究中心提供了极大的方便。谈到研究中心的组织机构和组成人员时，葛书记指出，主任、副主任、秘书长、副秘书长人选的产生，也是经多方协商的结果，其中既考虑到民主的原则，又考虑到组成人员的代表性，还要考虑到运作机制上的方便。他对研究中心今后的发展充满信心，并预祝研究中心办出特色，办出成绩。最后葛书记表示，今后研究中心需要哲学所帮助的地方，哲学所一定大力支持。

陈筠泉主任指出，成立宋明理学研究中心是中国社科院要做的，也是做得最成功的一件事。研究中心的成立将在学术研究上发挥重大影响。他提议会后还要就此事专门向一直关心支持研究中心建立的李铁映副委员长汇报，希望铁映副委员长能拨冗莅临研究中心亲作指示。

二　讨论并通过宋明理学研究中心章程

会议逐字逐句审议了《宋明理学研究中心章程》对章程的一些细节提出了修改意见。在经过充分讨论后，一致通过了研究中心《章程》。

三　讨论并通过宋明理学研究中心的组织机构

主任会议在讨论研究中心组成人员时，增补了张廷枋、张品端两位副秘书长；增补了张立文、葛荣晋、束景南三位学术委员。

四　讨论并通过宋明理学研究中心未来的工作设想

陈筠泉主任对研究中心今后工作，提出如下建设性的意见：

1. 制作研究中心的宣传折页，力求图文并茂。

2. 定期召开影响较大、层次较高的全国性的学术研讨会。

3. 召开有国际汉学家参加的国际性的学术研讨会。

4. 尽可能多地争取各种形式的研究课题，如社科基金课题、委托课题、中科院课题等。

5. 考虑在研究中心开展讲学活动并招收研究生。

6. 组织几年一次的宋明理学研究的学术评奖活动。

7. 制作相关学术活动的电视专题片，借以扩大研究中心的学术影响。

8. 全面搜集整理宋明理学研究的文献、图片、实物资料，力求建设成国内宋明理学研究资料最齐全的资料库。

杨国学教授就研究中心的指导思想、研究定位、目标设想、资料建设、工作机制、研究队伍建设以及具体的工作计划做了发言。杨教授认为：

1. 研究中心的目标定位：它不仅是宋明理学和朱子学的研究基地，新兴交叉学科的孵化器和思想库，而且还应成为哲学与人文社会科学的人才培养基地，联系海内外宋明理学和朱子学研究学者和朱子后裔的桥梁和纽带。

2. 研究中心的工作设想：应该加强理学典籍的整理；把理论研究与构建和谐社会的现实需求相结合；宋明理学的研究还应与武夷地方文化研究相结合。

3. 研究中心的资料建设：建议充分利用各种新闻媒体，在全球范围征集相关文献资料，力求资料的齐全完备。

4. 研究中心的工作机制：建议可实行开放性的首席专家负责下的课题招标制；建议中国社会科学院哲学研究所在研究中心设立博士后流动工作站。

2005年10月23日

宋明理学研究中心秘书长办公会议

（1）第一次秘书长办公会议纪要

地　点：宋明理学研究中心办公室
时　间：2005 年 10 月 21 日
参加人：秘书长、副秘书长、办公室主任
主要议题：
一　对宋明理学研究中心揭牌仪式和“朱子学与和谐社会”高峰论坛活动进行总结；
二　秘书长、副秘书长的工作职责分工；
三　近期工作部署。

2005 年 10 月 21 日晚，第一次秘书长会议在宋明理学研究中心办公室举行，会议由常务副秘书长姚进生主持。会议对宋明理学研究中心挂牌仪式及“朱子学与和谐社会”高峰论坛活动进行了总结；对正副秘书长的工作进行了分工；对近期工作进行了研讨安排。

一　对宋明理学研究中心揭牌仪式和“朱子学与和谐社会”高峰论坛活动进行总结

中心副主任兼秘书长张祖英对与会工作人员的辛勤工作表示感谢，对整个活动总结了四点：

1. 四个顺利：顺利举行了宋明理学研究中心揭牌仪式和“朱子学与和谐社会”高峰论坛的预备会议；顺利召开了宋明理学研究中心主任会议；顺利举行了宋明理学中心挂牌仪式；顺利举行了“朱子学与和谐社会”高峰论坛。活动圆满，达到了预期的目标。

2. 成效较好：活动达到了广交四方朋友、活跃学术氛围、扩大学术交流的目的。高峰论坛参会单位 37 家，与会学者 71 位，其中正高职称 24 人，参会论文 38 篇，大会宣读 11 篇，大会规格档次高，学术论文水平高，许多论文属于原创性学术成果。

3. 影响较广：中央、省、南平市及武夷山市的新闻媒体 10 余家参与了宋明理学研究中心的揭牌仪式和“朱子学与和谐社会”高峰论坛的采访和报道，扩大了中心的影响。

4. 存在问题：资料的收集不够全面和充分，许多与会学者的学术研究成果、代表作、照片等资料未能采集下来；高峰论坛的时间安排稍嫌紧张，宣读论文人员不多，没能开展必要的学术讨论，也来不及安排与会学者参观校园及武夷山主要文化景观，美中不足。

最后，张祖英秘书长强调一定要尽职尽责，竭尽全力，做好研究中心和高峰论坛的善后事宜，把研究中心主任会议委托交付的大会论文集的编辑出版工作做好。

二　秘书长、副秘书长工作分工

秘书长会议还对正副秘书长的分工做了安排：

1. 秘书长张祖英负责研究中心的全面工作。

2. 常务副秘书长姚进生协助秘书长全面

协调研究中心日常工作，负责日常财务计划和财务审批。

3. 副秘书长张廷枋负责研究中心的科研立项和申报工作，整合武夷学院（等）校内的科研力量。

4. 副秘书长杨国学负责研究中心的学术研究和学术拓展。

5. 副秘书长张品端负责闽北地区宋明理学研究力量的整合与国内外宋明理学研究人员的联系。

6. 副秘书长赵健全负责研究中心档案资料的整理；中心网站的建立和管理；中心的资产管理。

7. 研究中心下设办公室，朱平安任办公室主任，另配一名办公室专职干事。

三 近期工作安排

1. 高峰论坛的资料整理（朱平安负责）。

2. 制作研究中心的宣传折页（赵健全负责）。

3. 制定2006年研究中心工作计划、中心五年规划、筹备在近期召开一次闽北宋明理学研究人员参加的学术研讨会（杨国学负责）。

4. 筹措研究中心的研究经费。

5. 加强研究中心资料的收集和整理。

6. 建立研究中心的宋明理学研究基金。

7. 加快武夷文化研究年鉴的编辑出版工作。

8. 各位秘书长研究各自的工作分工，尽快拿出一份工作计划供下次秘书长会议讨论。

2005年10月24日

（2）第二次秘书长办公会议纪要

时　　间：2005年11月28日

地　　点：张祖英校长办公室

参加人员：中心正副秘书长

会议主持：姚进生常务副秘书长

记　　录：办公室主任朱平安

主要议题：

一　闽北武夷文化研究力量整合问题；

二　研究中心五年规划及2006年工作计划；

三　武夷文化研究所五年规划及2006年工作计划；

四　宋明理学和武夷文化研究支持计划；

五　武夷学者支持计划和研究生学位论文支持计划。

会议由姚进生常务副秘书长主持，经过充分讨论，通过了下列工作计划：

1. 张品端副秘书长根据南平市委常委会议精神，提出关于南平市朱熹研究中心与宋明理学研究中心整合的方案。

2. 各位副秘书长汇报了第一次秘书长办公会议所布置工作的进展情况，并就下一阶段研究中心的工作做了安排。

3. 讨论并通过了《宋明理学研究中心五年规划》及2006年《工作计划》。

4. 讨论并通过了《武夷文化研究所五年规划》及2006年《工作计划》。

5. 讨论并通过了《宋明理学和武夷文化研究支持计划》。

6. 讨论并通过了《宋明理学研究中心（武夷学院）（筹）武夷学者支持计划》。

7. 讨论并通过了《宋明理学研究中心（武夷学院）（筹）研究生学位论文支持计划》。

8. 最后，张祖英秘书长作了总结发言并布置了今后工作。

宋明理学研究中心秘书处

2005年12月1日（星期四）

宋明理学研究中心五年发展规划

指导思想：

以邓小平理论和“三个代表”重要思想为指导，团结海内外宋明理学和朱子学研究的专家学者，深入地、富有创造性地开展宋明理学和朱子学及其与当代社会重大问题的研究，弘扬中华民族文化优秀传统，进一步繁荣、发展哲学社会科学，树立和落实科学发展观，构建和谐社会，推动海峡两岸和国内外学术与文化交流，提升武夷山“世界双重遗产”的品牌效应，使之成为国内外有影响的宋明理学和朱子学研究基地之一，成为联系海峡两岸和海内外宋明理学与朱子学研究、联系宋明理学和朱子学各学派传人及其后裔的桥梁与纽带之一。

一　总体目标

1. 初步建成在国内外有一定影响的宋明理学研究的基地之一；

2. 初步建成福建省人文社会科学多学科交叉融合的研究平台之一；

3. 初步建成海峡西岸经济区绿色腹地经济与社会发展的策略源和人文社科研究基地之一；

二　科研目标

1. 第一步（2006—2008 年）：确定目标，选好突破口，获取阶段性成果。

（1）以研究中心名义申请获取不少于 3 项国家哲学社科研究资助项目；

（2）以研究中心名义申请获取 3 项以上福建省省级哲学社科研究项目；

（3）完成自选项目“宋明理学典籍整理”中的第一、二两辑（约 20 本书）的整理出版工作。

（4）与国内外高校或科研院所或经济实体联合，举办 2—3 次全国性或国际宋明理学学术研讨会；

（5）探索创立一套福建社科院和中国社科院哲学所专家和硕士、博士研究生或博士后进驻中心工作的长效机制。

2. 第二步（2009—2010 年）：争取省级和国家级哲学社会科学优秀成果奖。

（1）继续申请 2—3 项国家和省级哲学社科研究资助项目，其中包括 1 项自选项目申请获准为国家级项目；

（2）继续完成“宋明理学典籍整理”第三辑（约 12 本书）的整理出版；

（3）积极创造条件，争取获得 2 项国家级哲学社会科学优秀成果奖；

（4）争取获得3项省级哲学社会科学优秀成果奖。

三 队伍建设

鉴于研究中心的主办单位福建社科院和中国社科院哲学所不在中心所在地，除院所派专家和各层次研究生进入中心开展研究与教学工作外，法人即秘书长单位武夷学院（等）根据福建省批准的事业单位管理体制，逐步申请一定数额的固定编制，争取在十一五期间，中心在编人员达到8人，其中博士2人，硕士2人，高级职称占80%。

四 人才培养

中心主办单位福建社科院和中国社科院哲学所积极承担为武夷学院培养高层次科研与教学骨干的责任，进入中心开展阶段性工作的专家、学者开设一门选修课或2—3次专题讲座，担任1—2名青年教师导师。

五 图书资料建设

不惜代价，在全国内外收集宋明理学和武夷文化研究方面的图书资料，除利用网络和其他媒体征集外，派专人专程赴各地收购（包括复印），务求齐全，将研究中心资料室真正建成有影响的宋明理学研究资料库。

六 信息体系

1. 2006年前建起“宋明理学研究中心”网站，及时发布和采集相关信息，进行经常性更新、调整、完善，以之作为中心秘书处与各位领导、顾问、学术委员会成员、海内外相关专家学者及学术机构建立和保持联系的便捷渠道。

2. 建立相对完善的其他通讯系统。

七 运作机制

科研采用全方位开放式管理，运作方案由主任会议责成秘书长办公会议拟订，经主任会议或通讯会议审定后，由秘书处负责组织实施。

1. 申请国家级和省级科研项目，在福建社会科学院和中国社科院哲学所指导下申报；以中心名义申请获准立项的课题，武夷学院（筹）给予一定的经费资助。

2. 秘书长办公会议拟订自选《课题指南》，通过招标方式吸引省内外、海内外专家学者参与，武夷学院（筹）参考国家或福建省同等课题的资助标准，给予经费支持。

具体实施办法另订。

宋明理学研究中心秘书处
2005年11月25日

宋明理学研究中心特聘教授（武夷学者）计划

（2005年11月30日第二次秘书长办公会议讨论通过）

本研究中心是由福建社会科学院和中国社会科学院哲学研究所共同主办，设在武夷学院（筹）的一所以宋明理学和朱子学为主要对象的、具有独立法人资格的研究机构。为了团结海内外宋明理学和朱子学研究的专家学者，深入而富有创造性地开展宋明理学和朱子学与当代社会重大问题的研究，弘扬中华民族文化优秀传统，进一步繁荣、发展哲学社会科学，构建和谐社会，推动海峡两岸和国内外学术与文化交流，提升武夷山“世界双重遗产”的品牌效应，将研究中心建成为宋明理学和朱子学研究基地之一，发挥联系海峡两岸和海内外宋明理学与朱子学研究学者及其后裔的桥梁与纽带作用，特制订本办法。

一 研究方向

宋明理学与朱子学，世界遗产武夷文化。

二 招聘条件

（1）学术造诣深厚，学风严谨，在相关学科的研究领域取得国内外公认的重要成就。

（2）所从事的相关学科的研究在本学科领域内具有前沿性和前瞻性，具备带领本学科建设达到先进水平的能力。

（3）胜任本学科核心课程的教学工作。

（4）国内应聘者应具有教授或相应专业技术职务，国外应聘者应有担任高水平大学助理教授及以上职位或其他相应职位。

（5）原则上年龄不超过60周岁。

（6）能够全面履行特聘教授的岗位职责，特聘教授一个聘期连续在岗工作时间一般在3~5个月内，根据本人申请和研究中心的工作需要，可续聘。

（7）身体健康，品德优良，作风正派，具有团队协作精神及组织领导能力。

三 聘期待遇

（1）武夷学院（筹）为武夷学者（特聘教授）提供每月10000元报酬（含个人所得税在内）。

（2）提供必要的科研条件。

（3）聘期内免费提供住房一套（水电费和通讯费自理）。

（4）报销往返武夷学院（筹）交通费一次。

四 应聘材料和程序

（1）个人基本情况介绍材料（包括学历、学位、专业技术职务聘书和其他必要的证明材料复印件及工作简历）。

（2）已发表的具有创新性的重要科研成果目录。

（3）科研项目立项证明、科研成果获奖证书（可以为复印件）。

（4）候选人在国外任职或在国内担任重要职务的任职证明。

（5）在国际学术会议上担任职务的证明以及作大会报告、特邀报告的邀请信或通知复印件。

（6）关于特聘教授具体科研计划和预期目标。

（7）经中心学术委员会评议筛选后与中心秘书长签约生效。

五 特聘教授(武夷学者)的工作任务

（1）担任本学科一门核心课程的教学任务或至少开设两次学术讲座。

（2）一个聘期内以武夷学院暨宋明理学研究中心名义在一级刊物发表论文一篇或在核心刊物发表论文两篇。

（3）担任两名以上相关学科研究方向科研人员的指导教师。

宋明理学研究中心(武夷学院)研究生培养及学位论文支持计划

（2005年11月30日第二次秘书长办公会议讨论通过）

武夷山素有“道南理窟”、“闽邦邹鲁”之称，是朱子学的发祥地和宋明理学的重要发源地之一，是世界文化与自然双重遗产地，有深厚的历史文化积淀和悠久的学术传统。为加强我校学科建设，推动宋明理学和武夷文化的研究，特制订本中心研究生培养和研究生学位论文支持计划 。

一　研究方向

宋明理学与朱子学、世界遗产、武夷文化。

二　研究生培养计划

1. 主要依托本中心主办单位（福建社会科学院和中国社会科学院哲学所），学术委员会成员单位（中科院历史所、清华大学、中国人民大学、北京师范大学、华东师范大学、浙江大学、厦门大学等）和对口支援单位福州大学，招收相关研究方向的脱产或在职申请学位研究生，前两年在原单位学习，最后一年在研究中心完成学位论文。

2. 与国内其他高等院校和科研机构联合招收相关研究方向的在职或脱产研究生。

三　研究生学位论文支持计划

1. 支持条件：

（1）凡国内外高等院校和科研机构从事相关研究方向的硕士、博士以及博士后学位论文均在支持之列。

（2）被支持者身体健康，品德优良，作风正派，有团队协作精神。

（3）有一定的学术造诣，学风严谨，所从事的科学研究在本学科领域内具有创新性和前瞻性。

（4）凡获取本中心支持的学位论文完成者均须经原导师同意，本中心可配备一名指导教师（可自带课题）。

2. 工作期间待遇：

（1）研究中心提供硕士生每月 500 元生活补贴，博士生每月 800 元生活补贴，博士后每月 2000 元生活补贴，已经获得教授任职资格的博士后参照“武夷学者”待遇双方商定执行（均含所得税在内）。

（2）本中心提供必要的科研条件。

（3）本中心免费提供住房一套（水电费、通讯费自理）。

（4）本中心报销往返武夷学院（筹）路费一次。

3. 工作要求：

（1）享受学位论文支持期间，博士至少开设一次学术讲座，博士后至少开设两次学术讲座。

（2）积极参加本中心的学科建设和学术活动。

（3）其学位论著发表时，除原就读单位外，应标明为宋明理学研究中心（或武夷学院）支持项目。

三　2005 年武夷文化大事记

- 1月7日，南平市副市长吴邦才将审阅后的南平市武夷文化研究院组成人员名单交秘书处赵健全同志，拟于春节后适当时机举行武夷文化研究院迁址庆典。
- 2月17日（星期四）下午，吴邦才副市长召集南平师专党委副书记姚进生等，在市政府大楼研究武夷文化研究院迁址庆典暨武夷文化论坛筹备工作。决定：迁址时间定在3月12日；与会人员根据需要邀请，由秘书处拟出活动安排表。
- 3月12日，南平市武夷文化研究院正式迁入武夷学院（筹）即南平师专，迁址庆典暨武夷文化论坛在筹建中的福建社会科学院和中国社会科学院哲学所宋明理学研究中心国际学术报告厅隆重举行。上午9时许，迁址庆典揭牌仪式开始，南平市人大常委会主任、武夷文化研究院名誉院长徐肖剑和南平市副市长、武夷文化研究院院长吴邦才揭牌；徐肖剑主任致词，吴邦才副市长作了题为《武夷文化研究新的跨越》的重要讲话。庆典由南平师专党委书记、武夷文化研究院副院长何三保副研究员主持。出席会议的领导利用会议间隙，在宋明理学研究中心北侧，冒雨种下了两颗红豆杉。下午大雪纷飞，武夷山一片银装素裹。下午，武夷文化研究论坛在南平师专党委副书记、武夷文化研究院秘书长姚进生副教授主持下，进行了学术交流。南平师专中文系教授杨国学，南平师专管理系教授、博士生导师董四代，南平师专旅游系主任、武夷山市馨欣旅游科学研究所所长周作明教授，武夷文化研究院副秘书长杨金鑫研究员，武夷山朱熹研究中心秘书长张品端副研究员等多位专家发言，交流了研究成果。
- 4月7日，武夷学院（筹）校长张祖英教授主持召开部分系部负责人和学术委员会成员会议，科研处长张廷枋教授传达了福建省教育厅关于在全省重点院校依托重点学科建设省级重点实验室和省级人文社科研究基地的精神。会上确定武夷学院（筹）虽非重点院校，但应依托即将成立的宋明理学研究中心，申报建设以世界双遗产为研究内容的人文社科研究基地，参加评审。
- 4月14日，中共南平师专委员会讨论决定，成立武夷文化研究所，暂定编制3人，由中文系教授杨国学任所长，研究所办公地点设在宋明理学研究中心楼内。该研究所是本校实体性研究机构。
- 4月19日，张祖英校长主持召开学术委员会，就“武夷文化”的定义和省级人文社科研究基地的申请报告初稿，进行了论证。
- 4月22日，科研处长张廷枋教授召集4人起草小组讨论申请报告修改稿，将基地名称确定为“世界遗产武夷文化研究基地”并将讨论意见报告了张祖英校长。
- 4月26日，在根据学校《青年教师学术研究支持计划》申请立项的课题中，中文系张大烛副教授申报的“武夷山九曲溪诗歌研究”、来玉英副教授申报的“武夷文论研究”、艺术系陈铎副教授申报的“武夷版画研究”、李亮讲师申报的“后武夷文化研究”、基础部叶秀娜讲师申报的“武夷山民俗宗教音乐研究”等武夷文化研究项目通过学术委员会评审，获得了1000—5000元不等的课题资助。
- 4月19日—4月27日，校长张祖英教授在经北京赴韩国出席“中韩妇女领导人论坛”期间，向中国社科院常务副院长冷溶研究员汇报了宋明理学研究中心筹建工作，并与中国社会科学科技局副局长吴尚民研究员、哲学所常委书记葛良志研究员、哲学所所长助理谢地坤研究员进一步商讨了研究中心筹建工作。同时，邀请著名历史学家、清华大学李学勤教授担任宋明理学中心学术委员会主任。

- 4月30日，武夷文化研究所所长杨国学教授和兼职副研究员项小玲副教授参加了在漳州师范学院举行的福建省古代文学研究会换届选举暨学术年会，杨国学、项小玲和张大烛副教授同时当选为福建省文学研究会理事。杨国学教授根据会议所确定的主题之一——“地方文化与古代文学”，在会上宣讲了论文《建设校本特色课程　弘扬武夷文化》要点，得到与会专家的高度赞赏。
- 5月9—11日，张祖英校长带领科研处长张廷枋教授和武夷文化研究所所长杨国学教授，到福州分别向省委副书记黄瑞霖、教育厅领导和科技处汇报了申请福建省高校人文社科研究基地的事宜，得到了领导的鼓励。
- 5月11日，姚进生副书记与赵健全在南平市政府22层会议室，参加陈国发副秘书长主持的武夷文化研究院相关物品的移交仪式。
- 5月22日，张祖英校长、裘国伟副校长、全国《西游记》文化研究会副会长杨国学教授专程前往顺昌县对国家文物保护单位宝山寺，特别是宝山以元代“齐天大圣”、“通天大圣”石碑和“水母娘娘”雕像为代表的大武夷猴文化现象进行了学术考察，听取了顺昌县博物馆馆长、南平市武夷文化研究院副研究员王益民的详细介绍并进行了有意义的学术交流。
- 6月2日，南平市副市长、武夷文化研究院院长吴邦才和武夷学院（筹）校长张祖英一同赴北京与中国社会科学院有关方面领导会商宋明理学研究中心成立事宜。
- 6月14日，张祖英校长在张廷枋教授、杨国学教授、赵健全主任陪同下考察了位于九曲风景区核心的武夷书院，武夷山朱熹纪念馆馆长张品端接待并陪同考察。张校长一行还集中讨论了朱子文化节的筹备工作。
- 7月2日，姚进生副书记受张校长委派，到福州参加定于当日举行的省委宣传部部务会议。向部务会议汇报我校筹建宋明理学研究中心的各项准备工作。
- 7月5—7日，福建省社会科学院院长严正研究员一行四人，到武夷学院（筹）考察宋明理学研究中心建设问题，校长张祖英教授、校长助理张廷枋教授和基础部主任赵健全副教授陪同考察和参观。
- 8月11—12日，姚进生副书记与赵健全到南平文化局双溪楼，与武夷文化研究院原秘书长赵凯利商谈武夷文化研究院相关资料移交等事宜，取回了历年的《武夷文化研究》刊物。
- 8月11日下午，姚进生副书记与赵健全，到闽北朱熹研究中心与秘书长张品端一起讨论朱子文化节筹备工作。
- 8月17日，张祖英校长召集校内有关人员，讨论南平市朱子文化节准备工作，姚进生副书记就我校所承担的任务进行了部署。
- 9月28日，中共福建省委机构编制委员会正式批复宋明理学研究中心为福建社会科学院主管的事业单位，设在武夷学院。
- 9月28日武夷学院（筹）中文系和武夷文化研究所联合主办的“武夷文化节”

正式拉开帷幕，其中的“朱子学与和谐社会”学术活动板块于10月20日、21日与南平市朱子文化节学术高峰论坛对接。

- 10月19日晚，宋明理学研究中心第一次主任会议在世纪桃源大酒店二楼小会议室举行，宋明理学研究中心主任陈筠泉主持了会议。会议讨论并通过宋明理学研究中心章程、宋明理学研究中心的组织机构设置及主要组成人员等事宜。
- 10月20日，福建社会科学院和中国社会科学院哲学研究所联合主办的宋明理学研究中心在武夷学院（筹）隆重举行成立挂牌庆典。宋明理学研究中心顾问、福建省政协副主席黄瑞霖，中国社会科学院副院长朱佳木，中国社会科学院学术咨询委员会副秘书长，宋明理学研究中心主任陈筠泉研究员，中共南平市委书记徐谦，南平市委常委兼政府副市长吴邦才，福建省委宣传部副部长马照南，南平市委常委兼武夷山市委书记郭跃进，武夷学院党委书记何三宝等领导同志出席了庆典。武夷学院（筹）校长张祖英教授主持庆典。
- 10月20日，由中国社会科学院哲学研究所、福建社会科学院和武夷学院（筹）联合主办的“朱子学与和谐社会”高峰论坛在宋明理学研究中心举行，论坛由宋明理学研究中心主任陈筠泉研究员主持。中国社会科学院哲学所、北京大学、中国人民大学、清华大学、国防大学、厦门大学等37家高等院校和学术机构的专家学者参加了会议，会议收到论文38篇。
- 10月21日晚，举行了宋明理学研究中心第一次秘书长办公会议，会议由常务副秘书长姚进生主持。张祖英秘书长对宋明理学研究中心挂牌仪式及“朱子学与和谐社会”高峰论坛活动进行了总结；对正副秘书长的工作进行了分工；对近期工作进行了研讨安排。
- 10月28日，福建社会科学院闽社科［2005］50号文件任命张祖英校长任宋明理学研究中心秘书长，且为该中心的法人代表。
- 11月上旬，经宋明理学研究中心和武夷文化研究院秘书长办公会议研究，拟于2005年年底以前，举行闽北地区大武夷文化与朱子学学术研讨会，拟就以下问题开展讨论：1. 交流开展研究工作的经验和存在问题；2. 商讨资源与力量整合的方法、途径与资源共享、相互协作事宜；3. 宣讲交流论文。目前已以宋明理学研究中心和武夷文化研究院名义向全市各县市发出闽北地区武夷文化暨朱子学学术研讨会的预通知70余份，反响热烈。
- 11月20日（星期天）参加海峡两岸高校校长论坛的校长一行三十余人，莅临我校和宋明理学研究中心参观考察。校长们对宋明理学研究中心寄予厚望，并对宋明理学研究资料的搜集与整理提出了宝贵的建议。
- 11月28日，第二次秘书长会议在宋明理学研究中心办公室召开，会议由常务副秘书长姚进生主持。

  会议议题：

  张品端副秘书长通报了南平市委宣传部关于闽北武夷文化研究力量整合的意见及进展情况。

  各位副秘书长汇报第一次秘书长办公会议所布置工作的进展情况。

  讨论通过了研究中心《五年发展规划》及《2006年工作计划》等。

  讨论通过了《武夷学者和研究生学位论文支持计划》。

讨论通过了《宋明理学和武夷文化研究支持计划》。
讨论通过了《武夷文化研究所五年规划》及《2006 年工作计划》。
张祖英秘书长总结发言并布置了今后的工作。
起草了《宋明理学研究中心简介》折页，送审通过后印刷。

四　历史回眸

（一）朱子学宋明理学与武夷文化2005年论文索引

朱熹研究

赵蓓：《朱熹理学的科学精神再探》，载《船山学刊》2005 年第 1 期。

姚丽春：《婺源“茶痴”的朱熹情结和他的“茶博园”》，载《农业考古》2005 年第 4 期。

贾志扬、潘海桃：《朱熹与白鹿洞书院的复兴（1179—1181）》，载《湖南大学学报》（社会科学版）2005 年第 6 期。

李兵、袁建辉：《南宋前期新儒学对书院发展的影响探析》，载《湖南大学学报》（社会科学版）2005 年第 6 期。

田浩、黄梓根：《宋代中国的儒家书院》，载《湖南大学学报》（社会科学版）2005 年第 6 期。

王先霈：《理学家的情欲心理思想与艺术心理的关系》，载《湖北民族学院学报》（哲学社会科学版）2005 年第 5 期。

高志明：《爱情的白日梦——〈蒹葭〉主题辨析》，载《云南电大学报》2005 年第 4 期。

刘蓉：《静坐与理学家的为学修身》，载《山东体育学院学报》2005 年第 5 期。

马刘凤、张加红：《朱熹与刻书》，载《山东图书馆季刊》2005 年第 4 期。

陈寅龙：《西山之望，直继晦翁——福建浦城真西山故居考察》，载《南方文物》2005 年第 4 期。

潘荣生：《感受武夷九曲溪》，载《红豆》2005 年第 8 期。

刘保庆：《朱熹的读书观》，载《作文世界》（小学）2005 年第 12 期。

陈家生：《格物致知　即物穷理——朱熹咏物诗的理学思想内蕴》，载《忻州师范学院学报》2005 年第 6 期。

张燕：《解读宋儒理欲之辨》，载《邢台学院学报》2005 年第 4 期。

李福标：《说韩愈文集的两个注本》，载《学术研究》2005 年第 11 期。

郭学信：《论宋代士大夫对道德理性精神的弘扬》，载《许昌学院学报》2005 年第 6 期。

朱承、任宁：《朱熹格物学说的倾向和矛盾》，载《许昌学院学报》2005 年第 6 期。

江海、张斌：《儒家思想发展史上的性觉与性寂之争》，载陕西省行政学院：《陕西省经济管理干部学院学报》2005 年第 4 期。

郭学信：《试论宋学的时代精神》，载《山东师范大学学报》（人文社会科学版）2005 年第 6 期。

彭林：《论丁若镛对朱熹〈中庸章句〉

心性说的批评》，载《清华大学学报》（哲学社会科学版）2005 年第 6 期。

李士金：《朱熹“天生成腔子”说意蕴探析》，载《南开学报》（哲学社会科学版）2005 年第 6 期。

张元：《朱子讲历史之一：春秋时代的大势》，载《历史教学》2005 年第 12 期。

胡小林：《朱熹与王守仁的知行观》，载《孔子研究》2005 年第 6 期。

周茶仙、夏绪仁：《朱熹的商业理念及其影响》，载《江西社会科学》2005 年第 11 期。

叶芳：《朱熹理学与传统文化资源》，载《江西社会科学》2005 年第 11 期。

程继红：《在理学与文学的交通线上——论南宋交通新“十”字构架在朱熹理学与稼轩词派传播中的意义》，载《江西社会科学》2005 年第 11 期。

谢晓东：《走向圆融——朱熹的理学诠释学原则探析》，载《江淮论坛》2005 年第 6 期。

杨华：《简论宋朝家训文献中的道德教育》，载《甘肃理论学刊》2005 年第 6 期。

谢晓东：《朱熹之理学诠释学原则探析》，载《福建论坛》（人文社会科学版）2005 年第 11 期。

张燕伶：《从“格致”论看朱熹的科学理性精神》，载《北京工业大学学报》（社会科学版）2005 年第 4 期。

李少毅：《也谈〈观书有感〉的所言之志》，载《中学语文教学》2005 年第 11 期。

周梦江、陈凡男：《陈亮永嘉之行及其目的》，载《浙江社会科学》2005 年第 6 期。

杨瑞：《从明淡生堂抄本〈周益公文集〉所收祭文重读被余英时先生误读的诗歌》，载《浙江大学学报》（人文社会科学版）2005 年第 6 期。

程林：《胡煦对朱熹易学的批评》，载《信阳师范学院学报》（哲学社会科学版）2005 年第 6 期。

伏涤修：《未觉诗情与道妨，尽除理障出理趣——朱熹〈观书有感二首〉赏析》，载《名作欣赏》2005 年第 23 期。

黎烈南、黎皓：《多重美感　多种境界——读朱熹〈观书有感〉（其一）》，载《名作欣赏》2005 年第 23 期。

曾繁相：《闽学对清代台湾教育的影响略论》，载《教育评论》2005 年第 5 期。

《朱子文化研讨会在朱熹诞生地尤溪县召开》，载《教育评论》2005 年第 5 期。

刘佩芝、冯会明：《朱熹复兴白鹿洞书院探源》，载《江西社会科学》2005 年第 10 期。

苏敏、徐炳兴：《朱熹与〈周易参同契考异〉》，载《江西社会科学》2005 年第 10 期。

徐公喜：《以朱子学为例看中国哲学发展方向》，载《江西社会科学》2005 年第 10 期。

李未醉、许正昊：《朱熹哲学思想对越南社会的影响》，载《贵州社会科学》2005 年第 6 期。

钟华勇、崔华前：《试析朱熹的德育方法》，载《郑州航空工业管理学院学报》（社会科学版）2005 年第 5 期。

邓莹辉：《试论宋代理学文学“感物道情”的特点》，载《漳州师范学院学报》（哲学社会科学版）2005 年第 3 期。

杨新：跋《婺源朱氏祖卷》，载《中国历史文物》2005 年第 1 期。

彭会资、彭强民：《析之极其精，合之尽其大——略论朱熹的科学思维》，载《玉林师范学院学报》2005 年第 4 期。

朱熹：《跋韩魏公与欧阳文忠公帖》，载《阅读与鉴赏》（高中版）2005 年第

10 期。

庞桥：《朱熹教育哲学思想浅论》，载《西北大学学报》（哲学社会科学版）2005 年第 6 期。

刘娟娟：《〈四书〉思想理论探微》，载《文教资料》2005 年第 24 期。

高建立：《南宋道学异端：陈亮思想的唯物主义性质分析》，载《聊城大学学报》（社会科学版）2005 年第 5 期。

朱惠嫣：《从题诗看朱熹与佛教之关系》，载《三明学院学报》2005 年第 3 期。

范立舟：《论两宋理学家的政治理想》，载《政治学研究》2005 年第 1 期。

吴怿：《周敦颐“濂溪”之名考辨》，载《南昌高专学报》2005 年第 5 期。

任俊华、李朝辉：《〈中庸〉主旨论》，载《理论学刊》2005 年第 11 期。

王祥：《为有源头活水来——读朱熹〈观书有感〉》，载《课外语文》（初中）2005 年第 10 期。

余家春：《论朱熹的童蒙教育思想》，载《晋中学院学报》2005 年第 5 期。

赵载光：《王船山对宋明性道之学的总结、批判与弘扬》，载《衡阳师范学院学报》2005 年第 4 期。

鲁芳：《宋明理学“诚”“心”关系之三个层面》，载《湖南师范大学社会科学学报》2005 年第 5 期。

李文波：《试论朱熹对〈中庸〉的“发现”与“重构”》，载《华南师范大学学报》（社会科学版）2005 年第 4 期。

张体云、詹向红：《论朱熹伦理精神与当代社会诚信建设》，载《合肥学院学报》（社会科学版）2005 年第 4 期。

张成权：《“中和”说：朱熹理学体系的第一块基石》，载《合肥学院学报》（社会科学版）2005 年第 4 期。

邹其昌：《论朱熹“讽诵涵泳”的心理流程——朱熹诗经诠释学美学诠释方式研究之一》，载《湖北大学学报》（哲学社会科学版）2005 年第 6 期。

刘果：《从〈四书章句集注〉看构建和谐社会》，载《桂林航天工业高等专科学校学报》2005 年第 4 期。

史少博：《朱熹心性论和易学的关系》，载《德州学院学报》2005 年第 5 期。

张劲松：《论古代书院的德育传统》，载《沧桑》2005 年第 5 期。

陈国代：《朱熹与中医古籍》，载《中医药学刊》2005 年第 9 期。

郭武：《元代净明道与朱、陆之学关系略论》，载《宗教学研究》2005 年第 2 期。

麻桑：《叶适功利儒家伦理观管窥——以“义”“利”“害”范畴之解析为进路兼以朱学为基本参照》，载《浙江社会科学》2005 年第 5 期。

郑俊晖：《朱熹“禁戏”辨》，载《音乐艺术——上海音乐学院学报》2005 年第 3 期。

李世宏：《重温朱熹：重视道德教育的大儒》，载《上海教育》2005 年第 18 期。

俞艳庭：《〈褰裳〉朱熹“男女相咎”说探源——兼论〈韩诗〉的“说人”主题》，载《理论学刊》2005 年第 10 期。

郭齐：《朱熹对孔子中庸思想的继承和发展》，载《孔子研究》2005 年第 5 期。

董芬：《朱熹〈诗集传〉阐释方法分析》，载《江苏大学学报》（社会科学版）2005 年第 5 期。

李国锋：《论朱熹的法律思想》，载《河南司法警官职业学院学报》2005 年第 3 期。

李广义、贺新春：《朱熹的经济伦理思想及其现代价值》，载《河池学院学报》2005 年第 4 期。

范立舟：《读田浩著〈朱熹的思维世

界〉》，载《北京青年政治学院学报》2005年第2期。

程林：《胡煦与朱熹对“太极”“道器”理解之分歧》，载《中国哲学史》2005年第3期。

黄灵庚：《吕祖谦与鹅湖之会》，载《浙江师范大学学报》（社会科学版）2005年第4期。

沈怀兴：《“朱文公”是朱熹的谥号吗?》，载《语文建设》2005年第9期。

罗军凤：《朱熹说〈春秋〉》，载《史学史研究》2005年第3期。

张立文：《论理学的核心话题和解释文本的转换》，载《社会科学战线》2005年第4期。

钟肇鹏：《一部研究朱子经学的力作——评〈朱熹经学与中国经学〉》，载《社会科学研究》2005年第5期。

陈丽：《朱熹的美学思想述评》，载《南昌高专学报》2005年第4期。

杨乃运：《建阳，朱熹十年梦回》，载《旅游》2005年第9期。

张艳清：《理学“性即理”的儒道根源》，载《理论学刊》2005年第9期。

张京华：《朱子〈近思录〉指略》，载《吉首大学学报》（社会科学版）2005年第3期。

林振礼：《朱熹：作为编辑出版家的评价》，载《河南师范大学学报》（哲学社会科学版）2005年第4期。

朱汉民：《朱熹工夫论的知行关系》，载《湖南大学学报》（社会科学版）2005年第4期。

解维汉：《白鹿洞书院诵联》，载《对联．民间对联故事》2005年第9期。

林乐昌：《张载理观探微——兼论朱熹理气观与张载虚气观的关系问题》，载《哲学研究》2005年第8期。

邹其昌：《论朱熹诗经诠释学美学》，载《哲学研究》2005年第6期。

蔡方鹿、蒋小云：《宋学经典诠释的哲学意蕴》，载《哲学研究》2005年第6期。

廖方波：《天堂武夷》，载《中学生时代》2005年第11期。

真锅多嘉子：《近十五年来日本对宋代士大夫的研究》，载《中国史研究动态》2005年第8期。

魏立明：《朱熹“主敬”说过程研究——在修养工夫演进背景下的考查》，载《玉溪师范学院学报》2005年第8期。

任万明：《从朱熹到王阳明：理性自觉原则向意志自愿原则的转换》，载《玉溪师范学院学报》2005年第5期。

詹石窗、陈文水：《朱熹理学文化养生及其现代意义》，载《厦门大学学报》（哲学社会科学版）2005年第4期。

张丽华：《宋明理学中“气质之性”的考察》，载《武汉大学学报》（人文科学版）2005年第4期。

温克勤：《略论汉代和宋明儒家伦理的知行统一思想及其现代意义》，载《天津社会科学》2005年第4期。

于漪：《为有源头活水来》，载《上海教育》2005年第Z2期。

徐仪明：《朱熹思想研究的新视野——评林振礼〈朱熹新探〉》，载《泉州师范学院学报》2005年第3期。

朱松美：《经典诠释与体系建构——朱熹〈孟子集注〉的诠释特色及其时代性分析》，载《孔子研究》2005年第4期。

张维坤：《朱熹阅读理论初探》，载《江西教育学院学报》2005年第3期。

文刀：《宋明理学研究》，载《合肥学院学报》（社会科学版）2005年第3期。

吴先文、詹向红：《安徽省朱子研究会2005年年会纪要》，载《合肥学院学报》

（社会科学版）2005年第3期。

杨国宜：《朱熹和谐理念的现代诠释》，载《合肥学院学报》（社会科学版）2005年第3期。

郑俊晖：《朱熹音乐著述文化背景之探究》，载《福建师范大学学报》（哲学社会科学版）2005年第4期。

孙劲松：《以〈易〉明“道”的易学史观——郭雍易学史观研究》，载《周易研究》2005年第3期。

杨国荣：《罗从彦伦理思想发微》，载《伦理学研究》2005年第4期。

孟爱玉：《朱熹教育思想对大学生道德教育的启示》，载《中国科技信息》2005年第13期。

刘会齐：《论程朱理学之“理一分殊”的真理特性及其价值阐述》，载《西安文理学院学报》（社会科学版）2005年第3期。

流沙河：《朱熹所谓淫奔》，载《文史杂志》2005年第4期。

宁宇、苏长忠：《朱熹〈诗经〉接受中体现的美学理想》，载《泰安教育学院学报岱宗学刊》2005年第2期。

姚郁卉：《朱熹〈小学〉的蒙养教育思想》，载《齐鲁学刊》2005年第4期。

杨国学：《朱熹理学在〈红楼梦〉中的两难境地》，载《红楼梦学刊》2005年第3期。

熊晶晶：《从白鹿洞书院的复兴想到的……》，载《湖北函授大学学报》2005年第2期。

祝尚书：《〈南岳唱酬集〉——“天顺本”质疑》，载《中国典籍与文化》2005年第2期。

陈前进：《论明代程朱理学的衰微》，载《重庆师范大学学报》（哲学社会科学版）2005年第3期。

乐爱国：《简论儒学与科学的关系——兼评金永植的〈朱熹的自然哲学〉》，载《湖南科技学院学报》2005年第1期。

邹贞、左军：《朱熹谈“读书三到”》，载《中学语文》2005年第4期。

李庆立、范知欧：《传统〈诗经〉学对怨诗的诠释与儒家“诗教”——以孔子、郑玄、朱熹、马瑞辰为例》，载《中国文学研究》2005年第2期。

刘晓南：《论朱熹〈诗集传〉叶音对吴〈毛诗补音〉的改订》，载《浙江大学学报》（人文社会科学版）2005年第3期。

王玲莉：《朱熹论“信”》，载《燕山大学学报》（哲学社会科学版）2005年第2期。

肖也：《朱熹读书法》，载《小作家选刊》（小学）2005年第7期。

王兵、张霄：《儒学发展史上的两面旗帜——董仲舒、朱熹伦理思想比较研究》，载《徐州教育学院学报》2005年第1期。

田恩铭：《论朱熹的唐诗批评》，载《陕西师范大学继续教育学报》2005年第2期。

观其：《天下人间一片云——择善固执的朱熹》，载《青年记者》2005年第4期。

周洪才：《新发现的王十朋、朱熹佚文及其文献价值》，载《古籍整理研究学刊》2005年第3期。

苏晓云：《朱熹的经济伦理思想及其时代价值》，载《湘南学院学报》2005年第1期。

朱守良：《朱熹〈家训〉：从个人修养到民族文明》，载《安庆师范学院学报》（社会科学版）2005年第2期。

李士金：《朱熹对中国知识分子病态的剖析》，载《郑州航空工业管理学院学报》（社会科学版）2005年第3期。

夏青：《论朱熹的道德教育思想》，载《浙江教育学院学报》2005年第2期。

李士金：《朱熹对皇帝职位道德素质能力严格要求探析》，载《新疆大学学报》（社会科学版）2005年第3期。

李士金：《朱熹理解修辞的实践意义》，载《修辞学习》2005年第2期。

刘真伦：《朱熹韩集校理文献来源考实（二）》，载《天中学刊》2005年第3期。

吴凡明：《诚与信—体用的分疏与统合——朱熹诚信思想的理论建构》，载《天府新论》2005年第3期。

史少博：《朱熹论“善”、“恶”与“禀气”》，载《青岛大学师范学院学报》2005年第1期。

李士金：《从朱熹的编辑学精神到郝铭鉴的“换副笔墨”》，载《辽宁大学学报》（哲学社会科学版）2005年第1期。

俞乃华：《徽州宗谱中的两篇朱熹序文》，载《黄山学院学报》2005年第1期。

白盾：《一个巨大的否定之否定——从朱熹到戴震、胡适的徽州文化发展轨迹》，载《黄山学院学报》2005年第1期。

李士金：《朱熹之“理”：正向定理与逆向定理合一》，载《广西社会科学》2005年第4期。

高建立：《援佛入儒：朱熹理学的新特色》，载《河南大学学报》（社会科学版）2005年第2期。

朱人求：《朱熹哲学的生命意识》，载《东南学术》2005年第2期。

朱汉民：《朱熹〈四书〉学与儒家工夫论》，载《北京大学学报》（哲学社会科学版）2005年第1期。

安国楼：《朱熹的礼仪观与〈朱子家礼〉》，载《郑州大学学报》（哲学社会科学版）2005年第1期。

徐清祥：《朱熹后人聚居园林村》，载《文化交流》2005年第2期。

李振宏：《絜矩：一个已消亡的文化概念》，载《史学月刊》2005年第3期。

徐仪明：《论程朱对〈内经〉心理思想的阐发与应用》，载《商丘师范学院学报》2005年第1期。

李振宏：《朱熹絜矩思想研究》，载《商丘师范学院学报》2005年第1期。

向世陵：《程学传承与道南学派》，载《社会科学战线》2005年第2期。

李小燕：《南宋朱熹字画被盗之谜》，载《人民公安》2005年第3期。

蒙培元：《“所以然”与“所当然”如何统一——从朱子对存在与价值问题的解决看中西哲学之异同》，载《泉州师范学院学报》2005年第1期。

郑晓江、肖义巡：《论杨万里的儒学思想——兼及杨万里与朱熹的关系》，载《南昌大学学报》（人文社会科学版）2005年第2期。

俞兆鹏：《从朱熹按劾唐仲友看南宋贪官与营妓的关系》，载《江西社会科学》2005年第2期。

范立舟：《博综深究 著意精微——评〈四书集注与南宋四书学〉》，载《江汉论坛》2005年第2期。

张成权：《朱熹道德伦理学说建构初探》，载《合肥学院学报》（社会科学版）2005年第1期。

周劲松、谢俊：《试论朱熹教育思想的哲学基础》，载《湖南师范大学教育科学学报》2005年第2期。

陈爱中：《毛泽东评点朱熹》，载《党史文苑》2005年第3期。

张国刚：《道学起源的历史视野——读余英时〈朱熹的历史世界——宋代士大夫政治文化研究〉》，载《博览群书》2005年第1期。

李海龙：《朱熹和王阳明对〈大学〉的不同解读》，载《郑州航空工业管理学院学报》（社会科学版）2005 年第 1 期。

刘毅青：《寻找中国美学的新境界——读〈中国美学与艺术学探微〉》，载《武汉理工大学学报》（社会科学版）2005 年第 1 期。

刘真伦：《朱熹韩集校理文献来源考实（一）》，载《天中学刊》2005 年第 1 期。

马德鸿、陈莉：《〈朱文公文集〉版本源流考》，载《图书情报知识》2005 年第 1 期。

黄炳华：《陈朱之辩蠡测》，载《上饶师范学院学报》2005 年第 1 期。

潘立勇：《朱子理学美学的二重性影响及其功过》，载《社会科学辑刊》2005 年第 1 期。

张思齐：《儒家诗统和宋诗情怀》，载《齐鲁学刊》2005 年第 1 期。

苏焘：《进退于“理”、“心”之间——宋明〈诗经〉学发展中的跨越与回缩》，载《内蒙古民族大学学报》（社会科学版）2005 年第 1 期。

曾文光：《朱陆治学思想比较分析》，载《内蒙古电大学刊》2005 年第 1 期。

方国根：《中国经典诠释学视野下的朱熹经学研究——读〈朱熹经学与中国经学〉》，载《孔子研究》2005 年第 1 期。

张锡勤：《“天理”、“人欲”小议》，载《道德与文明》2005 年第 1 期。

束景南、余全介：《朱子学与经学研究的新突破——评蔡方鹿先生的〈朱熹经学与中国经学〉》，载《中华文化论坛》2005 年第 1 期。

张延成：《朱子说诗的语言学思想札记》，载《西南师范大学学报》（人文社会科学版）2005 年第 1 期。

金春峰：《朱熹晚年思想》，载《山东大学学报》（哲学社会科学版）2005 年第 1 期。

博仔：《直追孔孟的大教育家——朱熹》，载《湖南教育》2005 年第 2 期。

邹其昌：《“讽诵涵泳”与“叶韵理论”——论朱熹〈诗经〉诠释学美学诠释方式之二》，载《湖北师范学院学报》（哲学社会科学版）2005 年第 1 期。

李家树：《南宋朱熹、吕祖谦“淫诗说”驳议述评》，载《河北师范大学学报》（哲学社会科学版）2005 年第 1 期。

吴晓玲、鲁克敏：《传统儒家德刑关系理论的传承和嬗变——论朱熹德刑关系理论》，载《河北法学》2005 年第 1 期。

赵学敏：《致武夷文化论坛的贺辞》，载《武夷文化研究》2005 年第 1 期。

马照南：《武夷文化与海峡西岸经济区建设》，载《武夷文化研究》2005 年第 1 期。

徐肖剑：《在武夷文化论坛暨武夷文化研究院迁址庆典上的讲话》，载《武夷文化研究》2005 年第 1 期。

吴邦才：《武夷文化研究新的跨越——在武夷文化研究院迁址庆典上的讲话》，载《武夷文化研究》2005 年第 1 期。

李存山：《程朱的“格君心之非”思想》，发表于宋明理学研究中心成立庆典暨“朱子学与和谐社会”高峰论坛，2005 年 10 月 20 日。

王俊义：《从吕留良对朱学的阐发与传布看程朱理学在清代的发展与演变——兼就“理学在明清之交终结”说质疑》，发表于宋明理学研究中心成立庆典暨“朱子学与和谐社会”高峰论坛，2005 年 10 月 20 日。

周桂钿：《儒学和新儒学与和谐社会》，发表于宋明理学研究中心成立庆典暨“朱子学与和谐社会”高峰论坛，2005 年 10 月 20 日。

庾潍诚：《朱子〈易说〉对现代和谐社会之启发》发表于宋明理学研究中心成立

庆典暨“朱子学与和谐社会”高峰论坛，2005年10月20日。

陈少峰：《儒商与和谐社会》，发表于宋明理学研究中心成立庆典暨“朱子学与和谐社会”高峰论坛，2005年10月20日。

葛荣晋：《朱熹的“无为而治”与企业的现代管理》，发表于宋明理学研究中心成立庆典暨“朱子学与和谐社会”高峰论坛，2005年10月20日。

何成轩：《朱子学在越南》，发表于宋明理学研究中心成立庆典暨“朱子学与和谐社会”高峰论坛，2005年10月20日。

兰宗荣：《朱熹的和谐观与当代社会》，发表于宋明理学研究中心成立庆典暨“朱子学与和谐社会”高峰论坛，2005年10月20日。

程利田：《朱熹“诚信”思想与当代社会》，发表于宋明理学研究中心成立庆典暨“朱子学与和谐社会”高峰论坛，2005年10月20日。

乐爱国：《朱熹对杨时、罗从彦、李侗“静坐”思想的继承与发展》，载《朱子研究》2005年第1期。

胡可涛：《论朱熹的生死观》，载《朱子研究》2005年第1期。

张京华：《朱子〈近思录〉指略》，载《吉首大学学报》（社会科学版）2005年第3期。

胡辉杰、黄蓉：《从宋明理学看鲁迅的立人思想》，载《学科视野·湖北社会科学》2005年第3期。

文碧方：《宋明理学中理学与心学的同异及其互动》，载《武汉大学学报》（人文科学版）2005年第4期。

李景旺：《百泉儒士与宋明理学的传播》，载《商丘师范学院学报》2005年第1期。

赵旗：《试论禅学思想对宋明理学形成和发展的影响》，载《西安电子科技大学学报》（社会科学版）2005年第1期。

谢重光：《宋明理学影响下客家妇女生活的演变》，载《中共福建省委党校学报》2005年第5期。

谢澍：《司马承祯、王玄览思想对宋明理学的影响》，载《中国道教论坛》2005年第1期。

张丽华：《宋明理学中“气质之性”的考察》，载《武汉大学学报》（人文科学版）2005年第4期。

赵卫东：《道德的形上学——牟宗三宋明理学三系说的形上根据》，载《烟台大学学报》（哲学社会科学版）2005年第2期。

温克勤：《略论汉代和宋明儒家伦理的知行统一思想及其现代意义》，载《天津社会科学》2005年第4期。

祝尚书：《宋代科举与理学——兼论理学对科场时文的影响》，载《社会科学研究》2005年第3期。

程彦武：《冯友兰新理学对宋明理学的继承和发展》，载《长白学刊》2005年第4期。

范赟：《浅论宋明理学心性论述的发生及其对儒学的改造》，载《重庆社会科学》2005年第5期。

程云冠、傅明：《宋明理学的发展过程及其对中国哲学发展前景的启示》，载《云南社会科学》2005年第2期。

熊凯：《重构论：一种可能的主张——宋明理学本体论的定位问题》，载《内蒙古社会科学》（汉文版）2005年第5期。

丁希勤：《佛教“一心开二门”对宋明理学的影响》，载《安徽史学》2005年第5期。

林国标：《清初理学与宋明理学的差异》，载《湖南文理学院》（社会科学版）2005年第3期。

陈骏程、范立舟：《宋明理学廉政思想刍议》，载《理论学刊》2005 年第 8 期。

武夷文学研究

白志忠：《论柳永词在题材和形式方面的贡献》，载《语文学刊》2005 年第 17 期。

崔景艳：《论宋代著名词人柳永与周邦艳词的差异》，载《牡丹江师范学院学报》（哲学社会科学版）2005 年第 3 期。

邓建：《从词集的编辑与流传看柳永词的传播》，载《湛江海洋大学学报》2005 年第 5 期。

崔玉霞：《柳永艳词中的女性代言与阴性书写》，载《运城学院学报》2005 年第 6 期。

聂茂：《自戕与自救：柳永精神世界的深度模式》，载《中国文学研究》2005 年第 4 期。

高志忠：《柳永词在创作主体的介入与感事纪实方面的新变》，载《语文学刊》2005 年第 11 期。

卓冰：《留醉几何》，载《厦门文学》2005 年第 7 期。

王丽煌：《论柳永的“宋玉情结”》，载《闽西职业大学学报》2005 年第 4 期。

蔡建萍：《论柳永对宋词格局的开拓》，载《开封大学学报》2005 年第 4 期。

吴清伙：《论柳永羁旅词的抒情主体、抒情方式以及词境的开拓——以温庭筠的闺情令词作参照》，载《长春工业大学学报》（社会科学版）2005 年第 4 期。

乔长富：《从〈迷神引〉看柳永与润州》，载《镇江高专学报》2005 年第 3 期。

谭志永：《一腔辛酸寄“矛盾”——谈柳永〈雨霖铃〉的矛盾设置》，载《语文知识》2005 年第 9 期。

易勤华：《从正言直叙到托物寄兴——柳永、周邦彦词之表情方式比较》，载《宜春学院学报》2005 年第 5 期。

李白林：《展衍铺叙应制篇——柳永〈醉蓬莱〉赏析》，载《学语文》2005 年第 6 期。

柳永：《醉蓬莱》，载《学语文》2005 年第 6 期。

邓建：《论柳永词在明代的传播与接受》，载《江南大学学报》（人文社会科学版）2005 年第 5 期。

曲向红：《柳永词的市井趣味及文化冲突》，载《文艺研究》2005 年第 10 期。

木斋：《论柳永体对民间词的回归》，载《东方论坛》2005 年第 4 期。

李江峰：《柳永词与他的从政之路》，载《山东教育学院学报》2005 年第 5 期。

赵晓兰：《柳永“屯田家法”探论》，载《四川师范大学学报》（社会科学版）2005 年第 5 期。

李朝军：《柳永传人与大晟词人——试论晁端礼词》，载《宁夏大学学报》（人文社会科学版）2005 年第 4 期。

傅毓民：《论柳永的豪放词》，载《广西社会科学》2005 年第 9 期。

李军：《感受柳永》，载《中学语文》2005 年第 14 期。

单有方：《“大江东去”和“晓风残月”——宋词二首浅析》，载《安阳工学院学报》2005 年第 3 期。

修国富：《清秋节里长亭别　泪眼无语千古绝——也谈柳永〈雨霖铃〉的绝妙》，载《中学语文》2005 年第 11 期。

钟其鹏：《“算得人间天上，惟有两心同”——浅析柳永恋情词中新的爱情追求》。

易勤华：《外向型与内省化——柳永、周邦彦词情比较研究》，载《井冈山师范学院学报》2005 年第 1 期。

霍建波、呼格吉乐图：《从柳词看柳永

的浪子行迹和科第情结》，载《河北职业技术学院学报》2005 年第 2 期。

欧阳鹤：《柳永词的特点及对我们的启示》，载《中华诗词》2005 年第 5 期。

余石：《景中有情　情中有景——柳永〈八声甘州〉赏析》，载《现代语文》（高中读写版）2005 年第 2 期。

吴丹：《读柳永》，载《全国优秀作文选》（高中）2005 年第 3 期。

欧阳勤：《都市风情入词来——论柳永都市词》，载《湖南科技学院学报》2005 年第 6 期。

姜明：《浅近俚俗　寄情幽远——柳词艺术探微》，载《楚雄师范学院学报》2005 年第 2 期。

聂亦绮：《柳永词中问句的分类和功能》，载《广东农工商职业技术学院学报》2005 年第 1 期。

陈登平：《歌妓在柳永词创作中的作用》，载《厦门教育学院学报》2005 年第 1 期。

钟其鹏：《略论柳永艳情词中的爱情观》，载《乐山师范学院学报》2005 年第 2 期。

欧荣：《同为赠别诗，情境各不同——约翰·多恩的〈别离辞：莫伤悲〉和柳永的〈雨霖铃〉的对比》，载《浙江万里学院学报》2005 年第 1 期。

张瑞芳：《柳永词的开拓贡献》，载《广播电视大学学报》（哲学社会科学版）2005 年第 1 期。

贾美艳：《爱在烟花的感悟——评词人柳永对女性情感的特殊关怀》，载《山西高等学校社会科学学报》2005 年第 1 期。

吴夏平：《雅词发展中柳词的类同与利用》，载《贵州社会科学》2005 年第 1 期。

祖慧、周佳：《关于宋代童子科的几个问题》，载《中国史研究》2005 年第 4 期。

姚艳丽：《石介与西昆体》，载《社会科学家》2005 年第 1 期。

李朝军：《晁迥年谱简编》，载《乐山师范学院学报》2005 年第 8 期。

梁永青、吴长庚：《西昆体再认识》，载《上饶师范学院学报》2005 年第 4 期。

滕春红：《义山家法与西昆风味》，载《西南交通大学学报》（社会科学版）2005 年第 4 期。

郑淑榕：《李纲的武夷山水诗歌创作》，载《南平师专学报》2005 年第 3 期。

马冬梅、张秀辉：《论严羽之兴趣说》，载《河北北方学院学报》2005 年第 4 期。

范道济：《严羽唐宋诗“词理意兴”论辩略》，载《嘉兴学院学报》2005 年第 5 期。

柳倩月：《夫学诗者，以识为主——严羽〈沧浪诗话〉审美判断能力说》，载《四川教育学院学报》2005 年第 9 期。

郑才林：《略论王士祯的宋诗观与“神韵”说之关联——兼论王士祯和严羽的苏、黄宋诗观之异》，载《宁夏大学学报》（人文社会科学版）2005 年第 4 期。

查清华：《人工入化与自然天成——江西派诗学与严羽诗学比较研究之四》，载《江苏大学学报》（社会科学版）2005 年第 5 期。

何光英：《妙悟与境界——浅析佛教思想对中国古代美学的影响》，载《世纪桥》2005 年第 3 期。

王骏飞：《回归“诗性”——严羽〈沧浪诗话·诗辨〉的现代阐释一种》，载《当代文坛》2005 年第 4 期。

曾娅先：《论严羽的“妙悟”说》，载《徐州教育学院学报》2005 年第 1 期。

杨疾超：《严羽形象思维思想新探》，载《齐鲁学刊》2005 年第 3 期。

周寅宾：《李东阳诗话对严羽诗话的继

承发扬》，载《衡阳师范学院学报》2005年第1期。

魏静：《严羽诗禅理论与宗杲禅学》，载《天津大学学报》（社会科学版）2005年第1期。

彭梅蕾：《“得意忘言”说对中国诗学的意义——严羽诗论意蕴演绎》，载《社会科学家》2005年第1期。

王辉：《方从义与武夷山水》，载《武夷文化研究》2005年第1期。

武夷茶文化与旅游文化

李建雄：《推进茶产业化　带动武夷山县域经济发展》，载《福建质量管理》2005年第4期。

庄志超：《武夷岩茶的SWOT分析与发展策略》，载《当代经理人》（中旬刊）2005年第4期。

王芝莉：《中学生物科技活动一例——探究武夷名茶“大红袍”的奥秘》，载《厦门教育学院学报》2005年第1期。

杨乃运：《武夷岩茶，舌尖下的经典》，载《旅游》2005年第9期。

古耜：《仁山智水间的生命歌吟——林非〈武夷山九曲溪小记〉赏读》，载《广东教育》2005年第20期。

刘福铸：《武夷妙联天下奇》，载《中国地名》2005年第4期。

张金锭：《武夷山赤石、大安红色旅游景点被收入国家级红色旅游精品线和经典景区名录》，载《福建党史月刊》2005年第6期。

《福建红色旅游规则为“一区两线五景”》，载《福建质量信息》2005年第4期。

黄贤庚：《创建于武夷山的台湾抗日队伍》，载《政协天地》2005年第8期。

雷发林：《不妨把武夷玩大一点》，载《旅游》2005年第9期。

付红军、罗芬、黄新伟：《武夷山旅行社经营管理中存在的问题及对策建议》，载《湖南科技学院学报》2005年第4期。

林凌：《凸显闽北旅游优势　构建和谐绿色腹地》，载《发展研究》2005年第9期。

李维秀、朱海森：《论武夷山旅游业的可持续发展》，载《太原大学学报》2005年第3期。

方燕鸿：《谈武夷山自然保护区生态旅游资源的可持续发展》，载《北京林业管理干部学院学报》2005年第3期。

李小梅、张江山、王菲凤：《生态旅游项目的环境影响评价方法（EIA）与实践——以武夷山大峡谷森林生态旅游区为例》，载《生态学杂志》2005年第9期。

陈金华、李洪波：《试论自然保护区生态旅游社区参与——以武夷山为例》，载《北京第二外国语学院学报》2005年第1期。

卢玉平：《武夷山国家级自然保护区旅游客源市场预测与定位》，载《福建林业科技》2005年第2期。

陈咏梅：《武夷山自然保护区植被生态环境与旅游开发》，载《亚热带水土保持》2005年第4期。

（二）武夷学院（筹）（南平师专）和闽北地区武夷文化研究成果要目

1. 南平师专武夷文化研究部分论文目录（1998—2005 年）

杨国学：《朱熹理学在〈红楼梦〉中的两难境地》，《红楼梦学刊》2005 年第 3 辑。

杨国学：《利用世界遗产优势资源打造武夷特色品牌》，《实践三个代表的楷模》，中国广播电视出版社 2005 年版。

杨国学：《影响武夷学成立的心理障蔽探析》，《南平师专学报》2005 年第 1 期。

杨国学：《武夷学与宋明理学》，《南平师专报》2005 年 3 月 23 日第 2 版。

杨国学、朱平安、赵健全、兰宗荣：《论世界遗产武夷文化研究基地建设的意义》，《南平师专学报》2005 年第 3 期。

杨国学：《论武夷学在海峡西岸经济区建设中的学术价值》，《武夷文化研究》2005 年第 1 期。

杨国学：《武夷学简论》，《理论研究创新优秀学术成果选萃》，光明日报出版社 2004 年版。

杨国学：《论世界遗产的学科孵化功能》，《中国改革发展理论文集》，中国文艺出版社 2004 年版。

杨国学：《论武夷学的学科体系及其与武夷文化的关系》，《南平师专学报》2004 年第 3 期。

杨国学、裘国伟：《朱子学·武夷学·世界遗产》，《朱子研究》2004 年第 4 期。

武夷樵：《科学发展观与区域内源现代化——兼论武夷文化与闽北经济社会发展》，《武夷文化研究》2005 年第 1 期。

朱平安：《朱熹哲学本体论的构建及其"理"蕴》，《武夷文化研究》2005 年第 1 期。

许亦善：《解读与超越——论新武夷山文化群体对武夷文化的贡献》，《南平师专学报》2005 年第 1 期。

《永远的武夷》（歌曲），姚进生 张大烛词，叶秀娜曲，《南平师专报》2005 年第 3 期。

程利田：《武夷学中的"和"文化》，《武夷文化研究》2005 年第 1 期。

程利田：《朱熹与道家道教》，《朱子研究》2004 年第 2、3 期合刊。

陈利华：《简论闽北地域文化的传统特征》，《武夷文化研究》2003 年第 3 期。

陈利华：《简说蛇的图腾崇拜》，《南平师专学报》2003 年第 3 期。

陈利华：《朱熹家庭教育思想简况》，

《朱子学刊》2003年第5期。

程利田：《朱熹理学对德国哲学的影响》,《福建学刊》1998年第2期。

程利田:《少年朱熹的家庭教育》,《朱子研究》1999年第3期。

程利田:《宋代杨、罗、李、朱理学与闽文化的发展》,《闽文化源流与近代福建文化变迁》,《论文集》海峡文艺出版社1999年版。

程利田:《朱熹道德修养对当前道德建设的启示》,《朱子研究》1999年第1期。

程利田：《朱熹的生死观及其现代价值》,《朱子研究》1999年第2期。

程利田:《朱熹理学在内的中国文化对英国政治家的影响》,《朱子论坛》2000年第1期。

程利田:《朱熹与武夷三先生》,《炎黄纵横》2000年第4期。

程利田:《朱熹理学诗述评》,《南平师专学报》2004年第3期。

程利田：《游酢在理学史上的地位》,《武夷文化研究》1997年11月第3期。

程利田:《萧公信仰与儒释道的融合》《武夷文化研究》第六期,2000年版。

兰宗荣:《朱熹道德修养对当今思想道德建设的借鉴》,《朱子研究》1999年第2期。

兰宗荣:《朱子家训与家庭伦理建设》,《朱子家训研究专辑》,2000年第9期。

兰宗荣:《溪源庵祈梦习俗放谈》,《南平师专学报》2000年第1期。

兰宗荣：《朱熹家庭伦理思想探微》,《南平师专学报》2000年第3期。

陈利华、杨家林:《康熙崇理学理用理方略浅析》,《南平师专学报》2005年第1期。

朱平安:《朱熹哲学本体论的构建及其“理”蕴》,2005年10月20日在福建武夷山宋明理学研究中心成立庆典暨“朱子学与和谐社会”高峰论坛上交流。

方彦寿:《朱熹的生态伦理思想与环境道德》,《武夷文化研究》2005年第1期。

林克敏:《论朱熹从教(上)》。

林克敏:《论朱熹从教(下)》。

张品端:《朱子家人略考》,《朱子研究》2005年第1期。

方征:《历朝对朱熹的褒扬》,《朱子研究》2005年第1期。

陈家生:《格物致知即物穷理——朱熹咏物诗的理学思想内蕴》,2005年10月20日在福建武夷山宋明理学研究中心成立庆典暨“朱子学与和谐社会”高峰论坛上交流。

卢玉平:《武夷山国家级自然保护区旅游客源市场预测与定位》,《南平师专学报》2005年第4期。

方燕鸿:《武夷山自然保护区生态旅游问卷调查》,《南平师专学报》2005年第3期。

赵大炎:《武夷岩茶》, http: //www. wuyishan. gov. cn。

马小玲:《武夷茶艺的美学探究》,《南平师专学报》2005年第4期。

2. 武夷文化研究院院刊《武夷文化研究》论文要目

《武夷文化研究》第1期,1993年6月

梁书奎、余天寅:《武夷文化及其现代应用价值初探》。

马照南:《武夷文化:源流与特征》。

蔡厚示:《朱熹的诗和诗论》。

林强:《革命文化是武夷文化的一个重要组成部分》。

黄大铣:《闽北文学发展与现状》。

黄文忠：《关于建立武夷文化走廊构想》。

姚荣：《古越图腾艺术考》。

刘光舟：《武夷姓氏文化考》。

倪木荣：《武夷山历代书院考》。

方留章：《朱熹与武夷精舍》。

《武夷文化研究》第2期，1994年10月

赵学敏：《认识武夷文化　开发武夷文化》。

林忠干：《古代闽北与世界文化的交流》。

方彦寿：《建宁府官刻本考录》。

杨慕震、徐德化：《崇傩与崇傩舞蹈》。

刘建：《北宋慢词开山祖师——柳永》。

张品端：《朱熹与考亭书院》。

倪木荣：《浅谈武夷山空灵意识的表现》。

陈敏、陈建生：《论古地名和古县名的冶（东冶）不是"今福建福州市"》。

曾震中：《武夷山释、道、儒三教文化探秘》。

高秀华：《柳永的艳情词及其前后期作品"情"之浓淡》。

蒋仁：《闽学与武夷文化》。

章廷泗：《熊大木小说理论点滴》。

《武夷文化研究》第3期，1997年11月

林忠干、张文崟：《建窑瓷器对日本的输入》。

方彦寿：《邵武军府县官私刻本考录》。

杨慕震：《鼓、鼓舞、彭祖、武夷》。

张品端：《略述"南剑三先生"在洛学到闽学中的贡献》。

孙建兴、粟金旺：《银蓝色兔毫与乳白色木叶的结构》。

蒋仁：《为政清廉的理学家——真德秀》。

陈建生：《台胞李友邦和台湾义勇队在闽北的活动》。

曾震中：《武夷山饮食文化一瞥》。

倪木荣：《"步虚"，道教仪式中的舞蹈和赞歌——关于摩崖时刻"步虚"的探讨》。

《武夷文化研究》第4期，1999年2月

朱荣元：《研究朱熹历史遗产 振兴闽北文化经济》。

金文饮：《谁搭台 谁唱戏》。

方彦寿：《南剑州官私刻本考录》。

汪昭文：《朱熹自然观的研究方法》。

张品端：《闽北古文化资源开发谈》。

曾震中：《漫谈武夷山开辟"生态旅游"之优势》。

陈建生：《郑成功在闽北行迹考辨》。

詹文华：《闽北方言与历史文化》。

林蔚起：《略论柳永词"以情为美"的艺术特色》；

《峡阳百忍堂的建筑艺术和民俗特色》。

张文崟：《南平茶洋窑的宋代瓷枕》。

《武夷文化研究》第6期，2000年8月

罗小平：《开发武夷文化，服务闽北经济》。

黄睦胜：《旅游胜地溪源庵的奇特风光》。

郑秀清：《武夷山道教文化一瞥》。

杨慕震：《闽北民间俗神信仰及其影响》。

曾震中：《武夷山社会舞蹈例考》。

陈建生：《柳永平生辩略》。

石梁：《风流倜傥 天马行空——宋词宗师柳永成功之路探索》；

《著名画家吴茀之在南平的四年之久》。

张文崟：《宋代琴式澄泥砚》。

林蔚起：《古井、古村、古庙》。

《武夷文化研究》第7期，2001年7月

中共南平市委党史研究室：《闽北革命史简介》。

陈琦：《民主革命时期闽北党组织的建立与发展》。

刘晓：《土地革命战争时期闽北红色武装发展概况》。

池圣堂：《闽北分区苏维埃的历程》。

杨颜桐、吴其乐：《闽北苏区的法制建设》。

张金锭：《闽北苏区时期的金融工作》。

温振锦：《闽北革命根据地文化》。

吴其乐：《闽北的解放和人民政权的建立》。

冯奇：《闽北剿匪纪实》。

吴其乐：《闽北的土地改革运动》。

吴其乐：《闽北“红旗不倒”的根本原因——民主革命时期闽北党群关系考察》。

吴其乐：《闽北革命史主要人物介绍》。

《武夷文化研究》第8期，2001年9月

马照南：《略谈武夷文化的创新》。

张木良、林初寿、蒋步荣：《武夷山荣获“世界双遗产地”后如何确保旅游业的持续发展》。

张品端：《〈朱子家礼〉对朝鲜礼学发展的影响》。

杨慕震：《南词之在闽北》。

蒋仁：《冶城在浦城的几点考证》。

曾震中：《闽北妈祖文化信仰浅述》。

蔡厚示：《天地已来无此山——武夷山诗词审美谈》。

陈建生：《柳永历官简析》。

黄道软：《刚正不阿的廖高峰》。

张俊杰：《南平有座元代石雕泗洲佛造像》。

詹贵佬：《上梅暴动所见所闻》。

饶守坤：《闽北的游击战火》。

陈念棣：《赤石暴动》。

《武夷文化研究》第10期，2002年8月

石建华、王清流：《新时期思想政治工作的有效载体——对南平市农村文化中心户建设的思考》。

罗贤奎：《关于闽北家庭文化建设的思考》。

吴美求、夏冰：《从南平市对“家庭文化户”的培育窥探群文发展新路子》。

黄秋妹、周启志：《伦理道德重塑是家庭文化建设的精神支点——兼论孝与当代家庭伦理文化建设》。

雷呈祥：《培育农村文化中心户面临的问题及对策》。

赵永华：《关于文化馆企业化的若干思考》。

赵玉兰：《发掘历史文化资源 促进两个文明建设——邵武旅游文化工作思路初探》。

高勉：《评说“凉亭文化”现象》。

陈冰川：《浅谈互联网时代的网络文化》。

蒋仁：《浦城开理学入闽之先河及研究及传播》。

谢德鏃：《游酢对朱熹思想学说的后启作用摘谈》。

肖红兵：《宋代闽北诗画僧——惠崇》。

徐贯行：《古代闽北手工业与闽北历史文化》。

吴更：《延平木匠行业传统习俗述略》。

曾震中：《武夷山独特岁时节日初探》。

王益民：《中国古代文学史的重要实物佐证——第五批国家重点文物保护单位宝山

寺大殿之附属文物大圣庙散考》。

《武夷文化研究》第 11 期，2003 年 6 月

马照南：《论武夷文化的两座高峰》。

张木良：《“不登天游 非好日人”——中国人民的老朋友冈崎嘉平太先生畅游武夷山追忆》。

张品端：《朱熹〈白鹿洞书院揭示〉在日本的流传及其影响》。

方彦寿：《潭溪奔流 环峰巍立——黄榦在建阳创建的两所书院考述》。

罗小平：《试论彭祖文化在武夷旅游的开发与利用》。

王益民、黄建勋、刘素芳：《宝山开发文化生态旅游浅析暨投资前景预测》。

常顺根：《浅谈闽北戏剧现状及其发展走向》。

王文绪：《南平词曲艺说唱艺术特征及其发展趋势》。

陈建生：《宋慈生平考辩》。

黄睦平：《延平正月风俗谈异》。

杨慕震：《稻花香里说丰年 听取蛙声一片——延平区蛙崇拜残余现象调查》。

曾震中：《武夷山民间艺术文化初探》。

黄道钦：《歌是山哈写文章——顺昌畲歌趣谈》。

王益民：《对汉闽越王都城的几点粗浅认识》。

倪木荣：《集区域文化研究之大成的小教材——读黄建国教授〈闽北文化〉有感》。

陈有康：《闽北文化第一书——读〈闽北文化〉》。

《武夷文化研究》第 14 期，2004 年 8 月

徐房明：《人间正觅擎天柱 无奈风吹雨打何——论辛弃疾仕闽期间的爱国情怀》。

刘心、李菁：《辛弃疾仕闽期间的文学创作及其心态探微》。

胡元翎：《焦虑：英雄情怀与孤独意识的扭结——辛弃疾仕闽期间创作心态探析》。

曹济平：《辛弃疾与双溪楼》。

王益民：《孙悟空“生”在福建宝山》，（台湾）《历史》月刊 2004 年第 12 期。

王益民：《孙悟空原籍可能在福建宝山》，《运城学院学报》2004 年第 3 期。

《武夷文化研究》第 15 期，2005 年 10 月

赵学敏：《致武夷文化论坛的贺词》。

徐肖剑：《在武夷文化论坛暨武夷文化研究院迁址庆典开幕式上的讲话》。

吴邦才：《武夷文化研究新的跨越——在武夷文化论坛暨武夷文化研究院迁址庆典开幕式上的讲话》。

马照南：《武夷文化与海峡西岸经济区建设（提纲）》。

杨国学：《论武夷学在海峡西岸经济区建设中的学术价值》。

武夷樵：《科学发展观与区域内源现代化——兼论武夷文化与闽北经济社会发展》。

张品端：《武夷文化及其当代研究》。

胡敏辉：《挖掘武夷文化内涵 发挥生态环境优势 推进闽北旅游生态文明建设》。

方彦寿：《朱熹的生态伦理思想与环境道德》。

陈国代：《朱熹在自然灾害面前》。

罗小平：《台湾“山夷”与古越渊源考》。

刘通：《〈洗冤集录〉传世考述》。

王辉：《方从义与武夷山水》。

肖红兵：《福建闽北建瓯挑幡》。

蒋仁：《浦城赣剧百年历程》。

黄胜科：《朱熹与武夷山摩崖石刻》，《朱子研究》2004 年第 2、3 期合刊。

方彦寿：《朱熹在武夷山著述考》，《朱子研究》2004 年第 2、3 期合刊。

张品端：《朱熹理学对法国启蒙思潮的影响》，《朱子研究》2004 年第 2、3 期合刊。

方彦寿：《朱熹从学考》，《朱子研究》2004 年第 4 期。

邱文彬：《南宋廉相真德秀》，《朱子研究》2004 年第 4 期。

张品端：《朱熹与武夷山学术研讨会概述》，《朱子研究》2004 年第 4 期。

3. 2005 年前武夷文化著作选介

（1）朱子学

《朱熹与闽学渊源》，武夷山朱熹研究中心编，上海三联书店 1990 年版。

宋建州、南剑州、邵武军所在的闽北，是晦庵朱熹生长终老之乡和闽学（朱子学）的发源地，素有“海滨邹鲁”，“理学名邦”之称，在我国古代思想文化史上，曾闪耀过夺目光华。在这块美丽的土地上，先后出现过诸如李纲、杨时等一大批理学家和受理学思想熏陶的硕儒名臣。在中国理学史上，朱熹集周敦颐、张载、程颢、程颐及邵雍之大成。古来称“宋五子”，其实不够全面，应是“宋六子”。朱熹吸收道、佛二教的部分理论补充儒家的不足，而又不失其儒家的根本体系。他是古代新儒家的最大代表，而为近现代新儒家所仿效和歌颂。

《朱子学新论》，武夷山朱熹研究中心编，上海三联书店 1991 年版。

朱熹是中国文化史上的一位巨人，是中国封建时代影响极为深远的杰出思想家、哲学家和教育家。朱熹于 1130 年出生在福建尤溪，1200 年卒于福建建阳考亭。在他 71 年的生命历程中，有 60 多年是在闽北居住，并开展著述和讲学活动。他和他的学生形成了一个有很大影响的考亭学派，他的学说也被后人称为闽学，又称为朱子学。朱熹的思想体系致广大、尽精微，综罗百代。他集宋代理学之大成，又吸收了中国历史上许多学派的一些思想，继承和发展了孔子所创立的儒家学说，所以又被称为新儒学。

《武夷胜景理学遗迹考》，武夷山朱熹研究中心编，上海三联书店 1990 年版。

雄峙于福建西北、西南边境的武夷山，是我国东南的著名旅游胜地，又是我国历史上的一座享有盛誉的理学名山。本书系统梳理了朱熹和其他理学家在武夷山及其周边地区曾经活动过的种种遗迹，将碧水丹山与紫阳流风相辉映，自然景观与人文景观融为一体的特点展现无遗。

《朱子学与 21 世纪国际学术研讨会论文集》，武夷山朱熹研究中心编，三秦出版社 2001 年版。

本书所收论文对朱熹对中国传统哲学做出的重大贡献，其思想体系对朝鲜、日本等国文化的影响，对亚洲“儒学文化圈”的形成所起的作用等，从多角度、多方位提出了许多发人深省的问题，阐述了各种不同的观点。

《纪念朱熹诞辰 870 周年论文集》，朱杰人主编，华东师大出版社 2001 年版。

2000 年 10 月，在上海华东师范大学举办了纪年朱子诞辰 870 周年、逝世 800 周年国际学术研讨会，来自美国、德国、日本、韩国、马来西亚、新加坡，以及中国内地、香港等国家和地区的专家学者六十余人出席了会议，收到论文四十余篇。这是一次群贤毕至的盛会，也是一次朱子学研究最新成果集中展示的盛会。与会学者对中国古代著名思想家、哲学家、教育家、学问家朱子的哲学、政治、经学、史学、文学、伦理、教育、自然科学、宗教等思想、学术，以及对朱子著作的考证、朱子历史地位的评价等问题展开了充分、深入的讨论。杜维明教授说："这是近年来研究朱熹达到高水平的一次学术会议。"

《朱熹书院与门人考》，方彦寿著，华东师大出版社 2000 年版。

本书对朱熹前后所建以及曾经讲学的书院，对朱熹的门人弟子之生平、著述作了比较详尽的考证梳理，为研究朱子教育思想、教育业绩的重要参考资料。

《朱熹自然哲学思想论稿》，徐刚著，福建教育出版社 2002 年版。

此著为作者集十余年之功所完成的国内第一部系统论述朱熹自然哲学的著作，与韩国金永植《朱熹的自然哲学》完成的时间大致同时而略早，两著堪称朱熹自然哲学研究之双璧。

《源头活水——朱熹思想与当前公民道德教育》，武夷山市委宣传部，海潮摄影艺术出版社 2003 年版。

本文撷取朱熹鸿篇巨著中优秀道德思想的精华，分为格言篇、诗词篇、故事篇、政论篇四个篇章，约 13.8 万字。本书坚持古为今用，推陈出新，力图以通俗易懂的读本形式阐释抽象的伦理道德，是一部适合不同层次的公民道德教育的通俗读物。

《宋·游酢文集》，福建省姓氏源流研究会游氏分会和闽台文化交流协会南平分会编，延边大学出版社 1998 年版。

该书收集到《游文肃文集》及其散失部分珍贵资料，并考究书中要义，点注出处，译成通俗易懂白话文，以文白对照，合集成册。包括：尊师重教的典范、《易说》为道的应用、寓教于乐的《诗经》、阐明论语的华章、孟子学说的内蕴、中庸要义的诠释、浩然正气的宏文、意境独特的诗篇和历代学者的赞誉九个部分。

《道南首豸山》，程利田著，中国翰林出版公司 2002 年版。

中国古代社会于唐宋间由前期向后期过渡，政治、经济、文化重心由北方往南方转移。该书较详细地阐明了"道南"与闽中理学的形成和发展。此书的重点是论述游酢及其思想，对数百年来仅说"道南第一人杨时"而不及游酢予以辩证，对游酢在"道南"中的主导作用和"道南"的文化意义，及其理学、政治学、教育学等思想，作了具体分析，指出游酢是闽中理学的开创者和两宋理学的代表者，在中国文化发展过程中起了继往开来的作用，占有很重要的地位。

《游酢评传》，高令印著，中国翰林出版公司 2002 年版。

游酢是中国宋代卓越的理学家、政治家、教育家、文学家、书法家，在中国文化发展过程中起了继往开来的重大作用，享有崇高的历史地位。本书较详细地叙述了游酢的生平事迹和思想观点的诸方面，认为游酢在理学、政治、教育、文学、书法等中国文化的诸领域中都达到了他那个时代所能达到的水平。他的思想主要是在其从政生涯和相应的学术活动中形成的，他的学术研究更多地是为了解决当时社会生活中的实际问题。游酢是两宋之际具有承上启下、继往开来的思想家，是两宋理学的一个典型代表者，在中国文化发展过程中应享有崇高的地位。

《游酢新论》，游德馨主编，中国评论学术出版社2004年版。

首届闽台游酢文化研讨会，以“传承中华传统，弘扬民族精神，增进文化认同”为主题。40多位专家学者撰写论文发表演讲，对游酢的理论思想、历史地位、作用和现实意义作了深刻的探究，展示了游酢文化研究的新成果。

《建阳蔡氏九儒研究文选》，建阳市地方志编纂委员会与建阳蔡氏九儒学术研究会合编，1997年建阳市第一印刷厂承印。

九儒学说是闽学的主要内容，研究蔡氏九儒之学对弘扬我国优秀传统文化有重大意义。蔡发长于易象、天文、地理之学。他集中国诸儒的大成，著《天文星象论》，所提及的“地动说”，不但在时间上比号称世界伟人的哥白尼发表的《日心说》早了约百年，而且在深度和广度上也达到一定的水平，在今时仍有很大科研参考价值，是中华民族的光荣。《文选》对“九儒”中的其他人在人儒学发展史上的贡献也作了多方面的探讨。

（2）历史学

《闽越国文化》，杨琮著，福建人民出版社1998年版。

本书是福建著名考古学家杨琮在带领考古工作队对古汉城两次大规模考古发掘和深入研究基础上，参考能见的相关历史文献，比较系统地阐述和描绘古闽越国历史文化的一部力作，书中资料的翔实，见解的稳妥，都为学术界所重视。

《大潭书》，刘建著，文物出版社1994年版。

曲阜出孔丘，建阳有朱熹。“北孔南朱”，对中国文化产生的影响，一如黄河、长江之水，源远流长，不单早已渗透数不清的炎黄子孙的血液，其对人类文明产生的影响，正日渐为大洋两岸所重。福建今日是为经济特区。实际上，古福建，便是取福州的“福”字和建州建阳的“建”字，而合为省名。要了解福建，乃至认识中国，建阳都是值得叩访之地。《大潭书》，就是一本向海外朋友介绍建阳的书。

《武夷山与古越文化》，石子镜、杨长岳编，社会科学文献出版社2002年版。

武夷山的文化和它的自然风貌同样俊人。有三千多年前的“架壑船棺”、“虹桥板”，二千多年前的闽越王城遗址，以及素有“东周出孔丘，南宋有朱熹。中国古文化，泰山与武夷”之誉的程朱理学发祥地的辉煌。不可否认，半个多世纪以来，我们在开掘这座历史文明金矿的征程中做了大量的工作，使许多重要的历史文物受到了保护，使大量湮埋在地下的重要历史文化重见天日，再放异彩。此书选编了数十篇从不同角度探讨武夷山与古越文化的论文和开发古越文化旅游资源的设想与创意。

《建阳市文物志》，谢道华著，厦门大学出版社1997年版。

建阳地处闽北山区，武夷山脉南麓。它据潭山之雄、扼建水之会，自古为闽北要冲；它历史悠久、人文荟萃，是宋理学大师朱熹、蔡元定、黄幹、熊禾、游九言、叶味道等“七贤过化之乡”。本书提供了大量的物证，证明闽北的文明历史长河终明清而不断。

《南阙里纪事——中国一个县的教育史

话》，刘建著，华艺出版社 2001 年版。

这是一本文学与史学并重的“文史读本”，作者写的是福建建阳数千年的教育。建阳宋代有“文公阙里”之称，明代有“南闽阙里”，文公是对朱熹的尊称，阙里是孔子讲学之地，“南闽阙里”意为南方孔子朱熹的讲学之地。朱熹在这一重要时期，为把此前千秋竹简上的中华文化译注出来，做了大量工作，并通过建阳印刷业变成大量的书本，又经由教育去传播，这就为大规模传播孔子和孔子前后的中华文化，做了承前启后的伟大工作。

《闽北今昔》，陈家生主编，华东师范大学出版社 1997 年版。

闽北是福建远古文明的一个重要发祥地。早在 4000 多年前，原始先民就在这块土地上繁衍生息，劳动创造。该书分为历史渊源、山河风光、人物春秋、今日新貌、光辉未来等五大部分。内容基本上涵盖了闽北的古今历史、山川名胜、风物人情、名人志士，以及今天与未来的经济建设与社会发展的方方面面。

(3) 文学

《武夷古诗词选》，罗健主编，海峡文艺出版社 2003 年版。

武夷山以世界自然与文化双遗产地及我国著名风景名胜区而闻名于世。武夷山的碧水丹山、奇峰深壑、白云绿树曾经吸引了众多的名人雅士、烟霞之客。据说，自两晋至清，有 80 多位我国历史上的鸿儒名士曾到武夷山游览，并发出“醉目眩我双明珠”的赞叹。他们为武夷留下的笔墨，包括诗词，无疑是武夷旅游文化，乃至整个武夷文化的组成部分。

《名家赞山》，徐少明、萧天喜编，福建人民出版社 1993 年版。

大自然的宠儿——武夷山风景区，以其丹霞地貌的无比奇秀位尊八闽，甲于东南，成为名闻中外的国家级风景旅游胜地。武夷山在历史上曾有过多次鼎盛时期。南宋，以朱熹为代表的一批理学家在此结庐讲学、聚徒传道，把福建推到“执全国学术之牛耳”的地位；元明清以来，达宦名流，文人骚客足迹绵绵，为后人留下了数千篇诗词文赋和丰富的人文景观。本书旨在让人们了解武夷山，让中外朋友获得一把开启武夷文化的钥匙。

《朱熹诗词选注》，武夷山朱熹研究中心编，福建教育出版社 1993 年版。

朱熹是我国古代诗人中的一位多产作家，其诗词见于《朱文公文集》的有 1200 多首，见于《朱文公文集·别集》的还有 10 多首。此外，散存于各地方志中者也不少。鉴于朱熹是理学家，又是诗人，其诗词既是文学艺术作品，又是朱子学研究的重要参考资料。全书共选入朱熹诗作 525 首，约占其全部诗作的一半。

《朝圣山水》，张建光著，人民日报出版社 2001 年版。

本书作者长期在武夷山市担任领导职务，却以“看山人”自命，怀着对武夷山的挚爱深情，对其秀美的自然风光和深厚的文化底蕴，作了如诗如画的赞美与讴歌。

《武夷风采集、续集》，倪木荣著，鹭江出版社 2002 年版。

怀着对武夷山秀丽山水的一腔挚爱，怀着对武夷山旅游事业的执著追求，该书作者几十年如一日，风里来雨里去，足迹遍及武夷山景区的山山水水。作为武夷山市资深的高级导游员，他谙熟武夷山自然景观、历史文化和民俗风情，善于触类旁通，以幽默生动的语言，把一个个景点说活，赢得了游客的好感和赞誉。他还借助手中的相机，将许多来访的领导和中外友人的风采定格在永恒的记忆之中。

《武夷岩韵集》，倪木荣，海峡文艺出版社 2004 年版。

武夷山历史非常悠久，秦汉以前属百越活动的地方。据古籍记载和从已发掘出来的文物古迹表明：早在新石器时代，分布于我国东南一隅的古越人就已在武夷山一带定居。至今还完好地保存在大藏峰、小藏峰等人迹罕到的悬崖绝壁上的“架壑船”和“红板桥”，就是古越人特有的葬俗。这个古老的部族，崇拜蛇的图腾，好武习战，崇尚气力，既善于开山赴险，又惯于水上行舟。武夷山为夷人用武之地，据说“武夷”之名就由此而来。本书是作者长期品味、体悟、研究武夷山的一部优秀随笔散文集。

《绚丽多彩的武夷风情》，杨慕震著，中国文联出版社 2005 年版。

该书是对武夷文化进行了田野调查和理论思考后的产物。首次发现并报告了闽北存在傩舞文化；鸟、蛙崇拜与蛇崇拜同时存在；分析了“锁歌”与古代诗歌关系，发现并报告了邵武器乐曲有类似“序列作曲”现象；搞清楚了闽北三角戏的来龙去脉；分析了南平南词中有“北调”存在，就基本上否定了“苏派正宗”作为南平南词源头的说法；对闽北茶文化与武夷名称来由提出了一些新的见解；系统地介绍了建阳人蔡元定与他的“十八律”理论。

《武夷山笔记》，邵问津著，海风出版社 2004 年版。

该书是一部以自然汁液来过滤人文陈酿的哲思随笔。作者邵问津把人类重新置纳回自然的实地背景下，企藉通过武夷山水作为人类通向自然背后的绿色通道，撩开人文的重重雾障，去证实自然是生命唯一的依托凭借和参照基准这样一个貌似简单的道理，从而揭示生命的真实心性，让人类乖朴地认知：自己也和一切生物一样是自然的顺然延伸。

《走向世界的武夷山》，萧天喜主编，闽北日报社印刷厂 2001 年印。

日月之行，循环往复；沧海桑田，星汉灿烂。在中华民族亘古久远的文明发展史上，武夷山几度辉煌。20 世纪后期的武夷山，是创造辉煌的时代。短短的二十多年，在人类历史长河中，只是弹指一挥间，可是古老的武夷山却起了翻天覆地的变化。从“东南名胜”跃居为国家重点，腾达至世界顶级。本书较为详尽地收集史料，并经走访座谈，以写实手法记述了二十多年来，武夷山经历的重大事项的过程。书中附录了有关资料，并邀请有关当事人撰文，具有较强的史料性。

《武夷写真》，熊慎端著，海潮摄影艺术出版社 2003 年版。

该书是福建省武夷山市专业新闻工作者正式结集出版的第一部武夷山题材的新闻作品集。全书由 90 余篇新闻通讯组成，分为人物访谈、群英荟萃、精彩回放 3 个部分，所有文章均在市以上新闻媒体上发表过，其中不少作品还被多家报刊采用，产生较大的社会反响。本书收录的文章，跨越 15 年，三分之二是人物通讯，无论是各界英模，还是普通百姓，从他们身上可寻找到许多亮点，他们是武夷山市的光荣和骄傲。本书还收录了作者近年来采写的关于武夷山重大新闻题材的 10 多篇事件通讯。

（4）旅游文化

《武夷山之旅》，张建光领衔、武夷山风景名胜区管理委员会编，海潮摄影艺术出版社 2002 年版。

“多少游人醉归去，几个亲曾到武夷？”南宋道人白玉蟾的感叹，正是游人的困惑，也成了武夷山旅游努力解决的问题。本书由景区管委会牵头，组织全市专家学者、高级导游编写，广泛征求各界意见，数易其稿，力求言之有据，述之可考，于理周严，于史相符。特别是在对自然和人文景观的讲解上，除了沿用中国传统的审美原则外，更注重运用联合国教科文组织的标准进行阐述，因而显得更为规范和科学。

《武夷之韵》，阮雪清编，海潮摄影艺术出版社 2003 年版。

武夷山走向世界，建设国际性旅游城市的重要标志是武夷山列入《世界遗产名录》，成为世界顶级公园。作者有幸参与组织申报工作的全过程，七年奋斗的艰辛、锲而不舍的毅力和成功的喜悦，把申报总指挥部的一班人融入武夷山、梦说武夷山、升华武夷、朝圣武夷……在挖掘整理武夷山自然与文化资源的普遍价值、寻找它们的突出意义的同时，作者用镜头记录下春夏秋冬、阴晴雨雪、沧桑久远、厚重辉煌的山山水水和文化遗存。

《武夷山风景大观》，古风著，海潮摄影艺术出版社 2002 年版。

该书共集武夷山风景照片百余幅，不仅包揽了武夷山所有老景点的照片，还开拓了数十幅新景点照片，照片之多、景点之全可谓空前。景点的文字介绍简练优美，其中包含了许多武夷山民间传说和历代名人吟咏武夷山的诗词。此书不仅能作为导游和欣赏、了解武夷山之用，还能摆上书架，作为藏书，又可作为礼品馈赠亲友。

《畅游武夷》，余泽岚文/摄，中国画报出版社 2003 年版。

该书用艺术家的眼光，将武夷山境内拥有的国家重点风景名胜区、国家重点自然保护区、国家旅游度假区、全国重点文物保护单位的重要人文景观和自然景观一一摄入镜头，图文并茂，赏心悦目。

《武夷山世遗景观》，高洪著，海潮摄影艺术出版社 2002 年版。

山水处处有，真山水难求。武夷山，远离了尘嚣和污染。一当走进景区，山水便令人万虑消融，武夷山以她的自然生态、万种仙姿，凝固了时间和空间。在这里，城市风貌也柔情似水，而古建民居，却与青山同在。醉人的佳茗，伴随着民俗风情，沁人心田。武夷山的山水风光，将你拥入自然的怀抱。本书从景区山水、城市风貌、古建民居、佳茗茶风四个视野荟萃山水风光胜景；又从武夷奥秘、朱熹闽学、名人赞赏、石刻荟萃、洞天仙府、梵音佛国、闽越汉城七个方面解读文化名胜。

《永远的武夷山》，王长青著，海潮摄影艺术出版社 2003 年版。

全书囊括了风景区、度假区、保护区、大峡谷生态公园、城村古汉城遗址、五夫朱子故里、下梅古民居建筑、市区余庆桥等八大旅游片区，内容涵盖了武夷山自然与人文的方方面面，是目前武夷山第一部景点照片最全面、文字诠释最精练的旅游文化手册。

（5）民俗文化

《阳光下的雕花门楼》，叶恩忠主编，海潮摄影艺术出版社 2002 年版。

居民府第是中国古代建筑中数量最大的一种类型。福建的居民建筑是中国居民建筑的有机组成部分。闽式居民以其鲜明的特色丰富了我国居民建筑的艺术宝库。这本书汇集了武夷山古民居古朴厚重的建筑群落和精美的砖雕、木雕、石雕等建筑饰物，对研究武夷山民俗文化具有重要参考价值。

《徜徉在古老的时空》，吴光明摄影，海潮摄影艺术出版社 2000 年版。

武夷山作为福建古文化的发祥地，至今仍遗留着浓郁的地方风俗和独特的民居群落，但这些都正受到现代文明的严重侵扰与宰割，绝大多数将被或在岁月无情的风雨里渐渐消亡。作者是在用镜头抢救民居古迹，以艺术的良知从事一项摄影的考古，为迷失家园的人们作精神回归的向导，给后世留存一份寻根的档案。

《武夷山村野文化》，邹全荣著，海潮摄影艺术出版社 2003 年版。

村野文化在读者心目中可能只是个俗文化的概念。民俗，民风。日出而作，日落而息的生存方式，土得掉渣的坛坛罐罐，难登大雅之堂。而在作者的眼里，却是村野的香格里拉。作者认为武夷村野文化主线脉络清楚，传承纵横有序，纵向表现为根深蒂固，横向为世象斑斓。其特征为：可视性、可融性和链接性。

（6）红色文化

《武夷山革命史》，张金锭主编，中央文献出版社 1998 年版。

此书记载了武夷山人民在中国共产党的领导下进行新民主主义革命斗争的历史进程，既充分肯定了武夷山人民革命斗争的光辉业绩，又实事求是地叙述了前进道路上的坎坷、曲折和困难，深刻地总结了历史经验，给武夷山人民革命斗争赋予应有的历史地位。

《武夷山下》，福建省南平市新四军研究会、中共南平市委党史研究室编，南文出（2003）内书第 84 号，闽北日报社印刷厂印。

该书汇集着闽北地区原新四军老战士三年多来撰写的回忆文章和部分党史研究工作者的纪实文稿，文风朴实，反映了历史的真实。这些回忆录倾注了老战士们的心血，它把读者带到了艰苦卓绝的抗日战争、解放战争和解放初期剿匪斗争的艰苦岁月。这些回忆录表达了老战士们为党的事业、为人民的利益不怕困难、不畏艰险、勇于牺牲、无私奉献的高尚情怀，表现了在那艰难岁月中的军民鱼水深情和战友的兄弟情谊，歌颂了在长期革命战争中培育的党与人民军队的优良传统和作风。这些文章，一篇回忆就是一个荡气回肠的故事，一段文字就是一段激情燃烧的岁月，几句叙述就是一件无法忘情的历史。回忆，延续着不老的豪情，诠释着永远年轻的生命。

（7）科技文化

《中国古陶瓷标本——福建建窑》，谢道华编著，岭南美术出版社 2003 年版。

瓷器是中华民族发明创造的。“建窑”是中国宋代著名的民窑之一，以擅长烧造黑釉瓷盏、碗等闻名遐迩。因适宜当时“斗茶”习俗，颇得达官显贵和广大民众喜爱。影响极远，福建有三分之一县（市）均见烧造黑釉瓷的窑址；建盏远销海内外，日本、韩国及东南亚各国皆有发现。迄今日本仍将“建窑”的曜变天盏视作“国宝”。见仁见智者，著书立说，不乏其文。

《福建古书之最》，方彦寿著，中国社

会出版社 2004 年版。

本书分为福建刻印的古书和福建古人著述两方面。所介绍的古籍多达 200 多种，经、史、子、集各部都有，内容涉及哲学、史学、文学、艺术、宗教等人文科学，和医学、农学等自然科学领域。

（8）宗教文化

《武夷山冲佑观》，方彦寿编著，鹭江出版社 1996 年版。

该书从文化上立论，把冲佑观作为两宋以来各种思想派别的聚焦点来研究。中国封建社会到了唐中叶以后，开始向后期过渡，伴随着的是中国经济、政治、文化重心由北向南转移，到南宋基本完成，在闽浙赣交界的武夷山一带形成为中国文化的重心。冲佑观位于武夷山大王峰南麓，历代帝王在此祭祀武夷君，两宋以来中国文化最主要的代表者大都在这里活动，是儒道释诸种思想的荟萃之地。本书是全面考察冲佑观的历史文化价值的第一部专著。

《白玉蟾与武夷丹道文化》，詹石窗、杨金鑫主编，武夷山道文化开发研究中心、厦门大学宗教学研究所编印。

作为世界自然与文化遗产的武夷山，不仅以其独特的自然景观闻名于世，而且也以其丰富的文化资源为学界所关注。其中尤以朱熹为代表的考亭学派和以白玉蟾为代表的南宗丹道所留下的文化遗产更为难能可贵。道教素有三十六洞天之说，武夷山在中国道教名山中被列为第十六洞天。南宋时期，以武夷山白玉蟾为代表的南宗金丹派在中国道文化中占有极为重要的地位。从某种意义上讲，白玉蟾是中国南宗金丹派的实际创始人。本书是海峡两岸《1999 武夷山道文化学术研讨会论文集》中的论文选集。

（9）综合文化

《闽北文化》，黄建国著，海峡文艺出版社 1999 年版。

该书是福建省一部区域性文化专著。在深入挖掘和大量占有史料的基础上，以闽北经济与文化的关系为纲，从学术思想、文化教育、文学艺术、科学技术等方面，比较全面、系统地考察闽北文化每一领域产生、发展、演变，以及对民众、社会的渗透、影响，阐明闽北文化在经济建设中所起的重要作用。

《武夷山文化丛书》（共 9 册），福建人民出版社 1993 年版。

武夷山市对外文化交流协会和武夷山文化丛书编委会组织十几位文化宣传工作者和文学爱好者集体编著，包括：

倪木荣：《奇山异水》

赵勇：《千古之谜》

方留章：《道南理窟》

黄贤庚：《佳茗飘香》

丘理真、高洪、方留章：《洞天佛地》

彭盛友、胡黛棣：《美丽传说》

梁继武、徐少明、丁麟征：《摩崖荟萃》

郑中孚、应杭军：《物华天宝》

徐少明、萧天喜：《名家赞山》。

这套丛书是对纪念武夷山设县 1000 年的一份厚重的献礼，同时又是申报武夷山文化与自然遗产进程中一套重要的资料汇编，具有重要的文献价值。

《大武夷揽胜》，徐肖剑主编，福建人民出版社 2001 年版。

大武夷的精华——武夷山，自然风光独树一帜，“三三秀水清如玉”的九曲溪与“六六奇峰翠插天”的三十六峰、九十九岩的绝妙结合，迥异于一般自然山水，是具有奇秀深幽特征的巧而精的天然山水园林。该书将武夷山周边10个县市的旅游资源，诸如山川风光、历史名流、文物古迹、风俗民情、地方特产等，分门别类，一一道来，蔚为大观。

《世界遗产武夷山》，吴邦才主编，福建人民出版社2001年版。

对于武夷山作为世界文化与自然遗产的资源价值，不少人尚欠了解。本书是武夷山被列入《世界文化与自然遗产名录》后，由南平市政协文史资料委员会与武夷山市政协联合编纂的一本全面介绍武夷山的自然、生态、文化等史料的比较权威的著作，其宗旨是为了让更多的人认识武夷山。

（三）国内外朱熹与宋明理学研究专著要目

1. 中国学者朱熹与宋明理学研究成果选目

《余英时文集》第十卷：《宋明理学与政治文化》，余英时著，广西师大出版社2005年版。

《和境——易学与中国文化》，张立文著，人民出版社2005年版。

《感应与心物——牟宗三哲学批判/上海三联学术文库》，陈迎年著，上海三联书店2005年版。

《武夷山世界文化遗产的监测与研究》，朱水涌主编，厦门大学出版社2005年版。

《中国古代哲学史论》，李振纲著，中国社会科学出版社2004年版。

《宋明理学》（第二版），陈来著，华东师大出版社2004年版。

《儒学与社会现代化》（上下），姜林祥、薛君度主编，广东教育出版社2004年版。

《国学概论》，钱穆著，商务印书馆2004年版。

《中国美学史教程——复旦博学文学系列》，王振复著，复旦大学出版社2004年版。

《中国学术思想史随笔》，曹聚仁著，新三知三联书店2004年版。

《人与自然——中国哲学生态观》，蒙培元著，人民出版社2004年版。

《南宋儒学建构》，何俊著，上海人民出版社2004年版。

《朱熹诗经学研究》，檀作文著，学苑出版社2003年版。

《中国古代思想史论》，李泽厚著，天津社会科学院出版社2003年版。

《中国近世思想史研究》，陈来著，商

务印书馆2003年版。

《现代新儒学与朱子学》，陈代湘，湖南人民出版社2003年版。

《宋明理学研究——哲学史家文库》，张立文著，人民出版社2002年版。

《有无之境：王阳明哲学的精神》，陈来著，北京大学出版社2002年版。

《中国古代易学发展第三个圆圈的终结：船山易学思想研究》，陈远宁著，湖南大学出版社2002年版。

《清儒学术拾零》，陈祖武著，湖南人民出版社2002年版。

《创造和谐》，成中英编，上海文艺出版社2002年版。

《中国佛教与宋明理学：一次本土文化与外来文化融合的成功例证》，陈远宁著，湖南人民出版社2002年版。

《中国美学与艺术学探微》，邹其昌著，崇文书局2002年版。

《情感与理性》，蒙培元著，人民出版社2002年版。

《儒学与儒学史新编》，郭齐勇，台湾学生书局2002年版。

《周濂溪学说发微》，茅宽伟，文史哲，2002年版。

《朱子学的开展》学术篇，钟彩钧，汉学研究中心2002年版。

《朱子学的开展》东亚篇，杨儒宾，汉学研究中心2002年版。

《全体大用之学》朱子学论文集，朱荣贵，台湾学生书局2002年版。

《中日韩朱子学阳明学之研究》，戴瑞坤，文史哲，2002年版。

《朱子〈诗经〉学新探》，黄忠慎，五南2002年版。

《阳明后学与明末教育》，黄文树，师大书苑2002年版。

《儒家思想与康熙大帝》，刘家驹，台湾学生书局2002年版。

《现代中国哲学的追寻：新理学与新心学》，陈来著，人民出版社2001年版。

《中国儒学文化大观》，汤一介、张耀南编著，北京大学出版社2001年版。

《朱熹——旷世大儒》，朱汉民、萧永明著，河北人民出版社2001年版。

《理学文艺史纲》，许总，江苏教育出版社2001年版。

《王艮评传》，龚杰著，南京大学出版社2001年版。

《儒家思想开拓的尝试》，刘述先，中国社会科学出版社2001年版。

《士与中国文化》，余英时，中国社会科学出版社2001年版。

《中国哲学范畴通论》，葛荣晋著，首都师范大学出版社2001年版。

《迈入21世纪的朱子学》，朱杰人主编，华东师大出版社2001年版。

《朱熹年谱长编》，束景南，华东师大出版社2001年版。

《两宋道学命运的历史考察》，关长龙，学林出版社2001年版。

《朱熹诗词编年笺注》（上下），郭齐笺注，巴蜀书社2004年版。

《王学与中晚明士人心态》，左东岭，人民文学出版社2000年版。

《朱陆学术考辨五种》，吴长庚，江西高校出版社2000年版。

《朱熹与徽州》，张脉贤，黄山市新安朱子研究会2000年版。

《王学流行：江右王门思想研究》，蔡仁厚著，人民出版社2000年版。

《朱熹评传》，张立文主编，南京大学出版社2000年版。

《理一分殊》，刘述先著，上海文艺出版社2000年版。

《中国思想史论》，李泽厚著，安徽文

艺出版社 1999 年版。

《成人与成圣——儒家伦理道德精粹》，唐凯麟、张怀承著，湖南大学出版社 1999 年版。

《朱熹的生平及其著作研究》，胡树华，台湾屏东市现代教育。

《程朱思想新论》，杨晓塘主编，人民文学出版社 1999 年版。

《心体与性体》，牟宗三著，上海古籍出版社 1999 年版。

《心灵超越与境界》，蒙培元著，人民出版社 1998 年版。

《走出理学》，姜广辉著，辽宁教育出版社 1997 年版。

《圣心苦雨朱熹传》，陈代湘著，北京燕山出版社 1997 年版。

《宋明理学史》，侯外庐等主编，人民出版社 1997 年版。

《二曲集》，（清）李颙撰，陈俊民点校，1996 年版。

《儒学南传史》，何成轩著，北京大学出版社。

《朱子哲学思想的发展与完成》，刘述先，台湾学生书局 1995 年版。

《朱熹新考》，郭齐，成都电子科技大学出版社 1994 年版。

《朱熹思想论丛》，邹永贤等著，厦门大学出版社 1993 年版。

《中国哲学主体思维》，蒙培元著，东方出版社 1993 年版。

《中国传统哲学思维方式》，蒙培元主编，浙江人民出版社 1993 年版。

《国际朱子学会议论文集》，台北中央研究院中国文哲所编，台北中央研究 1993 年版。

《朱熹〈周易本义〉校注》，苏勇，北京大学出版社 1992 年版。

《朱熹集导读》，王端明，巴蜀书社 1992 年版。

《国学今论》，张岱年著，辽宁教育出版社 1992 年版。

《朱熹与陆九渊的理学》，高全善，北京三联书店 1992 年版。

《朱熹语类句法研究》，祝敏彻，长江文艺出版社 1991 年版。

《宋明理学》，陈来著，辽宁教育出版社 1991 年版。

《朱熹及宋元明清研究资料》，吴以宁编，北京国际文化出版公司 1990 年版。

《武夷胜境理学遗迹考》，朱杰人、黎昕等编，上海三联书店出版社 1990 年版。

《朱熹与闽学渊源》，黎昕等编，上海三联出版社 1990 年版。

《闽学概论》，高令印、蒋步荣，香港易通出版社 1990 年版。

《朱熹研究资料专辑》，尤溪政协编，福建人民出版社 1990 年版。

《中国心性论》，蒙培元著，台湾学生书局 1990 年版。

《理学范畴系统》，蒙培元著，人民出版社 1989 年版。

《朱子研究》，邹永贤主编，厦门大学出版社 1989 年版。

《朱子书信编年考证》，陈来，上海人民出版社 1989 年版。

《朱熹哲学研究》，陈来，中国社会科学出版社 1988 年版。

《文化与人生》，贺麟，商务印书馆 1988 年版。

《朱子新探索》，陈荣捷著，台湾学生书局 1988 年版。

《朱子门人》，陈荣捷，台湾学生书局 1988 年版。

《朱学新论》，陈荣捷，台湾学生书局 1988 年版。

《朱熹诗中的思想研究》，申美子，台

北，文史哲出版社1988年版。
《朱熹事迹考》，高令印，上海人民出版社1987年版。
《朱熹教育思想论稿》，韩钟文，江西教育出版社1987年版。
《朱熹教育思想述评》，周德昌，吉林教育出版社1987年版。
《朱熹的生活与思想》，Wing—tsit Chan（香港）中文大学1987年版。
《朱子哲学思想的发展与完成》，刘述先，台湾学术书局1987年版。
《朱子新学案》，钱穆，巴蜀书社1986年版。
《福建朱子学》，高令印，福建人民出版社1986年版。
《朱熹与岳麓书院》，杨金鑫，华东师大出版社1986年版。
《宋明理学研究》，张立文，中国人民大学出版社1985年版。
《朱子学》，王孺松，台湾教育文物1985年版。
《四书集注评述》，钱地之，台湾作者印行1985年版。
《理学的演变：从朱熹到王夫之戴震》，蒙培元，福建人民出版社1984年版。
《朱熹书信编年考证》，陈来，上海人民出版社1984年版。
《朱熹评传》，陈正夫等，江西人民出版社1984年版。
《宋明理学史》，侯外庐、邱汉生，人民出版社1984年版。
《朱子新诠》，钟应梅，台湾学生书局1984年版。
《晦庵易学探微》，曾春海，台北辅仁大学1983年版。
《朱子治家格言》，陈彦君，台湾世峰1983年版。
《新儒家哲学十八讲》，方东美，台湾黎明文化事业公司1983年版。
《朱熹形上结构论》，罗光，台湾辅仁大学1982年版。
《朱子哲学思想的发展与完成》，刘述先，台湾学生书局1982年版。
《宋明理学》（南宋篇），蔡仁厚，台湾学生书局1982年版。
《国际朱子学会议论文集》，台北中央研究院中国文哲所编，台北中央研究。
《朱熹的生平及其著作研究》，胡树华，台湾屏东市现代教育。
《朱熹及其哲学》，杨天石，中华书局1982年版。
《从陆象山到刘蕺山》，牟宗三，台湾学生书局1979年版。
《朱熹伦理学》，杨慧杰，台北牧童1978年版。
《朱熹与多玛斯形上思想的比较》（上、下册），黎建球，台北，商务印书馆1978年版。
《朱子本体论与人生论》，祖兰舫，台北中央文物供应社1978年版。
《黄振及其朱子学》，林政华，台北，嘉新水泥公司文化基金会1976年版。
《可恶的朱熹》，赣南师专中文科编印，1975年版。
《朱熹的丑恶面目》，上饶地区革委会政治部，人民出版社1975年版。
《批判朱熹文集》，福建省图书馆1974年版。
《略评朱熹》，江西人民出版社1974年版。
《朱子哲学》，郭振武，台北撰者印行1970年版。
《朱熹的文学批评研究》，张健，台北书局1969年版。
《朱熹》，周大同，台北，商务书局1965年版。

《朱熹及其哲学》，范寿康，台北开明书局1964年版。

《朱熹》，谭鸣，星洲世界书局1962年版。

《日本的朱子学》，朱谦之，北京三联书店1958年版。

《朱熹教育学说》，祁致贤，台湾复兴书局1954年版。

《朱熹哲学》，黎建球，台湾知音。

《朱熹教育思想》，祁致贤，台湾复兴书局。

《朱子哲学二册》，李相显，北平世界科学社1947年版。

《马勒拍朗士的神和朱熹的理》，庞景仁，在巴黎出版（法文），1942年版。

《朱熹辨伪书语》，白寿彝，扑社1933年版。

《朱熹》，周予同，商务印书馆1931年版。

《朱子》（朱熹），孙毓修，商务印书馆1922年版。

《朱子学派》，谢无量，中华书局1916年版。

（以下武夷学院图书馆馆藏）

《朱熹》，林克敏编，福建人民出版社2005年版。

《朱子学论文集》，杜维明等著，马来西亚朱氏联合会2005年版。

《朱熹考亭书院源流考》，方彦寿著，中国文史出版社2005年版。

《朱熹在五夫》，姜立煌著，作家出版社2005年版。

《朱熹新探》，林振礼著，中国广播电视出版社2004年版。

《朱熹的历史世界》（上、下），余英时著，生活·读书·新知三联书店2004年版。

《朱熹经学与中国经学》，蔡方鹿著，人民出版社2004年版。

《夏峰先生集》，（清）孙奇逢著，朱茂汉点校，中华书局2004年版。

《道学通论》，胡孚琛、吕锡琛著，社会科学文献出版社2004年版。

《游酢新论》，游德馨主编，中国评论学术出版社2004年版。

《武夷山文化研究》，福建省炎黄文化研究会，海峡文艺出版社2003年版。

《朱熹与栗谷哲学比较研究》，洪军著，中国社会科学出版社2003年版。

《源头活水》，武夷山市委宣传部编，海潮摄影艺术出版社2003年版。

《朱熹的自然哲学》，（韩国）金永植编，华东师范大学出版社2003年版。

《朱子大传》（上、下），束景南著，商务印书馆2003年版。

《朱子大传》，束景南著，福建教育出版社1992年版。

《朱子全书》，朱杰人、严佐之、刘永翔主编，上海古籍出版社2002年版。

《朱子学提纲》，钱穆著，生活·读书·新知三联书店2002年版。

《朱熹的思维世界》，田浩著，陕西师范大学出版社2002年版。

《朱熹书翰文稿》，朱熹著，上海书画出版社2002年版。

《朱熹自然哲学思想论稿》，徐刚著，福建教育出版社2002年版。

《朱熹思想与公民道德建设》，中共南平市委宣传部编，2002年版。

《道南首豸山》，程利田著，中国翰林出版公司2002年版。

《武夷山与古越文化》，石子镜、杨长岳编，社会科学文献出版社2002年版。

《朱子学与21世纪国际学术研讨会论文集》，武夷山朱熹研究中心编，三秦出版社2001年版。

《游酢文化研究》，福建省南平游酢文化研究会2001年编。

《朱熹年谱长编》（上、下），束景南著，华东师范大学出版社2001年版。

《朱熹思想的当今价值》，朱济灵主编，北京燕山出版社2001年版。

《朱熹书院与门人考》，方彦寿著，华东师范大学出版社2000年版。

《朱熹文学研究》，莫砺锋著，南京大学出版社2000年版。

《朱熹与中国文化》，蔡方鹿著，贵州人民出版社2000年版。

《朱子家训》，（清）朱用纯著，王峰东等编译，中国社会科学出版社2000年版。

《朱熹传》，郭齐著，四川大学出版社2000年版。

《朱熹传》，黄玉石著，海峡文艺出版社2000年版。

《朱熹的史学思想》，杨勤福著，齐鲁书社2000年版。

《朱子理学美学》，潘立勇著，东方出版社1999年版。

《朱熹故事精选》，黄胜科等编著，福建教育出版社1997年版。

《中国古代家训四书》，尹奎友等评注，山东友谊出版社1997年版。

《朱熹评传》，张立文著，南京大学出版社1998年版。

《武夷山志》，[清] 董天工修纂，武夷山市市志编纂委员会整，方志出版社1997年版。

《朱熹在建阳》，刘建主编，福建省建阳市政协文史委员会1997年版。

《道学十三经》，范子烨主编，北方文艺出版社1997年版。

《武夷山冲佑观》，方彦寿编著，鹭江出版社1996年版。

《道学精华》（上、中、下），汤一介主编，北京出版社1996年版。

《理学纲要》，吕思勉著，东方出版社1996年版。

《朱熹》，侯健主编，朱家平编著，中国和平出版社1996年版。

《朱熹诗词选注》，武夷山朱熹研究中心，福建教育出版社编，福建教育出版社1993年版。

《道南理窟》，方留章著，萧天喜主编，福建人民出版社1993年版。

《闽学源流》，刘树勋、黄保万，福建教育出版社1993年版。

《朱子学新论》，武夷山朱熹研究中心编，三联书店上海分店1991年版。

《武夷胜境理学遗迹考》，武夷山朱熹研究中心编，生活·读书·新知三联书店1990年版。

《朱熹研究资料专辑》，李为湘、苏树标等，福建人民出版社1990年版。

《朱熹与闽学渊源》，武夷山朱熹研究中心编，三联书店上海分店1990年版。

《朱熹在武夷山》，方留章，武夷山市闽学分会1990年版。

《朱子遗墨》，武夷山朱熹研究中心编，上海书店1990年版。

《朱熹的故事》，闽北闽学会武夷山市分会/武夷山市编1990年版。

《朱熹及宋元明理学》，吴以宁编，国际文化出版公司1990年版。

《朱熹教育思想研究》，韩钟文，江西教育出版社1989年版。

《朱子书信编年考证》，陈来著，上海人民出版社1989年版。

《朱熹王守仁哲学研究》，邓艾民，华东师范大学出版社1989年版。

《朱熹与中国文化》，武夷山朱熹研究中心，学林出版社1989年版。

《朱子语类》，（宋）黎靖德编，王星贤

点校，中华书局1986年版。

《朱子及其哲学》，范寿康著，中华书局1983年版。

《朱熹思想研究》，张立文著，中国社会科学出版社1981年版。

《朱陆之辩》，彭永捷著，人民出版社。

《二程集》（上、下），宋·程颢、程颐著，中华书局1981年版。

《朱子学刊》，《朱子学刊》编辑部，黄山书社、福建人民出版社1989—2005年版。

《考亭紫阳朱氏总谱》，闽北朱子后裔联谊会，武夷山朱熹研究中心编。

2. 韩国朱熹研究专著要目

《朱子的人间与思想》，刘明钟，汉城世宗出版社2000年版。

《朱子家礼与韩国之礼学》，卢仁淑，人民文学出版社2000年版。

《朱熹与李退溪诗比较研究》，李秀雄，北京大学出版社1991年版。

《中国书院制度》，丁淳睦，文音社1990年版。

《退溪评传》，丁淳睦，汉城知识产业社1987年版。

《退溪诗学译注》，李家源，汉城正音社1987年版。

《韩国思想史》，刘明钟，汉城以文出版公司1987年版。

《退栗哲学比较研究》，李钟述，修德文化社1985年版。

《退溪栗谷哲学比较研究》，蔡茂松，成大出版社1985年版。

《高丽儒学史》，金忠烈，高大出版部1984年版。

《退溪诗学》，王甦，汉城退溪学研究院1981年版。

《朝鲜儒学思想研究》，金吉焕，汉城一志社1981年版。

《李退溪小传》，郑飞石，汉城退溪学研究所1978年版。

《陶山全书》，李滉，汉城成均馆大学大东文化研究院1975年版。

《李退溪全集》，李滉，汉城退溪学研究院影印日刻本1975年版。

《朝鲜儒学史》，玄相允，汉城民众书馆1974年版。

《韩国儒学史》，裴宗镐，汉城延世大学出版部1974年版。

《栗谷全集》，李珥，汉城成均馆大学大东文化研究院1958年版。

《圣学辑要》，六卷，李珥，汉城成均馆大学大东文化研究院1958年版。

《栗谷先生传》，刘子厚，东邦文化社1947年版。

《朱子书节要》，二十卷。

《朱文酌海》，十六卷，郑世经撰。

《朱书要类》，十二卷，赵瀷撰。

《近思录释疑》，十四卷，郑晔撰。

《问精义通考》，十四卷，宋时烈撰。

《朱子大全札疑问目标》，金昌协撰。

《朱子言论同异考》，六卷，韩元震撰。

《朱书分类》，二十四卷，姜浩溥撰。

《朱子大全札疑问目标补》，二十四卷，金迈淳撰。

《朱子大全札疑辑补》，一〇八卷，李恒老撰。

《近思录附注》，十四卷，金平默撰。

《家礼考证》，七卷，曹好益撰。

《家礼证补》，六卷，赵镇球撰。

《家礼增解》，十四卷，李宣朝撰。

《仪礼经传通解》，十卷，韩文纯撰。

3. 日本朱熹研究专著要目

《朱子的哲学》，大浜诰，东京大学出

版社 1989 年版。

《朱子哲学论考》，市川安司，汲古书院 1988 年版。

《朱子学与阳明学》，岛田虔次，蒋国保译，陕西师大出版社 1986 年版。

《朱子》，佐藤仁，集英社 1985 年版。

《朱子文集》上、下，友枝龙太郎，1982 年版。

《朱子人类智慧的遗产》，三浦国雄，日本讲谈社 1979 年版。

《朱子的自然学》，山田庆儿，岩波书店 1978 年版。

《朱熹与王阳明》，高桥进，国书刊行会 1977 年版。

《朝鲜、日本的朱子学》，阿部吉雄，明德社 1977 年版。

《朱子》，三浦国雄，日本讲谈社 1976 年版。

《朱子的先驱》，冈田武彦，明德社 1976 年版。

《朱子的后继》，市川安司，明德社 1976 年版。

《近思录译注》，市川安司，明治书院 1975 年版。

《朱子语类（1—13 卷）语句索引》，佐藤仁，采华书林 1975 年版。

《朱子与王阳明新儒学与大学的观念》，间野潜龙，水书院 1974 年版。

《朱子学入门》，诸桥辙次，明德社 1974 年版。

《四书集注》，铃木由次郎，明德社 1974 年版。

《日本的朱子学》（下），阿部吉雄，明德社 1974 年版。

《朱子・王阳明集》，沟口雄山，中央公论社。

4. 东南亚朱熹研究专著要目

《朱学论丛》，龚道运，台北文史哲出版社 1985 年版。

《儒家思想导论》，（泰）郑彝元，曼谷时中出版社 1984 年版。

《四书略解》，（越）黎贵惇，1776 年版。

《四书说约》，（越）朱文安，1362 年版。

5. 欧美朱熹研究专著要目

《儒教中国及其现代命运》，列文森著，郑大华等译，中国社会科学出版社 2000 年版。

《现代精神与儒家传统》，杜维明，北京三联 1997 年版。

《儒家思想新论创造性转化的自我》，杜维明，江苏人民出版社 1995 年版。

《朱熹的思维世界》，田浩，台北台晨文化事业公司 1991 年版。

《朱熹》，陈荣捷，台北东大图书公司 1990 年版。

《儒学第三期发展的前景问题》，杜维明，台湾联合出版事业公司 1989 年版。

《朱子新探索》，陈荣捷，台湾学生书局 1988 年版。

《朱熹道德哲学形成的探索》，（美）桑普森，1986 年版。

《朱熹与大学》，Daniel—k. Gardener 美国哈佛大学出版社 1985 年版。

《人性的比喻》，（美）孟旦，普林斯顿大学出版社 1985 年版。

《王阳明与禅》，陈荣捷，台湾学生书局 1983 年版。

《功利主义的儒学陈亮与朱熹的辩论》，（美）田浩，美国哈佛大学出版社 1982 年版。

《朱子门人》，陈荣捷，台湾商务出版社 1982 年版。

《王阳明传习录详注集评》，陈荣捷，台湾学生书局 1982 年版。

《朱熹修养方法》，（英）萨金静，1955 年版。

《朱熹的知识论》，（美）霍金，1938 年版。

《朱熹和他的老师们》，布鲁斯，英国伦敦出版社 1923 年版。

6. 武夷文学研究专著要目

《柳永词选》，薛瑞生选注，中华书局 2005 年版。

《柳永集》，胡传志、袁茹解评，山西古籍出版社 2004 年版。

《柳永词新释集评》，顾之京、姚守梅、耿小博编著，中国书店 2005 年版。

《柳永集》，柳永撰，孙光贵、徐静校注，岳麓书社 2003 年版。

《全宋词鉴赏辞典》，贺新辉主编，中国妇女出版社 2004 年版。

《两宋词史》，史仲文著，中国社会出版社 2005 年版。

《宋韵——宋词人文精神与审美形态探论》，孙维城著，安徽大学出版社 2002 年版。

《浅斟低唱——宋代词人的文化精神与人生意趣》，张玉璞著，济南出版社 2002 年版。

《唐宋词综论》，刘尊明著，中国社会科学出版社 2004 年版。

《宋代文学史》（上、下），孙望、常国斌主编，人民文学出版社 1996 年版。

《词品》，（宋）王灼等撰，陈颖杰校释，北方文艺出版社 2005 年版。

《全编宋词》，王諍等编，延边人民出版社 2004 年版。

《中国古典诗学理论史》，萧华荣著，华东师大出版社 2005 年版。

《李纲全集》，（宋）李纲著，岳麓书社 2004 年版。

《金瓯缺》，孙绍振主编，海峡文艺出版社 2003 年版。

《两宋人物》，龚弘著，齐鲁书社 2005 年版。

（四）国内外朱熹研究机构分布地区要览

1. 国内

福建：建阳、建瓯、武夷山、邵武、政和、松溪、福州、东山、云霄、平和、诏安、漳州、莆田、仙游

江西：铅山、横峰、上饶、九江、修水、婺源

浙江：苍南、丽水、天台、湖州、宁波、镇海、瑞安

江苏：大丰、丹阳、镇江、无锡、泰兴

四川：宜宾、成都

上海市

吉林：延边

山东：枣庄、沂南

北京市

甘肃：兰州安宁区安保乡、白银市

河南：温县、沁阳、伊川、孟县、偃师市

湖北：黄岗市、英山市、应城县

湖南：华容县

广东：广州、梅州、深圳、饶平、澄海、陆河、汕头、紫金、恩平、台山、潮阳市

广西：桂林、藤县、岭溪、博白、南宁、陆川、容县、宾阳、贺县、文昌县

海南：海口市、琼山市、定安县、万宁县、琼中县、澄迈县、文昌县

台湾：台北、高雄、新竹、台南

香港

澳门

2. 国外

韩国：汉城、光州市、大田市、大邱市、庆北蔚珍郡、庆南蔚山市

日本：东京、福冈市

朝鲜

新加坡

马来西亚：美里、槟城、雪隆、古晋

泰国：曼谷

印尼：东帝汶

菲律宾：马尼拉

缅甸：仰光

越南：岘港

美国：夏威夷、三藩市、纽约、旧金山、罗城

加拿大：多伦多、温哥华、点城

（五）南平市武夷文化研究机构简介

• 武夷文化研究院：福建省南平市所属的武夷文化研究机构，成立于1994年。2005年3月12日迁址于现武夷学院（筹），南平市委常委、政府副市长吴邦才任院长，武夷学院（筹）（南平师专）党委书记何三保副研究员任副院长，党委副书记姚进生副教授任秘书长。

• 武夷山朱熹研究中心：南平市委宣传部主管的朱熹研究机构，在朱熹研究和武夷文化研究方面的基础性资料的发掘、搜集、整理、汇总等方面成果颇丰，先后编辑出版了《朱熹与中国文化》（学林出版社1989年版）、《朱熹研究资料专辑》（福建人民出版社1990年版）、《朱熹与闽学渊源》（上海三联书店1990年版）、《朱子学新论》（1990年）、《朱熹诗词选注》（福建教育出版社1993年版）、《朱子学与21世纪国际学术研讨会论文集》（三秦出版社2001年版）、《纪念朱熹诞辰870周年论文集》（华东师大出版社）、《武夷胜景理学遗迹考》（上海三联书店1990年版）等著作。

• 朱熹研究所：武夷学院（筹）（南平师专）挂靠于管理系的非实体研究机构，现任所长赵健全副教授。

• 武夷文化研究所：武夷学院设置的学术研究实体。成立于2005年4月14日。杨国学教授任所长。

（六）武夷文化刊物简介

《朱子文化》：原名《朱子研究》，武夷山朱熹研究中心主办的朱熹研究季刊，为闽准印内部交流季刊，面向全国征稿，刊发了许多朱熹研究大家、名家的具有很高学术水平的论文。主编石建华，秘书长张品端，编辑部主任方彦寿。自2005年起，经福建省委宣传部和新闻出版局批准更名为《朱子文化》双月刊，公开出版发行。

《武夷文化研究》：南平市武夷文化研究院主办的宣传、评介、研究大武夷文化的专刊，为闽准印内部半年刊。创刊于1994年。现任主编吴邦才。

《南平师专学报》：南平师专主办的公开发行的学术期刊，国际标准刊号：ISSN1008—5963，国内统一刊号：CN35—1213/04。主要刊发本校教师的学术研究成果，酌收外稿。学报辟有“武夷文化研究”专栏。

《南平师专报》：南平师专党委主办的公开发行的新闻刊物，国内统一刊号：CN35—0813/C。辟有“武夷文化”专栏。

（七）武夷文化网站简介

宋明理学研究中心（www.smlxyjzx.cn）：武夷学院（筹）宋明理学研究中心秘书处主办，宋明理学研究中心为福建社会科学院和中国社会科学院哲学研究所联合主办的理学研究机构，中国社会科学院哲学所研究员陈筠泉任主任，哲学所李存山研究员，福建社会科学院潘叔明研究员，福建社会科学院社会学所所长黎昕研究员，中共南平市委常委、副市长吴邦才，武夷学院（筹）校长张祖英教授任副主任，研究中心设在武夷学院（筹），校长张祖英兼秘书长（法人代表）。该网站为联系国内外宋明理学研究和武夷文化研究专家学者的纽带之一，是进行国内外学术交流的平台之一。

武夷山网（wuyishan.gov.cn）：武夷山市所办的综合性网站，设有宣传、评介、研究世界遗产武夷山的诸多栏目。

武夷山旅游网：（www.513jr.com），武夷山市假日旅行社有限公司所办的旅游服务综合网站。

（八）朱子学与武夷文化部分研究者简介

蔡厚示，字佛生，笔名艾特，1928年5月生于南昌三江镇。1949年6月毕业于厦门大学中文系，获文学学士学位，留校任教。1954—1956年在北京大学中文系文艺理论研究生班进修。1981年3月晋升为副教授，同年5月调福建社会科学院文学研究所任副研究员，1986年11月晋升为研究员，先后兼江西大学、福州大学、洛阳外国语学院及吉安师范专科学校等院校的客座教授。1992年7月到英国剑桥大学访问。1995年8月在美国科罗拉多州立大学为其东方语言文学系博士生教授，1996年12月在澳门讲学。为中国作家协会会员，中华诗词学会理事，中国李清照、辛弃疾学会常务理事，中国韵文学会常务理事，中国元好问学会顾问。著有《文艺学引论·上册》、《诗词拾翠》（一、二、三集）、《独柳居诗词稿（附艾特诗稿）》、《唐宋诗词鉴赏举隅》等；主编《历代民歌选析》、《闽中名胜诗粹》、《李景李煜词赏析集》等；撰《柳永》、《元好问》、《朱熹》等评传；刊出文章数百篇、诗词上千首。治学严谨，热情助人，学生数万名，桃李满天下。至今教学、著述、创作不断。

蔡尚思，福建德化县人，1905年出生。1925年只身赴京，先后向王国维、梁启超、陈垣、柳诒征、蔡元培等名家拜师求学，得到诸多指点。1931—1934年，经蔡元培先生介绍，到武昌华中大学（华中师范大学的前身之一）中文系任国学教师，讲授中国通史、中国政治思想史、墨子研究等课程。1935—1941年，在上海顾廷龙主持的沪江大学图书馆、合众图书馆常年借读。之后，又到复旦大学任教，历任历史系系主任、中国思想文化史研究室主任、复旦大学副校长等职。蔡尚思先生平生治学，以古典文学为基础，以史哲结合为专业，以中国思想史、学术史、文化史为重点，成就卓著，著作等身。他的系列著作《中国思想研究法》、《中国历史新研究法》、《中国传统思想总批判》、《中国文化史要论》、《孔子思想体系》、《王船山思想体系》、《中国古代学术思想史论》、《中国近现代学术思想史论》、《中国礼教思想史》、《周易思想要论》等，在学术界影响很大。

蔡方鹿，男，汉族，1951年10月生，四川省眉山县人。现为四川省社会科学院哲学研究所研究员、厦门大学中国哲学博士点教授、四川省学术和技术带头人、四川省专家评议（审）委员会委员、中国哲学史学会理事、四川省中国哲学史研究会会长、中华孔子学会学术委员、四川大学宋代文化研究中心客座教授、四川师范大学政教学院教授，享受国务院政府特殊津贴。研究方向：

主要从事中国哲学史、儒学史研究。在大陆、台湾、韩国出版专著20余部，在海内外发表论文130余篇，人大复印资料全文转载40余篇，迄今已发表和出版的学术成果达450余万字。2004年，中国社会科学院院报发表专访《学海无涯、天道酬勤——访四川省社会科学院蔡方鹿研究员》，对其学术成就作出了高度的评价。代表著作：《一代学者宗师——张栻及其哲学》、《魏了翁评传》、《中华道统思想发展史》、《宋明理学心性论》、《儒家——传统与现代化》、《华夏圣学——儒学与中国文化》、《程颢程颐与中国文化》、《朱熹与中国文化》、《宋代四川理学研究》、《朱熹经学与中国经学》等。

陈存洗，所在工作单位，福建省博物馆。发表有：《闽北史前文化的初步考察》，载福建省炎黄文化研究会与中共南平市委宣传部编《武夷文化研究》（海峡文艺出版社2003年版）、《福建石器时代特征与年代初论》（合作）、《福建清流发现的人类牙齿化石》（合作）、《闽侯昙石山遗址发掘新收获》（合作）等论文。代表作有：《武夷山悬棺之谜》（合作）（福建科技出版社1993年版）、《闽越考古研究》等。

陈　铎，男，汉族，1963年出生。1983年毕业于福建师大艺术系，1992年毕业于中央美术学院美术史研究生班。1987年到南平师专美术系任教至今。现任福建省武夷学院（筹）艺术系主任、副教授、福建省美协创作院创作员、南平市文联副主席、中国武夷画院副院长、南平美术家协会副主席、中国美术家协会会员、中国版画家协会会员、中国武夷文化院研究员。发表论文有：《发展的历程——论福建版画创作》、《试论当今闽北群众版画创作》等。作品《小院》、《觉醒》、《秋果》、《乡情》分别入选全国第九届版画展，全国建军60周年美展，第七、八届全国美展。出版有连环画册《妙计换人》、《人与地震》、《黄柏》等。

陈国代，男，1962年生，福建南平人。1985年毕业于福建省建阳地区卫生学校，从事医疗工作。1992年调入南平师范高等专科学校从事保健工作。2003年转入武夷山校区图书馆担负筹建特色书库的工作，涉足宋明理学和武夷文化的文献收集与研究领域。2005年申报“武夷学院青年教师科研支持计划”项目——《朱子学研究关涉人物裒辑》研究，研制“朱子行踪系列图解”，已取得阶段性成果，先后发表《朱熹在自然灾害面前》、《朱熹与中医药姻缘考》、《朱熹与中医古籍》及《屏山书院的创建与辉煌》等论文。

陈家生，1939年生，笔名佳声。福建福州人。1962年毕业于福建师院中文系。原南平师专校长、教授。中国写作学会理事，曾任福建省写作学会副会长，福建省陶行知研究会副会长，福建省文学学会常务理事，福建省闽学研究会常务理事，南平市文联副主席，中国红楼梦学会会员等。自1958年以来，曾在全国性及省级文艺刊物上发表诗歌数百首，散文、曲艺等近百篇。出版了两部剧本。自1980年以来，在国家级及省级学术刊物和国际、国内学术会议上发表学术论文90多篇。1987年出版了专著《写作辩证谈》获省优秀图书奖。1992年出版了专著《文学写作技法入门》，1994年获福建省社会科学优秀成果奖二等奖。主编的《闽北今昔》为武夷文化研究的代表作。此外，还有多篇论文获全国性学会的优秀论文奖或成果奖。

陈建生，福建省南平市台办政策研究室主任、市政协委员、南平市郑成功研究会副会长。发表的论文有：《柳永行踪辨略》（《武夷文化研究》，福建省炎黄文化研究会与中共南平市委宣传部编《武夷文化研究·郑成功在闽北行迹考辨》，海峡文艺出版社2003年版）等。

陈　来，男，汉族，籍贯浙江省温州市。北京大学哲学系教授，哲学博士。1981年始任教于北京大学哲学系，1990年起任教授至今。曾先后在哈佛大学、东京大学、关西大学、香港中文大学任客座教授和访问学者。现任北京大学哲学系中国哲学教研室主任，全国中国哲学史学会副会长，并任清华大学、香港科技大学等多所大学的兼职教授。《朱子哲学研究》是中国大陆学者中朱子研究领域最具影响力的重大成果之一。另有：《朱子书信编年考证》（1989）、《有无之境——王阳明哲学的精神》（1991）、《宋明理学》（1992）、《哲学与传统》（1994）、《古代宗教与伦理——儒家思想的根源》（1996）、《人文主义的视界》（1997）、《陈来自选集》（1997）等，以及重要论文100多篇。

陈庆元，福建金门人。福建省人大代表；福建师大文学院院长、教授，中国古代文学、古典文献学博士生导师；中文一级学科博士点第一带头人、博士后流动站负责人；省优秀课程、省精品课程带头人。山东大学等5所本科院校兼职教授。兼任中国韵文学会常务理事、中国古代散文学会常务理事、福建省文学学会会长等。主要著作：《中古文学论稿》、《沈约集校笺》、《福建文学发展史》、《诗词研究论集》、《赋：时代投影与体制演变》、《文学：地域的观照》等十余种；发表在《文学遗产》、《文学评论》、《文史》、《中华文史论丛》、《文献》、《中国诗学》等刊论文百余篇。获省优秀社科奖6项、华东优秀图书奖3项、省优秀教学成果奖2项。承担并完成国家社科项目2项。

程利田，男，汉族，中共党员，副教授。1941年6月生，福建古田人，大学毕业。福建南平师专历史系主任、武夷文化研究室主任、《南平师专学报》副主编、南平师专朱熹研究所所长、福建林则徐研究会理事、闽学研究会常务理事、中国哲学史研究会副会长。参编《世界近代史》、《世界古代史》、《福建古代史》、《史海选要》等多部大学教材，参编《武夷胜境理学遗迹考》、《闽北今昔》等研究丛书，参加整理译校古籍《宋·游酢文集》。发表论文30余篇，其中《朱熹理学对欧洲启蒙思想家的影响》被中国人民大学复印报刊资料《中国哲学与哲学史》全文转载；《宋代杨、罗、李、朱理学与闽文化的发展》入选《高等师范专科教育教学研究与实践》、《闽文化源流与近代福建文化变迁》等文献。

董四代，笔名武夷樵，男，1947年11月生，河北省保定市人，研究生毕业，法学硕士学位。现为教育部社政司项目评审专家，天津师范大学博士生导师，福建省武夷学院（筹）管理系教授。发表论文有：《科学发展观与区域内源现代化——兼论武夷文化与闽北经济社会发展》（《武夷文化研究》2005年第1期）等。其他论著有：《大同传统与社会主义》、《社会主义现代化中的经济与文化》、《社会化与社会基础变革》等。

方留章，曾任职福建省武夷山市方志办，主编《武夷山市志》。中国武夷文化研究院研究员。曾发表《古今名人的武夷雨中筏游》、《国宝〈武夷放棹图〉回归记》、《福州漆器与武夷山的艺缘》、《邓小平情系武夷山》、《神秘的古代武夷山崖居》、《陈嘉庚盛赞“人间天堂”武夷山》、《九曲溪上的抗日棹歌》等文章和《武夷山文化丛书》之一《道南理窟》（福建人民出版社1993年10月版）等。

方彦寿，男，祖籍福州，1952年11月出生于浦城。1969年插队知青，有过工、农、商、学、兵的生活经历。现为武夷山朱熹研究中心副研究员、副秘书长。曾在《文献》、《古籍整理与研究》、《福建论坛》等杂志发表《邵武军府县官私刻本考录》、《南剑州官私刻本考录》、《潭溪奔流 环峰巍立——黄榦在建阳创建的两所书院考述》、《朱熹的生态伦理思想与环境道德》等论文30多篇，数十万字。出版专著《武夷山冲佑观》、《福建古书之最》等多部。

高　洪，生于1945年，福州市人。1963年9月上山下乡到武夷山市星村，1964年8月起从事教育工作至今。1992年起发表作品。已出版《武夷胜景》、《武夷山水导游》、《武夷山世遗景观》、《武夷奇境导游》等著作。

高令印，男，1935年11月生，山东阳谷人。1959年毕业于厦门大学历史系，1964年北京中国人民大学哲学系研究班结业。曾任厦门大学哲学系教授，教研室主任，武夷山朱熹研究中心副理事长，以及福建中国哲学史学会会长，全国中国哲学史学会理事，国际中国哲学会学术顾问等，曾十数次到国外出席会议和讲学，获韩国“第4届退溪学国际学术奖”及政府等各种学术奖，享受国务院政府特殊津贴。学术事迹载入国内外数十种辞书中，发表文章200多篇，出版专著《福建朱子学》、《朱熹事迹考》、《闽学概论》、《李退溪与东方文化》、《中国文化纲要》、《王廷相评传》等。学术起点和特点是运用谱志等文献和田野考察研究朱熹，开启了朱子学研究的新领域，认为韩国退溪学是朱子学在国外的分支，进而综合研究中国文化，认为南宋后闽浙赣之武夷山一带是中国文化的重心，提出“武夷文化”之说，首创“福建朱子学”概念，对闽学、福建朱子学作出了发凡起例、开拓创新之功。

何乃川，男，1935年6月出生，福建泉州人。1959年厦门大学中文系毕业，留校从事哲学原理、中国哲学史教学和研究工作。曾任厦门大学哲学系教授，厦门大学哲学研究所闽学研究室主任，厦门大学宗教研究所顾问。长期从事宋明理学研究与中国传统文化研究。曾赴菲律宾雅典马尼拉大学讲授“中国古代哲学和宗教”，赴台湾、香港、新加坡等地参加学术活动，曾参加发起组织武夷山朱熹研究中心，是“闽学研究丛书”组织者之一。

黄建国，曾任福建省闽学研究会副会长，福建省南平电大副教授。其武夷文化研究代表作《闽北文化》（海峡文艺出版社1999年8月第一版）熔资料性、学术性、理论性于一炉，为20世纪综合研究闽北文化的优秀成果之一，具有较高的学术价值。

黄胜科，武夷山市人民政府《武夷山市志》审稿委员会委员。参与编写了《武夷山市志》（1994年，中国统计出版社）、《源头活水：朱熹思想与当前公民道德教育》。发表文章有：《武夷山文化遗产底蕴丰厚》（合作）等。

黄贤庚，武夷山市人，中共党员，现任武夷山市政协文史委副主任、中国作家协会福建分会会员、武夷山市作协主席、福建茶文化研究会会员、国家劳动和社会保障部茶艺师命题组成员（福建省劳动和社会保障厅职业技能鉴定中心组织）、国家茶艺师考评员，为武夷岩茶世家、福建茶文化学会发起人之一。编著有散文集《武夷撷英》、茶文化专著《佳茗飘香》、光盘《武夷茶文化》等。发表《乌龙茶源于武夷山的考证》、编撰《武夷茶艺的思考》（见中国茶叶在线网，科技首页）等论文多篇，参与编辑《世界遗产武夷山》、《武夷之旅》、《走向世界的武夷山》、《历代名人与武夷山》等。

蒋　仁，副编审，中国武夷文化研究院研究员、福建省浦城县地方志编委会顾问。发表论文有：《浦城赣剧百年历程》（《武夷文化研究》2005 年第 1 期）、《宋代理学入闽与浦城理学家的贡献》（《武夷文化研究》，福建省炎黄文化研究会与中共南平市委宣传部编，海峡文艺出版社 2003 年版）等。

兰宗荣，1969 年 3 月出生，福建沙县人。1987—1991 年就读于福建师范大学历史系。现为福建南平师专旅游系副教授。主要研究领域是地方史、闽学、区域经济文化开发和旅游文化。在《福建宗教》、《炎黄纵横》、《朱子研究》、《游酢文化研究》、《南平师专学报》等刊物上，发表论文二十余篇。曾参编过《福建古代史》（北京广播学院出版社）等教材，主要的一些论文被收入《中华文化与汉民族研究》（中国社会科学出版社）、《朱熹思想当代价值》（燕京出版社）、《武夷文化研究》（海峡文艺出版社）等。

余泽岚，男，1962 年 10 月生，毕业于福建师大物理系本科，华侨大学旅游管理专业研究生，现任武夷山市旅游局局长，中国摄影家协会会员，武夷学院旅游系客座教授、旅游科学研究所高级研究员，中国艺术摄影学会会员，福建省摄影家协会会员，福建省民俗摄影协会常务理事，2002 年考取高级摄影师职称。摄影题材涉及山水风光人文民俗，作品直接服务于旅游工作，摄影并撰写的《畅游武夷》一书正式出版，策划制作宣传折页《人间仙境——武夷山》在福建省广告评比中获奖，策划创作歌曲《Affinity 武夷山》被评为全国“首届中国优秀旅游歌曲”。几年来，撰写了《旅游节事活动研究》、《旅游需求与旅游发展关系研究》、《曹墩乡村旅游策划书》等论文并发表、撰写拍摄了《活出妍茂桃源峪》、《童年影像、梦中家园》、《武夷山——猴的故事》等文章、图片在境内外报刊发表。参加《世界双遗产——武夷山》、《中国武夷山》、《武夷山导游词集萃》等大型画册和书籍的摄影撰稿工作。

黎　昕，福建社会科学院社会学所所长、研究员。与朱杰人等主编《武夷胜境理学遗迹考》（上海三联书店出版社 1990 年版）、《朱熹与闽学渊源》（上海三联出版社 1990 年）等；发表的朱熹与武夷文化研究论文有：《武夷胡氏家学与湖湘学派》（《武夷文化研究》，福建省炎黄文化研究会与中共南平市委宣传部编，海峡文艺出版社 2003 年版）、《朱熹对儒家忠恕思想的阐发及意义》（《朱子研究》2004 年第 4 期）等。

刘　建，男，1945 年出生，高中毕业，籍贯浙江义乌。发表论文有：《朱熹的书法艺术》(《武夷文化研究》，福建省炎黄文化研究会与中共南平市委宣传部编，海峡文艺出版社2003年8月第1版)、《北宋慢词开山祖师——柳永》(《武夷文化研究》1994年第2期)等。专著《大潭书》(文物出版社1994年版)、《南阙里纪事——中国一个县的教育史话》(华艺出版社2001年版)等。

刘　通，1962年出生，医学硕士。福建闽北卫校武夷医学研究所所长。发表论文有：《宋慈与洗冤集录》(《武夷文化研究》，福建省炎黄文化研究会与中共南平市委宣传部编，海峡文艺出版社2003年版)等。

罗小平，男，1957年出生，大专毕业，福建建瓯市人。南平市台湾情况调查研究室助理研究员。发表论文有：《开发武夷文化，服务闽北经济》(《武夷文化研究》2000年第6期)、《试论彭祖文化在武夷旅游的开发与利用》(《武夷文化研究》2003年第1期)、《台湾"山夷"与古越渊源考》(《武夷文化研究》2005年第1期)等。

马照南，福建省委宣传部副部长、中国武夷文化研究院研究员。长期关心与支持武夷文化研究，发表论文有：《武夷文化：源流与特征》(《武夷文化研究》1993年第1期)、《略谈武夷文化的创新》(《武夷文化研究》2001年第2期)、《论武夷文化的两座高峰》(《武夷文化研究》2003年第1期)、《武夷文化与海峡西岸经济区建设(提纲)》(《武夷文化研究》2005年第1期)、《朱熹从祀孔庙的福建人》(《朱子研究》2005年第1期)、《关于武夷文化若干问题的探讨》(《武夷文化研究》，福建省炎黄文化研究会与中共南平市委宣传部编，海峡文艺出版社2003年版)等。

蒙培元，1938年生，1963年于北京大学哲学系，1966年北京大学中国哲学史专业研究生毕业。现为中国社会科学院哲学研究所教授，博士生导师。中国哲学史学会副会长，《中国哲学史》杂志主编。主要著作有：《理学的演变》(福建人民出版社，1984年版)、《理学范畴系统》(人民出版社1989年版)、《情感与理性》(中国社会科学出版社2002年版)、《人与自然——中国哲学生态观》(人民出版社)，《蒙培元讲孔子》(北京大学出版社)《蒙培元讲孟子》(北京大学出版社)等10余部：论文有：《中国哲学史方法论问题》(《中国哲学年鉴》1982年，中国大百科全书出版社)、《略论朱熹哲学的理》(《宋明理学》，浙江人民出版社1983年版)、《论朱熹理学到王阳明心学的演变》(《哲学研究》1983年第6期)、《王夫之哲学与朱熹理学》(《中国哲学》第10辑，三联出版社1983年版)、《论朱熹哲学范畴体系》(《中国文化与中国哲学》，东方出版社1986年版)、《从心性论看朱熹哲学的历史地位》(《福建论坛》1990年第6期)、《朱熹的心灵境界说》(《国际朱子学会议论文集》，台湾中研院中国文哲研究所筹备处编印1993年版)、《李退溪的心灵哲学》(《当代韩国》1998年冬季号)、《中国哲学生态观论纲》(《中国哲学史》2003年第1期)、《朱熹哲学生态观》(《泉州师范学院学报》2003年第3期)等160余篇。

倪木荣，1944年生，武夷山市人，高级导游员，高级摄影师。曾任武夷山市文联主席，现任武夷山市政协副主席、民盟南平市委副主委、民盟武夷山市委主委、武夷山国家风景名胜区管委会副主任；福建省作家协会会员、中国摄影家协会会员、福建省摄影家协会会员、中国武夷文化研究院研究员、福建林学院兼职副教授；1995年福建省“五一”劳动奖章获得者、福建省第九届、十届人大代表。多年来从事旅游教学和武夷文化研究工作，对武夷独特的自然景观和文化遗产有着深入的研究。1980年起作品在《人民日报》海外版等报刊媒体发表，并多次获奖。已经出版的著作有：《武夷山实用导游指南》、《武夷奇山异水》、《武夷岩韵集》、《武夷风采集》、《武夷小草集》、《武夷小草续集》、《武夷纪实摄影作品集》等。

潘渭水，1930年2月生，江西铅山人。大学毕业。福建省建瓯市地方志编委会副编审。代表作有：《建瓯方言词典》（江苏教育出版社1993年版）。

裘国伟，男，浙江绍兴人，福建师范大学英语系毕业，现任武夷学院（筹）副校长、副教授。发表论文有：《论遗产保护意识的普及教育》、《世界文化遗产保护的典范——古城罗马——欧洲世界文化遗产考察报告之二》、《朱子学·武夷学·世界遗产》等。

阮雪清，毕业于福建师大，中国女摄影家协会会员、民俗摄影协会会员、福建省摄影家协会会员、世界闽籍摄影家研究会创会会员、武夷山市摄影协会名誉会长。原武夷山市副市长。现任市政府调研员、武夷高教园区办主任、南平师专旅游系客座教授。在武夷山列入《世界遗产名录》之前，担任申报总指挥。摄影作品在《自然·文化遗产——中国武夷山》（申报文本）、《武夷山市志》、《武夷山年鉴》及多种报刊和画册上发表，参加多次摄影展。

邵问津，毕业于福建师范大学外语系。其代表作《武夷山笔记》（《自然的回向》、《人文雾障》、《艰涩的对话》、《不明的飞行》），海风出版社2004年版。该书是一部以自然汁液来过滤人文陈酿的哲思随笔。

石子镜，生于1954年，祖籍福建屏南，少年入伍，当兵、读书、教书。自1983年后一直在武夷山风景区工作，曾任闽越王城景区管理局长等职，现任闽越王城景区管理处主任。从事业余文学创作多年，十分注重武夷山风景区的对外宣传工作，有多篇介绍景区的散文、特写、随笔等在全国和省、市报刊上发表。代表作有：《武夷山与古越文化》（合作）（社会科学文献出版社2002年版）等。

束景南，男，汉，1945年出生，1981年复旦大学硕士。中国古典文献学教授、浙江大学人文学院古籍所教授、博士生导师，中华炎黄文化研究会理事。其专著《朱子大传》（福建教育出版社1992年版）、《朱熹年谱长编》、《朱熹佚文辑考》（江苏古籍出版社1991年版）等，为国内朱熹研究领域的重要著作，另有《周敦颐太极图说考》（《中国社会科学》1988年第4期）、《活法：对法的审美超越》（《文学评论》1993年第4期）、《别字即方言考》（《文史》第39辑）、《开善道谦考》（《武夷文化研究》，福建省炎黄文化研究会与中共南平市委宣传部编，海峡文艺出版社2003年版）等论文。研究方向：①中国古代文化史；②中国古代文学；③宋明理学。

王长青，1961年出生于武夷山，籍贯福建福清，现供职于中共武夷山市委宣传部。笔名丹青。大学中文系本科毕业，系福建省作家协会会员，喜好文学创作，已先后在省内外报刊发表文学作品60余万字。作品多次被《散文选刊》转载，其散文16次在省、地、市级获奖。已出版《永远的武夷山》和《解读武夷山》两部旅游散文集。

王益民，福建省顺昌县博物馆馆长、副研究员。发表论文有：《中国古代文学史的重要实物佐证——第五批国家重点文物保护单位宝山寺大殿之附属文物大圣庙散考》（《武夷文化研究》2002年第10期）、《宝山开发文化生态旅游浅析暨投资前景预测》（合作）（《武夷文化研究》2003年第1期）、《对汉闽越王都城的几点粗浅认识》（《武夷文化研究》2003年第1期）等。

吴邦才，毕业于厦门大学中文系，现任南平市委常委、市政府副市长、中国武夷文化研究院院长、宋明理学研究中心副主任。对武夷文化有较为全面和深入的研究，曾主编《世界遗产武夷山》（福建人民出版社2001年版）、《情系山村》等著作，发表《武夷奇茗冠天下》、《武夷文化研究新的跨越》等论文。

吴春明，男，1966年生，福建古田人。厦门大学史学博士。现任厦门大学历史系教授，考古学与博物馆学专业博士生导师。兼任中国社会科学院古代文明研究中心、香港中文大学中国文化研究所、国际良渚研究中心（浙江）客座研究员，中国民族学会汉民族研究会理事、中国百越民族史研究会理事兼副秘书长。中国海洋大学海洋发展研究中心专职研究员。主要学术方向为中国海洋文化历史遗产研究等。学术专著有：《中国东南土著民族历史与文化的考古学观察》（厦门大学出版社1999年版）、《闽越国都城考古研究》（合著，厦门大学出版社1998年版）、《闽台考古》（合著，厦门大学出版社1993年版）、《东南考古研究》（合编，厦门大学出版社）论集多卷。先后在《中国社会经济史研究》、《厦门大学学报》、《东南考古研究》、《闽台文化》、《东南文化》等重要期刊和论集中发表《台湾西海岸史前文化编年初论》、《福建定海沉船陶瓷的考察》、《中国东南：早期历史与考古文化》、《从考古看华南沿海先秦社会的发展》、《华南沿海的先秦文化与早期文明》、《浅谈“海峡人”的问题》、《东南沿海史前史序列中北方文化因素的传入与融合》、《岭南民族考古与南岛语族起源问题》等论文80多篇。

吴光明，男，1963年4月出生于福建省建瓯市。1996年3月至1998年8月在《闽北日报》社任摄影记者，1998年9月到今年在《武夷山报》社先后任摄影美术部主任、新闻部主任。现为中国民俗摄影协会博士学会员，《南平市青年摄影家协会》常务副主席。自1994年从事摄影创作以来，先后在《人民日报》、《中国日报》英文版、《大众报影》、《摄影世界》、香港《摄影画报》、《人民摄影报》等全国各大报刊发表作品1000多幅，在各种摄影比赛中获得37项。1998年在首届国际民俗摄影《人类贡献奖》年赛（HAP’98）K中获得二等奖和提名奖各1项。自2000年先后出版个人摄影集《徜徉在古老的时空——武夷古民居》、《仙境瑶池——武夷山》。

萧春雷，1964年出生，福建泰宁人，1985年毕业于福建师大中文系，曾获福建省第三届百花文艺奖二等奖，福建省第12届优秀文学作品奖暨第8届黄长咸文学奖一等奖等奖项。作品散见《人民文学》、《小说选刊》、《读书》等刊物，被收入多种选本，包括人教版高中《语文读本》，著有诗集《时光之砂》（作家出版社1997年版），随笔集《文化生灵》、《我们住在皮肤里》和反映闽北古民居的文化随笔集《阳光下的雕花门楼》。

萧天喜，武夷山市市委副书记。《武夷山文化丛书》（福建人民出版社1994年第一版）主编。代表作有：《名家赞山》（合作）（《武夷山文化丛书》之一）、《走向世界的武夷山》（闽北日报社印刷厂2001年版）等。

谢道华，1962年5月生，笔名唐文广，福建清流人，1983年7月毕业于厦门大学历史系考古专业，获历史学学士学位，副研究员，建阳市文化局副局长兼市博物馆馆长、市文物管理委员会办公室主任。系中国古陶瓷研究会会员、中国人类学会会员、福建省考古博物馆学会会员、建阳市收藏协会会长、市钱币学会会长等。有数十万字的论文及其他文章发表于《人民日报》、《福建日报》、《羊城晚报》、《中国文物报》、《考古》、《东南文化》、《南方文物》、《风景名胜》、《历史大观园》、《福建文博》等报刊。主持举办过“建阳市古代历史文物展”、“建阳市博物馆建馆六周年暨李泉弟收藏泉币展”、“建阳市首届民间收藏大展”、“林潭生收藏钱币展”等活动。

徐肖剑，男，1946年4月生，福建省古田县人。中共党员。1992年毕业于南昌陆军学院（函授）。当过教员，从过军，任过县委书记，现为福建省南平市委常委、人大常委会主任，中华诗词学会会员，福建省诗词学会会员，中国武夷文化研究院名誉院长。积极支持武夷文化研究，主编《大武夷揽胜》。从政以来，信奉“欣然进取，无愧人生”。平时勤于学习与思考，重于实践和总结。业余喜笔耕，先后出版有格律诗词《书剑吟》、《徐肖剑诗词》，其中部分内容刊载于国内外报刊。

徐　刚，1957年2月出生，浙江江山人，现任福建行政学院、福建经济管理干部学院教授。中国科学技术史学会会员，中国自然辩证法研究会福建分会常务理事，副秘书长；《朱子学刊》（中国社会科学院历史所等单位主办）编委。曾在《哲学研究》、《自然辩证法通讯》、《自然辩证法研究》、《孔子研究》、《中国文化月刊》、《孔孟月刊》、《东亚文化研究》等境内外学术刊物发表论文近百篇。主要著作有《马克思恩格斯早期著作自然辩证法思想述要》、《马克思主义哲学经典论述集注》（合作）、《朱熹自然哲学论纲》、《朱熹生命哲学》等。

许亦善，男，1963年出生于武夷山。1984年毕业于福建师范大学中文系，同年8月到南平师专任教至今。历任南平师专中文系助教，讲师、副教授，旅游系副主任。兼任武夷山中国国际旅行社客房部经理、武夷山外事旅行社副总经理、武夷山华夏旅行社副总经理、南平市导游资格考试口试评委、导游星级评定评委。曾发表《解读与超越——论新武夷山文化群体对武夷文化的贡献》（《南平师专学报》2005年第1期）。

杨长岳，又名肖百姓，生于20世纪30年代，浙江诸暨人，无专长，有爱好。近年以“写点拼拼凑凑的豆腐干文章，搞些排排组组的小方块汉字”为乐。代表作有：《武夷山与古越文化》（合作）（社会科学文献出版社2002年版）等。

杨　琮，曾任建省博物馆武夷山城村汉城考古队队长。先后在国内外学术刊物及出版社发表各种学术报告、研究论文、专业译文和专著100余篇（部），并多次获奖。被授予“文化部优秀专家”称号。现任福建博物院副院长、福建闽越王城博物馆馆长。发表论文有：《福建建阳平山汉代遗址调查》、《论福建地区汉代的瓦当装饰艺术》、《论西汉闽越国的社会经济》、《福建石器时代特征与年代初论》（合作）等论文和专著《闽越国文化》（福建人民出版社1997年版）。

杨金鑫，原南平市政府副秘书长、中国武夷文化研究院副秘书长、研究员。曾主编《白玉蟾与武夷丹道文化》（合作）（载武夷山道文化开发研究中心、厦门大学宗教学研究所编印《1999武夷山道文化学术研讨会论文集》）等。

杨慕震，1937年生，四川江津人。历任福建省南平地区群艺馆副馆长，南平地区音乐家舞蹈家协会主席，福建省音协常务理事，福建省社会音乐研究会常务理事等。先后创作了大量歌曲和舞曲，并有部分获国家、省、地级奖励。在长期从事民间文艺调查和编写音乐舞蹈集成过程中，首次发现了闽北傩舞并撰文介绍。继又发现鸟图腾舞蹈和崇傩现象，并撰文讨论。主要论文有《闽北傩舞及傩文化现象》、《邵阳傩舞及其相关文化背景》、《崇雒与崇雒舞蹈》、《闽北三角戏调查》等，论文被省内外及台湾的一些报刊刊用或摘刊、有的被收入艺术辞典。

姚进生，男，汉，1958年出生，福建师范大学政治教育思政教育专业毕业，现任福建省武夷学院（筹）党委副书记、副教授。中国武夷文化研究院秘书长、宋明理学研究中心常务副秘书长。发表过歌曲《永远的武夷》（合作）。

乐爱国，厦门大学哲学系教授。教学之余，一直从事朱熹与自然科学研究，发表过《儒家文化与中国古代科技》（中华书局2002年版）、《朱熹格物致知论的科学精神及其历史作用》（《厦门大学学报》1997年第1期）、《朱熹的科技伦理思想》（《孔子研究》1998年第3期）、《李约瑟评朱熹的科学思想及其现代意义》（《自然辩证法研究》1999年第3期）、《朱熹“理一分殊”与现代科学的综合化》（《中华文化论坛》2001年第1期）、《朱熹：一位被遗忘的天文学家》（《东南学术》2002年第6期）、《略论朱熹对浑仪的研究》（《上饶师范学院学报》2004年第5期）、《朱熹的天文学思想与蔡发的〈天文星象总论〉》（《朱子研究》2002年第1期）、《也谈朱熹与科学的关系——兼评金永植的〈朱熹的自然哲学〉》（《朱子研究》2004年第4期）、《朱熹对杨时、罗从彦、李侗“静坐”思想的继承与发展》（《朱子研究》2005年第1期）等论文。

乐裕贤，男，1933年出生，高中毕业。在崇安县五夫镇担任领导职务时，冒着政治风险，保护了朱熹所立刘公神道碑。发表论文有：《佛教与武夷山》（《武夷文化研究》，福建省炎黄文化研究会与中共南平市委宣传部编，海峡文艺出版社2003年版）等。曾参编《武夷文化》丛书。被誉为武夷文化遗迹“活字典”。

张建光，南平师专政治系毕业。原武夷山市长、市委书记。在任期间为武夷山成功申报世界自然与文化双遗产地作出了卓越的贡献。现任南平市人大常委会副主任。代表作有：《朝圣山水》（人民日报出版社2001

年版)、《涅槃山水》(作家出版社2006年版)等。

张金锭,闽北革命历史纪念馆副研究员。代表作有:《武夷山革命史》(中央文献出版社1998年版)

张品端,福建省武夷山朱熹研究中心秘书长、副研究员。发表论文有:《朱熹与考亭书院》(《武夷文化研究》1994年第2期)、《略述“南剑三先生”在洛学到闽学中的贡献》(《武夷文化研究》1997年第2期)、《闽北古文化资源开发谈》(《武夷文化研究》1999年第1期)、《〈朱子家礼〉对朝鲜礼学发展的影响》(《武夷文化研究》2001年第2期)、《朱熹〈白鹿洞书院揭示〉在日本的流传及其影响》(《武夷文化研究》2003年第1期)、《武夷文化及其当代研究》(《武夷文化研究》2005年第1期)、《朱子学在日本的传播与发展》(《武夷文化研究》,福建省炎黄文化研究会与中共南平市委宣传部编,海峡文艺出版社2003年版)等。

赵 勇,武夷山市文联主席、福建省中国摄影家协会会员、福建省南平市摄影协会副主席、《京华时报》摄影部主任。编著《武夷山文化丛书》之一《千古之谜》,福建人民出版社1993年版。

赵健全,男,1958年生,福建福州人,福建武夷学院(筹)基础部主任、副教授,武夷学院(筹)朱熹研究所所长、武夷文化研究院副秘书长、宋明理学研究中心副秘书长。主要从事哲学、伦理学的教学与研究,并结合兴趣开展集邮指导和集邮教育。

周作明,男,1955年10月2日出生于广西宜州市,籍贯湖南嘉禾,中共党员,1978年毕业于广西师范大学历史系。曾任广西师范大学宗法与民俗文化研究所副所长、广西师范大学旅游研究所副所长、广西师范大学历史系副主任、教授、硕士生导师,中国秦汉史研究会会员、中国农民战争史研究会会员、广西历史学会理事、桂林市朱子学会副会长。现主要以中国传统民俗文化的研究与旅游开发为研究方向。先后发表论文三十余篇,出版有《中国古代名将传》(与人合著)、《文化园》(与人合著)、《民俗通书》、《风水与经商》、《风水与家居》、《中国古代起居》等著作。现任武夷学院(筹)旅游系主任、武夷山馨欣旅游科学研究所所长,发表论文《走出传统 走向社会——酒店管理专业教育“武夷模式”探讨》(《南平师专学报》2005年第1期)。

朱杰人,1945年生,教授。华东师范大学出版社社长、兼任世界朱氏联合会秘书长,中国历史文献研究会副会长,上海出版工作者协会副主席。主要著作及论文有:《朱子全书》(主编)、《历代诗经研究要籍解题》、《迈向21世纪的朱子学》(主编)、《论八卷本〈诗集传〉非朱子原帙兼论〈诗集传〉之版本》、《朱子〈诗传纲领〉研究》、《〈诗集传〉引文考》等。

朱平安,男,1957年11月生,副教授。1984年毕业于西北大学历史系,此后一直从事高教工作。先后供职于多家高校,现在福建省武夷学院(筹)武夷文化研究所工作。研究方向为中国传统文化和古文字学。发表中国传统文化方面的论文十余篇,参编教材和著作两本。近一年来从事武夷文化研究,发表《朱熹哲学本体论的构建及其“理”蕴》(《武夷文化研究》2005年第1期)、《武夷学院校园石刻的理学意蕴》

(《朱子文化》2006年第1期，即将出版)、《周易的和谐思想》(《朱子学刊》2005年第1辑，总第15辑)、《武夷文学研究》(副主编)(中国戏剧出版社2006年6月出版)。目前正在从事“世界双遗产地——武夷山摩崖石刻与武夷文化”研究。

朱人求，男，生于1971年，安徽宿松人，福建师范大学公共管理学院哲学研究所副教授，南昌大学江右哲学中心兼职研究员、北京大学哲学系博士后。已发表的主要论著有《儒家文化发生的双重机制——以先秦儒家为中心的分析》、《儒家文化哲学何以可能》、《儒家文化自觉精神的现代转化》、《朱熹哲学的生命意识》等。

邹全荣，男，1956年6月生，福建省武夷山市人，大专学历，高级教师。笔名有草木、梅丁、老耕。1985年担任崇安县文联主办的文学杂志《武夷山中》诗歌编辑，现为福建省作家协会会员，武夷山旅游文化特派员，闽北杂文学会理事，武夷山青年文化研究会副秘书长。为弘扬乡土文化，促进乡村旅游，自费创办武夷山村野文化交流中心。2003年与人合作出版《源头活水》一书，同年9月，出版个人专著《武夷山村野文化》。

附　　录

世界遗产重要典籍选录

保护世界文化与自然遗产公约

（联合国教育、科学及文化组织大会第十七届会议于
1972年11月16日在巴黎通过）

联合国教育、科学及文化组织大会于1972年10月17日至11月21日在巴黎举行的第十七届会议，注意到文化遗产和自然遗产越来越受到破坏的威胁，一方面因年久腐变所致，同时变化中的社会和经济条件使情况恶化，造成更加难以对付的损害或破坏现象；

考虑到任何文化或自然遗产的坏变或丢失都有使全世界遗产枯竭的有害影响；

考虑到国家一级保护这类遗产的工作往往不很完善，原因在于这项工作需要大量手段而列为保护对象的财产的所在国却不具备充足的经济、科学和技术力量；

回顾本组织《组织法》规定，本组织将通过保存和维护世界遗产和建议有关国家订立必要的国际公约来维护、增进和传播知识；

考虑到现有关于文化和自然财产的国际公约、建议和决议表明，保护不论属于哪国人民的这类罕见且无法替代的财产，对全世界人民都很重要；

考虑到部分文化或自然遗产具有突出的重要性，因而需作为全人类世界遗产的一部分加以保护；

考虑到鉴于威胁这类遗产的新危险的规模和严重性，整个国际社会有责任通过提供集体性援助来参与保护具有突出的普遍价值的文化和自然遗产，这种援助尽管不能代替有关国家采取的行动，但将成为它的有效补充；

考虑到为此有必要通过采用公约形式的新规定，以便为集体保护具有突出的普遍价值的文化和自然遗产建立一个根据现代科学方法制定的永久性的有效制度。

在大会第十六届会议上，曾决定应就此问题制定一项国际公约。

于1972年11月16日通过本公约。

Ⅰ．文化和自然遗产的定义

第一条　在本公约中，以下各项为“文化遗产”：

文物：从历史、艺术或科学角度看，具有突出的普遍价值的建筑物、碑雕和碑画，具有

考古性质成分或结构、铭文、窟洞以及联合体；

建筑群：从历史、艺术或科学角度看，在建筑式样、分布均匀或与环境景色结合方面，具有突出的普遍价值的单立或连接的建筑群；

遗址：从历史、审美、人种学或人类学角度看，具有突出的普遍价值的人类工程或自然与人联合工程以及考古地址等地方。

第二条 在本公约中，以下各项为“自然遗产”：

从审美或科学角度看，具有突出的普遍价值的由物质和生物结构或这类结构群组成的自然面貌；

从科学或保护角度看，具有突出的普遍价值的地质和自然地理结构以及明确划为受威胁的动物和植物生境区；

从科学、保护或自然美角度看，具有突出的普遍价值的天然名胜或明确划分的自然区域。

第三条 本公约缔约国均可自行确定和划分上面第 1 条和第 2 条中提及的、本国领土内的文化和自然财产。

Ⅱ. 文化和自然遗产的国家保护和国际保护

第四条 本公约缔约国均承认，保证第 1 条和第 2 条中提及的、本国领土内的文化和自然遗产的确定、保护、保存、展出和遗传后代，主要是有关国家的责任。该国将为此目的竭尽全力，最大限度地利用本国资源，必要时利用所能获得的国际援助和合作，特别是财政、艺术、科学及技术方面的援助和合作。

第五条 为保证、保护、保存和展出本国领土内的文化和自然遗产采取积极有效的措施，本公约各缔约国应视本国具体情况尽力做到以下几点：

1. 通过一项旨在使文化和自然遗产在社会生活中起一定作用并把遗产保护工作纳入全面规划计划的总政策；

2. 如本国内尚未建立负责文化和自然遗产的保护、保存和展出的机构，则建立一个或几个此类机构，配备适当的工作人员和为履行其职能所需的手段；

3. 发展科学和技术研究，并制定出能够抵抗威胁本国文化或自然遗产的危险的实际方法；

4. 采取为确定、保护、保存、展出和恢复这类遗产所需的适当的法律、科学、技术、行政和财政措施；

5. 促进建立或发展有关保护、保存和展出文化和自然遗产的国家或地区培训中心，并鼓励这方面的科学研究。

第六条

1. 本公约缔约国，在充分尊重第 1 条和第 2 条中提及的文化和自然遗产的所在国的主权，并不使国家立法规定的财产权受到损害的同时，承认这类遗产是世界遗产的一部分，因此，整个国际社会有责任合作予以保护。

2. 缔约国根据本公约的规定，应有关国家的要求，帮助该国确定、保护、保存和展出第 11 条第 2 和 4 段中提及的文化和自然遗产。

3. 本公约各缔约国不得故意采取任何可能直接或间接损害本公约其他缔约国领土内的、第 1 条和第 2 条中提及的文化和自然遗产的措施。

第七条　在本公约中，世界文化和自然遗产的国际保护应被理解为建立一个旨在支持本公约缔约国保存和确定这类遗产的努力的国际合作和援助系统。

Ⅲ. 保护世界文化和自然遗产政府间委员会

第八条

1. 在联合国教育、科学及文化组织内，现建立一个保护具有突出的普遍价值的文化和自然遗产政府间委员会，称为“世界遗产委员会”。委员会由联合国教育、科学及文化组织大会常会期间召集的本公约缔约国大会选出的 15 个缔约国组成。委员会成员国的数目将在至少 40 个缔约国实施本公约之后的大会常会之日起增至 21 个。

2. 委员会委员的选举须保证均衡地代表世界的不同地区和不同文化。

3. 国际文物保护与修复研究中心（罗马中心）的一名代表、国际古迹遗址理事会的一名代表以及国际自然及自然资源保护联盟的一名代表可以咨询者身份出席委员会的会议，此外，应联合国教育、科学及文化组织大会常会期间举行大会的本公约缔约国提出的要求，其他具有类似目标的政府间或非政府组织的代表亦可以咨询者身份出席委员会的会议。

第九条

1. 世界遗产委员会成员国的任期自当选之应届大会常会结束时起至应届大会后第三次常会闭幕时止。

2. 但是，第一次选举时指定的委员中，有三分之一的委员的任期应于当选之应届大会后第一次常会闭幕时截止；同时指定的委员中，另有三分之一的委员的任期应于当选之应届大会后第二次常会闭幕时截止。这些委员由联合国教育、科学及文化组织大会主席在第一次选举后抽签决定。

3. 委员会成员国应选派在文化或自然遗产方面有资历的人员担任代表。

第十条

1. 世界遗产委员会应通过其议事规则。

2. 委员会可随时邀请公共或私立组织或个人参加其会议，以就具体问题进行磋商。

3. 委员会可设立它认为可履行其职能所需的咨询机构。

第十一条

1. 本公约各缔约国应尽力向世界遗产委员会递交一份关于本国领土内适于列入本条第 2 段所述《世界遗产名录》的、组成文化和自然遗产的财产的清单。这份清单不应当看作是齐全的，它应包括有关财产的所在地及其意义的文献资料。

2. 根据缔约国按照第 1 段规定递交的清单，委员会应制定、更新和出版一份《世界遗产名录》，其中所列的均为本公约第 1 条和第 2 条确定的文化遗产和自然遗产的组成部分，也是委员会按照自己制定的标准认为是具有突出的普遍价值的财产。一份最新目录应至少每两年分发一次。

3. 把一项财产列入《世界遗产名录》需征得有关国家同意。当几个国家对某一领土的主权或管辖权均提出要求时，将该领土内的一项财产列入《目录》不得损害争端各方的权利。

4. 委员会应在必要时制定、更新和出版一份《濒危世界遗产清单》，其中所列财产均为载于《世界遗产名录》之中、需要采取重大活动加以保护并为根据本公约要求给予援助的财产。

《濒危世界遗产清单》应载有这类活动的费用概算，并只可包括文化和自然遗产中受到下述严重的特殊危险威胁的财产，这些危险是：蜕变加剧、大规模公共或私人工程、城市或旅游业迅速发展计划造成的消失威胁；土地的使用变动或易主造成的破坏；未知原因造成的重大变化；随意摒弃；武装冲突的爆发或威胁；灾害和灾变；严重火灾、地震、山崩；火山爆发；水位变动；洪水和海啸等。委员会在紧急需要时可随时在《濒危世界遗产清单》中增列新的条目并立即予以发表。

5. 委员会应确定属于文化或自然遗产的财产可被列入本条第 2 和 4 段中提及的目录所依据的标准。

6. 委员会在拒绝一项要求列入本条第 2 和 4 段中提及的目录之一的申请之前，应与有关文化或自然财产所在缔约国磋商。

7. 委员会经与有关国家商定，应协调和鼓励为拟订本条第 2 和 4 段中提及的目录所需进行的研究。

第十二条 未被列入第 11 条第 2 和 4 段提及的两个目录的属于文化或自然遗产的财产，绝非意味着在列入这些目录的目的之外的其他领域不具有突出的普遍价值。

第十三条

1. 世界遗产委员会应接收并研究本公约缔约国就已经列入或可能适于列入第 11 条第 2 和 4 段中提及的目录的本国领土内成为文化或自然遗产的财产要求国际援助而递交的申请。这种申请的目的可能是保证这类财产得到保护、保存、展出或恢复。

2. 本条第 1 段中提及的国际援助申请还可能涉及鉴定哪些财产属于第 1 和 2 条所确定的文化或自然遗产，当初步调查表明此项调查值得进行下去。

3. 委员会应就对这些申请所需采取的行动作出决定，必要时应确定其援助的性质和程度，并授权以它的名义与有关政府作出必要的安排。

4. 委员会应制定其活动的优先顺序并在进行这项工作时应考虑到需予保护的财产对世界文化和自然遗产各具的重要性、对最能代表一种自然环境或世界各国人民的才华和历史的财产给予国际援助的必要性、所需开展工作的迫切性、拥有受到威胁的财产的国家现有的资源、特别是这些国家利用本国资源保护这类财产的能力大小。

5. 委员会应制定、更新和发表已给予国际援助的财产目录。

6. 委员会应就本公约第 15 条下设立的基金的资金使用问题作出决定。委员会应设法增加这类资金，并为此目的采取一切有益的措施。

7. 委员会应与拥有与本公约目标相似的目标的国际和国家级政府组织和非政府组织合

作。委员会为实施其计划和项目，可约请这类组织，特别是国际文物保护与修复研究中心（罗马中心）、国际古迹遗址理事会和国际自然及自然资源保护联盟并可约请公共和私立机构及个人。

8. 委员会的决定应经出席及参加表决的委员的三分之二多数通过。委员会委员的多数构成法定人数。

第十四条

1. 世界遗产委员会应由联合国教育、科学及文化组织总干事任命组成的一个秘书处协助工作。

2. 联合国教育、科学及文化组织总干事应尽可能充分利用国际文物保护与修复研究中心（罗马中心）、国际古迹遗址理事会和国际自然及自然资源保护联盟在各自职权范围内提供的服务，以为委员会准备文件资料，制定委员会会议议程，并负责执行委员会的决定。

Ⅳ. 保护世界文化和自然遗产基金

第十五条

1. 现设立一项保护具有突出的普遍价值的世界文化和自然遗产基金，称为“世界遗产基金”。

2. 根据联合国教育、科学及文化组织《财务条例》的规定，此项基金应构成一项信托基金。

3. 基金的资金来源应包括：

（1）本公约缔约国义务捐款和自愿捐款；

（2）下列方面可能提供的捐款、赠款或遗赠：

（Ⅰ）其他国家，

（Ⅱ）联合国教育、科学及文化组织、联合国系统的其他组织（特别是联合国开发计划署）或其他政府间组织，

（Ⅲ）公共或私立机构或个人；

（3）基金款项所得利息；

（4）募捐的资金和为本基金组织的活动的所得收入；

（5）世界遗产委员会拟定的基金条例所认可的所有其他资金。

4. 对基金的捐款和向委员会提供的其他形式的援助只能用于委员会限定的目的。委员会可接受仅用于某个计划或项目的捐款，但以委员会业已决定实施该计划或项目为条件。对基金的捐款不得带有政治条件。

第十六条

1. 在不影响任何自愿补充捐款的情况下，本公约缔约国每两年定期向世界遗产基金纳款，本公约缔约国大会应在联合国教育、科学及文化组织大会届会期间开会确定适用于所有缔约国的一个统一的纳款额百分比，缔约国大会关于此问题的决定，需由未作本条第 2 段中所述声明的、出席及参加表决的缔约国的多数通过。本公约缔约国的义务纳款在任何情况下

都不得超过对联合国教育、科学及文化组织正常预算纳款的百分之一。

2. 然而，本公约第31条或第32条中提及的国家均可在交存批准书、接受书或加入书时声明不受本条第1段规定的约束。

3. 已作本条第2段中所述声明的本公约缔约国可随时通过通知联合国教育、科学及文化组织总干事收回所作声明。然而，收回声明之举在紧接的一届本公约缔约国大会之日以前不得影响该国的义务纳款。

4. 为使委员会得以有效地规划其活动，已作本条第2段中所述声明的本公约缔约国应至少每两年定期纳款，纳款不得少于它们如受本条第1段规定约束所须交纳的款额。

5. 凡拖延交付当年和前一日历年的义务纳款或自愿捐款的本公约缔约国不能当选为世界遗产委员会成员，但此项规定不适用于第一次选举。属于上述情况但已当选委员会成员的缔约国的任期应在本公约第8条第4段规定的选举之时截止。

第十七条 本公约缔约国应考虑或鼓励设立旨在为保护本公约第1和2条中所确定的文化和自然遗产募捐的国家、公共及私立基金会或协会。

第十八条 本公约缔约国应对在联合国教育、科学及文化组织赞助下为世界遗产基金所组织的国际募款运动给予援助。它们应为第15条第3段中提及的机构为此目的所进行的募款活动提供便利。

V. 国际援助的条件和安排

第十九条 凡本公约缔约国均可要求对本国领土内组成具有突出的普遍价值的文化或自然遗产之财产给予国际援助。它在递交申请时还应按照第21条规定所拥有的有助于委员会作出决定的文件资料。

第二十条 除第13条第2段、第22条（3）分段和第23条所述情况外，本公约规定提供的国际援助仅限于世界遗产委员会业已决定或可能决定列入第11条第2和4段中所述目录的文化和自然遗产的财产。

第二十一条

1. 世界遗产委员会应制定对向它提交的国际援助申请的审议程序，并应确定申请应包括的内容，即打算开展的活动、必要的工程、工程的预计费用和紧急程度以及申请国的资源不能满足所有开支的原因所在。这类申请须尽可能附有专家报告。

2. 对因遭受灾难或自然灾害而提出的申请，由于可能需要开展紧急工作，委员会应立即给予优先审议，委员会应掌握一笔应急储备金。

3. 委员会在作出决定之前，应进行它认为必要的研究和磋商。

第二十二条 世界遗产委员会提供的援助可采取下述形式：

1. 研究在保护、保存、展出和恢复本公约第11条第2和4段所确定的文化和自然遗产方面所产生的艺术、科学和技术性问题；

2. 提供专家、技术人员和熟练工人，以保证正确地进行已批准的工作；

3. 在各级培训文化和自然遗产的鉴定、保护、保存、展出和恢复方面的工作人员和专家；

4. 提供有关国家不具备或无法获得的设备；

5. 提供可长期偿还的低息或无息贷款；

6. 在例外和特殊情况下提供无偿补助金。

第二十三条　世界遗产委员会还可向培训文化和自然遗产的鉴定、保护、保存、展出和恢复方面的各级工作人员和专家的国家或地区中心提供国际援助。

第二十四条　在提供大规模的国际援助之前，应先进行周密的科学、经济和技术研究。这些研究应考虑采用保护、保存、展出和恢复自然和文化遗产方面最先进的技术，并应与本公约的目标相一致。这些研究还应探讨合理利用有关国家现有资源的手段。

第二十五条　原则上，国际社会只担负必要工程的部分费用。除非本国资源不许可，受益于国际援助的国家承担的费用应构成用于各项计划或项目的资金的主要份额。

第二十六条　世界遗产委员会和受援国应在它们签订的协定中确定享有根据本公约规定提供的国际援助的计划或项目的实施条件。应由接受这类国际援助的国家负责按照协定制定的条件对如此维护的财产继续加以保护、保存和展出。

Ⅵ. 教育计划

第二十七条

1. 本公约缔约国应通过一切适当手段，特别是教育和宣传计划，努力增强本国人民对本公约第 1 和 2 条中确定的文化和自然遗产的赞赏和尊重。

2. 缔约国应使公众广泛了解对这类遗产造成威胁的危险和根据本公约进行的活动。

第二十八条　接受根据本公约提供的国际援助的缔约国应采取适当措施，使人们了解接受援助的财产的重要性和国际援助所发挥的作用。

Ⅶ. 报告

第二十九条

1. 本公约缔约国在按照联合国教育、科学及文化组织大会确定的日期和方式向该组织大会递交的报告中，应提供有关它们为实行本公约所通过的法律和行政规定和采取的其他行动的情况，并详述在这方面获得的经验。

2. 应提请世界遗产委员会注意这些报告。

3. 委员会应在联合国教育、科学及文化组织大会的每届常会上递交一份关于其活动的报告。

Ⅷ. 最后条款

第三十条 本公约以阿拉伯文、英文、法文、俄文和西班牙文拟订，五种文本同一作准。

第三十一条

1. 本公约应由联合国教育、科学及文化组织会员国根据各自的宪法程序予以批准或接受。

2. 批准书或接受书应交存联合国教育、科学及文化组织总干事。

第三十二条

1. 所有非联合国教育、科学及文化组织会员的国家，经该组织大会邀请均可加入本公约。

2. 向联合国教育、科学及文化组织总干事交存一份加入书后，加入方才有效。

第三十三条 本公约须在第二十份批准书、接受书或加入书交存之日的三个月之后生效，但这仅涉及在该日或之前交存各自批准书、接受书或加入书的国家。就任何其他国家而言，本公约应在这些国家交存其批准书、接受书或加入书的三个月之后生效。

第三十四条 下述规定须应用于拥有联邦制或非单一立宪制的本公约缔约国：

1. 关于在联邦或中央立法机构的法律管辖下实施的本公约规定，联邦或中央政府的义务应与非联邦国家的缔约国的义务相同；

2. 关于在无须按照联邦立宪制采取立法措施的联邦各个国家、地区、省或州法律管辖下实施的本公约规定，联邦政府应将这些规定连同其关于予以通过的建议一并通告各个国家、地区、省或州的主管当局。

第三十五条

1. 本公约缔约国均可通告废除本公约。

2. 废约通告应以一份书面文件交存联合国教育、科学及文化组织的总干事。

3. 公约的废除应在接到废约通告书一年后生效，废约在生效日之前不得影响退约国承担的财政义务。

第三十六条 联合国教育、科学及文化组织总干事应将第31和32条规定交存的所有批准书、接受书或加入书和第35条规定的废约等事通告本组织会员国、第32条中提及的非本组织会员的国家以及联合国。

第三十七条

1. 本公约可由联合国教育、科学及文化组织的大会修订。但任何修订只对将成为修订的公约缔约国具有约束力。

2. 如大会通过一项全部或部分修订本公约的新公约，除非新公约另有规定，本公约应从新的修订公约生效之日起停止批准、接受或加入。

第三十八条 按照《联合国宪章》第102条，本公约须应联合国教育、科学及文化组织总干事的要求在联合国秘书处登记。

1972年11月23日订于巴黎，两个正式文本均由大会第十七届会议主席和联合国教育、科学及文化组织总干事的签字，由联合国教育、科学及文化组织存档，并将验明无误之副本发送第31条和第32条述之所有国家以及联合国。

前文系联合国教育、科学及文化组织大会在巴黎举行的，于1972年11月21日宣布闭幕的第十七届会议通过的《公约》正式文本。

1972年11月23日签字，以昭信守。

《世界遗产公约》（转自刘红婴、王建民著：《世界遗产概论·附录》[M]；北京：中国旅游出版社2003年版，第240—250页。）

（一）世界遗产

1972年11月联合国教科文组织大会出台了《保护世界文化和自然遗产公约》（Convention Concerning the Protection of the World Cultural and Natural Heritage），简称《世界遗产公约》，即国际法上的主要依据，而要成为世界遗产还需依该法规定的标准、程序进行审查、批准。被批准的世界遗产，列入《世界遗产名录》（The World Heritage List）。

今天文明世界所称世界遗产，就应该是经联合国教科文组织世界遗产委员会确证后进入《世界遗产名录》的物质或非物质的遗存。那些获得世界遗产殊荣的遗产项，其产生都经过了一系列科学的申报、认证过程。人们之所以对世界遗产仰慕，就是因为这些遗产项是世界相似相近事物中的佼佼者，所代表的是人类及自然界的最高价值。

在迄今已较庞大的《世界遗产名录》中，我们可以归纳出世界遗产主要代表了人及其生存环境对世界的三大贡献：

第一，人类的创造。它包括世界遗产类别中的世界文化遗产、人类口头与非物质遗产。

第二，大自然的创造。世界自然遗产记录的就是这样一些天然造化。

第三，人类与大自然的共同创造。世界遗产中文化与自然双重遗产，还有文化景观遗产，就是这一类的记录。

（二）世界文化与自然遗产武夷山

武夷山位于中国东南部福建省西北的武夷山市西南，全景区面积有60平方千米。武夷山的自然风光独树一帜，尤其以“丹霞地貌”著称于世。九曲溪沿岸的奇峰和峭壁，映衬着清澈的河水，构成一幅奇妙秀美的杰出景观。

武夷山风景区地处亚热带，属于亚热带湿润型季风气候。冬春温暖，夏季温度偏高，秋季天高气爽。武夷山植被保存良好，为我国丹霞地貌区少见。武夷山保存着大量完整无损、多种多样的林带，是中国亚热带森林和南中国雨林最大、最具有代表性的例证。武夷水资源丰富，山涧泉水淙淙，溪沟流水潺潺，瀑布高悬飞泻。它保存着大量古老和珍稀的植物物种，其中很多是中国独有的。这里还生存着大量爬行类、两栖类和昆虫类动物。

武夷山不仅山水奇秀迷人，而且历史文化悠久，人文景观丰富。早在新石器时代，生活在我国东南地区的古越人，就已经在武夷山安家落户。反映这个民族传统安葬习俗的“船棺”、“虹桥板”，几乎遍布武夷山中的丹岩绝壁上和洞穴中。据考证，迄今已有3800年左右的历史，具有极高的考古价值。武夷山的考古遗址和遗迹，还包括建于公元前1世纪的汉城遗址、大量的寺庙和与公元11世纪产生的朱子理学相关的书院遗址。

武夷山还曾经是历代名人游览、讲学和隐居的好地方。武夷丹岩绝壁上，留有不少名人摩崖石刻，大小有470多处，成为武夷山历史文化景观的重要组成部分。六曲右岸岩壁上的“逝者如斯”为朱熹亲笔所题。历代还留下不少关于武夷山的神话传说与掌故，是武夷文化的一部分，例如仙凡对弈、幔亭招宴等。

武夷山申报世界文化与自然遗产的区域，包括武夷山风景名胜区、武夷山自然保护区、武夷山古汉城遗址和九曲溪上游保护地带4部分。

与黄山开始申报时的自然遗产的目标不同，武夷山申报伊始就明确了双重遗产的方向，在申报的材料方面包括了文化遗产、自然遗产两部分。

在文化遗产方面，申报时刻意强调了这样一些内容：国内外发现的年代最早的悬棺架壑船棺、距今2000多年的古汉城遗址、影响远及东南亚的朱子理学文化、作为武夷山古文化和古书法艺术的宝库摩崖石刻、古崖居遗构、茶文化、宗教文化等文化方面的特质因素。

在自然遗产方面，申报了这样一些内容：

1. “三三秀水清如玉”的九曲溪，与“六六奇峰翠插天”的三十六峰、九十九岩的绝妙结合。它不同于一般自然山水，而是以奇秀深幽为特征的巧而精的天然山水园林。

2. 世界生物多样性保护的关键地区，具有世界同纬度带现存最典型、面积最大、保存最完整的亚热带原生性森林生态系统。

3. 丰富的野生动物资源。

4. 世界昆虫种类最丰富地区。

1999年12月1日，在摩洛哥马拉喀什召开的第23届世界遗产大会上，武夷山申报世界文化与自然双重遗产获得通过。

中国：武夷山

Mount. Wuyi

编号：200—022

相关链接：http://www.unesco.org/whc/sites/812.htrn

1999年根据世界遗产遴选标准N（Ⅲ）（Ⅳ），c（Ⅲ）（Ⅵ）列入《世界遗产名录》

世界遗产委员会评价：

武夷山脉是中国东南部最负盛名的生物保护区，也是许多古代孑遗植物的避难所，其中许多生物为中国所特有。九曲溪两岸峡谷秀美，寺院庙宇众多，但其中也有不少早已成为废墟。该地区为唐宋理学（按：应为宋明理学）的发展和传播提供了良好的地理环境，自11世纪以来，理学对中国东部地区的文化产生了相当深刻的影响。1世纪时，汉朝统治者在城村附近建立了一处较大的行政首府，厚重坚实的围墙环绕四周，极具考古价值。

Brief description:

Mount. Wuyi is the most outstanding area for biodiversity conservation in south-east China and a refuge for a large number of ancient, relict species, many of them endemic to China. The serene beauty of the dramatic gorges of the Nine Bend River, with its numerous temples and monasteries, many now in ruins, provided the setting for the development and spread of Neo-confucianism, which has been very influential in the cultures of East Asia since the 11th century. In the 1st century BC a large administrative capital was built at nearby Chengcun by the Han Dynasty rulers. Its massive walls enclose an archaeological site of great significance.

世界遗产应成为“第三国策”

——访复旦大学文物博物馆学系文化遗产研究中心教授陆建松

记者：陆老师，近年来您一直承担了多项国家级文化遗产保护方面的课题，请您谈谈我国文化遗产资源的状况吧。

陆建松：一直以来在许多人的心目中，我国是个文化遗产大国。其实，这是一种不全面的认识。不错，从总量上来说，我国是个文化遗产大国。据国家文物局统计，我国已经发现的不可移动文物点近40万处，其中全国重点文物保护单位1269处，省级重点文物保护单位7000余处，县市级文物保护单位近60000处。文物系统博物馆1500余座，馆藏文物有1300余万件，其中故宫博物院藏品近100万件，为全国博物馆之最。此外，有世界遗产29处，名列世界第三；国家级历史文化名城101座。这是我国文化遗产的基本家底。因此，从绝对值来讲，我国是世界文化遗产大国。

但是从相对值来说，我国并不是一个文化遗产大国。英格兰面积只有我国的1/73，但是其受到国家保护的文物点达到50万处；各类博物馆有3000余座，其中大英博物馆目前拥有藏品700万件。美国各类大小博物馆有上万座，20世纪90年代中期博物馆藏品达2、3亿多件，其中美国国立历史博物馆有藏品1700余万件（而中国历史博物馆藏品只有30万件）；美国虽然历史短暂，但全国各地点点滴滴的文物点都受到重要保护。从世界遗产来说，西班牙有36处，意大利有35处；法国有28处；希腊有16处。

较之上述文化遗产保护先进国家，无论从国土面积和人口数量，还是历史的悠久程度来说，我国现存的文化遗产总量绝不是太多，而是太少。了解了这个家底，我们就应该明白我们不能妄自尊大，就不应该对我国的文化遗产任意糟蹋，就容易理解为什么我们要倍加珍惜和呵护我国的文化遗产！

记者：有人说。过去的几十年我国文化遗产遭破坏的程度超过了历史上任何一个时期。请您谈谈我国文化遗产遭破坏的原因和威胁主要是什么？

陆建松：作为世界文明古国，我国有着悠久的历史，光辉灿烂的文化。历史文化积淀本该十分丰厚，但由于王朝的更替和天灾人祸，使我国的历史文化遗产遭受了巨大的损失。特别是近150年以来，随着帝国主义列强对我国的入侵，大量珍贵文物或被抢劫焚毁，或被巧取豪夺，遭受了亘古未有的损失。新中国成立以后，祖国文物受到了国家的保护，从而结束了我国文物任人掠夺、破坏的悲惨历史。20世纪50年代，由于缺乏文物保护方面的专门经验和专门人才，在大规模的基本建设工程和农业生产高潮中，文物遭受了巨大的破坏。“十年动乱”中文物被诬为“封资修”黑货和“四旧”，又受到了疯狂的破坏。

概括地讲，我国目前文化遗产面临的主要威胁有五大方面：一、受经济利益的驱动，解放后基本绝迹的文物盗掘、盗窃和走私活动又死灰复燃且屡禁不止，愈演愈烈，文物损失、外流之多，令人惊叹。二、在国家大规模的经济建设和城市化过程中，尤其是无约束的建筑热和房地产投机活动，使许多重要的历史文化遗产频频告急，文物遭受的破坏令人触目惊心。三、在文物古迹的开发利用过程中，文物同样遭受了较大的破坏，尤其是旅游业发展中的不当开发和过度利用，不仅对文物本体，而且对文物的历史环境造成了较大的破坏。四、不正确的修复理念、方法和材料也对文物古迹造成了一定的破坏。五、环境污染对文化遗产的保护构成了威胁，尤其是酸雨、硫化物、碱性物质和水土流失等对野外文物造成了较大的破坏。因此，可以毫不夸张地说，我国的文化遗产遭受破坏的程度超过了历史上任何一个时期。

记者：听说前段时间您专门赴欧洲考察欧洲文化遗产保护及博物馆事业，请您谈谈欧洲国家是如何看待与处理文化遗产保护问题的。

陆建松：文化遗产的价值观直接决定了公众对其所抱的态度，决定了国家和政府对它价值取向和所采取的措施。多年来我国文化遗产遭破坏、盗窃和流失的形势越来越严峻，文化遗产的保护不力，文化遗产保护的投入不足，原因固然是多方面的，但一个重要的原因是全社会对文化遗产的显性价值和潜在价值认识不足。在这方面，欧洲国家对文化遗产的认识和处理值得我们学习。欧洲国家十分重视文化遗产的保护，都有强烈的文化遗产保护意识。他们认为：历史文化遗产来自历史积淀，不可再生，一旦破坏，就不能复得，其损失难以估量。破坏文化遗产，就是丢掉历史文化。文化遗产是财富，要发扬光大。因此，在工业化和城市化的进程中，欧洲国家都十分重视保护本民族的历史文化遗产，无论是古代的考古遗址，还是近代优秀建筑；无论是单体文物，还是成片的历史古迹，甚至整座城市，都得到了妥善有效的保护。在文物古迹的保护和修复上，采取不做任何添加，禁止任何重建，最大限度地保存遗产的真实性和完整性的原则。

欧洲国家都强调文化遗产保护是第一位的，在保护的前提下发挥遗产的精神文化和教育功能，同时促进当地旅游经济的发展。法国、意大利、葡萄牙、西班牙和希腊等国家都是文化遗产部门管理遗产，旅游部门只负责遗产的促销，不参与遗产的直接管理。为了避免旅游对遗产的冲击，这些政府都对遗产地的客流进行限制，如限制时间、多种票价、轮流开放、提前预约和人数控制等。在保护好遗产的前提下，精心开发遗产经济，利用遗产吸引游客，带动当地经济的发展。这些国家因此而成为世界旅游大国，遗产经济为国民经济的发展提供了持久而强大的动力。欧洲国家在遗产保护和利用方面的意识、立法、理念、实践及取得的成就，对我国的遗产保护具有重要的启示。

记者：据说您认为应将文化遗产保护提高到“第三国策”的高度，请您谈谈为什么？

陆建松：这主要有两个方面的理由。

一是尽管我国是文明古国和文化遗产大国，但是相对来讲，我国文化遗产保有量并不太多。特别是过去几十年，我国文化遗产遭受的破坏十分严重，超过了历史上任何一个时期，我国的文化遗产遗存愈来愈少，而且今后几十年仍是我国文化遗产遭破坏的高危险期。如果不采取强有力的措施，作为文明古国和文化遗产大国将名不副实！

二是我国五千年文明留下来的具有东方特色的文化遗产，是中华民族不可再生的、不可替代的宝贵财富，具有重要的历史、艺术和科学价值，对我国经济社会和文化的发展具有重要意义。

举长城、古运河、秦始皇陵、楼兰遗址、殷墟、汉长安城遗址、良渚遗址等大遗址为例，它们具有年代久远、类型众多、体量庞大、结构复杂、遗存和文化内涵丰富的特点，综合并直接体现了中华文明起源、形成和发展，是构成中华五千年辉煌文明的主体，是中华文明曾经高度发达并对世界文明与进步产生过巨大影响的历史见证，是国家的重要标志和民族精神的象征！同时，大遗址作为历史发展、环境演变和人与自然关系的真实记录，具有深厚的科学文化底蕴，不仅是考古学研究的对象，也是政治、经济、文化、环境、艺术、建筑、生态、地理等领域直接或间接研究的对象；不仅是构成我国文物博物馆事业的基础，也是重要的景观旅游资源；不仅以直接或间接的历史教育、文化教育和科学教育的功能作用于现代社会，而且对增强民族凝聚力、培养爱国主义精神、促进旅游经济的发展都具有重大的现实意义和深远的历史意义。

经济高速发展时期和社会转型时期往往是文化遗产被破坏的高危险期。如何处理好经济建设、社会发展与文化遗产保护的关系是我们遇到的一个世纪问题，也是我国改革开放和现代化建设中提出的一个重大实践问题和理论问题。保护祖国文化遗产，维护国家和民族利益，是无愧于祖先，积德于子孙的大事。为了保护好祖国珍贵的文化遗产，并传之后世，光耀千秋地为了国家和民族的全局利益和长远利益，我们应该高度重视我国文化遗产的保护。因此，有必要将文化遗产的保护提高到“第三国策”的高度来对待，加大对文化遗产保护的力度。这不仅是贯彻“十六大”提出的经济社会和文化协调发展的具体体现，也是时代赋予我们的历史责任！

（《社会科学报》，2004. 4. 1；转自李军陈建平编《中国文化年报》，兰州大学出版社 2005 年版，第 530—533 页。）

世界遗产的不可再生价值

郑孝燮

世界遗产，特指被联合国教科文组织和世界遗产委员会确认的，具有突出意义和普遍价值的自然景观与文物古迹，是人类罕见的且目前无法取代的财产。世界遗产分为自然与文化遗产（即双遗产）、自然遗产、文化遗产、文化景观（档次略低于文化遗产）4 种。截至 2001 年底，被列入《世界遗产名录》的各国景观和景点共有 730 处。

到目前为止，中国被列入《世界遗产名录》的项目有 29 项，它们的根本特征是“中国特色”。中国特色来自中国大地自然环境，来自中华民族的精神与智慧和所创造的民族文化的优秀传统。越是民族的，就越是世界的。我国这批属于物质的不可移动的世界遗产，其中都包含着非物质的属于民族精神方面的价值。最近传出我国“端午节”民俗节日，可能由别国申报世界遗产的消息。这件想不到的事，但愿会促使我们提高对文化遗产价值的认识。民族文化是不能失去的民族灵魂。而我国的世界遗产无论文化的还是自然的，都不会没有灵魂，可以从以下举例证明。

1. 世界遗产的价值

1.1 文化遗产的价值

1.1.1 关于人与自然，人与社会的观念是如何在故宫建筑（紫禁城）反映的？

中国古代以和治国，礼制的等级观念和秩序规范，从上到下贯穿在以皇宫建筑为首的中国全部建筑文化。即使改朝换代，或是少数民族统治中国，礼制的传统，也并不变更。元蒙新建大都，清朝入关，立都北京，都城规划建设必定都要小于周礼。元大都；明清北京，他们的规划与建设全是根据礼制而制定的。

故宫紫禁城的选址首先体现了“择中而立”的礼序。必须上对天朝之中的紫薇星垣，下择都城地面之中为金銮宝殿定位，象征天下之中，唯我独尊。再须从金銮殿引出一道象征永恒气质的、强有力的南北中轴线，作为中枢统帅左右，控制四方。和制的秩序在古建筑文化上无所不在。最高等级是紫禁城，皇城次之，内城又次之，外城更次之（其间的皇家建筑例外）。建筑空间、规模、形制、色彩、雕刻等的等级界限，绝对不可逾越，否则就是犯罪。中国古代是以礼治国的封建社会，礼就成了分等级的精神支柱。

“因其教，不易其俗”、“合内外之心成巩固之业”的少数民族政策与建筑文化。承德避暑山庄和外八庙的建筑文化留下了“因其教，不易其俗”，“修一庙胜用十万兵”的多民族统一国家的重大历史见证和丰富多彩的多民族的建筑艺术。山庄建筑采取汉式，外八庙多数建筑则用藏式，特别是仿布达拉宫，仿扎什伦布寺，仿桑耶寺的几座藏传佛教寺庙的建筑艺术境界很高。它们的建筑设计形式和群体布局环境不采取写真式的照抄照搬，而是写意式的追求形神兼备的创作效果。历史、艺术、科学价值很高。

原址原型、原汁原味的西藏布达拉宫更是无与伦比的奇迹。它是一座冲天的巨大的石砌碉楼，巍然耸立在一座拔地而起的山上，就像从山上天然生长出来一样。布达拉宫依山靠崖，追求的是垂直式的总体布局，几乎把所有的房屋建筑、壁画、造像、雕刻和灵塔全都集中布置在一起，分为上（金顶）、中（红宫）、下（白宫）三个垂直层次，用以象征佛国理想中的三界。同时，布达拉宫作为文化遗产，还是记忆西藏自明清以来“政教合一”民族政策的历史见证；是“因其教，不易其俗”，凝聚民族团结，巩固国家统一的大计在西藏地区的实现。回顾历史，这一民族政策的贯彻与巩固其历史意义是多么重大而深远！

1.1.2 苏州古典园林独领风骚和以它为代表的中国园林正在走向世界

“江南园林甲天下，苏州园林甲江南。”苏州历代建的古典私宅园林最多，大部分是为名人或士大夫阶层提供一种“不出城郭而获山林之趣，身居闹市而有林泉之致”的清雅环境。明清时期，苏州园林极盛，甚至对清朝皇家园林的设计都产生过影响。

苏州园林的特征和美丽突出表现在：以叠山理水为主；虽然是出自人造工巧，然而却能够表现为高品位的如同自然的再现，所以成为一门完美的综合艺术。造园的基本原理，来自山水国画论。山水画讲求“外师造化，中得心源”。造园也同样讲求匠心独运的创造。而不是如实的写真。

在创作上，造园必须善于运用山石、水面、建筑、花木、园艺等多种艺术手段，在有限的用地与空间，创造出无限的景物情趣与意境。此外，还一定要运用诗词、感联、匾额并结合书法、绘画或雕刻等文学艺术手法，托物寄史、寄意、寄情，点染景物，进而，更加得到深层之美或境外之美。还要特别指出，中国传统建筑，以礼为本，最讲中轴对称，方正端庄之美。相反，中国古典园林，最讲不对称的自由式布局与空间组合。中国园林讲求曲折变化的这种特色，看似放任无序，却正是以高山流水自然灵性为本，从而才能够塑造出来统一和谐、韵律醇厚、诗情画意的中国特色。

历史悠久、文化根深的苏州古典园林，美丽无穷，生命不息。以之为标志的中国园林正在以其传统的高品位的艺术风格和独特的文化价值，越来越多的走向欧、美、亚、澳各洲的名城，有的还是现代化国际大都会在那里成为物质的、不可移动的中国文化的和平友好使者。

1.2 自然遗产的价值

我国世界遗产中的自然遗产没有文化遗产那么多，但它们都是中国名山大川之最，因而选入《世界遗产名录》。大自然给予了它们地理上和地质上的个性特征，形成了它们不同的天然的审美价值。比如北方的山水大多带有刚劲雄厚的自然性格。南方则以山清水秀，柔和多姿的自然性格居多。具体的例子如敦煌石窟的巾身靠背“三危山”和不远处的“鸣沙山”，那是西北戈壁大漠中粗犷的自然风光；而张家界武陵源则是独特险奇的“石英砂岩”石林气势浩瀚的自然景观。此外我国世界自然遗产，一年四季又随着季节的更迭而带给自然景观以千变万化；甚至一日之间的晨曦和落日的景色也不同。泰山观“日出”千古绝景就是时间与空间合奏出来的。

中国山水名胜自古就有自然与人文融合的传统。“看山如看画，游山如读诗。”天下名山还有佛教名山，道教名山，甚至书院名山，更有象征君权神授、天人合一、五岳独尊的泰山，不光如此，我国的山水胜境，大多数都能够以其本身源于自然的“风骨”与“灵气”孕育出文学、书画、园林创作的灵感。“横看成岭侧成峰，远近高低各不同；不识庐山真面目，只缘身在此山中。”这是苏东坡见景生情，源于庐山自然山水的诗作。其中托物寄情含蓄着某些人生的哲理思维。

“白云深处峨眉山，极顶三千一百三；天上三峰看不见，苍楠翠竹笼轻烟。”此诗为1963年朱德将军登峨眉山即景即情的抒发。

“黄山四千仞，三十二莲峰；丹崖夹石柱，菡萏金芙蓉。”这是李白的咏黄山诗。黄山无限风光，扑朔迷离，如梦如幻，超然物外。诗人感悟成诗，这种境界也是画家“外师造化，中得心源”学习和创作的大课堂。清初中国山水画的“新安派”，就是由于黄山的熏陶而成的。当代山水画家黄宾虹就是“新安派的宗师”。

中国园林又称山水园。小中见大，叠山理水的原理和创作手法和山水画山水诗一样，无不着重取法自然。或者说，都是一脉相通从自然山水演化来的，这在前面已经论及。

1.3 国世界遗产保护的现状

我国是联合国教科文组织《保护世界文化和自然遗产公约》的缔约国之一。遵守《公约》保护好我国的世界遗产是我们必须信守的国际责任。当前我们不仅需要有识之士，尤其需要“有识之官”正确对待我国的世界遗产。

当前我国的世界遗产保护状况是：大多数好，少数差，个别很差——有的已经被亮了“黄牌”。在差的方面，矛盾主要集中在有些地方或有的业务单位片面地看待世界遗产的价值。“黄牌”警告就是认识错位的必然结果。北京大学世界遗产研究中心主任谢凝高教授认为，我国世界遗产保护面临的“亟待解决的共性问题”，就是不可以把世界遗产“单纯当做旅游资源，一切为开发旅游服务”。也就是说，决不应当把世界遗产当做财源滚滚而来的“摇钱树”，如果热衷于单一的经济目的，势必就会出现开发利用过度，或者错位利用，忽视保护，因而不断出现建设性破坏、旅游性破坏的种种问题。尤其莫名其妙地，有的世界遗产竟然搞出股票上市，或者转包、出售经营权等非常错误的想法或做法。

发展旅游业，为国家带来巨大的经济效益，做出重大贡献，然而不要忘记历史是根，文化是魂，在中华大地上的世界遗产蕴藏的和生发出来的物质和精神文明的文化价值才真正是永恒的和无法衡量的。寓教于游的文化效益才是旅游发展的第一位的目的。那些急功近利，为单一经济目的而进行开发利用，不可避免地会对世界遗产产生建设性破坏。于是就亟须对照“保护为主，抢救第一”的精神，进行整治，以免有可能沦入世界遗产的“濒危”名单，这是一个非常严肃而重大的现实！

结语

文化和自然遗产的最大价值在于它们本身的存在。托物寄史、托物寄美、托物寄意等等，必须是遗产的真实物体、物境的存在才能够依托。重点遗产必须具有的历史价值、艺术价值、科学价值，无一不是通过保护文化的或自然的遗存实体而体现的。尤其是不论文化或自然遗产都是不可再生的或再造的。只有保护才可以使它们“延年益寿”。

建议请有关部门研究考虑，除重点完成上述那些保护、保存整治的遗产外；是否也有必要研究确定一种保护、检查、整治的普遍性工作方式，就像定期普查身体一样，从而预防出现濒危的可能。

人类只有一个地球，地球上只有为数很少的世界文化和自然遗产。这些寥寥的世界遗产是人类文明延续和进步的历史见证，是人类文化与自然的共同财富。当前十分需要提高我们对世界遗产的认识，并且进一步加强保护的工作，履行应尽的国际义务。这是一项事关人类文明和社会可持续发展的壮举。有5000年文明史和列于当代发展中国家的中国，相信必定能够进一步为保护世界遗产做出更大的贡献。

（《新华文摘》转李军、陈建平编《中国文化年报》，兰州大学出版社2005年版，第526—530页。）

后　记

《世界遗产武夷文化年鉴》（2005 年卷）能够付梓出版，甚感欣慰。

编纂《世界遗产武夷文化年鉴》的动议，是由武夷学院（筹）校长张祖英教授提出、并在张校长亲自指导下进行的。在世界学术领域里，各种各样的《年鉴》，名目繁多。但截至目前，围绕某一项世界文化遗产研究而编纂《年鉴》，至少在国内尚属首创。这一举措，并非小题大做，而是表现出了张祖英教授在如何看待世界遗产问题上的远见卓识和深邃目光。诚如国家历史文化名城保护委员会副主任郑孝燮教授在《世界遗产的不可再生价值》中所说："人类只有一个地球，地球上只有为数很少的世界文化和自然遗产。这些寥寥的世界遗产是人类文明延续和进步的历史见证，是人类文化与自然的共同财富。当前十分需要提高我们对世界遗产的认识，并进一步加强保护的工作，履行应尽的国际义务。这是一项事关人类文明和社会可持续发展的壮举。"（《新华文摘》2004 年第 6 期）从另一个角度看，处于世界双重遗产地武夷山而且以"武夷"冠名的武夷学院，加强对这两份世界遗产的宣传、保护和研究，充分认识其科学价值，继承和不断创新武夷文化，不仅是学院义不容辞的责任，而且有可能成为学院扩大社会影响、提高知名度的学术特色和学术亮点之一。

本《年鉴》各专题栏目的设置和选文的范围，基本上遵循的是这样一条思路：着眼于古往今来武夷山及其周边地区人民原创的各种文化门类，突出朱熹和部分著名文学家如杨亿、柳永、李纲、严羽等大武夷籍文化名人，根据其研究者范围的广大而放眼全国，所以，所收论文并不局限于大武夷地区的作者，也没有追究作者有无将所研究的问题当作"武夷文化"来研究的主观意识，只是在收入各位学者大作时，大都致函征得了本人同意。不过，还有一部分我们认为有较高学术水平的论文，如华中科技大学中文系博士生导师刘真伦教授发表于《天中学刊》2005 年第 1 和第 3 期的《朱熹韩集校理文献来源考实》（一）、（二）；武汉理工大学艺术与设计学院副教授、清华大学艺术学方向博士后邹其昌，原载于《湖北师范学院学报》（哲学社会科学版）2005 年第 1 期的《"讽诵涵泳"与"叶韵理论"——论朱熹〈诗经〉诠释学美学诠释方式之二》；贵州师范大学文学院讲师、华南师范大学人文学院中文系博士生吴夏平发表于《贵州社会科学》2005 年第 1 期的《雅词发展中柳词的类同与利用》；湖南大学马克思主义学院副教授赵蓓原载于《船山学刊》2005 年第 1 期的《朱熹理学的科学精神再探》；复旦大学哲学博士后李士金，原载于《新疆大学学报（哲学·人文社会科学版）》2005 年第 3 期的《朱熹对皇帝职位道德素质能力严格要求探析》等，因征询收入《年鉴》意见的信函发出后，一直没有收到是否同意收入的回音，故不得不遗憾

地抽出。

在这里，要特别感谢中国社会科学院博士生导师蒙培元研究员、中国社会科学院哲学所研究员、宋明理学研究中心副主任李存山先生、中国社会科学出版社原总编王俊义教授、中国人民大学博士生导师葛荣晋教授、北京大学陈少峰教授、新加坡教育部庾潍诚博士、北京师范大学周桂钿教授、南京大学中文系文学博士刘晓南教授、厦门大学人文学院哲学系博士生导师詹石窗教授、厦门大学高令印教授、何乃川教授、乐爱国教授、浙江大学古籍所博士生导师束景南教授、浙江大学文学博士潘立勇教授、四川大学古籍整理研究所博士生导师郭齐研究员、四川师范大学文学院赵晓兰教授、延边大学政治系哲学博士潘畅和教授、南昌大学历史系俞兆鹏教授、湖南大学岳麓书院博士生导师朱汉民教授、湖南大学岳麓书院龚抗云教授、河南大学博士生导师李振宏教授、郑州大学历史与考古学博士安国楼教授、香港大学教授—英国语言学会院士（F. I. L）—香港大学亚洲研究中心院士李家树博士、武汉大学文学院张延成博士后、中国人民大学哲学系博士研究生姚郁卉、嘉兴学院文法学院范道济教授、福建师范大学公共管理学院副教授朱人求博士后、天津大学社会科学与外国语学院博士研究生魏静、福建师范大学音乐学院博士研究生郑俊晖等先生的理解与支持。他们的大作从不同角度提高了《年鉴》的学术水平，特此表示诚挚的敬意。

还要特别感谢中国社会科学出版社编审、三编室主任冯斌先生对本《年鉴》的编写、出版给予的极有意义的指导和大力支持。

感谢福建省政协副主席黄瑞霖先生欣然为《年鉴》题写书名。

感谢中国著名历史学家、清华大学教授李学勤先生、南平市副市长吴邦才先生分别拨冗为《年鉴》惠赐《序》文。

本校武夷文化研究所朱平安副教授、魏景春老师和中文系周圣弘副教授、朱述超硕士和04级曾南威同学在搜集、整理资料和协助编纂方面做了大量工作。在此，对所有关心、支持本书编纂的同志，一并表示衷心的感谢。

由于编纂这样一部《年鉴》是第一次尝试，受主题（主要表现为编者对“世界遗产武夷文化”内涵的认识）、时间、学院所处地理位置，特别是编者学术视野、学术水平等限制，对全书的定位、各个专题栏目的设置，尤其是“研究成果选萃”中选文的取舍标准、选文的范围、对所选文章学术价值的认识与判断等，都存在着许多不足、不妥甚至是错误。例如编者认为必须设置的一些专题栏目中，2005年已发表文章中很难寻觅到高水准的论著，只好退而求其次，以致在一定程度上影响了《年鉴》的质量。本来全书中同一作者只选一篇论文，由于有的专题可见文章没有挑选的余地，所以，偶有同一作者的不同文章，被收在不同专题栏目中的现象。所有这些，尚祈专家、学者赐教，以便以后做得好一些。

编　者

2006年4月26日